KU-021-625

P • O • C • K • E • T • S

ITALIAN DICTIONARY

ITALIAN • ENGLISH
ENGLISH • ITALIAN

A DORLING KINDERSLEY BOOK

Produced for Dorling Kindersley by
PAGE*One*, Cairn House, Elgiva Lane, Chesham,
Buckinghamshire HP5 2JD

PAGE*One* team Chris Clark, Matthew Cook,
Bob Gordon, Helen Parker

DK Managing editor Jane Yorke

Italian editors Paola Tite
Loredana Riu
Francesca Logi

Published in Great Britain by
Dorling Kindersley Limited, 9 Henrietta Street,
London WC2E 8PS

2 4 6 8 10 9 7 5 3
Copyright © 1998 Dorling Kindersley Limited, London

This edition published in 2001
for Covent Garden Books

All rights reserved. No part of this publication may be reproduced, stored in a retrieval system, or transmitted in any form or by any means, electronic, mechanical, photocopying, recording, or otherwise, without the prior written permission of the copyright owner.

A CIP catalogue record for this book is available from
the British Library

ISBN 1-85605-507-8

Printed and bound in Italy by LegoPrint

JIDE TO THE IMITATED PRONUNCIATION

. he imitated pronunciation in the Italian–English section is designed to help English speakers pronounce the Italian words accurately. Read each syllable as though it were an English one, bearing in mind the following conventions.

1 The stressed syllable is printed in **bold** type. This is usually either the last but one syllable, or the third from the end:

parola, pah-**ro**-lah (word)
tavolo, tah-vo-lo (table)

2 Each Italian vowel is pronounced as a single sound, usually long, but shorter when in the middle of a syllable or in an unstressed syllable.

3 Combinations of vowels in a single syllable are pronounced as separate sounds; this is indicated in the imitated pronunciation by an apostrophe:

ampio, ahm-pe'o (wide)
annuale, ahn-noo'**ah**-lay (yearly)

4 **r** is printed in bold type after a vowel as a reminder that it should be rolled more than in English. This does not mean that the syllable in which the **r** occurs is stressed:

berretta, bair-**ret**-tah (cap)

5 The combination l'y represents a sound similar to the lli in million:

famiglia, fah-**mee**-l'yah (family)

6 The combination n'y sounds like the ni in onion:

campagna, kahm-**pah**-n'yah (countryside)

7 Doubled consonants in Italian are lingered on, i.e. pronounced more slowly than single consonants. They are represented in the imitated pronunciation either by a double consonant or by two different consonants:

caffellatte, kahf-fayl-**lat**-tay (white coffee)
caccia, kaht-chah (hunting)
pacco, pahk-ko (parcel)

The sounds represented by pp, tt, kk are produced by a slight pause after the vowel, followed by a forceful pronunciation of the consonant.

ABBREVIATIONS / ABBREVIAZIONI

adj	adjective	aggettivo
adv	adverb	avverbio
art	article	articolo
comm	commerce	commercio
comp	computing	informatica
conj	conjunction	congiunzione
f	feminine	femminile
fam	familiar	familiare
fig	figuratively	figuratamente
gram	grammar	grammatica
interj	interjection	interiezione
law	law	legge, diritto
m	masculine	maschile
mech	mechanics	meccanica
med	medicine	medicina
mil	military	militare
mus	music	musica
n	noun	nome
naut	nautical	nautica
parl	parliament	parlamento
pl	plural	plurale
pref	prefix	prefisso
prep	preposition	preposizione
pron	pronoun	pronome
refl	reflexive	riflessivo
relig	religion	religione
tech	technical	tecnica
v	verb	verbo
vulg	vulgar	volgare

* An asterisk after an Italian adjective shows that the adverb is formed by adding -mente to the feminine singular. A final e following l or r is dropped before the ending: largo = larga + mente; dolce = dolce + mente; facile = facil + mente; particolare = particolar + mente

* L'asterisco appare dopo gli aggettivi inglesi che formano un avverbio in -ly di uso comune.

SPIEGAZIONE DELLA PRONUNCIA IMITATA

La pronuncia imitata della sezione Inglese–Italiano aiuta l'utente italiano a pronunciare le parole inglesi correttamente. Ogni sillaba della pronuncia imitata deve essere letta come se fosse una sillaba italiana, tenendo presente le seguenti convenzioni:

1 La sillaba accentata è indicata dal segno ' alla fine della sillaba stessa.

2 Una vocale in **neretto** deve essere pronunciata più forte di un'altra vocale nella stessa sillaba:

face, feis (faccia)

Il gruppo **ei** si pronuncia come la e chiusa di godere, seguita da una i pronunciata rapidamente.

Il gruppo **ou** si pronuncia con una o lunga seguita da una u pronunciata rapidamente.

3 Le vocali lunghe sono indicate da una doppia vocale in **neretto**. Rappresentano un suono unico.

adore, *a*-door (adorare)

4 In molte parole inglesi, le vocali delle sillabe non accentate hanno un suono indistinto, simile a quello della e francese in que, me, le. Questo suono è rappresentato nella pronuncia imitata da una vocale in *corsivo: a, e, o* oppure *u* a seconda dell'ortografia della parola inglese, ma in ogni caso si tratta sempre dello stesso suono:

acceptance, *ak*-sept'-*ens* (accettazione)

5 g o gh rappresenta la g dura di gola:

ghost, goust (spettro)
get, ghet (procurare)

g in corsivo dopo una n indica un suono nasale e non è pronunciata separatamente:

bring, bring (portare)
bank, bangk (banca)

6 *r* in corsivo è muta nell'inglese meridionale, mentre in altre zone è una r pronunciata arrotandola meno che in italiano:

fair, fe*r* (fiera)
farm, faa*r*m (fattoria)

7 s rappresenta la s sorda di senso:

sing, sing (cantare)

s in neretto e corsivo rappresenta la s sonora di chiesa:

vase, vaa*s* (vaso)

8 ch rappresenta il suono c di cena; **ch** in neretto rappresenta il suono g di già:

change, chei**nch** (cambiare)

9 sh rappresenta il suono sc di scena:

action, ak'-sh*o*n (azione)

sh in neretto rappresenta il suono francese j di jour:

treasure, tre**sh**'-*a* (tesoro)

10 Z e D rappresentano i due suoni del "th" inglese, che non esistono in italiano.

Z si ottiene mettendo la lingua fra i denti e pronunciando una s come senso:

thing, Zing (cosa)

D si ottiene mettendo la lingua fra i denti e pronunciando una s come in chiesa:

this, Dis (questo)

11 Il simbolo ŏ rappresenta un suono vocalico breve, a metà strada tra la a breve e la o breve:

come, kŏm (venire)

12 h nella pronuncia imitata indica che la h deve essere aspirata distintamente:

hello, hel-**ou**' (ciao)

ITALIAN • ENGLISH
ITALIANO • INGLESE

a, ah, *prep* to; in, at; by
abate, ah-**bah**-tay, *m* abbot
abbacchiato, ahb-bahk-ke'**ah**-to, *adj* depressed
abbacinare, ahb-bah-che-**nah**-ray, *v* to dazzle
abbaglianti, ahb-bah-l'**yahn**-te, *mpl* headlights
abbagliare, ahb-bah-l'**yah**-ray, *v* to dazzle; to mislead
abbaglio, ahb-**bah**-l'yo, *m* mistake, blunder
abbaiare, ahb-bah'e-**yah**-ray, *v* to bark; to scream
abbaino, ahb-bah'**ee**-no, *m* skylight, dormer window
abbandonare, ahb-bahn-do-**nah**-ray, *v* to abandon; to give up
abbandono, ahb-bahn-**do**-no, *m* abandonment; neglect
abbassamento, ahb-bahss-sah-**men**-to, *m* lowering
abbassare, ahb-bahss-**sah**-ray, *v* to lower
abbassarsi, ahb-bahss-**sar**-se, *v* to stoop down
abbasso...!, ahb-**bahss**-so, *interj* down with...!
abbastanza, ahb-bah-**stahn**-tsah, *adv* enough; quite
abbattere, ahb-**baht**-tay-ray, *v* to knock down; to slaughter; to fell
abbattimento, ahb-baht-te-**men**-to, *m* discouragement
abbattuto, ahb-baht-**too**-to, *adj* despondent
abbazia, ahb-bah-**tsee**-ah, *f* abbey
abbellire, ahb-bell-**lee**-ray, *v* to embellish; to deck
abbeverare, ahb-bay-vay-**rah**-ray, *v* to water
abbeveratoio, ahb-bay-vay-rah-**to**-e'o, *m* watering place, trough
abbicì, ahb-be-**chee**, *m* alphabet; primer
abbigliamento, ahb-be-l'yah-**men**-to, *m* dress, clothing
abbigliarsi, ahb-be-l'**yar**-se, *v* to dress oneself
abbiente, ahb-**byen**-tay, *adj* well off
abbinare, ahb-bee-**nah**-ray, *v* to combine; to match
abbindolare, ahb-bin-do-**lah**-ray, *v* to cheat
abboccamento, ahb-bok-kah-**men**-to, *m* interview, talks
abboccare, ahb-bok-**kah**-ray, *v* to bite; to connect
abboccarsi, ahb-bok-**kar**-se, *v* to have a meeting
abbonamento, ahb-bo-nah-**men**-to, *m* subscription; season ticket; radio/television licence
abbonato, ahb-bo-**nah**-to, *m* subscriber
abbonarsi, ahb-bo-**nar**-se, *v* to subscribe

abbondante, ahb-bon-**dahn**-tay, *adj* abundant; loose-fitting
abbondanza, ahb-bon-**dahn**-tsah, *f* abundance; plenty
abbondare, ahb-bon-**dah**-ray, *v* to abound
abbordabile, ahb-bor-**dah**-bee-lay, *adj* approachable
abbordare, ahb-bor-**dah**-ray, *v* to approach; *naut* to draw alongside
abbottonare, ahb-bot-to-**nah**-ray, *v* to button
abbozzare, ahb-bot-**tsah**-ray, *v* to sketch; to rough-hew; to draft
abbozzo, ahb-**bot**-tso, *m* sketch, outline
abbracciare, ahb-braht-**chah**-ray, *v* to embrace
abbraccio, ahb-**braht**-cho, *m* embrace
abbreviare, ahb-bray-ve'**ah**-ray, *v* to abbreviate
abbreviatura, ahb-bray-ve'ah-**too**-rah, *f* abbreviation
abbreviazione, ahb-bray-ve'ah-tse'**o**-nay, *f* abbreviation
abbronzarsi, ahb-bron-**dzar**-se, *v* to get a suntan
abbronzatura, ahb-bron-dzah-**too**-rah, *f* suntan
abbrustolire, ahb-brooss-to-**lee**-ray, *v* to toast, to grill
abbrutire, ahb-broo-**tee**-ray, *v* to degrade; to brutalize
abdicare, ahb-de-**kah**-ray, *v* to abdicate
aberrazione, ah-bair-rah-tse'**o**-nay, *f* aberration
abete, ah-**bay**-tay, *m* fir-tree
abietto*, -a, ahb-be'**ayt**-to, *adj* abject
abile, ah-be-lay, *adj* skilful, able, clever
abilità, ah-be-le-**tah**, *f* cleverness; skill
abilitare, ah-be-le-**tah**-ray, *v* to qualify; to enable
abilitazione, ah-be-le-tah-tse'**o**-nay, *f* qualification
abilmente, ah-bil-**men**-tay, *adv* ably, cleverly
abisso, ah-**biss**-so, *m* abyss
abitante, ah-be-**tahn**-tay, *m* inhabitant
abitare, ah-be-**tah**-ray, *v* to inhabit, to live (in)
abitato, ah-be-**tah**-to, *adj* inhabited; *m* built-up area
abitazione, ah-be-tah-tse'**o**-nay, *f* residence, dwelling
abito, ah-be-to, *m* dress; suit; habit
abituale, ah-be-too'**ah**-lay, *adj* usual; regular
abitualmente, ah-be-too'ahl-**men**-tay, *adv* usually
abituare, ah-be-too'**ah**-ray, *v* to accustom
abituarsi, ah-be-too'**ar**-se, *v* to get used to
abitudine, ah-be-**too**-de-nay, *f* habit
abnorme, ahb-**nor**-may, *adj* abnormal
abolire, ah-bo-**lee**-ray, *v* to abolish; to repeal
abominevole, ah-bo-me-**nay**-vo-lay, *adj* abominable
aborigeno, -a ah-boh-**re**-jay-no, *adj* aboriginal; *m/f* aboriginal
aborrire, ah-bor-**ree**-ray, *v* to abhor
abortire, ah-bor-**tee**-ray, *v* to miscarry; to have an abortion
aborto, ah-**bor**-to, *m* miscarriage; abortion
abrasione, ah-brah-ze'**o**-nay, *f* abrasion
abrogare, ah-broh-**gah**-re, *v* to repeal, to abrogate
abside, ahb-se-day, *f* apse
abulico, ah-**boo**-le-ko, *adj* lacking in willpower
abusare, ah-boo-**zah**-ray, *v* to abuse
abusivo*, -a, ah-boo-**zee**-

vo, *adj* illegal, unauthorized
abuso, ah-**boo**-zo, *m* abuse
accademia, ahk-kah-**day**-me'ah, *f* academy
accadere, ahk-kah-**day**-ray, *v* to happen, to occur
accaduto, ahk-kah-**doo**-to, *m* happening, event
accalappiare, ahk-kah-lahp-pe'**ah**-ray, *v* to ensnare; to dupe
accalcare, ahk-kahl-**kah**-ray, *v* to crowd
accaldato, ahk-kahl-**dah**-to, *adj* hot, sweaty
accalorarsi, ahk-kah-loh-**rar**-se, *v* to get excited
accamparsi, ahk-kahm-**pah**-rse, *v* to camp
accanirsi, ahk-kah-**nee**-rse, *v* to rage; to persist
accanito, ahk-kah-**nee**-to, *adj* fierce; dogged
accanto, ahk-**kahn**-to, *adv* near; **– a,** *prep* next to
accaparrare, ahk-kah-par-**rah**-ray, *v* to buy up; to grab
accappatoio, ahk-kahp-pah-**to**-e'o, *m* bathrobe
accarezzare, ahk-kah-ret-**tsah**-ray, *v* to caress; to stroke
accasarsi, ahk-kah-**zar**-se, *v* to marry
accasciarsi, ahk-kah-she'**ar**-se, *v* to collapse; to get discouraged
accatastare, ahk-kah-tahss-**tah**-ray, *v* to pile up
accattone, ahk-kaht-**to**-nay, *m* beggar
accecare, aht-chay-**kah**-ray, *v* to blind; to dazzle
accedere, aht-**chay**-day-ray, *v* to gain access (to)
accelerare, aht-chay-lay-**rah**-ray, *v* to accelerate
accelerato, aht-chay-lay-**rah**-to, *adj* quick; *m* local train
acceleratore, aht-chay-lay-rah-**to**-ray, *m* accelerator
accendere, aht-**chen**-day-ray, *v* to light; to switch on
accendino, aht-chen-**dee**-no, *m* lighter
accennare, aht-chen-**nah**-ray, *v* to point out; to hint
accenno, aht-**chen**-no, *m* nod; hint; sign
accensione, aht-chen-se'**o**-nay, *f* lighting; switching on
accento, aht-**chen**-to, *m* accent
accentrare, aht-chen-tr'**ah**-ray, *v* to centralize
accentuare, aht-chen-too'**ah**-ray, *v* to accentuate, to emphasize
accerchiare, aht-chair-ke'**ah**-ray, *v* to encircle
accertamento, aht-chair-tah-**men**-to, *m* ascertainment, check
accertare, aht-chair-**tah**-ray, *v* to verify, to ascertain
accessibile, aht-chess-**see**-be-lay, *adj* accessible; affordable
accesso, aht-**chess**-so, *m* access
accessorio, aht-chess-**so**-re'o, *adj* secondary; *m* accessory
accetta, aht-**chet**-tah, *f* hatchet
accettabile, aht-chet-**tah**-be-lay, *adj* acceptable
accettare, aht-chet-**tah**-ray, *v* to accept
accettazione, aht-chet-tah-tse'**o**-nay, *f* acceptance; reception
accezione, ahk-chay-tse'**o**-nay, *f* meaning
acchiappare, ahk-ke'ahp-**pah**-ray, *v* to catch
acciacco, aht-**chahk**-ko, *m* infirmity
acciaio, aht-**chah**-e'o, *m* steel
accidentale, aht-che-den-**tah**-lay, *adj* accidental
accidentato, aht-che-den-

tah-to, *adj* uneven, bumpy
accidente, aht-che-**den**-tay, *m* accident; stroke
accidenti!, aht-che-**den**-te, *interj* damn!; good heavens!
accigliato, aht-che-l'**yah**-to, *adj* sullen, haughty
accingersi, aht-**chen**-jair-se, *v* to set about
acciuga, aht-**choo**-gah, *f* anchovy
acclamare, ahk-klah-**mah**-ray, *v* to acclaim
acclamazione, ahk-klah-mah-tse'**o**-nay, *f* acclamation
acclimatarsi, ahk-kle-mah-**tar**-se, *v* to acclimatize
accludere, ahk-**kloo**-day-ray, *v* to enclose
accoglienza, ahk-ko-l'**yen**-tsah, *f* reception, welcome
accogliere, ahk-**ko**-l'yay-ray, *v* to receive; to accommodate
accomandante, ahk-ko-mahn-**dahn**-tay, *m* sleeping-partner
accomandatario, ahk-ko-mahn-dah-**tah**-re'o, *m* working-partner
accomandita, ahk-ko-**mahn**-de-tah, *f* limited partnership
accomodare, ahk-ko-mo-**dah**-ray, *v* to repair; to settle
accomodarsi, ahk-ko-mo-**dar**-se, *v* to take a seat
accompagnare, ahk-kom-pah-**n'yah**-ray, *v* to accompany
accompagnatore, ahk-kom-pah-n'yah-**tor**-ay, *m* accompanist; companion
acconciatura, ahk-kon-**chah**-too-rah, *f* hairstyle; headdress
accondiscendere, ahk-kon-de-**shen**-day-ray, *v* to consent, to agree
acconsentire, ahk-kon-sen-**tee**-ray, *v* to consent
accontentare, ahk-kon-ten-**tah**-ray, *v* to satisfy
acconto, ahk-**kon**-to, *m* part payment; instalment
accoppiare, ahk-kop-pe'**ah**-ray, *v* to pair; to match
accorciare, ahk-ko**r**-**chah**-ray, *v* to shorten
accordare, ahk-ko**r**-**dah**-ray, *v* to grant; to tune
accordarsi, ahk-ko**r**-**dah**-rse, *v* to agree
accordo, ahk-**kor**-do, *m* agreement; harmony; chord
accorgersi, ahk-**kor**-jair-se, *v* to perceive; to realize
accorrere, ahk-**kor**-ray-ray, *v* to run up
accorto*, -a, ahk-**kor**-to, *adj* shrewd, cunning, smart
accostare, ahk-koss-**tah**-ray, *v* to approach; to leave ajar
accovacciarsi, ahk-kwoh-vahch-**char**-se, *v* to crouch
accozzaglia, ahk-kot-**tsah**-l'yah, *f* rabble; heap
accreditare, ahk-kray-de-**tah**-ray, *v* to accredit; to credit
accrescere, ahk-**kray**-shay-ray, *v* to increase
accudire, ahk-koo-**dee**-ray, *v* to attend to
accumulare, ahk-koo-moo-**lah**-ray, *v* to accumulate
accuratezza, ahk-koo-rah-**tayt**-tsah, *f* accuracy
accurato*, -a, ahk-koo-**rah**-to, *adj* accurate
accusa, ahk-**koo**-zah, *f* accusation; charge
accusare, ahk-koo-**zah**-ray, *v* to accuse; to charge; to blame
accusatore, ahk-koo-zah-**tor**-ay, *m* accuser; prosecutor
acerbo*, -a, ah-**chair**-bo,

adj unripe, sour
acero, ah-chay-ro, *m* maple
aceto, ah-**chay**-to, *m* vinegar
acetone, ah-chay-**to**-nay, *m* acetone; nail varnish remover
acidità, ah-che-dee-**tah**, *f* acidity; heartburn
acido, ah-che-do, *m* acid; *adj** acid
acino, ah-che-no, *m* grape
acne, ahk-nay, *f* acne
acqua, ahk-kwah, *f* water; **– dolce,** fresh water; **– potabile,** drinking water; **– salata,** salt water
acquaio, ahk-**kwah**-yo, *m* kitchen sink
acquario, ahk-**kwah**-ryo, *m* aquarium; **Acquario,** Aquarius
acquavite, ahk-kwah-**vee**-tay, *f* crude brandy
acquazzone, ahk-kwaht-**tso**-nay, *m* downpour
acquedotto, ahk-kway-**dot**-to, *m* aqueduct
acquerello, ahk-kway-**rell**-lo, *m* water-colour
acquietare, ahk-kwe'ay-**tah**-ray, *v* to appease
acquistare, ahk-kwiss-**tah**-ray, *v* to acquire; to buy
acquisto, ahk-**kwiss**-to, *m* acquisition; shopping; purchase
acquoso, ahk-koo'**o**-zo, *adj* watery
acre, ah-kray, *adj* acrid; harsh
acrilico, ah-**kre**-le-co, *adj* acrylic
acrobata, ah-**kro**-bah-ta, *m* acrobat
acuire, ah-**kwee**-ray, *v* to sharpen; to embitter
acume, ah-**koo**-may, *m* acumen; subtleness
acuminato, ah-koo-me-**nah**-to, *adj* pointed, sharp
acutezza, ah-koo-**tayt**-tsah, *f* sharpness
acuto*, -a, ah-**koo**-to, *adj* sharp, pointed; keen; *m* high note
adagiare, ah-dah-**jah**-ray, *v* to lay down
adagiarsi, ah-dah-**jar**-se, *v* to lie down
adagio, ah-**dah**-jo, *adv* slowly; *m* adage; adagio
adattamento, ah-daht-tah-**men**-to, *m* adaptation; conversion
adattare, ah-daht-**tah**-ray, *v* to adapt
adatto, ah-**daht**-to, *adj* suitable
addebitare, ahd-day-be-**tah**-ray, *v* to debit
addebito, ahd-**day**-be-to, *m* debit; imputation
addensare, ahd-den-**sah**-ray, *v* to thicken
addentare, ahd-den-**tah**-ray, *v* to seize with the teeth; to bite into
addentrarsi, ahd-den-**trah**-rse, *v* to penetrate
addentro, ahd-**den**-tro, *adv* within; well up on
addestramento, ahd-dess-trah-**men**-to, *m* training
addestrare, ahd-dess-**trah**-ray, *v* to train
addetto, ahd-**det**-to, *adj* in charge, *m* attaché
addietro, ahd-de'**ay**-tro, *adv* behind; before
addio, ahd-**dee**-o, *interj* goodbye
addirittura, ahd-de-rit-**too**-rah, *adv* absolutely; even, *interj* indeed!
addirsi, ahd-**deer**-se, *v* to be suitable
additare, ahd-de-**tah**-ray, *v* to indicate
additivo, ahd-de-**te**-vo, *m* additive
addizionare, ahd-de-tseo-**na**-ray, *v* to add up
addizione, ahd-de-tse'**o**-nay, *f* addition
addobbare, ahd-dob-**bah**-ray, *v* to decorate
addolcire, ahd-dol-**chee**-ray, *v* to sweeten; *fig* to soothe
addolorare, ahd-do-lo-**rah**-ray, *v* to grieve; to

pain
addome, ahd-**do**-may, *m* abdomen
addomesticare, ahd-do-mess-te-**kah**-ray, *v* to tame; to break in
addormentare, ahd-dor-men-**tah**-ray, *v* to put to sleep
addormentarsi, ahd-dor-men-**tar**-se, *v* to go to sleep
addossare, ahd-doss-**sah**-ray, *v* to lean against; to charge with
addossarsi, ahd-doss-**sar**-se, *v* to take upon oneself
addosso, ahd-**doss**-so, *adv* on, against; **– a,** *prep* on, against
addurre, ahd-**doohr**-ray, *v* to allege; to put forward
adeguare, ah-day-goo'**ah**-ray, *v* to adjust; to bring into line
adeguato*, -a, ah-day-goo'**ah**-to, *adj* adequate
adempiere, ah-**dem**-pe'ay-ray, *v* to fulfil; to perform
adempire, ah- dem-**pee**-ray, *v* to fulfil; to perform
aderente, ah-day-**ren**-tay, *adj* sticking; tight-fitting; *m/f* supporter, follower
aderenza, ah-day-**ren**-tsah, *f* adherence; *fpl* connections
aderire, ah-day-**ree**-ray, *v* to adhere; to join
adescare, ah-dess-**kah**-ray, *v* to bait, to lure; to solicit
adesione, ah-day-ze'**o**-nay, *f* adhesion
adesivo, ah-day-**ze**-vo, *adj* adhesive; *m* adhesive
adesso, ah-**dess**-so, *adv* now; presently
adiacente, ah-de'ah-**chen**-tay, *adj* adjacent
adipe, ah-de-pay, *m* fat
adirarsi, ah-de-**rah**-rse, *v* to get angry
adirato, ah-de-**rah**-to, *adj* angry
adire, ah-**dee**-ray, *v* **– le vie legali,** to take legal proceedings
adito, ah-de-to, *m* access; **dare – a,** to give rise to
adocchiare, ah-dock-ke'**ah**-ray, *v* to eye; to observe for a moment
adolescente, ah-do-lay-**shen**-te, *adj* adolescent; *m/f* adolescent
adolescenza, ah-do-lay-**shen**-tsah, *f* adolescence
adoperare, ah-do-pay-**rah**-ray, *v* to use
adorabile, ah-do-**rah**-be-lay, *adj* adorable
adorare, ah-do-**rah**-ray, *v* to adore
adornare, ah-dor-**nah**-ray, *v* to adorn
adottare, ah-dot-**tah**-ray, *v* to adopt
adottivo, ah-dot-**te**-vo, *adj* adopted, adoptive
adozione, ah-do-tse'**o**-nay, *f* adoption
adulare, ah-doo-**lah**-ray, *v* to flatter
adulterare, ah-dool-tay-**rah**-ray, *v* to adulterate
adulterio, ah-dool-**tay**-re'o, *m* adultery
adulto, ah-**dool**-to, *adj* adult; *m* adult, grown-up
adunanza, ah-doo-**nahn**-tsah, *f* meeting
adunare, ah-doo-**nah**-ray, *v* to assemble; to gather
adunco, ah-**doonn**-ko, *adj* hooked
aereo, ah-**ay**-ray-o, *adj* aerial; *m* aeroplane
aerobica, ah-ay-**roh**-be-kah, *f* aerobics
aeronauta, ah-ay-ro-**nah**'oo-tah, *m* aeronaut
aeronave, ah-ay-ro-**nah**-vay, *f* airship
aeroplano, ah-ay-ro-**plah**-no, *m* aeroplane
aeroporto, ah-ay-ro-**por**-to, *m* airport
aerosol, ah-ay-roh-**sol**, *m* aerosol

aerospaziale, ah-ay-ross-pah-tse'**a**-le, *adj* (of) aerospace
aerostato, ah-ay-**ross**-tah-to, *m* air-balloon
afa, ah-fah, *f* sultriness
affabile, ahf-**fah**-be-lay, *adj* affable
affaccendarsi, ahf-faht-chen-**dar**-se, *v* to get busy
affaccendato, ahf-faht-chen-**dah**-to, *adj* busy
affacciarsi, ahf-faht-**char**-se, *v* to look out of the window
affamare, ahf-fah-**mah**-ray, *v* to starve out
affamato, ahf-fah-**mah**-to, *adj* hungry, starved
affannare, ahf-fahn-**nah**-ray, *v* to grieve, to worry
affannarsi, ahf-fahn-**nar**-se, *v* to bustle; to fret
affannato*, ahf-fahn-**nah**-to, *adj* out of breath
affanno, ahf-**fahn**-no, *m* difficulty of breath; anxiety
affare, ahf-**fah**-ray, *m* business; matter, affair; bargain
affarista, ahf-fah-**riss**-tah, *m/f* unscrupulous business man/woman
affascinante, ahf-fah-she-**nahn**-tay, *adj* fascinating
affascinare, ahf-fah-she-**nah**-ray, *v* to fascinate
affaticare, ahf-fah-te-**kah**-ray, *v* to tire, to fatigue
affatto, ahf-**faht**-to, *adv* not at all; entirely
affermare, ahf-fair-**mah**-ray, *v* to affirm
affermazione, ahf-fair-mah-tse'**o**-nay, *f* statement; achievement
afferrare, ahf-fair-**rah**-ray, *v* to seize
affettare, ahf-fet-**tah**-ray, *v* to pretend; to slice
affettato, ahf-fet-**tah**-to, *adj* affected; *m* sliced cold meat
affetto, ahf-**fet**-to, *m* affection; affected, suffering (from)
affettuoso*, ahf-fet-too'**o**-zo, *adj* affectionate
affezionato, ahf-fay-tse'o-**na**-to, *adj* fond (of), attached (to)
affezione, ahf-fay-tse'**o**-nay, *f* affection; ailment
affiatarsi, ahf-fe'ah-**tah**-rse, *v* to get on well together
affibbiare, ahf-fib-be'**ah**-ray, *v* to buckle; to give (slap, kick)
affidare, ahf-fe-**dah**-ray, *v* to entrust, to rely on
affievolire, ahf-fe'ay-vo-**lee**-ray, *v* to weaken
affiggere, ahf-**feed**-jay-ray, *v* to placard, to stick up
affilare, ahf-fe-**lah**-ray, *v* to sharpen
affilato, ahf-fe-**lah**-to, *adj* sharpened
affinare, ahf-fe-**nah**-ray, *v* to refine
affinché, ahf-fin-**kay**, *conj*, in order that
affine, ahf-**fee**-nay, *adj* akin
affinità, ahf-fee-nee-**tah**, *f* affinity
affiorare, ahf-fe'o-**rah**-ray, *v* to come to the surface
affittare, ahf-feet-**tah**-ray, *v* to rent; to let; to hire
affitto, ahf-**feet**-to, *m* rent; lease
affliggere, ahf-**fleed**-jay-ray, *v* to afflict; to trouble; to pain
afflitto, ahf-**fleet**-to, *adj* afflicted
afflizione, ahf-flee-tse'**o**-nay, *f* affliction
afflosciarsi, ahf-flo-**shee'a**-rse, *v* to go limp, to collpase
affluente, ahf-floo'**en**-tay, *m* tributary
affluenza, ahf-floo'**en**-tsah, *f* influx; flow; turn-out
affluire, ahf-floo'**ee**-ray, *v* to flow (into); to flock (to)
afflusso, ahf-**flooss**-so, *m*

influx, flow
affogare, ahf-fo-**gah**-ray, *v* to drown
affollamento, ahf-fol-lah-**men**-to, *m* gathering
affollare, ahf-fol-**lah**-ray, *v* to crowd
affondare, ahf-fon-**dah**-ray, *v* to sink
affrancare, ahf-frahn-**kah**-ray, *v* to stamp (letters); to prepay; to release; to redeem
affranto, ahf-**frahn**-to, *adj* worn out; overcome
affrettarsi, ahf-fret-**tah**-rse, *v* to hasten
affrontare, ahf-fron-**tah**-ray, *v* to confront; to face
affronto, ahf-**fron**-to, *m* insult, affront
affumicare, ahf-foo-me-**kah**-ray, *v* to fill with smoke, to smoke (food)
afono, ah-fo-no, *adj* voiceless, aphonous
afoso, ah-**fo**-so, *adj* sultry
Africa, ah-free-kah, *f* Africa
africano, -a, ah-free-**kah**-no, *adj* African; *m/f* African
agenda, ah-**jen**-dah, *f* diary
agente, ah-**jen**-tay, *m/f* agent
agenzia, ah-jen-**tsee**-ah, *f* agency
agevolare, ah-jay-vo-**lah**-ray, *v* to facilitate
agevole, ah-**jay**-vo-lay, *adj* easy, manageable
agevolazione, ah-jay-vo-lah-tse'**o**-nay, *f* facility, easy terms (for credit, etc)
agganciare, ahg-gahn-**chah**-ray, *v* to hook, to hang up; to clasp
aggeggio, ahd-**jej**-jo, *m* gadget
aggettivo, ahd-jet-**tee**-vo, *m* adjective
agghiacciante, ahg-ghe'aht-**chan**-tay, *adj* chilling
agghindarsi, ahg-ghin-**dah**-rse, *v* to dress in one's best
aggiornamento, ahd-jor-nah-**men**-to, *m* adjournment, postponement; updating
aggiornare, ahd-jor-**nah**-ray, *v* to postpone; to bring up to date
aggirare, ahd-je-**rah**-ray, *v* to go round; to dupe
aggirarse, ahd-je-**ras**-se, *v* to wander about
aggiudicare, ahd-joo-de-**kah**-ray, *v* to award
aggiungere, ahd-**joonn**-jay-ray, *v* to add
aggiunta, ahd-**joonn**-tah, *f* addition
aggiustare, ahd-jooss-**tah**-ray, *v* to adjust; to mend; to settle
agglomerato, ahg-gloh-may-**rah**-to, *m* conglomerate; **– urbano,** built-up area
aggrapparsi, ahg-grahp-**pah**-rse, *v* to cling (to)
aggravare, ahg-grah-**vah**-ray, *v* to aggravate
aggraziato*, ahg-grah-tse'**ah**-to, *adj* graceful
aggredire, ahg-gray-**dee**-ray, *v* to assault
aggregarsi, ahg-gray-**gah**-rse, *v* to join
aggressione, ahg-gress-se'**o**-nay, *f* aggression; attack
aggressivo, ahg-gress-**see**-vo, *adj* aggressive
aggressore, ahg-gress-**sor**-ay, *m* aggressor
aggrottare, ahg-grot-**tah**-ray, *v* **– le sopracciglia,** to frown
aggrovigliato, ahg-gro-vee-l'**yah**-to, *adj* entangled
agguantare, ahg-goo'ahn-**tah**-ray, *v* to seize, to catch
agguato, ahg-goo'**ah**-to, *m* ambush
agiatamente, ah-jah-tah-**men**-tay, *adv*

comfortably
agiatezza, ah-jah-**tet**-tsah, *f* comfort
agiato, ah-**jah**-to, *adj* wealthy; comfortable
agile, ah-je-lay, *adj* agile, alert
agio, ah-jo, *m* comfort, ease; convenience
agire, ah-**jee**-ray, *v* to act
agitare, ah-je-**tah**-ray, *v* to shake; to agitate
aglio, ah-l'yo, *m* garlic
agnello, ah-n'**yell**-lo, *m* lamb
ago, ah-go, *m* needle
agonia, ah-go-**nee**-ah, *f* agony; death throes
agosto, ah-**goss**-to, *m* August
agrario, ah-**gra**-ree'o, *adj* agrarian, agricultural
agricoltore, ah-gre-kol-**tor**-ay, *m* farmer
agricoltura, ah-gre-kol-**too**-rah, *f* agriculture, farming
agrifoglio, ah-gre-**fo**-l'yo, *m* holly
agrimensore, ah-gre-men-**sor**-ay, *m* land surveyor
agriturismo, ah-gre-too-**res**-mo, *m* farm holidays
agro, ah-gro, *adj* sharp, sour; pungent
agrodolce, ah-gro-**doll**-chay, *adj* bitter-sweet
agronomo, ah-**gro**-no-mo, *m* agronomist
agrume, ah-**groo**-may, *m* citrus fruit
aguzzare, ah-goot-**tsah**-ray, *v* to sharpen
aguzzino, ah-goot-**tsee**-no, *m* tyrant
aguzzo, ah-**goot**-tso, *adj* sharp; pointed
ah!, ah, *interj* oh! ah!
ahi!, ah'e, *interj* ouch!
ahimè, ah'e-**may**, *interj* alas! poor me!
aia, ah'e-ah, *f* threshing-floor
AIDS, ah'eds, *m* AIDS
airone, ah'e-**ro**-nay, *m* heron
aitante, ah'e-**tahn**-tay, *adj* strong, robust
aiuola, ah-yoo-**o**-lah, *f* flower-bed
aiutante, ah-yoo-**tahn**-tay, *m/f* adjutant; helper
aiutare, ah-yoo-**tah**-ray, *v* to assist, to help
aiuto, ah-**yoo**-to, *m* help; support
aizzare, ah'it-**tsah**-ray, *v* to instigate, to incite
ala, ah-lah, *f* wing
alacre, ah-**lah**-kray, *adj* active, cheerful; brisk
alano, ah-**lah**-no, *m* great Dane
alba, ahl-bah, *f* day-break, dawn
albeggiare, ahl-bayd-**jah**-ray, *v* to dawn
alberato, ahl-bay-**rah**-to, *adj* lined with trees
alberatura, ahl-bay-rah-**too**-rah, *f* masts
albergatore, ahl-bair-gah-**tor**-ay, *m* hotel owner
albergo, ahl-**bair**-go, *m* hotel
albero, ahl-bay-ro, *m* tree; shaft; mast
albicocca, ahl-be-**kok**-kah, *f* apricot
albicocco, ahl-be-**kok**-ko, *m* apricot-tree
albo, ahl-boh, *m* professional register
album ahl-boom *m* album
albume, ahl-**boo**-may, *m* albumen
alce, ahl-chay, *m* elk, moose
alcolizzato, -a, ahl-ko-led-**zah**-to, *adj* alcoholic; *m/f* alcoholic
alcool, ahl-ko-ol, *m* alcohol
alcova, ahl-**ko**-vah, *f* alcove
alcuni, ahl-**koo**-ne, *adj* & *pron* a few, some
alcuno, ahl-**koo**-no, *adj* **non –** , not ... any
aldilà, ahl-de-**lah**, *m* after-life
alfabeto, ahl-fah-**bay**-to, *m* alphabet
alfiere, ahl-fe'**ay**-ray, *m*

ensign; bishop (in chess)
alga, ahl-gah, *f* sea-weed
alibi, ah-**lee**-be, *m* alibi
alice, ah-**lee**-chay, *f* anchovy
alienare, ah-le'ay-**nah**-ray, *v* to alienate
alieno, ah-le'**ay**-no, *adj* – **a,** not inclined to, averse to
alimentare, ah-le-men-**tah**-ray, *v* to feed
alimentazione, ah-le-men-tah-tse'**o**-nay, *f* nutrition, diet
alimento, ah-le-**men**-to, *m* food
aliscafo, ah-le-**skah**-fo, *m* hydrofoil
alitare, ah-le-**tah**-ray, *v* to breeze; to blow gently
alito, ah-le-to, *m* breath
allacciare, ahl-laht-**chah**-ray, *v* to fasten; to lace up; to link
allagare, ahl-lah-**gah**-ray, *v* to flood
allargare, ahl-lar-**gah**-ray, *v* to broaden; to extend; to let out
allarmare, ahl-lar-**mah**-ray, *v* to alarm
allarme, ahl-**lar**-may, *m* alarm
allarmismo, ahl-**lar**-mees-mo, *m* scaremongering
allattare, ahl-laht-**tah**-ray, *v* to feed, to nurse
alleanza, ahl-lay-**ahn**-tsah, *f* alliance
alleato, ahl-**lay**-ah-to, *adj* allied, *m* ally
allegare, ahl-lay-**gah**-ray, *v* to allege; to attach
allegato, ahl-lay-**gah**-to, *adj* enclosed; *m* enclosure
alleggerire, ahl-led-jay-**ree**-ray, *v* to lighten
allegria, ahl-lay-**gree**-ah, *f* merriment, joy
allegro, ahl-**lay**-gro, *adj* merry
allenamento, ahl-lay-nah-**men**-to, *m* training
allenare, ahl-lay-**nah**-ray, *v* to exercise, to train
allentare, ahl-len-**tah**-ray, *v* to slacken
allergia, ahl-ler-**je**-ah, *f* allergy
allergico, ahl-**ler**-je-ko, *adj* allergic
allestimento, ahl-less-te-**men**-to, *m* completion; fitting out
allestire, ahl-less-**tee**-ray, *v* to prepare; to stage
allettare, ahl-let-**tah**-ray, *v* to allure
allevamento, ahl-lay-vah-**men**-to, *m* breeding
allevare, ahl-lay-**vah**-ray, *v* to bring up; to breed
alleviare, ahl-lay-ve'**ah**-ray, *v* to alleviate
allibire, ahl-le-**bee**-ray, *v* to be bewildered
allietare, ahl-le'ay-**tah**-ray, *v* to cheer up
allievo, ahl-le'**ay**-vo, *m* pupil; – **ufficiale,** cadet
allineamento, ahl-le-nay-ah-**men**-to, *m* alignment
allineare, ahl-le-nay-**ah**-ray, *v* to set in line
allocco, ahl-**lok**-ko, *m* owl; *fig* dunce
allodola, ahl-**lo**-do-lah, *f* lark
alloggiare, ahl-lod-**jah**-ray, *v* to lodge, to dwell
alloggio, ahl-**lod**-jo, *m* lodgings; flat
allontanamento, ahl-lon-tah-nah-**men**-to, *m* removal
allontanare, ahl-lon-tah-**nah**-ray, *v* to send away
allora, ahl-**lo**-rah, *adv* then; in such a case
allorché, ahl-lo**r**-**kay**, *conj*, when, as soon as
alloro, ahl-**lo**-ro, *m* laurel
alluce, ahl-loo-chay, *m* big toe
allucinante, ahl-loo-che-**nahn**-tay, *adj* awful
allucinazione, ahl-loo-che-nah-tse'**o**-nay, *f* hallucination
alludere, ahl-**loo**-day-ray, *v* to allude

alluminio, ahl-loo-**mee**-ne'o, *m* aluminium
allungare, ahl-loonn-**gah**-ray, *v* to lengthen; to water down
alluvione, ahl-loo-ve'**o**-nay, *f* flood
almeno, ahl-**may**-no, *adv* at least
alone, ah-**lo**-nay, *m* halo
Alpi, ahl-pe, *fpl* Alps
alpino, ahl-**pe**-no, *adj* alpine
alquanto, ahl-**kwahn**-to, *adv* somewhat
altalena, ahl-tah-**lay**-nah, *f* see-saw; swing
altare, ahl-**tah**-ray, *m* altar
alterare, ahl-tay-**rah**-ray, *v* to alter; to adulterate
alterco, ahl-**tair**-ko, *m* quarrel
alternare, ahl-tai**r**-**nah**-ray, *v* to alternate
alternativo, ahl-tai**r**-nah-**tee**-vo, *adj* alternative
alterno, ahl-**tair**-no, *adj* alternate
altezza, ahl-**tet**-tsah, *f* height; Highness
altipiano, ahl-te-pe'**ah**-no, *m* plateau
altitudine, ahl-te-**too**-de-nay, *f* altitude
alto*, ahl-to, *adj* high; tall; loud
altolocato, ahl-to-lo-**kah**-to, *adj* of high rank
altrettanto, ahl-tret-**tan**-to, *adj* & *pron* as much, as many; *adv* equally
altri, ahl-tre, *pron* somebody else; others
altrimenti, ahl-tre-**men**-te, *adv* otherwise
altro, ahl-tro, *adj* & *pron* other
altronde, ahl-**tron**-day, *adv* **d'–,** besides, on the other hand
altrove, ahl-**tro**-vay, *adv* elsewhere
altrui, ahl-**trooe**, *adj* somebody else's
altura, ahl-**too**-rah, *f* hillock
alunno, ah-**loonn**-no, *m* pupil
alveare, ahl-vay-**ah**-ray, *m* beehive
alveo, ahl-vay-o, *m* river-bed
alzare, ahl-**tsah**-ray, *v* to raise; to hoist
alzarsi, ahl-**tsar**-se, *v* to get up; to stand up
amaca, ah-**mah**-kah, *f* hammock
amante, ah-**mahn**-tay, *m/f* lover; *adj* fond (of)
amare, ah-**mah**-ray, *v* to love, to cherish
amareggiare, ah-mah-red-**jah**-ray, *v* to embitter
amarena, ah-mah-**ray**-nah, *f* black cherry
amaretto, ah-mah-**ret**-to, *m* macaroon
amarezza, ah-mah-**ret**-tsah, *f* bitterness; grief
amaro*, ah-**mah**-ro, *adj* bitter
ambasciata, ahm-bah-she'**ah**-tah, *f* embassy
ambasciatore, -trice, ahm-bah-she'ah-**tor**-ay, ahm-bah-she'ah-**tree**-chay, *m/f* ambassador
ambedue, ahm-bay-**doo**-ay, *adj* & *pron* both
ambientare, ahm-be'en-**tah**-ray, *v* to acclimatize; to set (novel, film)
ambiente, ahm-be'**en**-tay, *m* environment; room; circle
ambiguo*, ahm-**bee**-goo'o, *adj* ambiguous
ambire, ahm-**bee**-ray, *v* to aspire
ambito, ahm-be-to, *m* sphere, area
ambito, ahm-**bee**-to, *adj* coveted
ambizione, ahm-be-tse'**o**-nay, *f* ambition
ambizioso*, ahm-be-tse'**o**-so, *adj* ambitious
ambra, ahm-brah, *f* amber
ambulante, ahm-boo-**lahn**-tay, *adj* itinerant; *m* pedlar
ambulanza, ahm-boo-**lahn**-tsah, *f* ambulance

ambulatorio, ahm-boo-lah-**to**-re'oh, *m* surgery
amenità, ah-may-ne-**tah**, *f* amenity
ameno, ah-**may**-no, *adj* pleasant; mild; amusing
America, ah-**may**-re-kah, *f* America
americano, ah-may-re-**kah**-no, *adj* American
ametista, ah-may-**tiss**-tah, *f* amethyst
amianto, ah-me'**ahn**-to, *m* asbestos
amica, ah-**mee**-kah, *f* (lady) friend
amichevole, ah-me-**kay**-vo-lay, *adj* amiable
amicizia, ah-me-**chee**-tse-ah, *f* friendship
amico, ah-**mee**-ko, *m* friend,; *adj* friendly
amido, ah-me-do, *m* starch
ammaccare, ahm-mahk-**kah**-ray, *v* to bruise; to crush
ammaccatura, ahm-mahk-kah-**too**-rah, *f* bruise
ammaestrare, ahm-mah-ess-**trah**-ray, *v* to train
ammainare, ahm-mah'e-**nah**-ray, *v* to take in sails
ammalarsi, ahm-mah-**lah**-rse, *v* to become ill
ammalato, ahm-mah-**lah**-to, *m* sick person; patient; *adj* sick; ailing
ammaliare, ahm-mah-le'**ah**-ray, *v* to bewitch
ammanco, ahm-**mahn**-ko, *m* deficit
ammanettare, ahm-mah-net-**tah**-ray, *v* to handcuff
ammassare, ahm-mahss-**sah**-ray, *v* to amass
ammasso, ahm-**mahss**-so, *m* heap
ammattire, ahm-maht-**tee**-ray, *v* to go mad
ammazzare, ahm-maht-**tsah**-ray, *v* to kill
ammenda, ahm-**men**-dah, *f* fine; amends
ammettere, ahm-**met**-tay-ray, *v* to admit
ammiccare, ahm-mick-**kah**-ray, *v* to wink
amministrare, ahm-me-niss-**trah**-ray, *v* to run, to manage
amministratore, ahm-me-niss-trah-**tor**-ay, *m* managing director; – **fiduciario,** trustee
ammiraglio, ahm-me-**rah**-l'yo, *m* admiral
ammirare, ahm-me-**rah**-ray, *v* to admire
ammirevole, ahm-me-**ray**-vo-lay, *adj* admirable
ammissibile, ahm-miss-**see**-be-lay, *adj* admissible
ammobiliare, ahm-mo-be-l'**yah**-ray, *v* to furnish
ammodo, ahm-**mo**-do, *adj* respectable
ammogliarsi, ahm-mo-l'**yar**-se, *v* (man) to marry
ammollo, ahm-**mol**-lo, *m* soaking
ammoniaca, ahm-mo-**nee**-ah-kah, *f* ammonia
ammonimento, ahm-mo-ne-**men**-to, *m* admonition; warning
ammonire, ahm-mo-**nee**-ray, *v* to admonish
ammontare, ahm-mon-**tah**-ray, *m* sum; *v* to amount
ammonticchiare, ahm-mon-tick-ke'**ah**-ray, *v* to heap together; to hoard
ammorbidire, ahm-mor-be-**dee**-ray, *v* to soften
ammortamento, ahm-mor-tah-**men**-to, *m* settlement of debts by sinking fund
ammortizzare, ahm-mor-tit-**tsah**-ray, *v* to pay off a debt by instalments
ammucchiare, ahm-mook-ke'**ah**-ray, *v* to pile up
ammuffire, ahm-moof-**fee**-ray, *v* to get mouldy
ammutinamento, ahm-moo-te-nah-**men**-to, *m*

mutiny; uprising
ammutinarsi, ahm-moo-te-**nar**-se, *v* to mutiny
ammutolire, ahm-moo-to-**lee**-ray, *v* to be struck dumb
amnistia, ahm-niss-**tee**-ah, *f* amnesty
amnistiare, ahm-niss-te'**ah**-ray, *v* to grant pardon
amo, ah-mo, *m* fishing-hook
amore, ah-**mo**-ray, *m* love
amoreggiare, ah-mo-red-**jah**-ray, *v* to woo
amorevole, ah-mo-**ray**-vo-lay, *adj* loving
amorino, ah-mo-**ree**-no, *m* cupid
amoroso*, ah-mo-**ro**-zo, *adj* amorous
ampio*, ahm-pe'o, *adj* wide, ample, spacious
amplesso, ahm-**pless**-so, *m* embrace
ampliare, ahm-ple'**ah**-ray, *v* to enlarge
ampolla, ahm-**poll**-lah, *f* phial; cruet-bottle
ampolloso*, ahm-poll-**lo**-zo, *adj* bombastic
amputare, ahm-poo-**tah**-ray, *v* to amputate
anagrafe, ah-**nah**-grah-fay, *f* register of births, marriages and deaths
analfabeta, ah-nahl-fah-**bay**-tah, *adj* illiterate
analisi, ah-**nah**-le-ze, *f* analysis; **in ultima –,** in short, after all
analizzare, ah-nah-lit-**tsah**-ray, *v* to analyse
analogico, ah-nah-**lo**-je-ko, *adj* analogical; (watch) analog
analogo*, ah-**nah**-lo-go, *adj* analogous
ananas, ah-nah-**nahs**, *m* pineapple
anarchia, ah-nar-**kee**-ah, *f* anarchy
anarchico, ah-**nar**-ke-ko, *m* anarchist
anatomia, ah-nah-to-**mee**-ah, *f* anatomy
anatra, ah-nah-trah, *f* duck
anca, ahn-kah, *f* hip; haunch
anche, ahn-kay, *conj* also, too; even
ancora, ahn-**ko**-rah, *adv* again; more; yet
ancora, ahn-ko-rah, *f* anchor
andamento, ahn-dah-**men**-to, *m* trend; progress
andante, ahn-**dahn**-tay, *adj* current; cheap; *m mus* andante
andare, ahn-**dah**-ray, *v* to go
andarsene, ahn-**dar**-say-nay, *v* to leave, to depart
andata, ahn-**dah**-tah, *f* outward journey
andatura, ahn-dah-**too**-rah, *f* gait, walking
andirivieni, ahn-de-re-ve'**ay**-ne, *m* coming and going
andito, ahn-de-to, *m* corridor
androne, ahn-**dro**-nay, *m* entrance; hall
aneddoto, ah-**ned**-do-to, *m* anecdote
anelare, ah-nay-**lah**-ray, *v* to long for
anelito, ah-**nay**-le-to, *m* breath; gasp; craving
anello, ah-**nell**-lo, *m* ring, ringlet; link
anemia, ah-nay-**mee**-ah, *f* anaemia
anestesia, ah-nay-stay-**ze**'ah, *f* anaesthesia
anestetico, ah-nay-**stay**-te-ko, *m* anaesthetic
anfibio, ahn-**fee**-be'o, *adj* amphibious; amphibian
angelo, ahn-jay-lo, *m* angel
angina, ahn-**je**-nah, *f* tonsillitis; **– pectoris,** angina
anglicano, -a, ahn-glee-**kah**-no, *adj* Anglican; *m/f* Anglican
angolare, ahn-go-**lah**-ray, *adj* angular

angolo, ahn-go-lo, *m* corner, angle
angoscia, ahn-**go**-she'ah, *f* anguish
angoscioso*, ahn-go-she'**o**-zo, *adj* distressing
anguilla, ahn-goo'**eel**-lah, *f* eel
anguria, ahn-**goo**-re'ah, *f* watermelon
angustia, ahn-**gooss**-te'ah, *f* sorrow; misery
angusto*, ahn-**gooss**-to, *adj* narrow; poor, modest
anice, ah-ne-chay, *m* aniseed
anima, ah-ne-mah, *f* soul
animare, ah-ne-**mah**-ray, *v* to animate
animarsi, ah-ne-**mar**-se, *v* to take heart; to come to
animella, ah-ne-**mel**-lah, *f* sweet-bread
animo, ah-ne-mo, *m* mind, soul; courage; disposition
anitra, ah-ne-trah, *f* duck
annacquare, ahn-nahk-**kwah**-ray, *v* to dilute
annaffiare, ahn-nahf-fe'**ah**-ray, *v* to water
annaffiatoio, ahn-nahf-fe'ah-**to**-e'o, *m* watering-can
annali, ahn-**nah**-le, *mpl* annals
annaspare, ahn-nah-**spah**-ray, *v* to reel; to gasp
annata, ahn-**nah**-tah, *f* year; year's profits
annebbiare, ahn-neb-be'**ah**-ray, *v* to cloud
annebbiarsi, ahn-neb-be'**ar**-se, *v* to become misty
annegare, ahn-nay-**gah**-ray, *v* to drown
annerire, ahn-nay-**ree**-ray, *v* to blacken
annessi, ahn-**ness**-se, *mpl* out-buildings
annessione, ahn-ness-se'**o**-nay, *f* annexation
annettere, ahn-**net**-tay-ray, *v* to annex
annichilire, ahn-ne-ke-**lee**-ray, *v* to annihilate
annientare, ahn-ne'en-**tah**-ray, *v* to annihilate
anniversario, ahn-ne-vair-**sah**-re'o, *m* anniversary
anno, ahn-no, *m* year
annodare, ahn-no-**dah**-ray, *v* to tie
annoiare, ahn-no-**yah**-ray, *v* to bore; to annoy
annotare, ahn-no-**tah**-ray, *v* to take a note of
annoverare, ahn-no-vay-**rah**-ray, *v* to number
annuale, ahn-noo'**ah**-lay, *adj* yearly
annuire, ahn-noo'**ee**-ray, *v* to assent; to nod
annullare, ahn-nooll-**lah**-ray, *v* to annul; to cancel; to quash
annunciare, ahn-noon-che'**ah**-ray, *v* to announce
annuncio, ahn-**noon**-che'o, *m* advertisement; notice; announcement
annuo, ahn-noo'o, *adj* annual
annusare, ahn-noo-**sah**-ray, *v* to sniff; to scent
annuvolarsi, ahn-noo-vo-**lar**-se, *v* to become cloudy
anomalo, ah-**no**-mah-lo, *adj* anomalous
anonimo, ah-**no**-ne-mo, *adj* anonymous
anormale, ah-nor-**mah**-lay, *adj* abnormal
ansa, ahn-sah, *f* loop
ansia, ahn-se'ah, *f* longing; anxiety
ansietà, ahn-se'ay-**tah**, *f* anxiety; agitation
ansimare, ahn-se-**mah**-ray, *v* to pant, to be out of breath
antecedente, ahn-tay-chay-**den**-tay, *adj* antecedent
antenato, ahn-tay-**nah**-to, *m* ancestor
antenna, ahn-**ten**-nah, *f* antenna; aerial
anteporre, ahn-tay-**por**-

ray, *v* to prefer
anteriore, ahn-tay-re'o-ray, *adj* anterior, prior
antibiotico, ahn-te-be'o-te-ko, *m* antibiotic
anticaglie, ahn-te-**kah**-l'yay, *fpl* antiquities, old curiosities
anticamente, ahn-te-kah-**men**-tay, *adv* in bygone times, formerly
anticamera, ahn-te-**kah**-may-rah, *f* antechamber; hall
antichità, ahn-te-ke-**tah**, *f* antiquity
anticipare, ahn-te-che-**pah**-ray, *v* to anticipate; to pay in advance
anticipo, ahn-**te**-che-po, *m* advance; **in –,** in advance
antico, ahn-**tee**-ko, *adj* antique; ancient
anticoncezionale, ahn-te-con-che-tse'o-**nah**-le, *adj* contraceptive; *m* contraceptive
antifurto, ahn-te-**foor**-to, *m* burglar alarm
antigelo, ahn-te-**jay**-lo, *m* antifreeze
antilope, ahn-**tee**-lo-pay, *f* antelope
antiorario, ahn-te-oh-**rah**-re'o, *adj* anticlockwise
antipasto, ahn-te-**pahss**-to, *m* hors-d'oeuvre
antipatico, ahn-te-**pa**-te-ko, *adj* disagreeable
antipodi, ahn-**tee**-po-de, *mpl* antipodes
antiquato*, ahn-te-**kwah**-to, *adj* obsolete; out-of-date
antistaminico, ahn-te-stah-me-**ne**-ko, *m* antihistamine
antracite, ahn-trah-**chee**-tay, *f* anthracite
antro, ahn-tro, *m* cave, den, lair
anulare, ah-noo-**lah**-ray, *m* ring-finger
anzi, ahn-tse, *adv* rather; even; just the opposite
anzianità, ahn-tse'ah-ne-**tah**, *f* seniority
anziano, -a, ahn-tse'**ah**-no, *adj* aged, elder, senior; *m/f* old person
anziché, ahn-tse-**kay**, *conj*, rather than
anzitutto, ahn-tse-**toot**-to, *adv* first of all
apatia, ah-pah-**tee**-ah, *f* apathy, insensibility
apatico*, ah-**pah**-te-ko, *adj* apathetic, indifferent
ape, ah-pay, *f* bee
aperitivo, ah-pay-re-**tee**-vo, *m* apéritif
aperto*, ah-**pair**-to, *adj* open, candid
apertura, ah-pai**r**-**too**-rah, *f* aperture; opening
apice, ah-pe-chay, *m* apex, top; *fig* summit
apoplessia, ah-po-pless-**see**-ah, *f* apoplexy
apostolo, ah-**poss**-to-lo, *m* apostle
appagamento, ahp-pah-gah-**men**-to, *m* satisfaction
appagare, ahp-pah-**gah**-ray, *v* to satisfy, to content
appaltare, ahp-pahl-**tah**-ray, *v* to lease out on contract
appaltatore, ahp-pahl-tah-**tor**-ay, *m* contractor
appalto, ahp-**pahl**-to, *m* contract
appannare, ahp-pahn-**nah**-ray, *v* to mist, to dim
apparato, ahp-pah-**rah**-to, *m* apparatus; *fig* pomp, show
apparecchiare, ahp-pah-reck-ke'**ah**-ray, *v* to prepare; to lay the table
apparecchio, ahp-pah-**reck**-ke'o, *m* apparatus; outfit; aircraft
apparente, ahp-pah-**ren**-tay, *adj* apparent
apparenza, ahp-pah-**ren**-tsah, *f* appearance
apparire, ahp-pah-**ree**-ray, *v* to appear
appartamento, ahp-par-

tah-**men**-to, *m* flat
appartarsi, ahp-par-**tar**-se, *v* to withdraw oneself
appartenere, ahp-par-tay-**nay**-ray, *v* to belong
appassionarsi, ahp-pahss-se'o-**nar**-se, *v* to become very interested
appassionato*, ahp-pahss-se'o-**nah**-to, *adj* passionate; affectionate
appassire, ahp-pahss-**see**-ray, *v* to wizen, to fade
appellarsi, ahp-pell-**lah**-rse, *v law* to appeal
appello, ahp-**pell**-lo, *m* appeal; roll-call
appena, ahp-**pay**-nah, *adv* barely, hardly; *conj* as soon as
appendere, ahp-**pen**-day-ray, *v* to hang up
appetito, ahp-pay-**tee**-to, *m* appetite
appianare, ahp-pe'ah-**nah**-ray, *v* to smooth; to level
appiattire, ahp-pe'aht-**tee**-ray, *v* to flatten
appiccicare, ahp-pit-che-**kah**-ray, *v* to stick
appiccicaticcio, ahp-pit-che-kah-**tit**-cho, *adj* sticky
appieno, ahp-pe'**ay**-no, *adv* entirely, completely
appigliarsi, ahp-pe-l'**yar**-se, *v* to cling
appiglio, ahp-**pee**-l'yo, *m* pretext; grip
appioppare, ahp-pe'op-**pah**-ray, *v fam* to give (a slap, a punch)
applaudire, ahp-plah'oo-**dee**-ray, *v* to applaud
applicare, ahp-ple-**kah**-ray, *v* to apply
appoggiare, ahp-pod-**jah**-ray, *v* to lean; to help
appoggiarsi, ahp-pod-**jar**-se, *v* to lean against; to rely upon
appoggio, ahp-**pod**-jo, *m* support, protection
apporre, ahp-**por**-ray, *v* to affix
apportare, ahp-por-**tah**-ray, *v* to bring; to carry
apporto, ahp-**por**-to, *m* contribution
apposito*, ahp-**po**-ze-to, *adj* made to order, appropriate
apposta, ahp-**poss**-tah, *adv* for the express purpose
appostamento, ahp-poss-tah-**men**-to, *m* ambush
apprendere, ahp-**pren**-day-ray, *v* to learn
apprendista, ahp-pren-**diss**-tah, *m/f* apprentice; articled clerk
apprensione, ahp-pren-se'**o**-nay, *f* apprehension
appresso, ahp-**press**-so, *adv* near, close; after
apprestare, ahp-press-**tah**-ray, *v* to prepare
apprezzare, ahp-pret-**tsah**-ray, *v* to appreciate
approccio, ahp-**proch**-cho, *m* approach
approdare, ahp-pro-**dah**-ray, *v* to land; to arrive at
approdo, ahp-**pro**-do, *m* landing; landing-place
approfittare, ahp-pro-feet-**tah**-ray, *v* to profit
approfondire, ahp-pro-fon-**dee**-ray, *v* to deepen; to fathom
approssimarsi, ahp-pross-se-**mar**-se, *v* to approach; to approximate
approvare, ahp-pro-**vah**-ray, *v* to approve
approvazione, ahp-pro-vah-tse'**o**-nay, *f* approval
approvvigionare, ahp-prov-ve-jo-**nah**-ray, *v* to supply; to provide
appuntamento, ahp-poonn-tah-**men**-to, *m* appointment; meeting
appuntare, ahp-poonn-**tah**-ray, *v* to pin
appuntato, ahp-poonn-**tah**-to, *m* corporal
appunto, ahp-**poonn**-to, *m* note; blame; *adv* precisely, quite so
appurare, ahp-poo-**rah**-ray, *v* to verify; to

clear up
apribottiglie, ahp-pree-bot-**tee**-l'yay, *m* bottle-opener
aprile, ah-**pree**-lay, *m* April
aprire, ah-**pree**-ray, *v* to open
apriscatole, ahp-pree-skah-**to**-lay, *m* tin opener
aquila, ah-kwe-lah, *f* eagle
aquilone, ah-kwe-**lo**-nay, *m* kite
aragosta, ah-rah-**goss**-tah, *f* lobster
araldica, ah-**rahl**-de-kah, *f* heraldry
araldo, ah-**rahl**-do, *m* herald
arancia, ah-**rahn**-chah, *f* orange
aranciata, ah-rahn-**chah**-tah, *f* orangeade
arancio, ah-**rahn**-cho, *m* orange-tree
arancione, ah-rahn-**cho**-nay, *adj* & *m* orange
arare, ah-**rah**-ray, *v* to plough
aratro, ah-**rah**-tro, *m* plough
arazzo, ah-**raht**-tso, *m* tapestry
arbitrare, ahr-be-**trah**-ray, *v* to arbitrate; to referee
arbitrio, ahr-**bee**-tre'o, *m* arbitrary act; **libero –,** free will
arbitro, ahr-be-tro, *m* arbiter; umpire, referee
arboscello, ahr-bo-**shell**-lo, *m* sapling
arbusto, ahr-**booss**-to, *m* shrub
arca, ahr-kah, *f* ark, chest; tomb
arcata, ahr-**kah**-tah, *f* arcade; arch
archeologia, ahr-ke'o-loh-**je**-ah, *f* archeology
archeologo, ahr-ke'**o**-loh-go, *m* archeologist
archetto, ahr-**ket**-to, *m* violin-bow
architetto, ahr-kee-**tet**-to, *m* architect
architettura, ahr-kee-tet-**too**-rah, *f* architecture
archivio, ahr-**kee**-ve'o, *m* archives
arcigno*, ahr-**chee**-n'yo, *adj* surly
arcivescovo, ahr-che-**vess**-ko-vo, *m* archbishop
arco, ahr-ko, *m* arch; bow
arcobaleno, ahr-ko-bah-**lay**-no, *m* rainbow
arcuato, ahr-koo'**ah**-to, *adj* arched, curved
ardente, ahr-**den**-tay, *adj* ardent
ardere, ahr-day-ray, *v* to burn
ardesia, ahr-**day**-se'ah, *f* slate
ardire, ahr-**dee**-ray, *v* to dare
arditezza, ahr-de-**tet**-tsah, *f* boldness, audacity
ardito*, ahr-**dee**-to, *adj* daring
ardore, ahr-**dor**-ay, *m* ardour
arduo*, ahr-doo'o, *adj* arduous
arena, ah-**ray**-nah, *f* sand; arena
argano, ahr-gah-no, *m* capstan; winch
argenteria, ahr-jen-**tay**-re'ah, *f* silverware
argentiere, ahr-jen-te'**ay**-ray, *m* silversmith
argentino, ahr-jen-**tee**-no, *adj* silvery; harmonious
argento, ahr-**jen**-to, *m* silver
argilla, ahr-**jill**-lah, *f* clay
arginare, ahr-je-**nah**-ray, *v* to dam
argine, ahr-je-nay, *m* embankment, dyke, causeway
argomentare, ahr-go-men-**tah**-ray, *v* to argue
argomento, ahr-go-**men**-to, *m* argument; reason; subject
arguire, ahr-goo'**ee**-ray, *v* to argue; to infer
arguto*, ahr-**goo**-to, *adj* sharp, witty, acute

aria, ah-re'ah, *f* air; look; aria, tune
arido*, ah-re-do, *adj* dry; barren, sterile
arieggiare, ah-re-aid-**jah**-ray, *v* to ventilate
ariete, ah-re'**ay**-tay, *m* ram; *naut* ram; **Ariete,** Aries
arietta, ah-re'**ayt**-tah, *f* light musical aria; breeze
aringa, ah-**reen**-gah, *f* herring
arioso, ah-re'**o**-zo, *adj* airy, well-aired
aristocrazia, ah-re-sto-krah-**tsee**-ah, *f* aristocracy
aritmetica, ah-rit-**may**-te-kah, *f* arithmetic
arlecchino, ahr-lek-**kee**-no, *m* harlequin
arma, ahr-mah, *f* weapon
armadio, ahr-**mah**-de'o, *m* wardrobe
armaiolo, ahr-mah-e'oo-**o**-lo, *m* gunsmith
armamento, ahr-mah-**men**-to, *m* armament
armare, ahr-**mah**-ray, *v* to arm; *naut* to rig
armata, ahr-**mah**-tah, *f* army
armatore, ahr-mah-**tor**-ay, *m* shipowner
armatura, ahr-mah-**too**-rah, *f* armour; structure
armeria, ahr-may-**ree**-ah, *f* arsenal; armoury
armi, ahr-me, *fpl* arms
armistizio, ahr-miss-**tee**-tse'o, *m* armistice
armonia, ahr-mo-**nee**-ah, *f* harmony
armonizzare, ahr-mo-nit-**tsah**-ray, *v* to harmonize
arnese, ahr-**nay**-zay, *m* tool
arnia, ahr-**nee**-ah, *f* beehive
arpa, ahr-pah, *f* harp
arpione, ahr-pe'**o**-nay, *m* harpoon; hook
arrabattarsi, ahr-rah-baht-**tar**-se, *v* to take pains, to exert oneself
arrabbiarsi, ahr-rahb-be'**ar**-se, *v* to get angry
arrabbiato, ahr-rahb-be'**ah**-to, *v* angry; with rabies
arraffare, ahr-rahf-**fah**-ray, *v* to snatch, to seize
arrampicarsi, ahr-rahm-pe-**kar**-se, *v* to climb up
arrancare, ahr-rahn-**kah**-ray, *v* to limp
arrangiare, ahr-rahn-**jah**-ray, *v* to arrange
arrangiarsi, ahr-rahn-**jahr**-se, *v* to manage
arrecare, ahr-ray-**kah**-ray, *v* to bring about
arredamento, ahr-ray-dah-**men**-to, *m* furnishing; interior design
arredare, ahr-ray-**dah**-ray, *v* to furnish, to fit out
arredo, ahr-**ray**-do, *m* furniture
arrendersi, ahr-**ren**-dair-se, *v* to surrender
arrestare, ahr-ress-**tah**-ray, *v* to arrest, to stop
arretrare, ahr-ray-**tra**-ray, *v* to recede; to draw back
arretrati, ahr-ray-**trah**-te, *mpl* arrears
arricchirsi, ahr-rik-**keer**-se, *v* to grow rich
arricciare, ahr-rit-**chah**-ray, *v* to curl
arringa, ahr-**rin**-gah, *f* harangue; pleading
arringare, ahr-rin-**gah**-ray, *v* to harangue
arrischiare, ahr-riss-ke'**ah**-ray, *v* to risk
arrivare, ahr-re-**vah**-ray, *v* to arrive; to reach
arrivederci, ahr-re-vay-**der**-che, *interj* goodbye
arrivo, ahr-**ree**-vo, *m* arrival; finishing line
arroganza, ahr-ro-**gahn**-tsah, *f* arrogance
arrossire, ahr-ross-**see**-ray, *v* to blush
arrostire, ahr-ross-**tee**-ray, *v* to roast; to toast
arrosto, ahr-**ross**-to, *m* roast

arrotare, ahr-ro-**tah**-ray, *v* to sharpen
arrotolare, ahr-ro-to-**lah**-ray, *v* to roll up
arrotondare, ahr-ro-ton-**dah**-ray, *v* to make round; to round off
arrovellarsi, ahr-ro-vell-**lar**-se, *v* to rack one's brain
arruffare, ahr-roof-**fah**-ray, *v* to ruffle, to dishevel; to entangle
arrugginire, ahr-rood-je-**nee**-ray, *v* to get rusty
arruolare, ahr-roo'o-**lah**-ray, *v* to enlist
arruolarsi, ahr-roo'o-**lar**-se, *v* to enlist; to join up
arsenale, ahr-say-**nah**-lay, *v* arsenal; dockyard
arso, ahr-so, *adj* burnt, scorched
arsura, ahr-**soo**-rah, *f* drought; thirst; stifling heat
arte, ahr-tay, *f* art; skill
artefatto, ahr-tay-**faht**-to, *adj* artificial; adulterated
artefice, ahr-**tay**-fe-chay, *m/f* creator, maker
arteria, ahr-**tay**-re'ah, *f* artery
articolare, ahr-te-ko-**lah**-ray, *v* to articulate
articolo, ahr-**tee**-ko-lo, *m* article; clause
artificiale, ahr-te-fe-**chah**-lay, *adj* artificial
artificio, ahr-te-**fee**-cho, *m* artifice, trick
artigiano, ahr-te-**jah**-no, *m* artisan
artigliere, ahr-te-l'**yay**-ray, *m* artilleryman
artiglieria, ahr-te-l'yay-**ree**-ah, *f* artillery
artiglio, ahr-**tee**-l'yo, *m* claw, talon
artista, ahr-**tiss**-tah, *m/f* artist
arto, ahr-to, *m* member, limb
artrite, ahr-**tree**-tay, *f* arthritis
arzigogolare, ahr-dze-go-go-**lah**-re, *v* to muse; to quibble
arzillo, ahr-**dzell**-lo, *adj* vigorous, lively
ascella, ah-**shell**-lah, *f* armpit
ascendente, ah-shen-**den**-tay, *m* ascendant; ascendency
ascendere, ah-**shen**-day-ray, *v* to ascend, to climb
ascensione, ah-shen-se'**o**-nay, *f* ascent; Ascension
ascensore, ah-shen-**sor**-ay, *m* lift
ascesso, ah-**shess**-so, *m* abscess
asceta, ah-**shay**-tah, *m* ascetic
ascia, ah-she'ah, *f* axe
asciugacapelli, ah-she'oo-gah-cah-**payl**-le, *m* hair dryer
asciugamano, ah-she'oo-gah-**mah**-no, *m* towel
asciugare, ah-she'oo-**gah**-ray, *v* to dry; to wipe
asciutto, ah-she'**oot**-to, *adj* dry; lean
ascoltare, ahss-koll-**tah**-ray, *v* to listen (to)
ascoltatore, -trice, ahss-koll-tah-**tor**-ay, ahss-koll-tah-**tree**-chay, *m/f* listener
ascolto, ahss-**koll**-to, *m* **stare in –,** to be listening; **indice di –,** audience rating
ascrivere, ahss-**kree**-vay-ray, *v* to ascribe
asfalto, ahss-**fahl**-to, *m* asphalt
asfissiare, ahss-fess-se'**ah**-ray, *v* to asphyxiate
Asia, ah-ze'ah, *f* Asia
asiatico, ah-ze-**ah**-te-ko, *adj* Asian
asilo, ah-**zee**-lo, *m* asylum; shelter
asino, ah-ze-no, *m* ass
asma, ahss-mah, *f* asthma
asola, ah-zo-lah, *f* buttonhole
asparago, ahss-**pah**-rah-go, *m* asparagus
aspettare, ahss-pet-**tah**-

ray, *v* to wait (for); to expect
aspettativa, ahss-pet-tah-**tee**-vah, *f* expectation
aspetto, ahss-**pet**-to, *m* aspect; appearance
aspirante, ahss-pe-**rahn**-tay, *m/f* candidate
aspirapolvere, ahss-pe-rah-**poll**-vay-ray, *m* vacuum cleaner
aspirare, ahss-pe-**rah**-ray, *v* to inhale; to aspirate; to aim at
aspirina, ahss-pe-**ree**-nah, *f* aspirin
asportare, ahss-por-**tah**-ray, *v* to remove, to extirpate
asprezza, ahss-**pret**-tsah, *f* harshness; rudeness
aspro*, ahss-pro, *adj* sour; bitter; rough
assaggiare, ahss-sahd-**jah**-ray, *v* to taste; to sample
assai, ahss-**sah**'e, *adv* much, plenty
assalire, ahss-sah-**lee**-ray, *v* to assault, to attack
assalto, ahss-**sahl**-to, *m* attack
assaporare, ahss-sah-po-**rah**-ray, *v* to taste
assassinare, ahss-sahss-se-**nah**-ray, *v* to assassinate; to murder
assassinio, ahss-sahss-**see**-ne'o, *m* murder
assassino, ahss-sahss-**see**-no, *m* murderer
asse, ahss-say, *f* plank; axle; shaft; axis
assecondare, ahss-say-kon-**dah**-ray, *v* to go along with
assediare, ahss-say-de'**ah**-ray, *v* to besiege
assedio, ahss-**say**-de'o, *m* siege; importunity
assegnare, ahss-say-n'**yah**-ray, *v* to assign; to award
assegno, ahss-**say**-n'yo, *m* cheque; allowance
assemblea, ahss-sem-**ble**-ah, *f* assembly
assennato*, ahss-sen-**nah**-to, *adj* prudent, wise
assentarsi, ahss-sen-**tar**-se, *v* to absent oneself
assente, ahss-**sen**-tay, *adj* absent
assentire, ahss-sen-**tee**-ray, *v* to assent, to agree
assenza, ahss-**sen**-tsah, *f* absence
asserire, ahss-say-**ree**-ray, *v* to assert
asserzione, ahss-sair-tse'o-nay, *f* assertion
assestare, ahss-sess-**tah**-ray, *v* to adjust; to put in order
assetato, ahss-say-**tah**-to, *adj* thirsty
assetto, ahss-**set**-to, *m* order; arrangement
assicurare, ahss-se-koo-**rah**-ray, *v* to affirm; to assure, to insure
assicurarsi, ahss-se-koo-**rar**-se, *v* to make sure; – **contro,** to insure oneself against
assicuratore, -trice, ahss-se-koo-rah-**tor**-ay, ahss-se-koo-rah-**tree**-chay, *m/f* insurance agent
assicurazione, ahss-se-koo-rah-tse'**o**-nay, *f* insurance policy; assurance
assideramento, ahss-se-day-rah-**men**-to, *m* exposure
assiduità, ahss-se-doo'e-**tah**, *f* assiduity, diligence
assiduo*, ahss-**see**-doo'o, *adj* assiduous
assieme, ahss-se'**ay**-may, *adv* together
assillato, ahss-sill-**lah**-to, *adj* busy; worried; annoyed
assillo, ahss-**sill**-lo, *m* worry, anguish
assimilare, ahss-se-me-**lah**-ray, *v* to assimilate
assioma, ahss-se'**o**-mah, *m* axiom
assise, ahss-**see**-zay, *fpl* (court of) assizes
assistente, ahss-siss-**ten**-tay, *m/f* assistant; – **sociale**, social worker; –

di volo, steward, stewardess
assistenza, ahss-siss-**ten**-tsah, *f* assistance
assistere, ahss-**siss**-tay-ray, *v* to assist; to attend
asso, ahss-so, *m* ace
associare, ahss-so-**chah**-ray, *v* to associate
associato, ahss-so-**chah**-to, *m* partner, associate
associazione, ahss-so-chah-tse'**o**-nay, *f* association; company
assodato, ahss-so-**dah**-to, *adj* well-founded
assoggettare, ahss-sod-jet-**tah**-ray, *v* to subdue
assolato, ahss-sol-**lah**-to, *adj* sunny
assoluto*, ahss-so-**loo**-to, *adj* absolute
assoluzione, ahss-so-loo-tse'**o**-nay, *f* absolution
assolvere, ahss-**soll**-vay-ray, *v* to absolve; *law* to acquit
assomigliare, ahss-so-me-le'**ah**-ray, *v* to resemble
assonnato*, ahss-son-**nah**-to, *adj* sleepy
assopirsi, ahss-so-**peer**-se, *v* to get sleepy, to doze off
assorbente, ahss-sor-**ben**-tay, *adj* absorbing; *m* sanitary towel
assorbimento, ahss-sor-be-**men**-to, *m* absorption
assorbire, ahss-sor-**bee**-ray, *v* to absorb
assordare, ahss-sor-**dah**-ray, *v* to deafen
assortimento, ahss-sor-te-**men**-to, *m* assortment
assortito, ahss-sor-**tee**-to, *adj* assorted; matched
assorto, ahss-**sor**-to, *adj* absorbed
assottigliare, ahss-sot-te-l'**yah**-ray, *v* to make thin, to reduce
assuefarsi, ahss-soo'ay-**far**-se, *v* to get accustomed
assuefazione, ahss-soo'ay-fah-tse'**o**-nay, *f* addiction, habit
assumere, ahss-**soo**-may-ray, *v* to assume
assunto, ahss-**soonn**-to, *m* assertion; proposition
assunzione, ahss-soonn-tse'**o**-nay, *f* employment; Assumption
assurdità, ahss-soo**hr**-de-**tah**, *f* absurdity
assurdo*, ahss-**soohr**-do, *adj* absurd
asta, ahss-tah, *f* staff; pole; auction
astemio, ahss-**tay**-me'o, *m* teetotaller; *adj* abstemious
astenersi, ahss-tay-**nair**-se, *v* to abstain
astensione, ahss-ten-se'**o**-nay, *f* abstention
astinenza, ahss-te-**nen**-tsah, *f* abstinence
astio, ahss-te'o, *m* spite, hatred, resentment
astioso*, ahss-te'**o**-zo, *adj* malicious
astrarre, ahss-**trar**-ray, *v* to abstract
astratto*, ahss-**traht**-to, *adj* abstract
astrazione, ahss-trah-tse'**o**-nay, *f* abstraction
astringente, ahss-trin-**jen**-tay, *adj* astringent; *m* astringent
astro, ahss-tro, *m* star
astrologia, ahss-tro-lo-**jee**-ah, *f* astrology
astronauta, ahss-tro-**na**'oo-tah, *m/f* astronaut
astronomia, ahss-tro-no-**mee**-ah, *f* astronomy
astruso*, ahss-**troo**-zo, *adj* abstruse, enigmatic
astuccio, ahss-**toot**-cho, *m* case, box; sheath
astuto*, ahss-**too**-to, *adj* cunning, artful, astute
astuzia, ahss-**too**-tse'ah, *f* astuteness
Atene, ah-**tay**-nay, *f* Athens
ateo, ah-tay'o, *m* atheist
atlante, aht-**lahn**-tay, *m* atlas
atleta, aht-**lay**-tah, *m/f*

athlete
atletico, aht-**lay**-tee-ko, *adj* athletic
atmosfera, aht-moss-**fay**-rah, *f* atmosphere
atomo, ah-to-mo, *m* atom
atrio, ah-tre'o, *m* entrance-hall, vestibule
atroce, ah-**tro**-chay, *adj* atrocious
attaccabrighe, aht-tahk-kah-**bree**-gay, *m/f* quarrelsome person
attaccamento, aht-tahk-kah-**men**-to, *m* attachment
attaccare, aht-tahk-**kah**-ray, *v* to attach, to tie; to attack; to begin
attacco, aht-**tahk**-ko, *m* attack; connection
attecchire, aht-teck-**kee**-ray, *v* to take root; to thrive
atteggiamento, aht-ted-jah-**men**-to, *m* attitude; mood
attempato, aht-tem-**pah**-to, *adj* elderly
attendente, aht-ten-**den**-tay, *m mil* orderly
attendere, aht-**ten**-day-ray, *v* to wait for; to attend to
attendibile, aht-tayn-dee-**bee**-lay, *adj* reliable
attenersi, aht-tay-**nair**-se, *v* to abide by
attentare, aht-ten-**tah**-ray, *v* to attack
attentato, aht-ten-**tah**-to, *m* attempt (on life)
attento*, aht-**ten**-to, *adj* attentive
attenuare, aht-tay-noo'**ah**-ray, *v* to attenuate, to lessen
attenzione, aht-ten-tse'**o**-nay, *f* attention
atterraggio, aht-tair-**rahd**-jo, *m* landing
atterrare, aht-tair-**rah**-ray, *v* (aircraft) to land; to push to the ground
atterrire, aht-tair-**ree**-ray, *v* to terrify
attesa, aht-**tay**-zah, *f* waiting
attestato, aht-tess-**tah**-to, *m* certificate; testimonial
attico, aht-te-ko, *m* attic
attiguo, aht-**tee**-goo'o, *adj* adjoining, contiguous
attillato, aht-till-**lah**-to, *adj* close-fitting
attimo, aht-te-mo, *m* instant
attinente, aht-te-**nen**-tay, *adj* relating to
attingere, aht-**teen**-jay-ray, *v* to draw on, to draw from
attirare, aht-te-**rah**-ray, *v* to attract
attitudine, aht-te-**too**-de-nay, *f* inclination, aptitude
attivare, aht-te-**vah**-ray, *v* to activate, to start
attività, aht-te-ve-**tah**, *f* activity
attivo, aht-**tee**-vo, *adj** active; *m* assets; **in –,** in credit
attizzatoio, aht-tit-tsah-**to**-e'o, *m* poker
atto, aht-to, *m* act; document; *adj* qualified, capable; fit
attonito, aht-**to**-ne-to, *adj* astonished
attorcigliarsi, aht-tor-che-l'**yar**-se, *v* to wind around
attore, aht-**tor**-ay, *m* actor; plaintiff
attorno, aht-**tor**-no, *adv* round, about
attraente, aht-trah-**enn**-tay, *adj* attractive
attrarre, aht-**trar**-ray, *v* to attract
attraversare, aht-trah-vair-**sah**-ray, *v* to cross; to go through
attraverso, aht-trah-**vair**-so, prep across; through
attrazione, aht-trat-tse'**o**-nay, *f* attraction
attrezzare, aht-tret-**tsah**-ray, *v* to fit up; to rig
attrezzo, aht-**tret**-tso, *m* tool, implement; utensil

attribuire, aht-tre-boo'**ee**-ray, *v* to attribute
attrice, aht-**tree**-chay, *f* actress; plaintiff
attrito, aht-**tree**-to, *m* friction; abrasion
attuabile, aht-too'**ah**-be-lay, *adj* feasible
attuale, aht-too'**ah**-lay, *adj* actual; present
attutire, aht-too-**tee**-ray, *v* to deaden, to cushion
audace*, ah'oo-**dah**-chay, *adj* audacious, daring
audacia, ah'oo-**dah**-chah, *f* audacity, impudence
auditorio, ah'oo-de-**to**-ree-o, *m* auditorium
audizione ah'oo-de-tse'**o**-ne, *f* audition
augurare, ah'oo-goo-**rah**-ray, *v* to wish
augurio, ah'oo-**goo**-re'o, *m* wish; omen
aula, ah'oo-lah, *f* classroom; hall; court
aumentare, ah'oo-men-**tah**-ray, *v* to increase
aumento, ah'oo-**men**-to, *m* increase; rise
aureo, ah'oo-ray'o, *adj* golden
aureola, ah'oo-**ray**-o-lah, *f* halo
aurora, ah'oo-**ro**-rah, *f* dawn
ausiliare, ah'oo-ze-le'**ah**-ray, *adj* auxiliary; *m gram* auxiliary
ausiliario, -a, ah'oo-ze-le'**ah**-re'o, *m/f* auxiliary
auspicio, ah'oo-**spe**-cho, *m* omen
austero*, ah'oo-**stay**-ro, *adj* austere, stern
Australia, ah'oo-**strah**-le'ah, *f* Australia
australiano, ah'oo-strah-le-**ah**-no, *adj* Australian
Austria, ah'**oo**-stre'ah, *f* Austria
austriaco, ah'oo-**stree**-ah-ko, *adj* Austrian
autenticare, ah'oo-ten-te-**kah**-ray, *v* to authenticate; to legalize
autenticità, ah'oo-ten-te-che-**tah**, *f* authenticity
autista, ah'oo-**tiss**-tah, *m/f* driver
autobiografia, ah'oo-to-be'o-grah-**fee**-ah, *f* autobiography
autoblinda, ah'oo-to-**blin**-dah, *f* armoured car
autobus, ah'oo-to-**booss**, *m* bus
autocarro, ah'oo-to-**kar**-ro, *m* lorry
autocrate, ah'oo-**to**-krah-tay, *m* autocrat
autodromo, ah'oo-**to**-dro-mo, *m* motor-racing track
autografo, ah'oo-**to**-grah-fo, *m* autograph
autogrill, ah'oo-to-**grill**, *m* motorway café
autolinea, ah'oo-to-**lee**-nay-ah, *m* bus service
automa, ah'oo-**to**-mah, *m* automaton
automezzo, ah'oo-to-**med**-dzo, *m* motor vehicle
automobile, ah'oo-to-**moh**-be-lay, *f* car
autonoleggio, ah'oo-to-noh-**lej**-jo, *m* car hire
autonomo, ah'oo-**toh**-noh-mo, *adj* autonomous
autopsia, ah'oo- top-**see**-ah, *f* post mortem
autore, -trice, ah'oo-**tor**-ay, ah'oo-**tree**-che, *m/f* author
autorevole, ah'oo-to-**ray**-vo-lay, *adj* authoritative
autorimessa, ah'oo-to-re-**mess**-sah, *f* garage
autorizzare, ah'oo-to-rid-**dzah**-ray, *v* to authorize
autostrada, ah'oo-to-**strah**-dah, *f* motorway
autoveicolo, ah'oo-to-vay-**ee**-ko-lo, *m* motor vehicle
autunnale, ah'oo-toonn-**nah**-lay, *adj* autumnal
autunno, ah'oo-**toonn**-no, *m* autumn
avallo, ah-**vahl**-lo, *m* indorsement; guarantee
avambraccio, ah-vahm-

braht-cho, *m* forearm
avanguardia, ah-vahn-gooar-de'ah, *f* vanguard
avanti, ah-**vahn**-te, *adv* forward
avanzare, ah-vahn-**tsah**-ray, *v* to advance; to be left over
avanzato, ah-vahn-**tsah**-to, *adj* advanced; left over
avanzo, ah-**vahn**-tso, *m* rest, residue; profit
avaria, ah-vah-**ree**-ah, *f* damage
avariare, ah-vah-re'**ah**-ray, *v* to damage
avaro, ah-**vah**-ro, *m* miser; *adj** avaricious
avena, ah-**vay**-nah, *f* oats
avere, ah-**vay**-ray, *m* property; credit, *v* to have, to get, to possess
aviatore, ah-ve'ah-**tor**-ay, *m* aviator
aviazione, ah-ve'ah-tse'**o**-nay, *f* aviation; air force
avidità, ah-ve-de-**tah**, *f* avidity
avido*, ah-ve-do, *adj* greedy; eager
aviolinea, ah-ve'o-**lee**-nay-ah, *f* airline
avo, ah-vo, *m* ancestor
avocado, ah-vo-**cah**-do, *m* avocado
avorio, ah-**vo**-re'o, *m* ivory
avvallamento, ahv-vahl-lah-**men**-to, *m* depression in the ground
avvalorare, ahv-vah-lo-**rah**-ray, *v* to prove, to confirm
avvampare, ahv-vahm-**pah**-ray, *v* to flare up
avvantaggiare, ahv-vahn-tahd-**jah**-ray, *v* to favour
avvantaggiarsi, ahv-vahn-tahd-**jah**-rse, *v* to gain an advantage
avvedersi, ahv-vay-**dair**-se, *v* to perceive; to become aware of
avvedutezza, ahv-vay-doo-**tet**-tsah, *f* foresight
avveduto*, ahv-vay-**doo**-to, *adj* wary; prudent
avvelenare, ahv-vay-lay-**nah**-ray, *v* to poison
avvenente, ahv-vay-**nen**-tay, *adj* attractive, pretty, charming
avvenenza, ahv-vay-**nen**-tsah, *f* charm, prettiness
avvenimento, ahv-vay-ne-**men**-to, *m* event; happening
avvenire, ahv-vay-**nee**-ray, *v* to happen; *m* future
avventarsi, ahv-ven-**tar**-se, *v* to hurl oneself (against)
avventato*, ahv-ven-**tah**-to, *adj* rash; risky
avvento, ahv-**ven**-to, *m* advent
avventura, ahv-ven-**too**-rah, *f* adventure
avventurarsi, ahv-ven-too-**rah**-rse, *v* to venture (into)
avventuroso, ahv-ven-too-**roh**-so, *adj* adventurous
avverarsi, ahv-vay-**rah**-ray, *v* to come true
avverbio, ahv-**vair**-be'o, *m* adverb
avversario, -a, ahv-vair-**sah**-re'o, *adj* unfriendly; *m/f* opponent
avversità, ahv-vair-se-**tah**, *f* adversity
avverso*, ahv-**vair**-so, *adj* adverse, opposed
avvertenza, ahv-vair-**ten**-tsah, *f* warning, attention
avvertimento, ahv-vair-te-**men**-to, *m* warning, notice; admonition
avvertire, ahv-vair-**tee**-ray, *v* to warn, to give notice; to perceive
avvezzo, ahv-**vet**-tso, *adj* **–a,** used to
avviamento, ahv-ve'ah-**men**-to, *m* starting
avviare, ahv-ve'**ah**-ray, *v* to set up in, to start
avvicendarsi, ahv-ve-chen-**dah**-rse, *v* to

alternate
avvicinare, ahv-ve-che-**nah**-ray, *v* to approach
avvilimento, ahv-ve-le-**men**-to, *m* discouragement; degradation; humiliation
avvilire, ahv-ve-**lee**-ray, *v* to degrade, to lower
avvilirsi, ahv-ve-**leer**-se, *v* to get discouraged
avviluppare, ahv-ve-loop-**pah**-ray, *v* to envelop, to wrap up; to entangle
avvincere, ahv-**veen**-chay-ray, *v* to hug; to tie up; to convince
avvinghiare, ahv-veen-ghe'**ah**-ray, *v* to grip; to clutch
avvisare, ahv-ve-**zah**-ray, *v* to warn
avviso, ahv-**vee**-zo, *m* notice; warning; advertisement; opinion
avvistare, ahv-ve-**stah**-ray, *v* to see, to sight
avvitare, ahv-ve-**tah**-ray, *v* to screw
avvizzire, ahv-vit-**tsee**-ray, *v* to fade, to wither
avvocato, ahv-vo-**kah**-to, *m* lawyer, barrister
avvolgere, ahv-**voll**-jay-ray, *v* to wrap up
avvoltoio, ahv-voll-**to**-e'o, *m* vulture
azalea, ah-dzah-**lay**-ah, *f* azalea
azienda, ah-dze'**en**-dah, *f* business, firm
azionare, ah-tse'o-**nah**-ray, *v* to start up, to activate
azione, ah-tse'**o**-nay, *f* action; share
azionista, ah-tse'o-**niss**-tah, *m/f* shareholder
azzannare, ahd-dzahn-**nah**-ray, *v* to snap, to bite
azzardare, ahd-dzar-**dah**-ray, *v* to hazard
azzardo, ahd-**dzar**-do, *m* risk, hazard
azzeccare, ahd-dzeck-**kah**-ray, *v* to guess; to strike
azzuffarsi, ahd-dzoof-**far**-se, *v* to scuffle
azzurro, ahd-**dzoor**-ro, *adj* sky-blue; *m* azure

B

babbeo, bahb-**bay**-o, *m* fool
babbo, bahb-bo, *m* father, dad
babbuino, bahb-boo'**ee**-no, *m* baboon
babordo, bah-**bor**-do, *m* port side
bacato, bah-**kah**-to, *adj* worm-eaten; degenerate
bacca, bahk-kah, *f* berry
baccalà, bahk-kah-**lah**, *m* dried codfish
baccano, bahk-**kah**-no, *m* row, din
baccello, baht-**chell**-lo, *m* pod
bacchetta, bahk-**ket**-tah, *f* rod; wand; baton; drumstick
bacheca, bahk-**ke**-kah, *f* notice board; display case
baciare, bah-**chah**-ray, *v* to kiss
bacillo, bah-**chill**-lo, *m* bacillus, germ
bacinella, bah-che-**nell**-lah, *f* bowl, basin
bacino, bah-**chee**-no, *m* basin; pelvis; dock; – **petrolifero,** oilfield
bacio, bah-cho, *m* kiss
baco, bah-ko, *m* worm; – **da seta,** silkworm
bada, bah-dah, *f* **tenere a** –, to keep at bay *or* arm's length
badare, bah-dah-ray, *v* to mind; to look after
badessa, bah-**dess**-sah, *f* abbess
badia, bah-**dee**-ah, *f* abbey
badile, bah-**dee**-lay, *m* shovel
baffi, bahf-fe, *mpl* moustache; (animal) whiskers
bagagli, bah-**gah**-l'y, *mpl* luggage
bagagliaio, bah-gah-l'**yah**-e'o, *m* luggage-van
bagaglio, bah-**gah**-l'yo, *m* luggage
bagattella, bah-gah-**tell**-lah, *f* trifle
bagliore, bah-l'**yo**-ray, *m* flash of light; glare; glow
bagnare, bah-n'**yah**-ray, *v* to wet; to soak
bagnarsi, bah-n'**yah**-rsee, *v* to bathe; to wet oneself; to get soaked
bagno, bah-n'yo, *m* bath; swim; bathroom
bagnoschiuma, bah-n'yo-skeoo-ma, *m* bubblebath
baia, bah'e-ah, *f* bay
baio, bah'e-o, *adj* (horse) chestnut colour, bay
baionetta, bah'e-o-**net**-tah, *f* bayonet
balaustra, bah-lah'**ooss**-trah, *f* balustrade
balaustrata, bah-lah'ooss-**trah**-tah, *f* balustrade
balbettare, bahl-bet-**tah**-ray, *v* to stutter
balbuzie, bahl-**boo**-tse'ay, *f* stutter, stammer
balbuziente, bahl-boo-**tse**'ayn-tay, *adj*

stammering
balcone, bahl-**ko**-nay, *m* balcony
baldacchino, bahl-dahk-**kee**-no, *m* canopy
baldanza, bahl-**dahn**-tsah, *f* boldness
baldo, bahl-do, *adj* bold, fearless
baldoria, bahl-**do**-re'ah, *f* merrymaking; **fare –,** to have a good time
balena, bah-**lay**-nah, *f* whale
balenare, bah-lay-**nah**-ray, *v* to flash
baleno, bah-**lay**-no, *m* flash of lightning
balia, bah-le'ah, *f* wet-nurse
balia, bah-**lee**-ah, *f* **in –,** at the mercy
balla, bahl-lah, *f* bale; tall story, lie
ballare, bahl-**lah**-ray, *v* to dance
ballata, bahl-**lah**-tah, *f* ballad
ballerina, bahl-lay-**ree**-nah, *f* dancer; ballerina; pump shoe
balletto, bahl-**let**-to, *m* ballet
ballo, bahl-lo, *m* ball, dance; **essere in –,** to be at stake; to be involved
ballottaggio, bahl-lot-**tahd**-jo, *m* second ballot
ballottare, bahl-lot-tah-ray, *v* to ballot
balneare, bahl-nay-**ah**-ray, *adj* of the seaside
balocco, bah-**lock**-ko, *m* toy
balordo*, bah-**lor**-do, *adj* silly, stupid, foolish
balsamo, bahl-**sa**-mo, *m* balm; hair conditioner
baluardo, bah-loo'**ar**-do, *m* bulwark
balza, bahl-tsah, *f* rock, crag; (dress) frill
balzano, bahl-**tsah**-no, *adj* strange, crazy
balzare, bahl-**tsah**-ray, *v* to leap, to jump
balzo, bahl-tso, *m* bounce; jump
bambagia, bahm-**bah**-jah, *f* cottonwool
bambina, bahm-**bee**-nah, *f* baby girl; little girl
bambinaia, bahm-be-**nah**-yah, *f* nurse
bambinesco, bahm-be-**ness**-ko, *adj* childish
bambino, bahm-**bee**-no, *m* child; baby; little boy
bambola, bahm-bo-lah, *f* doll
bambù, bahm-**booh**, *m* bamboo
banale, bah-**nah**-lay, *adj* commonplace, banal
banana, bah-**nah**-nah, *f* banana
banca, bahn-kah, *f* bank; **– dati,** data bank
bancarella, bahn-kah-**rayl**-lah, *f* market stall
bancario, bahn-**kah**-re'o, *adj* banking
bancarotta, bahn-kah-**rot**-tah, *f* bankruptcy
banchettare, bahn-ket-**tah**-ray, *v* to banquet
banchetto, bahn-**ket**-to, *m* banquet
banchiere, bahn-ke'**ay**-ray, *m* banker
banchina, bahn-**kee**-nah, *f* quay; platform
banco, bahn-ko, *m* pew; bench; counter; school desk; bank; **– degli imputati,** dock; **– di nebbia,** fog patch; **– di prova,** testing ground
banconota, bahn-ko-**no**-tah, *f* banknote
banda, bahn-dah, *f* band; gang; strip; side
banderuola, bahn-day-roo'**o**-lah, *f* weathercock
bandiera, bahn-de'**ay**-rah, *f* flag, banner, colours
bandire, bahn-**dee**-ray, *v* to proclaim, to announce; to banish, to exile
bandita, bahn-**dee**-tah, *f* place protected by rights for shooting, fishing, etc.

bandito, bahn-**dee**-to, *m* bandit; *adj* exiled
banditore, bahn-de-**tor**-ay, *m* auctioneer
bando, bahn-do, *m* proclamation; banishment, exile
bar, bahr, *m* coffee bar; bar
bara, bah-rah, *f* coffin
baracca, bah-**rahk**-kah, *f* wooden shed; piece of junk; **mandare avanti la –,** to keep things going
baraonda, bah-rah-**onn**-dah, *f* chaos, confusion
barare, bah-**rah**-ray, *v* to cheat (at cards, etc.)
baratro, bah-rah-tro, *m* abyss
barattare, bah-raht-**tah**-ray, *v* to barter
baratto, bah-**raht**-to, *m* barter; exchange; **fare un –,** to swap
barattolo, bah-**raht**-to-lo, *m* jar; tin
barba, bar-bah, *f* beard; **farsi la –,** to shave
barbabietola, bar-bah-be'**ay**-to-lah, *f* beetroot
barbagianni, bar-bah-**jahn**-ne, *m* barn owl
barbaro, bar-bah-ro, *adj** barbarous; *m* barbarian
barbecue, bar-be-keeu, *m* barbecue
barbiere, bar-be'**ay**-ray, *m* barber
barbiturico, bar-bee-**too**-ree-ko, *m* barbiturate
barbone, bar-**bo**-nay, *m* poodle; *m/f* tramp
barboso, bar-**bo**-so, *adj* boring
barbottare, bar-bot-**tah**-ray, *v* to grumble
barbuto, bar-**boo**-to, *adj* bearded
barca, bar-kah, *f* boat
barcaiolo, bar-kah-e'**o**-lo, *m* boatman
barcamenarsi, bar-kah-may-**nahr**-se, *v* to manage somehow
barcollare, bar-koll-**lah**-ray, *v* to stagger; to totter
barcone, bar-**ko**-nay, *m* pontoon
bardare, bar-**dah**-ray, *v* to harness; to dress up
barella, bah-**rell**-lah, *f* stretcher
baricentro, bah-ree-**chen**-tro, *m* centre of gravity
barile, bah-**ree**-lay, *m* cask, barrel
barilotto, bah-ree-**lot**-to, *m* small cask, keg
barista, bah-**ree**-stah, *m/f* barman, barmaid
baritono, bah-**ree**-to-no, *m* baritone
barlume, bar-**loo**-may, *m* gleam, ray
barocco, bah-**rock**-ko, *adj* baroque; grotesque, odd
barometro, bah-**ro**-may-tro, *m* barometer
barone, bah-**ro**-nay, *m* baron
baronessa, bah-ro-**ness**-sah, *f* baroness
barra, bar-rah, *f* bar; stroke; *naut* helm
barricare, bar-re-**ka**-ray, *v* to barricade
barricata, bar-re-**ka**-tah, *f* barricade
barriera, bar-re'**ay**-rah, *f* barrier; gate
barroccio, bahr-**rot**-cho, *m* cart
baruffa, bah-**roof**-fah, *f* squabble
barzelletta, bahr-**dzel**-let-tah, *f* joke
basamento, bah-zah-**men**-to, *m* pedestal
basare, bah-**zah**-ray, *v* to base
base, bah-zay, *f* base, foundation
basette, bah-**zet**-tay, *fpl* sideburns, whiskers
basilico, bah-**zee**-lee-ko, *m* basil
bassezza, bahss-**set**-tsah, *f* baseness, meanness
basso, bahss-so, *adj** low, short; base, vulgar; *m* bottom, lower part; *mus* bass

bassofondo, bahss-so-**fon**-do, *m* shallows
bassotto, bahss-**sot**-to, *m* dachshund; *adj* squat
basta! bahss-tah, *interj* enough!
bastante, bahss-**tahn**-tay, *adj* sufficient
bastardo, bahss-**tar**-do, *m* bastard; mongrel
bastare, bahss-**tah**-ray, *v* to suffice; **basta così,** that's enough
bastimento, bahss-te-**men**-to, *m* ship
basto, bahss-to, *m* pack-saddle
bastonare, bahss-to-**nah**-ray, *v* to thrash
bastonata, bahss-to-**nah**-tah, *f* thrashing
bastone, bahss-**to**-nay, *m* stick
batacchio, bah-**tahk**-ke'o, *m* knocker; clapper
batosta, bah-**toss**-tah, *f* blow, setback
battaglia, baht-**tah**-l'yah, *f* battle
battaglio, baht-tah-l'**yo**, *m* knocker; clapper
battello, baht-**tell**-lo, *m* boat
battente, baht-**ten**-tay, *m* flap, shutter; knocker
battere, baht-tay-ray, *v* to beat; to hit; to knock; to strike
batteria, baht-tay-**ree**-ah, *f* battery; *mus* drums
battesimo, baht-**tay**-ze-mo, *m* christening
battezzare, baht-ted-**dzah**-ray, *v* to baptize; to christen
battibecco, baht-te-**beck**-ko, *m* squabble
batticuore, baht-te-koo'o-ray, *m* palpitation
battimano, baht-te-**mah**-no, *m* applause
battistero, baht-te-**stay**-ro, *m* baptistry
battito, baht-te-to, *m* beat, throb; **– cardiaco,** heartbeat
battitore, baht-te-**to**-ray, *m* batsman
battuta, baht-**too**-tah, *f* remark; cue; *mus* bar
baule, bah'**oo**-lay, *m* trunk; (car) boot
bava, bah-vah, *f* dribble; slobber; slime
bavaglino, bah-vah-**l'y**-no, *m* bib
bavaglio, bah-**vah**-l'yo, *m* gag
bavero, bah-vay-ro, *m* collar
bavoso, bah-**vo**-zo, *adj* dribbling
bazar, bah-**dzahr**, *m* bazaar
bazzecola, bahd-dze-**koh**-lah, *f* trifle, bagatelle
bazzicare, bahd-dze-**kah**-ray, *v* to frequent
bearsi, bay-**ar**-se, *v* to rejoice
beato*, bay-**ah**-to, *adj* happy; blessed; **beata lei!** how lucky she is!
bebè, bay-**bay**, *m* baby
beccaccia, beck-**kaht**-chah, *f* woodcock
beccaccino, beck-kaht-**chee**-no, *m* snipe
beccare, beck-**kah**-ray, *v* to peck
beccarsi, beck-**kar**-se, *v* – **l'influenza,** to catch the flu
beccata, beck-**kah**-tah, *f* peck
becchino, beck-**kee**-no, *m* grave-digger
becco, beck-ko, *m* beak; spout; burner; **chiudi il becco!** shut up!
befana, bay-**fah**-nah, *f* Epiphany; old fairy bringing presents at the Epiphany; old hag
beffa, bef-fah, *f* practical joke; mockery
beffardo*, bef-**far**-do, *adj* mocking, scoffing
beffare, bef-**fah**-ray, *v* to mock, to sneer at
beffeggiare, bef-fed-**jah**-ray, *v* to mock, to laugh at
bega, bay-gah, *f* dispute
begonia, bay-**gho**-neah, *f*

begonia
belare, bay-**lah**-ray, *v* to bleat
belga, bell-gah, *adj* Belgian
Belgio, bell-je'o, *m* Belgium
belletto, bell-**let**-to, *m* rouge
bellezza, bell-**let**-tsah, *f* beauty
bellico, bell-le-ko, *adj* war
bellicoso*, bell-le-**ko**-so, *adj* warlike
bellimbusto, bell-lim-**booss**-to, *m* dandy, beau
bello*, bell-lo, *adj* beautiful; good-looking; handsome
beltà, bell-**tah**, *f* beauty
belva, bell-vah, *f* wild beast
benché, ben-**kay**, *conj*, though, although
benda, ben-dah, *f* bandage; blindfold
bendare, ben-**dah**-ray, *v* to bandage; to blindfold
bene, bay-nay, *adv* well; properly; *m* good; **per il suo –,** for his/her own good; **beni,** property, goods
benedetto, bay-nay-**det**-to, *adj* blessed, holy
benedire, bay-nay-**dee**-ray, *v* to bless
beneducato, bay-nay-doo-**kah**-to, *adj* well-mannered
beneficenza, bay-nay-fee-**chen**-tsah, *f* charity
beneficio, bay-nay-**fee**-cho, *m* benefit
benefico, bay-**nay**-fe-ko, *adj* beneficial; generous
benemerenza, bay-nay-may-**ren**-tsah, *f* merit
benemerito, bay-nay-**may**-re-to, *adj* meritorious
beneplacito, bay-nay-**plah**-che-to, *m* consent; approval
benessere, bay-**ness**-say-ray, *m* comfort; well-being
benestante, bay-nay-**stahn**-tay, *m/f* well-off person; *adj* well-to-do
benevolo, bay-**nay**-vo-lo, *adj* benevolent
benigno*, bay-**nee**-n'yo, *adj* good, kind; *med* benign
benino, bay-**nee**-no, *adv* pretty well
beninteso, bay-nin-**tay**-zo, *adv* of course
benissimo, bay-**niss**-se-mo, *adv* very well
benone, bay-**no**-nay, *adv* very well
benservito, ben-sair-**vee**-to, *m* reference; **dare il –,** to give somebody the sack
bensì, ben-**see**, *adv* on the contrary; but
benzina, ben-**dzee**-nah, *f* petrol; **fare –,** to get petrol; **– senza piombo,** unleaded petrol; **– super,** 4-star petrol
benzinaio, -a, ben-dzee-**nah**-e'o, *m/f* petrol attendant
beone, bay-**o**-nay, *m* drunkard
bere, bay-ray, *v* to drink
Berlino, bair-**lee**-no, *f* Berlin
bernoccolo, bair-**nock**-ko-lo, *m* bump; **avere il – di,** to have a flair for
berretta, bair-**ret**-tah, *f* cap
berretto, bair-**ret**-to, *m* cap
bersagliare, bair-sah-l'**yah**-ray, *v* to bombard (with criticism, questions, etc.)
bersaglio, bair-**sah**-l'yo, *m* target
bestemmia, bess-**tem**-me'ah, *f* blasphemy
bestemmiare, bess-tem-me'**ah**-ray, *v* to swear; to blaspheme
bestia, bess-te'ah, *f* beast; brute; fool
bestiale, bess-te'**ah**-lay, *adj* brutal; beastly
bestiame, bess-te'**ah**-may,

m cattle; livestock
bettola, bet-to-lah, *f* tavern, pub
betulla, bay-**tooll**-lah, *f* birch-tree
bevanda, bay-**vahn**-dah, *f* beverage
bevibile, bay-**vee**-be-lay, *adj* drinkable
bevuta, bay-**voo**-tah, *f* drink
biacca, be'**ahk**-kah, *f* white paint
biada, be'**ah**-dah, *f* fodder
biancastro, be'**ahn**-kahss-tro, *adj* whitish
biancheria, be'ahn-kay-**ree**-ah, *f* linen; lingerie
bianchezza, be'ahn-**ket**-tsah, *f* whiteness
bianco, -a be'**ahn**-ko, *adj* white; *m* white; **assegno in –,** blank cheque; **notte in –,** sleepless night
biancospino, be'ahn-ko-**spee**-no, *m* hawthorn
biascicare, be'ah-she-**kah**-ray, *v* to mumble
biasimare, be'ah-ze-**mah**-ray, *v* to blame
biasimevole, be'ah-ze-**may**-vo-lay, *adj* blameworthy
biasimo, be'**ah**-ze-mo, *m* blame
Bibbia, bib-be'ah, *f* Bible
bibita, bee-be-tah, *f* beverage, drink
bibliotecario, be-ble'o-tay-**kah**-re'o, *m/f* librarian
bicchiere, bik-ke-**ay**-ray, *m* glass; tumbler
bicicletta, be-che-**klet**-tah, *f* bicycle
bidè, be-**day**, *m* bidet
bidello, be-**dell**-lo, *m* janitor
bidone, be-**doh**-nay, *m* large can, drum; **fare un –,** to swindle
bieco*, be'**ay**-ko, *adj* sinister
biella, be'**ell**-lah, *f* connecting-rod
biennale, be'**en**-nah-lay, *adj* two-yearly, biennial
bietola, be'**ay**-to-lah, *f* beet
bifolco, be-**fol**-ko, *m* bumpkin
biforcarsi, be-for-**kar**-se, *v* to fork, to branch off
bigamo, bee-gah-mo, *m* bigamist; *adj* bigamous
bighellone, be-ghell-**lo**-nay, *m* loafer
bigio, bee-jo, *adj* grey
bigiotteria, bee-jot-tay-**ree**-ah, *f* costume jewelllery
biglia, bee-l'yah, *f* billiard ball; marble
bigliardo, be-l'**yar**-do, *m* billiards; billiard table; **sala da –,** poolroom
bigliettaio, be-l'yet-**tah**-e'o, *m* booking-office clerk; conductor; ticket inspector
biglietto, be-l'**yet**-to, *m* note; ticket; card; **– di andata e ritorno,** return ticket
bigodino, be-go-**dee**-no, *m* curler, roller
bigotto, f, be-**got**-to, *adj* over-devout, pharisaic; *m/f* bigot
bikini, bee-**kee**-nee, *m* bikini
bilancia, be-**lahn**-chah, *f* scales; weighing machine; **Bilancia,** Libra
bilanciare, be-lahn-**chah**-ray, *v* to balance; to weigh up
bilancio, be-**lahn**-cho, *m* budget; balance-sheet
bile, bee-lay, *f* bile; *fig* anger
bilia, bee-le'ah, *f* billiard ball; marble
biliardo, be-l'**yar**-do, *m* billiards; billiard table; **sala da –,** poolroom
bilico, bee-le-ko, *m* **essere in –,** to be balanced; *fig* to be undecided
bilingue, be-**leen**-goo'ay, *adj* bilingual
bilione, be-le'o-nay, *m* thousand million;

billion
bimbo, -a, beem-bo, *m/f* child; baby
bimensile, be-men-**see**-lay, *adj* two-monthly, fortnightly
bimestrale, be-me-**strha**-lay, *adj* two-monthly
binario, be-**nah**-re-o, *m* (railway) track, line; platform
binocolo, be-**no**-ko-lo, *m* binoculars, field glasses; opera glasses
biodegradabile, be'o-de-gra-da-**bee**-lay, *adj* biodegradable
biofisica, be'o-**fee**-se-ka, *f* biophysics
biografia, be'o-gra-**fee**-ah, *f* biography
biografo, -a, be'o-gra-fo, *m/f* biographer
biologia, be'o-lo-**jee**-ah, *f* biology
biologico, be'o-**lo**-jee-ko, *adj* biological
biologo, -a, be'o-lo-go, *m/f* biologist
biondo, be'**onn**-do, *adj* fair, blond
birbante, beer-**bahn**-tay, *m* rogue
birichino, -a, be-rick-**kee**-no, *adj* mischievous; *m/f* little rascal
birillo, bee-**reel**-lo, *m* skittle, pin
biro, bee-ro, *f* biro
birra, beer-rah, *f* beer
birraio, beer-**rah**-e'o, *m* brewer
birreria, beer-ray-**ree**-ah, *f* brewery
bis, biss, *interj* encore!
bisavola, be-**zah**-vah, *f* great-grandmother
bisavolo, be-**zah**-vo, *m* great-grandfather
bisbetico, biss-**bay**-te-ko, *adj* crabby, irritable
bisbigliare, biss-be-l'**yah**-ray, *v* to whisper
bisbiglio, biss-**bee**-l'yo, *m* whisper
bisca, biss-kah, *f* gambling den
biscia, bee-she'ah, *f* snake
biscotto, biss-**kot**-to, *m* biscuit
bisestile, be-zess-**tee**-lay, *adj* **anno –,** leap year
bislacco, biss-**lack**-ko, *adj* weird
bislungo, biss-**loonn**-go, *adj* oblong
bisnonna, biss-**non**-nah, *f* great-grandmother
bisnonno, biss-**non**-no, *m* great-grandfather
bisognare, be-zo-n'**yah**-ray, *v* to be necessary; **bisogna che tu venga,** you'll have to come
bisogno, be-**zo**-n'yo, *m* need, necessity; **avere – di,** to need; **non c'è – di,** there's no need of/to
bisonte, be-**zon**-tay, *m* bison
bistecca, biss-**teck**-kah, *f* steak
bisticciare, biss-**teet**-cha-ray, *v* to quarrel
bisticcio, biss-**teet**-cho, *m* squabble, dispute; pun
bisturi, biss-**too**-re, *m med* scalpel
bitorzolo, be-**tor**-tso-lo, *m* lump; bump; wart
bivio, bee-ve'o, *m* fork; crossroads
bizza, beed-dzah, *f* tantrum
bizzarro*, beed-**dzar**-ro, *adj* odd, queer
bizzeffe, bit-**tsef**-fay, *adv* **a –,**in abundance
blandire, blahn-**dee**-ray, *v* to soothe; to flatter, to cajole
blando, blahn-do, *adj* soft, mild; bland
blasone, blah-**so**-nay, *m* coat of arms
bloccare, block-**kah**-ray, *v* to block; to stop; to blockade
blocchetto, block-**ket**-to, *m* notepad
blocco, block-ko, *m* block; *mil* blockade; *med* blockage
blu, bloo, *adj* & *m* dark

blue
boa, boh'a, *m* boa constrictor; *f* buoy
boato, bo'**ah**-to, *m* roar, loud noise
bobina, bo-**bee**-nah, *f* reel, spool; coil
bocca, bock-kah, *f* mouth; **– di leone,** snapdragon; **in – al lupo,** good luck!
boccale, bock-**kah**-lay, *m* jug; mug; tankard
boccetta, bot-**chet**-tah, *f* phial
bocchino, bock-**kee**-no, *m* mouthpiece; cigarette holder
bocce, bot-chay, *fpl* (game) bowls
bocciare, bot-**cha**-ray, *v* to reject; (at exams) to fail
bocciatura, bot-cha-**too**-rah, *f* (at exams) failure
bocciolo, bot-**cho**-lo, *m* bud
boccone, bock-**ko**-nay, *m* mouthful
bocconi, bock-**ko**-ne, *adv* (lying) face downwards
boia, bo-e'ah, *m* executioner
boiata, bo-e'**ah**-ta, *f* rubbish, nonsense
boicottare, bo'ee-kot-**ta**-ray, *v* to boycott
bolla, boll-lah, *f* bubble; blister; **– di consegna,** delivery note
bollare, boll-**lah**-ray, *v* to stamp; to brand
bollente, boll-**len**-tay, *adj* boiling; boiling hot
bolletta, boll-**let**-tah, *f* receipt; bill; **essere in –,** to be broke
bollettino, boll-let-**tee**-no, *m* bulletin; **– meteorologico,** weather report; **– di spedizione,** consignment note
bollire, boll-**lee**-ray, *v* to boil
bollito, boll-**le**-to, *m* boiled meat
bollitore, boll-le-**tor**-ay, *m* kettle; boiler
bollo, boll-lo, *m* stamp; **– di circolazione,** road tax
bomba, bom-bah, *f* bomb; **– a mano,** hand grenade; **– atomica,** atom bomb
bombardare, bom-bar-**dah**-ray, *v* to bombard; to bomb; to shell
bombetta, bom-**bet**-tah, *f* bowler hat
bombola, bom-bo-lah, *f* (gas) cylinder
bonaccia, bo-**naht**-chah, *f* calm at sea; **in –,** dead calm
bonaccione, bo-naht-**cho**-nay, *adj* good-natured
bonario*, bo-**nah**-re'o, *adj* good-natured; kindly
bonifica, bo-**nee**-fee-kah, *f* (land) reclamation
bonificare, bo-nee-fee-**kah**-ray, *v* (land) to reclaim; to give a discount
bonifico, bo-**nee**-fee-ko, *m* discount; credit transfer
bontà, bon-**tah**, *f* goodness; good quality
borace, bo-**rah**-chay, *m* borax
borbottare, bor-bot-**tah**-ray, *v* to grumble; to murmur
bordello, bor-**dell**-lo, *m* brothel
bordo, bor-do, *m* edge; hem; brim; margin; **a – di,** on board
borgata, bor-**gah**-tah, *f* suburb; hamlet
borghese, bor-**gay**-zay, *m* bourgeois, middle-class; **in –,** in civilian clothes, plainclothes
borghesia, bor-gay-**zee**-ah, *f* middle classes, bourgeoisie
borgo, bor-go, *m* suburb; hamlet
boria, bo-re'ah, *f* haughtiness
borioso*, bo-re'**o**-zo, *adj* arrogant
borraccia, bor-**raht**-chah, *f* flask
borsa, bor-sah, *f* bag;

purse; pouch; stock-exchange; – **dell'acqua calda,** hot water bottle; – **di studio,** student's grant

borsaiolo, -a, bor-sah-**yo**-lo, *m/f* pickpocket

borsellino, bor-sell-**lee**-no, *m* purse

bosco, boss-ko, *m* wood

bosso, boss-so, *m* box-tree; box-wood

bossolo, boss-so-lo, *m* cartridge case

botanica, bo-**tah**-ne-kah, *f* botany

botola, bo-to-lah, *f* trap-door

botta, bot-tah, *f* blow

botte, bot-tay, *f* cask, barrel

bottega, bot-**tay**-gah, *f* shop; workshop

bottegaio, -a, bot-tay-**gah**-e'o, *m/f* shopkeeper

botteghino, bot-tay-**ghe**-no, *m* box office; lottery office

bottiglia, bot-**tee**-l'yah, *f* bottle

bottino, bot-**tee**-no, *m* booty; loot

botto, bot-to, *m* bang, thud; **di –,** suddenly

bottone, bot-**to**-nay, *m* button; bud; stud; **attaccare –,** to buttonhole

bove, bo-vay, *m* ox

bovino, bo-**vee**-no, *adj* bovine

boxe, box, *f* boxing

bozza, bot-tsah, *f* sketch, draft; (in printing) proof

bozzolo, bot-tso-lo, *m* cocoon

braccialetto, braht-chah-**let**-to, *m* bracelet

braccio, braht-cho, *m* arm; – **di mare,** channel

bracciolo, braht-choo'**o**-lo, *m* arm (of a chair)

bracco, brahk-ko, *m* hound

brace, brah-chay, *f* embers

brache, brah-kay, *fpl* trousers

braciere, brah-**chay**-ray, *m* brazier

braciola, brah-**cho**-lah, *f* chop

brama, brah-mah, *f* longing, yearning

bramare, brah-**mah**-ray, *v* to covet, to long for

bramoso, brah-**mo**-zo, *adj* eager

branca, brahn-kah, *f* branch

branchia, brahn-ke'ah, *f* gill

branco, brahn-ko, *m* flock; pack

brancolare, brahn-ko-**lah**-ray, *v* to grope

branda, brahn-dah, *f* camp bed; hammock

brandello, brahn-**dell**-lo, *m* scrap; rag

brandire, brahn-**dee**-ray, *v* to brandish

brano, brah-no, *m* piece; (book) passage

Brasile, brah-**zee**-lay, *m* Brazil

brasiliano, brah-zee-le'**ah**-no, *adj* Brazilian

bravata, brah-**vah**-tah, *f* act of bravado

bravo, brah-vo, *adj* capable, clever; good, honest; brave; *interj* bravo!

bravura, brah-**voo**-rah, *f* skill, cleverness

breccia, bret-chah, *f* breach

brefotrofio, bray-fo-**tro**-fe'o, *m* orphanage

bretella, bray-**tell**-lah, *f* strap; motorway link; **bretelle,** braces

breve, bray-vay, *adj* brief, short; *f mus* breve

brevettare, bray-vet-**tah**-ray, *v* to patent

brevetto, bray-**vet**-to, *m* patent; (pilot) licence

brezza, bret-tsah, *f* breeze

bricco, brik-ko, *m* jug

briccone, -a, brik-**ko**-nay, *m/f* rascal

briciola, bree-cho-lah, *f* crumb

briciolo, bree-cho-lo, *m* bit, scrap
briga, bree-gah, *f* trouble; **attaccar –,** to start a quarrel; **prendersi la – di,** to take the trouble to
brigante, bre-**gan**-tay, *m* brigand, bandit; rascal
brigare, bre-**gah**-ray, *v* to intrigue
brigata, bre-**gah**-tah, *f* gang; party; *mil* brigade
briglia, bree-l'yah, *f* bridle, rein
brillante, bril-**lahn**-tay, *m* diamond; *adj* brilliant, sparkling
brillare, bril-**lah**-ray, *v* to glitter, to shine
brillo, bril-lo, *adj* tipsy
brina, bree-nah, *f* hoar-frost
brindare, brin-**dah**-ray, *v* to toast, to drink
brindisi, breen-de-ze, *m* toast; **fare un – a,** to drink a toast to
brio, bree-o, *m* liveliness
brioso*, bre'**o**-zo, *adj* full of life
britannico, bre-**than**-ne-ko, *adj* British
brivido, bree-ve-do, *m* shiver; thrill
brizzolato, brit-tso-**lah**-to, *adj* grey-haired
brocca, brock-kah, *f* pitcher, jug
broccolo, brock-**ko**-lo, *m* broccoli
brodo, bro-do, *m* broth; stock
broglio, bro-l'yo, *m* – **elettorale,** gerrymandering
bromuro, bro-**moo**-ro, *m* bromide
bronchi, bron-ke, *mpl* bronchial tubes
broncio, bron-cho, *m* sulkiness; **avere il –,** to sulk
brontolare, bron-to-**lah**-ray, *v* to grumble
brontolio, bron-to-**lee**-o, *m* muttering; growl; rumbling
brontolone, -a, bron-to-**lo**-nay, *m/f* grumbler
bronzo, bron-dzo, *m* bronze; **faccia di –,** cheek
bruciare, broo-**chah**-ray, *v* to burn; to scald
bruciatura, broo-chah-**too**-rah, *f* burn; scald
bruciore, broo-**cho**-ray, *m* burning sensation
bruco, broo-ko, *m* caterpillar
brughiera, broo-ghe'**ay**-rah, *f* moorland; heath
brulicare, broo-le-**kah**-ray, *v* to swarm
brullo, brooll-lo, *adj* barren
bruma, broo-mah, *f* mist
bruno, broo-no, *adj* brown; dark
brusco, broo-sko, *adj* abrupt; (person) brusque; (taste) sharp
brutale, broo-**tah**-lay, *adj** brutal
bruto, broo-to, *m* brute; *adj* brute; **forza bruta,** brute force
bruttezza, broot-**tet**-tsah, *f* ugliness
brutto, broot-to, *adj* ugly; nasty; **– tempo,** bad weather
Bruxelles, broo-**sell**, *f* Brussels
buca, boo-kah, *f* hole; **– delle lettere**, letterbox
bucare, boo-**kah**-ray, *v* to pierce, to bore; **– una gomma,** to have a puncture
bucarsi, boo-**kahr**-se, *v* to prick onself; (drugs) to mainline
bucato, boo-**kah**-to, *m* washing
buccia, boot-chah, *f* peel; skin; rind
buco, boo-ko, *m* hole
budello, boo-**dell**-lo, *m* bowel, gut; alley
budino, boo-**dee**-no, *m* pudding
bue, boo-ay, *m* ox
bufalo, boo-fah-lo, *m*

buffalo
bufera, boo-**fay**-rah, *f* gale, storm
buffo, boof-fo, *adj** funny, comical; comic
buffone, boof-**fo**-nay, *m* clown; jester
buggerare, bood-jay-**rah**-ray, *v fam* to cheat
bugia, boo-**jee**-ah, *f* lie; candleholder
bugiardo, -a, boo-**jar**-do, *adj* lying; *m/f* liar
buio, boo-e'o, *m* darkness; *adj* dark
bulbo, booll-bo, *m* bulb
bulimia, boo-le-**mee**'a, *f* bulimia
bulino, boo-**lee**-no, *m* graver
bulletta, booll-**let**-tah, *f* tack
bullone, booll-**lo**-nay, *m* bolt
buonanotte, boo'o-nah-**not**-tay, *interj* good night!
buonasera, boo'o-nah-**se**-rah, *interj* good evening!
buondì, boo'on-**dee**, *interj* hello! good day!
buongiorno, boo'on-**je'or**-no, *interj* good morning!; good afternoon!
buono, boo'**o**-no, *adj* good, kind; proper; *m* coupon, voucher; **– del Tesoro,** Treasury bond
buontempone, boo'on-tem-**po**-nay, *m* person who enjoys life
burattino, boo-raht-**tee**-no, *m* puppet
burbero*, boor-bay-ro, *adj* surly, sullen
burla, boor-lah, *f* jest; trick
burlare, boor-**lah**-ray, *v* to make a fool of
burlone, boor-**lo**-nay, *m* joker
burrasca, boor-**rahss**-kah, *f* gale, storm
burro, boor-ro, *m* butter
burrone, boor-**ro**-nay, *m* ravine
buscare, booss-**kah**-ray, *v* to catch, to get
bussare, booss-**sah**-ray, *v* to knock
busse, booss-say, *fpl* thrashing, slapping
bussola, booss-so-lah, *f* compass
busta, booss-tah, *f* envelope; **– paga,** pay packet
busto, booss-to, *m* bust; corset
buttare, boot-**tah**-ray, *v* to throw; to discard
buttarsi, boot-**tar**-say, *v* to jump; to throw oneself

cabala, kah-bah-lah, *f* cabal
cabina, kah-**bee**-nah, *f* cabin; beach hut; cockpit; **– telefonica,** phone box
cabotaggio, kah-bo-**tahd**-jo, *m naut* coastal navigation
cacao, kah-**kah**-o, *m* cocoa
cacare, kah-**kah**-ray, *v fam* to shit
cacca, kahk-kah, *f fam* shit
caccia, kaht-chah, *f* hunting, shooting; **dare la –,** to give chase
cacciare, kaht-**chah**-ray, *v* to hunt, to shoot; to send away, to chase away
cacciarsi, kaht-**char**-se, *v* to hide oneself; **– nei guai,** to get into trouble
cacciatore, kaht-chah-**tor**-ay, *m* hunter
cacciavite, kaht-chah-**vee**-tay, *m* screwdriver
cacio, kah-cho, *m* cheese
cadavere, kah-**dah**-vay-ray, *m* corpse
cadenza, kah-**dayn**-tsah, *f* cadence, rhythm
cadere, kah-**day**-ray, *v* to fall; **lasciar –,** to drop
cadetto, kah-**det**-to, *m* cadet; *adj* younger
caducità, kah-doo-che-**tah**, *f* transience, short life
caduco, kah-**doo**-ko, *adj* short-lived; deciduous
caduta, kah-**doo**-tah, *f* fall; **la – dei capelli,** hair loss
caffè, kahf-**fay**, *m* coffee; café; **– macchiato,** coffee with a dash of milk; **– ristretto,** strong black coffee; **– solubile,** instant coffee
caffellatte, kahf-fayl-**lat**-tay, *m* white coffee
caffettiera, kahf-fet-te'**ay**-rah, *f* coffee-pot; coffee-maker
cagionare, kah-jo-**nah**-ray, *v* to cause
cagione, kah-**jo**-nay, *f* cause
cagionevole, kah-jo-**nay**-vo-lay, *adj* delicate
cagliare, kah-**l'ya**-ray, *v* to curdle
caglio, kah-l'yo, *m* rennet
cagna, kah-n'yah, *f* bitch
cagnara, kah-n'**yah**-rah, *f* tumult, uproar
cagnolino, kah-n'yo-**lee**-no, *m* puppy; small dog
caimano, kah'e-**mah**-no, *m* alligator, cayman
cala, kah-lah, *f* cove; *naut* hold
calabrone, kah-lah-**bro**-nay, *m* hornet
calamaio, kah-lah-**mah**-e'o, *m* inkpot
calamaro, kah-lah-**mah**-ro, *m* squid
calamita, kah-lah-**mee**-

tah, *f* magnet
calamità, kah-lah-me-**tah**, *f* calamity; – **naturale,** natural disaster
calamitare, kah-lah-me-**tah**-ray, *v* to magnetize
calamitato, kah-lah-me-**ta**-to, *adj* magnetic
calare, kah-**lah**-ray, *v* to lower; to drop; (sun) to set; (night) to fall
calata, kah-**lah**-tah, *f* invasion
calca, kahl-kah, *f* crowd, throng
calcagno, kahl-**kah**-n'yo, *m* heel
calcare, kahl-**kah**-ray, *v* to press down; to stress; – **la mano,** to exaggerate; *m* limestone
calce, kahl-chay, *f* lime; **in – a,** at the foot of
calcestruzzo, kahl-chess-**troot**-tso, *m* concrete
calciare, kahl-**chah**-ray, *v* to kick
calciatore, kahl-chah-**tor**-ay, *m* footballer
calcina, kahl-**chee**-nah, *f* (lime) mortar
calcio, kahl-cho, *m* kick; soccer; butt; calcium; – **d'angolo,** corner; – **di punizione,** free kick; – **di rigore,** penalty kick
calcio-balilla, kahl-cho-bah-**leell**-lah, *m* table football
calco, kahl-ko, *m* cast, mould
calcolo, kahl-ko-lo, *m* calculation; *med* kidney stone
caldaia, kahl-**dah**-e'ah, *f* boiler
caldeggiare, kahl-dej-**jah**-ray, *v* to support
calderone, kahl-day-**ro**-nay, *m* cauldron
caldo, kahl-do, *m* heat, warmth; *adj** warm, hot; friendly
calendario, kah-len-**dah**-re'o, *m* calendar
calibro, kah-le-bro, *m* calibre, bore; callipers
calice, kah-le-chay, *m* stem glass; chalice; calyx
caligine, kah-**lee**-je-nay, *f* fog; smog
calle, kahl-lay, *f* Venetian street
calligrafia, kahl-lee-grah-**fee**-ah, *f* handwriting; calligraphy
callista, kahl-**liss**-tah, *m/f* chiropodist
callo, kahl-lo, *m* corn, hard skin
calma, kahl-mah, *f* calm, peacefulness
calmante, kahl-**mahn**-tay, *m* painkiller; sedative; *adj* soothing, calming
calm, kahl-mo, *m* calm, quiet, peaceful
calo, kah-lo, *m* drop (in prices); loss (in weight)
calore, kah-**lor**-ay, *m* heat, warmth; fervour
caloria, kah-lo-**ree'**ah, *f* calorie
calorifero, kah-lo-**ree**-fay-ro, *m* radiator
caloroso, kah-lo-**ro**-so, *adj* warm; enthusiastic
calotta, kah-**lot**-tah, *f* skullcap; – **polare** polar icecap
calpestare, kahl-pay-**stah**-ray, *v* to trample on
calunnia, kah-**loonn**-ne'ah, *f* slander
calunniare, kah-loonn-ne'**ah**-ray, *v* to slander
calunniatore, -trice, kah-loonn-ne'ah-**tor**-ay, kah-loonn-ne'ah-**tree**-chay, *m/f* slanderer
calvario, kahl-**vah**-ree'o, *m* calvary; ordeal
calvizie, kahl-**vee**-tse-ay, *f* baldness
calvo, kahl-vo, *adj* bald
calza, kahl-tsah, *f* stocking; sock
calzare, kahl-**tsah**-ray, *v* to put on (shoes, gloves)
calzatura, kahl-tsah-**too**-rah, *f* footwear
calzettone, kahl-tset-**to**-nay, *m* knee-length sock
calzino, kahl-**tsee**-no, *m*

short sock
calzolaio, kahl-tso-**lah**-e'o, *m* shoemaker; cobbler
calzoleria, kahl-tso-lay-**ree**-ah, *f* shoe repairs
calzoncini, kahl-tson-**chee**-nee, *mpl* shorts
calzoni, kahl-**tso**-ne, mpl, trousers
camaleonte, kah-mah-lay-**on**-tay, *m* chameleon
cambiale, kahm-be'**ah**-lay, *f* bill of exchange, draft
cambiamento, kahm-be'ah-**men**-to, *m* change
cambiare, kahm-be'**ah**-ray, *v* to change, to alter
cambiavalute, kahm-be'ah-vah-**loo**-tay, *m* bureau de change
cambio, kahm-be'o, *m* change; rate of exchange; gears
camera, kah-may-rah, *f* room; bedroom; chamber; **– d'aria,** inner tube; **– dei deputati,** House of Commons; **– matrimoniale,** double room; **– singola,** single room
camerata, kah-may-**rah**-tah, *f* dormitory
cameratismo, kah-may-rah-**tiz**-mo, *m* comradeship
cameriera, kah-may-re'**ay**-rah, *f* waitress; chambermaid; maid
cameriere, kah-may-re'**ay**-ray, *m* waiter; valet
camerino, kah-may-**ree**-no, *m* dressing room (in theatre)
camice, kah-me-chay, *m* (doctor) white coat
camicetta, kah-me-**chet**-tah, *f* blouse
camicia, kah-**mee**-chah, *f* shirt; blouse; **– di forza,** straitjacket; **– da notte,** nightdress
camiciola, kah-me-**cho**-lah, *f* vest
caminetto, kah-me-**net**-to, *m* fireplace
camino, kah-**mee**-no, *m* fireplace; chimney
camion, kah-mee'on, *m* lorry; truck
camioncino, kah-me'on-**chee**-no, *m* van
camionetta, kah-me'o-**net**-tah, *f* jeep
camionista, kah-mee'o-**niss**-stah, *m/f* lorry driver
cammello, kahm-**mell**-lo, *m* camel
camminare, kahm-me-**nah**-ray, *v* to walk
camminata, kahm-me-**nah**-tah, *f* walk, stroll
cammino, kahm-**mee**-no, *m* path; way; **un'ora di –,** an hour's walk
camorra, kah-**mor**-rah, *f* camorra; racket
camoscio, kah-**mo**-she'o, *m* chamois
campagna, kahm-**pah**-n'yah, *f* country, countryside; campaign
campana, kahm-**pah**-nah, *f* bell
campanella, kahm-pah-**nell**-lah, *f* school bell; campanula
campanello, kahm-pah-**nell**-lo, *m* bell
campanile, kahm-pah-**nee**-lay, *m* bell tower
campanula, kahm-**pah**-noo-lah, *f* bellflower
campare, kahm-**pah**-ray, *v* to live; to get by
campeggiare, kahm-ped-**jah**-ray, *v* to camp; to stand out
campeggio, kahm-**ped**-jo, *m* camp site; camping; **fare –, andare in –,** to go camping
campestre, kahm-**pess**-tray, *adj* rural; **corsa –,** cross-country race
campionario, kahm-pe'o-**nah**-re'o, *m* samples
campionato, kahm-pe'o-**nah**-to, *m* championship
campione, kahm-pe'**o**-nay, *m* sample; champion
campo, kahm-po, *m* field; pitch; camp; **– sportivo,**

sports ground
camposanto, kahm-po-**sahn**-to, *m* churchyard, cemetery
camuffare, kah-moof-**fah**-ray, *v* to disguise
Canada, kah-nah-**dah**, *m* Canada
canadese, kah-nah-**day**-zay, *adj* Canadian
canaglia, kah-**nah**-l'yah, *f* rabble; rogue
canale, kah-**nah**-lay, *m* channel; canal
canapa, kah-nah-pah, *f* hemp
canapo, kah-nah-po, *m naut* hawser
canarino, kah-nah-**ree**-no, *m* canary
cancellare, kahn-chell-**lah**-ray, *v* to erase, to rub out; to cancel
cancellatura, kahn-chell-lah-**too**-rah, *f* erasure
cancellazione, kahn-chell-lah-tse'**o**-nay, *f* cancellation
cancelleria, kahn-chell-lay-**ree**-ah, *f* stationery; chancery
cancelliere, kahn-chell-le'**ay**-ray, *m* clerk of the court; chancellor
cancello, kahn-**chell**-lo, *m* gate
cancrena, kahn-**kray**-nah, *f* gangrene
cancro, kahn-kro, *m* cancer; **Cancro,** Cancer
candela, kahn-**day**-lah, *f* candle; spark(ing) plug
candelabro, kahn-day-**lah**-bro, *m* candelabra
candeliere, kahn-day-le'**ay**-ray, *m* candlestick
candidato, kahn-de-**dah**-to, *m* candidate; applicant
candidatura, kahn-de-dah-**too**-rah, *f* candidature
candido*, kahn-de-do, *adj* white; *fig* candid, frank; innocent
candore, kahn-**dor**-ay, *m* brilliant white; *fig* candour; innocence
cane, kah-nay, *m* dog; (gun) cock; **– barbone,** French poodle; **– da guardia,** guard dog; **– lupo,** alsatian
canestro, kah-**ness**-tro, *m* basket
canfora, kahn-fo-rah, *f* camphor
cangiante, kahn-**jahn**-tay, *adj* iridescent
canguro, kahn-**goo**-ro, *m* kangaroo
canile, kah-**nee**-lay, *m* kennel, **– municipale,** dog pound
canino, kah-**nee**-no, *adj* canine; **rosa canina,** dog rose; **tosse canina,** whooping-cough; *m* canine
canizie, kah-**nee**-tse'ay, *f* white hair; *fig* old age
canna, kahn-nah, *f* cane; reed; (gun) barrel; **– da pesca,** fishing rod; **– da zucchero,** sugar cane; **– fumaria,** chimney flue
cannella, kahn-**nell**-lah, *f* cinnamon
cannello, kahn-**nell**-lo, *m* tube; blowpipe
cannocchiale, kahn-nock-ke'**ah**-lay, *m* telescope
cannone, kahn-**no**-nay, *m* gun; cannon; *fig* ace
cannuccia, kahn-**noot**-chah, *f* straw
canone, kah-no-nay, *m* criterion; *relig* canon; **– d'abbonamento,** TV/radio licence fee; **– d'affitto,** rent
canonico, kah-**no**-ne-ko, *adj* canonical
canoro, kah-**no**-ro, *adj* harmonious, singing
canottaggio, kah-not-tahd-jo, *m* rowing
canottiera, kah-not-tee'**ay**-rah, *f* vest
canotto, kah-**not**-to, *m* dinghy; canoe
canovaccio, kah-no-**vaht**-cho, *m* canvas; dishcloth; (of a play)

outline
cantante, kahn-**tahn**-tay, *m/f* singer
cantare, kahn-**tah**-ray, *v* to sing; (cockerel) to crow
cantico, kahn-te-ko, *m* canticle; carol
cantiere, kahn-te'**ay**-ray, *m* dockyard; building site
cantina, kahn-**tee**-nah, *f* cellar
canto, kahn-to, *m* song; lyric poem; canto; **– di Natale,** Christams carol; **d'altro –,** on the other hand
cantonata, kahn-to-**nah**-tah, *f* corner; **prendere una –,** to blunder
cantone, kahn-**to**-nay, *m* corner; canton
cantuccio, kahn-**toot**-cho, *m* nook
canuto, kah-**noo**-to, *adj* white-haired, white
canzonare, kahn-tso-**nah**-ray, *v* to make fun of
canzonatura, kahn-tso-nah-**too**-rah, *f* joke; teasing
canzone, kahn-**tso**-nay, *f* song; tune; carol
canzoniere, kahn-tso-nee'**ay**-re, *m* song book; collection of poems
caos, kah-oss, *m* chaos
capace, kah-**pah**-chay, *adj* capable, able; capacious
capacità, kah-pah-che-**tah**, *f* ability; capacity
capacitarsi, kah-pah-che-**tar**-se, *v* to comprehend
capanna, kah-**pahn**-nah, *f* hut, shed
capannello, kah-pahn-**nell**-lo, *m* group (of people)
capannone, kah-pahn-**no**-nay, *m* hangar; outhouse
caparbietà, kah-par-be'ay-**tah**, *f* stubborness
caparbio*, kah-**par**-be'o, *adj* obstinate, stubborn
caparra, kah-**par**-rah, *f* deposit, down payment
capello, kah-**pell**-lo, *m* hair
capelluto, kah-pell-**loo**-to, *adj* **cuoio –,** scalp
capestro, kah-**pess**-tro, *m* noose; halter
capezzale, kah-pet-**tsah**-lay, *m* bolster; *fig* bedside
capezzolo, kah-**pet**-tso-lo, *m* nipple
capigliatura, kah-pe-l'yah-**too**-rah, *f* hair
capire, kah-**pee**-ray, *v* to understand
capitale, kah-pee-**tah**-lay, *m* capital; *f* capital city; *adj* capital; fundamental; **di – importanza,** of capital importanza; **pena –,** capital punishment
capitalismo, kah-pee-tah-**lees**-mo, *m* capitalism
capitano, kah-pee-**tah**-no, *m* captain
capitare, kah-pe-**tah**-ray, *v* to arrive; to occur, to happen
capitello, kah-pe-**tell**-lo, *m* (architecture) capital
capitolo, kah-**pee**-to-lo, *m* chapter
capitombolo, kah-pee-**tom**-bo-lo, *m* tumble
capo, kah-po, *m* head; boss; end; cape
Capodanno, kah-po-**dahn**-no, *m* New Year's Day
capodoglio, kah-po-**do**-l'yo, *m* sperm whale
capogiro, kah-po-**jee**-ro, *m* dizziness, giddiness
capolavoro, kah-po-lah-**vo**-ro, *m* masterpiece
capolinea, kah-po-**lee**-nay-ah, *m* terminus
caporale, kah-po-**rah**-lay, *m* corporal
caporeparto, kah-po-re-**pahr**-to, *m* foreman
caporione, kah-po-re'**o**-nay, *m* ringleader
caposala, kah-po-**sah**-lah, *m/f* head nurse
caposquadra, kah-po-**skwah**-drah, *m/f* overseer; team captain

capostazione, kah-po-stah-tse'**o**-nay, *m* station master
capoufficio, kah-po-oof-**fee**-cho, *m/f* head clerk
capovolgere, kah-po-**voll**-jay-ray, *v* to turn upside down; to overturn; to capsize
cappa, kahp-pah, *f* cape; (chimney) hood
cappella, kahp-**pell**-lah, *f* chapel
cappellano, kahp-pell-**lah**-no, *m* chaplain
cappellino, kahp-pell-**lee**-no, *m* (small) hat
cappello, kahp-**pell**-lo, *m* hat; **– a bombetta,** bowler hat; **– a cilindro,** top hat
cappero, kahp-pay-ro, *m* caper; *interj* wonderful! gosh!
cappio, kahp-pe'o, *m* slip-knot; noose
cappone, kahp-**po**-nay, *m* capon
cappottare, kahp-pot-**tah**-ray, *v* (car) to overturn
cappotto, kahp-**pot**-to, *m* overcoat
cappuccino, kahp-poot-**chee**-no, *m* cappuccino, frothy white coffee
cappuccio, kahp-**poot**-cho, *m* hood
capra, kah-prah, *f* she-goat
capretto, kah-**pret**-to, *m* kid
capriccio, kah-**preet**-cho, *m* caprice; tantrum
Capricorno, kah-pree-**kor**-no, *m* Capricorn
caprifoglio, kah-pre-**fo**-l'yo, *m* honeysuckle
capriola, kah-pre'**o**-lah, *f* somersault
capriolo, kah-pre'**o**-lo, *m* roe deer
capro, kah-pro, *m* he-goat; **– espiatorio,** scapegoat
capsula, kah-psoo-lah, *f* capsule; (teeth) crown
captare, kahp-**tah**-ray, *v* to pick up (signal); to catch (the eye)
carabina, kah-rah-**bee**-nah, *f* rifle
caraffa, kah-**rahf**-fah, *f* carafe
caramella, kah-rah-**mell**-lah, *f* sweet
caramellato, kah-rah-mell-**lah**-to, *adj* caramelized
carato, kah-**rah**-to, *m* carat
carattere, kah-**raht**-tay-ray, *m* character; trait; (printing) character
caratteristica, kah-raht-tay-**ree**-stee-kah, *f* characteristic, feature
caratterizzare, kah-raht-tay-reed-dz**ah**-ray, *v* to characterize
carboidrato, kar-bo-ee-**drah**-to, *m* carbohydrate
carbonaia, kar-bo-**nah**-e'ah, *f* coal cellar; charcoal pit
carbonchio, kar-**bon**-ke'o, *m* anthrax
carbone, kar-**bo**-nay, *m* coal; charcoal
carbonio, kar-**bo**-ne'o, *m* carbon
carburante, kar-boo-**rahn**-tay, *m* fuel
carburatore, kar-boo-rah-**to**-ray, *m* carburettor
carcassa, kar-**kahs**-sah, *f* carcass; old wreck
carcerato, -a, kar-chay-**rah**-to, *m/f* prisoner
carcere, kar-chay-ray, *m* prison; imprisonment
carceriere, -a, kar-chay-re'**ay**-ray, *m/f* jailer
carciofo, kar-**cho**-fo, *m* artichoke
cardellino, kar-dell-**lee**-no, *m* goldfinch
cardiaco, kar-**de**'ah-ko, *adj* cardiac
cardinale, kar-**dee**-**nah**-lay, *adj* cardinal; *m relig* cardinal
cardine, kar-de-nay, *m* hinge; *fig* cornerstone
cardiologo, -a, kar-de'**o**-

lo-go, *m/f* heart specialist
cardo, kar-do, *m* cardoon; thistle
carena, kah-**ray**-nah, *f* keel
carenza, kah-**rayn**-tsah, *f* lack, shortage
carestia, kah-ress-**tee**-ah, *f* famine; dearth
carezza, kah-**ret**-tsah, *f* caress
carezzare, kah-ret-**tsah**-ray, *v* to caress
carica, kah-re-kah, *f* charge; position, rank
caricare, kah-re-**kah**-ray, *v* to load; (clock) to wind up; (battery) to charge
carico, kah-re-ko, *adj* loaded; (coffee) strong; (clock) wound up; (gun) loaded; (battery) charged; **– di,** loaded with; *m* load, freight; loading; burden, responsibility; **polizza di –,** bill of lading
carie, kah-re-ay, *f* (dental) decay
carino, kah-**ree**-no, *adj* nice; cosy; charming; dear
carità, kah-re-**tah**, *f* charity
caritatevole, hah-re-tah-**tay**-vo-lay, *adj* charitable
carnagione, kar-nah-**jo**-nay, *f* complexion
carnale, kar-**nah**-lay, *adj* carnal; **violenza –,** rape
carne, kar-nay, *f* flesh; meat; **– di manzo,** beef; **– di maiale,** pork; **– tritata,** mince; **– di vitello,** veal
carnefice, kar-**nay**-fe-chay, *m* executioner
carneficina, kar-nay-fe-**chee**-nah, *f* carnage, massacre
carnevale, kar-nay-**vah**-lay, *m* carnival
carnivoro, kar-**nee**-vo-ro, *m* carnivore; *adj* carnivorous
caro*, kah-ro, *adj* dear; expensive
carogna, kah-**ro**-n'yah, *f* carrion; *fam* swine!
carota, kah-**ro**-tah, *f* carrot
carovana, kah-ro-**vah**-nah, *f* convoy; (in desert) caravan
carovita, kah-ro-**vee**-tah, *m* high cost of living; **indennità di –,** cost of living allowance
carpa, kar-pah, *f* carp
carponi, kar-**po**-ne, on all fours
carrabile, kar-**rah**-be-lay, *adj* suitable for vehicles; **"passo –",** "keep clear"
carrello, kar-**rell**-lo, *m* trolley; undercarriage
carretta, kar-**ret**-tah, *f* cart
carretto, kar-**ret**-to, *m* wheel-barrow; hand-cart
carriera, kar-re'**ay**-rah, *f* career; **di gran –,** at full speed
carro, kar-ro, *m* cart, waggon; **– armato,** tank; **– attrezzi,** breakdown van
carrozza, kar-**rot**-tsah, *f* carriage; coach; **– letto,** sleeper; **– ristorante,** restaurant car
carrozzeria, kar-rot-tsay-**ree**-ah, *f* (car) bodywork
carrozzina, kar-rot-**tsee**-nah, *f* pram
carrucola, kar-**roo**-ko-lah, *f* pulley
carta, kar-tah, *f* paper; card; map; **– assegni,** cheque card; **– assorbente,** blotting paper; **– di credito,** credit card; **– igienica,** toilet paper; **– straccia,** waste paper
cartapesta, kar-tah-**pess**-tah, *f* papier-maché
carteggio, kar-**ted**-jo, *m* correspondence
cartella, kar-**tell**-lah, *f* folder; satchel; briefcase
cartellino, kar-tell-**lee**-no, *m* label; card

cartello, kar-**tell**-lo, *m* notice, sign; poster; (business) cartel
cartellone, kar-**tell**-lo-nay, *m* poster
cartiera, kar-te'**ay**-rah, *f* paper mill
cartilagine, kar-te-**lah**-je-nay, *f* cartilage
cartina, kar-**tee**-nah, *f* map
cartoccio, kar-**tot**-cho, *m* paper bag, cornet
cartolaio, -a kar-to-**lah**-e'o, *m/f* stationer
cartoleria, kar-to-lay-**ree**-ah, *f* stationer's shop
cartolina, kar-to-**lee**-nah, *f* postcard; **– di auguri,** greetings card
cartone, kar-**to**-nay, *m* cardboard; carton; **– animato,** cartoon
cartuccia, kar-**toot**-chah, *f* cartridge
casa, kah-zah, *f* house; home; firm; **– di cura,** nursing-home; **– editrice,** publishing house, **– popolare,** council house/flat
casacca, kah-**zak**-kah, *f* jacket, coat
casale, kah-**zah**-lay, *m* hamlet; farmhouse
casalinga, kah-zah-**leen**-gah, *f* housewife
casalingo, kah-zah-**leen**-go, *adj* home-made; domestic
cascare, kahss-**kah**-ray, *v* to fall, to tumble
cascata, kahss-**kah**-tah, *f* waterfall
cascina, kah-**shee**-nah, *f* farmstead
casco, kahss-ko, *m* helmet; (hairdresser) hairdryer
casella, kah-**zell**-lah, *f* square; pigeon-hole; **– postale,** PO Box
casellario, kah-zell-**lah**-re'o, *m* filing cabinet; files
casello, kah-**zell**-lo, *m* signal box; tollgate
caserma, kah-**zair**-mah, *f* barracks
casino, kah-**zee**-no, *m* brothel; mess; racket; **– di caccia,** hunting lodge
caso, kah-zo, *m* case; chance; event; **a –,** at random; **per –,** by chance; **nel – che,** in case
cassa, kahss-sah, *f* case; box; cash desk, checkout; **– da morto,** coffin; **– di risparmio,** savings bank; **– toracica,** chest
cassaforte, kahss-sah-**for**-tay, *f* safe
cassetta, kahss-**set**-tah, *f* box; cassette; box office
cassetto, kahss-**set**-to, *m* drawer
cassiere, -a, kahss-se'**ay**-ray, *m/f* cashier
cassone, kahss-**so**-nay, *m* large case, large chest
casta, kahss-tah, *f* caste
castagna, kahss-**tah**-n'yah, *f* chestnut
castagno, kahss-**tah**-n'yo, *m* chestnut-tree
castano, kahss-**tah**-no, *adj* chestnut brown
castello, kahss-**tell**-lo, *m* castle; **letti a –,** bunk-beds
castigare, kahss-te-**gah**-ray, *v* to punish
castigo, kahss-**tee**-go, *m* punishment
castità, kahss-te-**tah**, *f* chastity
casto*, kahss-to, *adj* chaste
castoro, kahss-**to**-ro, *m* beaver
castrare, kahss-**trah**-ray, *v* to castrate, to doctor
castrato, kahss-**trah**-to, *m* mutton; eunuch
casuale, kah-zoo'**ah**-lay, *adj* fortuitous, chance
casupola, kah-**zoo**-po-lah, *f* hovel
catacomba, kah-tah-**kom**-bah, *f* catacomb
catalizzatore, kah-tah-

leed-dzah-**to**-ray, *m* catalytic converter; catalyst
catalogo, kah-**tah**-lo-go, *m* catalogue
catapecchia, kah-tah-**peck**-ke'ah, *f* tumble-down house; hovel
cataplasma, kah-tah-**plahss**-mah, *m* poultice
catarro, kah-**tar**-ro, *m* catarrh
catasta, kah-**tahss**-tah, *f* stack; heap
catasto, kah-**tahss**-to, *m* land register
catastrofe, kah-**tahss**-tro-phay, *f* catastrophe
categoria, kah-tay-go-**ree**-ah, *f* category
catena, kah-**tay**-nah, *f* chain; **– di montaggio,** assembly line
catenaccio, kah-tay-**naht**-cho, *m* bolt
cateratta, kah-tay-**raht**-tah, *f* cataract
caterva, kah-**tair**-vah, *f* band, troop; **una – di,** heaps of
catinella, kah-te-**nell**-lah, *f* basin
catino, kah-**tee**-no, *m* basin
catrame, kah-**trah**-may, *m* tar
cattedra, kaht-tay-drah, *f* teacher's desk; bishop's chair; teaching post; professorship
cattedratico, kaht-tay-**drah**-te-ko, *m* professor; *adj* university; pedantic
cattiveria, kah-te-**vay**-re'ah, *f* wickedness
cattività, kaht-te-ve-**tah**, *f* captivity
cattivo, kaht-**tee**-vo, *adj* naughty; wicked; nasty
cattolico, -a, kaht-**to**-lee-ko, *adj* Catholic; *m/f* Catholic
cattura, kaht-**too**-rah, *f* capture; seizure
catturare, kaht-too-**rah**-ray, *v* to capture; to seize
caucciù, kah'oot-**choo**, *m* India rubber
causa, kah'oo-zah, *f* cause; case, legal action
causare, kah'oo-**zah**-ray, *v* to cause
cautela, kah'oo-**tay**-lah, *f* caution
cauto*, kah'oo-to, *adj* cautious
cauzione, kah'oo-tse'o-nay, *f* bail; security
cava, kah-vah, *f* quarry
cavalcare, kah-vahl-**kah**-ray, *v* to ride
cavalcata, kah-vahl-**kah**-tah, *f* ride
cavalcatura, kah-vahl-kah-**too**-rah, *f* mount
cavalcavia, kah-vahl-kah-**vee**-ah, *m* flyover
cavalcioni, kah-vahl-**cho**-ne, *adv* **a –,** astride
cavaliere, kah-vah-le'**ay**-ray, *m* rider; knight; cavalryman; partner; gentleman
cavalla, kah-**vahl**-lah, *f* mare
cavalleresco*, kah-vahl-lay-**ress**-ko, *adj* chivalrous
cavalleria, kahl-vahl-lay-**ree**-ah, *f* cavalry; chivalry
cavalletta, kah-vahl-**let**-tah, *f* grasshopper; locust
cavalletto, kah-vahl-**let**-to, *m* trestle; easel; tripod
cavallino, kah-vahl-**lee**-no, *m* pony
cavallo, kah-vahl-lo, *m* horse; (chess) knight; (sport) vaulting horse; **– da corsa,** racehorse
cavallone, kah-vahl-**lo**-nay, *m* (sea) breaker
cavare, kah-**vah**-ray, *v* to take out; to extract; to satisfy; **cavarsela,** to find a way out, to manage
cavatappi, kah-vah-**tap**-pe, *m* corkscrew
caverna, kah-**vair**-nah, *f* cavern, cave
cavezza, kah-**vet**-tsah, *f* halter

cavia, kah-ve'ah, *f* guinea pig
caviale, kah-ve'**ah**-lay, *m* caviar
caviglia, kah-**vee**-l'yah, *f* ankle
cavillare, kah-vil-**lah**-ray, *v* to quibble
cavillo, kah-**vil**-lo, *m* cavil, quibble
cavità, kah-vi-**tah**, *f* hollow; cavity
cavo, kah-vo, *m* cable; *adj* hollow
cavolfiore, kah-vol-fe'o-ray, *m* cauliflower
cavolo, kah-vo-lo, *m* cabbage
cazzotto, kaht-**tsot**-to, *m* blow, punch
cazzuola, kaht-tsoo'o-lah, *f* trowel
ce, chay, *pron* & *adv* (see **ci**)
cece, chay-chay, *m* chickpea
cecità, chay-che-**tah**, *f* blindness
cedere, chay-day-ray, *v* to give up, to yield; to collapse; to sell
cedibile, chay-**dee**-be-lay, *adj* transferable
cedola, chay-do-lah, *f* coupon; counterfoil
cedro, chay-dro, *m* cedar; (fruit) citron
cefalo, chay-fah-lo, *m* mullet
ceffo, chayf-fo, *m* snout; ugly mug
ceffone, chayf-**fo**-nay, *m* slap
celare, chay-**lah**-ray, *v* to conceal
celebrare, chay-lay-**brah**-ray, *v* to celebrate
celebrazione, chay-lay-brah-tse'o-nay, *f* celebration
celebre, chay-lay-bray, *adj* renowned
celebre, chay-lay-bree-**tah**, *f* fame; celebrity
celere, chay-lay-ray, *adj* rapid; speedy
celeste, chay-**less**-tay, *adj* sky-blue; celestial
celia, chay-le'ah, *f* joke, fun
celiare, chay-le'**ah**-ray, *v* to joke; to make fun
celibato, chay-le-**bah**-to, *m* celibacy
celibe, chay-le-bay, *m* bachelor
cella, chell-lah, *f* cell
celluloide, chell-loo-**lo**-e-day, *f* celluloid
cemento, chay-**men**-to, *m* cement; – **armato,** reinforced concrete
cena, chay-nah, *f* supper; dinner
cenare, chay-**nah**-ray, *v* to have dinner
cencio, chen-cho, *m* rag, tatter
cencioso, chen-**cho**-zo, *adj* ragged, tattered
cenere, chay-nay-ray, *f* ashes; *adj* ash-colour
Cenerentola, chay-nay-**ren**-to-lah, *f* Cinderella
cenno, chen-no, *m* nod; signal; hint
censimento, chen-se-**men**-to, *m* census
censire, chen-**see**-ray, *v* to take a census
censo, chen-so, *m* census
censore, chen-**sor**-ay, *m* censor; critic
censura, chen-**soo**-rah, *f* censorship
censurare, chen-soo-**rah**-ray, *v* to censure
centellinare, chen-tell-le-**nah**-ray, *v* to sip
centesimo, chen-**tay**-ze-mo, *m* centime, cent; hundredth; *adj* hundredth
centigrado, chen-**tee**-grah-do, *adj* centigrade
centimetro, chen-**tee**-may-tro, *m* centimetre
centinaio, chen-te-**nah**-e'o, *m* about a hundred
cento, chen-to, *adj* & *m* one hundred
centrale, chen-**trah**-lay, *adj* central; *f* head office; – **elettrica,** power

station
centralino, chen-trah-**lee**-no, *m* telephone exchange; switchboard
centrare, chen-**trah**-ray, *v* to hit the centre; to centre
centrifuga, chen-**tree**-foo-gah, *f* spin-dryer
centro, chen-tro, *m* centre; **– commerciale,** shopping centre
centuplo, chen-too-plo, *adj* hundredfold; *m* a hundred times
ceppo, chep-po, *m* tree stump; block
cera, chay-rah, *f* wax; look, appearance
ceralacca, chay-rah-**lahk**-kah, *f* sealing wax
cerata, chay-**rah**-tah, *adj* **tela –,** tarpaulin
cerbiatto, chai**r-beat**-to, *m* fawn
cerca, chair-kah, *f* **in – di,** in serach of
cercare, chai**r-kah**-ray, *v* to seek; to search; to look for
cerchia, chair-ke'ah, *f* circle (of friends); **– di mura,** city walls
cerchio, chair-ke'o, *m* circle; ring; hoop
cereale, chay-ray-**ah**-lay, *m* cereal
cerebrale, chay-ray-**brah**-lay, *adj* cerebral
cerimonia, chay-re-**mo**-ne'ah, *f* ceremony
cerino, chay-**ree**-no, *m* wax match
cerniera, chai**r**-ne'**ay**-rah, *f* hinge; zip
cero, chay-ro, *m* large wax candle
cerotto, chay-**rot**-to, *m* sticking plaster
certezza, chai**r-tet**-tsah, *f* certainty
certificato, chai**r**-te-fe-**kah**-to, *m* certificate
certo, chair-to, *adj* certain, sure; some; *pron* some; *adv* certainly
certuni, chai**r-too**-ne, *pron* some
cerume, chay-**roo**-may, *m* ear wax
cerva, chair-vah, *f* doe, female deer
cervella, chai**r-vell**-lah, *fpl* brains
cervello, chai**r-vell**-lo, *m* brain; intelligence
cervice, chai**r-vee**-chay, *f* cervix
cervo, chair-vo, *m* deer, stag
cesello, chay-**zell**-lo, *m* chisel
cesoie, chay-**zo**-e'ay, *fpl* shears
cespuglio, chess-**poo**-l'yo, *m* thicket, bush
cessare, chess-**sah**-ray, *v* to cease, to stop
cessione, chess-se'**o**-nay, *f* cession; transfer
cesso, chess-so, *m* bog, toilet
cesta, chess-tah, *f* basket, hamper
cestinare, chess-te-**nah**-ray, *v* to throw away; to reject
cestino, chess-**tee**-no, *m* basket
ceto, chay-to, *m* social class
cetra, chay-trah, *f* zither
cetriolino, chay-tre'o-**lee**-no, *m* gherkin
cetriolo, chay-tre'**o**-lo, *m* cucumber
che, kay, adj which, what; *pron* who, whom; which; what; *conj* that; than; *interj* what!
chi, kee, *pron* who, whom; whoever; anyone who; some
chiacchiera, ke'**ahk**-ke'ay-rah, *f* idle talk, gossip
chiacchierare, ke'ahk-ke'ay-**rah**-ray, *v* to chatter, to gossip
chiacchierata, ke'ahk-ke'ay-**rah**-tah, *f* chat
chiacchierone, ke'ahk-ke'ay-**ro**-nay, *m* chatterbox; gossip
chiamare, ke'ah-**mah**-ray,

v to call
chiamata, ke'ah-**mah**-tah, *f* call
chiappa, ke'**ahp**-pah, *f fam* buttock
chiarezza, ke'ah-**ret**-tsah, *f* clearness, clarity
chiarificare, ke'ah-re-fe-**kah**-ray, *v* to clarify
chiarire, ke'ah-**ree**-ray, *v* to make clear
chiaro, ke'**ah**-ro, *adj** clear; light; bright; *m* daylight; *adv* clearly
chiaroscuro, ke'ah-ro-**skoo**-ro, *m* chiaroscuro
chiaroveggente, ke'ah-ro-ved-**jen**-tay, *m/f* clairvoyant
chiasso, ke'**ahss**-so, *m* noise, uproar
chiatta, ke'**aht**-tah, *f* barge
chiavare, ke'ah-**vah**-ray, *v vulg* to screw
chiave, ke'**ah**-vay, *f* key; **– inglese,** spanner
chiavistello, ke'ah-ve-**stell**-lo, *m* bolt
chiazza, ke'**aht**-tsah, *f* spot, stain
chiazzare, ke'aht-**tsah**-ray, *v* to stain
chicco, keek-ko, *m* grain; bean; stone; grape
chiedere, ke'**ay**-day-ray, *v* to ask, to ask for, to demand
chiesa, ke'**ay**-zah, *f* church
chiglia, kee-l'yah, *f* keel
chilo, kee-lo, *m* kilogram
chilogrammo, kee-lo-**gram**-mo, *m* kilogram
chilometro, kee-**lo**-may-tro, *m* kilometre
chimica, kee-me-kah, *f* chemistry
chimico, kee-me-ko, *m* chemist; *adj** chemical
china, kee-nah, *f* slope, incline
chinarsi, ke-**nar**-se, *v* to bend; to stoop
chincaglieria, keen-kah-l'yay-**ree**-ah, *f* knick-knacks
chinino, ke-**nee**-no, *m* quinine
chioccia, ke'**ot**-chah, *f* broody-hen
chiocciare, ke'ot-**chah**-ray, *v* to cackle
chiocciola, ke'**ot**-cho-lah, *f* snail; **scala a –,** winding staircase
chiodo, ke'**o**-do, *m* nail; stud, spike
chioma, ke'**o**-mah, *f* head of hair
chiosa, ke'**o**-zah, *f* gloss, note
chiosare, ke'o-**zah**-ray, *v* to gloss, to annotate
chiostro, ke'**oss**-tro, *m* cloister
chiromante, ke-ro-**mahn**-tay, *m/f* palmist; fortune-teller
chirurgico*, ke-**roohr**-je-ko, *adj* surgical
chirurgo, ke-**roohr**-go, *m* surgeon
chissà, kiss-**sah**, *adv* who knows; perhaps, maybe
chitarra, ke-**tar**-rah, *f* guitar
chiudere, ke'**oo**-day-ray, *v* to close, to shut; **– a chiave,** to lock
chiunque, ke'**oonn**-kway, *pron* whoever; anybody
chiusa, ke'**oo**-zah, *f* lock; enclosure
chiuso, ke'**oo**-zo, *adj* shut, closed
chiusura, ke'oo-**zoo**-rah, *f* lock; closing down; **– lampo,** zip fastener
ci, chee, *pron* us, to us; (refl) ourselves; each other; *adv* there; here
ciabatta, che'ah-**baht**-tah, *f* slipper
ciabattino, che'ah-baht-**tee**-no, *m* cobbler
cialda, che'**ahl**-dah, *f* wafer
cialtrone, che'ahl-**tro**-nay, *m* rogue
ciambella, che'ahm-**bell**-lah, *f* ring-shaped cake
ciambellano, che'ahm-bell-**lah**-no, *m* chamberlain
ciao, chah'o, *interj* hello!,

cheerio!, bye-bye!
ciarlatano, che'**ar**-lah-**tah**-no, *m* charlatan; quack
ciarpame, che'**ar**-**pah**-me, *m* rubbish
ciascuno, che'ahss-**koo**-no, *pron* each one, every one; *adj* each, every
cibare, che-**bah**-ray, *v* to feed
cibo, chee-bo, *m* food
cicala, che-**kah**-lah, *f* cicada
cicatrice, che-kah-**tree**-chay, *f* scar
cicca, chick-kah, *f* cigarette end, stub
ciclismo, chee-**kles**-mo, *m* cycling
ciclo, chee-klo, *m* cycle
cicogna, che-**ko**-n'yah, *f* stork
cicuta, che-**koo**-tah, *f* hemlock
cieco*, che'**ay**-ko, *adj* blind; **i ciechi**, the blind
cielo, che'**ay**-lo, *m* sky; *relig* heaven; **santo –!,** good heavens!
cifra, chee-frah, *f* figure; cipher
ciglio, chee-l'yo, *m* eyelash; edge
cigno, chee-n'yo, *m* swan
cigolare, che-go-**lah**-ray, *v* to creak
cigolio, che-go-**lee**-o, *m* creaking
ciliegia, che-le'**ay**-jah, *f* cherry
ciliegio, che-le'**ay**-jo, *m* cherry-tree
cilindrata, che-lin-**drah**-tah, *f* cubic capacity
cilindro, che-**lin**-dro, *m* cylinder
cima, chee-mah, *f* top; summit
cimelio, che-**may**-l'yo, *m* relic; old curiosity
cimentare, che-men-**tah**-ray, *v* to put to the test
cimentarsi, che-men-**tar**-se, *v* – **in,** to undertake
cimice, chee-me-chay, *f* bug
ciminiera, che-me-ne'**ay**-rah, *f* funnel; chimney stack
cimitero, che-me-**tay**-ro, *m* cemetery
cimurro, che-**moohr**-ro, *m* distemper
cinema, che-nay-mah, *m* cinema
cinepresa, che-nay-**pray**-sah, *f* cine camera
Cina, chee-nah, *f* China
cinese, chee-**nay**-zay, *adj* Chinese
cingere, chin-jay-ray, *v* to surround, to encircle
cinghia, chin-ghe'ah, *f* strap; belt
cinghiale, chin-ghe'**ah**-lay, *m* wild boar
cinguettare, chin-goo'et-**tah**-ray, *v* to chatter; to chirp
cinico, -a, chee-ne-ko, *adj** cynical; *m/f* cynic
cinquanta, chin-**kwahn**-tah, *adj* & *m* fifty
cinquantesimo, chin-kwahn-**tay**-se-mo, *adj* & *m* one-fiftieth
cinque, chin-kway, *adj* & *m* five
cinquecento, chin-kway-**chen**-to, *adj* & *m* five hundred; *m* **il Cinquecento,** the sixteenth century; *f* **la –,** Fiat 500
cintola, chin-to-lah, *f* belt; waist
cintura, chin-**too**-rah, *f* belt; waist
ciò, cho, *pron* that; it; **– che,** what
ciocca, chock-kah, *f* (hair) lock
cioccolata, chock-ko-**lah**-tah, *f* (a bar of, a cup of) chocolate
cioccolatino, chock-ko-lah-**tee**-no, *m* (a small) chocolate
cioccolato, chock-ko-**lah**-to, *m* (substance) chocolate
cioè, cho-**ay**, *adv* namely, that is to say
ciondolare, chon-do-**lah**-

ray, *v* to dangle; to hang about
ciondolo, chon-do-lo, *m* trinket; pendant
ciononostante, cho-no-no-**stahn**-tay, *adv* nevertheless
ciotola, cho-to-lah, *f* bowl
ciottolo, chot-to-lo, *m* pebble
cipiglio, che-**pee**-l'yo, *m* frown
cipolla, che-**pol**-lah, *f* onion
cipollina, che-pol-**lee**-nah, *f* spring onion
cipresso, che-**press**-so, *m* cypress
cipria, chee-pre-ah, *f* (face) powder
circa, cheer-kah, prep about, regarding; *adv* about
circo, cheer-ko, *m* circus
circolare, cheer-ko-**lah**-ray, *v* to circulate; *f* circular
circolazione, cheer-ko-lah-tse'**o**-nay, *f* circulation; traffic
circolo, cheer-ko-lo, *m* circle; club
circoncidere, cheer-kon-**chee**-day-ray, *v* to circumcise
circondare, cheer-kon-**dah**-ray, *v* to surround
circondario, cheer-kon-**dah**-re'o, *m* district
circonferenza, cheer-kon-fay-**rayn**-tsah, *f* circumference
circonvallazione, cheer-kon-vahl-lah-tse'**o**-nay, *f* ring road
circostanza, cheer-ko-**stahn**-tsah, *f* circumstance
circuire, cheer-koo'**ee**-ray, *v* to fool
circuito, chee**r-koo**'e-to, *m* circuit
cisposo, chiss-**po**-zo, *adj* blear-eyed
cisterna, chees-**tair**-nah, *f* cistern, tank
citare, che-**tah**-ray, *v* to cite; to summons
citofono, che-**to**-fo-no, *m* intercom; entry phone
citrullo, -a, che-**trooll**-lo, *adj* stupid; *m/f* blockhead
città, chit-**tah**, *f* city; town
cittadinanza, chit-tah-dee-**nahn**-tsah, *f* citizenship; inhabitants of a town
cittadino, chit-tah-**dee**-no, *m* citizen; inhabitant
ciuco, choo-ko, *m* donkey
ciuffo, choof-fo, *m* tuft of hair
civetta, che-**vet**-tah, *f* owl; coquette
civettare, che-vet-**tah**-ray, *v* to flirt
civico, che-vee-ko, *adj* civic, municipal
civile, che-**vee**-lay, *adj* civil, courteous
civiltà, che-vil-**tah**, *f* civilization; civility
clacson, klak-son, *m* hooter, horn
clamore, klah-**mor**-ay, *m* clamour
clamoroso*, klah-mo-**ro**-zo, *adj* sensational; resounding
clarinetto, klah-ree-**net**-to, *m* clarinet
clarino, klah-**ree**-no, *m* clarinet
classe, klahss-say, *f* class; classroom
classico, klahss-se-ko, *m* (book) classic; (writer) classical author; *adj* classical
classificare, klahss-se-fe-**kah**-ray, *v* to classify
classificarsi, klahss-se-fe-**kar**-se, *v* to be placed (in a list/league)
clausola, klah'oo-zo-lah, *f* clause
clavicola, klah-**vee**-ko-lah, *f* collar-bone, clavicule
clemenza, klay-**men**-tsah, *f* clemency; mildness
clericale, klay-re-**kah**-lay, *adj* clerical

clero, klay-ro, *m* clergy
clessidra, klays-**see**-drah, *f* hourglass
cliente, kle-**en**-tay, *m/f* client, customer
clima, klee-mah, *m* climate
clinica, klee-nee-kah, *f* clinic
clistere, kliss-**tay**-ray, *m* enema
cloaca, klo-**ah**-kah, *f* sewer, drain
cloro, klo-ro, *m* chlorine
cloruro, klo-**roo**-ro, *m* chloride
coadiuvare, ko-ah-de'oo-**vah**-ray, *v* to assist
coagulare, ko-ah-**goo**-lah-ray, *v* to coagulate; to curdle
coalizione, ko-ah-lee-tse'**o**-nay, *f* coalition
coatto, ko-**aht**-to, *adj* compelled
cocaina, ko-kah'**i**-nah, *f* cocaine
cocca, kock-kah, *f* notch
coccarda, kock-**kar**-dah, *f* cockade
cocchiere, kock-ke'**ay**-ray, *m* coachman
cocchio, kock-ke'o, *m* carriage, coach
coccinella, kot-chee-**nel**-lah, *f* ladybird
coccio, kot-cho, *m* earthenware; fragment of pottery
cocciuto*, kot-**choo**-to, *adj* stubborn, obstinate
cocco, kock-ko, *m* coconut palm; **noce di –,** coconut
cocco, -a, kock-ko, *m/f* darling
coccodrillo, kock-ko-**dreel**-lo, *m* crocodile
coccolare, kock-ko-**lah**-ray, *v* to cuddle
cocente, ko-**chen**-tay, *adj* burning
cocomero, ko-**ko**-may-ro, *m* watermelon
cocuzzolo, ko-**koot**-tso-lo, *m* summit, top
coda, ko-dah, *f* tail; queue; (dress) train
codardia, ko-dar-**dee**-ah, *f* cowardice
codardo, ko-**dar**-do, *m* coward
codesto, ko-**dess**-to, *adj* & *pron* that, those
codice, ko-de-chay, *m* code; codex; **– a barre,** bar code; **– di avviamento postale,** postcode; **– della strada,** highway code
codino, ko-**dee**-no, *m* pigtail
coerente, ko-ay-**ren**-tay, *adj* coherent; consistent
coerenza, ko-ay-**ren**-tsah, *f* coherence; consistency
coesione, ko-ay-ze'**o**-nay, *f* cohesion
coetaneo, -a, ko-ay-**tah**-nay-o, *adj* contemporary; *m/f* contemporary
cofano, ko-fah-no, *m* trunk; (car) bonnet
cogli, ko-l'y, (**con gli**), with the
cogliere, ko-l'yay-ray, *v* to gather; to catch
coglione, ko-l'**yo**-nay, *m* *vulg* testicle; *fig* dickhead
cognata, ko-n'**yah**-tah, *f* sister-in-law
cognato, ko-n'**yah**-to, *m* brother-in-law
cognizione, ko-n'ye-tse'**o**-nay, *f* knowledge
cognome, ko-n'**yo**-may, *m* surname, family name
coi, ko'e, (**con i**), with the
coincidenza, ko-in-che-**den**-tsah, *f* coincidence; (train, etc.) connection
coinvolgere, ko-in-**vol**-jay-ray, *v* involve
coito, ko'**e**-to, *m* coitus
col, kol, (**con il**), with the
colapasta, ko-lah-**pah**-stah, *m* colander
colare, ko-**lah**-ray, *v* to drip; to run; to strain
colazione, ko-lah-tse'**o**-nay, *f* breakfast; lunch; **fare –,** to have breakfast; **prima –,**

breakfast
colei, ko-**lay**-e, *pron* – **che,** she who
colera, kol-**lay**-rah, *m* cholera
colica, kol-lee-kah, *f* colic
colino, ko-**lee**-no, *m* strainer
colla, koll-lah, *f* glue; paste
colla, koll-lah, (**con la**), with the
collana, koll-**lah**-nah, *f* necklace
collare, koll-**lah**-ray, *m* collar
collasso, koll-**lahss**-so, *m* collapse
collaudare, koll-la'oo-**dah**-ray, *v* to test
colle, koll-lay, *m* hill; pass
collegare, koll-lay-**gah**-ray, *v* to connect, to link
collegio, koll-**lay**-jo, *m* college; community; – **elettorale,** constituency
collera, koll-lay-rah, *f* anger
colletta, koll-**let**-tah, *f* collection
collettivo, koll-let-**tee**-vo, *adj* collective; general
colletto, koll-**let**-to, *m* collar
collezionare, koll-lay-tse'o-**nah**-nay, *v* to collect
collezione, koll-lay-tse'o-nay, *f* collection
collina, koll-**lee**-nah, *f* hill
collirio, koll-**lee**-ree'o, *m* eyedrops
collisione, koll-**lee**-zee'o-nay, *f* collision
collo, koll-lo, *m* neck; parcel; packet
collo, koll-lo, (**con lo**), with the
collocamento, koll-lo-kah-**men**-to, *m* employment; appointment; **ufficio di** –, job centre
collocare, koll-lo-**kah**-ray, *v* to place
colloquio, koll-**lo**-kwe'o, *m* interview; conference; (university) oral exam
colmare, koll-**mah**-ray, *v* to fill up
colmo, koll-mo, *m* top; acme; *adj* full
colomba, ko-**lomm**-bah, *f* dove
colombaia, ko-lomm-**bah**-e'ah, *f* dovecote; pigeon coop
colombo, ko-**lomm**-bo, *m* pigeon
colonia, ko-**lo**-ne'ah, *f* colony
coloniale, ko-lo-ne'**ah**-lay, *adj* colonial
colonizzare, ko-lo-need-**dzah**-ray, *v* to colonize
colonna, ko-**lon**-nah, *f* column
colonnello, ko-lon-**nel**-lo, *m* colonel
colono, ko-**lo**-no, *m* colonist, settler; farmer
colorante, ko-lo-**rahn**-tay, *m* (food) colouring
colorare, ko-lo-**rah**-ray, *v* to colour
colore, ko-**lo**-ray, *m* colour
coloro, ko-**lo**-ro, *pron* those; they, them
colpa, koll-pah, *f* fault; guilt; blame
colpevole, koll-**pay**-vo-lay, *adj* guilty; *m/f* culprit
colpire, koll-**pee**-ray, *v* to hit, to strike; to affect
colpo, koll-po, *m* blow; shot; *med* stroke
coltellata, koll-tell-**lah**-tah, *f* stab
coltello, koll-**tell**-lo, *m* knife
colto, koll-to, *adj* educated, cultured
coltre, koll-tray, *f* blanket, coverlet
colui, ko-**loo**-e, *pron* – **che,** he who
comandante, ko-mahn-**dahn**-tay, *m* commander; captain; commanding officer
comandare, ko-mahn-**dah**-ray, *v* to command, to order; to be in charge

comando, ko-**mahn**-do, *m* command, order; (tech) control
combaciare, kom-bah-**chah**-ray, *v* to join, to fit together; to correspond
combattere, kom-**baht**-tay-ray, *v* to fight
combattimento, kom-baht-te-**men**-to, *m* fight, battle
combinare, kom-be-**nah**-ray, *v* to combine; to arrange
combinazione, kom-be-nah-tse'**o**-nay, *f* coincidence; combination
combriccola, kom-**brick**-ko-lah, *f* gang; clique
combustibile, kom-booss-**tee**-be-lay, *m* fuel
come, ko-may, *adv* so; as; like; while; *conj* how; as; as soon as
cometa, ko-**may**-tah, *f* comet
comico, ko-me-ko, *m* comedian; *adj** comical
comignolo, ko-**mee**-n'yo-lo, *m* chimney top
cominciare, ko-min-**chah**-ray, *v* to begin, to start
comitato, ko-me-**tah**-to, *m* committee, board
comitiva, ko-me-**tee**-vah, *f* party
comizio, ko-**mee**-tse'o, *m* rally
commedia, kom-**may**-de'ah, *f* comedy; play
commediante, kom-may-de'**ahn**-tay, *m/f* comedian; actor, actress
commemorare, kom-may-mo-**rah**-ray, *v* to commemorate
commendatore, kom-men-dah-**to**-ray, *m* official title in the Italian republic
commensale, kom-men-**sah**-lay, *m/f* table companion
commentare, kom-men-**tah**-ray, *v* to comment
commento, kom-**men**-to, *m* comment
commerciale, kom-mair-**chah**-lay, *adj* commercial
commercialista, kom-mair-chah-**lee**-stah, *m/f* accountant; business consultant
commerciante, kom-mair-**chahn**-tay, *m/f* trader; shopkeeper
commerciare, kom-mair-**chah**-ray, *v* to trade
commercio, kom-mair-cho, *m* commerce, trade
commesso, -a, kom-**mess**-so, *m/f* shop assistant; clerk
commestibile, kom-mess-**tee**-be-lay, *adj* edible
commestibili, kom-mess-**tee**-be-lee, *mpl* foodstuffs
commettere, kom-**met**-tay-ray, *v* to commit; to commission
commiato, kom-me'**ah**-to, *m* leave-taking
comminare, kom-me-**nah**-ray, *v law* to threaten, to inflict (sanctions)
commiserare, kom-me-zay-**rah**-ray, *v* to pity
commissariato, kom-miss-sah-re'**a**-to, *m* police station; commissioner's office
commissario, kom-miss-**sah**-re'o, *m* police superintendent; commissioner
commissionario, kom-miss-se'o-**nah**-re'o, *m* agent, broker
commovente, kom-mo-**ven**-tay, *adj* touching
commuovere, kom-moo'**o**-vay-ray, *v* to affect
commuoversi, kom-moo'**o**-vair-se, *v* to be moved
commutare, kom-moo-**tah**-ray, *v law* to commute; to change over
commutatore, kom-moo-tah-**tor**-ay, *m* (electric)

switch
comodino, ko-mo-**dee**-no, *m* bedside table
comodità, ko-mo-de-**tah**, *f* comfort; convenience
comodo*, ko-mo-do, *adj* handy; comfortable; convenient
compagnia, kom-pah-n'**yee**-ah, *f* company; society
compagno, -a, kom-**pah**-n'yo, *m/f* companion; partner
comparabile, kom-pah-**rah**-be-lay, *adj* comparable
comparare, kom-pah-**rah**-ray, *v* to compare
compare, kom-**pah**-ray, *m* godfather; accomplice; *fam* pal
comparire, kom-pah-**ree**-ray, *v* to appear; to come out
comparsa, kom-**par**-sah, *f* appearance; (stage) walk-on, extra
compartecipare, kom-par-tay-che-**pah**-ray, *v* to have a share
compartimento, kom-par-te-**men**-to, *m* compartment; district
compassione, kom-pahss-se'**o**-nay, *f* compassion, pity
compassionevole, kom-pahss-se'o-**nay**-vo-lay, *adj* compassionate; moving, touching
compasso, kom-**pahss**-so, *m* compasses; callipers
compatimento, kom-pah-te-**men**-to, *m* compassion; indulgence
compatire, kom-pah-**tee**-ray, *v* to pity; to make allowances for
compatto*, kom-**paht**-to, *adj* compact; dense
compendio, kom-**pen**-de'o, *m* compendium; summary
compensare, kom-pen-**sah**-ray, *v* to pay for; to make up for
compenso, kom-**pen**-so, *m* compensation, reward; payment
compera, kom-pay-rah, *f* purchase
competente, kom-pay-**ten**-tay, *adj* competent, qualified
competenza, kom-pay-**ten**-tsah, *f* competence; jurisdiction
competere, kom-**pay**-tay-ray, *v* to compete; to be incumbent upon
competizione, kom-pay-tee-tse'**o**-nay, *f* competion
compiacente, kom-pe'ah-**chen**-tay, *adj* obliging
compiacenza, kom-pe'ah-**chen**-tsah, *f* kindness
compiacimento, kom-pe'ah-che-**men**-to, *m* pleasure
compiangere, kom-pe'**ahn**-jay-ray, *v* to feel sorry for
compianto, kom-pe'**ahn**-to, *m* grief
compiere, kom-pe'ay-ray, *v* to complete; to fulfil
compilare, kom-pe-**lah**-ray, *v* to compile
compimento, kom-pe-**men**-to, *m* accomplishment; fulfilment; completion
compire, kom-**pee**-ray, *v* to complete; to fulfil
compitare, kom-pe-**tah**-ray, *v* to spell
compitezza, kom-pe-**tet**-tsah, *f* politeness
compito, kom-pe-to, *m* task; duty; homework
compiuto*, kom-pe'**oo**-to, *adj* ended, completed
compleanno, kom-play-**ahn**-no, *m* birthday
complementare, kom-play-men-**tah**-ray, *adj* additional; auxiliary
complemento, kom-play-**men**-to, *m* complement
complessità, kom-pless-see-**tah**, *f* complexity
complessivo, kom-pless-

see-vo, *adj* comprehensive, total
complesso, kom-**pless**-so, *adj* complex; whole
completare, kom-play-**tah**-ray, *v* to complete
completo*, kom-**play**-to, *adj* complete; full up; *m* suit
complicare, kom-ple-**kah**-ray, *v* to complicate
complice, kom-ple-chay, *m/f* accomplice
complimento, kom-ple-**men**-to, *m* compliment; **complimenti,** congratulations; **fare –,** to stand on ceremony
complotto, kom-**plot**-to, *m* conspiracy, plot
componente, kom-po-**nen**-tay, *m* component; member; *adj* component
componimento, kom-po-ne-**men**-to, *m* composition
comporre, kom-**por**-ray, *v* to compose; to arrange; *law* to settle
comportamento, kom-por-tah-**men**-to, *m* behaviour
comportare, kom-por-**tah**-ray, *v* to imply, to involve
comportarsi, kom-por-**tar**-se, *v* to behave
compositore, -trice, kom-po-ze-**tor**-ay, kom-po-ze-**tree**-chay, *m/f* composer; compositor, typesetter
composizione, kom-po-ze-tse'**o**-nay, *f* composition; typesetting; settlement
composta, kom-**poss**-tah, *f* stewed fruit
composto, kom-**poss**-to, *m* mixture, compound; *adj* compound, composite; composed, dignified
compra, kom-prah, *f* purchase
comprare, kom-**prah**-ray, *v* to purchase
compratore, -trice, kom-prah-**tor**-ay, kom-prah-**tree**-chay, *m/f* buyer
comprendere, kom-**pren**-day-ray, *v* to understand; to include
comprensibile, kom-pren-**see**-be-lay, *adj* comprehensible
comprensione, kom-pren-se'**o**-nay, *f* comprehension, understanding
compressa, kom-**press**-sah, *f* tablet; compress
comprimere, kom-**pree**-may-ray, *v* to compress
compromesso, kom-pro-**mes**-so, *m* compromise
compromettere, kom-pro-**met**-tay-ray, *v* to compromise
comprovare, kom-pro-**vah**-ray, *v* to prove
compunto*, kom-**poonn**-to, *adj* repentant, contrite
compunzione, kom-poonn-tse'**o**-nay, *f* contrition
computer, kom-pee'**oo**-ter, *m* computer
computisteria, kom-poo-tiss-tay-**ree**-ah, *f* accounting, book-keeping
computo, kom-poo-to, *m* calculation
comune, ko-**moo**-nay, *adj* common, ordinary; *m* town hall; town council
comunicare, ko-moo-ne-**ka**-ray, *v* to communicate; *relig* to administer communion
comunicativo, ko-moo-nee-kah-**tee**-vo, *adj* communicative
comunicato, ko-moo-nee-**kah**-to, *m* communiqué; **– stampa,** press release
comunicazione, ko-moo-nee-kah-tse'**o**-nay, *f* communication; (phone) call; announcement
comunione, ko-moo-nee'**o**-nay, *f* communion
comunismo, ko-moo-**niss**-mo, *m* communism

comunità, ko-moo-nee-**tah,** *f* community; **Comunità Economica Europea,** European Economic Community
comunque, ko-**moon**-kway, *adv* anyway; nevertheless; *conj* however
con, kon, *prep* with; by
conato, ko-**nah**-to, *m* – **di vomito,** retching
conca, kon-kah, *f* broad valley
concatenare, kon-kah-tay-**nah**-ray, *v* to link up
concavo, kon-kah-vo, *adj* concave
concedere, kon-**chay**-day-ray, *v* to concede, to allow
concentramento, kon-chen-trah-**men**-to, *m* concentration
concentrare, kon-chen-**trah**-ray, *v* to concentrate
concepibile, kon-chay-**pee**-be-lay, *adj* conceivable
concepire, kon-chay-**pee**-ray, *v* to conceive; to imagine
conceria, kon-chay-**ree**-ah, *f* tannery
concernere, kon-**chair**-nay-ray, *v* to concern
concertare, kon-chair-**tah**-ray, *v* to plan
concerto, kon-**chair**-to, *m* concert
concessionario, kon-chess-se'o-**nah**-re'o, *m* concessionary; agent, dealer
concessione, kon-chess-se'**o**-nay, *f* concession
concetto, kon-**chet**-to, *m* concept; opinion
concezione, kon-chay-tse'**o**-nay, *f* conception; view
conchiglia, kon-**kee**-l'yah, *f* shell
conciare, kon-**chah**-ray, *v* to tan; to treat badly
conciliare, kon-che-le'**ah**-ray, *v* to reconcile; to settle
conciliazione, kon-che-le'ah-tse'**o**-nay, *f* reconciliation; settlement
concilio, kon-**chee**-le'o, *m* council; assembly
concime, kon-**chee**-may, *m* manure; fertiliser
concisione, kon-che-ze'**o**-nay, *f* conciseness
conciso*, kon-**chee**-zo, *adj* concise
concitato, kon-che-**tah**-to, *adj* agitated
concittadino, kon-chit-tah-**dee**-no, *m* fellow citizen
conclave, kon-**klah**-vay, *m* conclave
concludere, kon-**kloo**-day-ray, *v* to conclude
conclusione, kon-kloo-see'**o**-nay, *f* conclusion; end
conclusivo, kon-kloo-**see**-vo, *adj* conclusive
concordare, kon-**kor**-**dah**-ray, *v* to agree
concordato, kon-**kor**-**dah**-to, *m* settlement; *relig* concordat
concorde*, kon-**kor**-day, *adj* unanimous
concordia, kon-**kor**-de'ah, *f* harmony, concord
concorrente, kon-**kor**-**ren**-tay, *m/f* competitor
concorrenza, kon-**kor**-**ren**-tsah, *f* competition
concorrere, kon-**kor**-ray-ray, *v* to compete; – **a,** to contribute to
concorso, kon-**kor**-so, *m* competition
condanna, kon-**dahn**-nah, *f* condemnation; *law* sentence
condannare, kon-dahn-**nah**-ray, *v* to condemn; *law* to sentence
condannato, kon-dahn-**nah**-to, *m* convict
condensare, kon-den-**sah**-ray, *v* to condense
condensatore, kon-den-

sah-**tor**-ay, *m* condenser
condimento, kon-de-**men**-to, *m* seasoning; dressing
condire, kon-**dee**-ray, *v* to season; to dress
condiscendere, kon-de-**shen**-day-ray, *v* to condescend
condividere, kon-de-**vee**-day-ray *v* to share
condizionale, kon-de-tse'o-**nah**-lay, *adj* conditional; *m gram* conditional; *f law* suspended sentence
condizionare, kon-de-tse'o-**nah**-ray, *v* to condition
condizione, kon-de-tse'**o**-nay, *f* condition; rank; calling
condoglianze, kon-do-l'**yahn**-tsay, *fpl* condolences
condominio, kon-do-**mee**-ne'o, *m* joint ownership
condonare, kon-do-**nah**-ray, *v* to pardon
condotta, kon-**dot**-tah, *f* conduct
condottiero, kon-dot-te'**ay**-ro, *m* leader
condotto, kon-**dot**-to, *m* conduit; duct; **medico –,** local authority doctor
conducente, kon-doo-**chen**-tay, *m/f* driver
condurre, kon-**doohr**-ray, *v* to lead; to drive; to run, to manage; to conduct
confederazione, kon-fay-day-rah-tse'**o**-nay, *f* confederation
conferenza, kon-fay-**ren**-tsah, *f* conference; lecture
conferenziere, kon-fay-ren-tse'**ay**-ray, *m* lecturer
conferire, kon-fay-**ree**-ray, *v* to confer, to bestow
conferma, kon-**fair**-mah, *f* confirmation
confermare, kon-fair-**mah**-ray, *v* to confirm; to sanction
confessare, kon-fess-**sah**-ray, *v* to confess
confessione, kon-fess-se'**o**-nay, *f* confession
confettiera, kon-fet-tee'**ay**-rah, *f* bonbonnière
confetto, kon-**fet**-to, *m* sugared almond
confettura, kon-fet-**too**-rah, *f* preserve; jam
confezionare, kon-fay-tse'o-**nah**-ray, *v* to wrap up; to package; to make (clothes)
confezione, kon-fay-tse'o-nay, *f* packaging; tailoring, dressmaking; **– regalo,** gift pack
conficcare, kon-feeck-**kah**-ray, *v* **– in,** to hammer into; to stick into
confidare, kon-fe-**dah**-ray, *v* to confide; **– in,** to rely upon
confidenza, kon-fe-**den**-tsah, *f* confidence; familiarity
confinare, kon-fe-**nah**-ray, *v* to border upon; to confine
confinato, kon-fe-**nah**-to, *adj* interned
confine, kon-**fee**-nay, *m* border; boundary
confino, kon-**fee**-no, *m* internment
confisca, kon-**fiss**-kah, *f* confiscation
conflitto, kon-**flit**-to, *m* conflict; dispute
confluire, kon-floo'**i**-ray, *v* (rivers, streets) to meet; to come together
confondere, kon-**fon**-day-ray, *v* to confuse, to mix up; to embarrass
conformare, kon-for-**mah**-ray, *v* to conform
confortare, kon-for-**tah**-ray, *v* to comfort
confortevole, kon-for-**tay**-vo-lay, *adj* comforting
conforto, kon-**for**-to, *m* comfort
confrontare, kon-fron-

tah-ray, *v* to confront; to compare
confronto, kon-**fron**-to, *m* comparison
confusione, kon-foo-zee'**o**-nay, *f* confusion; noise; embarrassment
confuso*, kon-**foo**-zo, *adj* confused; nuddled; embarrassed
confutare, kon-foo-**tah**-ray, *v* to confute
congedare, kon-jay-**dah**-ray, *v* to dismiss
congedo, kon-**jay**-do, *m* leave; discharge
congegnare, kon-jay-n'**yah**-ray, *v* to assemble; to devise
congegno, kon-**jay**-n'yo, *m* mechanism; device
congelare, kon-jay-**lah**-ray, *v* to freeze
congelatore, kon-jay-lah-**to**-ray, *m* freezer
congestione, kon-jay-stee'**o**-nay, *f* congestion
congettura, kon-jet-**too**-rah, *f* conjecture
congetturare, kon-jet-too-**rah**-ray, *v* to surmise
congiungere, kon-**joonn**-jay-ray, *v* to join
congiunto, -a, kon-**joonn**-to, *adj** connected; *m/f* relation
congiuntura, kon-joonn-**too**-rah, *f* junction; occasion; economic situation
congiunzione, kon-joonn-tse'**o**-nay, *f* conjunction; connection
congiura, kon-**joo**-rah, *f* conspiracy
congiurato, -a, kon-joo-**rah**-to, *m/f* conspirator
congratulare, kon-grah-too-**lah**-ray, *v* to congratulate
congratulazioni, kon-grah-too-lah-tse'**o**-nee, *fpl* congratulations
congregare, kon-gray-**gah**-ray, *v* to assemble
congresso, kon-**gress**-so, *m* congress; assemble
congruo*, kon-groo'o, *adj* adequate; consistent
coniare, ko-ne'**ah**-ray, *v* to coin; to mint
coniglio, ko-**nee**-l'yo, *m* rabbit; *fig* coward
conio, ko-ne'o, *m* minting die; coinage
coniugale, ko-ne'oo-**gah**-lay, *adj* conjugal
coniugare, ko-ne'oo-**gah**-ray, *v* to conjugate
coniugato, ko-ne'oo-**gah**-to, *adj* married
coniuge, ko-ne'oo-jay, *m/f* spouse; **i coniugi,** the husband and wife
connazionale, kon-nah-tse'o-**nah**-lay, *m/f* fellow-countryman/woman
connessione, kon-ness-se'**o**-nay, *f* connection
connettere, kon-**net**-tay-ray, *v* to connect
connivenza, kon-ne-**ven**-tsah, *f* connivance
connotati, kon-no-**tah**-te, *mpl* distinguishing marks
cono, ko-no, *m* cone
conoscente, ko-no-**shen**-tay, *m/f* acquaintance
conoscenza, ko-no-**shen**-tsah, *f* knowledge; acquaintance
conoscere, ko-**no**-shay-ray, *v* to know
conosciuto, ko-no-she'**oo**-to, *adj* known, renowned
conquista, kon-**kwiss**-tah, *f* conquest
conquistare, kon-kwiss-**tah**-ray, *v* to conquer
conquistatore, kon-kwiss-tah-**tor**-ay, *m* conqueror
consacrare, kon-sah-**krah**-ray, *v* to consecrate
consanguineo, kon-sahn-goo'**ee**-nay-o, *adj* related by blood
consapevole, kon-sah-**pay**-vo-lay, *adj* conscious, aware
conscio*, kon-she'o, *adj* conscious
consegna, kon-**say**-n'yah, *f* delivery; consignment; *mil* orders

consegnare, kon-say-n'**yah**-ray, *v* to deliver; *mil* to confine to barracks
conseguente, kon-say-goo'**en**-tay, *adj* consequent, ensuing
conseguire, kon-say-goo'**ee**-ray, *v* to obtain, to achieve; to follow
consenso, kon-**sen**-so, *m* consent
consentire, kon-sen-**tee**-ray, *v* to consent
consenziente, kon-sen-tse'**en**-tay, *adj* consenting
conserva, kon-**sair**-vah, *f* preserve
conservare, kon-sair-**vah**-ray, *v* to keep; to preserve
conservatore, -trice, kon-sair-vah-**tor**-ay, kon-sair-vah-**tree**-chay, *m/f* Conservative
conservazione, kon-sair-vah-tse'**o**-nay, *f* conservation, preservation
considerare, kon-se-day-**rah**-ray, *v* to consider
considerazione, kon-se-day-rah-tse'**o**-nay, *f* consideration; esteem; remark
considerevole, kon-se-day-**ray**-vo-lay, *adj* considerable; important
consigliare, kon-se-l'**yah**-ray, *v* to advise
consigliere, -a, kon-se-l'**yay**-ray, *m/f* adviser; councillor
consiglio, kon-**see**-l'yo, *m* advice; counsel; council; **– di amministrazione,** board of directors
consistente, kon-siss-**ten**-tay, *adj* firm; solid
consistenza, kon-siss-**ten**-tsah, *f* firmness; solidity
consistere, kon-**siss**-tay-ray, *v* to consist
consociata, kon-so-**chah**-tah, *f* associated company
consociato, kon-so-**chah**-to, *adj* associated
consocio, -a, kon-**so**-cho, *m/f* partner, associate
consolare, kon-so-**lah**-ray, *v* to console; *adj* consular
consolato, kon-so-**lah**-to, *m* consulate
consolazione, kon-so-lah-tse'**o**-nay, *f* consolation
console, kon-so-lay, *m* consul
consolidare, kon-so-le-**dah**-ray, *v* to consolidate
consonante, kon-so-**nahn**-tay, *f* consonant
consono, kon-so-no, *adj* consistent; conforming
consorte, kon-**sor**-tay, *m/f* consort
consorzio, kon-**sor**-tse'o, *m* consortium; cooperative; syndicate
constare, kon-**stah**-ray, *v* to be evident; to consist of; **a quanto mi consta,** as far as I know
constatare, kon-stah-**tah**-ray, *v* to ascertain, to notice
consueto*, kon-soo'**ay**-to, *adj* usual, habitual
consuetudine, kon-soo'ay-**too**-de-nay, *f* custom
consulente, kon-soo-**len**-tay, *adj* consulting; *m/f* consultant
consultare, kon-sooll-**tah**-ray, *v* to consult
consulto, kon-**sooll**-to, *m med* consultation
consumare, kon-soo-**mah**-ray, *v* to consume
consumismo, kon-soo-**mee**-zmo, *m* consumerism
consumo, kon-**soo**-mo, *m* consumption; **società dei consumi,** consumer society
consuntivo, kon-soonn-**tee**-vo, *adj comm* final; *m* final balance
contabile, kon-**tah**-be-lay, *m/f* book-keeper; accountant

contabilità, kon-tah-be-le-**tah**, *f* book-keeping
contachilometri, kon-tah-ke-**lo**-may-tre, *m* mileometer
contadino, -a, kon-tah-**dee**-no, *m/f* farm worker; peasant
contagiare, kon-tah-**jah**-ray, *v* to infect
contagio, kon-**tah**-jo, *m* infection; contagion; epidemic
contagioso, kon-tah-**jo**-zo, *adj* infectious
contaminare, kon-tah-me-**nah**-ray, *v* to contaminate
contanti, kon-**tahn**-te, *mpl* cash
contare, kon-**tah**-ray, *v* to count; **– su,** to rely upon
contatore, kon-tah-**tor**-ay, *m* meter
contatto, kon-**taht**-to, *m* contact; touch
conte, kon-tay, *m* count
contea, kon-**tay**-ah, *f* county
conteggiare, kon-ted-**jah**-ray, *v* to calculate
contegno, kon-**tay**-n'yo, *m* behaviour; attitude
contegnoso*, kon-tay-n'**yo**-zo, *adj* reserved; haughty
contemplare, kon-tem-**plah**-ray, *v* to contemplate; to gaze at; *law* to provide for
contemporaneo, -a, kon-tem-po-**rah**-nay-o, *adj** contemporary; *m/f* contemporary
contendere, kon-**ten**-day-ray, *v* to contend; to quarrel
contenere, kon-tay-**nay**-ray, *v* to contain; to restrain; to hold back
contenitore, kon-tay-nee-**to**-ray, *m* container
contentarsi, kon-ten-**tar**-se, *v* to be satisfied
contentezza, kon-ten-**tet**-tsah, *f* contentment; pleasure
contento, kon-**ten**-to, *adj* happy; satisfied
contenuto, kon-tay-**noo**-to, *m* contents
contesa, kon-**tay**-zah, *f* dispute; argument
contessa, kon-**tess**-sah, *f* countess
contestare, kon-tay-**stah**-ray, *v* to contest; to protest against
contestazione, kon-tay-stah-tse'**o**-nay, *f law* dispute; anti-establishment activity
contesto, kon-**tess**-to, *m* context
contiguo, kon-**tee**-goo'o, *adj* adjacent
continente, kon-te-**nen**-tay, *m* continent
contingente, kon-tin-**jen**-tay, *m* contingent; quantity; share; *adj* contingent
continuare, kon-te-noo'**ah**-ray, *v* to continue
continuazione, kon-te-noo'a-tse'**o**-nay, *f* continuation
continuità, kon-te-noo'e-**tah**, *f* continuity
continuo*, kon-**tee**-noo'o, *adj* continuous
conto, kon-to, *m* account, bill; calculation; **– corrente,** current account; **tener – di,** to take into consideration
contorcere, kon-**tor**-chay-ray, *v* to contort; to twist
contorno, kon-**tor**-no, *m* outline, border; vegetables
contorto*, kon-**tor**-to, *adj* twisted; crooked; tortuous
contrabbandiere, kon-trahb-bahn-de'**ay**-ray, *m* smuggler
contrabbando, kon-trahb-**bahn**-do, *m* smuggling; contraband
contrabbasso, kon-trahb-**bahss**-so, *m* double bass
contraccambiare, kon-

trahk-kahm-be'**ah**-**ray**, *v* to reciprocate

contraccettivo, kon-traht-chet-**tee**-vo, *m* contraceptive

contraccolpo, kon-trahk-**koll**-po, *m* recoil; rebound; consequence

contrada, kon-**trah**-dah, *f* road; country, region

contraddire, kon-trahd-**dee**-ray, *v* to contradict

contradditorio, kon-trahd-de-**tor**-e'o, *adj* contradictory; conflicting; *m* cross-examination

contraddizione, kon-trah-de-tse'**o**-nay, *f* contradiction

contraente, kon-trah-**en**-tay, *m/f* contracting party

contraffare, kon-trahf-**fah**-ray, *v* to forge; to counterfeit; to adulterate

contraffazione, kon-trahf-fah-tse'**o**-nay, *f* forgery; counterfeiting; adulteration

contrafforte, kon-trahf-**for**-tay, *m* buttress

contralto, kon-**trahl**-to, *m* contralto

contrappeso, kon-trahp-**pay**-zo, *m* counterweight; counterbalance

contrapporre, kon-trahp-**por**-ray, *v* to oppose, to counter; to compare

contrapposizione, kon-trahp-po-zee-tse'**o**-nay, *f* contrast; comparison; juxtaposition

contrariare, kon-trah-re'**ah**-ray, *v* to oppose; to annoy

contrarietà, kon-trah-re'ay-**tah**, *f* adversity; trouble

contrario, kon-**trah**-re'o, *m* contrary; opposite; *adj** opposite; adverse

contrarre, kon-**trar**-ray, *v* to contract; to tense; to enter into

contrassegnare, kon-trahss-say-n'**yah**-ray, *v* to place a mark upon

contrassegno, kon-trahss-**say**-n'yo, *m* mark; proof; **spedire in –,** to send COD

contrastare, kon-trah-**stah**-ray, *v* to contrast; to oppose; to clash

contrasto, kon-**trah**-sto, *m* contrast; dispute; disagreement

contrattare, kon-traht-**tah**-ray, *v* to negotiate; to bargain

contrattempo, kon-traht-**tem**-po, *m* difficulty, hitch

contratto, kon-**traht**-to, *m* contract; *adj* tense; contracted

contrattuale, kon-traht-too'**ah**-lay, *adj* in accordance with agreement

contravvenire, kon-trahv-vay-**ne**-ray, *v* to contravene

contravvenzione, kon-trahv-ven-tse'**o**-nay, *f* fine; contravention

contrazione, kon-trahv-tse'**o**-nay, *f* contraction

contribuente, kon-tre-boo'**en**-tay, *m/f* taxpayer

contribuire, kon-tre-boo'**ee**-ray, *v* to contribute, to help

contributo, kon-tre-**boo**-to, *m* contribution; **contributi previdenziali,** national insurance

contrito*, kon-**tree**-to, *adj* repentant

contrizione, kon-tre-tse'**o**-nay, *f* contrition

contro, kon-tro, prep against; contrary to; *adv* against; **per –,** on the other hand

controbattere, kon-tro-**baht**-tay-ray, *v* to refute; to answer back

controcorrente, kon-tro-kor-**ren**-tay, *adv* against the tide; upstream
controfigura, kon-tro-fee-**goo**-rah, *f* stuntman/woman
controindicazione, kon-tro-een-dee-kah-tse'**o**-nay, *f* contraindication
controllare, kon-troll-**lah**-ray, *v* to check, to control
controllo, kon-**troll**-lo, *m* check; control; *med* **visita di –,** checkup
controllore, kon-trol-**lo**-ray, *m* ticket inspector; controller
controrrdine, kon-**tror**-dee-nay, *m* counter-order
controspionaggio, kon-tros-speeo-**nad**-jo, *m* counter-espionage
controversia, kon-tro-**vair**-se'ah, *f* controversy; dispute
controverso, kon-tro-**vair**-so, *adj* controversial
controvoglia, kon-tro-**vo**-l'yah, *adv* unwillingly
contumacia, kon-too-**mah**-chah, *f law* default
contundente, kon-toonn-**den**-tay, *adj* blunt
conturbante, kon-toohr-**bahn**-tay, *adj* perturbing
contuso, kon-**too**-zo, *adj* hurt, bruised
conurbazione, kon-noor-bah-tse'**o**-nay, *f* conurbation
convalescente, kon-vah-lay-**shen**-tay, *adj* convalescent
convalescenza, kon-vah-lay-**shen**-tsah, *f* recovery, convalescence
convalidare, kon-vah-le-**dah**-ray, *v* to confirm; to validate
convegno, kon-**vay**-n'yo, *m* meeting; congress
convenevoli, kon-vay-**nay**-vo-le, *mpl* courtesies, compliments
conveniente*, kon-vay-ne'**en**-tay, *adj* convenient, fitting; cheap
convenienza, kon-vay-ne'**ent**-tsah, *f* convenience; advantage; propriety
convenire, kon-vay-**nee**-ray, *v* to agree; to gather
convento, kon-**ven**-to, *m* convent
convenzionale, kon-ven-tse'o-**nah**-lay, *adj* conventional
convenzione, kon-ven-tse'**o**-nay, *f* convention; agreement
convergere, kon-**vair**-jay-ray, *v* to converge
conversare, kon-vair-**sah**-ray, *v* to converse
conversazione, kon-vair-sah-tse'**o**-nay, *f* conversation; chat
convertire, kon-vair-**tee**-ray, *v* to convert
convesso, kon-**vess**-so, *adj* convex
convincente, kon-veen-**chen**-tay, *adj* convincing
convincere, kon-**veen**-chay-ray, *v* to convince, to persuade
convinto, kon-**veen**-to, *adj* convinced, persuaded
convinzione, kon-veen-tse'**o**-nay, *f* conviction
convitato, -a, kon-ve-**tah**-to, *m/f* guest
convitto, kon-**veet**-to, *m* boarding school
convivenza, kon-vee-**ven**-tsah, *f* cohabitation
convivere, kon-**vee**-vay-ray, *v* to live together, to cohabit
convocare, kon-vo-**kah**-ray, *v* to convene; to call; to summon
convocazione, kon-vo-kah-tse'**o**-nay, *f* meeting; summoning; summons
convogliare, kon-vo-l'**yah**-ray, *v* to channel; to convey
convoglio, kon-**vo**-l'yo, *m*

train; convoy
convulso*, kon-**vooll**-so, *adj* convulsive
cooperare, ko-o-pay-**rah**-ray, *v* to cooperate
coordinare, ko-**or**-de-**nah**-ray, *v* to coordinate
coperchio, ko-**pair**-ke'o, *m* cover, lid
coperta, ko-**pair**-tah, *f* blanket; cover; upper-deck
copertina, ko-pair-**tee**-nah, *f* (book) cover; (book) jacket
coperto, ko-**pair**-to, *m* place (at table); *adj* covered; overcast; indoor; **al –,** under cover
copertone, ko-pair-**to**-nay, *m* tarpaulin; tyre
copertura, ko-pair-**too**-rah, *f* cover; roofing
copia, ko-**pee**-ah, *f* copy
copiare, ko-pe'**ah**-ray, *v* to copy
copiativo, ko-pe'ah-**tee**-vo, *adj* **carta copiativa,** carbon paper
copiatura, ko-pe'ah-**too**-rah, *f* copying
copione, ko-pe'**o**-nay, *m* script
copioso, ko-pe'**o**-zo, *adj* abundant, copious
copisteria, ko-piss-tay-**ree**-ah, *f* copy bureau
coppa, kop-pah, *f* cup; trophy; pork sausage
coppia, kop-pe'ah, *f* couple; pair
coprifuoco, ko-pre-foo'**o**-ko, *m* curfew
copriletto, ko-pre-**let**-to, *m* bedspread
coprire, ko-**pree**-ray, *v* to cover; to hide
copula, ko-poo-lah, *f gram* copula; conjunction
coraggio, ko-**rahd**-jo, *m* courage; *fig* cheek
corale, ko-**rah**-lay, *adj* choral; unanimous
corallo, ko-**rahl**-lo, *m* coral
corazza, ko-**raht**-tsah, *f* cuirass, breastplate
corazzata, ko-raht-**tsah**-tah, *f* battleship
corbelleria, kor-bell-lay-**ree**-ah, *f* tomfoolery; nonsense
corda, kor-dah, *f* rope; string; sinew; chord
cordame, kor-**dah**-may, *m* rigging; ropes
cordata, kor-**dah**-tah, *f* roped party
cordiale, kor-de'**ah**-lay, *adj* cordial, warm
cordialità, kor-de'ah-le-**tah**, *f* cordiality
cordoglio, kor-**do**-l'yo, *m* grief; mourning
cordone, kor-**do**-nay, *m* cord; cordon
coreografia, ko-ray'o-grah-**fee**-ah, *f* choreography
coricarsi, ko-re-**kar**-se, *v* to go to bed; to lie down
corista, ko-**riss**-tah, *m/f* chorister
cornacchia, kor-**nahk**-ke'ah, *f* crow
cornamusa, kor-nah-**moo**-zah, *f* bagpipes
cornetta, kor-**net**-tah, *f* (phone) receiver
cornetto, kor-**net**-to, *m* croissant; cone; string bean
cornice, kor-**nee**-chay, *f* cornice; frame
corno, kor-no, *m* horn; antler
cornuto, kor-**noo**-to, *adj* horned; *m* cuckold
coro, ko-ro, *m* chorus; choir
corona, ko-**ro**-nah, *f* crown; wreath
coronaria, ko-ro-**nah**-re'ah, *f* coronary artery
corpo, kor-po, *m* body; (dead) corpse; (literature) corpus; corps
corporatura, kor-po-rah-**too**-rah, *f* build, physique
corporazione, kor-po-rah-tse'**o**-nay, *f* guild
corpulenza, kor-poo-**len**-

tsah, *f* corpulence
corpuscolo, kor-**pooss**-ko-lo, *m* corpuscle
corredare, kor-ray-**dah**-ray, *v* to equip
corredo, kor-**ray**-do, *m* trousseau; kit
correggere, kor-**red**-jay-ray, *v* to correct
correlativo*, kor-ray-lah-**tee**-vo, *adj* correlative
corrente, kor-**ren**-tay, *f* current; stream; draught; *adj* running; ordinary; (month) instant; (currency) valid; **essere al –,** to be informed
correntemente, kor-ren-tay-**men**-tay, *adv* fluently; commonly
correntista, kor-ren-**tiss**-tah, *m/f* current account holder
correre, kor-ray-ray, *v* to run; to race; **corre voce che,** it is rumoured that
correttezza, kor-ret-**tet**-tsah, *f* correctness; fair play
corretto*, kor-**ret**-to, *adj* correct; exact
correzione, kor-ret-tse'o-nay, *f* correction
corridoio, kor-re-**do**-e'o, *m* corridor
corridore, kor-re-**dor**-ay, *m* runner; (car) racing driver
corriera, kor-re'**ay**-rah, *f* coach
corriere, kor-re'**ay**-ray, *m* courier; carrier; mail
corrispettivo, kor-riss-pet-**tee**-vo, *m* amount due
corrispondente, kor-riss-pon-**den**-tay, *adj* corresponding; *m/f* correspondent
corrispondenza, kor-riss-pon-**dent**-sah, *f* correspondence; connection
corrispondere, kor-riss-**pon**-day-ray, *v* to correspond; to return
corroborare, kor-ro-bo-**rah**-ray, *v* to corroborate
corrodere, kor-**ro**-day-ray, *v* to corrode
corrompere, kor-**rom**-pay-ray, *v* to corrupt
corrosione, kor-ro-ze'o-nay, *f* corrosion
corrotto*, kor-**rot**-to, *adj* corrupt
corrugare, kor-roo-**gah**-ray, *v* to frown
corruttibile, kor-root-**tee**-be-lay, *adj* corruptible
corruzione, kor-roo-tse'o-nay, *f* corruption
corsa, kor-sah, *f* running; race; racing; trip
corsaro, kor-**sah**-ro, *m* corsair
corsia, kor-**see**-ah, *f* passage; (motorway) lane; (hospital) ward
corsivo, kor-**see**-vo, *m* italics
corso, kor-so, *m* course; main street; circulation; **in –,** in progress
corte, kor-tay, *f* court; court-yard
corteccia, kor-**tet**-chah, *f* bark; cortex
corteggiare, kor-ted-**jah**-ray, *v* to court
corteo, kor-**tay**-o, *m* procession
cortese, kor-**tay**-zay, *adj* courteous
cortesia, kor-tay-**see**-ah, *f* courtesy
cortigiano, kor-te-**jah**-no, *m* courtier
cortigiana, kor-te-**jah**-na, *f* courtier; courtesan
cortile, kor-**tee**-lay, *m* courtyard; forecourt; farmyard
cortina, kor-**tee**-nah, *f* curtain; screen
corto, kor-to, *adj* short
cortometraggio, kor-to-may-**trad**-jo, *m* short feature film
corvetta, kor-**vet**-tah, *f* corvette
corvo, kor-vo, *m* raven; rook
cosa, ko-zah, *f* thing; matter; affair

coscia, ko-she'ah, *f* thigh
cosciente, ko-she'**en**-tay, *adj* conscious; aware
coscienza, ko-she'**en**-tsah, *f* conscience; consciousness; awareness
coscienzioso*, ko-she'en-tse'**o**-zo, *adj* conscientious
coscritto, ko-**skrit**-to, *m* conscript
così, ko-**zee**, *adv* so; thus; as; **basta –!** enough!
cosicché, ko-zick-**kay**, *conj* so that
cosmetico, koz-zmay-**tee**-ko, *m* cosmetic; *adj* cosmetic
cosmo, koz-zmo, *m* cosmos; outer space
cosmonauta, koz-zmo-**nah'**oo-tah, *m/f* cosmonaut
cospargere, koss-**par**-jay-ray, *v* to sprinkle
cospicuo*, koss-**pee**-koo'o, *adj* considerable
cospiratore, -trice, koss-pe-rah-**tor**-ay, koss-pe-rah-**tree**-chay, *m/f* conspirator
cospirazione, koss-pe-rah-tse'**o**-nay, *f* conspiracy
costa, koss-tah, *f* coast; slope; (ship) rib; (book) spine
costante, koss-**tahn**-tay, *adj* constant
costanza, koss-**tahn**-tsah, *f* constancy
costare, koss-**tah**-ray, *v* to cost
costata, koss-**tah**-tah, *f* large chop
costato, koss-**tah**-to, *m* ribs
costeggiare, koss-ted-**jah**-ray, *v* to skirt, to run alognside
costei, koss-**tay**-e, *pron* she; this/that woman
costellazione, koss-tell-lah-tse'**o**-nay, *f* constellation
costernato, koss-tair-**nah**-to, *adj* dismayed
costiera, koss-te'**ay**-rah, *f* coast; coast road
costipazione, koss-te-pah-tse'**o**-nay, *f* cold
costituire, koss-te-too'**ee**-ray, *v* to constitute; to set up
costituzione, koss-te-too-tse'**o**-nay, *f* constitution
costo, koss-to, *m* cost
costola, koss-to-lah, *f* rib
costoletta, koss-to-**let**-tah, *f* cutlet
costoro, koss-**to**-ro, *pron* they; these/those people
costoso*, koss-**to**-zo, *adj* costly, expensive
costretto, koss-**tret**-to, *adj* compelled, forced
costringere, koss-**treen**-jay-ray, *v* to compel
costruire, koss-troo'**ee**-ray, *v* to construct, to build
costrutto, koss-**troot**-to, *m gram* construction
costruzione, koss-troot-tse'**o**-nay, *f* building; construction
costui, koss-**too**-e, *pron* he; this/that man
costume, koss-**too**-may, *m* custom; costume; swimsuit; swimming trunks
cotechino, ko-tay-**kee**-no, *m* pork sausage
cotenna, ko-**ten**-nah, *f* pigskin
cotogna, ko-**to**-n'yah, *f* quince
cotogno, ko-**to**-n'yo, *m* quince-tree
cotoletta, ko-to-**let**-tah, *f* chop; cutlet
cotone, ko-**to**-nay, *m* cotton; cotton wool
cotonificio, ko-to-ne-**fee**-cho, *m* cotton mill
cotta, kot-tah, *f* surplice; chain mail; *fig* blind infatuation
cottimo, kot-te-mo, *m* piecework
cotto, kot-to, *adj* cooked, baked; in love; *m* brickwork
cottura, kot-**too**-rah, *f*

cooking, baking
covare, ko-**vah**-ray, *v* to smoulder
covo, ko-vo, *m* den
covone, ko-**vo**-nay, *m* sheaf
cozzare, kot-**tsah**-ray, *v* to butt; to collide
cozzo, kot-tso, *m* butting; collision; clash
crampo, krahm-po, *m* cramp
cranio, krah-ne'o, *m* skull
cratere, krah-**tay**-ray, *m* crater
cravatta, kra-**vat**-tah, *f* tie
cravattino, kra-vat-**tee**-no, *m* bow tie
creare, kray-**ah**-ray, *v* to create; to set up
creato, kray-**ah**-to, *m* universe, Creation
creatore, -trice, kray-ah-**tor**-ay, kray-ah-**tree**-chay, *m/f* creator
creatura, kray-ah-**too**-rah, *f* creature; baby
creazione, kray-ah-tse'**o**-nay, *f* creation; foundation
credente, kray-**den**-tay, *m/f* believer
credenza, kray-**den**-tsah, *f* belief; sideboard
credenziali, kray-den-tse'**ah**-le, *fpl* credentials
credere, kray-day-ray, *v* to believe, to think
credito, kray-de-to, *m* credit; trust
creditore, -trice, kray-de-**tor**-ay, kray-de-**tree**-chay, *m/f* creditor
credo, kray-do, *m* creed, belief; credo
credulo, kray-doo-lo, *adj* credulous
crema, kray-mah, *f* cream; custard
cremare, kray-**mah**-ray, *v* to cremate
crematorio, kray-mah-**tor**-e'o, *m* crematorium
crepa, kray-pah, *f* crack
crepaccio, kray-**paht**-cho, *m* crack; crevasse
crepacuore, kray-pah-koo'**or**-ay, *m* heart-breaking
crepare, kray-**pah**-ray, *v* to crack; *fam* to kick the bucket
crepitare, kray-pe-**tah**-ray, *v* to crackle; to rustle
crepitio, kray-pe-**tee**-o, *m* cracking; rustling
crepuscolo, kray-**pooss**-ko-lo, *m* twilight
crescente, kray-**shen**-tay, *adj* increasing; growing; (moon) waxing
crescere, kray-shay-ray, *v* to increase; to grow; (moon) to wax
crescione, kray-she'**o**-nay, *m* watercress
crescita, kray-she-tah, *f* growth
cresima, kray-se-mah, *f* *relig* confirmation
cresimare, kray-se-**mah**-ray, *v* *relig* to confirm
crespo, krayss-po, *adj* frizzy
cresta, krayss-tah, *f* crest; (bird) comb; ridge
creta, kray-tah, *f* clay
cretino, kray-**tee**-no, *m* cretin, idiot
criceto, kri-**che**-to, *m* hamster
criminale, kree-me-**nah**-lay, *adj* criminal; *m/f* criminal
crimine, kree-me-nay, *m* crime
crinale, kree-**nah**-lay, *m* ridge, crest
crine, kree-nay, *m* horsehair
criniera, kre-ne'**ay**-rah, *f* mane
crisantemo, kre-zahn-**tay**-mo, *m* chrysanthemum
crisi, kree-ze, *f* crisis; *med* fit, attack
cristallo, kriss-**tahl**-lo, *m* crystal
cristianesimo, kriss-te'ah-**nay**-see-mo, *m* Christianity
cristiano, -a, kriss-te'**ah**-no, *adj* Christian; *m/f* Christian

criterio, kre-**tay**-re'o, *m* criterion
critica, kree-te-kah, *f* criticism; review
criticare, kre-te-**kah**-ray, *v* to criticise
critico, kree-te-ko, *adj** critical; *m* critic
croccante, krock-**kahn**-tay, *adj* crunchy, crisp; *m* almond crunch
crocchio, krock-ke'o, *m* small gathering, small group
croce, kro-chay, *f* cross; *fig* torment
crocevia, kro-chay-**vee**-ah, *f* crossroads
crociata, kro-**chah**-tah, *f* crusade
crocicchio, kro-**cheek**-ke'o, *m* crossroads
crociera, kro-**chay**-rah, *f* cruise
crocifiggere, kro-che-**fid**-jay-ray, *v* to crucify
crocifisso, kro-che-**fiss**-so, *m* crucifix; *adj* crucified
croco, kro-ko, *m* crocus
crogiolo, kro-**joo**'o-lo, *m* crucible; melting pot
crollare, kroll-**lah**-ray, *v* to tumble down; to collapse; to cave in
crollo, kroll-lo, *m* collapse; ruin
croma, kro-mah, *f* quaver
cromo, kro-mo, *m* chromium, chrome
cromosoma, kro-mo-**so**-mah, *m* chromosome
cronaca, kro-nah-kah, *f* chronicle; news
cronico*, kro-ne-ko, *adj* chronic
cronista, kro-**nee**-stah, *m/f* columnist; commentator
cronologia, kro-no-lod-**jee**-ah, *f* chronology
crosta, kross-tah, *f* crust; scab
crostaceo, kross-**tah**-chay-o, *m* shellfish
crostata, kross-**tah**-tah, *f* tart
crostino, kross-**tee**-no, *m* croûton; canapé
crucciarsi, kroot-**char**-se, *v* to worry oneself
cruccio, kroot-cho, *m* worry, torment
cruciale, kroot-**chah**-lay, *adj* crucial
cruciverba, kroot-chee-**ver**-bah, *m* crossword puzzle
crudele, kroo-**day**-lay, *adj* cruel
crudeltà, kroo-dell-**tah**, *f* cruelty
crudo*, kroo-do, *adj* raw; *fig* blunt; harsh
cruento, kroo-**en**-to, *adj* bloody
crumiro, -a, kroo-**mee**-ro, *m/f* blackleg
cruna, kroo-nah, *f* eye of a needle
crusca, krooss-kah, *f* bran
cubo, koo-bo, *m* cube; *adj* cubic
cuccagna, kook-**kah**-n'yah, *f* **albero della –,** greasy pole; **paese della –,** land of plenty
cuccetta, koot-**chet**-tah, *f* couchette; berth
cucchiaino, kook-ke-ah-**ee**-no, *m* coffee spoon; tea spoon
cucchiaio, kook-ke-**ah**-e'o, *m* spoon
cuccia, koot-chah, *f* kennel; dog's basket; **a –!,** down!
cucciolata, koot-cho-**lah**-tah, *f* litter
cucciolo, koot-cho-lo, *m* puppy; cub
cucina, koo-**chee**-nah, *f* kitchen; cooking; cooker
cucinare, koo-che-**nah**-ray, *v* to cook
cucire, koo-**chee**-ray, *v* to sew; **macchina da –,** sewing machine
cucitrice, koo-che-**tree**-chay, *f* stapler
cucitura, koo-che-**too**-rah, *f* seam
cuculo, koo-koo-lo, *m* cuckoo
cuffia, koof-fe'ah, *f* cap;

headphone
cugina, koo-**jee**-nah, *f* cousin
cugino, koo-**jee**-no, *m* cousin
cui, koo'e, *pron* whom, which; whose, of which; to whom, to which
culinario, koo-lee-nah-**ree**'o, *adj* culinary
culla, kooll-lah, *f* cradle
cullare, kooll-**lah**-ray, *v* to rock; to lull
culminare, kooll-me-**nah**-ray, *v* to culminate
culmine, kooll-me-nay, *m* top; summit; peak
culo, koo-lo, *m vulg* arse
culto, kooll-to, *m* worship; cult
cultura, kooll-**too**-rah, *f* culture; learning
culturale, kooll-too-**rah**-lay, *adj* cultural
culturismo, kooll-too-**ree**-zmo, *m* body-building
cumulativo, koo-moo-**lah**-tee-vo, *adj* cumulative
cumulo, koo-moo-lo, *m* heap, pile, hoard
cuneo, koo-nay-o, *m* wedge
cunetta, koo-**net**-tah, *f* bump (in the road)
cuocere, koo'o-chay-ray, *v* to cook
cuoco, -a, koo'o-ko, *m/f* cook; chef
cuoio, koo'o-e'o, *m* leather, hide
cuore, koo'o-ray, *m* heart
cupidigia, koo-pe-**dee**-jah, *f* greed
cupido, koo-pe-do, *m* cupid
cupo*, koo-po, *adj* dark; gloomy
cupola, koo-po-lah, *f* dome
cura, koo-rah, *f* care; cure, treament
curare, koo-**rah**-ray, *v* to cure; to treat; to look after; (book) to edit
curato, koo-**rah**-to, *m* vicar; parish priest
curatore, -trice, koo-rah-**tor**-ay, koo-rah-**tree**-chay, *m/f* guardian; trustee; editor
curia, koo-re'ah, *f* diocese
curiosare, koo-re'o-**zah**-ray, *v* to wander round; to browse
curioso*, koo-re'o-zo, *adj* curious; strange
cursore, koo**hr**-**sor**-ay, *m comp* cursor
curva, koohr-vah, *f* curve; bend
curvare, koo**hr**-**vah**-ray, *v* to curve; to bend
curvatura, koo**hr**-vah-**too**-rah, *f* curvature
curvo*, koohr-vo, *adj* curved; warped; bent
cuscinetto, koo-she-**net**-to, *m* pad; **– a sfere**, ball bearing
cuscino, koo-**shee**-no, *m* cushion; pillow
cuspide, kooss-pe-day, *f* spire; cusp
custode, kooss-**to**-day, *m/f* custodian; warden
custodia, kooss-**to**-de'ah, *f* custody; care
custodire, kooss-to-**dee**-ray, *v* to guard; to keep; to take care of
cutaneo, koo-**tah**-nay-o, *adj* of the skin

D

da, dah, *prep* from; by; of; since; on; at; with
dabbene, dahb-**bay**-nay, *adj* good; honest
daccapo, dahk-**kah**-po, *adv* again; once more
dacché, dahk-**kay**, *conj* since; as
dado, dah-do, *m* dice; stock cube; *tech* nut
daino, dah'e-no, *m* deer; **pelle di –,** buckskin
dalia, dah-le'ah, *f* dahlia
d'altronde, dahl-**tron**-day, *adv* besides; moreover; however
dama, dah-mah, *f* lady; (game) draughts
damasco, dah-**mahss**-ko, *m* damask
damigella, dah-me-**jell**-lah, *f* damsel; **– d'onore,** bridesmaid
damigiana, dah-me-**jah**-na, *f* demijohn
danaro, dah-**nah**-ro, *m* money; (cards) diamonds
danaroso, dah-nah-**ro**-zo, *adj* wealthy, well-off
dancing, dahn-sing, *m* dance hall
danese, dah-**nay**-zay, *adj* Danish
Danese, dah-**nay**-zay, *m/f* Dane
Danimarca, dah-ne-**mar**-kah, *f* Denmark
dannare, dahn-**nah**-ray, *v* to damn; **far –,** to drive mad
dannazione!, dahn-nah-tse'o-nay, *interj* damn!
danneggiare, dahn-ned-**jah**-ray, *v* to damage, to injure
danno, dahn-no, *m* damage; loss
dannoso, dahn-**no**-zo, *adj* detrimental; harmful
Danubio, dah-**noo**-be'o, *m* Danube
danza, dahn-tsah, *f* dance; dancing; **– classica,** ballet dancing
danzare, dahn-**tsah**-ray, *v* to dance
dappertutto, dahp-pair-**toot**-to, *adv* everywhere
dappoco, dahp-**po**-ko, *adj* useless, worthless; insignificant
dapprima, dahp-**pree**-mah, *adv* firstly; at first
dardo, dar-do, *m* dart; arrow
dare, dah-ray, *v* to give; to grant; (party) to hold; (film) to show; **– su,** to overlook
darsena, dar-**say**-nah, *f naut* dock
darsi, dar-se, *v* **– a,** to devote oneself to; (drinking, gambling) to take to; **può –,** maybe
data, dah-tah, *f* date; **di fresca –,** of recent date
datare, dah-**tah**-ray, *v* to date; **– da,** to date back to, to date from
dato, dah-to, *m* datum;

fact; *pp* given
datore, -trice, dah-**tor**-ay, dah-**tree**-chay, *m/f* – **di lavoro,** employer
dattero, daht-tay-ro, *m* date; date palm
dattilografia, daht-te-lo-grah-**fee**-ah, *f* typewriting
dattilografo, -a, daht-te-**lo**-grah-fo, *m/f* typist
davanti, dah-**vahn**-te, *m* front; *adv* in front; – **a,** *prep* in front of
davanzale, dah-vahn-**tsah**-lay, *m* windowsill
davvero, dahv-**vay**-ro, *adv* indeed; truly
dazio, dah-tse'o, *m* duty, tax; excise
dea, day-ah, *f* goddess
debellare, day-bell-**lah**-ray, *v* to overcome; to suppress
debilitare, day-be-le-**tah**-ray, *v* to debilitate
debito, day-be-to, *m* debt; *adj* due; appropriate
debitore, -trice, day-be-**tor**-ay, day-be-**tree**-chay, *m/f* debtor
debole, day-bo-lay, *adj* weak; dim; faint; *m* weakness; **avere un – per,** to have a weakness for
debolezza, day-bo-**let**-tsah, *f* weakness
debuttare, day-boot-**tah**-ray, *v* to make one's debut
decadenza, day-kah-**den**-tsah, *f* decadence
decadere, day-**kah**-day-ray, *v* to fall into decline
decaduto, day-kah-**doo**-to, *adj* impoverished
decaffeinato, day-kahf-fay'ee-**nah**-to, *adj* decaffeinated
decano, day-**kah**-no, *m* dean
decantare, day-kahn-**tah**-ray, *v* to praise; (liquid) to leave to settle
decapitare, day-kah-pe-**tah**-ray, *v* to behead; to decapitate
deceduto, day-chay-**doo**-to, *adj* deceased
decennio, day-**chen**-ne'o, *m* decade
decente, day-**chen**-tay, *adj* decent
decenza, day-**chen**-tsah, *f* decency, decorum
decesso, day-**chess**-so, *m* death
decidere, day-**chee**-day-ray, *v* to decide
decidersi, day-**chee**-dair-se, *v* to make up one's mind, to come to a decision
decifrare, day-che-**frah**-ray, *v* to decipher, to make out
decilitro, day-**che**-lee-tro, *m* decilitre
decima, day-che-mah, *f* tenth part; tithe
decimale, day-che-**mah**-lay, *adj* decimal; *m* decimal
decimare, day-che-**mah**-ray, *v* to decimate
decimetro, day-**che**-may-tro, *m* decimetre
decimo, day-che-mo, *adj* & *m* tenth
decina, day-**che**-nah, *f* about ten
decisione, day-che-ze'**o**-nay, *f* decision
decisivo*, day-che-**zee**-vo, *adj* decisive
deciso*, day-**che**-zo, *adj* determined, resolute; (cut, blow) clean
declamare, day-klah-**mah**-ray, *v* to declaim
declinare, day-kle-**nah**-ray, *v* to decline; to slope
declivio, day-**klee**-ve'o, *m* slope
decodificare, day-ko-dee-fee-**cah**-ray, *v* to decode
decollare, day-koll-**lah**-ray, *v* (aeroplane) to take off
decollo, day-**koll**-lo, *m* take-off
decomporre, day-kom-

por-ray, *v* to decompose
decorare, day-ko-**rah**-ray, *v* to decorate, to award
decorazione, day-ko-rah-tse'**o**-nay, *f* decoration
decoro, day-**ko**-ro, *m* decorum; dignity
decoroso*, day-ko-**ro**-zo, *adj* decorous
decorrenza, day-kor-**ren**-tsah, *f* **con – da,** dating from, as from
decorrere, day-**kor**-ray-ray, *v* to elapse; **– da,** to run from, to have effect from
decotto, day-**kot**-to, *m* decoction
decrepito, day-**kray**-pe-to, *adj* decrepit
decrescere, day-**kray**-shay-ray, *v* to decrease, to diminish
decretare, day-kray-**tah**-ray, *v* to decree
decreto, day-**kray**-to, *m* decree
decuplo, day-koo-plo, *adj* tenfold; *m* ten times more
dedalo, day-dah-lo, *m* labyrinth, maze
dedica, day-de-kah, *f* dedication
dedicare, day-de-**kah**-ray, *v* to dedicate; to devote
dedito, day-de-to, *adj* **– a,** addicted to; devoted to
dedizione, day-de-tse'**o**-nay, *f* devotion, dedication
dedurre, day-**doohr**-ray, *v* to deduce; to deduct
deduzione, day-doo-tse'**o**-nay, *f* deduction
deferente, day-fay-**ren**-tay, *adj* deferent
deferenza, day-fay-**ren**-tsah, *f* deference
deferire, day-fay-**ree**-ray, *v* **– qualcuno a,** to refer somebody to
defezione, day-fay-tse'**o**-nay, *f* defection; desertion
deficiente, day-fe-**chen**-tay, *adj* half-wit; **– di,** lacking in; *m/f* idiot
deficienza, day-fe-**chen**-tsah, *f* deficiency; shortage; weakness
definire, day-fe-**nee**-ray, *v* to define; to settle
definitivo*, day-fe-ne-**tee**-vo, *adj* definitive
definizione, day-fe-ne-tse'**o**-nay, *f* definition; settlement
deflazione, day-flah-tse'**o**-nay, *f* deflation
deflettere, day-**flet**-tay-ray, *v* to deflect
deflusso, day-**floos**-so, *m* flow; (tide) ebb
deformare, day-**for**-**mah**-ray, *v* to deform; to distort
deforme, day-**for**-may, *adj* deformed, misshapen
deformità, day-**for**-me-**tah**, *f* deformity
defraudare, day-frah'oo-**dah**-ray, *v* to defraud
defunto, -a, day-**foonn**-to, *adj* late, deceased, dead; *m/f* deceased person
degenerare, day-jay-nay-**rah**-ray, *v* to degenerate
degenere, day-**jay**-nay-ray, *adj* degenerate
degente, day-**jen**-tay, *m/f* in-patient
degenza, day-**jen**-tsah, *f* confinement to bed; **– in ospedale,** period in hospital
deglutire, day-gloo-**tee**-ray, *v* to swallow
degnare, day-n'**yah**-ray, *v* to deign
degno*, day-n'yo, *adj* worthy, deserving; **– di fiducia,** trustworthy
degradare, day-grah-**dah**-ray, *v* to degrade; *mil* to demote
degradazione, day-grah-dah-tse'**o**-nay, *f* degradation, abasement; *mil* demotion
degrado, day-**grah**-do, *m* decline
degustare, day-gooss-**tah**-ray, *v* to taste

delatore, -trice, day-lah-**tor**-ay, day-lah-**tree**-chay, *m/f* informer, accuser
delazione, day-lah-tse'o-nay, *f* informing
delega, day-lay-gah, *f* delegation; **per –,** by proxy
delegare, day-lay-**gah**-ray, *v* to entrust, to delegate
delegato, day-lay-**gah**-to, *m* delegate; **amministratore –,** managing director
deleterio, day-lay-**tay**-re'o, *adj* deleterious; harmful
delfino, del-**fee**-no, *m* dolphin; dauphin
deliberare, day-le-bay-**rah**-ray, *v* to deliberate
deliberatamente, day-le-bay-rah-tah-**men**-tay, *adv* deliberately
deliberazione, day-le-bay-rah-tse'o-nay, *f* decision; *parl* resolution
delicatezza, day-le-kah-**tet**-tsah, *f* delicacy; softness; fragility; tactfulness
delicato*, day-le-**kah**-to, *adj* delicate; gentle; frail; tactful
delineare, day-le-nay-**ah**-ray, *v* to outline
delinquente, day-lin-**kwen**-tay, *m/f* offender; scoundrel
delinquenza, day-lin-**kwen**-tsah, *f* delinquency; **– minorile,** juvenile delinquency
deliquio, day-**lee**-kwe'o, *m* swoon
delirante, day-le-**rahn**-tay, *adj* delirious
delirare, day-le-**rah**-ray, *v* to be delirious
delitto, day-**lit**-to, *m* crime
delittuoso, day-lit-too-**o**-zo, *adj* criminal
delizia, day-**lee**-tse'ah, *f* delight
delizioso*, day-le-tse'o-zo, *adj* delicious; delightful
delta, dayl-tah, *m* delta
deltaplano, dayl-tah-**plah**-no, *m* hang-glider
deludere, day-**loo**-day-ray, *v* to disappoint
deluso, day-**loo**-zo, *adj* disappointed
demanio, day-**mah**-ne'o, *m* state property
demagogia, day-mah-go-**jee**-ah, *f* demagogy
demarcazione, day-mar-kah-tse'o-nay, *f* demarcation
demente, day-**men**-tay, *adj* demented; mad; *m/f* lunatic
demenza, day-**men**-tsah, *f* madness; **– senile,** senile dementia
demerito, day-**may**-re-to, *m* demerit
democratico, -a, day-mo-krah-**tee**-ko, *adj* democratic; *m/f* democrat
democrazia, day-mo-krak-**tsee**-ah, *f* democracy
demolire, day-mo-**lee**-ray, *v* to demolish
demolizione, day-mo-le-tse'o-nay, *f* demolition
demone, day-mo-nay, *m* demon
demonio, day-**mo**-ne'o, *m* demon, devil
demoralizzare, day-mo-rah-lid-**dzah**-ray, *v* to demoralize
denaro, day-**nah**-ro, *m* money; **– contante,** cash
denaturato, day-nah-too-**rah**-to, *adj* **alcol –,** methylated spirits
denigrare, day-ne-**grah**-ray, *v* to denigrate; to disparage
denigrazione, day-ne-grah-tse'o-nay, *f* denigration, disparagement
denominare, day-no-me-**nah**-ray, *v* to name
denominazione, day-no-me-nah-tse'o-nay, *f* denomination; name; **– di origine controllata,**

DOC, guarantee of quality and origin of wine
denotare, day-no-**tah**-ray, *v* to denote
densità, den-se-**tah**, *f* density
denso*, den-so, *adj* dense; thick
dentale, den-**tah**-lay, *adj* dental
dentatura, den-tah-**too**-rah, *f* set of teeth
dente, den-tay, *m* tooth; cog; prong; **– del giudizio,** wisdom tooth; **– da latte,** milk tooth
dentellare, den-tell-**lah**-ray, *v* to indent; to notch
dentice, den-tee-chay, *m* sea bream
dentiera, den-te'**ay**-rah, *f* dentures, false teeth
dentifricio, den-te-**free**-cho, *m* toothpaste
dentista, den-**tiss**-tah, *m/f* dentist
dentizione, den-te-tse'**o**-nay, *f* teething
dentro, den-tro, *adv* inside, within; *prep* in, within
denudare, day-noo-**dah**-ray, *v* to bare; to strip
denuncia, day-**noonn**-chah, *f* report (to the police); notification, declaration; denunciation
denunciare, day-noonn-**chah**-ray, *v* (to the police) to report; (tax) to declare; (accuse) to denounce, to expose
denunzia, day-**noonn**-tse'ah, *f* report (to the police); notification, declaration; denunciation
denutrito, day-noo-**tree**-to, *adj* undernourished
deodorante, day'o-do-**rahn**-tay, *m* deodorant; *adj* deodorant
depauperare, day-pah'oo-pay-**rah**-ray, *v* to impoverish
deperibile, day-pay-**ree**-bee-lay, *adj* perishable
deperire, day-pay-**ree**-ray, *v* to waste away
depilare, day-pe-**lah**-ray, *v* to depilate, to remove hair
depistare, day-pe-**stah**-ray, *v* to set on the wrong track
deplorabile, day-plo-**rah**-be-lay, *adj* deplorable
deplorare, day-plo-**rah**-ray, *v* to deplore
deplorevole, day-plo-**ray**-vo-lay, *adj* deplorable
deporre, day-**por**-ray, *v* (weight) to put down; (eggs) to lay; (king) to depose; (from office) to remove; *law* to testify
deportare, day-por-**tah**-ray, *v* to deport
deportazione, day-por-tah-tse'**o**-nay, *f* deportation
depositare, day-po-ze-**tah**-ray, *v* to deposit; to put down
deposito, day-**po**-ze-to, *m* deposit; warehouse; depot; sediment; **– bagagli,** left luggage office
deposizione, day-po-ze-tse'**o**-nay, *f* deposition; removal
depravato, day-prah-**vah**-to, *adj* depraved
depredare, day-pray-**dah**-ray, *v* to rob, to plunder
depressione, day-press-se'**o**-nay, *f* depression
depressivo, day-press-**see**-vo, *adj* depressive
depresso, day-**press**-so, *adj* depressed
deprezzamento, day-pret-tsah-**men**-to, *m* depreciation
deprezzare, day-pret-**tsah**-ray, *v* to depreciate
deprimente, day-**pree**-men-tay, *adj* depressing
deprimere, day-**pree**-may-ray, *v* to depress

depurare, day-poo-**rah**-ray, *v* to purify, to cleanse
depurazione, day-poo-rah-tse'**o**-nay, *f* purification
deputare, day-poo-**tah**-ray, *v* to delegate
deputato, day-poo-**tah**-to, *m* deputy, delegate; member of Parliament, MP
deputazione, day-poo-tah-tse'**o**-nay, *f* deputation, delegation
deragliamento, day-rah-l'yah-**men**-to, *m* derailment
deragliare, day-rah-l'**yah**-ray, *v* to derail
derelitto, -a, day-ray-**lit**-to, *adj* abandoned, derelict; *m/f* destitute person
deridere, day-**ree**-day-ray, *v* to mock, to deride
derisione, day-re-ze'**o**-nay, *f* derision
deriva, day-**ree**-vah, *f* drift; **andare alla –,** to drift
derivare, day-re-**vah**-ray, *v* to derive
derivazione, day-re-vah-tse'**o**-nay, *f* derivation; extension
deroga, day-ro-gah, *f* dispensation
derrata, dair-**rah**-tah, *f* merchandise; **derrate,** foodstuffs
derubare, day-roo-**bah**-ray, *v* to rob
descrittivo, dess-krit-**tee**-vo, *adj* descriptive
descrivere, dess-**kree**-vay-ray, *v* to describe
descrizione, dess-kre-tse'**o**-nay, *f* description
deserto, day-**zair**-to, *m* desert; *adj* deserted, bare
desiderabile, day-ze-day-**rah**-be-lay, *adj* desirable
desiderare, day-ze-day-**rah**-ray, *v* to want; to wish; to desire
desiderio, day-ze-**day**-re'o, *m* wish; desire, longing
desideroso, day-ze-day-**ro**-zo, *adj* eager, longing
designare, day-ze-n'**yah**-ray, *v* to designate, to appoint
designazione, day-ze-n'yah-tse'**o**-nay, *f* designation
desinenza, day-ze-**nayn**-tsa, *f gram* ending
desistere, day-**ziss**-tay-ray, *v* to desist, to leave off
desolato*, day-zo-**lah**-to, *adj* desolate; sorrowful
despota, dess-po-tah, *m* despot, tyrant
dessert, dess-**sert**, *m* dessert
destare, dess-**tah**-ray, *v* to wake up; to arouse, to awaken
destinare, dess-te-**nah**-ray, *v* – **a,** to destine to, to intend for; to assign to; to set aside for
destinatario, -a, dess-te-nah-**tah**-ree'o, *m/f* addressee
destinazione, dess-te-nah-tse'**o**-nay, *f* destination
destino, dess-**tee**-no, *m* destiny
destituire, dess-te-too-**ee**-ray, *v* to dismiss
destituzione, dess-te-too-tse'**o**-nay, *f* dismissal
desto, dess-to, *adj* wide-awake
destra, dess-trah, *f* right hand; right-hand side; **tenere la –,** to keep to the right; **di –,** right-wing
destreggiarsi, dess-tred-**jar**-se, *v* to manoeuvre; to manage
destrezza, dess-**tret**-tsah, *f* dexterity; agility
destro, dess-tro, *adj* right; skilful
desumere, day-**zoo**-may-ray, *v* to deduce, to infer
detenere, day-tay-**nay**-ray, *v* to detain; (record) to hold
detenuto, day-tay-**noo**-to, *m* convict

detenzione, day-ten-tse'o-nay, *f* detention; (record) holding
detergente, day-tay**r-jen**-tay, *adj* cleansing; *m* cleanser
detergere, day-tay**r-jay**-ray, *v* to cleanse; to wipe
deteriorare, day-tay-re'o-**rah**-ray, *v* to cause to deteriorate
deteriorarsi, day-tay-re'o-**rahr**-se, *v* to deteriorate
determinare, day-tai**r**-me-**nah**-ray,v to determine
determinazione, day-tai**r**-me-nah-tse'**o**-nay, *f* determination
detersivo, day-tay**r-see**-vo, detergent; washing powder; **– per i piatti,** washing-up liquid
detestare, day-tess-**tah**-ray, *v* to detest
detonazione, day-to-nah-tse'**o**-nay, *f* detonation
detrarre, day-**trar**-ray, *v* to deduct
detrattore, -trice, day-traht-**tor**-ay, day-traht-**tree**-chay, *m/f* slanderer
detrazione, day-trah-tse'**o**-nay, *f* deduction
detrimento, day-tre-**men**-to, *m* **a – di,** to the detriment of
detrito, day-**tree**-to, *m* detritum; silt
dettagliante, det-tah-l'**yahn**-tay, *m/f* retailer
dettagliare, det-tah-l'**yah**-ray, *v* to detail
dettaglio, det-**tah**-l'yo, *m* detail, particular; **vendere al –,** to sell retail
dettare, det-**tah**-ray, *v* to dictate
dettato, det-**tah**-to, *m* dictation
dettatura, det-tah-**too**-rah, *f* dictation; **scrivere sotto –,** to take down from dictation
detto, det-to, *m* saying; *adj* called, named; above-mentioned
deturpare, day-toohr-**pah**-ray, *v* to disfigure
devastare, day-vahss-**tah**-ray, *v* to devastate
devastazione, day-vahss-tah-tse'**o**-nay, *f* devastation, destruction
deviare, day-ve'**ah**-ray, *v* to divert, deflect; to turn off (from); to go astray
deviazione, day-ve'ah-tse'**o**-nay, *f* deviation; diversion
devolvere, day-**voll**-vay-ray, *v* to devolve, to transfer
devoto*, day-**vo**-to, *adj* devout; devoted; **i devoti,** the faithful
devozione, day-vo-tse'**o**-nay, *f* devotion
di, dee, *prep* of; from; by; on; in; with; about; (+ *art*) some; **ci sono dei libri,** there are some books
dì, dee, *m* day
diabetico, de'ah-**bay**-te-ko, *adj* diabetic
diabolico*, de'ah-**bo**-le-ko, *adj* diabolical
diacono, de'**ah**-ko-no, *m* deacon
diadema, de'ah-**day**-mah, *m* diadem
diaframma, de'ah-**frahm**-mah, *m* diaphragm
diagnosi, de'**ah**-n'yo-zee, *f* diagnosis
diagonale, de'ah-go-**nah**-lay, *adj* diagonal; *f* diagonal
diagramma, de'ah-**gram**-mah, *m* diagram; **– a torta,** pie chart; **– di flusso,** flow chart
dialetto, de'ah-**let**-to, *m* dialect
dialogo, de'**ah**-lo-go, *m* dialogue
diamante, de'ah-**mahn**-tay, *m* diamond
diametralmente, de'ah-may-trahl-**men**-tay, *adv* diametrically
diametro, de'**ah**-may-tro,

m diameter
diamine, de'**ah**-me-nay, *interj fam* good heavens!
diapositiva, de'ah-po-se-**tee**-vah, *f* slide, transparency
diario, de'**ah**-re'o, *m* diary; **– di bordo,** logbook; **– di classe**, class register
diarrea, de'ahr-**ray**-ah, *f* diarrhoea
diavolo, de'**ah**-vo-lo, *m* devil; **che – succede?** what the hell is happening?
dibattere, de-**baht**-tay-ray, *v* to debate, to argue
dibattersi, de-**baht**-tair-se, *v* to struggle
dibattito, de-**baht**-te-to, *m* debate
dicastero, de-kahss-**tay**-ro, *m* government-department, ministry
dicembre, de-**chem**-bray, *m* December
diceria, de-chay-**ree**-ah, *f* rumour
dichiarare, de-ke'ah-**rah**-ray, *v* to declare
dichiarazione, de-ke'ah-rah-tse'**o**-nay, *f* declaration; statement; **– dei redditi,** tax return
diciannove, de-che'ahn-**no**-vay, *adj* & *m* nineteen
diciannovesimo, de-che'ahn-no-**vay**-ze-mo, *adj* & *m* nineteenth
diciassette, de-che'ahss-**set**-tay, *adj* & *m* seventeen
diciassettesimo, de-che'ahss-set-**tay**-ze-mo, *adj* & *m* seventeenth
diciottesimo, de-che'ot-**tay**-ze-mo, *adj* & *m* eighteenth
diciotto, de-che'**ot**-to, *adj* & *m* eighteen
dicitura, de-che-**too**-rah, *f* text; wording
didascalia, de-dah-skah-**lee**-ah, *f* caption; subtitle
didattica, de-**daht**-tee-kah, *f* didactics, teaching methods
didattico, de-**daht**-tee-ko, *adj* didactic, educational
dieci, de'**ay**-che, *adj* & *m* ten
dieta, de'**ay**-tah, *f* diet; assembly
dietetica, de'ay-tay-**tee**-kah, *f* dietetics
dietro, de'**ay**-tro, *adv* behind; *prep* behind, after; *m* back, rear
dietro front, de'**ay**-tro front, *m* about-turn
difatti, de-**faht**-tee, *conj* as a matter of fact
difendere, de-**fen**-day-ray, *v* to defend; to protect
difensore, de-fen-**sor**-ay, *m* defender; **avvocato –,** defence counsel
difesa, de-**fay**-zah, *f* defence
difettivo, de-fet-**tee**-vo, *adj gram* defective
difetto, de-**fet**-to, *m* defect, fault, flaw
difettoso*, de-fet-**to**-zo, *adj* defective; faulty
diffamare, dif-fah-**mah**-ray, *v* to defame
diffamatorio, dif-fah-mah-**tor**-e'o, *adj* slanderous
differente, dif-fay-**ren**-tay, *adj* different
differenza, dif-fay-**ren**-tsah, *f* difference
differenziale, dif-fay-rent-tse'**a**-lay, *adj* differential; *m* differential
differimento, dif-fay-re-**men**-to, *m* postponement
differire, dif-fay-**ree**-ray, *v* to differ; to postpone
difficile*, dif-**fee**-che-lay, *adj* difficult
difficoltà, dif-fee-kol-**tah**, *f* difficulty
diffida, dif-**fee**-dah, *f* warning; notice
diffidare, dif-fe-**dah**-ray, *v* to distrust; to caution
diffidente, dif-fe-**den**-tay, *adj* diffident
diffidenza, dif-fe-**den**-tsah,

f diffidence
diffondere, dif-**fon**-day-ray, *v* to diffuse; to broadcast
diffusione, dif-foo-ze'**o**-nay, *f* diffusion
diffuso*, dif-**foo**-zo, *adj* widespread; diffuse
difterite, dif-tay-**ree**-tay, *f* diphtheria
diga, dee-gah, *f* dam; dyke; breakwater
digeribile, de-jay-**ree**-be-lay, *adj* digestible
digerire, de-jay-**ree**-ray, *v* to digest
digestivo, de-jess-**tee**-vo, *adj* digestive; *m* after-dinner liqueur
digitale, de-jee-**tah**-lay, *adj* digital; **impronta –,** fingerprint; *f* foxglove
digitare, de-jee-**tah**-ray, *v* to key in
digiunare, de-joo-**nah**-ray, *v* to fast
digiuno, de-**joo**-no, *m* fasting, fast; *adj* **– di,** ignorant of
dignità, de-n'yee-**tah**, *f* dignity
dignitoso*, de-n'yee-**to**-so, *adj* dignified
digradare, de-grah-**dah**-ray, *v* to slope
digressione, de-grays-see'**o**-nay, *f* digression
digrignare, de-gre-n'**yah**-ray, *v* **– i denti,** to grind one's teeth; (animal) to bare its teeth
dilagare, de-lah-**gah**-ray, *v* to overflow, to flood; to spread
dilaniare, de-lah-ne'**ah**-ray, *v* to tear to pieces
dilapidare, de-lah-pe-**dah**-ray, *v* to squander
dilatare, de-lah-**tah**-ray, *v* to dilate
dilazionare, de-lah-tse'o-**nah**-ray, *v* to delay
dilazione, de-lah-tse'**o**-nay, *f* delay, deferment
dileggiare, de-led-**jah**-ray, *v* to scoff at
dileguarsi, de-led-goo'**ar**-se, *v* to vanish
dilemma, de-**lem**-mah, *m* dilemma
dilettante, de-let-**tahn**-tay, *adj* amateur, dilettante
dilettare, de-let-**tah**-ray, *v* to delight; to charm
diletto, de-**let**-to, *m* delight; *adj* beloved
diligente, de-le-**jen**-tay, *adj* diligent; accurate
diligenza, de-le-**jen**-tsah, *f* diligence; care; stagecoach
diluire, de-loo-**ee**-ray, *v* to dilute
dilungarsi, de-loonn-**gar**-se, *v* to go into details
diluviare, de-loo-ve'**ah**-ray, *v* to rain hard, to pour
diluvio, de-**loo**-ve'o, *m* deluge, flood
dimagrante, de-mah-**grahn**-tay, *adj* slimming; **cura –,** slimming diet
dimagrire, de-mah-**gree**-ray, *v* to grow thin, to lose weight
dimenare, de-may-**nah**-ray, *v* to shake; (tail) to wag
dimensione, de-men-se'**o**-nay, *f* dimension
dimenticanza, de-men-te-**kahn**-tsah, *f* oversight; oblivion
dimenticare, de-men-te-**kah**-ray, *v* to forget
dimentico, de-**men**-te-ko, *adj* forgetful
dimesso*, de-**mess**-so, *adj* shabby; unassuming
dimestichezza, de-mes-tee-**ket**-sah, *f* familiarity
dimettere, de-**met**-tay-ray, *v* to dismiss; to discharge
dimettersi, de-met-**tair**-se, *v* to resign
dimezzare, de-med-**dzah**-ray, *v* to halve
diminuire, de-me-noo'**ee**-ray, *v* to diminish
diminutivo, de-me-noo-**tee**-vo, *adj* diminutive; *m gram* diminutive
dimissioni, dee-mes-see'**o**-

nee, *fpl* resignation
dimora, de-**mo**-rah, *f* abode; sojourn; residence
dimorare, de-mo-**rah**-ray, *v* to dwell, to reside
dimostrare, de-moss-**trah**-ray, *v* to demonstrate
dimostrazione, de-moss-trah-tse'**o**-nay, *f* demonstration
dinamico*, de-**nah**-mee-ko, *adj* dynamic
dinamite, de-nah-**mee**-tay, *f* dynamite
dinamo, dee-nah-mo, *f* dynamo
dinanzi, de-**nahn**-tse, *prep* **– a,** before; in front of
dinastia, de-nahss-**tee**-ah, *f* dynasty
diniego, de-ne'**ay**-go, *m* refusal; denial
dinosauro, de-no-**sah'**oo-ro, *m* dinosaur
dintorni, din-**tor**-nee, *m* neighbourhood, outskirts
dintorno, din-**tor**-no, *adv* around
Dio, dee-o, *m* God
diocesano, de'o-chay-**sah**-no, *adj* diocesan
diocesi, de'**o**-chay-se, *f* diocese
dipanare, de-pah-**nah**-ray, *v* to unravel
dipartimento, de-par-tee-**men**-to, *m* department
dipartita, de-par-**tee**-tah, *f* passing away
dipendente, de-pen-**den**-tay, *adj* dependent; *m/f* employee
dipendere, de-**pen**-day-ray, *v* to depend; **– da,** to depend on
dipingere, de-**pin**-jay-ray, *v* to paint; to describe
dipinto, de-**pin**-to, *m* painting; *adj* painted
diploma, de-**plo**-mah, *m* diploma, certificate
diplomatico, de-plo-**mah**-tee-ko, *adj** diplomatic; *m* diplomat
diplomazia, de-plo-mah-**tsee**-ah, *f* diplomacy; diplomatic corps
diporto, de-**por**-to, *m* **imbarcazione da –,** pleasure craft
diradare, de-rah-**dah**-ray, *v* to disperse; to clear up; to thin out
diramazione, de-rah-mah-tse'**o**-nay, *f* branch; (orders) issuing
dire, dee-ray, *v* to say; to tell; to recite; **che ne dici?** what do you think?
diretto*, de-**ret**-to, *adj** direct; straight; *m* through train
direttore, de-re-**tor**-ay, *m* manager; director; headmaster; **– d'orchestra,** conductor
direttrice, de-re-**tree**-chay, *f* manager; director; headmistress
direzione, de-ray-tse'**o**-nay, *f* direction; management; editorship; leadership
dirigente, de-**ree**-jayn-tay, *adj* managerial; *m/f* executive
dirigere, de-**ree**-jay-ray, *v* to run; to manage; to direct; to conduct
dirigibile, de-re-**jee**-be-lay, *m* airship
dirimpetto, de-rim-**pet**-to, *adv* facing; opposite; **– a,** *prep* opposite
diritto, de-**rit**-to, *m* right; *adj* straight; upright; *adv* straight; directly
dirittura, de-rit-**too**-rah, *f* rectitude; integrity
diroccato, de-rock-**kah**-to, *adj* in ruins
dirompente, de-**rom**-payn-tay, *adj* explosive
dirottamento, de-rot-tah-**men**-to, *m* hijacking
dirottare, de-rot-**tah**-ray, *v* to hijack; *naut* to change course
dirotto, de-**rot**-to, *adj** (rain) pouring; **pianto –,** floods of tears; **piovere a –,** to pour

dirozzare, de-rod-**dzah**-ray, *v* to rough-hew; to refine
dirupo, de-**roo**-po, *m* precipice
disabitato, de-zah-be-**tah**-to, *adj* uninhabited
disadattato, de-zah-daht-tah-to, *adj* maladjusted
disadatto, de-zah-**daht**-to, *adj* unfit
disadorno, de-zah-**dor**-no, *adj* unadorned; bare
disagevole, de-zah-**jay**-vo-lay, *adj* difficult; uncomfortable
disagiato, de-zah-**jah**-to, *adj* needy
disagio, de-**zah**-jo, *m* discomfort; awkwardness; want; **a –,** uncomfortable
disamina, de-**zah**-me-nah, *f* careful examination
disapprovare, de-zahp-pro-**vah**-ray, *v* to disapprove; to reproach
disappunto, de-zahp-**poonn**-to, *m* disappointment
disarmare, de-zar-**mah**-ray, *v* to disarm
disarmo, de-**zar**-mo, *m* disarmament
disastro, de-**zahss**-tro, *m* disaster
disattento, de-zaht-**ten**-to, *adj* inattentive, careless
disavanzo, de-zah-**vahn**-tso, *m* deficit
disavventura, de-zahv-ven-**too**-rah, *f* mishap
disboscare, diz-boss-**kah**-ray, *v* (woods) to clear
disbrigo, diz-**bree**-go, *m* handling (of letters, files)
discapito, diss-**kah**-pe-to, *m* detriment, disadvantage
discarica, diss-**kah**-re-kah, *f* rubbish tip
discendente, de-shen-**den**-tay, *m/f* descendant
discendenza, de-shen-**den**-tsah, *f* descent; descendants
discendere, de-**shen**-day-ray, *v* to descend; to derive; to come from
discepolo, de-**shay**-po-lo, *m* disciple; pupil
discernere, de-**shair**-nay-ray, *v* to discern
discesa, de-**shay**-sah, *f* descent; slope
dischetto, de-**sket**-to, *m* floppy disk
dischiudere, diss-ke'**oo**-day-ray, *v* to open; to disclose
discinto, de-**sheen**-to, *adj* scantily dressed
disciogliere, de-she'**o**-l'yay-ray, *v* to dissolve; to melt
disciplina, de-she-**ple**-nah, *f* discipline; subject
disciplinare, de-she-ple-**nah**-ray, *v* to discipline; *adj* disciplinary
disco, diss-ko, *m* disc; *comp* disk; *mus* record; (sport) discus
discografico, diss-ko-grah-**fee**-ko, *adj* recording
discolo, diss-ko-lo, *adj* undisciplined
discolpare, diss-koll-**pah**-ray, *v* to excuse; to clear of blame
disconoscere, diss-ko-**no**-shay-ray, *v* to ignore
discontinuo, diss-kon-tte-**noo**'o, *adj* discontinuous
discordante, diss-kor-**dahn**-tay, *adj* discordant; conflicting
discordare, diss-kor-**dah**-ray, *v* to disagree; to clash
discorde, diss-**kor**-day, *adj* conflicting
discorrere, diss-**kor**-ray-ray, *v* to chat
discorsivo, diss-kor-rsee-vo, *adj* conversational
discorso, diss-**kor**-so, *m* speech; discourse; **cambiare –,** to change subject
discosto, diss-**koss**-to, *adj* at some distance
discoteca, diss-ko-**tay**-ka, *f*

disco
discretamente, diss-kray-tah-**men**-tay, *adv* discreetly; rather
discretezza, diss-kray-**tet**-tsah, *f* discretion
discreto, diss-**kray**-to, *adj* discreet; fair
discrezione, diss-kray-tse'**o**-nay, *f* discretion
discriminare, diss-kree-mee-**nah**-ray, *v* to discriminate
discussione, diss-koos-see'**o**-nay, *f* discussion
discutere, diss-**koo**-tay-ray, *v* to discuss; to dispute
discutibile, diss-koo-tee-**bee**-lay, *adj* questionable
disdegnare, diss-day-n'**yah**-ray, *v* to disdain
disdetta, diss-**det**-tah, *f* notice to quit; bad luck
disdire, diss-**dee**-ray, *v* to cancel; to give notice
disegnare, de-zay-n'**yah**-ray, *v* to design, to draw; to describe
disegnatore, -trice, de-zay-n'yah-**to**-ray, de-zay-n'yah-**tree**-chay, *m/f* draughtsman, draughtswoman; designer
disegno, de-**zay**-n'yo, *m* design; drawing; project; **– di legge,** *parl* bill
diserbante, de-zayr-**bahn**-tay, *m* herbicide, weed-killer
diseredare, de-zay-ray-**dah**-ray, *v* to disinherit
disertare, de-zai**r**-**tah**-ray, *v* to desert
disertore, de-zai**r**-**tor**-ay, *m* deserter
disfare, diss-**fah**-ray, *v* to undo; to untie; to unpack
disfatta, diss-**faht**-tah, *f* defeat, rout
disfunzione, diss-foont-see'**o**-nay, *f* dysfunction
disgelo, diss-**jay**-lo, *m* thaw
disgiunto, diss-**joonn**-to, *adj* disjointed
disgrazia, diss-**grah**-tse'ah, *f* bad luck; disaster; accident; disgrace
disgraziato*, diss-grah-tse'**ah**-to, *adj* unfortunate
disgregare, diss-gray-**gah**-ray, *v* to break up, to disintegrate
disguido, diss-goo'**ee**-do, *m* error, hitch
disgustare, diss-gooss-**tah**-ray, *v* to disgust; to vex
disgusto, diss-**gooss**-to, *m* disgust; vexation
disgustoso*, diss-gooss-**to**-zo, *adj* disgusting, unpalatable
disidratato, dee-zee-drah-**tah**-to, *adj* dehydrated
disilludere, de-zill-**loo**-day-ray, *v* to disillusion
disimpegnare, de-zim-pay-n'**yah**-ray, *v* to free, to release; to redeem
disinfestare, de-zin-fes-**tah**-ray, *v* to disinfest
disinfettante, de-zin-fet-**tahn**-tay, *m* disinfectant; *adj* disinfectant
disinfettare, de-zin-fet-**tah**-ray, *v* to disinfect
disingannare, de-zin-gahn-**nah**-ray, *v* to disillusion
disinnescare, de-zin-nay-**skah**-ray, *v* to defuse
disinvolto*, de-zin-**voll**-to, *adj* free and easy
disinvoltura, de-zin-voll-**too**-rah, *f* ease, nonchalance
dislessico, diss-**les**-see-ko, *adj* dyslexic
dislivello, diss-lee-**vell**-lo *m* gap; difference in height
dislocazione, diss-lo-gah-tse'**o**-nay, *f* dislocation
dismisura, diss-me-**zoo**-rah, *f* **a –,** excessively
disoccupato, de-zock-koo-**pah**-to, *adj* unemployed
disoccupazione, de-zock-koo-pah-tse'**o**-nay, *f* unemployement

disonesto*, de-zo-**ness**-to, *adj* dishonest
disonorare, de-zo-no-**rah**-ray, *v* to dishonour
disonore, de-zo-**no**-ray, *m* dishonour; discredit
disonorevole*, de-zo-no-**ray**-vo-lay, *adj* dishonourable; disgraceful
disopra, de-**so**-prah, *adv* upstairs
disordinato*, de-zor-de-**nah**-to, *adj* disorderly; untidy
disordine, de-**zor**-de-nay, *m* disorder; mess; **disordini,** riots
disorganizzato, de-zor-gah-nit-**tsah**-to, *adj* disorganized
disorientare, de-zor-e'en-**tah**-ray, *v* to disorient
disotto, de-**sot**-to, *adv* downstairs
dispaccio, diss-**paht**-cho, *m* despatch
disparato, diss-pah-**rah**-to, *adj* diverse; disparate
dispari, diss-pah-re, *adj* odd; unequal
disparte, diss-**par**-tay, *adv* **in –,** aside, on one side
dispendio, diss-**pen**-de'o, *m* expenditure; waste
dispendioso, diss-pen-de'**o**-zo, *adj* expensive
dispensa, diss-**pen**-sah, *f* (of publication) instalment; exemption; larder
dispensare, diss-pen-**sah**-ray, *v* to dispense; to exempt; to distribute
dispensario, diss-pen-**sah**-re'o, *m* dispensary
disperare, diss-pay-**rah**-ray, *v* to despair
disperato*, diss-pay-**rah**-to, *adj* desperate; in despair
disperazione, diss-pay-rah-tse'**o**-nay, *f* despair
disperdere, diss-**pair**-day-ray, *v* to disperse; to waste
disperso, -a, diss-**pair**-so, *m/f* missing person
dispettoso*, diss-pet-**to**-zo, *adj* spiteful
dispiacere, diss-pe'ah-**chay**-ray, *v* to displease; to upset; *m* pain, sorrow; regret
dispiaciuto, diss-pe'ah-**choo**-to, *adj* sorry
disponibile, diss-po-**nee**-be-lay, *adj* available; (person) helpful
disponibilità, diss-po-nee-be-lee-**tah**, *f* availability; helpfulness
disporre, diss-**por**-ray, *v* to arrange; to order; **– di,** to have at one's disposal
dispositivo, diss-po-zee-**tee**-vo, *m* device
disposizione, diss-po-zee-tse'**o**-nay, *f* arrangement; order, instruction
disposto, diss-**poss**-to, *adj* disposed
dispotico, diss-**po**-te-ko, *adj* despotic
dispotismo, diss-po-**tiss**-mo, *m* despotism
dispregiativo, diss-pred-jah-**tee**-vo, *adj gram* pejorative
disprezzare, diss-pret-**tsah**-ray, *v* to despise
disprezzo, diss-**pret**-tso, *m* contempt, scorn
disputa, diss-poo-tah, *f* dispute; discussion
disputare, diss-poo-**tah**-ray, *v* to dispute; to discuss
dissanguato, diss-sahn-goo'**a**-to, *adj* drained of blood; impoverished
dissapore, diss-sah-**po**-ray, *m* disagreement
disseccare, diss-seck-**kah**-ray, *v* to dry up
disseminare, diss-say-me-**nah**-ray, *v* to spread, to scatter
dissenso, diss-**sen**-so, *m* dissent; disapproval
dissenteria, diss-sen-tay-**ree**-ah, *f* dysentery
dissentire, diss-sen-**tee**-ray, *v* to dissent, to differ

dissertazione, diss-sair-tah-tse'**o**-nay, *f* dissertation
dissestare, diss-sess-**tah**-ray, *v* to involve in financial difficulties
dissetare, diss-say-**tah**-ray, *v* to quench the thirst
dissidente, diss-see-**den**-tay, *adj* dissident; *m/f* dissident
dissidio, diss-**see**-de'o, *m* dissension, disagreement
dissimile, diss-**see**-me-lay, *adj* unlike, dissimilar
dissimulare, diss-se-moo-**lah**-ray, *v* to hide; to pretend; to camouflage
dissipare, diss-see-**pah**-ray, *v* to squander; to disperse; to dispel
dissipato*, diss-see-**pah**-to, *adj* dissipated, dissolute
dissociare, diss-**sot**-chah-ray, *v* to dissociate
dissodare, diss-so-**dah**-ray, *v* to till
dissoluto*, diss-so-**loo**-to, *adj* dissolute
dissolvere, diss-**soll**-vay-ray, *v* to dissolve; to dipserse
dissonante, diss-so-**nahn**-tay, *adj* discordant, dissonant
dissuadere, diss-soo'ah-**day**-ray, *v* to dissuade
distaccare, diss-tahk-**kah**-ray, *v* to detach, to separate
distacco, diss-**tahk**-ko, *m* detachment, parting
distante, diss-**tahn**-tay, *adj* distant; *adv* far away
distanza, diss-**tahn**-tsah, *f* distance
distanziare, diss-tahn-tse'**ah**-ray, *v* to space out; to outstrip
distare, diss-**tah**-ray, *v* to be a long way; **quanto dista?** how far is it?
distendere, diss-**ten**-day-ray, *v* to stretch; to spread; to unfold
distendersi, diss-**ten**-dair-se, *v* to lie down; to relax
distensione, diss-ten-see'**o**-nay, *f* relaxation; stretching
distesa, diss-**tay**-zah, *f* expanse; stretch
disteso, diss-**tay**-zo, *adj* wide; extended, spread out; relaxed
distillare, diss-till-**lah**-ray, *v* to distil
distilleria, diss-till-lah-**ree**-ah, *f* distillery
distinguere, diss-**tinn**-goo'ay-ray, *v* to distinguish
distinta, diss-**tinn**-tah, *f* list; invoice; inventory
distintivo, diss-tinn-**tee**-vo, *m* badge, *adj* distinctive
distinto*, diss-**tinn**-to, *adj* distinct; distinguished
distinzione, diss-tinn-tee'**o**-nay, *f* distinction
distogliere, diss-**to**-l'yay-ray, *v* to dissuade; to distract; **– lo sguardo,** to look away
distorcere, diss-tor-**chay**-ray, *v* to distort
distorsione, diss-tor-see'**o**-nay, *f* sprain; distortion
distrarre, diss-**trar**-ray, *v* to distract; to amuse
distrarsi, diss-**trar**-se, *v* not to pay attention; to amuse oneself
distratto*, diss-**traht**-to, *adj* absent-minded
distrazione, diss-traht-tse'**o**-nay, *f* absent-mindedness; amusement
distretto, diss-**tret**-to, *m* district; territory
distribuire, diss-tree-boo'**ee**-ray, *v* to distribute; to deliver
distributore, diss-tree-boo-**to**-ray, *m* dispenser; *mech* distributor; petrol pump
distribuzione, diss-tree-boo-tse'**o**-nay, *f* distribution; delivery
distruggere, diss-**trood**-

jay-ray, *v* to destroy
distrutto, diss-**troot**-to, *adj* destroyed, wasted
disturbare, diss-toohr-**bah**-ray, *v* to disturb, to trouble
disturbo, diss-**toohr**-bo, *m* disturbance; trouble; ailment
disubbidiente, de-zoob-be-de'**an**-tay, *adj* disobedient
disubbidire, de-zoob-be-**dee**-ray, *v* to disobey
disuguale, de-zoo-goo'**ah**-lay, *adj* uneven; unequal
disumano, de-zoo-**mah**-no, *adj* inhuman
disunione, de-zoo-ne'**o**-nay, *f* disunity
disunire, de-zoo-**nee**-ray, *v* to separate
disuso, de-**zoo**-zo, *m* disuse
ditale, de-**tah**-lay, *m* thimble; finger-stall
dito, dee-to, *m* finger; toe
ditta, dit-tah, *f* firm, business concern; **Spett. Ditta** (address) Messrs, (letter) Dear Sirs
dittafono, dit-**tah**-fo-no, *m* dictaphone
dittatore, dit-tah-**tor**-ay, *m* dictator
dittatura, dit-tah-**too**-rah, *f* dictatorship
dittongo, dit-**tonn**-go, *m* diphthong
diurno, de-**oohr**-no, *adj* daily
diva, dee-vah, *f* (film) star
divagare, de-vah-**gah**-ray, *v* to digress; to wander
divampare, de-vahm-**pah**-ray, *v* to flare up; to break out
divano, de-**vah**-no, *m* settee, sofa; divan
divario, de-**vah**-re'o, *m* variance; difference
divellere, de-**vell**-lay-ray, *v* to pluck out, to uproot
divenire, de-vay-**nee**-ray, *v* to become, to get
diventare, de-vayn-**tah**-ray, *v* to become, to get
diverbio, de-**vair**-be'o, *m* heated argument
divergenza, de-vair-**gent**-sa, *f* divergence, difference
divergere, de-**vair**-jay-ray, *v* to diverge
diversità, de-vair-se-**tah**, *f* difference; diversity
diversivo, de-vair-**see**-vo, *m* diversion, distraction; *adj* diversionary
diverso*, de-**vair**-so, *adj* diverse; different; **diversi,** several
divertente, de-vair-**ten**-tay, *adj* amusing; funny
divertimento, de-vair-tee-**men**-to, *m* amusement; pastime; **buon –!,** enjoy yourself/yourselves!
divertire, de-vair-**tee**-ray, *v* to amuse, to entertain
divertirsi, de-vair-**teer**-se, *v* to amuse oneself
divezzare, de-vet-**tsah**-ray, *v* to wean
dividendo, de-ve-**den**-do, *m* dividend
dividere, de-**vee**-day-ray, *v* to divide; to separate; to cut; to share (out)
divieto, de-ve-**ay**-to, *m* prohibition; **– di sosta,** no waiting
divincolarsi, de-vin-ko-**lah**-ray, *v* to wriggle (free)
divinità, de-ve-nee-**tah**, *f* divinity
divino*, de-**vee**-no, *adj* divine; heavenly
divisa, de-**vee**-zah, *f* uniform; foreign currency
divisione, de-ve-ze'**o**-nay, *f* division; hyphenation
divo, dee-vo, *m* (film) star
divorare, de-vo-**rah**-ray, *v* to devour
divorziare, de-vor-tse'**ah**-ray, *v* to divorce
divorzio, de-**vor**-tse'o, *m* divorce
divulgare, de-vooll-**gah**-ray, *v* to divulge; to popularize

dizionario, de-tse'o-**nah**-re'o, *m* dictionary
dizione, de-tse'o-nay, *f* diction; elocution
do, do, *m mus* C
doccia, dot-chah, *f* shower
docente, do-**chen**-tay, *m/f* lecturer, professor; *adj* teaching
docile, do-che-lay, *adj* docile, pliable
docilità, do-che-le-**tah**, *f* docility
documento, do-coo-**men**-to, *m* document
dodicenne, do-de-**chayn**-nay, *adj* & *m/f* twelve-year-old
dodicesimo, do-de-**chay**-ze-mo, *adj* & *m* twelfth
dodici, do-de-che, *adj* & *m* twelve
dogana, do-**gah**-nah, *f* customs; customs duty
doganiere, do-gah-ne'**ay**-ray, *m* customs officer
doglie, do-l'yay, *fpl* labour
dogma, dog-mah, *m* dogma
dogmatico, dog-mah-**tee**-ko, *adj* dogmatic
dolce, doll-chay, *adj* sweet; soft; gentle; *m* sweet, dessert
dolcevita, doll-chay-**vee**-tah, *f* rollneck sweater
dolcezza, doll-**chet**-tsah, *f* sweetness; gentleness
dolciumi, doll-**choo**-me, *mpl* sweets
dolente, do-**len**-tay, *adj* aching; grieved
dolere, do-**lay**-ray, *v* to ache
dolersi, do-**layr**-se, *v* to complain; **– di,** to regret
dollaro, doll-lah-ro, *m* dollar
Dolomiti, do-lo-**mee**-te, *fpl* Dolomites
dolore, do-**lo**-ray, *m* pain, sorrow
doloroso*, do-lo-**ro**-zo, *adj* painful; sore; distressing
doloso, do-**lo**-zo, *adj* fraudulent; malicious; **incendio –,** arson
domanda, do-**mahn**-dah, *f* question; request; demand
domandare, do-mahn-**dah**-ray, *v* to ask; to demand
domandarsi, do-mahn-**dar**-se, *v* to wonder
domani, do-**mah**-ne, *adv* tomorrow; **il –,** *m* the future
domare, do-**mah**-ray, *v* to tame; to master
domatore, -trice, do-mah-**tor**-ay, do-mah-**tree**-chay, *m/f* tamer
domattina, do-maht-**tee**-nah, *adv* tomorrow morning
domenica, do-**may**-ne-kah, *f* Sunday
domestico, -a, do-**mess**-te-ko, *m/f* servant; *adj* domestic
domicilio, do-me-**chee**-le'o, *m* residence; domicile
dominante, do-me-**nahn**-tay, *adj* dominant, prevailing
dominare, do-me-**nah**-ray, *v* to dominate; to rule; to master
dominio, do-**mee**-ne'o, *m* dominion; domain; rule; **– di sé,** self-control
domino, do-mee-no, *m* dominoes
don, don, *m* Father (title for priests); Don (title of respect in Southern Italy)
donare, do-**nah**-ray, *v* to give; to donate
donatore, -trice, do-nah-**to**-ray, do-nah-**tree**-chay, *m/f* giver; donor; **– di sangue,** blood donor
dondolare, don-do-**lah**-ray, *v* to swing; to dangle; to rock
dondolo, don-do-lo, *m* **a –,** rocking
donna, don-nah, *f* woman; wife; lady; (cards) queen; **– di servizio,** maid

donnaccia, don-**naht**-chah, *f* slut
donnaiolo, don-nah-e'oo-**o**-lo, *m* womanizer
donnola, don-no-lah, *f* weasel
dono, do-no, *m* gift, present; talent
dopo, do-po, *adv* after, next; *prep* after; past
dopobarba, do-po-**bar**-bah, *m* aftershave
dopoché, do-po-**kay,** conj after, when
dopodomani, do-po-do-**mah**-nee, *adv* the day after tomorrow
dopoguerra, do-po-goo'**air**-ra, *m* post-war period
dopopranzo, do-po-**pran**-tso, *m* afternoon
dopotutto, do-po-**toot**-to, *adv* after all
doppiare, dop-pe'**ah**-ray, *v naut* to round; (sport) to lap; (film) to dub
doppietta, dop-pe'**ayt**-tah, *f* double-barrelled gun
doppiezza, dop-pe'**et**-tsah, *f* duplicity
doppio*, dop-pe'o, *adj* double; twofold; *fig* false; *m* twice as much; (tennis) doubles; *adv* double
dorare, do-**rah**-ray, *v* to gild; (in cooking) to brown
dorato, do-**rah**-to, *adj* gilt; golden
dormicchiare, dor-mick-ke'**ah**-ray, *v* to doze
dormiglione, -a, dor-me-l'**yo**-nay, *m/f* sleepyhead
dormire, dor-**mee**-ray, *v* to sleep
dormita, dor-**mee**-tah, *f* sleep
dormitorio, dor-mee-**to**-ree'o, *m* dormitory; night shelter
dorso, dor-so, *m* back; (book) spine; (mountain) ridge
dosare, do-**zah**-ray, *v* to dose
dose, do-zay, *f* dose; amount
dosso, doss-so, *m* hillock; bump; **togliersi di –,** to take off
dotare, do-**tah**-ray, *v* **– di,** to equip with; to endow with
dotato, do-**tah**-to, *adj* talented; **– di,** equipped with; endowed with
dotazione, do-tah-tse'o-nay, *f* endowment; equipment; **dare in –,** to issue with
dote, do-tay, *f* dowry; endowment; talent
dotto*, dot-to, *adj* learned
dottore, -essa, dot-**tor**-ay, dot-to-**res**-sah, *m/f* doctor; physician; graduate
dottrina, dot-**tree**-nah, *f* doctrine; culture
dove, do-vay, *adv* where; conj if
dovere, do-**vay**-ray, *v* to owe; to have to; *m* duty
doveroso*, do-vay-**ro**-zo, *adj* due; dutiful
dovizia, do-**vee**-tse'ah, *f* abundance
dovunque, do-**voonn**-kway, *adv* anywhere; wherever; everywhere
dovuto, do-**voonn**-to, *adj* owing; due; *m* due
dozzina, dod-**dzee**-nah, *f* dozen
dozzinale, dod-dze-**nah**-lay, *adj* second-rate; cheap
dragare, drah-**gah**-ray, *v* to dredge
drago, drah-go, *m* dragon
dramma, drahm-mah, *m* drama; tragedy
drammatico, drahm-**mah**-tee-ko, *adj* drama; tragic
drammaturgo, -a, drahm-mah-**toohr**-go, *m/f* playwright
drappeggio, drahp-**ped**-jo, *m* drapery; folds
drappello, drahp-**pell**-lo, *m* squad
drastico, drahs-stee-ko,

adj drastic
drenaggio, dray-**nahd**-jo, *m* drainage; reclamation
drizzare, drit-**tsah**-ray, *v* to straighten; to erect
droga, dro-gah, *f* drug
drogato, -a, dro-**gah**-to, *m/f* drug addict
drogheria, dro-gay-**ree**-ah, *f* grocer's shop
droghiere, dro-ghe'**ay**-ray, *m* grocer
dromedario, dro-may-**dah**-ree'o, *m* dromedary
dubbio, doob-be'o, *m* doubt; *adj* doubtful; dubious
dubbioso*, doob-be'**o**-zo, *adj* uncertain
dubitare, doo-be-**tah**-ray, *v* to doubt
duca, doo -kah, *m* duke
ducato, doo-**kah**-to, *m* duchy; (coin) ducat
duce, doo-chay, *m* commander; (fascism) Duce
duchessa, doo-**kess**-sah, *f* duchess
due, doo-ay, *adj* & *m* two
duecento, doo-ay-**chen**-to, *adj* & *m* two hundred; **il Duecento,** the thirteenth century
duello, doo-**el**-lo, *m* duel
duemila, doo-ay-**mee**-lah, *adj* & *m* two thousand; **il duemila,** the year two thousand
duetto, doo-**et**-to, *m* duet
duna, doo-nah, *f* sand-dune
dunque, doonn-kway, *conj* then, therefore
duomo, doo'**o**-mo, *m* cathedral
duplicare, doo-ple-**kah**-ray, *v* to duplicate
duplice, doo-ple-chay, *adj* double, twofold
duplicità, doo-ple-che-**tah**, *f* duplicity
durante, doo-**rahn**-tay, *prep* during
durare, doo-**rah**-ray, *v* to last
durata, doo-**rah**-tah, *f* duration
durezza, doo-**ret**-tsah, *f* hardness; harshness
duro*, doo-ro, *adj* hard; firm; tough; stale
duttile, doot-te-lay, *adj* flexible; ductile

E

e, ay, *conj* and
ebano, ay-bah-no, *m* ebony; ebony-tree
ebbene, ayb-**bay**-nay, *interj* well then! now then!
ebbrezza, ayb-**bret**-tsah, *f* drunkenness; exhilaration
ebbro, ayb-bro, *adj* drunk
ebete, ay-bay-tay, *adj* slow-witted
ebollizione, ay-boll-lee-tse'o-nay, *f* boiling
ebraico, ay-**brah**-ee-ko, *adj* Jewish; Hebraic
ebreo, -a, ay-**bray**-o, *adj* Jewish; *m/f* Jewish man, Jewish woman
ecatombe, ay-kah-**tom**-bay, *f* slaughter
eccedenza, ayt-chay-**den**-tsah, *f* excess
eccedere, ayt-**chay**-day-ray, *v* to exceed
eccellente, ayt-chell-**len**-tay, *adj* excellent
eccellenza, ayt-chell-**len**-tsah, *f* excellence; (title) Excellency
eccellere, ayt-**chell**-lay-ray, *v* to excel
eccelso*, ayt-**chell**-so, *adj* eminent; lofty
eccentrico*, ayt-**chen**-tre-ko, *adj* eccentric
eccepire, ayt-chay-**pee**-ray, *v* to object
eccessivo*, ayt-chayss-**see**-vo, *adj* excessive
eccesso, ayt-**chayss**-so, *m* excess
eccetto, ayt-**chayt**-to, *prep* except; *conj* – **che,** unless
eccettuare, ayt-chayt-too-**ah**-ray, *v* to except
eccezionale*, ayt-chay-tse'o-**nah**-lay, *adj* exceptional
eccezione, ayt-chay-tse'o-nay, *f* exception
eccidio, ayt-**chee**-de'o, *m* slaughter, massacre
eccitabile, ayt-che-**tah**-be-lay, *adj* excitable
eccitante, ayt-che-**tahn**-tay, *adj* exciting; *m* stimulant
eccitare, ayt-che-**tah**-ray, *v* to excite; to incite; (sexually) to arouse
eccitato*, ayt-che-**tah**-to, *adj* excited; (sexually) aroused
ecco, eck-ko, *adv* here is/are, there is/are; **eccomi,** here I am; – **perché,** that's why
echeggiare, ay-ked-**jah**-ray, *v* to echo
eclissi, ay-**kliss**-se, *f* eclipse
eco, ay-ko, *f* echo
ecografia, ay-ko-grah-**fee**-ah, *f* ultrasound, echography
ecologia, ay-ko-lo-**jee**-ah, *f* ecology
ecologico, ay-ko-**lo**-jee-ko, *adj* ecological; environmentally friendly

economia, ay-ko-no-**mee**-ah, *f* economy; (science) economics
economico*, ay-ko-**no**-mee-ko, *adj* inexpensive; economical; (science) economic
economizzare, ay-ko-no-mid-**dzah**-ray, *v* to save, to economize
economo, ay-**ko**-no-mo, *m* bursar; *adj* thrifty
ecumenico, ay-koo-**may**-nee-ko, *adj* ecumenical
eczema, ayk-**dzay**-mah, *m* eczema
ed, ayd, *conj* and
edera, **ay**-day-rah, *f* ivy
edicola, ay-**dee**-ko-lah, *f* newspaper kiosk
edificare, ay-de-fe-**kah**-ray, *v* to build; to edify
edificio, ay-de-**fee**-cho, *m* building
edilizia, ay-dee-**lee**-tse'ah, *f* building trade
editore, -trice, ay-de-**tor**-ay, ay-de-**tree**-chay, *m/f* publisher, editor; **casa editrice,** publishing house, publisher
editto, ay-**deet**-to, *m* edict, decree
edizione, ay-de-tse'**o**-nay, *f* edition
educare, ay-doo-**kah**-ray, *v* to educate; to bring up
educato*, ay-doo-**kah**-to, *adj* polite; well-behaved
educatore, -trice, ay-doo-kah-**to**-ray, ay-doo-kah-**tree**-chay, *m/f* educationalist
educazione, ay-doo-kah-tse'**o**-nay, *f* good manners; education; upbringing
efelide, ay-**fay**-lee-day, *f* freckle
effeminato*, ef-fay-mee-**nah**-to, *adj* effeminate
efferatezza, ef-fay-rah-**tet**-tsah, *f* cruelty; ferocity
efferato*, ef-fay-**rah**-to, *adj* cruel, brutal
effervescente, ef-fair-vay-**shen**-tay, *adj* effervescent
effettivo, ef-fet-**tee**-vo, *adj** effective; real; (staff) permanent; **ufficiale –,** regular officer
effetto, ef-**fet**-to, *m* effect; impression; bill of exchange; **– serra,** greenhouse effect; **effetti personali,** personal belongings
effettuare, ef-fet-too'**a**-ray, *v* to carry out
efficace*, ef-fe-**kah**-chay, *adj* effective
efficiente*, ef-fee-**chen**-tay, *adj* efficient
efficienza, ef-fee-**chen**-tsah, *f* efficiency
effigie, ef-**fee**-jay, *f* effigy; portrait
effimero, ef-**fee**-may-ro, *adj* ephemeral
effluvio, ef-**floo**-ve'o, *m* scent
effusione, ef-foo-see'**o**-nay, *f* effusion
Egitto, ey-**jeet**-to, *m* Egypt
egli, **ay**-l'ye, *pron* he
egocentrico, ay-go-**chen**-tree-ko, *adj* egocentric, self-centred
egoismo, ay-go'**eess**-mo, *m* selfishness, egoism
egoista, ay-go'**eess**-tah, *adj* selfish; *m/f* selfish person
egregio*, ay-**gray**-jo, *adj* egregious; (letters) **Egregio Signore,** Dear Sir
eguaglianza, ay-goo'ah-l'**yahn**-tsah, *f* equality
eguagliare, ay-goo'ah-l'**yah**-ray, *v* to equal
eguale, ay-goo'**ah**-lay, *adj* the same, equal
eiaculazione, ay-eah-coo-lah-tse'**o**-nay, *f* ejaculation
elaborare, ay-lah-bo-**rah**-ray, *v* to elaborate; *comp* to process
elaboratore, ay-lah-bo-rah-**to**-ray, *m* **– elettronico** computer
elargire, ay-lar-**jee**-ray, *v*

to give generously
elasticità, ay-lahss-te-che-**tah**, *f* elasticity
elastico, ay-**lahss**-te-ko, *adj* elastic; springy; lax; *m* rubber band
elefante, ay-lay-**fahn**-tay, *m* elephant
elegante, ay-lay-**gahn**-tay, *adj* elegant, smart
eleganza, ay-lay-**gahn**-tsah, *f* elegance, smartness
eleggere, ay-**led**-jay-ray, *v* to elect
elementare, ay-lay-men-**tah**-ray, *adj* elementary; basic; **scuola –,** primary school
elemento, ay-lay-**men**-to, *m* element
elemosina, ay-lay-**mo**-ze-nah, *f* alms
elencare, ay-len-**kah**-ray, *v* to list
elenco, ay-**len**-ko, *m* list; **– telefonico,** telephone directory
elettivo, ay-let-**tee**-vo, *adj* elective
eletto, ay-**let**-to, *adj* elected; chosen
elettore, -trice, ay-let-**tor**-ay, ay-let-**tree**-chay, *m/f* elector, voter
elettricista, ay-let-tre-**chiss**-tah, *m* electrician
elettrico*, ay-**let**-tre-ko, *adj* electric; electrical
elettrizzare, ay-let-trid-**dzah**-ray, *v* to electrify
elettrocardiogramma, ay-let-tro-kar-deo-**gram**-mah, *m* electrocardiogram
elettrodomestici, ay-let-tro-do-**mes**-stee-chee, *mpl* electrical appliances
elettronico, ay-let-**tro**-nee-ko, *adj* electronic
elettrotecnico, ay-let-tro-**tek**-nee-ko, *adj* electrotechnical; *m* electrical engineer
elevare, ay-lay-**vah**-ray, *v* to elevate, to raise
elevato, ay-lay-**vah**-to, *adj* hign, lofty
elevazione, ay-lay-vah-tse'**o**-nay, *f* elevation; raising
elezioni, ay-lay-tse'**o**-ne, *fpl* election; **– politiche,** general election
elica, ay-le-kah, *f* propeller, screw
elicottero, ay-le-**kot**-tay-ro, *m* helicopter
eliminare, ay-le-me-**nah**-ray, *v* to eliminate
elisione, ay-le-se'**o**-nay, *f gram* elision
ella, el-lah, *pron* she
ellisse, ell-**liss**-say, *f* ellipse
ellissi, ell-**liss**-se, *f gram* ellipsis
elmetto, el-**met**-to, *m* helmet
elmo, el-mo, *m* helmet
elogiare, ay-lo-**jah**-ray, *v* to praise, to commend
elogio, ay-**lo**-jo, *m* praise; eulogy
eloquente, ay-lo-**kwen**-tay, *adj* eloquent
eloquenza, ay-lo-**kwen**-tsah, *f* eloquence
elsa, el-sah, *f* hilt
eludere, ay-**loo**-day-ray, *v* to elude; to evade
emaciato, ay-mah-**chah**-to, *adj* emaciated
emanare, ay-mah-**nah**-ray, *v* to give off; to radiate; to issue; to emanate
emancipare, ay-mahn-che-**pah**-ray, *v* to emancipate
emarginare, ay-mah**r**-jee-**nah**-ray, *v* to marginalize
ematoma, ay-mah-**to**-mah, *m* bruise; haematoma
embargo, em-**bar**-rgo, *m* embargo
emblema, em-**blay**-mah, *m* emblem
embolia, em-bo-**lee**-ah, *f* embolism
embrione, em-bre'**o**-nay, *m* embryo
emendare, ay-men-**dah**-ray, *v* to amend
emergere, ay-**mair**-jay-ray, *v* to emerge

emerito*, ay-**may**-re-to, *adj* distinguished; emeritus
emettere, ay-**met**-tay-ray, *v* to emit; to issue; to transmit; to output
emicrania, ay-me-**krah**-ne'ah, *f* migraine
emigrante, ay-me-**grahn**-tay, *m/f* emigrant; *adj* emigrant
emigrare, ay-me-**grah**-ray, *v* to emigrate; (animal) to migrate
emigrato, -a, ay-me-**grah**-to, *m/f* emigrant; *adj* emigrant
eminente, ay-me-**nen**-tay, *adj* eminent
emisfero, ay-miss-**fay**-ro, *m* hemisphere
emissione, ay-miss-se'**o**-nay, *f* emission; issue; output
emittente, ay-mit-**ten**-tay, *adj* transmitting; issuing; *f* broadcasting station
emorragia, ay-mor-rah-**jee**-ah, *f* haemorrhage
emorroidi, ay-mor-**ro**'e-de, *fpl* haemorrhoids, piles
emotivo, ay-mo-**tee**-vo, *adj* emotional
emozionante, ay-mo-tse'o-**nahn**-tay, *adj* exciting; moving
emozionarsi, ay-mo-tse'o-**nar**-se, *v* to get excited; to be moved
emozione, ay-mo-tse'**o**-nay, *f* emotion
empietà, em-pe'ay-**tah**, *f* impiety; cruelty
empio, em-pe'o, *adj* impious; cruel
empirico, em-**pee**-ree-ko, *adj* empirical
emporio, em-**po**-re'o, *m* emporium
emulare, ay-moo-**lah**-ray, *v* to emulate
enciclopedia, en-chee-klo-pay-**dee**-ah, *f* encyclopaedia
encomio, en-**ko**-me'o, *m* praise, commendation
endemico, en-**day**-me-ko, *adj* endemic
energia, ay-nai**r**-**jee**-ah, *f* energy, strength
energico, ay-**nair**-jee-ko, *adj* energetic; forceful
energumeno, ay-nai**r**-goo-**may**-no, *m* brute
enfasi, en-fah-ze, *f* emphasis, stress
enfatico, en-**fah**-tee-ko, *adj* emphatic; pompous
enigma, ay-**neeg**-mah, *m* enigma, riddle, puzzle
enigmatico, ay-neeg-**mah**-tee-ko, *adj* enigmatic
ennesimo, en-**nay**-ze-mo, *adj* nth, umpteenth
enologo, ay-**no**-lo-go, *m* oenologist, wine expert
enorme, ay-**nor**-may, *adj* enormous, huge
enormità, ay-nor-mee-**tah**, *f* hugeness; enormity; blunder, nonsense
ente, en-tay, *m* body, corporation; (philosophy) being
enterite, en-tay-**ree**-tay, *f* enteritis
entrambi, en-**trahm**-be, *pron* both; *adj* both
entrare, en-**trah**-ray, *v* to enter, to go in, to come in
entrata, en-**trah**-tah, *f* entrance; admission; **entrate,** income
entro, en-tro, *prep* within
entroterra, en-tro-**ter**-rah, *m* hinterland
entusiasmare, en-too-ze'ahz-**mah**-ray, *v* to fill with enthusiasm
entusiasmo, en-too-ze'**ahz**-mo, *m* enthusiasm
entusiasta, en-too-ze'**ahss**-tah, *adj* enthusiastic
enumerare, ay-noo-may-**rah**-ray, *v* to enumerate
enunciare, ay-noonn-**chah**-ray, *v* to enunciate
enzima, end-**dzee**-mah, *m* enzyme
epatico, ay-**pah**-te-ko, *adj*

hepatic
epatite, ay-pah-**tee**-tay, *f* hepatitis
epidemia, ay-pe-day-**mee**-ah, *f* epidemic
epidermide, ay-pe-**der**-mee-day, *f* epidermis
Epifania, ay-pe-fah-**nee**-ah, *f* Epiphany
epigrafe, ay-**pee**-grah-fay, *f* epigraph; (on book) dedication
epigramma, ay-pee-**grahm**-mah, *m* epigram
epilessia, ay-pe-less-**see**-ah, *f* epilepsy
epilogo, ay-**pe**-lo-go, *m* epilogue
episodio, ay-pe-**zo**-de'o, *m* episode, incident
epistola, ay-**piss**-to-lah, *f* epistle
epitaffio, ay-pee-**taf**-fee'o, *m* epitaph
epiteto, ay-**pee**-tay-to, *m* epithet
epoca, ay-po-kah, *f* epoch, era; time; **auto d'–,** vintage car
eppure, ayp-**poo**-ray, *conj* and yet
epurare, ay-poo-**rah**-ray, *v* to purge
epurazione, ay-poo-rah-tse'o-nay, *f* purge; **–etnica,** ethnic cleansing
equanime, ay-**kwah**-nee-may, *adj* impartial
equatore, ay-kwah-**tor**-ay, *m* equator
equazione, ay-kwah-tse'o-nay, *f* equation
equestre, ay-**kwess**-tray, *adj* equestrian
equilibrare, ay-kwe-lee-**brah**-ray, *v* to balance; to counterbalance
equilibrato, ay-kwe-lee-**brah**-to, *adj* balanced; well-balanced
equilibrio, ay-kwe-**lee**-bree'o, *m* balance, equilibrium
equilibrista, ay-kwe-lee-**bree**-stah, *m/f* tightrope walker
equino, ay-**kwe**-no, *adj* equine, (of) horse
equinozio, ay-kwe-**no**-tse'o, *m* equinox
equipaggiamento, ay-kwe-pahd-jah-**men**-to, *m* equipment, gear; equipping, fitting out
equipaggiare, ay-kwe-pahd-**jah**-ray, *v* to equip; to kit out
equipaggio, ay-kwe-**pahd**-jo, *m* crew
équipe, ay-**kweep**, *f* team
equità, ay-kwe-**tah**, *f* equity
equivalente, ay-kwee-vah-**len**-tay, *adj* equivalent
equivalenza, ay-kwee-vah-**len**-tsah, *f* equivalence
equivoco, ay-**kwee**-vo-ko, *adj* equivocal; *m* misunderstanding, mistake
equo*, ay-kwo, *adj* equitable, right, fair
era, ay-rah, *f* era; **l'–spaziale,** the space age
erba, air-bah, *f* grass, herb
erbaccia, air-**baht**-chah, *f* weed
erbicida, air-bee-**chee**-dah, *m* weedkiller
erborista, air-bo-**ree**-stah, *m/f* herbalist
erede, ay-**ray**-day, *m/f* heir, heiress
eredità, ay-ray-de-**tah**, *f* inheritance
ereditare, ay-ray-de-**tah**-ray, *v* to inherit
eremita, ay-ray-**mee**-tah, *m* hermit
eresia, ay-ray-**zee**-ah, *f* heresy
eretico, -a, ay-**ray** te-ko, *adj* heretical; *m/f* heretic
erezione, ay-ray-tse'o-nay, *f* erection; building
ergastolo, air-**gass**-to-lo, *m* prison; life imprisonment
ergoterapia, air-go-tay-rah-**pee**-ah, *f* occupational therapy
erica, ay-re-kah, *f* heather
erigere, ay-**ree**-jay-ray, *v*

to erect, to build
eritema, ay-re-**tay**-mah, *f med* inflammation (of the skin)
ermellino, air-mell-**lee**-no, *m* ermine, stoat
ermetico, air-**may**-tee-ko, *adj* airtight; impenetrable; hermetic
ernia, air-ne'ah, *f* hernia; **– del disco,** slipped disk
erodere, ay-**ro**-de-ray, *v* to erode
eroe, ay-**ro**-ay, *m* hero
erogare, ay-ro-**gah**-ray, *v* to supply (gas, electricity)
eroina, ay-ro-**ee**-nah, *f* heroine; (drug) heroin
eroismo, ay-ro-**eess**-mo, *m* heroism
erompere, ay-**rom**-pay-ray, *v* to erupt; to burst forth
erotico, air-**ro**-tee-ko, *adj* erotic
erpete, air-pay-tay, *m med* herpes
errare, air-**rah**-ray, *v* to make a mistake; to roam
errore, air-**ro**-ray, *m* mistake, error, blunder; **– di stampa,** misprint
erta, air-tah, *f* steep incline; **stare all'–,** to be on the alert
erto, air-to, *adj* steep; rising
erudito, ay-roo-**dee**-to, *m* scholar; *adj* learned
eruttare, ay-root-**tah**-ray, *v* (lava) to spew out
eruzione, ay-roo-tse'**o**-nay, *f* eruption; *med* rash
esagerare, ay-zah-jay-**rah**-ray, *v* to exaggerate
esagerato, ay-zah-jay-**rah**-to, *adj* exaggerated; exorbitant
esagerato, ay-zah-jay-rah-tse'**o**-nay, *f* exaggeration
esalare, ay-zah-**lah**-ray, *v* to give off; to emanate
esalazione, ay-zah-lah-tse'**o**-nay, *f* exhalation; fumes
esaltare, ay-zahl-**tah**-ray, *v* to exalt, to extol
esame, ay-**zah**-may, *m* examination, exam
esaminare, ay-zah-me-**nah**-ray, *v* to examine
esangue, ay-**zahn**-goo'ay, *adj* bloodless; lifeless
esanime, ay-**zah**-ne-may, *adj* lifeless
esasperare, ay-zahss-pay-**rah**-ray, *v* to exasperate
esattezza, ay-zaht-**tet**-tsah, *f* exactness, precision
esatto*, ay-**zaht**-to, *adj* correct, exact; accurate
esattore, -trice, ay-zaht-**tor**-ay, ay-zaht-**tree**-chay, *m/f* (tax) collector
esaudire, ay-zah'oo-**dee**-ray, *v* to grant, to fulfil
esaurire, ay-zah'oo-**ree**-ray, *v* to exhaust; to deplete
esaurito, ay-zah'oo-**ree**-to, *adj* exhaust; run-down; sold out; out of print
esca, ess-kah, *f* bait
esclamare, ess-klah-**mah**-ray, *v* to exclaim
esclamazione, ess-klah-mah-ze'**o**-nay, *f* exclamation
escludere, ess-**kloo**-day-ray, *v* to exclude; to rule out
esclusione, ess-kloo-ze'**o**-nay, *f* exclusion
esclusivo, ess-kloo-**zee**-vo, *adj* exclusive
escogitare, ess-ko-je-**tah**-ray, *v* to devise
escoriazione, ess-ko-re'ah-tse'**o**-nay, *f* graze
escremento, ess-kray-**men**-to, *m* excrement
escrescenza, ess-kray-**shen**-tsah, *f* excrescence
escursione, ess-koohr-se'**o**-nay, *f* excursion; hike
esecrare, ay-zay-**krah**-ray, *v* to abhor, to loathe
esecutivo*, ay-zay-koo-**tee**-vo, *adj* executive
esecutore, -trice, ay-zay-koo-**tor**-ay, ay-zay-koo-**tree**-chay, *m/f law* executor; *mus* performer

esecuzione, ay-zay-koo-tse'o-nay, *f* execution; performance; *law* execution
eseguire, ay-zay-goo'ee-ray, *v* to carry out; to perform, to execute
esempio, ay-**zem**-pe'o, *m* example
esemplare, ay-zem-**plah**-ray, *m* specimen; *adj* exemplary
esentare, ay-zen-**tah**-ray, *v* to exempt
esente, ay-**zen**-tay, *adj* exempt
esenzione, ay-zen-tse'o-nay, *f* exemption
esercente, ay-zair-**chen**-tay, *m/f* trader; shopkeeper
esercitare, ay-zair-che-**tah**-ray, *v* to practise; to exercise; to train
esercito, ay-**zair**-che-to, *m* army
esercizio, ay-zair-**chee**-tse'o, *m* exercise; practice; management; **– finanziario,** financial year
esibire, ay-ze-**bee**-ray, *v* to exhibit; (documents) to present
esibizione, ay-ze-be-tse'o-nay, *f* performance; showing off; presentation
esigente, ay-ze-**jen**-tay, *adj* demanding
esigenza, ay-ze-**jen**-tsah, *f* requirement, need
esigere, ay-**zee**-jay-ray, *v* to demand; (debts) to collect
esiguo, ay-**zee**-goo-o, *adj* small, scanty
esile, **ay**-ze-lay, *adj* slender; thin; weak
esiliare, ay-ze-le'**ah**-ray, *v* to exile
esilio, ay-**zee**-le'o, *m* exile
esimere, ay-**zee**-may-ray, *v* to exempt
esistente, ay-ziss-**ten**-tay, *adj* existing, living
esistenza, ay-ziss-**ten**-tsah, *f* existence
esistere, ay-**ziss**-tay-ray, *v* to exist
esitante, ay-ze-**tahn**-tay, *adj* hesitating
esitare, ay-ze-**tah**-ray, *v* to hesitate
esitazione, ay-ze-tah-tse'o-nay, *f* hesitation
esito, **ay**-ze-to, *m* result; **buon –,** success
esofago, ay-**zo**-fah-go, *m* oesophagus
esonerare, ay-zo-nay-**rah**-ray, *v* to exonerate, to exempt
esorbitante, ay-zor-be-**tahn**-tay, *adj* exorbitant
esordio, ay-**zor**-dee'o, *m* first appearance, debut
esordire, ay-zor-**dee**-ray, *v* to make one's first appearance
esortare, ay-zor-**tah**-ray, *v* to exhort
esoso, ay-**zo**-zo, *adj* exorbitant; greedy
esotico, ay-**zo**-te-ko, *adj* exotic
espandere, ess-**pahn**-day-ray, *v* to expand
espansione, ess-pahn-se'o-nay, *f* expansion
espansivo, ess-pahn-**see**-vo, *adj* expansive, communicative
espatriare, ess-pah-tre'**ah**-ray, *v* to expatriate
espediente, ess-pay-de-**en**-tay, *m* expedient
espellere, ess-**pell**-lay-ray, *v* to expel
esperienza, ess-pay-re'**en**-tsah, *f* experience
esperimento, ess-pay-re-**men**-to, *m* experiment
esperto*, -a, ess-**pair**-to, *adj* skilled, expert; *m/f* expert
espiare, ess-pe'**ah**-ray, *v* to expiate, to atone for
espiazione, ess-pe'ah-tse'o-nay, *f* atonement
espirare, ess-pe-**rah**-ray, *v* to exhale, to breathe out
esplicare, ess-ple-**kah**-ray, *v* to carry out

esplicito*, ess-**plee**-che-to, *adj* explicit
esplodere, ess-**plo**-day-ray, *v* to explode; to blow up
esplorare, ess-plo-**rah**-ray, *v* to explore
esploratore, -trice, ess-plo-rah-**tor**-ay, ess-plo-rah-**tree**-chay, *m/f* explorer
esplosione, ess-plo-ze'**o**-nay, *f* explosion; outburst
esplosivo, ess-plo-**zee**-vo, *m* explosive; *adj* explosive
esporre, ess-**por**-ray, *v* to exhibit, to display; to explain; **– a,** to expose to
esportare, ess-po**r**-**tah**-ray, *v* to export
esportazione, ess-por-tah-tse'**o**-nay, *f* export; exportation
esposizione, ess-po-ze-tse'**o**-nay, *f* exhibition; exposition, explanation; **– a,** exposure
espressione, ess-press-se'**o**-nay, *f* expression
espressivo*, ess-press-**see**-vo, *adj* expressive
espresso*, ess-**press**-so, *adj* express; on purpose; *m* espresso (coffee); express letter; express (train)
esprimere, ess-**pree**-may-ray, *v* to express
espropriare, ess-pro-pre'**ah**-ray, *v* to evict, to expropriate
espulsione, ess-pooll-se'**o**-nay, *f* expulsion
essenza, ess-**sen**-tsah, *f* essence
essenziale, ess-sen-tse'**ah**-lay, *adj* essential; *m* most important thing
essere, **ess**-say-ray, *v* to be; *m* being
essi, -e, ess-se, **ess**-say, *pron* they; them
esso, -a, ess-so, **ess**-sah, *pron* it; he/she; him/her
est, esst, *m* east; *adj* eastern; **in direzione –,** eastwards
estasi, ess-tah-ze, *f* ecstasy
estate, ess-**tah**-tay, *f* summer
estendere, ess-**ten**-day-ray, *v* to extend
estensione, ess-ten-see'**o**-nay, *f* extension; extent; expanse
estensivo*, ess-ten-**see**-vo, *adj* extensive
estenuato, ess-tay-noo'**ah**-to, *adj* exhausted, worn out
esteriore, ess-tay-re'**o**-ray, *adj* external
esternare, ess-tair-**nah**-ray, *v* to manifest, to express
esterno, ess-**tair**-no, *m* outside, exterior; *adj** external
estero, ess-tay-ro, *adj* foreign; **all'–,** abroad
esteso, ess-**tay**-zo, *adj* large, vast; **per –,** in full
estetico, ess-te-**tee**-ko, *adj* aesthetic
estetista, ess-te-**tees**-tah, *m/f* beautician
estimo, ess-te-mo, *m* valuation
estinguere, ess-**tin**-goo'ay-ray, *v* to extinguish; to put out; (debt) to pay off
estinzione, ess-tin-tse'**o**-nay, *f* extinction
estirpare, ess-**teer**-pah-ray, *v* to uproot; to eradicate
estivo, ess-**tee**-vo, *adj* of summer
estorcere, ess-**tor**-chay-ray, *v* to extort
estorsione, ess-tor-se'**o**-nay, *f* extortion
estradizione, ess-trah-de-tse'**o**-nay, *f* extradition
estraneo, ess-**trah**-nay-o, *m* stranger; *adj* extraneous, foreign
estrarre, ess-**trar**-ray, *v* to extract; **– a sorte,** to draw lots
estratto, ess-**traht**-to, *m*

extract; synopsis
estrazione, ess-trah-tse'**o**-nay, *f* extraction; draw
estremista, ess-tray-**mees**-tah, *m/f* extremist
estremità, ess-tray-me-**tah**, *f* extremity, end
estremo, ess-**tray**-mo, *m* extreme, limit; *adj** extreme; **Estremo Oriente,** Far East
estromettere, ess-tro-**met**-tay-ray, *v* to expel, to exclude
estroverso, ess-tro-**ver**-so, *adj* extrovert
estuario, ess-too'**ah**-re'o, *m* estuary
esuberante, ay-zoo-bay-**rahn**-tay, *adj* exuberant
esulare, ay-zooll-**lah**-ray, *v* **– da,** to be beyond (one's competence)
esule, ay-zoo-lay, *m* exile
esultare, ay-zooll-**tah**-ray, *v* to rejoice
età, ay-**tah**, *f* age; period
etere, ay-tay-ray, *m* ether
eterno*, ay-**tair**-no, *adj* eternal
eterosessuale, ay-tai-ro-ses-soo'**a**-lay, *adj* heterosexual
etica, ay-te-kah, *f* ethics
etichetta, ay-te-**ket**-tah, *f* label; etiquette
etico*, ay-te-ko, *adj* ethical
etilismo, ay-te-**lee**-smo, *m* alcoholism
etimologia, ay-te-mo-lo-**jee**-ah, *f* etymology
etnico*, ay-tne-ko, *adj* ethnic
ettaro, ayt-tah-ro, *m* hectare, 10,000 m²
etto, ayt-to, *m* hectogram, 100 grams
eucalipto, ay-oo-kah-**lit**-to, *m* eucalyptus
eufemismo, ay-oo-fay-**mis**-mo, *m* euphemism
euforico, ay-oo-**fo**-ree-ko, *adj* euphoric
Europa, ay'oo-**ro**-pah, *f* Europe
europeo, ay'oo-ro-**pay**-o, *adj* European
evacuare, ay-vah-koo'**ah**-ray, *v* to evacuate
evadere, ay-**vah**-day-ray, *v* to evade; (correspondence) to deal with
evangelico, ay-vahn-**jay**-lee-ko, *adj* evangelical
evaporare, ay-vah-po-**rah**-ray, *v* to evaporate
evasione, ay-vah-zee'**o**-nay, *f* escape; (tax) evasion
evaso, ay-**vah**-zo, *m* escaped convict
evenienza, ay-vay-ne'**en**-tsah, *f* eventuality; **nell'– di,** in the event of
evento, ay-**ven**-to, *m* event
eventuale, ay-ven-too'**a**-lay, *adj* possible
eventualità, ay-ven-too'a-lee-**tah**, *f* eventuality, possibility
eventualmente, ay-ven-too-al-**men**-tay, *adv* if need be
evidente, ay-vee-**den**-tay, *adj* obvious, evident
evidenza, ay-vee-**den**-tsah, *f* facts, evidence
evidenziare, ay-vee-den-tse'**ah**-ray, *v* to highlight; to emphasize
evitare, ay-ve-**tah**-ray, *v* to avoid
evo, ay-vo, *m* age, period
evocare, ay-vo-**kah**-ray, *v* to evoke
evoluto, ay-vo-**loo**-to, *adj* advanced
evoluzione, ay-vo-loo-tse'**o**-nay, *f* evolution
evviva, ayv-**vee**-vah, *interj* hurrah!, long live!
extracomunitario, ex-trah-ko-moo-nee-**tah**-re'o, *adj* non-EEC
extraconiugale, ex-tra-ko-ne-oo-**gah**-lay, *adj* extramarital
extraterrestre, ex-tra-ter-**res**-stray, *adj* extraterrestrial

F

fa, fah, *adv* ago; *m mus* F
fabbisogno, fahb-be-**zo**-n'yo, *m* requirements
fabbrica, fahb-bre-kah, *f* factory
fabbricante, fahb-bre-**kahn**-tay, *m/f* manufacturer; maker
fabbricare, fahb-bre-**kah**-ray, *v* to manufacture; to build
fabbro, fahb-bro, *m* blacksmith
faccenda, faht-**chen**-dah, *f* business; matter
facchino, fahk-**kee**-no, *m* porter
faccia, faht-chah, *f* face; **in/di –,** opposite; **faccia a faccia,** face to face
facciata, faht-**chah**-tah, *f* façade
faceto, fah-**chay**-to, *adj* facetious; witty
facezia, fah-**chay**-tse'ah, *f* witticism
facile, fah-che-lay, *adj* easy
facilità, fah-che-le-**tah**, *f* easiness; ease; aptitude
facilitare, fah-che-le-**tah**-ray, *v* to facilitate
facilitazione, fah-che-le-tah-tse'**o**-nay, *f* facility
facilmente, fah-chill-**men**-tay, *adv* easily
facinoroso, fah-che-no-**ro**-zo, *adj* rebellious, violent; *m* rioter
facoltà, fah-koll-**tah**, *f* faculty
facoltativo, fah-koll-tah-**tee**-vo, *adj* optional
faggio, fahd-jo, *m* beech
fagiano, fah-**jah**-no, *m* pheasant
fagiolino, fah-jo-**lee**-no, *m* French bean
fagiolo, fah-**jo**-lo, *m* (kidney) bean
fagotto, fah-**got**-to, *m* bundle; *mus* bassoon
faina, fah-**ee**-nah, *f* stone marten
falce, fahl-chay, *f* scythe; sickle
falciare, fahl-**chah**-ray, *v* to mow
falciatrice, fahl-chah-**tree**-chay, *f* mowing machine
falciatura, fahl-chah-**too**-rah, *f* mowing
falco, fahl-ko, *m* hawk
falcone, fahl-**ko**-nay, *m* falcon
falda, fahl-dah, *f* (hat) brim; (coat) tails; (snow) flake; (mountain) slope; (geology) layer
falegname, fah-lay-n'**yah**-may, *m* carpenter
falena, fah-**lay**-nah, *f* moth
falla, fahl-lah, *f* leak
fallace, fahl-**lah**-chay, *adj* deceptive
fallacia, fahl-**lah**-chah, *f* fallacy
fallimento, fahl-lee-**men**-to, *m* failure; bankruptcy
fallire, fahl-**lee**-ray, *v* to

fail; to go bankrupt; to miss
fallito, -a, fahl-**lee**-to, *m/f* bankrupt; failure
fallo, fahl-lo, *m* fault, error; **mettere un piede in –,** to slip
falò, fah-**lo**, *m* bonfire
falsare, fahl-**sah**-ray, *v* to distort
falsariga, fahl-sah-**ree**-gah, *f* ruled paper; **sulla – di,** along the lines of
falsario, fahl-**sah**-re'o, *m* forger; counterfeiter
falsificare, fahl-se-fe-**kah**-ray, *v* to falsify, to forge, to counterfeit
falsità, fahl-se-**tah**, *f* falsehood
falso, fahl-so, *adj** false, untrue; forged; *m* forgery; fake
fama, fah-mah, *f* fame, renown
fame, fah-may, *f* hunger **aver –,** to be hungry
famelico, fah-**me**-lee-ko, *adj* ravenous
famigerato, fah-me-jay-**rah**-to, *adj* notorious
famiglia, fah-**mee**-l'yah, *f* family
familiare, fah-me-lee'**ah**-ray, *adj* familiar; *m/f* relative
familiarizzare, fah-mee-lee'ah-rid-**dzah**-ray, *v* familiarize
famoso, fah-**mo**-zo, *adj* famous
fanale, fah-**nah**-lay, *m* lamp; light
fanatico, -a, fah-**nah**-tee-ko, *adj* fanatical; *m/f* fanatic
fanciullesco, fahn-chool-**less**-ko, *adj* childish
fanciullezza, fahn-chool-**let**-tsah, *f* childhood
fanciullo, -a, fahn-**chool**-lo, fahn-**chool**-lah, *m/f* child
fandonia, fahn-**do**-ne'ah, *f* lie, nonsense
fanello, fah-**nel**-lo, *m* linnet
fanfara, fahn-**fah**-rah, *f* fanfare; brass band
fanfarone, fahn-fah-**ro**-nay, *m* braggart
fango, fahn-go, *m* mud
fangoso, fahn-**go**-zo, *adj* muddy
fannullone, fahn-nool-**lo**-nay, *m* layabout
fantascienza, fahn-taht-**shent**-tsah, *f* science fiction
fantasia, fahn-tah-**zee**-ah, *f* imagination, fancy; pattern
fantasma, fahn-**tahss**-mah, *m* spectre, ghost
fantasticare, fahn-tahss-te-**kah**-ray, *v* to daydream
fantastico, fahn-**tah**-stee-ko, *adj* fantastic
fante, fahn-tay, *m* infantryman; (cards) jack
fanteria, fahn-tay-**ree**-ah, *f* infantry
fantino, fahn-**tee**-no, *m* jockey
fantoccio, fahn-**tot**-cho, *m* dummy; puppet; doll
farabutto, fah-rah-**boot**-to, *m* blackguard
faraona fah-rah'**o**-nah, *f* guinea fowl
faraone fah-rah'**o**-nay, *m* Pharaoh
farcela, far-chay-lah, *v* to manage
farcire, far-**chee**-ray, *v* to stuff
fardello, far-**dell**-lo, *m* bundle; burden
fare, fah-ray, *v* to do, to make; (profession) to be; *m* manner
farfalla, far-**fahl**-lah, *f* butterfly; bow tie
farina, fah-**ree**-nah, *f* flour
faringe, fah-**reen**-djay, *f* pharynx
farinoso, fah-re-**no**-zo, *adj* floury; powdery
farmacia, far-mah-**chee**-ah, *f* chemist's shop
farmacista, far-mah-**chiss**-tah, *m/f* chemist,

pharmacist
farmaco, far-mah-ko, *m* drug; remedy
farneticare, far-nay-te-**kah**-ray, *v* to be delirious
faro, fah-ro, *m* lighthouse; headlight
farsa, far-sah, *f* farce
fascetta, fah-**shet**-tah, *f* corset; small band; wrapper
fascia, fah-she'ah, *f* bandage; band; sash
fasciare, fah-she'**ah**-ray, *v* to bandage
fasciatura, fah-she'ah-**too**-rah, *f* bandage; bandaging
fascicolo, fah-**shee**-ko-lo, *m* (magazine) issue; booklet; dossier
fascina, fah-**shee**-nah, *f* faggot
fascino, fah-she-no, *m* fascination, charm
fascio, fah-she'o, *m* bundle; sheaf
fascista, fah-**shiss**-tah, *m/f* fascist; *adj* fascist
fase, fah-zay, *f* phase
fastello, fahss-**tell**-lo, *m* faggot; bundle
fastidio, fahss-**tee**-de'o, *m* nuisance; trouble; **dare –,** to annoy
fasto, fahss-to, *m* pomp
fastoso*, fahss-**to**-zo, *adj* ostentatious, sumptuous
fata, fah-tah, *f* fairy
fatale, fah-**tah**-lay, *adj* fatal; inevitable
fatalità, fah-tah-lee-**tah**, *f* fate; inevitability
fatica, fah-**tee**-kah, *f* fatigue; hard work; **a –,** with difficulty
faticare, fah-te-**kah**-ray, *v* to toil
faticoso*, fah-te-**ko**-zo, *adj* tiring; laborious
fato, fah-to, *m* fate, destiny
fattaccio, faht-**taht**-cho, *m* foul deed
fattibile, faht-**tee**-be-lay, *adj* feasible
fatto, faht-to, *m* fact; deed; *adj* made; (drugs) stoned
fattore, faht-**tor**-ay, *m* (element) factor; farmer, farm manager
fattoria, faht-to-**ree**-ah, *f* farm; farmhouse
fattorino, faht-to-**ree**-no, *m* errand boy
fattura, faht-**too**-rah, *f* invoice
fatturare, faht-too-**rah**-ray, *v* to invoice
fatturato, faht-too-**rah**-to, *m* turnover
fatuo, fah-too'o, *adj* conceited
fausto, fahoo-sto, *adj* happy, propitious
fautore, -trice, fah'oo-**tor**-ay, fah'oo-**tree**-chay, *m/f* supporter, advocate
fava, fah-vah, *f* broad bean
favella, fah-**vell**-lah, *f* speech; language
favellare, fah-vell-**lah**-ray, *v* to talk, to speak
favilla, fah-**vill**-lah, *f* spark
favo, fah-vo, *m* honeycomb
favola, fah-vo-lah, *f* fairy tale, fable
favoloso*, fah-vo-**lo**-zo, *adj* fabulous
favore, fah-**vo**-ray, *m* favour; **per –,** please
favoreggiare, fah-vo-red-**jah**-ray, *v* to favour; *law* to aid and abet
favorevole*, fah-vo-**ray**-vo-lay, *adj* favourable
favorire, fah-vo-**ree**-ray, *v* to favour
fax, fahks, *m* fax
faxare, fahk-**ksah**-ray, *v* to fax
fazione, fah-tse'**o**-nay, *f* faction
fazioso*, fah-tse'**o**-zo, *adj* partisan
fazzoletto, faht-tso-**let**-to, *m* handkerchief; **– di carta,** tissue
febbraio, feb-**brah**-e'o, *m* February
febbre, feb-bray, *f* fever; –

da fieno, hay fever
febbricitante, feb-bre-che-**tahn**-tay, *adj* feverish
febbrile, feb-**bree**-lay, *adj* feverish
feccia, fet-chah, *f* dregs
feci, fay-che, *fpl* excrement, faeces
fecola, fay-ko-lah, *f* – **di patate,** cornflour
fecondazione, fay-kon-dah-tse'**o**-nay, *f* fertilization; – **artificiale,** artificial insemination
fecondo, fay-**kon**-do, *adj* fruitful, fertile
fede, fay-day, *f* faith; wedding ring; **degno di –,** trustworthy
fedele, fay-**day**-lay, *adj* faithful; *m/f* faithful, believer
fedeltà, fay-dell-**tah**, *f* faithfulness; fidelity
federa, fay-day-rah, *f* pillowcase
federazione, fay-day-rah-tse'**o**-nay, *f* federation
fedina penale, fay-**dee**-nah pay-**nah**-lay, *f law* record
fegato, fay-gah-to, *m* liver; *fam* nerve
felce, fell-chay, *f* fern, bracken
felice*, fay-**lee**-chay, *adj* happy
felicitarsi, fay-le-che-**tar**-se, *v* to congratulate
felicitazioni, fay-le-che-tah-tse'o-ne, *fpl* congratulations
felino*, fay-**lee**-no, *adj* feline
felpa, fell-pah, *f* sweatshirt
feltro, fell-tro, *m* felt
femmina, fem-me-nah, *f* female
femminile, fem-me-**nee**-lay, *adj* feminine
femminista, fem-me-**nees**-stah, *adj* feminist; *m/f* feminist
femore, fay-mo-ray, *m* thighbone
fendere, fen-day-ray, *v* to cut through
fenditura, fen-de-**too**-rah, *f* cleft; crack
fenico, fay-ne-ko, *adj* **acido –,** carbolic acid
fenicottero, fay-ne-**kot**-tay-ro, *m* flamingo
fenomeno, fay-**no**-may-no, *m* phenomenon
feretro, fay-ray-tro, *m* coffin
feriale, fay-re'**ah**-lay, *adj* **giorno –,** weekday
ferie, fay-re'ay, *fpl* holidays
ferire, fay-**ree**-ray, *v* to wound; to injure; to hurt
ferita, fay-**ree**-tah, *f* wound; injury
ferito, fay-**ree**-to, *m* wounded person; injured person
ferma, fair-mah, *f* period of military service; **cane da –,** pointer
fermaglio, fair-**mah**-l'yo, *m* clasp
fermare, fair-**mah**-ray, *v* to stop, to halt; to detain
fermata, fair-**mah**-tah, *f* stop
fermentare, fair-men-**tah**-ray, *v* to ferment
fermento, fair-**men**-to, *m* ferment; yeast
fermezza, fair-**met**-tsah, *f* firmness; steadiness
fermo, fair-mo, *adj** still; firm; *interj* stop!; – **posta,** poste restante
feroce, fay-ro-chay, *adj* ferocious, fierce
ferragosto, fair-rah-**go**-sto, *m* 15th August, August bank holiday
ferramenta, fair-rah-**men**-tah, *f* ironmongery; hardware shop
ferrare, fair-**rah**-ray, *v* (horse) to shoe
ferrata, fair-**rah**-rah, *adj* **strada –,** railway
ferro, fair-ro, *m* iron; – **di cavallo,** horseshoe; – **da stiro,** iron; **carne ai**

ferri, grilled meat
ferrovia, fair-ro-**vee**-ah, *f* railway
ferroviere, fair-ro-ve'**ay**-ray, *m* railwayman
fertile, fair-tee-lay, *adj* fertile
fertilizzante, fair-tee-leed-**zahn**-tay, *adj* fertilizing; *m* fertilizer
fervido, fair-vee-do, *adj* fervent, ardent
fervore, fair-**vor**-ay, *m* fervour
fesso, -a, fess-so, *adj* stupid; cracked; *m/f* idiot
fessura, fess-**soo**-rah, *f* crack; slot
festa, fess-tah, *f* holiday, feast; party; festival
festeggiare, fess-ted-**jah**-ray, *v* to celebrate
festino, fess-**tee**-no, *m* party
festivo, fess-**tee**-vo, *adj* festive; **giorno –,** holiday
festone, fess-**to**-nay, *m* festoon
festoso*, fess-**to**-zo, *adj* merry
fetente, fay-**ten**-tay, *adj* stinky; disgusting
feticcio, fay-**tit**-cho, *m* fetish
feto, fay-to, *m* fetus
fetta, fet-tah, *f* slice
fettuccia, fayt-**toot**-chah, *f* ribbon, tape
fettuccine, fayt-toot-**chee**-nay, *fpl* ribbon-shaped pasta
feudale, fe'oo-**dah**-lay, *adj* feudal
fiaba, fe'**ah**-bah, *f* fairy tale
fiacca, fe'**ahk**-kah, *f* weariness; slackness
fiaccare, fe'ahk-**kah**-ray, *v* to tire out
fiacco*, fe'**ahk**-ko, *adj* weak; tired
fiaccola, fe'**ahk**-ko-lah, *f* torch
fiala, fe'**ah**-lah, *f* phial
fiamma, fe'**ahm**-mah, *f* flame; *naut* pennant
fiammeggiare, fe'ahm-med-**jah**-ray, *v* to blaze; to gleam
fiammifero, fe'ahm-**mee**-fay-ro, *m* match
fiancheggiare, fe'ahn-ked-**jah**-ray, *v* to border; *mil* to flank; to support
fianco, fe'**ahn**-ko, *m* side; hip; flank; slope
fiasco, fe'**ahss**-ko, *m* bottle in a straw holder; *fig* failure, fiasco
fiatare, fe'ah-**tah**-ray, *v* to breathe; to whisper
fiato, fe'**ah**-to, *m* breath; *fig* stamina; **senza –,** breathless
fibbia, feeb-be'ah, *f* buckle
fibra, fee-brah, *f* fibre; strength
fibroso, fe-**bro**-zo, *adj* fibrous
ficcare, feek-**kah**-ray, *v* to drive in; to poke; to thrust
ficcarsi, feek-**kar**-se, *v* – **nei guai,** to get into trouble
fico, fee-ko, *m* fig; figtree
fidanzamento, fe-dahn-tsah-**men**-to, *m* engagement
fidanzarsi, fe-dahn-**tsar**-se, *v* to become engaged
fidanzato, -a, fe-dahn-**tsah**-to, *m/f* fiancé, fiancée
fidarsi, fe-**dar**-se, *v* – **di,** to rely upon
fidato, fe-**dah**-to, *adj* trustworthy
fiducia, fe-**doo**-chah, *f* trust; – **in se stesso,** self-confidence
fiele, fe'**ay**-lay, *m* gall, bitterness
fieno, fe'**ay**-no, *m* hay
fiera, fe'**ay**-rah, *f* wild beast; fair; – **campionaria,** trade fair
fiero*, fe'**ay**-ro, *adj* proud; bold
fievole, fe'**ay**-vo-lay, *adj* dim, faint

figlia, **fee**-l'yah, *f* daughter
figliare, fe-l'**yah**-ray, *v* (animal) to give birth
figliastro, -a, fe-l'**yahss**-tro, *m/f* stepson, stepdaughter
figlio, **fee**-l'yo, *m* son; child; **– unico,** only child
figlioccio, -a, fe-l'**yot**-cho, *m/f* godchild
figura, fe-**goo**-rah, *f* figure; picture; **fare bella/brutta –,** to make a good/bad impression
figurare, fe-goo-**rah**-ray, *v* to appear
figurarsi, fe-goo-**rar**-se, *v* to imagine; **figurati!** not at all!; just imagine!
fila, **fee**-lah, *f* line, row; **di –,** in succession; **fare la –,** to queue up
filare, fe-**lah**-ray, *v* to spin; (speech) to be coherent; **– con,** to go steady with; **– via,** to run away
filarmonica, fe-lahr-**mo**-nee-kah, *f* music society
filastrocca, fe-lah-**strok**-kah, *f* nursery rhyme
filato, fe-**lah**-to, *m* yarn; **di –,** without a break; straight off; **zucchero –,** candy floss
filetto, fe-**let**-to, *m* fillet; thread
filiale, fe-le'**ah**-lay, *f* branch; subsidiary; *adj* filial
filigrana, fe-le-**grah**-nah, *f* filigree
film, film, *m* film
filo, **fee**-lo, *m* thread; string; wire; (knife) edge
filosofia, fe-lo-zo-**fee**-ah, *f* philosophy
filosofo, -a, fe-**lo**-zo-fo, *m/f* philosopher
filovia, fe-lo-**vee**-ah, *f* trolley line; trolley bus
filtrare, feel-**trah**-ray, *v* to filter
filtro, **feel**-tro, *m* filter; potion
filza, **feel**-tsah, *f* string; series
finale, fe-**nah**-lay, *adj* final; *m* (of book, of film) ending; *f* (sport) final
finalità, fe-nah-lee-**tah**, *f* aim
finalmente, fe-nahl-**men**-tay, *adv* finally, at long last
finanza, fe-**nahn**-tsah, *f* finance; revenue
finanziare, fe-nahn-tse'**ah**-ray, *v* to finance, to fund
finanziario*, fe-nahn-tse'**ah**-re'o, *adj* financial
finché, feen-**kay**, *conj* until; as long as
fine, **fee**-nay, *m* aim, goal; *f* end, ending; *adj** thin, fine; sharp; refined; **– settimana,** weekend
finestra, fe-**ness**-trah, *f* window
finezza, fe-**net**-tsah, *f* fineness; sharpness; refinement
fingere, **feen**-jay-ray, *v* to feign, to pretend
finimenti, fe-ne-**men**-tee, *mpl* harness
finimondo, fe-ne-**mon**-do, *m* pandemonium
finire, fe-**nee**-ray, *v* to finish, to end; to cease, to stop
fino, **fee**-no, *prep* **– a,** till; until; as far as; **– da,** from, since; *adv* even; *adj* sharp; (gold) pure
finocchio, fe-**nock**-ke'o, *m* fennel; *vulg* homosexual, queer
finora, fe-**no**-rah, *adv* up till now, so far
finta, **feen**-tah, *f* feint; **far –,** to pretend
finto, **feen**-to, *adj* false; artificial; feigned
finzione, feen-tse'**o**-nay, *f* pretence
fiocco, fe'**ock**-ko, *m* flake; bow
fiocina, fe'**o**-che-nah, *f* harpoon
fioco*, fe'**o**-ko, *adj* weak; dim; faint

fionda, fe'**onn**-dah, *f* sling; catapult
fioraio, -a, fe'o-**rah**-e'o, *m/f* florist
fiordaliso, fe'**or**-dah-**lee**-zo, *m* cornflower
fiore, fe'**o**-ray, *m* flower; blossom; bloom
fiorente, fe'o-**ren**-tay, *adj* blooming; thriving
fioretto, fe'o-**ret**-to, *m* foil; little flower; small sacrifice
fiori, fe'**o**-re, *mpl* (cards) clubs
fiorire, fe'o-**ree**-ray, *v* to flower, to blossom; to flourish
fioritura, fe'o-re-**too**-rah, *f* blooming; flourishing
firma, feer-mah, *f* signature
firmare, feer-**mah**-ray, *v* to sign
firmatario, -a, feer-mah-**tah**-re'o, *m/f* signatory
fisarmonica, fe-zar-**mo**-ne-kah, *f* accordion
fiscale, fiss-**kah**-lay, *adj* fiscal; **anno –,** tax year
fischiare, fiss-ke'**ah**-ray, *v* to whistle; to hiss
fischietto, fiss-ke'**et**-to, *m* (instrument) whistle
fischio, fiss-ke'o, *m* (act) whistle
fisco, fiss-ko, *m* Inland Revenue; tax authorities
fisica, fee-ze-kah, *f* physics
fisico, fee-ze-ko, *m* (body) physique; (scientist) physicist; *adj* physical
fisime, fee-ze-may, *fpl* whims, fixation
fisiologia, fee-zee'o-lo-**jee**-ah, *f* physiology
fisionomia, fee-zee'o-no-**mee**-ah, *f* physionomy
fisioterapia, fee-zee'o-te-rah-**pee**-ah, *f* physiotherapy
fissare, fiss-**sah**-ray, *v* to fix; to book; to stare at
fisso*, fis-so, *adj* fixed; regular; **guardare –,** to stare (at)
fitta, fit-tah, *f* stitch in the side
fittizio, fit-**tee**-tse'o, *adj* fictitious
fitto, fit-to, *m* rent; *adj** thick
fiumana, fe'oo-**mah**-nah, *f* **una – di,** a stream of
fiume, fe'**oo**-may, *m* river; *fig* stream, flow
fiutare, fe'oo-**tah**-ray, *v* to sniff
fiuto, fe'**oo**-to, *m* sense of smell; *fig* nose
flagello, flah-**jell**-lo, *m* scourge
flagrante, flah-**grahn**-tay, *adj* flagrant; **in –,** in the act
flanella, flah-**nell**-lah, *f* (fabric) flannel
flauto, flah'oo-to, *m mus* flute
flebile, flay-be-lay, *adj* plaintive; feeble
flemma, flem-mah, *f* coolness, composure
flessibile, fless-**see**-be-lay, *adj* flexible
flessione, fless-see'**o**-nay, *f* bending; press-up; (language) inflection
floppy disk, flop-pee disk, *m* floppy disk
floricoltura, flo-ree-kol-**too**-rah, *f* flower-growing
florido, flo-ree-do, *adj* thriving; healthy
floscio, flo-she'o, *adj* flabby; floppy
flotta, flot-tah, *f* fleet
fluido, floo'e-do, *m* fluid; *adj** liquid
fluire, floo'**ee**-ray, *v* to flow
fluoro, floo'**o**-ro, *m* fluorine
fluoruro, floo'o-**roo**-ro, *m* fluoride
flusso, flooss-so, *m* flow; flux; rising tide
flutto, floot-to, *m* wave, billow
fluttuare, floot-too'**ah**-ray, *v* to fluctuate
fluttuazione, floot-too'ah-tse'**o**-nay, *f* fluctuation

fluviale, floo-vee'**ah**-lay, *adj* (of) river
fobia, fo-**bee**-ah, *f* phobia
foca, fo-kah, *f* seal
focaccia, fo-**kaht**-chah, *f* (sweet) bun; (savoury) kind of pizza
focaia, fo-**kah**-e'ah, *adj* **pietra –,** flint
focalizzare, fo-kah-leed-**dza**-ray, *v* to get into focus
foce, fo-chay, *f* mouth (of river)
focolaio, fo-ko-**lah**-e'o, *m* centre of infection; breeding ground
focolare, fo-ko-**lah**-ray, *m* hearth, fireplace
focoso*, fo-**ko**-zo, *adj* fiery
fodera, fo-day-rah, *f* lining; (book) dust jacket
foderare, fo-day-**rah**-ray, *v* to line
fodero, fo-day-ro, *m* scabbard; sheath
foga, fo-gah, *f* ardour; **con –,** enthusiastically, excitedly
foggia, fod-jah, *f* shape; fashion
foglia, fo-l'yah, *f* leaf; **mangiar la –,** to catch on
fogliame, fo-l'**yah**-may, *m* foliage
foglio, fo-l'yo, *m* sheet (of paper, of metal)
fogna, fo-n'yah, *f* sewer; drain
fognatura, fo-n'yah-**too**-rah, *f* sewers, drains
föhn, fon, *m* hairdryer
folata, fo-**lah**-tah, *f* gust
folclore, fol-**klo**-ray, *m* folklore
folgorare, fol-go-**rah**-ray, *v* to strike down; to electrocute
folgore, fol-gor-ay, *f* thunderbolt
folla, fol-lah, *f* crowd; multitude
folle, fol-lay, *adj* mad
folletto, fol-**let**-to, *m* imp, elf
follia, fol-**lee**-ah, *f* madness; folly
folto, fol-to, *adj** thick; **nel – di,** in the thick of
fomentare, fo-men-**tah**-ray, *v* to stir up
fondale, fon-**dah**-lay, *m* (sea) bed; (theatre) backdrop
fondamentale, fon-dah-men-**tah**-lay, *adj* fundamental
fondamento, fon-dah-**men**-to, *m* foundation
fondare, fon-**dah**-ray, *v* to establish, to found
fondatore, -trice, fon-dah-**tor**-ay, fon-dah-**tree**-chay, *m/f* founder
fondere, fon-day-ray, *v* to melt; to cast
fonderia, fon-day-**ree**-ah, *f* foundry
fondo, fon-do, *m* bottom; landed property; funds; *adj* deep
fonetica, fo-**nay**-tee-kah, *f* phonetics
fontana, fon-**tah**-nah, *f* fountain
fonte, fon-tay, *f* source; spring; *m* **– battesimale,** font
footing, foo-ting, *m* jogging
foraggio, fo-**rahd**-jo, *m* forage, fodder
forare, fo-**rah**-ray, *v* to pierce; to puncture
forbici, for-be-che, *fpl* scissors
forbito, for-**bee**-to, *adj* polished
forca, for-kah, *f* pitch-fork; gallows
forchetta, for-**ket**-tah, *f* fork
forcina, for-**chee**-nah, *f* hairpin
forcipe, for-chee-pay, *m* forceps
foresta, fo-**ress**-tah, *f* forest
forestiero, -a, fo-**ress**-te'ay-ro, *m/f* foreigner; stranger; visitor; *adj* foreign

forfora, for-fo-rah, *f* dandruff
forgiare, for-**jah**-ray, *v* to mould
forma, for-mah, *f* form; mould; figure
formaggio, for-**mahd**-jo, *m* cheese
formale*, for-**mah**-lay, *adj* formal
formalità, for-mah-lee-**tah**, *f* formality
formare, for-**mah**-ray, *v* to form; to shape
formazione, for-mah-tse'**o**-nay, *f* formation; training; education
formica, for-**mee**-kah, *f* ant
formicaio, for-me-**kah**-e'o, *m* anthill; swarm
formicolio, for-me-ko-**lee**'o, *m* (tingling) pins and needles; (multitude) swarming
formidabile, for-me-**dah**-be-lay, *adj* formidable
formoso, for-**mo**-zo, *adj* shapely
formula, for-moo-lah, *f* formula
formulare, for-moo-**lah**-ray, *v* to formulate
fornace, for-**nah**-chay, *f* furnace; kiln
fornaio, for-**nah**-e'o, *m* baker
fornello, for-**nell**-lo, *m* stove; kitchen-cooker; gas ring
fornire, for-**nee**-ray, *v* to supply with
fornitore, for-ne-**tor**-ay, *m* supplier
forno, for-no, *m* oven; furnace; kiln; **– a microonde,** microwave oven
foro, fo-ro, *m* hole; law court; forum
forse, for-say, *adv* perhaps; maybe
forsennato, -a, for-sen-**nah**-to, *adj* mad, crazy; *m/f* lunatic
forte*, for-tay, *adj* strong; loud; hard; *m* strong point; *mil* fort
fortezza, for-**tet**-tsah, *f* strength; fortress
fortificare, for-te-fe-**kah**-ray, *v* to fortify
fortuito*, for-**too**-e-to, *adj* fortuitous, (by) chance
fortuna, for-**too**-nah, *f* fortune; luck; wealth; **di –,** emergency, makeshift
fortunato, for-too-**nah**-to, *adj* fortunate, lucky
foruncolo, fo-**roonn**-ko-lo, *m* boil
forza, for-tsah, *f* strength; force; power
forzare, for-**tsah**-ray, *v* to force
forzato, for-**tsah**-to, *m* convict; *adj** forced, artificial
forziere, for-tse'**ay**-ray, *m* iron-chest; strongbox
foschia, foss-**kee**-ah, *f* mist
fosco*, foss-ko, *adj* gloomy; dull
fosfato, foss-**fah**-to, *m* phosphate
fosforo, foss-fo-ro, *m* phosphorus
fossa, foss-sah, *f* pit; trench; grave
fossato, foss-**sah**-to, *m* ditch; moat
fossetta, foss-**set**-tah, *f* dimple
fossile, foss-se-lay, *adj* fossil; *m* fossil
fosso, foss-so, *m* ditch; moat
foto, fo-to, *f* photo
fotocopia, fo-to-**ko**-pe'ah, *f* photocopy
fotocopiatrice, fo-to-ko-pe'ah-**tree**-chay, *f* photocopier
fotografia, fo-to-grah-**fee**-ah, *f* photography; photograph
fotografo, -a, fo-**to**-grah-fo, *m/f* photographer
fotomodello, -a, fo-to-mo-**del**-lo, *m/f* fashion model
fotoreporter, fo-to-ray-**por**-tayr, *m/f* newspaper

photographer
fra, frah, *prep* between; amongst; within
fracassare, frah-kahss-**sah**-ray, *v* to smash
fracasso, frah-**kahss**-so, *m* din
fradicio, frah-de-cho, *adj* soaked; **bagnato –,** soaking wet; **ubriaco –,** blind drunk
fragile*, frah-gee-lay, *adj* fragile, brittle; delicate
fragola, frah-go-lah, *f* strawberry
fragore, frah-**gor**-ay, *m* rumble, roar
fragoroso, frah-go-**ro**-so, *adj* uproarious
fragranza, frah-**grahn**-tsah, *f* fragrance
fraintendere, frah-in-**ten**-day-ray, *v* to misunderstand
frammentario, frahm-men-**tah**-re'o, *adj* fragmentary
frammento, frahm-**men**-to, *m* fragment
frana, frah-nah, *f* landslide
franare, frah-**nah**-ray, *v* to slide down, to collapse
franchezza, frahn-**ket**-tsah, *f* frankness
francese, frahn-**chay**-zay, *adj* French
Francia, frahn-che'ah, *f* France
franco, frahn-ko, *adj** frank; **– di dazio,** duty free; **– di porto,** carriage free; **farla franca,** to get away with it
francobollo, frahn-ko-**boll**-lo, *m* postage stamp
frangente, frahn-**jayn**-tay, *m* (sea) breaker; *fig* circumstance
frangia, frahn-jah, *f* fringe
frantoio, frahn-**to**-e'o, *m* olive-press
frantumare, frahn-too-**mah**-ray, *v* to smash
frantumi, frahn-**too**-me, *mpl* **in –,** to smithereens
frapporsi, frahp-**por**-se, *v* to interfere
frasario, frah-**zah**-re'o, *m* jargon; phrase-book
frasca, frahss-kah, *f* leafy bough
frase, frah-zay, *f* sentence; **– fatta,** set phrase
frassino, frahss-se-no, *m* ash-tree
frastagliato, frahss-tah-le'**ah**-to, *adj* indented
frastornato, frahss-tor-**nah**-to, *adj* bewildered
frastuono, frahss-too'o-no, *m* uproar, din
frate, frah-tay, *m* friar, monk, brother
fratellanza, frah-tell-**lahn**-tsah, *f* fraternity
fratellastro, frah-tell-**lahss**-tro, *m* stepbrother
fratello, frah-**tell**-lo, *m* brother; **fratelli,** brothers; brother(s) and sister(s); *relig* brethren
fraterno*, frah-**tair**-no, *adj* fraternal, brotherly
frattaglie, fraht-**tah**-l'yay, *fpl* offal
frattanto, fraht-**tahn**-to, *adv* meanwhile
frattempo, fraht-**tem**-po, *adv* **nel –,** in the meanwhile
frattura, fraht-**too**-rah, *f* fracture; split, break
frazione, frah-tse'**o**-nay, *f* fraction; hamlet
freccia, fret-chah, *f* arrow; (car) indicator
freddare, fred-**dah**-ray, *v* to cool; to shoot dead
freddezza, fred-**det**-tsah, *f* coldness
freddo, fred-do, *m* cold weather, *adj** cold; cool; **avere –,** to be cold
freddoloso, fred-do-**lo**-so, *adj* sensitive to the cold
freddura, fred-**doo**-rah, *f* pun
fregare, fray-**gah**-ray, *v* to rub; to cheat
fregarsene, fray-**gahr**-say-nay, *v* **non –,** not to give a damn
fregata, fray-**gah**-tah, *f*

rub; *naut* frigate
fregatura, fray-gah-**too**-rah, *f* rip-off; let-down
fregio, fray-jo, *m* frieze; decoration
fremere, fray-may-ray, *v* to shake, to tremble
frenare, fray-**nah**-ray, *v* to restrain; to brake; to pull up
frenata, fray-**nah**-tah, *f* braking
frenesia, fray-nay-**zee**-ah, *f* frenzy
freno, fray-no, *m* brake; bit; *fig* control
frequentare, fray-kwen-**tah**-ray, *v* to attend; to frequent
frequente*, fray-**kwen**-tay, *adj* frequent
frequenza, fray-**kwen**-tsah, *f* frequency; attendance
freschezza, frayss-**ket**-tsah, *f* freshness; coolness
fresco, frayss-ko, *m* coolness; *adj* cool, fresh; new
fretta, frayt-tah, *f* haste, hurry
frettoloso*, frayt-to-**lo**-zo, *adj* hasty, in a hurry
friabile, fre-**ah**-be-lay, *adj* crumbly; (rock) friable
friggere, freed-jay-ray, *v* to fry
friggitoria, freed-je-to-**ree**-ah, *f* fried food shop
frigido*, free-je-do, *adj* frigid
frigo, free-go, *m* fridge
frigobar, free-go-**bahr**, *m* minibar
frigorifero, fre-go-**ree**-fay-ro, *m* refrigerator
fringuello, freen-goo'**ell**-lo, *m* chaffinch
frittata, freet-**tah**-tah, *f* omelette
frittella, freet-**tell**-lah, *f* pancake; fritter
fritto, freet-to, *adj* fried; *m* fried food; **sono –,** I'm done for
frittura, freet-**too**-rah, *f* fried food
frivolo, free-vo-lo, *adj* frivolous
frizione, fre-tse'**o**-nay, *f* friction; massage; (car) clutch
frizzante, freet-**tsahn**-tay, *adj* fizzy, sparkling
frizzare, freet-**tsah**-ray, *v* to sparkle
frizzo, freet-tso, *m* joke
frodare, fro-**dah**-ray, *v* to defraud
frode, fro-day, *f* fraud
frodo, fro-do, *m* **di –,** illegal; **cacciatore/pescatore di –,** poacher
frollo, frol-lo, *adj* (meat) tender; **pasta frolla,** shortcrust pastry
fronda, fron-dah, *f* leafy branch; revolt, opposition
frontale*, fron-tah-lay, *adj* frontal; head-on
fronte, fron-tay, *f* forehead; *mil* front; (weather) front
fronteggiare, fron-ted-**jah**-ray, *v* to face
frontiera, fron-te'**ay**-rah, *f* frontier
fronzoli, fron-**dzo**-le, *mpl* finery, frills
frotte, frot-tay, *fpl* **a –,** in droves
frottola, frot-to-lah, *f* fib, lie
frugare, froo-**gah**-ray, *v* to search; to rummage
fruire, froo'**ee**-ray, *v* **– di,** to benefit from
frullare, frool-**lah**-ray, *v* to beat (eggs); to liquidize
frullato, frool-**lah**-to, *m* milk shake
frullino, frool-**lee**-no, *m* whisk
frumento, froo-**men**-to, *m* wheat
frusciare, froos-**shah**-ray, *v* to rustle
frusta, frooss-tah, *f* whip
frustare, frooss-**tah**-ray, *v* to whip
frustrare, frooss-**trah**-ray,

v to frustate
frutta, froot-tah, *f* fruit
fruttare, froot-**tah**-ray, *v* to yield; to give a return
frutteto, froot-**tay**-to, *m* orchard
fruttivendolo, -a, froot-tee-**ven**-do-lo, *m/f* greengrocer
frutto, froot-to, *m* fruit; profit
fu, foo, *adj* deceased; **il – Aldo Bianchi,** the late Aldo Bianchi
fucilare, foo-che-**lah**-ray, *v* to shoot
fucilata, foo-che-**lah**-tah, *f* gun-shot
fucile, foo-**chee**-lay, *m* gun; rifle
fucina, foo-**chee**-nah, *f* forge
fuga, foo-gah, *f* escape, flight; leak; *mus* fugue
fugace, foo-**gah**-chay, *adj* fleeting, transient
fuggevole, food-**jay**-vo-lay, *adj* fleeting
fuggire, food-**jee**-ray, *v* to flee, to escape; to avoid, to shun
fulgido, fool-jee-do, *adj* shining
fuliggine, foo-**leed**-je-nay, *f* soot
fulminato, fool-me-**nah**-to, struck by lightning; electrocuted; (bulb) blown
fulmine, fool-me-nay, *m* lightning
fulmineo, fool-**mee**-ne'o, *adj* rapid, quick as a flash
fulvo, fool-vo, *adj* tawny
fumaiolo, foo-mah-ee'**o**-lo, *m* funnel; chimney-stack
fumare, foo-**mah**-ray, *v* to smoke; *fig* to fume
fumatore, -trice, foo-mah-**tor**-ay, foo-mah-**tree**-chay, *m/f* smoker
fumetto, foo-**met**-to, *m* comic strip; speech bubble
fumo, foo-mo, *m* smoke; fume
funambolo, -a, foo-**nahm**-bo-lo, *m/f* tightrope walker
fune, foo-nay, *f* rope, cord
funebre, foo-nay-bray, *adj* funereal; **carro –,** hearse
funesto*, foo-**ness**-to, *adj* fatal; distressing
fungere, foonn-jay-ray, *v* to act as
fungo, foonn-go, *m* mushroom; fungus
funicolare, foo-nee-ko-**lah**-ray, *f* cable railway
funivia, foo-nee-**vee**-ah, *f* cable car
funzionare, foonn-tse'o-**nah**-ray, *v* to function; to work
funzionario, -a, foonn-tse'o-**nah**-ree'o, *m/f* official; **– statale,** civil servant
funzione, foonn-tse'**o**-nay, *f* function; *relig* service
fuoco, foo'**o**-ko, *m* fire; focus; **– d'artificio,** fireworks
fuorché, foo'**or**-**kay**, *conj* except; *prep* except
fuori, foo'**o**-re, *adv* out; outside; **– di,** *prep* out of, outside
fuoribordo, foo'o-ree-**bor**-do, *m* speedboat
fuorilegge, foo'o-ree-**lej**-jay, *m/f* outlaw
fuoriserie, foo'o-ree-**say**-re'ay, *f* custom-built car
fuoriuscito, foo'o-ree-oo-**shee**-to, *m* exile; outlaw
fuorviare, foo'**or**-ve'**ah**-ray, *v* to go *or* lead astray
furbizia, foo**hr**-**bee**-tse'ah, *f* cleverness, cunning
furbo*, foohr-bo, *adj* clever, smart; sly
furente, foo-**ren**-tay, *adj* furious
furetto, foo-**ret**-to, *m* ferret
furfante, foo**hr**-**fahn**-tay, *m* rascal; swindler
furgone, foo**hr**-**go**-nay, *m* lorry; van
furia, foo-re'ah, *f* fury;

hurry
furibondo, foo-ree-**bon**-do, *adj* furious
furioso, foo-ree'**o**-so, *adj* furious; violent
furore, foo-**ro**-ray, *m* fury
furtivo, foor-**tee**-vo, *adj* furtive
furto, foor-to, *m* theft
fusa, foo-zah, *fpl* **fare le –,** to purr
fusibile, foo-**zee**-bee-lay, *m* fuse
fusione, foo-zee'**o**-nay, *f* fusion
fuso, foo-zo, *m* spindle; **– orario,** time zone
fusoliera, foo-zo-le'**ay**-rah, *f* fuselage
fustagno, fooss-**tah**-n'yo, *m* kind of corduroy
fustigare, fooss-tee-**gah**-ray, *v* to flog
fusto, fooss-to, *m* trunk; stem; shaft
futile*, foo-te-lay, *adj* futile, trifling
futuro, foo-**too**-ro, *adj* future; *m* future

gabbare, gahb-**bah**-ray, *v* to deceive
gabbia, gahb-be'ah, *f* cage; crate
gabbiano, gahb-be'**ah**-no, *m* seagull
gabinetto, gah-be-**net**-to, *m* lavatory; (dentist, doctor) surgery; *parl* ministry
gaffe, gahf, *f* blunder
gaggia, gahd-**jee**-ah, *f* acacia
gagliardo*, gah-l'**yar**-do, *adj* sturdy, robust
gaiezza, gah-e-**et**-tsah, *f* gaiety, merriment
gaio*, gah-e'o, *adj* cheerful
gala, gah-lah, *f* bow; **serata di –,** gala evening
galante, gah-**lahn**-tay, *adj* gallant; romantic
galantuomo, gah-lahn-too'**o**-mo, *m* honest man
galassia, gah-**lahs**-se'ah, *f* galaxy
galateo, gah-lah-**tay**-o, *m* etiquette
galeotto, gah-lay-**ot**-to, *m* convict
galera, gah-**lay**-rah, *f* prison; *naut* galley
galla, gahl-lah, *f* gall; **a –,** afloat
galleggiare, gahl-led-**jah**-ray, *v* to float
galleria, gahl-lay-**ree**-ah, *f* gallery; tunnel; (theatre) circle
Galles, gahl-layss, *m* Wales
gallese, gahl-**lay**-zay, *adj* Welsh
galletta, gah-**let**-tah, *f* cracker
gallina, gahl-**lee**-nah, *f* hen
gallo, gahl-lo, *m* cock
gallone, gahl-**lo**-nay, *m* stripe; gallon; braid
galoppare, gah-lop-**pah**-ray, *v* to gallop
galoppo, gah-**lop**-po, *m* gallop; **piccolo –,** canter
gamba, gahm-bah, *f* leg
gamberetto, gahm-bay-**ret**-to, *m* shrimp
gambero, gahm-bay-ro, *m* prawn; crayfish
gambo, gahm-bo, *m* stalk; stem
gamma, gahm-mah, *f mus* scale; range; *adj* **raggi –,** gamma rays
ganascia, gah-**nah**-she'ah, *f* jaw; brake shoes
gancio, gahn-cho, *m* hook
gangheri, gahn-gay-re, *mpl* **uscire dai –,** to lose one's temper
gara, gah-rah, *f* competition
garage, gah-**rahj**, *m* garage
garante, gah-**rahn**-tay, *adj* **farsi – di/per,** to vouch for
garantire, gah-rahn-**tee**-ray, *v* to guarantee; to assure
garanzia, gah-rahn-**tsee**-ah, *f* guarantee,

warranty
garbato*, gar-**bah**-to, *adj* well-bred; amiable
garbo, gar-bo, *m* good manners; graceful movements
garbuglio, gar-**boo**-l'yo, *m* jumble, tangle
gardenia, gar-**day**-ne'ah, *f* gardenia
gareggiare, gah-red-**jah**-ray, *v* to compete
gargarismo, gar-gah-**reez**-mo, *m* gargle
garofano, gah-**ro**-fah-no, *m* (flower) pink; carnation
garrire, gar-**ree**-ray, *v* to chirp
garza, gar-dsah, *f* gauze
garzone, gar-**tso**-nay, *m* apprentice; boy
gas, gahz, *m* gas; **– lacrimogeno,** tear gas
gasolio, ga-**zo**-le'o, *m* diesel
gassato, gas-**sah**-to, *adj* fizzy
gastronomia, gas-tro-no-**mee**-ah, *f* gastronomy
gatta, gaht-tah, *f* she-cat
gatto, gaht-to, *m* tom-cat, cat
gattopardo, gaht-to-**par**-do, *m* serval
gaudio, gah'oo-de'o, *m* joy, gladness, bliss
gavetta, gah-**vet**-tah, *f* mess tin
gavitello, gah-ve-**tell**-lo, *m* buoy
gazza, gahd-dzah, *f* magpie
gazzella, gahd-**dzel**-lah, *f* gazelle; police car
gazzetta, gahd-**dzet**-tah, *f* gazette
gazzosa, gahd-**dzo**-za, *f* fizzy drink; lemonade
gelare, jay-**lah**-ray, *v* to freeze
gelata, jay-**lah**-tah, *f* frost
gelatina, jay-lah-**tee**-nah, *f* gelatine; (fruit) jelly
gelato, jay-**lah**-to, *m* ice-cream; *adj* frozen
gelido, jay-lee-do, *adj* freezing, icy; ice-cold
gelo, jay-lo, *m* frost; chill
gelone, jay-**lo**-nay, *m* chilblain
gelosia, jay-lo-**zee**-ah, *f* jealousy; shutter
geloso*, jay-**lo**-zo, *adj* jealous
gelso, jayl-so, *m* mulberry tree
gelsomino, jayl-so-**mee**-no, *m* jasmine
gemelli, jay-**mell**-le, *mpl* cuff-links; twins; **Gemelli,** Gemini
gemere, jay-may-ray, *v* to groan, to moan
gemito, jay-me-to, *m* moan
gemma, jaym-mah, *f* gem, jewel; (plant) bud
generale, jay-nay-**rah**-lay, *adj** general; *m mil* general
generalità, jay-nay-rah-lee-**tah**, *f* generality; majority; **dare le –,** to give one's name and address
generalizzare, jay-nay-rah-lid-**dzah**-ray, *v* to generalize
generare, jay-nay-**rah**-ray, *v* to generate; to produce
generatore, jay-nay-rah-**to**-ray, *m* (electric) generator
generazione, jay-nay-rah-tse'**o**-nay, *f* generation
genere, jay-nay-ray, *m* kind; gender; (literary) genre; **generi alimentari**, foodstuffs
generico, jay-**nay**-ree-ko, *adj** generic; vague; **medico –,** general practitioner
genero, jay-nay-ro, *m* son-in-law
generosità, jay-nay-ro-ze-**tah**, *f* generosity
generoso*, jay-nay-**ro**-zo, *adj* generous
genetica, jay-**ne**-te-kah, *f* genetics
genetico, jay-**ne**-te-ko, *adj* genetic

gengiva, jen-**jee**-vah, *f* (teeth) gum
geniale, jay-ne'**ah**-lay, *adj* brilliant
genio, jay-ne'o, *m* genius; talent
genitali, jay-ne-**tah**-lee, *mpl* genitals
genitori, jay-ne-**to**-re, *mpl* parents
gennaio, jen-**nah**-e'o, *m* January
genocidio, jay-no-**chee**-dee'o, *m* genocide
Genova, jay-no-vah, *f* Genoa
gentaglia, jen-**tah**-l'yah, *f* riffraff
gente, jen-tay, *f* people
gentile*, jen-**tee**-lay, *adj* kind; polite
gentilezza, jen-te-**let**-tsah, *f* kindness; politeness
gentiluomo, jen-te-loo'**o**-mo, *m* gentleman
genuino, jay-noo'**e**-no, *adj* genuine; natural
genziana, jen-tse'**a**-nah, *f* gentian
geografia, jay'o-grah-**fee**-ah, *f* geography
geologia, jay'o-lo-**jee**-ah, *f* geology
geometra, jay'**o**-may-trah, *m/f* surveyor
geometria, jay'o-may-**tree**-ah, *f* geometry
geranio, jay-**rah**-ne'o, *m* geranium
gerarchia, jay-rar-**kee**-ah, *f* hierarchy
gerente, jay-**ren**-tay, *m/f* manager, manageress
gerenza, jay-**ren**-tsah, *f* management
gergo, jayr-go, *m* slang
geriatria, jay-re'ah-**tree**-ah, *f* geriatrics
Germania, jay**r-mah**-ne'ah, *f* Germany
germe, jayr-may, *m* germ
germogliare, jay**r**-mo-**l'yah**-ray, *v* to germinate, to sprout
germoglio, jay**r-mo**-l'yo, *m* shoot; bud
geroglifico, jay-ro-**glee**-fee-ko, *m* hieroglyphic
gesso, jess-so, *m* chalk; plaster
gesta, jess-tah, *fpl* exploits, deeds
gestante, jess-**tahn**-tay, *f* expectant mother
gesticolare, jess-tee-ko-**lah**-ray, *v* to gesticulate
gestione, jess-te'**o**-nay, *f* management
gestire, jess-**tee**-ray, *v* to manage, to run
gesto, jess-to, *m* gesture, sign
Gesù, Jay-**soo**, *m* Jesus
gesuita, jay-soo'**ee**-tah, *m* Jesuit
gettare, jet-**tah**-ray, *v* to throw; to cast
gettito, jet-tee-to, *m* yield, revenue
getto, jet-to, *m* jet; throw; shoot
gettone, jet-**to**-nay, *m* token; (games) counter
ghepardo, gay-**pahr**-do, *m* cheetah
ghetto, gayt-to, *m* ghetto
ghiacciaia, ghe-aht-**chah**-e'ah, *f* icebox
ghiacciaio, ghe-aht-**chah**-e'o, *m* glacier
ghiacciare, ghe-aht-**chah**-ray, *v* to freeze
ghiaccio, ghe-**aht**-cho, *m* ice
ghiacciolo, ghe-aht-**cho**-lo, *m* ice lolly; icicle
ghiaia, ghe-**ah**-e'ah, *f* gravel; shingle
ghianda, ghe-**ahn**-dah, *f* acorn
ghiandaia, ghe-ahn-**dah**-e'ah, *f* jay
ghiandola, ghe-**ahn**-do-lah, *f* gland
ghigliottina, ghe-l'ye'ot-**tee**-nah, *f* guillotine
ghignare, ghe-n'**yah**-ray, *v* to grin, to sneer
ghigno, ghe-n'yo, *m* sneer; grin; ugly face
ghiotto*, ghe-**ot**-to, *adj* gluttonous
ghiottoneria, ghe-ot-to-nay-**ree**-ah, *f* gluttony;

(food) delicacy
ghiribizzo, ghe-re-**bit**-tso, *m* whim
ghirigoro, ghe-re-**go**-ro, *m* scribble; flourish
ghirlanda, gheer-**lahn**-dah, *f* garland
ghiro, ghe-ro, *m* dormouse
ghisa, ghee-zah, *f* cast iron
già, je'ah, *adv* already; of course; formerly
giacca, je'ahk-ah, *f* jacket
giacché, je'ahk-**kay**, *adv* since; seeing that
giacchetta, je'ahk-**ket**-tah, *f* jacket
giacenza, je'ah-**chen**-tsah, *f* **in –,** (goods) unclaimed, undelivered; (capital) uninvested
giacere, je'ah-**chay**-ray, *v* to lie
giaciglio, je'ah-**chee**-l'yo, *m* pallet, rough bed
giacimento, je'ah-chee-**men**-to, *m* deposit
giacinto, je'ah-**cheen**-to, *m* hyacinth
giaggiolo, je'ahd-**jo**-lo, *m* iris
giaguaro, je'ah-goo'**ah**-ro, *m* jaguar
giallo, je'**ahl**-lo, *adj* & *m* yellow; (traffic lights) amber
giammai, je'ahm-**mah**-e, *adv* never
Giappone, je'ahp-**po**-nay, *m* Japan
giapponese, je'ahp-po-**nay**-zay, *adj* Japanese
giara, je'**ah**-rah, *f* jar
giardinaggio, je'**ar**-de-**nahd**-jo, *m* gardening
giardiniera, je'**ar**-de-ne'**ay**-rah, *f* mixed pickles
giardiniere, -a, je'**ar**-de-ne'**ay**-ray, *m/f* gardener
giardino, je'**ar**-**dee**-no, *m* garden; **– d'infanzia,** nursery school; **– zoologico,** zoo
giarrettiera, je'**ar**-ret-te'**ay**-rah, *f* garter
giavellotto, je'a-vel-**lot**-to, *m* javelin
Gibilterra, je-beel-**tair**-rah, *f* Gibraltar
gigante, jee-**gahn**-tay, *m* giant
giglio, jee-l'yo, *m* lily
gilè, je-**lay**, *m* waistcoat
gin, jeen, *m* gin
ginecologo, -a, je-nay-**ko**-lo-go, *m/f* gynaecologist
ginepraio, je-nay-**prah**-e'o, *m fig* muddle
ginepro, je-**nay**-pro, *m* juniper
ginestra, je-**nays**-trah, *f* broom
Ginevra, je-**nay**-vrah, *f* Geneva
gingillarsi, jeen-jeell-**lar**-se, *v* to fool about; **– con,** to toy with
gingillo, jeen-**jeell**-lo, *m* plaything; knick-knack
ginnasio, jeen-**nah**-ze-o, *m* 4th and 5th year of secondary school
ginnastica, jeen-**nahss**-te-kah, *f* gymnastics; gym; physical education
ginnico, jeen-ne-ko, *adj* gymnastic
ginocchio, je-**nock**-ke'o, *m* knee
ginocchioni, je-nock-ke'**o**-ne, *adv* kneeling
giocare, je'o-**kah**-ray, *v* to play; to gamble; to bet
giocatore, -trice, je'o-kah-**tor**-ay, je'o-kah-**tree**-chay, *m/f* player; gambler
giocattolo, je'o-**kaht**-to-lo, *m* toy, plaything
gioco, je'o-ko, *m* game; gambling; **– di parole,** pun; **essere in –,** to be at stake; **fare il doppio –,** to double-cross; **per –,** for fun; **prendersi – di qualcuno,** to pull somebody's leg
giocoliere, je'o-ko-le'**ay**-ray, *m* juggler
giocondo, je'o-**kon**-do, *adj* joyful, cheerful
giogo, je'**o**-go, *m* yoke; ridge; mountain range
gioia, je'**o**-e'ah, *f* joy

gioielleria, je'o-e'ell-lay-**ree**-ah, *f* jeweller's; jewels
gioielliere, je'o-e'ell-le'**ay**-ray, *m* jeweller
gioiello, je'o-e'**ell**-lo, *m* jewel
gioioso*, je'o-e'**o**-zo, *adj* joyful, merry
gioire, je'o-**ee**-ray, *v* to rejoice
giornalaio, -a, je'**or**-nah-**lah**-e'o, *m/f* newsagent
giornale, je'**or**-**nah**-lay, *m* newspaper; journal; diary; **– radio,** radio news
giornaliero, -a, je'**or**-nah-le'**ay**-ro, *adj* daily; *m* day pass; *m/f* day labourer
giornalista, je'**or**-nah-**lees**-tah, *m/f* journalist
giornata, je'**or**-**nah**-tah, *f* day; day's wages
giorno, je'**or**-no, *m* day; **al –,** per day; **al – d'oggi,** nowadays; **fra quindici giorni,** in a fortnight
giostra, je'os-strah, *f* merry-go-round; joust
giovamento, je'o-vah-**men**-to, *m* benefit
giovane, je'**o**-vah-nay, *adj* young; youthful; *m/f* young man; young woman; youth; **i giovani,** young people
giovanile, je'o-vah-**nee**-lay, *adj* youthful
giovare, je'o-**vah**-ray, *v* to be useful
giovedì, je'o-vay-**dee**, *m* Thursday
gioventù, je'o-ven-**too**, *f* youth; young people
gioviale, je'o-ve'**ah**-lay, *adj* jovial
giovinezza, je'o-ve-**net**-tsah, *f* youth, youthfulness
giradischi, je-rah-**dis**-kee, *m* record player
giraffa, je-**rahf**-fah, *f* giraffe
girandola, je-**rahn**-do-lah, *f* (toy) windmill; Catherine wheel; weathercock
girare, je-**rah**-ray, *v* to turn; to go round; to endorse; (film) to shoot
girarrosto, je-rar-**ross**-to, *m* spit
girasole, je-rah-**so**-lay, *m* sunflower
girata, je-**rah**-tah, *f* endorsement
giratario, -a, je-rah-**tah**-re'o, *m/f* endorsee
giravolta, je-rah-**voll**-tah, *f* turn; about-turn
girevole, je-**ray**-vo-lay, *adj* revolving
girino, je-**ree**-no, *m* tadpole
giro, jee-ro, *m* turn, revolution; tour; stroll; circuit; lap
gironzolare, je-ron-dzo-**lah**-ray, *v* to wander about
girotondo, je-ron-**ton**-do, *m* ring-a-ring-o'roses
girovago, je-**ro**-vah-go, *m* tramp; peddlar
gita, jee-tah, *f* excursion, outing
gitano, -a, je-**tah**-no, *m/f* gipsy
giù, je'oo, *adv* down; below; downwards; **– di lì,** approximately; **essere –,** to be depressed, to be run down
giubbotto, je'oob-**bot**-to, *m* bomber jacket
giubileo, je'oo-be-**lay**-o, *m* jubilee
giubilo, je'oo-be-lo, *m* rejoicing
giudicare, je'oo-de-**kah**-ray, *v* to judge; to consider
giudice, je'**oo**-de-chay, *m* judge; umpire
giudiziario, je'oo-dee-tse'**a**-re'o, *adj* judicial, legal
giudizio, je'oo-**dee**-tse'o, *m* judgement; opinion; trial; verdict
giugno, je'**oo**-n'yo, *m* June
giullare, je'ool-**lah**-ray, *m* jester

giumenta, je'oo-**men**-tah, *f* mare
giunchiglia, je'oonn-**kee**-l'yah, *f* jonquil
giunco, je'**oonn**-ko, *m* rush
giungere, je'**oonn**-jay-ray, *v* to arrive; **– a,** to reach
giungla, je'**oonn**-glah, *f* jungle
giunta, je'**oonn**-tah, *f* council; *mil* junta; addition; **per –,** in addition
giuntare, je'oonn-**tah**-ray, *v* to join
giuntura, je'oonn-**too**-rah, *f* joint
giuramento, je'oo-rah-**men**-to, *m* oath
giurare, je'oo-**rah**-ray, *v* to swear; to take an oath
giurato, -a, je'oo-**rah**-to, *adj* sworn; *m/f* juror
giurì, je'oo-**ree**, *m* jury
giuria, je'oo-**ree**-ah, *f* jury
giuridico*, je'oo-**ree**-de-ko, *adj* legal
giurista, je'oo-**riss**-tah, *m/f* jurist
giustezza, je'ooss-**tet**-tsah, *f* accuracy
giustificare, je'ooss-te-fee-**kah**-ray, *v* to justify
giustificazione, je'ooss-te-fee-kah-tse'**o**-nay, *f* justification; excuse note
giustizia, je'ooss-**tee**-tse'ah, *f* justice
giustiziare, je'ooss-te-tse'**ah**-ray, *v* to execute
giustiziere, je'ooss-te-tse'**ay**-ray, *m* executioner
giusto*, je'**ooss**-to, *adj* just; right, exact
glabro, glah-bro, *adj* hairless
glaciale, glah-**chah**-lay, *adj* glacial, icy; frozen
gli, l'yee, *art* the; *pron* to him; to it; to them
glicerina, gle-chay-**ree**-nah, *f* glycerine
glicine, glee-chee-nay, *m* wistaria
glielo, l'**yay**-lo, *pron* it to him/her/them
globale, glo-**ba**-lay, *adj* overall; global
globo, glo-bo, *m* globe
globulo, glo-boo-lo, *m* globule, corpuscle
gloria, glo-re'ah, *f* glory
gloriarsi, glo-re'**ar**-se, *v* **– di,** to glory in
glorioso, glo-re'**o**-so, *adj* glorious
glossario, glo-**ssah**-re'o, *m* glossary
gnocchi, ny-**ok**-kee, *mpl* potato and flour dumplings
gobba, gob-bah, *f* hump; bump
gobbo, -a, gob-bo, *adj* hunchbacked; curved; *m/f* hunchback
goccia, got-chah, *f* drop
gocciolare, got-cho-**lah**-ray, *v* to drip, to trickle
godere, go-**day**-ray, *v* to enjoy; to rejoice; **– di,** to enjoy
godimento, go-de-**men**-to, *m* enjoyment, pleasure
goffaggine, gof-**fahd**-je-nay, *f* clumsiness
goffo*, gof-fo, *adj* clumsy
gogna, go-n'yah, *f* pillory
gola, go-lah, *f* throat; gluttony; gorge; **fare –,** to tempt
goletta, go-**let**-tah, *f* schooner
golf, golf, *m* jumper; cardigan
golfo, gol-fo, *m* gulf
goloso*, go-**lo**-zo, *adj* greedy
gomena, go-**may**-nah, *f* cable, hawser
gomitata, go-me-**tah**-tah, *f* nudge (with the elbow)
gomito, go-me-to, *m* elbow; **curva a –,** hairpin bend; **tubo a –,** L-shaped tube
gomitolo, go-**mee**-to-lo, *m* ball (of thread, of wool)
gomma, gom-mah, *f* gum; rubber; eraser
gommapiuma, gom-mah-

pee'**oo**-mah, *f* foam rubber
gondola, gon-do-lah, *f* gondola
gonfalone, gon-fah-**lo**-nay, *m* standard, banner
gonfiare, gon-fe'**ah**-ray, *v* to inflate, to blow up; to swell
gonfio, gon-fe'o, *adj* swollen; inflated
gonfiore, gon-fe'**o**-ray, *m* swelling
gongolare, gon-go-**lah**-ray, *v* to look pleased
gonna, gon-nah, *f* skirt
gonzo, gon-dzo, *m* simpleton
gorgheggiare, gor-ghed-**jah**-ray, *v* to warble
gorgo, gor-go, *m* whirlpool
gorgogliare, gor-go-l'**yah**-ray, *v* to gurgle
gorgoglìo, gor-go-l'**yo**, *m* gurgling; bubbling
gorilla, gor-**rel**-lah, *m* gorilla; bodyguard
gota, go-tah, *f* cheek
gotta, got-tah, *f* gout
governante, go-vair-**nahn**-tay, *f* governess; housekeeper; *m* ruler
governare, go-vair-**nah**-ray, *v* to rule; to steer
governo, go-**vair**-no, *m* government; Cabinet
gozzo, got-tso, *m* goitre; crop
gozzovigliare, got-tso-ve-l'**yah**-ray, *v* to revel, to make merry
gracchiare, grahk-ke'**ah**-ray, *v* to caw, to croak
gracidare, grah-che-**dah**-ray, *v* to croak
gracile, grah-che-lay, *adj* delicate; slim
gracilità, grah-che-le-**tah**, *f* slenderness; delicateness
gradasso, grah-**dahss**-so, *m* bully, braggart
gradazione, grah-dah-tse'**o**-nay, *f* gradation
gradevole*, grah-**day**-vo-lay, *adj* pleasant
gradimento, grah-de-**men**-to, *m* pleasure, satisfaction
gradinata, grah-de-**nah**-tah, *f* flight of steps; terraces; tiers
gradino, grah-**dee**-no, *m* step; rung
gradire, grah-**dee**-ray, *v* to appreciate; to accept with pleasure
gradito, grah-**dee**-to, *adj* pleasing, welcome
grado, grah-do, *m* degree; rank
graduale*, grah-doo'**ah**-lay, *adj* gradual
graduare, grah-doo'**ah**-ray, *v* to graduate
graduato, grah-doo'**ah**-to, *m* non-commissioned officer; *adj* graduated, graded
graffetta, grahf-**fet**-tah, *f* paper clip
graffiare, grahf-fe'**ah**-ray, *v* to scratch, to claw
graffio, grahf-fe'o, *m* scratch
grafia, grah-**fee**-ah, *f* spelling; handwriting
grafico, grah-fee-ko, *adj* graphic; *m* graph; graphic designer
gramigna, grah-**mee**-ny'ah, *f* couch grass
grammatica, grahm-**mah**-tee-kah, *f* grammar
grammo, grahm-mo, *m* gramme
grammofono, grahm-**mo**-fo-no, *m* gramophone
grana, grah-na, *f* (of sandpaper, minerals, etc.) grain; (problem) trouble; (money) cash; type of Parmesan cheese
granaio, grah-**nah**-e'o, *m* granary; barn
granata, grah-**nah**-tah, *f* grenade
Gran Bretagna, grahn bray-**tah**-n'yah, *f* Great Britain
grancassa, grahn-**kahss**-sah, *f* big drum
granchio, grahn-ke'o, *m*

crab; *fig* blunder
grande, grahn-day, *adj** big, large; great; high; *m/f* grown-up
grandezza, grahn-**deht**-sah, *f* size; greatness; **manie di –,** delusions of grandeur
grandinare, grahn-de-**nah**-ray, *v* to hail
grandine, grahn-de-nay, *f* hail
grandioso*, grahn-de'**o**-zo, *adj* imposing; grandiose, grand
granello, grah-**nell**-lo, *m* grain; seed; pip
granita, grah-**nee**-tah, *f* iced sherbet drink
granito, grah-**nee**-to, *m* granite
grano, grah-no, *m* grain; wheat; bead
granturco, grahn-**toohr**-ko, *m* maize, Indian corn
grappa, grahp-pah, *f* grappa, type of strong brandy
grappolo, grahp-po-lo, *m* bunch (of grapes)
grassetto, grahss-**set**-to, *m* bold (type)
grassezza, grahss-**set**-tsah, *f* fatness
grasso, grahss-so, *m* fat; grease; *adj* fat, plump; greasy
grassoccio, grahss-**sot**-cho, *adj* plump
grata, grah-tah, *f* grate; grating
graticola, grah-**tee**-ko-lah, *f* gridiron, grill
gratifica, grah-**tee**-fe-kah, *f* bonus
gratificazione, grah-te-fe-kah-tse'**o**-nay, *f* gratification
gratis, grah-tes, *adv* free, without paying
gratitudine, grah-te-**too**-de-nay, *f* gratitude
grato, grah-to, *adj* grateful; pleasant
grattacapo, graht-tah-**ka**-po, *m* worry, problem
grattacielo, graht-tah-**chay**-lo, *m* skyscraper
grattare, graht-**tah**-ray, *v* to scratch; to scrape; to grate; *fam* to nick
grattugia, graht-**too**-jah, *f* grater
grattugiare, graht-too-**jah**-ray, *v* to grate
gratuito, grah-**too**-ee-to, *adj* free; gratuitous
gravare, grah-**vah**-ray, *v* to burden
grave*, grah-vay, *adj* grave, serious; (accent) grave
gravidanza, grah-ve-**dan**-tsah, *f* pregnancy
gravità, grah-ve-**tah**, *f* gravity
gravitare, grah-ve-**tah**-ray, *v* to gravitate
gravoso*, grah-**vo**-zo, *adj* heavy, onerous
grazia, grah-tse'ah, *f* grace; favour; mercy, pardon
graziare, grah-tse'**ah**-ray, *v* to pardon
grazie, grah-tse'ay, *interj* thank you! thanks!; **– a,** thanks to
grazioso*, grah-tse'**o**-zo, *adj* gracious; pretty, charming
Grecia, gray-che'ah, *f* Greece
greco, gray-ko, *adj* Greek
gregario, gray-**gah**-re'o, *adj* gregarious
gregge, gred-jay, *m* herd, flock
greggio, gred-jo, *adj* raw, unrefined; *m* crude oil
grembiule, grem-be'**oo**-lay, *m* apron
grembo, grem-bo, *m* lap; womb; *fig* bosom
gremire, gray-**mee**-ray, *v* to crowd
greppia, grayp-pe'ah, *f* manger
greto, gray-to, *m* gravel river-bed
gretto*, gret-to, *adj* mean, petty
grezzo, gred-zo, *adj* raw,

unrefined; coarse
gridare, gre-**dah**-ray, *v* to shout, to yell, to cry (out)
grido, gree-do, *m* cry; shout; **all'ultimo –,** in the latest style
grigio, gree-jo, *adj* & *m* grey
griglia, gree-l'yah, *f* grill; grate; grid
grilletto, greel-**let**-to, *m* trigger
grillo, greel-lo, *m* cricket; *fig* whim
grimaldello, gre-mahl-**del**-lo, *m* picklock
grinfia, green-fe'ah, *f* claw; **cadere nelle grinfie di,** to fall into the clutches of
grinta, green-tah, *f* determination; pluck
grinza, green-tsah, *f* wrinkle; crease
gronda, gron-dah, *f* eaves
grondaia, gron-**da**-e'ah, *f* gutter
grondare, gron-**dah**-ray, *v* to drip; to pour
groppa, grop-pah, *f* (animal) back; (person) shoulders
grossezza, gross-**set**-tsah, *f* size; thickness
grossista, gross-**siss**-tah, *m/f* wholesaler
grosso, gross-so, *m* bulk; *adj* big; thick; **mare –,** rough sea
grossolano*, gross-so-**lah**-no, *adj* coarse
grotta, grot-tah, *f* grotto; cave
grottesco, grot-**tes**-ko, *adj* grotesque
groviera, gro-ve'**ay**-rah, *f* gruyère
groviglio, gro-**vee**-l'yo, *m* tangle
gru, groo, *f* crane
gruccia, groot-chah, *f* crutch; coat hanger
grugnire, groo-n'**yee**-ray, *v* to grunt
grugnito, groo-n'**yee**-to, *m* grunting, grunt
grugno, groo-n'yo, *m* snout
grullo, grool-lo, *m* dolt, idiot
grumo, groo-mo, *m* clot; lump
gruppo, groop-po, *m* group
gruzzolo, groot-tso-lo, *m* hoard
guadagnare, goo'ah-dah-n'**yah**-ray, *v* to earn; to gain; to win
guadagno, goo'ah-**dah**-n'yo, *m* earnings; gain; profit
guadare, goo'ah-**dah**-ray, *v* to ford
guado, goo'**ah**-do, *m* ford
guai, goo'**ah**-e, *interj* **– a,** woe betide
guaina, goo'ah-**ee**-nah, *f* sheath
guaio, goo'**ah**-e'o, *m* trouble; disaster
guaire, goo'ah-**ee**-ray, *v* to yelp, to whine
guancia, goo'**ahn**-chah, *f* cheek
guanciale, goo'ahn-**chah**-lay, *m* pillow
guanto, goo'**ahn**-to, *m* glove
guardare, goo'**ar**-**dah**-ray, *v* to look at; to watch; to look after
guardaroba, goo'**ar**-dah-**ro**-bah, *f* wardrobe; cloakroom
guardia, goo'**ar**-de'ah, *f* guard; sentry; policeman
guardiano, goo'**ar**-de'**ah**-no, *m* warder; caretaker; keeper
guardingo, goo'ah-**deen**-go, *adj* cautious
guarigione, goo'ah-re-**jo**-nay, *f* recovery
guarire, goo'ah-**ree**-ray, *v* to cure; to heal; to recover
guaritore, -trice, goo'ah-ree-**to**-ray, goo'ah-ree-**tree**-chay, *m/f* healer
guarnigione, goo'**ar**-ne-**jo**-nay, *f* garrison
guarnire, goo'**ar**-**nee**-ray, *v*

to trim; to garnish
guarnizione, goo'**ar**-ne-tse'**o**-nay, *f* trimming; (of tap) washer; *tech* gasket
guastafeste, goo'ahss-tah-**fess**-tay, *m/f* spoilsport
guastare, goo'ahss-**tah**-ray, *v* to spoil; to break
guasto, goo'**ahss**-to, *adj* broken, out of order; rotten; *m* breakdown; failure
guazzabuglio, goo'aht-tsah-**boo**-l'yo, *m* muddle
guercio, goo'**air**-cho, *adj* squinting, cross-eyed
guerra, goo'**air**-rah, *f* war; warfare
guerriero, goo'ai**r**-re-**ay**-ro, *m* warrior; *adj* warlike
guerriglia, goo'ai**r**-**ree**-l'yah, *f* guerrilla warfare
guerrigliero, -a, goo'ai**r**-ree-**l'yay**-ro, *m/f* guerrilla
gufo, goo-fo, *m* owl
guglia, goo-l'yah, *f* spire
guida, goo'**ee**-dah, *f* guide; guide-book; driving
guidare, goo'e-**dah**-ray, *v* to guide, to lead; to drive
guidatore, -trice, goo'e-dah-**to**-ray, goo'e-dah-**tree**-chay, *m/f* driver
guinzaglio, goo'een-**tsah**-l'yo, *m* leash
guisa, goo'**ee**-zah, *f* way; **a – di,** in the manner of
guizzare, goo'eet-**tsah**-ray, *v* to dart; to slip; to flash
guizzo, goo'**eet**-tso, *m* dart; leap; flash
guscio, goo-she'o, *m* shell
gustare, gooss-**tah**-ray, *v* to taste; to savour
gusto, goos-to, *m* taste, flavour; *fig* pleasure
gustoso*, gooss-**to**-zo, *adj* tasty; pleasing

H

ha, ah, 3rd pers sing of the present of **avere**
habitat, ah-bee-tat, *m* habitat
hai, ah'ee, 2nd pers sing of the present of **avere**
hall, ohl, *f* (hotel) hall, foyer
hamburger, ahm-**boor**-gher, *m* hamburger
handicappato, -a, ahn-dee-kap-**pah**-to, *adj* handicapped; *m/f* handicapped person, disabled person
hanno, ahn-no, 3rd pers plur of the present of **avere**
hippy, eep-py, *m/f* hippy
ho, oh, 1st pers sing of the present of **avere**
hobby, ohb-bee, *m* hobby
hockey, oh-kee, *m* hockey; – **su ghiacco,** ice hockey
hostess, ohs-stess, *f* air hostess; escort
hotel, oh-**tel**, *m* hotel

I

i, e, *art* the
iarda, e'**ar**-dah, *f* yard
iato, e'**ah**-to, *m* hiatus
ibrido, ee-bre-do, *adj* hybrid; *m* hybrid
iceberg, ah'es-berg, *m* iceberg
iconografia, e-ko-no-grah-**fee**-ah, *f* hiconography
Iddio, eed-**dee**-o, *m* God
idea, e-**day**-ah, *f* idea; **cambiare –,** to change one's mind
ideale, e-day'**ah**-lay, *adj* ideal; *m* ideal
ideare, e-day-**ah**-ray, *v* to imagine, to conceive; to plan
identico, e-**den**-te-ko, *adj* identical
identificare, e-den-te-fe-**kah**-ray, *v* to identify
identità, e-den-te-**tah**, *f* identity
idillio, e-**deel**-le'o, *m* idyll
idioma, e-dee'**o**-mah, *m* language
idiomatico, e-dee'o-**mah**-te-ko, *adj* idiomatic; **frase idiomatica,** idiom
idiota, e-de'**o**-tah, *adj* stupid; *m/f* idiot
idolatria, e-do-lah-**tree**-ah, *f* idolatry
idolo, ee-do-lo, *m* idol
idoneità, e-do-nay-e-**tah**, *f* suitability; fitness
idoneo*, e-**do**-nay-o, *adj* able, fit; suitable
idrante, e-**drahn**-tay, *m* hydrant
idratante, e-drah-**tahn**-tay, *adj* moisturizing
idraulica, e-**drah**'oo-le-kah, *f* hydraulics
idroelettrico, e-dro-ay-**let**-tre-ko, *adj* hydroelectric
idrofobia, e-dro-fo-**bee**-ah, *f* rabies
idrogeno, e-**dro**-jay-no, *m* hydrogen
idropisia, e-dro-pe-**see**-ah, *f* dropsy
idrovolante, e-dro-vo-**lahn**-tay, *m* seaplane
iena, e'**ay**-nah, *f* hyena
ieri, e'**ay**-re, *adv* yesterday
iettatura, e'ayt-tah-**too**-rah, *f* evil eye; spell
igiene, e-je'**ay**-nay, *f* hygiene, health
igienico, e-je'**ay**-ne-ko, *adj* hygienic; **carta igienica,** toilet paper
ignaro, e-n'**yah**-ro, *adj* – **di,** ignorant of, unaware of
ignobile*, e-n'**yo**-be-lay, *adj* despicable, ignoble
ignorante, e-n'yo-**rahn**-tay, *adj* ignorant
ignoranza, e-n'yo-**rahn**-tsah, *f* ignorance
ignorare, e-n'yo-**rah**-ray, *v* to ignore, to be unaware of
ignoto, e-n'**yo**-to, *adj* unknown
ignudo, e-n'**yoo**-do, *adj* naked
il, eel, *art* the
ilare, ee-lah-ray, *adj*

cheerful, joyous
illanguidire, eel-lahn-goo'e-**dee**-ray, *v* to languish
illazione, ell-lah-tse'**o**-nay, *f* deduction
illecito*, eel-**lay**-che-to, *adj* illicit
illegale*, eel-lay-**gah**-lay, *adj* illegal
illeggibile, eel-layd-**jee**-be-lay, *adj* illegible; unreadable
illegittimo, eel-lay-**jeet**-te-mo, *adj* illegitimate
illeso, eel-**lay**-zo, *adj* unharmed, unhurt
illibato, eel-le-**bah**-to, *adj* pure; virgin
illimitato*, eel-le-me-**tah**-to, *adj* unlimited
illudere, eel-**loo**-day-ray, *v* to deceive
illuminare, eel-loo-me-**nah**-ray, *v* to light
illuminazione, eel-loo-mee-nah-tse'**o**-nay, *f* lighting
illusione, eel-looss-zee'**o**-nay, *f* illusion
illustrare, eel-looss-**trah**-ray, *v* to illustrate
illustrazione, eel-loo-strah-tse'**o**-nay, *f* lighting
illustre, eel-**looss**-tray, *adj* illustrious
imbacuccare, im-bah-kook-**kah**-ray, *v* to wrap up
imballaggio, im-bahl-**lahd**-jo, *m* packing; wrapper
imballare, im-bahl-**lah**-ray, *v* to pack
imbalsamare, im-bahl-sah-**mah**-ray, *v* to embalm
imbandierare, im-bahn-de'ay-**rah**-ray, *v* to deck with flags
imbandire, im-bahn-**dee**-ray, *v* to set the table (for a lavish feast)
imbarazzare, im-bah-raht-**tsah**-ray, *v* to embarrass; to hinder
imbarazzo, im-bah-**raht**-tso, *m* embarrassment
imbarcadero, im-bar-kah-**day**-ro, *m* landing-stage
imbarcarsi, im-bar-**kahr**-se, *v* to sail; to board; **– in,** to embark on
imbarcazione, im-bar-kah-tse'**o**-nay, *f* boat, craft
imbarco, im-**bar**-ko, *m* embarkation; landing-stage
imbastire, im-bah-**stee**-ray, *v* to tack; *fig* to sketch out
imbattersi, im-**baht**-tair-se, *v* **– in,** to run into; *fig* to come across
imbattuto, im-baht-**too**-to, *adj* unbeaten
imbavagliare, im-bah-vah-l'**yah**-ray, *v* to gag
imbeccata, im-bek-**kah**-tah, *f* prompt
imbecille, im-bay-**cheel**-lay, *m/f* imbecile; *adj* idiotic
imbellettarsi, im-bell-let-**tar**-se, *v* to make oneself up
imbellire, im-bell-**lee**-ray, *v* to adorn; to grow more beautiful
imberbe, im-**bair**-bay, *adj* beardless
imbevere, im-**bay**-vay-ray, *v* to soak
imbiancare, im-be'ahn-**kah**-ray, *v* to whiten; to whitewash
imbianchino, im-be'ahn-**kee**-no, *m* painter and decorator
imbizzarrirsi, im-bid-dzar-**reer**-se, *v* to bolt; to get excited
imboccare, im-bock-**kah**-ray, *v* to enter; to spoon-feed; *fig* to prompt
imbocco, im-**bock**-ko, *m* entrance; mouth
imboscarsi, im-boss-**kar**-se, *v* to hide; to avoid military service
imboscata, im-boss-**kah**-tah, *f* ambush

imboschimento, im-boss-kee-**men**-to, *m* afforestation
imbottigliare, im-bot-te-l'**yah**-ray, *v* to bottle
imbottire, im-bot-**tee**-ray, *v* to stuff; to pad
imbottitura, im-bot-te-**too**-rah, *f* stuffing; padding
imbrattare, im-braht-**tah**-ray, *v* to soil, to stain
imbrigliare, im-bre-l'**yah**-ray, *v* to bridle
imbrogliare, im-bro-l'**yah**-ray, *v* to mix up; to deceive
imbroglio, im-**bro**-l'yo, *m* muddle, mess; fraud
imbroglione, -a, im-bro-l'**yo**-nay, *m/f* swindler
imbronciato, im-bron-**cha**-to, *adj* sulky
imbruttire, im-broot-**tee**-ray, *v* to grow ugly
imbucare, im-boo-**kah**-ray, *v* to post
imburrare, im-boor-**ra**-ray, *v* to butter
imbuto, im-**boo**-to, *m* funnel
imitare, e-me-**tah**-ray, *v* to imitate
immacolato, im-mah-ko-**lah**-to, *adj* immaculate
immagazzinare, im-mah-gahd-dze-**nah**-ray, *v* to store
immaginare, im-mah-je-**nah**-ray, *v* to imagine
immaginazione, im-mah-je-nah-tse'**o**-nay, *f* imagination
immagine, im-**mah**-je-nay, *f* image; picture
immancabile, im-mahn-**kah**-be-lay, *adj* unfailing
immane, im-**mah**-nay, *adj* huge
immaturo, im-mah-**too**-ro, *adj* immature
immedesimarsi, im-may-day-ze-**mar**-se, *v* to identify with
immediatamente, im-may-de'ah-tah-**men**-tay, *adv* immediately
immemore, in-**may**-mo-ray, *adj* **– di,** forgetful of
immenso, in-**mayn**-so, *adj* immense
immergere, im-**mair**-jay-ray, *v* to submerge; to dip
immersione, im-mair-see'**o**-nay, *f* immersion; dive
immettere, im-**mait**-tay-ray, *v* to enter (data); to introduce
immigrato, -a, im-me-**grah**-to, *m/f* immigrant
immigrazione, im-me-grah-tse'**o**-nay, *f* immigration
imminente, im-mee-**nen**-tay, *adj* imminent
immischiarsi, im-miss-ke'**ar**-se, *v* to meddle in
immissione, im-miss-se'**o**-nay, *f* intake; introduction; **– di dati,** data entry
immobile, im-**mo**-bee-lay, *adj* motionless, still
immolare, im-mo-**lah**-ray, *v* to sacrifice
immondizia, im-mon-**dee**-tse'ah, *f* dirt; rubbish
immondo, im-**mon**-do, *adj* filthy
immorale, im-mo-**rah**-lay, *adj* immoral
immortale, im-mor-**rtah**-lay, *adj* immortal
immune, im-**moo**-nay, *adj* immune; exempt
immutato, im-moo-**tah**-to, *adj* unaltered
impacchettare, im-pahk-ket-**tah**-ray, *v* to wrap up
impacciare, im-paht-**chah**-ray, *v* to embarrass; to get in the way of
impaccio, im-**paht**-cho, *m* embarrassment; obstacle; **essere d'–,** to be in the way
impadronirsi, im-pah-dro-**neer**-se, *v* **– di,** to get hold of
impagabile, im-pah-**gah**-be-lay, *adj* priceless
impagliare, im-pah-l'**yah**-

ray, *v* to stuff (with straw)

impalato, im-pah-**lah**-to, *adj* stiff

impalcatura, im-pahl-kah-**too**-rah, *f* scaffolding

impallidire, im-pahl-le-**dee**-ray, *v* to turn pale

impanare, im-pah-**nah**-ray, *v* to roll in breadcrumbs

impappinato, im-pahp-pe-**nah**-to, *adj* confused; stammering

imparare, im-pah-**rah**-ray, *v* to learn

impareggiabile, im-pah-red-**jah**-be-lay, *adj* incomparable

imparentato, im-pah-ren-**tah**-to, *adj* related

impari, im-pah-re, *adj* unequal

impartire, im-par-**tee**-ray, *v* to impart, to give

imparziale, im-par-tse'**ah**-lay, *adj* impartial

impassibile, im-pahss-**see**-be-lay, *adj* impassive

impastare, im-pahss-**tah**-ray, *v* to knead; to mix

impasto, im-**pahss**-to, *m* mixing; kneading; mixture

impatto, im-**paht**-to, *m* impact

impaurire, im-pah'oo-**ree**-ray, *v* to scare

impavido*, im-**pah**-ve-do, *adj* intrepid, fearless

impaziente, im-pah-tse'**en**-tay, *adj* impatient

impazientirsi, im-pah-tse'en-**teer**-se, *v* to lose patience

impazzire, im-paht-**tsee**-ray, *v* to go mad

impedimento, im-pay-de-**men**-to, *m* obstacle; hindrance

impedire, im-pay-**dee**-ray, *v* to prevent; to hinder

impegnare, im-pay-**n'yah**-ray, *v* to pledge

impegnarsi, im-pah-**n'yahr**-se, *v* to undertake

impegnativo, im-pah-n'yah-**te**-vo, *adj* demanding

impegnato, im-pah-**n'yah**-to, *adj* demanding

impegno, im-**pay**-n'yo, *m* pledge; engagement

impellente, im-pel-**len**-tay, *adj* pressing

impenetrabile, im-pay-nay-**trah**-be-lay, *adj* inscrutable, impenetrable

impensabile, im-pen-**sah**-be-lay, *adj* unthinkable

impensato, im-pen-**sah**-to, *adj* unforeseen

impensierito, im-pen-se-ay-**ree**-to, *adj* worried

imperativo, im-pay-rah-**tee**-vo, *adj* imperative; *m* imperative

imperatore, -trice, im-pay-rah-**to**-ray, im-pay-rah-**tree**-chay, *m/f* emperor, empress

imperfetto, im-pay**r**-**fet**-to, *adj* imperfect; *m* imperfect

imperioso, im-pay-re'**o**-so, *adj* urgent, pressing; imperious

imperizia, im-pay-**ree**-tse'ah, *f* lack of experience

impermeabile, im-per-me'**ah**-bee-lay, *m* raincoat; *adj* waterproof

impero, im-**pay**-ro, *m* empire; rule

impersonale, im-pair-so-**nah**-lay, *adj* impersonal

impersonare, im-pair-so-**nah**-ray, *v* to personalify

imperterrito, im-pair-**tair**-re-to, *adj* fearless

impertinente, im-per-tee-**nen**-tay, *adj* impertinent

imperversare, im-pair-vair-**sah**-ray, *v* to rage

impeto, im-pay-to, *m* impetus, impulse

impetuoso, im-pay-too'**o**-so, *adj* impetuous; raging

impiantare, im-pe'ahn-**tah**-ray, *v* to install; to found

impianto, im-pe'**ahn**-to, *m* plant, installation
impiastricciare, im-pe'ahss-trit-**chah**-ray, *v* to smear
impiastro, im-pe'**ahss**-tro, *m* poultice; *fam* nuisance
impiccare, im-pick-**kah**-ray, *v* to hang
impicciare, im-pit-**chah**-ray, *v* to embarrass
impiccio, im-**pit**-cho, *m* embarrassment
impiegare, im-pe'ay-**gah**-ray, *v* to employ, to use; to spend (time)
impiegato, -a, im-pe'ay-**gah**-to, *m/f* clerk, employee
impiego, im-pe'**ay**-go, *m* employment; post, job
impietosire, im-pe'ay-to-**zee**-ray, *v* to move to pity
impietrire, im-pe'ay-**tree**-ray, *v* to petrify
impigliare, im-pe-l'**yah**-ray, *v* to entangle
impigrire, im-pe-**gree**-ray, *v* to become indolent
implacabile, im-plah-kah-**bee**-lay, *adj* implacable
implicare, im-ple-**kah**-ray, *v* to implicate
implicito, im-**plee**-che-to, *adj* implicit
impolverare, im-pol-vay-**rah**-ray, *v* to cover with dust
imponente, im-po-**nen**-tay, *adj* imposing
imponibile, im-po-nee-**bee**-lay, *adj* taxable
impopolare, im-po-po-**lah**-ray, *adj* unpopular
imporre, im-**por**-ray, *v* to impose
imporsi, im-**por**-se, *v* to assert oneself; to become necessary
importante, im-por-**tahn**-tay, *adj* important
importanza, im-por-**tahn**-tsah, *f* importance
importare, im-por-**tah**-ray, *v* to import; to matter
importo, im-**por**-to, *m* total amount, sum
importunare, im-por-too-**nah**-ray, *v* to disturb, to bother
impossessarsi, im-pos-says-**sar**-se, *v* – **di,** to take possession of, to seize
impossibile, im-pos-see-**bee**-lay, *adj* impossible
imposta, im-**poss**-tah, *f* duty, tax; shutter
impostare, im-poss-**tah**-ray, *v* to post; to organize; to set out
impostore, -a, im-poss-**tor**-ay, *m/f* impostor
impotente, im-po-**ten**-tay, *adj* powerless; impotent
impratichirsi, im-prah-te-**keer**-se, *v* to practise
imprecare, im-pray-**kah**-ray, *v* to curse
impregnare, im-pray-n'**yah**-ray, *v* to impregnate
imprendere, im-**pren**-day-ray, *v* to undertake
imprenditore, im-pren-de-**tor**-ay, *m* entrepreneur; contractor
impresa, im-**pray**-zah, *f* undertaking, enterprise; exploit; firm
impresario, -a, im-pray-**za**-re'o, *m/f* theatre manager
impressionare, im-pres-se'o-**nah**-ray, *v* to impress; to upset
impressione, im-pres-se'o-nay, *f* impression
imprestare, im-pres-**tah**-ray, *v* to lend
impreveduto, im-pray-vay-**doo**-to, *adj* unforeseen
imprevidente, im-pray-vee-**den**-tay, *adj* improvident
imprevisto, im-pray-**viss**-to, *adj* unexpected
imprigionamento, im-pre-jo-nah-**men**-to, *m* imprisonment
imprigionare, im-pre-jo-

nah-ray, *v* to imprison
imprimere, im-**pree**-may-ray, *v* to impress
improbabile, im-pro-**bah**-bee-lay, *adj* improbable
improduttivo, im-pro-doot-**tee**-vo, *adj* unproductive; unprofitable
impronta, im-**pron**-tah, *f* impression; footprint; mark
improperio, im-pro-**pay**-re'o, *m* insult, abuse
improprio, im-pro-pre'o, *adj* improper
improvvisare, im-prov-ve-**zah**-ray, *v* to improvise
improvvisata, im-prov-ve-**zah**-tah, *f* agreeable surprise
improvviso*, im-prov-**vee**-zo, *adj* sudden, unexpected
imprudente, im-proo-**den**-tay, *adj* careless; unwise
impugnare, im-poo-n'**yah**-ray, *v* to seize; to contest
impugnatura, im-poo-n'yah-**too**-rah, *f* hilt; handle
impulsivo*, im-pool-**see**-vo, *adj* impulsive
impulso, im-**pool**-so, *m* impulse
impuntarsi, im-poonn-**tar**-se, *v* to be obstinate
impuro, im-**poo**-ro, *adj* impure
imputare, im-poo-**tah**-ray, *v* to attribute; *law* to charge
imputato, -a, im-poo-**tah**-to, *m/f law* defendant, accused
in, in, *prep* in; into; on; upon; at; within
inabile, in-**ah**-be-lay, *adj* unfit; disable
inabitato, in-ah-be-**tah**-to, *adj* uninhabited
inaccessibile, in-aht-ches-**see**-be-lay, *adj* inaccessible
inaccettabile, in-aht-chet-**tah**-be-lay, *adj* unacceptable
inadeguato*, in-ah-day-goo'**ah**-to, *adj* inadequate
inalare, in-ah-**lah**-ray, *v* to inhale
inalberare, in-ahl-bay-**rah**-ray, *v naut* to hoist
inalterabile, in-ahl-tay-**rah**-be-lay, *adj* unalterable
inamidare, in-ah-me-**dah**-ray, *v* to starch
inanimato, in-ah-ne-**mah**-to, *adj* inanimate; lifeless
inappagato, in-ahp-pah-**gah**-to, *adj* unfulfilled
inappetenza, in-ahp-pay-**tent**-tsah, *f* lack of appetite
inappuntabile, in-ahp-poon-**tah**-be-lay, *adj* irreproachable
inarcare, in-**ar**-**kah**-ray, *v* to arch
inaridire, in-ah-re-**dee**-ray, *v* to dry up
inaspettato*, in-ahss-pet-**tah**-to, *adj* unexpected
inasprire, in-ahss-**pree**-ray, *v* to irritate; to make harsher
inatteso, in-aht-**tay**-zo, *adj* unexpected
inattuabile, in-aht-too'**ah**-be-lay, *adj* impracticable
inaudito, in-ah'oo-**dee**-to, *adj* unheard of
inaugurare, in-ah'oo-goo-**rah**-ray, *v* to inaugurate
incagliare, in-kah-l'**yah**-ray, *v naut* to run aground
incallito, in-kahl-**lee**-to, *adj* hardened
incalzare, in-kahl-**tsah**-ray, *v* to pursue
incamminarsi, in-kahm-me-**nar**-se, *v* to set out
incandescente, in-kahn-day-**shen**-tay, *adj* incandescent, white-hot
incantare, in-kahn-**tah**-ray, *v* to enchant
incantevole, in-kahn-**tay**-vo-lay, *adj* enchanting
incanto, in-**kahn**-to, *m* spell; auction

incanutire, in-kah-noo-**tee**-ray, *v* to go white
incapace, in-kah-**pah**-chay, *adj* incapable, unable
incapacità, in-kah-pah-che-**tah**, *f* incapacity, inability
incarcerare, in-kar-chay-**rah**-ray, *v* to imprison
incarcerazione, in-kar-chay-rah-tse'**o**-nay, *f* imprisonment
incaricare, in-kah-re-**kah**-ray, *v* to entrust
incaricato, in-kah-re-**kah**-to, *adj* responsible, in charge
incarico, in-**kah**-re-ko, *m* task; charge; post
incarnare, in-kar-**nah**-ray, *v* to embody
incarnarsi, in-kar-**nar**-se, *v* to incarnate
incartamento, in-kar-tah-**men**-to, *m* file
incartare, in-kar-**tah**-ray, *v* to wrap up in paper
incassare, in-kahss-**sah**-ray, *v* to receive; to cash; to pack (in cases); (gem) to set
incasso, in-**kahss**-so, *m* takings
incastrare, in-kahss-**trah**-ray, *v* to fit in; to trap
incastro, in-**kahss**-tro, *m* groove
incatenare, in-kah-tay-**nah**-ray, *v* to chain
incatramare, in-kah-trah-**mah**-ray, *v* to tar
incauto*, in-**kah**'oo-to, *adj* imprudent
incavare, in-kah-**vah**-ray, *v* to hollow out
incavo, in-kah-vo, *m* notch; hollow; groove
incazzato, in-kat-**tsah**-to, *adj vulg* pissed off
incendiare, in-chen-de'**ah**-ray, *v* to set fire to
incendio, in-**chen**-de'o, *m* fire; **– doloso,** arson
incenerire, in-chay-nay-**ree**-ray, *v* to incinerate
incenso, in-**chen**-so, *m* incense
incentivo, in-chen-**tee**-vo, *m* incentive
inceppare, in-chep-**pah**-ray, *v* to hinder; to jam
incerata, in-chay-**rah**-tah, *f* tarpaulin
incertezza, in-chai**r-tet**-tsah, *f* uncertainty
incerto, in-**chair**-to, *adj* uncertain; unsettled
incessante, in-chess-**sahn**-tay, *adj* incessant
incesto, in-**ches**-to, *m* incest
incetta, in-**chet**-tah, *f* hoarding; **fare – di,** to stockpile, to corner
inchiesta, in-ke'**ess**-tah, *f* inquest; inquiry, investigation
inchinarsi, in-ke-**nar**-se, *v* to bow; to curtsey
inchino, in-**kee**-no, *m* bow, curtsey
inchiodare, in-ke'o-**dah**-ray, *v* to nail
inchiostro, in-ke'**oss**-tro, *m* ink
inciampare, in-chahm-**pah**-ray, *v* to stumble
inciampo, in-**chahm**-po, *m* obstacle
incidente, in-che-**den**-tay, *m* accident; incident; **– aereo,** plane crash
incidenza, in-che-**den**-tsah, *f* effect; **angolo d'–,** angle of incidence
incidere, in-**chee**-day-ray, *v* to cut, to engrave; *mus* to record
incinta, in-**chin**-tah, *adj* pregnant
incipriarsi, in-che-pre'**ar**-se, *v* to powder one's face
incirca, in-**cheer**-kah, *adv* **all'–,** approximately
incisione, in-che-ze'**o**-nay, *f* engraving; incision; *mus* recording
incisore, in-che-**zor**-ay, *m* engraver
incitamento, in-che-tah-**men**-to, *m* incitement
incitare, in-che-**tah**-ray, *v*

to incite
incivile, in-che-**vee**-lay, *adj* impolite; uncivilized
inclinare, in-kle-**nah**-ray, *v* to incline; to tilt, to tip
inclinazione, in-kle-nah-tse'**o**-nay, *f* inclination; slope; gradient
incline, in-**klee**-nay, *adj* – **a,** inclined to, prone to
includere, in-**kloo**-day-ray, *v* to include; to enclose
incluso, in-**kloo**-zo, *adj* included; enclosed
incoerente*, in-ko-ay-**ren**-tay, *adj* incoherent
incognito, in-**ko**-ny-to, *adj* unknown; **mantenere l'–,** to remain incognito
incollare, in-koll-**lah**-ray, *v* to stick; to glue
incolore, in-ko-**lo**-ray, *adj* colourless
incolpare, in-koll-**pah**-ray, *v* to blame; to accuse
incolto, in-**koll**-to, *adj* uncultivated; *fig* rough, uneducated
incolume, in-**ko**-loo-may, *adj* unharmed, safe and sound
incombente, in-kom-**ben**-tay, *adj* impending
incombenza, in-kom-**ben**-tsah, *f* task; errand
incominciare, in-kom-men-**chah**-ray, *v* to begin, to start
incomodare, in-ko-mo-**dah**-ray, *v* to inconvenience
incomodo, in-**ko**-mo-do, *m* inconvenience; trouble
incomparabile*, in-kom-pa-**rah**-be-lay, *adj* incomparable
incompatibile*, in-kom-pah-**tee**-be-lay, *adj* incompatible
incompetente, in-kom-pay-**ten**-tay, *adj* incompetent
incompiuto, in-kom-pe'**oo**-to, *adj* unfinished
incompleto, in-kom-**play**-to, *adj* incomplete
incomprensibile*, in-kom-pren-**see**-be-lay, *adj* incomprehensible
inconcepibile, in-kon-chay-**pee**-be-lay, *adj* inconceivable
incondizionato*, in-kon-dee-tse'o-**nah**-to, *adj* unconditional
inconfondibile*, in-kon-fon-**dee**-be-lay, *adj* unmistakable
inconsapevole*, in-kon-sah-**pay**-vo-lay, *adj* unaware
inconscio*, in-**kon**-sho, *adj* unconscious, unaware
inconsistente, in-kon-siss-**ten**-tay, *adj* inconsistent
inconsolabile, in-kon-so-**lah**-be-lay, *adj* inconsolable
inconsueto, in-kon-soo'**ay**-to, *adj* unusual
inconsulto, in-kon-**soll**-to, *adj* hasty, rash
incontentabile, in-kon-ten-**tah**-be-lay, *adj* insatiable; hard to please
incontrare, in-kon-**trah**-ray, *v* to meet; to come up against
incontro, in-**kon**-tro, *m* meeting; encounter; (sport) match; *prep* – **a,** towards
inconveniente, in-kon-vay-ne'**ayn**-tay, *m* setback; disadvantage
incoraggiamento, in-ko-rahd-jah-**men**-to, *m* encouragement
incoraggiare, in-ko-rah-**jah**-ray, *v* to encourage
incorniciare, in-**kor**-ne-**chah**-ray, *v* to frame
incoronare, in-ko-ro-**nah**-ray, *v* to crown
incoronazione, in-ko-ro-nah-tse'**o**-nay, *f* coronation
incorporare, in-**kor**-po-**rah**-ray, *v* to incorporate

incorreggibile*, in-kor-red-**jee**-be-lay, *adj* incorrigible
incorrere, in-**kor**-ray-ray, *v* to incur
incorruttibile, in-kor-root-**tee**-be-lay, *adj* incorruptible
incosciente*, in-ko-she'**en**-tay, *adj* unconscious
incostante, in-koss-**tahn**-tay, *adj* inconstant; inconsistent
incostanza, in-koss-**tahn**-tsah, *f* fickleness
incredibile*, in-kray-**dee**-be-lay, *adj* incredible
incredulo, in-**kray**-doo-lo, *adj* incredulous
incremento, in-kray-**men**-to, *m* increment, rise
increspare, in-kress-**pah**-ray, *v* to curl; to ripple
incriminare, in-kree-mee-**nah**-ray, *v law* to charge
incrinare, in-kree-**nah**-ray, *v* to crack
incrociare, in-kro-**chah**-ray, *v* to cross; to cruise
incrociatore, in-kro-chah-**tor**-ay, *m* cruiser
incrocio, in-**kro**-cho, *m* crossing; crossroads
incrollabile, in-krol-**lah**-be-lay, *adj* unshakeable
incrostare, in-kross-**tah**-ray, *v* to encrust
incruento, in-kroo'**en**-to, *adj* bloodless
incubatrice, in-koo-bah-**tree**-chay, *f* incubator
incubo, in-koo-bo, *m* nightmare
incudine, in-**koo**-de-nay, *f* anvil
inculcare, in-kool-**kah**-ray, *v* to inculcate
incurabile, in-koo-**rah**-be-lay, *adj* incurable
incurante, in-koo-**rahn**-tay, *adj* heedless
incuria, in-**koo**-re'ah, *f* negligence, carelessness
incuriosito, in-kooh-ree'o-**see**-to, *adj* curious
incursione, in-koo**hr**-se'o-nay, *f* raid
incurvare, in-koo**hr**-**vah**-ray, *v* to bend
incustodito, in-kooss-to-**dee**-to, *adj* unguarded, unattended
incutere, in-**koo**-tay-ray, *v* to induce
indaco, in-dah-ko, *m* indigo
indaffarato, in-dahf-fah-**rah**-to, *adj* busy
indagare, in-dah-**gah**-ray, *v* to investigate
indagine, in-**dah**-je-nay, *f* research, enquiry
indebitarsi, in-day-be-**tar**-se, *v* to run into debts
indebito*, in-**day**-be-to, *adj* undue; undeserved
indebolire, in-day-bo-**lee**-ray, *v* to weaken
indecente*, in-day-**chen**-tay, *adj* indecent
indecenza, in-day-**chen**-tsah, *f* indecency
indecisione, in-day-che-ze'**o**-nay, *f* indecision
indeciso, in-day-**chee**-zo, *adj* undecided; indecisive
indefesso, in-day-**fess**-so, *adj* untiring
indefinito, in-day-fee-**nee**-to, *adj* undefined; indefinite
indegno*, in-**day**-n'yo, *adj* unworthy; shameful
indemoniato, in-day-mo-ne'**ah**-to, *adj* possessed; *m* one possessed
indenne, in-**den**-nay, *adj* undamaged
indennità, in-den-ne-**tah**, *f* indemnity; **– di trasferta,** travel allowance
indennizzare, in-den-nid-**dzah**-ray, *v* to indemnify, to compensate
indesiderabile, in-day-ze-day-**rah**-be-lay, *adj* undesirable
indeterminato, in-day-tay**r**-mee-**nah**-to, *adj* indefinite, unspecified
India, in-de'ah, *f* India

indiano, in-de-**ah**-no, *adj* Indian
indicare, in-de-**kah**-ray, *v* to indicate, to point out
indicatore, in-de-kah-**tor**-ay, *m tech* gauge, indicator
indicazione, in-de-kah-tse'**o**-nay, *f* indication; information; **indicazioni**, directions
indice, in-de-chay, *m* index; forefinger; table of contents; *fig* sign
indicibile*, in-de-**chee**-be-lay, *adj* unutterable, inexpressible
indietreggiare, in-de'ay-tred-**jah**-ray, *v* to draw back; *mil* to retreat
indietro, in-de'**ay**-tro, *adv* backwards
indifeso, in-de-**fay**-zo, *adj* undefended
indifferente*, in-deef-fay-**ren**-tay, *adj* indifferent
indifferenza, in-deef-fay-**ren**-tsah, *f* indifference
indigeno, -a, in-**dee**-jay-no, *adj* native; *m/f* native
indigente, in-de-**jen**-tay, *adj* poor, destitute; *m/f* needy person, pauper
indigenza, in-de-**jen**-tsah, *f* destitution
indigestione, in-de-jay-ste'**o**-nay, *f* indigestion
indigesto, in-de-**jess**-to, *adj* indigestible
indignato, in-de-**n'yah**-to, *adj* indignant
indipendente*, in-de-pen-**den**-tay, *adj* independent
indire, in-**dee**-ray, *v* to announce; (elections) to call
indiretto, in-de-**ret**-to, *adj* indirect
indirizzare, in-de-rit-**tsah**-ray, *v* to direct; to address
indirizzo, in-de-**rit**-tso, *m* address; trend, direction
indisciplinato, in-de-shee-plee-**nah**-to, *adj* undisciplined, unruly
indiscreto, in-diss-**kray**-to, *adj* indiscreet
indiscutibile*, in-diss-koo-**tee**-be-lay, *adj* unquestionable
indispensabile, in-diss-pen-**sah**-be-lay, *adj* indispensable
indisporre, in-diss-**por**-ray, *v* to antagonize
indisposto, in-diss-**poss**-to, *adj* indisposed, unwell
indissolubile*, in-diss-so-**loo**-be-lay, *adj* indissoluble
indistruttibile, in-diss-troot-**tee**-be-lay, *adj* indestructible
indivia, in-**dee**-ve'ah, *f* endive
individuale, in-de-vee-doo-**ah**-lay, *adj* individual
individuare, in-de-vee-doo-**ah**-ray, *v* to identify, to locate
individuo, in-de-**vee**-doo'o, *m* individual
indivisibile, in-de-ve-**zee**-be-lay, *adj* indivisible
indiziato, -a, in-dee-tse'**ah**-to, *m/f* suspect
indizio, in-**dee**-tse'o, *m* indication; clue
indole, in-do-lay, *f* nature; bent, disposition
indolente, in-do-**len**-tay, *adj* indolent, lazy
indolenza, in-do-**len**-tsah, *f* indolence
indolenzimento, in-do-len-tse-**men**-to, *m* numbness, stiffness
indolore, in-do-**lo**-ray, *adj* painless
indomani, in-do-**mah**-ne, *m* **l'–,** the next day
indomito, in-**do**-meeh-to, *adj* indomitable
indorare, in-do-**rah**-ray, *v* **– la pillola,** to sugar the pill
indossare, in-doss-**sah**-ray, *v* to put on; to wear
indossatore, -trice, in-doss-sah-**to**-ray, in-doss-

sah-**tree**-chay, *m/f* model
indovinare, in-do-ve-**nah**-ray, *v* to guess; to predict
indovinello, in-do-ve-**nell**-lo, *m* riddle
indovino, -a, in-do-**vee**-no, *m/f* fortune-teller
indubbio*, in-**doob**-be'o, *adj* undoubted
indugiare, in-doo-**jah**-ray, *v* to delay
indugio, in-**doo**-jo, *m* delay; hesitation
indulgente, in-dool-**jen**-tay, *adj* indulgent
indulgere, in-**dool**-jay-ray, *v* to pardon; to indulge
indumento, in-doo-**men**-to, *m* item of clothing
indurire, in-doo-**ree**-ray, *v* to harden
indurre, in-**doohr**-ray, *v* to induce
industria, in-**dooss**-tre-ah, *f* industry
industriale, in-dooss-tre-**ah**-lay, *m/f* industrialist, *adj* industrial
ineccepibile, in-ayt-chay-**pee**-be-lay, *adj* exemplary
inedia, in-**ay**-de'ah, *f* starvation
inedito, in-**ay**-de-to, *adj* unpublished
inefficace, in-ef-fe-**kah**-chay, *adj* ineffective
inefficiente, in-ef-fe-**chen**-tay, *adj* inefficient
ineguaglianza, in-ay-goo'ah-**ll'yan**-tsah, *f* inequality; unevenness
ineguale, in-ay-goo'**ah**-lay, *adj* unequal; uneven
inerente*, in-ay-**ren**-tay, *adj* inherent
inerme, in-**air**-may, *adj* unarmed
inerzia, in-**air**-tse'ah, *f* inertia
inesatto, in-ay-**zaht**-to, *adj* inexact, incorrect
inesauribile*, in-ay-zah'oo-**ree**-be-lay, *adj* inexhaustible
inescusabile, in-ess-koo-**zah**-be-lay, *adj* inexcusable
inesistente, in-ay-ze-**sten**-tay, *adj* non-existent
inesorabile*, in-ay-zo-**rah**-be-lay, *adj* inexorable, relentless
inesperto, in-ess-**pair**-to, *adj* inexpert
inesplicabile*, in-ess-ple-**kah**-be-lay, *adj* inexplicable
inesprimibile, in-ess-pre-**mee**-be-lay, *adj* inexpressible
inespugnabile, in-ess-poo-n'**yah**-be-lay, *adj* impregnable
inetto, in-**et**-to, *adj* inept; incompetent
inevitabile, in-ay-vee-**tah**-be-lay, *adj* inevitable
inezia, in-**ay**-tse'ah, *f* trifle
infallibile, in-fahl-**lee**-be-lay, *adj* infallible
infamante, in-fah-**mahn**-tay, *adj* defamatory
infame, in-**fah**-may, *adj* vile, wicked, infamous
infantile, in-fahn-**tee**-lay, *adj* childlike; infantile; **asilo –,** nursery school
infanzia, in-**fahn**-tse'ah, *f* childhood; infancy
infarcire, in-far-**chee**-ray, *v* to stuff
infarinare, in-fah-re-**nah**-ray, *v* to sprinkle/cover with flour
infarinatura, in-fah-re-nah-**too**-rah, *f* smuttering
infarto, in-**fahr**-to, *m* heart attack
infastidire, in-fahss-te-**dee**-ray, *v* to annoy, to bother
infaticabile, in-fah-te-**kah**-be-lay, *adj* untiring
infatti, in-**faht**-te, *adv* in fact, actually
infatuato, in-fah-too'**ah**-to, *adj* infatuated
infausto, in-**fah**'ooss-to, *adj* unfavourable, unlucky
infecondo, in-fay-**kon**-do, *adj* infertile, barren

infedele, in-fay-**day**-lay, *adj* unfaithful
infelice*, in-fay-**lee**-chay, *adj* miserable, unhappy
inferiore, in-fay-ree'**o**-ray, *adj* inferior
inferire, in-fay-**ree**-ray, *v* to infer
infermeria, in-fair-may-**ree**-ah, *f* infirmary, sick bay
infermiera, in-fair-me'**ay**-rah, *f* nurse
infermiere, in-fair-me'**ay**-ray, *m* male nurse
infermità, in-fair-mee-**tah**, *f* infirmity; illness
infermo, -a, in-**fair**-mo, *adj* sick; *m/f* invalid
infernale, in-fair-**nah**-lay, *adj* infernal
inferno, in-**fair**-no, *m* hell
inferocire, in-fay-ro-**chee**-ray, *v* to infuriate
inferriata, in-fair-re'**ah**-tah, *f* grating
infestare, in-fess-**tah**-ray, *v* to infest
infettare, in-fet-**tah**-ray, *v* to infect
infezione, in-fay-tse'**o**-nay, *f* infection, contagion
infiammabile, in-fee'am-**mah**-be-lay, *adj* inflammable
infiammarsi, in-fee'am-**mar**-se, *v med* to become inflamed
infido, in-fe-do, *adj* unfaithful; unreliable
infierire, in-fe'ay-**ree**-ray, *v* to rage; **– su,** to attack savagely
infiggere, in-**feed**-jay-ray, *v* to drive in
infilare, in-fe-**lah**-ray, *v* (needle) to thread; (key) to insert; (jacket) to put on; (street) to turn into
infilzare, in-feel-**tsah**-ray, *v* to string; to pierce
infimo, in-fe-mo, *adj* lowest
infine, in-**fee**-nay, *adv* finally, at last
infinità, in-fe-ne-**tah**, *f* infinity
infinito, in-fe-**nee**-to, *adj** boundless, unlimited; *m* infinite; *gram* infinitive
infinocchiare, in-fe-nock-ke'**ah**-ray, *v* to fool
inflazione, in-flah-tse'**o**-nay, *f* inflation
infliggere, in-**fleed**-jay-ray, *v* to inflict, to impose
influenza, in-floo-**en**-tsah, *f* influence; influenza
influenzare, in-floo-en-**tsah**-ray, *v* to influence
influsso, in-**flooss**-so, *m* influence
infondato, in-fon-**dah**-to, *adj* unfounded
infondere, in-**fon**-day-ray, *v* to infuse
informare, in-**for**-**mah**-ray, *v* to inform
informatica, in-**for**-**mah**-tee-kah, *f* computer science
informazione, in-**for**-mah-tse'**o**-nay, *f* piece of information
informe, in-**for**-may, *adj* shapeless
infornare, in-**for**-**nah**-ray, *v* to put in the oven
infortunio, in-**for**-**too**-ne'o, *m* accident
infossato, in-foss-**sah**-to, *adj* sunken, hollow
infradiciarsi, in-frah-de-**char**-se, *v* to get soaked; to rot
infrangere, in-**frahn**-jay-ray, *v* to infringe; to smash
infrazione, in-frah-tse'**o**-nay, *f* infringement
infreddarsi, in-fred-**dar**-se, *v* to catch cold
infreddatura, in-fred-dah-**too**-rah, *f* chill
infrequente, in-fray-**kwen**-tay, *adj* infrequent
infruttuoso*, in-froot-too'**o**-zo, *adj* fruitless
infuocato, in-foo'o-**kah**-to, *adj* red-hot
infuori, in-foo'**o**-ree, *adv* outwards; **all'– di,** apart

from
infuriato, in-foo-ree'**ah**-to, *adj* furious
infuso, in-**foo**-so, *m* infusion
ingaggiare, in-gahd-**jah**-ray, *v* to take on, to sign; *mil* to engage
ingannare, in-gahn-**nah**-ray, *v* to deceive; to trick
ingannevole, in-gahn-**nay**-vo-lay, *adj* deceptive, misleading
inganno, in-**gahn**-no, *m* deceit, deception; trick, swindle
ingarbugliare, in-gar-boo-l'**yah**-ray, *v* to tangle; *fig* to muddle
ingegnarsi, in-jay-n'**yar**-se, *v* to try one's best
ingegnere, in-jay-n'**yay**-ray, *m* engineer
ingegno, in-**jay**-n'yo, *m* skill; intelligence; ingenuity
ingegnoso*, in-jay-n'**yo**-so, *adj* ingenious, clever
ingelosire, in-jay-lo-**zee**-ray, *v* to make jealous
ingente, in-**jen**-tay, *adj* huge
ingenuità, in-jay-noo'e-**tah**, *f* ingenuousness
ingenuo*, in-**jay**-noo'o, *adj* ingenuous, naïve, innocent
ingerenza, in-jay-**ren**-tsah, *f* interference; charge
ingerirsi, in-jay-**reer**-se, *v* to meddle
ingessare, in-jess-**sah**-ray, *v* to put in plaster
Inghilterra, in-gheel-**tair**-rah, *f* England
inghiottire, in-ghe'ot-**tee**-ray, *v* to swallow, to gulp (down)
ingiallire, in-jahl-**lee**-ray, *v* to turn yellow
inginocchiarsi, in-je-nock-ke'**ar**-se, *v* to kneel (down)
ingiù, in-**joo**, *adv* downwards; down
ingiungere, in-**joonn**-jay-ray, *v* to enjoin
ingiunzione, in-joonn-tse'**o**-nay, *f* injunction
ingiuria, in-**joo**-re'ah, *f* insult, offence
ingiuriare, in-joo-re'**ah**-ray, *v* to insult; to abuse
ingiustizia, in-jooss-**tee**-tse'ah, *f* injustice, wrong
ingiusto*, in-**jooss**-to, *adj* unjust, unfair
inglese, in-**glay**-zay, *adj* English
ingoiare, in-go-**yah**-ray, *v* to swallow, to gulp (down)
ingolfarsi, in-gol-**far**-se, *v* (engine) to flood
ingombrare, in-gom-**brah**-ray, *v* to clutter up
ingombro, in-**gom**-bro, *m* obstacle
ingordigia, in-go**r**-**dee**-jah, *f* greediness, voracity
ingordo*, in-**gor**-do, *adj* greedy
ingorgarsi, in-go**r**-**gar**-se, *v* to get blocked
ingorgo, in-**gor**-go, *m* blockage; **– stradale,** traffic jam
ingozzare, in-got-**tsah**-ray, *v* to stuff (with food); to forcefeed
ingranaggio, in-grah-**nahd**-jo, *m* gear; mechanism
ingranare, in-grah-**nah**-ray, *v* to engage (gear)
ingrandimento, in-grahn-dee-**men**-to, *m* enlargement; expansion
ingrandire, in-grahn-**dee**-ray, *v* to enlarge; to expand
ingrassare, in-grahss-**sah**-ray, *v* to fatten; to get fat
ingratitudine, in-grah-te-**too**-de-nay, *f* ingratitude
ingrato, in-**grah**-to, *adj* ungrateful
ingraziarsi, in-grah-tse'**ar**-se, *v* to ingratiate
ingrediente, in-gray-de-**en**-tay, *m* ingredient
ingresso, in-**gress**-so, *m* entrance, entry; admission; **vietato l'–,**

no admittance
ingrossare, in-gross-**sah**-ray, *v* to increase, to swell
ingrosso, in-**gross**-so, *adv* **all'–,** wholesale
inguaribile, in-goo'ah-**ree**-be-lay, *adj* incurable
inguine, in-goo'e-nay, *m* groin
inibito, in-e-**bee**-to, *adj* inhibited
inibizione, in-e-bee-tse'**o**-nay, *f* inhibition
iniettare, in-e-ayt-**tah**-ray, *v* to inject
iniezione, in-e-ay-tse'**o**-nay, *f* injection
inimicarsi, e-ne-me-**kar**-se, *v* to make an enemy of
ininterrotto*, e-nin-tai**r**-**rot**-to, *adj* uninterrupted
iniquo*, in-**ee**-koo'o, *adj* iniquitous, wicked
iniziale, in-e-tse'**ah**-lay, *f* initial; *adj** initial
iniziare, in-e-tse'**ah**-ray, *v* to begin; **– a,** to initiate into
iniziativa, in-e-tse'ah-**tee**-vah, *f* initiative
inizio, in-**ee**-tse'o, *m* beginning
innaffiare, in-nahf-fe'**ah**-ray, *v* to water
innaffiatoio, in-nahf-fe'ah-**to**-e'o, *m* watering-can
innalzare, in-nahl-**tsah**-ray, *v* to raise, to erect
innamorarsi, in-nah-mo-**rar**-se, *v* to fall in love
innamorato, -a, in-nah-mo-**rah**-to, *adj* in love; *m/f* sweetheart
innanzi, in-**nann**-tse, *adv* ahead; before; *prep* in front of; before
innato, in-**nah**-to, *adj* innate
innegabile, in-nay-**gah**-be-lay, *adj* undeniable
innervosirsi, in-nai**r**-vo-**seer**-se, *v* to get irritated; to get worried
innestare, in-ness-**tah**-ray, *v* to graft
innesto, in-**ness**-to, *m* graft
inno, in-no, *m* hymn; anthem
innocente*, in-no-**chen**-tay, *adj* innocent; *law* not guilty
innocenza, in-no-**chen**-tsah, *f* innocence
innocuo*, in-**no**-koo'o, *adj* innocuous, harmless
innovare, in-no-**vah**-ray, *v* to innovate
innumerevole, in-noo-may-**ray**-vo-lay, *adj* innumerable, countless
inoculare, in-o-koo-**lah**-ray, *v* to inoculate
inodoro, in-o-**do**-ro, *adj* inodorous, scentless
inoltrare, in-oll-**trah**-ray, *v* to forward; to pass on
inoltrarsi, in-oll-**trar**-se, *v* to advance further
inoltrato, in-oll-**trah**-to, *adj* late
inoltre, in-**oll**-tray, *adv* besides, moreover
inondare, in-on-**dah**-ray, *v* to flood
inondazione, in-on-dah-tse'**o**-nay, *f* flood, flooding
inoperoso, in-o-pay-**ro**-zo, *adj* inactive; idle
inopinato*, in-o-pe-**nah**-to, *adj* unexpected
inopportuno*, in-op-por-**too**-no, *adj* ill-timed; inappropriate
inoppugnabile, in-op-poo-n'**yah**-be-lay, *adj* incontrovertible
inorgoglirsi, in-**or**-go-l'**yeer**-se, *v* to become proud
inorridire, in-**or**-re-**dee**-ray, *v* to horrify; to be horrified
inosservato, in-oss-sai**r**-**vah**-to, *adj* unnoticed
inossidabile, in-oss-se-**dah**-be-lay, *adj* stainless
inquadrare, in-koo'ah-**drah**-ray, *v* to frame
inquieto, in-koo'e-**ay**-to,

adj restless; worried
inquietudine, in-koo'e-ay-**too**-de-nay, *f* worry, uneasiness
inquilino, -a, in-koo'e-**lee**-no, *m/f* lodger; tenant
inquinare, in-koo'e-**nah**-ray, *v* to pollute
inquinamento, in-koo'e-nah-**men**-to, *m* pollution
inquisire, in-koo'e-**see**-ray, *v* to investigate
insaccati, in-sack-**kah**-tee, *mpl* sausages
insalata, in-sah-**lah**-tah, *f* lettuce; salad
insalatiera, in-sah-lah-te'**ay**-rah, *f* salad bowl
insalubre, in-sah-**loo**-bray, *adj* unhealthy
insanabile, in-sah-**nah**-be-lay, *adj* incurable
insanguinato, in-sahn-goo'e-**nah**-to, *adj* blood-stained
insania, in-**sah**-ne'ah, *f* insanity
insano, in-**sah**-no, *adj* insane; unhealthy
insaponare, in-sah-po-**nah**-ray, *v* to soap
insaputa, in-sah-**poo**-tah, *f* **all'– di,** without the knowledge of
inscenare, in-shay-**na**-ray, *v* to stage
inscindibile, in-shin-**dee**-be-lay, *adj* inseparable
inscrivere, in-**skree**-vay-ray, *v* to inscribe
insediamento, in-say-de'ah-**men**-to, *m* installation; settlement
insegna, in-**say**-n'yah, *f* sign; ensign, standard
insegnamento, in-say-n'yah-**men**-to, *m* teaching
insegnante, in-say-n'**yahn**-tay, *m/f* teacher
insegnare, in-say-n'**yah**-ray, *v* to teach
inseguimento, in-say-goo'e-**men**-to, *m* pursuit
inseguire, in-say-goo'**ee**-ray, *v* to pursue
insenatura, in-say-nah-**too**-rah, *f* inlet, creek
insensato*, in-sen-**sah**-to, *adj* foolish, senseless
insensibile*, in-sen-**see**-be-lay, *adj* insensitive
inseparabile, in-say-pah-**rah**-be-lay, *adj* inseparable
inserire, in-say-**ree**-ray, *v* to insert
inservibile, in-sair-**vee**-be-lay, *adj* useless
inserzione, in-sair-tse'o-nay, *f* advertisement; insertion
insetticida, in-set-te-**chee**-dah, *m* insecticide
insetto, in-**set**-to, *m* insect
insidia, in-**see**-de'ah, *f* snare; danger
insidioso*, in-se-de'**o**-zo, *adj* insidious
insieme, in-se-**ay**-may, *adv* together; at the same time; *prep* **–a,** together with; **l'–,** *m* the whole
insigne, in-**see**-n'yay, *adj* renowned
insignificante, in-se-n'yee-fee-**kahn**-tay, *adj* insignificant
insinuare, in-se-noo'**ah**-ray, *v* to insinuate
insipido*, in-**see**-pe-do, *adj* insipid, tasteless
insistere, in-**siss**-tay-ray, *v* to insist, to persist
insoddisfacente, in-sod-diss-fah-**chen**-tay, *adj* unsatisfactory
insoddisfatto, in-sod-diss-**faht**-to, *adj* dissatisfied
insofferente, in-soff-fay-**ren**-tay, *adj* impatient; intolerant
insolazione, in-so-lah-tse'**o**-nay, *f* sunstroke
insolente, in-so-**len**-tay, *adj* insolent
insolito*, in-**so**-le-to, *adj* unusual; rare
insolubile, in-so-**loo**-be-lay, *adj* insoluble
insolvenza, in-soll-**ven**-tsah, *f law* insolvency

insolvibile, in-soll-**vee**-be-lay, *adj law* insolvent
insomma, in-**som**-mah, *adv* in short; *interj* for heaven's sake
insonne, in-**son**-nay, *adj* sleepless
insonnia, in-**son**-ne'ah, *f* insomnia
insopportabile*, in-sop-**por-tah**-be-lay, *adj* unbearable
insorgere, in-**sor**-jay-ray, *v* to rebel
insospettirsi, in-soss-pet-**teer**-se, *v* to become suspicious
insostenibile, in-soss-tay-**nee**-be-lay, *adj* intolerable; untenable
insostituibile, in-soss-tee-too'**e**-be-lay, *adj* irreplaceable
insperabile, in-spay-**rah**-be-lay, *adj* hopeless
insperato, in-spay-**rah**-to, *adj* unhoped-for
inspiegabile, in-spe-ay-**gah**-be-lay, *adj* inexplicable
inspirare, in-spe-**rah**-ray, *v* to inhale
instabile, in-**stah**-be-lay, *adj* unstable; changeable
installare, in-stahl-**lah**-ray, *v* to install
installazione, in-stahl-lah-tse'**o**-nay, *f* installation
instancabile, in-stahn-**kah**-be-lay, *adj* tireless
instaurare, in-stah-oo-**rah**-ray, *v* to institute
instillare, in-stel-**lah**-ray, *v* to instil
insù, in-**soo**, *adv* upwards
insuccesso, in-soot-**chess**-so, *m* failure
insufficiente*, in-soof-fe-**chen**-tay, *adj* insufficient
insulina, in-soo-**lee**-na, *f* insulin
insulso*, in-**sool**-so, *adj* dull, silly
insultare, in-sool-**tah**-ray, *v* to insult
insulto, in-**sool**-to, *m* insult
insurrezione, in-soor-ray-tse'**o**-nay, *f* insurrection
intaccare, in-tahk-**kah**-ray, *v* to corrode; to damage
intagliare, in-tah-l'**yah**-ray, *v* to carve, to engrave
intanto, in-**tahn**-to, *adv* in the meantime
intarsio, in-**tar**-se'o, *m* marquetry; inlay
intasare, in-tah-**zah**-ray, *v* to block
intascare, in-tahss-**kah**-ray, *v* to pocket
intatto, in-**taht**-to, *adj* intact
intavolare, in-tah-vo-**lah**-ray, *v* to start, to enter into
integrale, in-tay-**grah**-lay, *adj* integral, essential; (bread, flour) wholemeal
integrare, in-tay-**grah**-ray, *v* to supplement; to integrate
integratori, in-tay-grah-**to**-ree, *mpl* nutritional supplements
integrità, in-tay-gre-**tah**, *f* integrity
integro*, in-tay-gro, *adj* upright; whole
intelaiatura, in-tay-lah-e'ah-**too**-rah, *f* framework
intelletto, in-tell-**let**-to, *m* intellect
intellettuale*, in-tell-let-too'**ah**-lay, *adj* intellectual
intelligente*, in-tell-le-**jen**-tay, *adj* intelligent
intelligenza, in-tell-le-**jen**-tsah, *f* intelligence
intelligibile, in-tell-le-**jee**-be-lay, *adj* intelligible
intemperanza, in-tem-pay-**rahn**-tsah, *f* intemperance
intemperie, in-tem-**pay**-re-ay, *fpl* bad weather
intendere, in-**ten**-day-ray, *v* to understand; to intend

intendersi, in-ten-**dair**-se, *v* to be in agreement with; to understand one another; **– di,** to be a connoisseur of
intensità, in-ten-se-**tah**, *f* intensity; violence
intenso*, in-**ten**-so, *adj* intense; strong
intento, in-**ten**-to, *m* aim, intent; *adj* intent
intenzionale*, in-ten-tse'o-**nah**-lay, *adj* intentional
interagire, in-tair-ah-**jee**-ray, *v* to interact
intercedere, in-tair-**chay**-day-ray, *v* to intervene
intercessione, in-tair-chess-se'o-nay, *f* intercession
intercettare, in-tair-chet-**tah**-ray, *v* to intercept
intercorrere, in-tair-kor-**ray**-ray, *v* to elapse
interdetto, in-tair-**det**-to, *adj* prohibited; dumbfounded; *m relig* interdict
interdire, in-tair-**dee**-ray, *v* to forbid; *relig* to interdict
interdizione, in-tair-de-tse'o-nay, *f* prohibition; *relig* interdict
interessante, in-tay-ress-**sahn**-tay, *adj* interesting
interessare, in-tay-ress-**sah**-ray, *v* to interest; to concern
interessato*, in-tay-ress-**sah**-to, *adj* interested, involved; self-interested
interesse, in-tay-**ress**-say, *m* interest; advantage
interfaccia, in-tair-**fach**-chah, *f* interface
interferire, in-tair-fay-**ree**-ray, *v* to interfere
interiore, in-tay-re'**or**-ay, *adj* inner; internal
interlocutore, -trice, in-tair-lo-koo-**to**-ray, in-tair-lo-koo-**tree**-chay, *m/f* speaker
interludio, in-tair-**loo**-de'o, *m* interlude
intermedio, in-tair-**may**-de'o, *adj* intermediate
intermezzo, in-tair-**med**-dzo, *m* interval; interlude
intermittente, in-tair-mit-**ten**-tay, *adj* intermittent
internazionale, in-tair-nah-tse'o-**nah**-lay, *adj* international
interno*, in-tair-no, *adj* internal; interior; *m* inside; **Ministero degli Interni,** Home Office
intero*, in-**tay**-ro, *adj* entire, whole; **per –,** in full
interpellare, in-tair-pel-**lah**-ray, *v* to consult; *parl* to question
interporre, in-tair-**porr**-ray, *v* to interpose
interpretare, in-tair-pray-**tah**-ray, *v* to interpret
interpretazione, in-tair-pray-tah-tse'**o**-nay, *f* interpretation
interprete, in-**tair**-pray-tay, *m/f* interpreter
interrato, in-tair-**rah**-to, *m* **piano –,** basement
interrogare, in-tair-ro-**gah**-ray, *v* to question; to examine
interrogatorio, in-tair-ro-gah-**tor**-e'o, *m* questioning
interrogazione, in-tair-ro-gah-tse'**o**-nay, *f* (school) oral examination; *parl* question
interrompere, in-tair-**rom**-pay-ray, *v* to interrupt; to cut off
interruttore, in-tair-root-**to**-ray, *m* switch
interruzione, in-tair-roo-tse'**o**-nay, *f* interruption; **senza –,** without a break
interurbana, in-tair-oor-**bah**-na, *f* long-distance call
intervallo, in-tair-**vahl**-lo, *m* interval
intervenire, in-tair-vay-**nee**-ray, *v* to intervene; *med* to operate

intervento, in-tair-**vayn**-to, *m* intervention; speech; *med* operation
intervista, in-tair-**viss**-tah, *f* interview
intervistare, in-tair-viss-**tah**-ray, *v* to interview
intesa, in-**tay**-zah, *f* understanding; agreement
intestare, in-tess-**tah**-ray, *v* – **a,** to address to; to register in the name of
intestino, in-tess-**tee**-no, *m* intestine; *adj* internal
intimare, in-te-**mah**-ray, *v* to order; – **lo sfratto,** to serve an eviction order
intimidatorio, in-te-me-dah-**to**-re'o, *adj* threatening
intimidire, in-te-me-**dee**-ray, *v* to intimidate
intimità, in-te-me-**tah**, *f* intimacy
intimo, in-te-mo, *adj* intimate; **biancheria intima,** underwear
intimorire, in-te-mo-**ree**-ray, *v* to frighten
intirizzito, in-te-rit-**tsee**-to, *adj* numb with cold
intitolare, in-te-to-**lah**-ray, *v* to entitle; to dedicate; to give a title to
intollerabile, in-toll-lay-**rah**-be-lay, *adj* intolerable
intollerante, in-toll-lay-**rahn**-tay, *adj* intolerant
intolleranza, in-toll-lay-**rahn**-tsah, *f* intolerance
intonacare, in-to-nah-**kah**-ray, *v* to plaster
intonare, in-to-**nah**-ray, *v* to match (colours); to sing the opening bars of
intonazione, in-to-nah-tse'**o**-nay, *f* intonation; pitch
intontito, in-ton-**tee**-to, *adj* dazed; dizzy
intoppo, in-**top**-po, *m* hindrance, obstruction
intorbidire, in-**tor**-be-**dee**-ray, *v* to make turbid/cloudy/muddy
intorno, in-**tor**-no, *adv* about, around; *prep* – **a,** around, about
intossicazione, in-tos-see-kah-tse'**o**-nay, *f* poisoning; – **alimentare,** food poisoning
intralciare, in-trahl-**chah**-ray, *v* to hamper
intrallazzare, in-trahl-lat-**tsah**-ray, *v* to intrigue, to scheme
intransigente*, in-trahn-ze-**jen**-tay, *adj* intransigent
intrappolare, in-trahp–po-**lah**-ray, *v* to trap
intraprendere, in-trah-**pren**-day-ray, *v* to undertake
intrattenere, in-traht-tay-**nay**-ray, *v* to entertain
intravedere, in-trah-vay-**day**-ray, *v* to catch a glimpse of
intrecciare, in-tret-**chah**-ray, *v* to interweave; to plait
intreccio, in-**tret**-cho, *m* plot; weave
intrepido*, in-**tray**-pe-do, *adj* fearless, dauntless
intricato, in-tre-**kah**-to, *adj* tangled; complicated
intrigare, in-tre-**gah**-ray, *v* to intrigue; to plot
intrigo, in-**tree**-go, *m* intrigue
intrinseco*, in-**trin**-say-ko, *adj* intrinsic
introdurre, in-tro-**doohr**-ray, *v* to introduce
introduzione, in-tro-doo-tse'**o**-nay, *f* introduction
introito, in-**tro**-ee-to, *m* revenue
intromettersi, in-tro-**met**-tair-se, *v* to meddle, to interfere
introverso, in-tro-**ver**-so, *adj* introvert
intrusione, in-troo-ze'**o**-nay, *f* intrusion
intruso, -a, in-**troo**-zo, *m/f* intruder
intuire, in-too'**ee**-ray, *v* to

realize; to know intuitively

intuitivo*, in-too'e-**tee**-vo, *adj* intuitive

intuizione, in-too'e-tse'o-nay, *f* intuition

inumano*, in-oo-**mah**-no, *adj* inhuman; pitiless

inumare, in-oo-**mah**-ray, *v* to inter

inumidire, in-oo-me-**dee**-ray, *v* to moisten

inusitato, in-oo-ze-**tah**-to, *adj* unusual

inutile, in-**oo**-te-lay, *adj* useless; needless

inutilmente, in-oo-til-**men**-tay, *adv* uselessly; unnecessarily

invadere, in-**vah**-day-ray, *v* to invade

invalidità, in-vah-le-de-**tah,** *f* disability; *law* invalidity

invalido, -a, in-**vah**-le-do, *adj** invalid, disabled; *m/f* disabled person; invalid

invano, in-**vah**-no, *adv* in vain, vainly

invariabile, in-vah-re-**ah**-be-lay, *adj* invariable

invasione, in-vah-ze'o-nay, *f* invasion

invasore, in-vah-**zor**-ay, *m* invader

invecchiare, in-vek-ke'**ah**-ray, *v* to grow old, to age

invece, in-**vay**-chay, *adv* instead

inveire, in-vay-**ee**-ray, *v* to inveigh

invendibile, in-ven-**dee**-be-lay, *adj* unsaleable

inventare, in-ven-**tah**-ray, *v* to invent, to devise

inventario, in-ven-**tah**-re'o, *m* inventory, list

inventore, -trice, in-ven-**tor**-ay, in-ven-**tree**-chay, *m/f* inventor

invenzione, in-ven-tse'o-nay, *f* invention

invernale, in-vair-**nah**-lay, *adj* wintry

inverno, in-**vair**-no, *m* winter; winter season

inverosimile, in-vay-ro-**see**-me-lay, *adj* unlikely, improbable

inversione, in-vair-se'o-nay, *f* inversion, U-turn

invertire, in-vair-**tee**-ray, *v* to invert

invertito, -a, in-vair-**tee**-to, *m/f* homosexual

investigare, in-vess-te-**gah**-ray, *v* to investigate

investigatore, -trice, in-vess-te-gah-**to**-ray, in-vess-te-gah-**tree**-chay, *m/f* detective

investimento, in-vess-te-**men**-to, *m* investment; knocking down

investire, in-vess-**tee**-ray, *v* to invest; (pedestrian) to run over

inviare, in-ve'**ah**-ray, *v* to send, to dispatch

inviato, -a, in-ve'**ah**-to, *m/f* envoy; (newspaper) correspondent

invidia, in-**vee**-de'ah, *f* envy

invidiabile, in-ve-de'**ah**-be-lay, *adj* enviable

invidiare, in-ve-de'**ah**-ray, *v* to envy

invidioso*, in-ve-de'o-zo, *adj* envious, invidious

invincibile, in-vin-**chee**-be-lay, *adj* invincible

invio, in-**vee**-o, *m* sending; consignment

inviolabile, in-ve'o-**lah**-be-lay, *adj* inviolable

invisibile, in-ve-**zee**-be-lay, *adj* invisible

invitare, in-ve-**tah**-ray, *v* to invite

invitato, -a, in-ve-**tah**-to, *m/f* guest

invito, in-**vee**-to, *m* invitation

invocare, in-vo-**kah**-ray, *v* to invoke, to call upon

invogliare, in-vo-**lyah**-ray, *v* to tempt, to induce

involontariamente, in-vo-lon-tah-re'ah-**men**-tay, *adv* unintentionally

involto, in-**voll**-to, *m* parcel, bundle

involucro, in-vo-**loo**-kro, *m* wrapping; outer cover
invulnerabile, in-voll-nay-**rah**-be-lay, *adj* invulnerable
inzaccherare, in-dzahk-kay-**rah**-ray, *v* to splash with mud
inzuppare, in-dzoop-**pah**-ray, *v* to soak; to dip
io, ee-o, *pron* I; **sono –,** it is me; **– stesso,** I myself; *m* **l'–,** the ego, the self
iodio, e'**o**-de-o, *m* iodine
ionizzazione, e'o-need-dza-tse'**o**-nay, *f* ionization
ipermercato, e-per-mer-**kah**-to, *m* hypermarket
ipertensione, e-per-ten-se'**o**-nay, *f* high blood pressure
ipnotismo, ip-no-**teess**-mo, *m* hypnotism
ipocrisia, e-po-kre-**see**-ah, *f* hypocrisy
ipocrita, e-**po**-kre-tah, *m/f* hypocrite; *adj** hypocritical
ipoteca, e-po-**tay**-kah, *f* mortgage
ipotecare, e-po-tay-**kah**-ray, *v* to mortgage
ipotesi, e-**po**-tay-ze, *f* hypothesis
ippopotamo, ip-po-**po**-tah-mo, *m* hippopotamus
ira, ee-rah, *f* anger
irascibile, e-rah-**shee**-be-lay, *adj* irascible, bad-tempered
iride, ee-re-day, *f* iris; rainbow
Irlanda, eer-**lahn**-dah, *f* Ireland
irlandese, eer-lahn-**day**-zay, *adj* Irish
ironia, e-ro-**nee**-ah, *f* irony
irradiare, eer-rah-de'**ah**-ray, *v* to radiate
irragionevole*, eer-rah-jo-**nay**-vo-lay, *adj* unreasonable
irrazionale, eer-rah-tse'o-**nah**-lay, *adj* irrational
irregolare, eer-ray-go-**lah**-ray, *adj* irregular
irregolarità, eer-ray-go-lah-re-**tah**, *f* irregularity
irremovibile, eer-ray-mo-**vee**-be-lay, *adj* unyielding; adamant
irreparabile*, eer-ray-pah-**rah**-be-lay, *adj* irreparable
irreprensibile*, eer-ray-pren-**see**-be-lay, *adj* blameless
irrequieto, eer-ray-kwee'**ay**-to, *adj* restless
irresistibile*, eer-ray-ziss-**tee**-be-lay, *adj* irresistible
irresoluto, eer-ray-zo-**loo**-to, *adj* wavering, irresolute
irrespirabile, eer-ray-spee-**rah**-be-lay, *adj* unbreathable; stifling
irrestringibile, eer-ray-strin-**jee**-be-lay, *adj* unshrinkable
irrevocabile*, eer-ray-vo-**kah**-be-lay, *adj* irrevocable
irrigare, eer-re-**gah**-ray, *v* to irrigate
irrigazione, eer-re-gah-tse'**o**-nay, *f* irrigation
irrigidirsi, eer-re-jee-**deer**-se, *v* to stiffen
irrilevante, eer-re-lay-**vahn**-tay, *adj* irrelevant
irrimediabile, eer-re-may-de'**ah**-be-lay, *adj* irremediable
irrispettoso, eer-re-spet-**to**-so, *adj* disrespectful
irritabile, eer-re-**tah**-be-lay, *adj* irritable
irritare, eer-re-**tah**-ray, *v* to irritate
irriverente, eer-re-vay-**ren**-tay, *adj* irreverent
irrompere, eer-**rom**-pay-ray, *v* **– in,** to burst into
irrorare, eer-ro-**rah**-ray, *v* to bathe; (fields) to spray
irruente, eer-roo-**en**-tay, *adj* impetuous
irruzione, eer-roo-tse'o-nay, *f* **fare –,** to burst

into
irsuto, eer-**soo**-to, *adj* hairy, bristly
irto, eer-to, *adj* – **di,** bristling with
iscrivere, iss-**kre**-ve-ray, *v* to enroll, to register
iscrizione, iss-kre-tse'**o**-nay, *f* inscription; enrolment, registration
islamico, ee-**zlah**-me-ko, *adj* Islamic
isola, ee-zo-lah, *f* island; – **pedonale,** pedestrian precinct
isolamento, e-zo-lah-**men**-to, *m* isolation; insulation
isolare, e-zo-**lah**-ray, *v* to isolate; to insulate
isolato, e-zo-**lah**-to, *m* block (of houses)
isolatore, e-zo-lah-**tor**-ay, *m* insulator
ispettore, -trice, iss-pet-**tor**-ay, iss-pet-**tree**-chay, *m/f* inspector
ispezionare, iss-pay-tse'o-**nah**-ray, *v* to inspect
ispezione, iss-pay-tse'**o**-nay, *f* inspection
ispirare, iss-pe-**rah**-ray, *v* to inspire
ispirazione, iss-pe-rah-tse'**o**-nay, *f* inspiration
istantaneo*, iss-tahn-**tah**-nay-o, *adj* instantaneous
istante, iss-**tahn**-tay, *m* instant; moment; **all'–, sull'–,** instantly
istanza, iss-**tahn**-tsah, *f* petition; *law* instance
isterico*, iss-**tay**-re-ko, *adj* hysterical
istigare, iss-te-**gah** ray, *v* to instigate
istigazione, iss-te-gah-tse'**o**-nay, *f* instigation
istintivo*, iss-tin-**tee**-vo, *adj* instinctive
istinto, iss-**tin**-to, *m* instinct
istituire, iss-te-too'**ee**-ray, *v* to institute; to establish
istituto, iss-te-**too**-to, *m* institute; college; institution
istitutore, -trice iss-te-too-**tor**-ay, iss-te-too-**tree**-chay, *m/f* tutor, governess; founder
istituzione, iss-te-too-tse'**o**-nay, *f* institution
istmo, eest-mo, *m* isthmus
istrice, eess-tree-chay, *m* porcupine
istruire, iss-troo-**ee**-ray, *v* to instruct; to educate; – **un processo,** to prepare a case
istruito, iss-troo'**ee**-to, *adj* learned, informed, educated
istruttivo*, iss-troot-**tee**-vo, *adj* instructive
istruttore, -trice, iss-troot-**to**-ray, iss-troot-**tree**-chay, *m/f* instructor; **giudice –,** examining magistrate
istruttoria, iss-troot-**to**-re'ah, *f law* preliminary investigation and hearing
istruzione, iss-troo-tse'**o**-nay, *f* instruction; **Ministero della pubblica –,** Ministry of Education
istupidire, iss-too-pe-**dee**-ray, *v* to daze; to stupefy
Italia, e-**tah**-le'ah, *f* Italy
italiano, e-tah-le'**ah**-no, *adj* Italian
itinerante, e-te-nay-**rahn**-tay, *adj* itinerant; travelling
itinerario, e-te-nay-**rah**-re'o, *m* itinerary; route
itterizia, it-tay-**ree**-tse'ah, *f* jaundice
iuta, e'**oo**-tah, *f* jute
IVA, ee-vah, *f* VAT

J

jazz, jaz, *m* jazz
jeans, jeenz, *mpl* jeans
jeep, jeep, *f* jeep
jolly, jol-lee, *m* (cards) joker
judo, joo-do, *m* judo
jukebox, jook-box, *m* jukebox
junior, e'**oo**-ne'o**r**, junior
juta, e'**oo**-tah, *f* jute

K

kaki, kah-kee, *adj* khaki
kamikaze, kah-mee-**kahd**-dzay, *m* kamikaze
kaputt, kah-**pootT**, *adj* kaput
karakiri, kah-rah-**kee**-ree, *m* hara-kiri
karatè, kah-rah-**tay**, *m* karate
kg, kee-lo-**gram**-mo, kg
kibbutz, keeb-**boots,** *m* kibbutz
killer, keel-ler, *m* killer
km, kee-**lo**-may-tro, km
know-how, nou-ahoo, *m* know-how
koala, ko-**ah**-lah, *m* koala
krapfen, kraf-fen, *m* doughnut

la, lah, *art* the; *pron* her; it; you (courtesy form); *m mus* A
là, lah, *adv* there; **qua e –,** here and there
labbro, lahb-bro, *m* lip
labile, lah-be-lay, *adj* ephemeral
labirinto, lah-be-**ren**-to, *m* labyrinth; maze
laboratorio, lah-bo-rah-**to**-re'o, *m* laboratory
laborioso, lah-bo-re'**o**-so, *adj* hard-working; laborious
laburista, lah-boo-**riss**-tah, *m/f* Labour party member; Labour supporter
lacca, lahk-kah, *f* lacquer, varnish; hairspray
laccio, laht-cho, *m* lace, string; **lacci delle scarpe,** shoelaces
lacerare, lah-chay-**rah**-ray, *v* to lacerate; to tear
lacrima, lah-kre-mah, *f* tear
lacrimare, lah-kre-**mah**-ray, *v* (eyes) to water; to cry
lacrimogeno, lah-kre-**moh**-jay-no, *adj* **gas –,** tear gas
lacuna, lah-**koo**-nah, *f* gap; blank
ladro, lah-dro, *m* thief
ladrocinio, lah-dro-**chee**-ne'o, *m* robbery
laggiù, lahd-**joo**, *adv* down there
lagnanza, lah-n'**yahn**-tsah, *f* complaint
lagnarsi, lah-n'**yar**-se, *v* to complain; to moan
lago, lah-go, *m* lake
lagrima, lah-gre-mah, *f* tear
laguna, lah-**goo**-nah, *f* lagoon
laico, -a, lah-e-ko, *adj* lay; *m/f* layman, laywoman
laido*, lah-e-do, *adj* filthy; obscene
L'Aja, lah-yah, *f* The Hague
lama, lah-mah, *f* blade; *m* (animal) llama; *relig* lama
lambiccarsi, lahm-beek-**kar**-se, *v* **– il cervello,** to rack one's brains
lambire, lahm-**bee**-ray, *v* (flames) to lick; (water) to lap
lamentare, lah-men-**tah**-ray, *v* to lament
lamentarsi, lah-men-**tar**-se, *v* complain
lamento, lah-**men**-to, *m* moan; lament
lamentoso, lah-men-**to**-so, *adj* plaintive, sad
lametta, lah-**met**-tah, *f* razor blade
lamiera, lah-me'**ay**-rah, *f* sheet (metal)
lamina, lah-me-nah, *f* thin sheet of metal
lampada, lahm-pah-dah, *f* lamp
lampadario, lahm-pah-

dah-re'o, *m* chandelier
lampadina, lahm-pah-**dee**-nah, *f* light bulb; **– tascabile,** torch
lampante, lahm-**pahn**-tay, *adj* obvious, crystal clear
lampeggiare, lahm-pej-**jah**-ray, *v* to flash; **lampeggia**, there's lightning
lampione, lahm-pe'**o**-nay, street lamp; lamppost
lampo, lahm-po, *m* lightning; flash; **cerniera –,** zip
lampone, lahm-**po**-nay, *f* raspberry
lana, lah-nah, *f* wool; **pura – vergine,** pure new wool
lancetta, lahn-**chet**-tah, *f* pointer; (clock, watch) hand
lancia, lahn-chah, *f* lance; launch
lanciare, lahn-**chah**-ray, *v* to hurl; to launch
lancinante, lahn-chee-**nahn**-tay, *adj* throbbing, piercing
lancio, lahn-cho, *m* throwing, flinging; launching; throw; **– del disco,** throwing the discus; **– del peso,** putting the shot
landa, lahn-dah, *f* heath, moor
languido*, lahn-goo'e-do, *adj* languid
languire, lahn-goo'**ee**-ray, *v* to languish; to flag
languore, lahn-goo'**o**-ray, *m* languor; faintness
lanificio, lah-nee-**fee**-cho, *m* wool mill
lanoso, lah-**no**-zo, *adj* woolly
lanterna, lahn-**tair**-nah, *f* lantern
lanugine, lah-**noo**-je-nay, *f* down; soft hair
lapidare, lah-pe-**dah**-ray, *v* to stone (to death)
lapide, lah-pe-day, *f* tombstone; plaque
lapilli, lah-**peel**-le, *mpl* ashes from volcano
lapis, lah-pis, *m* pencil
laptop, lahp-top, *m* laptop
lardo, lar-do, *m* lard
larghezza, lar-**ghet**-tsah, *f* width, breadth; generosity
largire, lar-**jee**-ray, *v* to give liberally
largo*, lar-go, *adj* wide, broad; *m mus* largo; *naut* open sea; **al – di,** off the coast of
larice, lah-ree-chay, *m* larch
laringe, lah-**reen**-jay, *f* larynx, windpipe
larva, lar-vah, *f* larva; zombie
lasagne, lah-**zah**-ny'ay, *fpl* lasagna
lasciare, lah-she'**ah**-ray, *v* to leave; to let
lasciarsi, lah-she'**ar**-se, *v* to part; to split up
lascito, lah-she-to, *m* legacy
lascivo, lah-**shee**-vo, *adj* wanton
laser, lah-ser, *adj* **raggio –,** laser beam
lassativo, lahss-sah-**tee**-vo, *adj* laxative; *m* laxative
lasso, lahss-so, *m* **– di tempo,** lapse of time
lassù, lahss-**soo**, *adv* up there
lastra, lahss-trah, *f* slab; sheet; plate; paving stone
lastrico, lahss-tre-ko, *m* paving; **essere sul –,** to be penniless
laterale, lah-te-**rah**-lay, *adj* lateral, side
latitante, lah-te-**tahn**-tay, *adj* absconding; *m/f* fugitive
latitudine, lah-te-**too**-de-nay, *f* latitude
lato, lah-to, *m* side; point of view; *adj* broad, wide; **in senso –,** broadly speaking
latore, -trice, lah-**tor**-ay, lah-**tree**-chay, *m/f* bearer

latrare, lah-**trah**-ray, *v* to bark
latrina, lah-**tree**-nah, *f* public lavatory
latta, laht-tah, *f* tin plate; can
lattaio, -a, laht-**tah**-e'o, *m/f* milkman, milkwoman
latte, laht-tay, *m* milk; – **detergente,** cleansing lotion; – **intero,** full-cream milk; – **magro/scremato,** skimmed milk
latteo, laht-tay-o, *adj* milky
latteria, laht-tay-**ree**-ah, *f* dairy
latticini, laht-te-**chee**-ne, *mpl* dairy products
lattina, laht-**tee**-nah, *f* can
lattuga, laht-**too**-gah, *f* lettuce
laurea, lah'oo-ray'ah, *f* degree
laurearsi, lah'oo-ray-**ar**-se, *v* to graduate
laureato, -a, lah'oo-ray-**ah**-to, *m/f* graduate
lauro, lah'oo-ro, *m* laurel
lauto*, lah'oo-to, *adj* lavish; sumptuous
lava, lah-vah, *f* lava
lavabile, lah-**vah**-be-lay, *adj* washable
lavabo, lah-**vah**-bo, *m* washbasin
lavaggio, lah-**vahj**-jo, *m* washing; – **auto,** car wash; – **del cervello,** brainwashing
lavagna, lah-**vah**-n'yah, *f* blackboard; slate
lavanda, lah-**vahn**-dah, *f* lavender; *med* wash; – **gastrica,** stomach pump
lavanderia, lah-vahn-day-**ree**-ah, *f* laundry, launderette; dry-cleaner's
lavandino, lah-vahn-**dee**-no, *m* sink
lavapiatti, lah-vah-pe'**at**-tee, *f* dishwasher
lavare, lah-**vah**-ray, *v* to wash; *fig* to cleanse, to purify
lavasecco, lah-vah-**sayk**-ko, *f* dry-cleaner's
lavastoviglie, lah-vah-sto-**vee**-ly'ay, *f* dishwasher
lavatrice, lah-vah-**tree**-chay, *f* washing machine
lavorante, lah-vo-**rahn**-tay, *m/f* worker; labourer
lavorare, lah-vo-**rah**-ray, *v* to work; to toil; – **a maglia,** to knit; – **in proprio,** to be self-employed
lavoro, lah-**vo**-ro, *m* work; job, task; labour; – **nero,** moonlighting; – **straordinario,** overtime
le, lay, *art* the; *pron* them; to her; to you (courtesy form)
leale, lay-**ah**-lay, *adj* loyal, faithful; fair
lealmente, lay-ahl-**men**-tay, *adv* loyally, faithfully
lealtà, lay-ahl-**tah**, *f* loyalty; fairness
lebbra, leb-brah, *f* leprosy
lebbroso, -a, leb-**bro**-zo, *adj* leprous; *m/f* leper
lecca lecca, leck-kah **leck**-kah, *m* lollipop
leccare, leck-**kah**-ray, *v* to lick; *fig* to flatter
leccata, leck-**kah**-tah, *f* lick
leccio, let-cho, *m* ilex
leccornia, leck-**kor**-ne'ah, *f* titbit, delicacy
lecito*, lay-che-to, *adj* permissible; legal
ledere, lay-day-ray, *v* to injure, to damage
lega, lay-gah, *f* league; alloy
legaccio, lay-**gaht**-cho, *m* lace, string
legale, lay-**gah**-lay, *adj* legal; *m/f* lawyer
legalizzare, lay-gah-lit-**tsah**-ray, *v* to legalize
legame, lay-**gah**-may, *m* bond; link
legare, lay-**gah**-ray, *v* to bind; to tie
legatario, -a, lay-gah-**tah**-re'o, *m/f* legatee

legato, lay-**gah**-to, *m law* legacy, bequest
legatura, lay-gah-**too**-rah, *f* (book) binding; *mus* ligature
legazione, lay-gah-tse'o-nay, *f* legation, embassy
legge, led-jay, *f* law
leggenda, led-**jen**-dah, *f* legend; (map, graph, etc.) key
leggere, led-jay-ray, *v* to read
leggero*, led-**jay**-ro, *adj* (weight) light; (pain) slight; (physique) nimble; (tea, coffee) weak
leggiadro, led-**jah**-dro, *adj* graceful, pretty
leggio, led-**jee**-o, *m* music stand; lectern; bookrest
legione, lay-je'**o**-nay, *f* legion
legislazione, lay-je-slah-tse'**o**-nay, *f* legislation
legittimo, lay-**jit**-te-mo, *adj* legitimate; justified; *law* **legittima difesa,** self-defence
legna, lay-n'yah, *f* firewood
legname, lay-n'**yah**-may, *m* timber
legno, lay-n'yo, *m* wood; piece of wood
legnoso, lay-n'**yo**-zo, *adj* woody; wooden
legumi, lay-**goo**-mee, *mpl* pulses
lei, lay-e, *pron* she; her; you (courtesy form)
lembo, lem-bo, *m* edge, strip; hem
lena, lay-nah, *f* stamina, energy
lenire, lay-**nee**-ray, *v* to soothe; to calm
lente, len-tay, *f* lens; **lenti a contatto,** contact lenses
lentezza, len-**ted**-dzah, *f* slowness, slackness
lenticchia, len-**tick**-ke'ah, *f* lentil
lentiggine, len-**tej**-jee-nay, *f* freckle
lento*, len-to, *adj* slow; loose; slack
lenza, len-tsah, *f* fishing line
lenzuolo, len-tsoo'**o**-lo, *m* bed-sheet
leone, lay-**o**-nay, *m* lion; **Leone,** Leo
leonessa, lay-o-**ness**-sah, *f* lioness
leopardo, lay-o-**par**-do, *m* leopard
lepre, lay-pray, *f* hare
lercio, lair-cho, *adj* filthy
lesbica, layz-zbee-kah, *f* lesbian
lesinare, lay-ze-**nah**-ray, *v* to be stingy with
lesione, lay-ze'**o**-nay, *f med* lesion; *law* injury
lessare, less-**sah**-ray, *v* to boil
lessico, less-e-ko, *m* lexis, vocabulary
lesso, less-so, *m* boiled meat; *adj* boiled
lesto*, less-to, *adj* quick, nimble, agile
letale, lay-**tah**-lay, *adj* lethal, deadly
letame, lay-**tah**-may, *m* dung, manure
letargo, lay-**tar**-go, *m* hibernation; lethargy
letizia, lay-**tee**-tse'ah, *f* joy
lettera, let-tay-rah, *f* letter; **– maiuscola,** capital letter; **– minuscola,** small letter; **– raccomandata,** recorded delivery
letterale*, let-tay-**rah**-lay, *adj* literal
letterario, let-tay-**rah**-re'o, *adj* literary
letterato, -a, let-tay-**rah**-to, *adj* learned; *m/f* scholar
letteratura, let-tay-rah-**too**-rah, *f* literature
lettiga, let-**tee**-gah, *f* stretcher; litter
letto, let-to, *m* bed
lettore, -trice, let-**tor**-ay, let-**tree**-chay, *m/f* reader
lettura, let-**too**-rah, *f* reading

leucemia, leoo-chay-**mee**-ah, *f* leukaemia
leva, lay-vah, *f* lever; conscription
levante, lay-**vahn**-tay, *m* east; east wind
levare, lay-**vah**-ray, *v* to take off; to raise, to lift
levarsi, lay-**var**-se, *v* to rise
levata, lay-**vah**-tah, *f* (mail) collection; *mil* reveille
levatoio, lay-vah-**to**-ee'o, *adj* **ponte –,** drawbridge
levatrice, lay-vah-**tree**-chay, *f* midwife
levigare, lay-ve-**gah**-ray, *v* to smooth; to sand; to polish
levriere, lay-vre-**ay**-ray, *m* greyhound
lezione, lay-tse'**o**-nay, *f* lesson
li, le, *pron* them
lì, le, *adv* there
libbra, lib-brah, *f* (weight) pound
libeccio, le-**bet**-cho, *m* south-west wind
libello, le-**bell**-lo, *m* libel
libellula, le-**bell**-loo-lah, *f* dragonfly
liberale, le-bay-**rah**-lay, *adj* liberal; *m/f* Liberal
liberare, le-bay-**rah**-ray, *v* to free; to release; to clear
libero*, lee-bay-ro, *adj* free; clear; vacant; **– professionista,** self employed person; freelancer
libertà, le-bair-**tah**, *f* freedom; liberty; **in – provvisoria,** released on bail; **in – vigilata,** on probation
libidine, le-**bee**-de-nay, *f* lust
libraio, -a, le-**brah**-e'o, *m/f* bookseller
libreria, le-bray-**ree**-ah, *f* bookshop; bookcase
libretto, le-**bret-to,** *m* booklet; *mus* libretto; **– degli assegni,** chequebook; **– di circolazione,** logbook; **– di risparmio,** bankbook
libro, lee-bro, *m* book; register
licenza, le-**chen**-tsah, *f* permission; (authorization) licence, permit; *mil* leave; school-leaving certificate; licentiousness
licenziamento, le-chen-tse'ah-**men**-to, *m* dismissal; redundancy
licenziare, le-chen-tse'**ah**-ray, *v* to dismiss; to make redundant
licenziarsi, le-chen-tse'**ar**-se, *v* to resign
liceo, le-**chay**-o, *m* secondary school
lichene, le-**kay**-nay, *m* lichen
lido, lee-do, *m* shore, beach
lieto*, le'**ay**-to, *adj* glad, merry
lieve*, le'**ay**-vay, *adj* light, soft; trifling
lievitare, le'ay-ve-**tah**-ray, *v* to rise; to leaven
lievito, le'**ay**-ve-to, *m* yeast; **– di birra,** brewer's yeast; **– in polvere,** baking powder
lignaggio, le-n'**yad**-jo, *m* lineage
lilla, lil-lah, *adj* (colour) lilac
lillà, lil-**lah**, *m* (plant) lilac
lima, lee-mah, *f* file
limaccioso, le-maht-**cho**-so, *adj* muddy; miry
limare, le-**mah**-ray, *v* to file; *fig* to polish
limitare, le-me-**tah**-ray, *v* to limit; to bound
limite, lee-me-tay, *m* limit; boundary
limonata, le-mo-**nah**-tah, *f* lemonade
limone, le-**mo**-nay, *m* lemon; lemon tree
limpido*, lim-pe-do, *adj* limpid, clear

lince, lin-chay, *f* lynx
linciare, lin-**chah**-ray, *v* to lynch
lindo, lin-do, *adj* clean, trim, tidy
linea, lee-nay-ah, *f* line; figure; **– aerea,** airline; **volo di –,** scheduled flight
lineamenti, le-nay-ah-**men**-te, *mpl* features
lineare, le-nay-**ah**-ray, *adj* linear; coherent
lineetta, le-nay-**ayt**-tah, *f* dash; hyphen
lingua, lin-goo'ah, *f* tongue; language; **– madre,** mother tongue
linguaggio, lin-goo'**ahd**-jo, *m* language
linguistica, lin-goo'**ee**-ste-ka, *f* linguistics
lino, lee-no, *m* (plant) flax; (fabric) linen
liquefare, le-kway-**fah**-ray, *v* to liquify; to melt
liquidare, le-kwe-**dah**-ray, *v* to liquidate; (goods) to sell off; (matter) to settle
liquido, lee-kwe-do, *m* liquid; *adj* liquid, fluid; **denaro –,** ready cash
liquirizia, le-kwe-**rit**-tse'ah, *f* liquorice
liquore, le-**kwo**-ray, *m* liqueur; **liquori,** spirits
lira, lee-rah, *f* (coin) lira; *mus* lyre; **– sterlina,** pound sterling
lirico, lee-re-ko, *adj* lyric, lyrical
Lisbona, le-**zbo**-nah, *f* Lisbon
lisca, liss-kah, *f* fishbone
lisciare, le-she'**ah**-ray, *v* to smooth; *fig* to flatter
liscio, lee-she-o, *adj* smooth, sleek; (hair) stright; (liqueur) neat
liso, lee-zo, *adj* threadbare
lista, liss-tah, *f* list; **– elettorale,** electoral roll
listino, liss-**tee**-no, *m* list; **– di borsa,** Stock Exchange listing; **– dei prezzi,** price list
lite, lee-tay, *f* quarrel; *law* lawsuit
litigare, le-te-**gah**-ray, *v* to quarrel; *law* to litigate
litigio, le-**tee**-jo, *m* dispute; quarrel
litorale, le-to-**rah**-lay, *m* coastline
litro, lee-tro, *m* litre
liuto, lee'oo-to, *m* lute
livellare, le-vell-**lah**-ray, *v* to level
livello, le-**vell**-lo, *m* level; standard
livido, lee-ve-do, *m* bruise; *adj* livid; bruised; (sky) leaden
livore, le-**vo**-ray, *m* grudge
livrea, le-**vray**-ah, *f* livery
lo, lo, *art* the; *pron* him; it
locale, lo-**kah**-lay, *adj* local; *m* room; premises; stopping train
località, lo-kah-le-**tah**, *f* locality; resort
localizzare, lo-kah-lid-**dzah**-ray, *v* to locate
locanda, lo-**kahn**-dah, *f* inn
locatario, -a, lo-kah-**tah**-re'o, *m/f* tenant
locazione, lo-kah-tse'**o**-nay, *f* renting; renting out; **contratto di –,** lease
locomotiva, lo-ko-mo-**tee**-vah, *f* locomotive, engine
locusta, lo-**kooss**-tah, *f* locust
locuzione, lo-koo-tse'**o**-nay, *f* phrase
lodare, lo-**dah**-ray, *v* to praise
lode, lo-day, *f* praise
lodevole*, lo-**de**-vo-lay, *adj* praiseworthy
logaritmo, lo-gah-**rit**-mo, *m* logarithm
loggia, lod-jah, *f* lodge
loggione, lod-**jo**-nay, *m* (theatre) the gods
logorare, lo-go-**rah**-ray, *v* to wear out
logoro, lo-go-ro, *adj* worn out; wasted
lombaggine, lom-**bahd**-je-nay, *f* lumbago

lombata, lom-**bah**-tah, *f* loin (of meat)
lombo, lom-bo, *m* loin
lombrico, lom-**bree**-ko, *m* earthworm
Londra, lon-drah, *f* London
longanime, lon-**gah**-ne-may, *adj* patient
longevo, lon-**jay**-vo, *adj* long-lived
longitudine, lon-je-**too**-de-nay, *f* longitude
lontananza, lon-tah-**nahn**-tsah, *f* distance; absence
lontano, lon-**tah**-no, *adj** far-away; distant; remote; *adv* far, a long way off; **più –,** farther
lontra, lon-trah, *f* otter
loquace, lo-**kwah**-chay, *adj* loquacious
lordo, lor-do, *adj* dirty, foul; gross; **peso –,** gross weight
loro, lo-ro, *pron* they; them; to them; theirs; *adj* their
lotta, lot-tah, *f* struggle; (sport) wrestling
lottare, lot-**tah**-ray, *v* to strive; to wrestle
lottatore, -trice, lot-tah-**tor**-ay, lot-tah-**tree**-chay, *m/f* wrestler
lotteria, lot-te-**ree**-ah, *f* lottery
lotto, lot-to, *m* lot; (piece of land) plot; state lottery
lozione, lo-tse'**o**-nay, *f* lotion
lubrificante, loo-bre-fe-**kahn**-tay, *m* lubricant; *adj* lubricating
lubrificare, loo-bre-fe-**kah**-ray, *v* to lubricate
lucchetto, look-**ket**-to, *m* padlock
luccicare, loot-che-**kah**-ray, *v* to glitter, to shine, to sparkle
luccio, loot-cho, *m* pike
lucciola, loot-cho-lah, *f* firefly; glowworm
luce, loo-chay, *f* light; daylight; **luci della ribalta,** footlights; **luci di posizione,** sidelights
lucente, loo-**chen**-tay, *adj* shining, luminous
lucerna, loo-**chair**-nah, *f* oil lamp
lucertola, loo-**chair**-to-lah, *f* lizard
lucidare, loo-che-**dah**-ray, *v* to polish
lucidatrice, loo-che-dah-**tree**-chay, *f* floor polisher
lucido, loo-che-do, *adj** bright; lucid; *m* shoe polish
lucignolo, loo-**che**-n'yo-lo, *m* wick
lucrativo, loo-krah-**tee**-vo, *adj* lucrative
lucro, loo-kro, *m* profit
ludibrio, loo-**dee**-bre-o, *m* mockery, derision
luglio, loo l'yo, *m* July
lugubre, loo-goo-bray, *adj* lugubrious, mournful
lui, loo-e, *pron* he; him
lumaca, loo-**mah**-kah, *f* snail; *fig* slowcoach
lume, loo-may, *m* light; lamp; **a – di naso,** by rule of thumb
luminoso*, loo-me-**no**-zo, *adj* luminous; radiant
luna, loo-nah, *f* moon; **– di miele,** honeymoon
lunedì, loo-nay-**dee**, *m* Monday
lunghezza, loonn-**get**-tsah, *f* length, duration
lungi, loonn-je, *prep* **– da,** far from
lungo, loonn-go, *adj* long; (person) slow; (coffee) weak; *prep* along; **alla lunga,** in the long run; **di gran lunga,** far and away, by far
lungofiume, loon-go-fee'**oo**-may, *m* embankment
lungomare, loo-go-**mah**-ray, *m* promenade
luogo, loo'**o**-go, *m* place; site; **aver –,** to take place; **dar – a,** to give

rise to

luogotenente, loo'o-go-tay-**nen**-tay, *m* lieutenant

lupa, loo-pah, *f* she-wolf

lupo, loo-po, *m* wolf; **cane –,** alsatian; **in bocca al –!,** good luck!

luppolo, loop-po-lo, *m* hop

lurido, loo-re-do, *adj* foul

lusinga, loo-**sin**-gah, *f* flattery

lusingare, loo-sin-**gah**-ray, *v* to flatter

lussazione, looss-sa-tse'**o**-nay, *f* dislocation

lusso, looss-so, *m* luxury

lussuoso, looss-soo'**o**-so, *adj* luxurious

lussuria, looss-**soo**-re'ah, *f* lust

lustrare, looss-**trah**-ray, *v* to polish

lustrascarpe, loos-tras-**kahr**-pay, *m/f* shoeshine

lustrino, loos-**tree**-no, *m* sequin

lustro, looss-tro, *m* shine; gloss; prestige; five-year period

lutto, loot-to, *m* mourning; bereavement

M

ma, mah, *conj*, but
macabro, mah-**kah**-bro, *adj* macabre, gruesome
macché, mahk-**kay**, *interj* certainly not
maccheroni, mahk-kay-**ro**-ne, *mpl* macaroni
macchia, mahk-ke'ah, *f* stain, spot; (wood) scrub
macchiare, mahk-ke'**ah**-ray, *v* to stain, to mark
macchina, mahk-ke-nah, *f* car; machine; engine; – **da cucire,** sewing machine; – **fotografica,** camera; – **da presa,** cine camera; – **da scrivere,** typewriter
macchinare, mahk-ke-**nah**-ray, *v* to plot
macchinario, mahk-ke-**nah**-re'o, *m* machinery
macchinista, mahk-ke-**niss**-tah, *m* engine-driver; *naut* engineer; (theatre) stagehand
macedonia, mah-chay-**do**-ne'ah, *f* fruit salad
macellaio, mah-chayl-**lah**-e'o, *m* butcher
macellare, mah-chayl-**lah**-ray, *v* to slaughter
macello, mah-**chell**-lo, *m* slaughter-house; *fig* massacre
macerare, mah-chay-**rah**-ray, *v* to macerate; to marinate
macerie, mah-**chay**-re'ay, *fpl* rubble
macigno, mah-**chee**-n'yo, *m* boulder
macilento, mah-che-**len**-to, *adj* emaciated
macina, mah-che-nah, *f* millstone
macinapepe, mah-che-nah-**pay**-pay, *m* pepper mill
macinare, mah-che-**nah**-ray, *v* to grind, to mill
macinino, mah-che-**nee**-no, *m* coffee grinder; pepper mill; (car) old banger
maculato, mah-koo-**lah**-to, spotted
madido, mah-de-do, *adj* moist
madonna, mah-**don**-nah, *f* (art) madonna; **Madonna,** Our Lady
madornale, mah-do**r**-**nah**-lay, *adj* enormous, huge
madre, mah-dray, *f* mother; counterfoil
madrelingua, mah-dray-**lin**-goo'ah, *f* native language, mother tongue
madreperla, mah-dray-**pair**-lah, *f* mother of pearl
madrina, mah-**dree**-nah, *f* godmother
maestà, mah-ess-**tah**, *f* majesty; dignity
maestoso*, mah-ess-**to**-zo *adj* majestic
maestrale, mah-ess-**trah**-lay, *m* north-west wind
maestranze, mah-ess-

trahn-dzay, *fpl* workforce
maestria, mah-ess-**tree**-ah, *f* mastery, skill
maestro, -a, mah-**ess**-tro, *m/f* primary school teacher; expert; instructor; *m mus* maestro; (crafts) master; *adj* masterly
mafioso, -a, mah-fe'**o**-so, *m/f* member of the Mafia
maga, mah-gah, *f* sorceress
magagna, mah-**gah**-n'yah, *f* defect; blemish; problem
magari, mah-**gah**-re, *interj* if only!, you bet!; *adv* perhaps
magazzino, mah-**gahd**-dze-no, *m* warehouse; **grande –,** department store
maggio, mahd-jo, *m* May
maggiorana, mahd-jo-**rah**-nah, *f* marjoram
maggioranza, mahd-jo-**rahn**-dzah, *f* majority
maggiore*, mahd-**jor**-ay, *m* major; *adj* bigger; greater; elder; biggest; greatest; eldest
maggiorenne, mahd-jo-**ren**-nay, *adj* of age
magia, mah-**jee**-ah, *f* magic
magico, mah-je-ko, *adj* magic; magical; enchanting
magistero, mah-jiss-**tay**-ro, *m* teachers' training college
magistrale, mah-jiss-**trah**-lay, *adj* masterly; **istituto –,** type of secondary school
magistrato, mah-jiss-**trah**-to, *m* magistrate
maglia, mah-l'yah, *f* sweater; vest; mesh; stitch; knitting
maglieria, mah-l'yay-**ree**-ah, *f* knitwear
maglietta, mah-l'**yet**-tah, *f* t-shirt; vest
maglio, mah-l'yo, *m* mallet
magnanimo*, mah-n'**yah**-ne-mo, *adj* magnanimous
magnate, mah-n'**yah**-tay, *m* tycoon
magnesia, mah-n'**yah**-se'ah, *f* magnesia
magnesio, mah-n'**yah**-se'o, *m* magnesium
magnete, mah-n'**yay**-tay, *m* magnet
magnetico*, mah-n'**yay**-te-ko, *adj* magnetic
magnetizzare, mah-n'yay-tid-**dzah**-ray, *v* to magnetize; to mesmerize
magnificenza, mah-n'ye-fe-**chen**-tsah, *f* magnificence
magnifico*, mah-n'**yee**-fe-ko, *adj* magnificent
magnolia, mah-n'yee-**o**-le'ah, *f* magnolia
mago, mah-go, *m* magician
magrezza, mah-**gret**-tsah, *f* thinness; scarcity
magro, mah-gro, *adj* thin, slim; poor, meager; (meat) lean; (milk) skimmed
mai, mah-e, *adv* never; ever
maiale, mah-e'**ah**-lay, *m* pig; (meat) pork
maionese, mah-ee'o-**nay**-say, *f* mayonnaise
mais, mah-iss, *m* maize
maiuscola, mah-e'**ooss**-ko-lah, *f* capital letter
malaccorto, mah-lahk-**kor**-to, *adj* rash, inconsiderate
malafede, mah-lah-**fay**-day, *f* bad faith
malandato, mah-lahn-**dah**-to, *adj* in poor health; badly off; shabby
malandrino, mah-lahn-**dree**-no, *m* ruffian
malanno, mah-**lahn**-no, *m* ailment; misfortune
malapena, mah-lah-**pay**-nah, **a –,** adv hardly, scarcely
malaria, mah-**lah**-re'ah, *f* malaria

malaticcio, mah-lah-**tit**-cho, *adj* sickly
malato, -a, mah-**lah**-to, *adj* unwell, ill; *m/f* sick person; patient
malattia, mah-laht-**tee**-ah, *f* illness; disease
malavita, mah-lah-**vee**-tah, *f* underworld
malavoglia, mah-lah-**vo**-ly'ah, **di –,** avv unwillingly
maldicenza, mahl-de-**chen**-tsah, *f* slander, malicious gossip
male, mah-lay, *m* harm; evil; *adv* badly; **far –,** to hurt, **far – a,** to harm; **sentirsi –,** to feel ill
maledetto, mah-lay-**det**-to, *adj* cursed, confounded
maledire, mah-lay-**dee**-ray, *v* to curse
maledizione, mah-lay-dee-tse'**o**-nay, *f* curse; *interj* damn it!
maleducato, mah-lay-doo-**kah**-to, *adj* ill-mannered
malessere, mah-**lays**-say-ray, *m* slight illness; uneasiness
malevolo, mah-**lay**-vo-lo, *adj* malevolent
malfatto, mahl-**faht**-to, *adj* badly done; misshapen
malfermo, mahl-**fair**-mo, *adj* unsteady; shaky
malformazione, mahl-for-mah-te'**o**-nay, *f* malformation
malgrado, mahl-**grah**-do, *prep* in spite of; *conj* although
maligno*, mah-**lee**-*n*'yo, *adj* malicious; *med* malignant
malinconia, mah-lin-ko-**nee**-ah, *f* melancholy
malinconico*, mah-lin-**ko**-ne-ko, *adj* melancholic
malincuore, mah-lin-koo'**o**-ray, *adv* **a –,** reluctantly
malinteso, mah-lin-**tay**-zo, *m* misunderstanding; *adj* misunderstood; misguided
malizia, mah-**lee**-tse'ah, *f* malice; craftiness
malizioso*, mah-le-tse'**o**-zo, *adj* malicious; mischievous
malmenare, mahl-may-**nah**-ray, *v* to ill-treat; to beat up
malmesso, mahl-**mays**-so, *adj* shabby
malnutrito, mahl-noo-**tree**-to, *adj* undernourished
malocchio, mah-**lock**-ke'o, *m* evil eye
malora, mah-**lo**-rah, *f* ruin; **andare in –,** to go to the dogs
malore, mah-**lo**-ray, *m* sudden illness
malsano, mahl-**sah**-no, *adj* unhealthy
malsicuro, mahl-se-**koo**-ro, *adj* unsafe
maltrattare, mahl-traht-**tah**-ray, *v* to ill-treat
malumore, mah-loo-**mo**-ray, *m* bad mood
malva, mahl-vah, *f* mallow; *adj* mauve
malvagio, mahl-**vah**-jo, *adj* wicked
malversazione, mahl-vair-sah-tse'**o**-nay, *f* embezzlement
malvolentieri, mahl-vo-len-te'**ay**-re, *adv* unwillingly
mamma, mahm-mah, *f* mum, mummy
mammella, mahm-**mel**-lah, *f* breast; udder
mammifero, mahm-mee-**fay**-ro, *m* mammal
mammola, mahm-mo-lah, *f* violet
manager, mah-nah-jair, *m/f* manager
manata, mah-**nah**-tah, *f* slap; (quantity) handful
mancanza, mahn-**kahn**-tsah, *f* lack, want; shortage; fault, error
mancare, mahn-**kah**-ray, *v* to be lacking; to be

missing; to fail; to die; **– a,** to fail to keep

mancato, mahn-**kah**-to *adj* unsuccessful; missed; wasted

mancia, mahn-chah, *f* tip

manciata, mahn-**chah**-tah, *f* handful

mancino, mahn-**che**-no, *adj* left-handed; **tiro –,** dirty trick

mandare, mahn-**dah**-ray, *v* to send; **– a chiamare,** to send for

mandato, mahn-**dah**-to, *m* mandate; *law* warrant

mandibola, mahn-**dee**-bo-lah, *f* jawbone

mandorla, mahn-dor-lah, *f* almond

mandria, mahn-dre'ah, *f* herd

mandriano, mahn-dre-**ah**-no, *m* herdsman

maneggevole, mah-ned-**jay**-vo-lay, *adj* easy to handle

maneggiare, mah-ned-**jah**-ray, *v* to handle; to use

maneggio, mah-**ned**-jo, *m* riding-school; handling; scheme

manesco, mah-**ness**-ko, *adj* ready with one's fists

manette, mah-**net**-tay, *fpl* handcuffs

manganello, mahn-gah-**nayl**-lo, *m* cudgel; truncheon

manganese, mahn-gah-**nay**-say, *m* manganese

mangiabile, mahn-**jah**-be-lay, *adj* eatable, edible

mangiadischi, mahn-jah-**dee**-skee, *m* portable record-player

mangiare, mahn-**jah**-ray, *v* to eat; *fig* to squander; *m* food

mangime, mahn-**jee**-may, *m* fodder

mania, mah-**nee**-ah, *f* mania

manica, mah-ne-kah, *f* sleeve; **la Manica,** the Channel; **il tunnel sotto la Manica,** the Channel Tunnel

manico, mah-ne-ko, *m* handle

manicomio, mah-ne-**ko**-me'o, *m* lunatic asylum

manicotto, mah-ne-**kot**-to, *m* muff

manicure, mah-ne-**koo**-ray, *f* manicure

maniera, mah-ne'**ay**-rah, *f* manner, way; **alla – di,** in the style of; **in – che,** so that

manierato, mah-ne'ay-**rah**-to, *adj* affected

manifattura, mah-ne-faht-**too**-rah, *f* manufacture, make; factory

manifestare, mah-ne-fess-**tah**-ray, *v* to show, to reveal; to demonstrate

manifesto, mah-ne-**fess**-to, *adj** evident, clear; *m* poster; manifesto

maniglia, mah-**nee**-l'yah, *f* handle; strap; *naut* shackle

manipolare, mah-nee-po-**lah**-ray, *v* to handle; to manipulate; to fiddle

maniscalco, mah-niss-**kahl**-ko, *m* blacksmith

mano, mah-no, *f* hand; (of paint) coat; (at cards) hand; **a portata di –,** ay hand; **di seconda mano,** second-hand; **man –,** little by little; **man – che,** as

manodopera, mah-no-**do**-pay-rah, *f* labour, manpower

manomettere, mah-no-**met**-tay-ray, *v* to tamper with; to force, to break open

manopola, mah-**no**-po-lah, *f* knob, hand-grip

manoscirtto, mah-no-**skrit**-to, *m* manuscript

manovale, mah-no-**vah**-lay, *m* labourer

manovella, mah-no-**vell**-lah, *f mech* crank; handle

manovra, mah-**no**-vrah, *f*

manoeuvre; drill; shunting

manovrare, mah-no-**vra**-ray, *v* to manoeuvre; to operate

mansarda, mahn-**sahr**-dah, *f* attic

mansione, mahn-see'**o**-nay, *f* duty, task

mansueto, mahn-soo-**ay**-to, *adj* (animal) tame; (person) meek, docile

mantello, mahn-**tell**-lo, *m* cloak; (animal) coat; (snow) blanket, mantle

mantenere, mahn-tay-**nay**-ray, *v* to maintain, to keep, to uphold; (family) to support

mantenimento, mahn-tay-ne-**men**-to, *m* maintenance

manuale, mah-noo'**ah**-lay, *adj* manual; *m* handbook, manual

manubrio, mah-**noo**-bre-o, *m* handlebars; handle

manutenzione, mahn-noo-ten-tse'**o**-nay, *f* maintenance, upkeep

manzo, mahn-dzo, *m* beef; **arrosto di –,** roastbeef

mappa, mahp-pah, *f* map

mappamondo, mahp-pah-**mon**-do, *m* globe; map of the world

maratona, mah-rah-**to**-nah, *f* marathon

marca, mar-kah, *f* brand, make; trademark; stamp; **– da bollo,** official stamp

marcare, mar-**kah**-ray, *v* to mark

marchesa, mar-**kay**-zah, *f* marchioness

marchese, mar-**kay**-zay, *m* marquis

marchio, mar-ke'o, *m* mark; brand; **– di fabbrica,** trademark

marcia, mar-chah, *f* march; (car) gear; **fare – indietro,** to reverse; *fig* to backtrack; **mettere in –,** to start up

marciapiede, mar-chah-pe'**ay**-day, *m* pavement; platform

marciare, mar-**chah**-ray, *v* to march; (vehicle) to travel

marcio, mar-cho, *adj* rotten; *med* festering; (morally) corrupt

marcire, mar-**chee**-ray, *v* to rot; *med* to fester

marco, mar-ko, *m* (currency) mark

mare, mah-ray, *m* sea; seaside

marea, mah-**ray**-ah, *f* tide; ebb and flow

maresciallo, mah-ray-**shall**-lo, *m* marshal

margarina, mar-ghah-**ree**-nah, *f* margarine

margherita, mar-ghay-**ree**-tah, *f* daisy

margine, mar-je-nay, *m* margin; edge

marijuana, mahr-e'oo-**ah**-nah, *f* marijuana

marina, mah-**ree**-nah, *f* coast; seascape; navy

marinaio, mah-re-**nah**-e'o, *m* sailor; mariner

marinare, mah-re-**nah**-ray, *v* to marinate; to pickle; **– la scuola,** to play truant

marino, mah-**ree**-no, *adj* marine; **cavalluccio –,** sea horse; **fondo –,** sea bed

marionetta, mah-re'o-**net**-tah, *f* puppet, marionette

maritare, mah-re-**tah**-ray, *v* to give in marriage

maritarsi, mah-re-**tar**-se, *v* to get married

marito, mah-**ree**-to, *m* husband

marittimo, mah-**rit**-te-mo, *adj* maritime

marmellata, mar-mell-**lah**-tah, *f* jam; (citrus fruit) marmalade

marmitta, mar-**mit**-tah, *f* cauldron; pothole; (car) silencer; **– catalitica,** catalytic converter

marmo, mar-mo, *m*

marble
marmocchio, mar-**mock**-ke'o, *m* little kid; brat
marmotta, mar-**mot**-tah, *f* marmot
maroso, mah-**ro**-so, *m* billow, breaker
marrone, mar-**ro**-nay, *adj* & *m* brown, chestnut
Marsiglia, mar-**see**-l'yah, *f* Marseilles
marsina, mar-**see**-nah, *f* tail coat
martedì, mar-tay-**dee**, *m* Tuesday
martellare, mar-tell-**lah**-ray, *v* to hammer
martello, mar-**tell**-lo, *m* hammer; knocker
martinetto, mar-te-**net**-to, *m* (tool) jack
martire, mar-te-ray, *m/f* martyr
martirio, mar-**tee**-re'o, *m* martyrdom
martora, mar-to-rah, *f* marten
martoriare, mar-to-re'**ah**-ray, *v* to torture
marxista, mar-**ksee**-stah, *m/f* Marxist; *adj* Marxist
marzapane, mar-tsah-**pah**-nay, *m* marzipan
marziale, mar-tse'**ah**-lay, *adj* martial
marziano, mar-tse'**ah**-no, *adj* Martian; creature from outer space
marzo, mar-tso, *m* March
mascalzone, mahss-kahl-**tso**-nay, *m* rogue, scoundrel
mascella, mah-**shel**-lah, *f* jaw
maschera, mahss-kay-rah, *f* mask; fancy dress; (traditional comedy) stock character; (in cinema) usher, usherette
mascherare, mahss-kay-**rah**-ray, *v* to mask; to conceal; *mil* to camouflage
mascherata, mahss-kay-**rah**-tah, *f* masquerade
maschile, mahss-**kee**-lay, *adj* masculine; male
maschio, mahss-ke'o, *m* male; *adj* masculine; manly
massa, mahss-sah, *f* mass; pile, heaps; (electricity) earth
massacro, mahss-**sah**-kro, *m* slaughter, massacre
massaggio, mahss-**sahd**-jo, *m* massage
massaia, mahss-**sah**-e'ah, *f* housewife
masseria, mahss-say-**ree**-ah, *f* farm
masserizie, mahss-say-**ree**-tse'ay, *fpl* household furnishings
massiccio, mahss-**sit**-cho, *adj* massive; solid
massima, mahss-se-mah, *f* maxim; maximum temperature
massimo, mahss-se-mo, *m* maximum; *adj* highest, greatest
masso, mahss-so, *m* rock
massone, mahss-**so**-nay, *m* freemason
masticare, mahss-te-**kah**-ray, *v* to masticate, to chew
mastice, mahss-te-chay, *m* mastic; putty
mastino, mahss-**tee**-no, *m* mastiff
mastro, mahss-tro, *m* : **libro –,** ledger
masturbazione, mahss-toor-bah-tse'**o**-nay, *f* masturbation
matassa, mah-**tahss**-sah, *f* skein
matematica, mah-tay-**mah**-te-kah, *f* mathematics
matematico, -a, mah-tay-**mah**-te-ko, *adj* mathematical; *m/f* mathematician
materasso, mah-tay-**rahss**-so, *m* mattress
materia, mah-**tay**-re'ah, *f* matter; (school) subject; (substance) material; **materie plastiche,** plastics; **materie prime,** raw materials

materiale, mah-tay-re'**ah**-lay, *adj* material; *m* material, equipment
maternità, mah-tair-nee-**tah**, *f* motherhood; maternity hospital
materno, mah-**tair**-no, *adj* maternal; motherly; **lingua materna,** mother tongue; **scuola materna,** nursery school
matita, mah-**tee**-tah, *f* pencil
matrice, mah-**tree**-chay, *f* matrix; stub; origin
matricola, mah-**tree**-ko-lah, *f* register; registration number; (university) freshman
matrigna, mah-**tree**-n'yah, *f* stepmother
matrimonio, mah-tre-**mo**-ne'o, *m* marriage; (ceremony) wedding; matrimony
matrona, mah-**tro**-nah, *f* matron
mattina, maht-**tee**-nah, *f* morning
mattinata, maht-te-**nah**-tah, *f* morning; (performance) matinée
mattiniero, maht-te-ne'**ay**-ro, *adj* **essere –,** to be an early riser
mattino, maht-**tee**-no, *m* morning
matto, maht-to, *adj* mad, crazy; insane; *m* lunatic
mattone, maht-**to**-nay, *m* brick
mattonella, maht-to-**nel**-lah, *f* tile
maturare, mah-too-**rah**-ray, *v* to ripen; to mature
maturità, mah-too-ree-**tah**, *f* maturity; school-leaving examination
maturo, mah-**too**-ro, *adj* ripe, mature
mazza, maht-tsah, *f* club; mace; bat
mazzo, maht-tso, *m* bundle; pack
me, may, *pron* me, to me
meandro, may-**ahn**-dro, *m* meander
meccanica, meck-**kah**-ne-kah, *f* mechanics
meccanico, meck-**kah**-ne-ko, *adj* mechanical; *m* mechanic
medaglia, may-**dah**-l'yah, *f* medal
medaglione, may-dah-l'**yo**-nay, *m* medallion
medesimo, may-**day**-se-mo, *adj* same; *pron* (the) same one; **io –,** I myself
media, may-de'ah, *f* average; mean
mediante, may-de'**ahn**-tay, *prep* by means of
mediare, may-de'**ah**-ray, *v* to mediate
mediazione, may-de'ah-tse'**o**-nay, *f* mediation; brokerage
medicare, may-de-**kah**-ray, *v* to treat (patient); to dress (wound)
medicazione, may-de'kah-tse'**o**-nay, *f* medication, treatment; dressing
medicina, may-de-**chee**-nah, *f* medicine
medicinale, may-de-chee-**nah**-lay, *adj* medicinal; *m* drug, medecine
medico, may-de-ko, *m* doctor; **– generico,** general practitioner; *adj* medical; **visita medica,** medical examination
medievale, may-de'ay-**vah**-lay, *adj* medieval
medio, may-de'o, *adj* average; middle; medium; **dito –,** middle finger; **scuola media,** secondary school for 11- to 14-year-olds
mediocre, may-de'**o**-kray, *adj* mediocre, middling
medioevale, may-de'o-ay-**vah**-lay, *adj* medieval
meditare, may-de-**tah**-ray, *v* to meditate
mediterraneo, may-de-tair-**rah**-nay-o, *adj* Mediterranean; **il Mediterraneo–,** *m* the Mediterranean
medusa, may-**doo**-zah, *f*

jellyfish; Medusa
megafono, may-**ghah**-fo-no, *m* megaphone
megera, may-**jay**-rah, *f* shrew
meglio, may-l'yo, *adv* better, best; *adj* better, best; *m* best; *f* **avere la – su,** to get the better of
mela, may-lah, *f* apple
melanzana, may-lahnd-**dzah**-nah, *f* aubergine
melassa, may-**lahss**-sah, *f* treacle; molasses
melma, mell-mah, *f* mud
melo, may-lo, *m* apple tree
melodia, may-lo-**dee**-ah, *f* melody
melodioso*, may-lo-de'o-zo, *adj* melodious
melone, may-**lo**-nay, *m* melon
membrana, mem-**brah**-nah, *f* membrane
membro, mem-bro, *m* limb; member
memorabile, may-mo-**rah**-be-lay, *adj* memorable
memore, may-mo-ray, *adj* mindful
memoria, may-**mo**-re'ah, *f* memory; recollection; **a –,** by heart
menare, may-**nah**-ray, *v* to lead; to hit
mendicante, men-de-**kahn**-tay, *m/f* beggar
mendicare, men-de-**kah**-ray, *v* to beg
menestrello, may-ness-**trel**-lo, *m* minstrel
meningite, may-nin-**jee**-tay, *f* meningitis
meno, may-no, *adv* less; *adj* less, fewer; *m* least; (in sums) minus; **a – che/di,** unless; **per lo –,** at least
menomare, may-no-**mah**-ray, *v* to maim, to disable
menopausa, may-no-**pa'**oo-zah, *f* menopause
mensa, men-sah, *f* canteen; refectory; *mil* mess
mensile, men-**see**-lay, *adj* monthly; *m* monthly magazine; monthly salary
mensola, men-so-lah, *f* shlef; bracket
menta, men-tah, *f* mint
mente, men-tay, *f* mind; **imparare a –,** to learn by heart
mentire, men-**tee**-ray, *v* to lie
mento, men-to, *m* chin
mentre, men-tray, *conj* while; whereas
menzionare, men-tse'o-**nah**-ray, *v* to mention
menzione, men-tse'**o**-nay, *f* mention; **far – di,** to mention
menzogna, men-**tso**-*n*'yah, *f* untruth, lie
meraviglia, may-rah-**vee**-l'yah, *f* amazement; marvel
meravigliarsi, may-rah-ve-l'**yar**-se, *v* **– di,** to be amazed at
meraviglioso*, may-rah-ve-l'**yo**-zo, *adj* marvellous, wonderful
mercante, mair-**kahn**-tay, *m* merchant; dealer, trader
mercantile, mair-kahn-**tee**-lay, *adj* mercantile; merchant; *m* (ship) merchantman
mercanzia, mair-kahn-**tsee**-ah, *f* goods, merchandise
mercato, mair-**kah**-to, *m* market; **a buon –,** cheap; **il Mercato Comune (Europeo),** the (European) Common Market
merce, mair-chay, *f* merchandise; goods; wares
mercenario, mair-chay-**nah**-re'o, *m* mercenary; *adj* mercenary
merceria, mair-chay-**ree**-ah, *f* haberdashery
merciaio, -a, mair-**chah**-e'o, *m/f* haberdasher

mercoledì, mair-ko-lay-**dee**, *m* Wednesday
mercurio, mair-**koo**-re'o, *m* mercury
merenda, may-**ren**-dah, *f* light afternoon meal
meridiana, may-re-de'**ah**-nah, *f* sundial
meridiano, may-re-de'**ah**-no, *adj* midday; *m* meridian
meridionale, may-re-de'o-**nah**-lay, *adj* southern; *m/f* southerner
meridione, may-re-de'**o**-nay, *m* south; Southern Italy
meringa, may-**rin**-gah, *f* meringue
meritare, may-re-**tah**-ray, *v* to merit, to deserve
meritevole, may-re-**tay**-vo-lay, *adj* worthy
merito, may-re-to, *m* merit; worth; **in – a,** as regards
merletto, mair-**let**-to, *m* lace
merlo, mair-lo, *m* blackbird; battlement
merluzzo, mair-**loot**-tso, *m* cod-fish
mero*, may-ro, *adj* mere
meschino*, mess-**kee**-no, *adj* mean; petty; meagre
mescolanza, mess-ko-**lahn**-tsah, *f* mixture
mescolare, mess-ko-**lah**-ray, *v* to mix; to blend; to shuffle
mese, may-zay, *m* month
messa, mess-say, *f* mass; **– a fuoco,** focusing; **– in piega,** set; **– in scena,** production
messaggero, mess-sahd-**jay**-ro, *m* messenger
messaggio, mess-**sahd**-jo, *m* message
messe, mess-say, *f* crop, harvest
messia, mess-**see**-ah, *m* messiah
Messico, mess-se-ko, *m* Mexico
mestiere, mess-te'**ay**-ray, *m* job; trade; craft
mesto*, mess-to, *adj* sad, melancholic
mestolo, mess-to-lo, *m* ladle
mestruazione, may-stroo'ah-tse'**o**-nay, *f* menstruation, period
meta, may-tah, *f* destination; aim
metà, may-**tah**, *f* half; middle; **a – settimana,** mid-week; **a – strada,** halfway; **fare a –,** to go halves
metafora, may-**tah**-fo-rah, *f* metaphore
metallo, may-**tahl**-lo, *m* metal
metano, may-**tah**-no, *m* methane
meteora, may-**tay**-o-rah, *f* meteor
meteorologico, may-tay'o-ro-**lo**-gee-ko, *adj* meteorological; **bollettino –,** weather report
meticcio, -a, may-**tit**-cho, *m/f* half-cast
meticoloso, may-tee-ko-**lo**-zo, *adj* meticulous
metodo, may-to-do, *m* method
metraggio, may-**trahd**-jo, *m* **a –,** by the metre
metrico, may-tre-ko, *adj* metric; (in poetry) metrical
metro, may-tro, *m* metre; tape measure; metre rule
metrò, may-**tro**, *m* underground
metropolitana, may-tro-po-lee-**tah**-nah, *f* underground
mettere, met-tay-ray, *v* to put; to place; (clothes) to put on
mezzaluna, med-dzah-**loo**-nah, *f* crescent, half-moon; chopping knife
mezzanotte, med-dzah-**not**-tay, *f* midnight
mezzo, med-dzo, *adj* half; *m* middle; half; means, way; **mezzi di trasporto,** means of transport

mezzogiorno, med-dzo-**jor**-no, *m* midday, noon; south
mi, mee, *pron* me; to me; *refl* myself; *m mus* E
miagolare, me'ah-go-**lah**-ray, *v* to mew, to miaow
mica, mee-kah, *adv* not at all, not a bit
miccia, mit-chah, *f* fuse
microfono, me-**kro**-fo-no, *m* microphone
microonda, me-kro-**on**-dah, *f* microwave
microscopio, me-kro-**sko**-pe'o, *m* microscope
microspia, me-kro-**spee**-ah, *f* hidden microphone, bug
midollo, me-**doll**-lo, *m* marrow; **– spinale,** spinal cord
miele, me'**ay**-lay, *m* honey; **luna di –,** honeymoon
mietere, me'**ay**-tay-ray, *v* to reap, to harvest; **– vittime,** to claim victims
mietitrebbiatrice, me'ay-te-treb-be'ah-**tree**-chay, *f mech* combine harvester
mietitrice, me'ay-te-**tree**-chay, *f mech* harvester
migliaio, me-l'**yah**-e'o, *m* thousand
miglio, mee-l'yo, *m* mile; millet
miglioramento, me-l'yo-rah-**men**-to, *m* improvement
migliorare, me-l'yo-**rah**-ray, *v* to improve
migliore, me-l'**yor**-ay, *adj* better, best; *m/f* **il/la –,** the best (person)
mignolo, mee-n'yo-lo, *m* little finger; little toe
migrare, me-**grah**-ray, *v* to migrate
Milano, me-**lah**-no, *f* Milan
miliardo, me-le'**ar**-do, *m* thousand million, billion
milione, me-le'**o**-nay, *m* million
militare, me-le-**tah**-ray, *adj* military; *m* serviceman; *v* to serve in
milite, mee-le-tay, *m* soldier
militesente, me-le-tay-**sen**-tay, *m* exempt from National Service
mille, mil-lay, *adj* & *m* one thousand, a thousand; **duemila,** two thousand
millepiedi, mil-lay-pe'**ay**-de, *m* millipede
millesimo, mil-**lay**-ze-mo, *adj* & *m* thousandth
milligrammo, mil-lee-**grahm**-mo, *m* milligram, milligramme
millimetro, mil-**lee**-may-tro, *m* millimetre
milza, mil-tsah, *f* spleen
mimetizzarsi, mee-me-tid-**dzar**-se, *v* to camouflage oneself
mimica, mee-me-kah, *f* mime; gestures
mimo, mee-mo, *m* mime
mina, mee-nah, *f* mine
minaccia, me-**naht**-chah, *f* threat
minacciare, me-naht-**chah**-ray, *v* to threaten
minaccioso*, me-naht-**cho**-zo, *adj* threatening
minare, me-**nah**-ray, *v* to mine; to undermine
minatore, me-nah-**tor**-ay, *m* miner
minerale, me-nay-**rah**-lay, *adj* mineral; *m* mineral; *f* mineral water
minestra, me-**ness**-trah, *f* soup
miniatura, me-ne'ah-**too**-rah, *f* miniature
miniera, me-ne'**ay**-rah, *f* mine
minigonna, me-ne-**ghon**-nah, *f* miniskirt
minimo, mee-ne-mo, *adj* minimum, least, minimal; *m* minimum
ministero, me-niss-**tay**-ro, *m* ministry; *law* **pubblico –,** State prosecutor
ministro, me-**niss**-tro, *m* minister
minoranza, me-no-**rahn**-

tsah, *f* minority
minorato, me-no-**rah**-to, *adj* handicapped; **–a,** *m/f* handicapped person
minore, me-**nor**-ay, *adj* less, smaller; lower, inferior; younger; *m/f* under age; **opere minori,** minor works; **do –,** C minor
minorenne, me-no-**ren**-nay, *adj* under age
minuscolo, me-**nooss**-ko-lo, *adj* minute; tiny; small; **in –,** in small letters
minuta, me-**noo**-tah, *f* rough copy, draft
minuto, me-**noo**-to, *adj** tiny, minute; detailed; *m* minute; **al –,** retail
mio, mee-o, *adj* my; *pron* mine
miope, mee-o-pay, *adj* short-sighted
mira, mee-rah, *f* aim; **prendere la –,** to take aim
mirabile, me-**rah**-be-lay, *adj* wonderful
miracolo, me-**rah**-ko-lo, *m* miracle; prodigy
miracoloso*, me-rah-ko-**lo**-zo, *adj* miraculous
miraggio, me-**rahd**-jo, *m* mirage, illusion
mirare, me-**rah**-ray, *v* to aim at
mirino, me-**ree**-no, *m* (gun) sight; (photo) viewer
mirra, meer-rah, *f* myrrh
mirtillo, meer-**til**-lo, *m* bilberry, blueberry
miscela, me-**shay**-lah, *f* mixture; blend
miscellaneo, me-shell-**lah**-nay-o, *adj* miscellaneous
mischia, miss-ke'ah, *f* scuffle; (rugby) scrum
mischiare, miss-ke'**ah**-ray, *v* to mix; to blend; (cards) to shuffle
miscredente, miss-kray-**den**-tay, *m/f* unbeliever
miscuglio, miss-**koo**-l'yo, *m* mixture; jumble
miserabile, me-zay-**rah**-be-lay, *adj* miserable; wretched; needy; *m/f* wretch
miseria, me-**zay**-re'ah, *f* poverty; **essere pagato una –,** to be paid a pittance
misericordia, me-zay-re-**kor**-de'ah, *f* mercy; compassion
misericordioso*, me-zay-re-kor-de'**o**-zo, *adj* merciful
misero, mee-zay-ro, *adj* miserable, wretched; poor
misfatto, miss-**faht**-to, *m* crime; wicked action
missile, miss-see-lay, *m* missile
missione, miss-se'**o**-nay, *f* mission
misterioso*, miss-tay-re'**o**-zo, *adj* mysterious
mistero, miss-**tay**-ro, *m* mystery
misto, miss-to, *adj* mixed
mistura, miss-**too**-rah, *f* mixture
misura, me-**zoo**-rah, *f* measure; measurement, size; **in che –,** to what extent
misurare, me-zoo-**rah**-ray, *v* to measure; (land) to survey; (clothes) to try on; (words) to weigh up
misurino, me-zoo-**ree**-no, *m* measuring cup
mite, mee-tay, *adj* mild; gentle
mitezza, me-**tet**-tsah, *f* mildness
mitigare, me-te-**gah**-ray, *v* to mitigate; to alleviate
mito, mee-to, *m* myth
mitologia, me-to-lo-**jee**-ah, *f* mythology
mitra, mee-trah, *m* sub-machine gun; *f relig* mitre
mitragliare, me-trah-**l'yah**-ray, *v* to machin-gun
mitragliatrice, me-trah-l'yah-**tree**-chay, *f*

machine gun
mittente, met-**ten**-tay, *m/f* sender
mobile, mo-be-lay, *adj* mobile; movable; *m* piece of furniture; *f* flying squad
mobilia, mo-**bee**-le'ah, *f* furniture
mobilitare, mo-be-le-**tah**-ray, *v* to mobilize
moccio, mot-cho, *m fam* snot
moda, mo-dah, *f* fashion; **essere di –,** to be fashionable
modalità, mo-dah-lee-**tah,** *f* formality
modella, mo-**dell**-lah, *f* model
modellare, mo-dell-**lah**-ray, *v* to model, to mould
modello, mo-**dell**-lo, *m* model; type; pattern
moderare, mo-day-**rah**-ray, *v* to moderate
moderato*, mo-day-**rah**-to, *adj* moderate
moderno*, mo-**dair**-no, *adj* modern
modestia, mo-**dess**-te'ah, *f* modesty
modesto*, mo-**dess**-to, *adj* modest
modico*, mo-de-ko, *adj* moderate
modifica, mo-**de**-fe-kah, *f* modification; alteration; adjustment
modificare, mo-de-fe-**kah**-ray, *v* to modify; to alter
modista, mo-**diss**-tah, *f* milliner
modo, mo-do, *m* manner, way; means; *gram* mood
modulo, mo-**doo**-lo, *m* form; module; **– di domanda,** application form
mogano, mo-gah-no, *m* mahogany
moglie, mo-l'yay, *f* wife
mole, mo-lay, *f* mass; massive shape; huge building
molestare, mo-less-**tah**-ray, *v* to annoy, to bother; (sexually) to molest, to harass
molesto, mo-**less**-to, *adj* annoying
molla, moll-lah, *f* spring; **a –,** clockwork; **molle,** tongs
mollare, moll-**lah**-ray, *v* to let go; to give in; (slap, punch) to give
molle, moll-lay, *adj* soft; flabby
molletta, moll-**let**-tah, *f* hairgrip; clothes peg
mollica, moll-**le**-kah, *f* soft part of bread
mollusco, moll-**loos**-ko, *m* mollusc
molo, mo-lo, *m* pier, jetty, mole
molteplice, moll-**tay**-ple-chay, *adj* manifold, complex; **molteplici,** numerous
moltiplicare, moll-te-ple-**kah**-ray, *v* to multiply
moltitudine, moll-te-**too**-de-nay, *f* multitude
molto, moll-to, *adj* much, many, a lot of; *adv* a lot; very much; very; *pron* much, many, a lot; **per – tempo,** for a long time
momentaneo*, mo-men-**tah**-nay-o, *adj* momentary
momento, mo-**men**-to, *m* moment; **dal – che,** since; **per il –,** for the time being
monaca, mo-nah-kah, *f* nun
monaco, mo-nah-ko, *m* monk
monarca, mo-**nar**-kah, *m* monarch
monarchia, mo-nar-**kee**-ah, *f* monarchy
monastero, mo-nahss-**tay**-ro, *m* monastery
moncherino, mon-kay-**ree**-no, *m* stump
monco, mon-ko, *adj* maimed, mutilated
mondano, mon-**dah**-no, *adj* worldly; fashionable

mondare, mon-**dah**-ray, *v* to peel; to clean
mondiale, mon-de'**ah**-lay, *adj* world wide; **la seconda guerra –,** the Second World War; **i mondiali di calcio,** World Football Championship
mondo, mon-do, *m* world; *adj* cleaned
monellerie, mo-nell-lay-**ree**-ay, *fpl* pranks
monello, mo-**nell**-lo, *m* urchin
moneta, mo-**nay**-tah, *f* money; currency; small change
monetario, mo-nay-**tah**-re'o, monetary
mongoloide, mon-go-**lo**-ee-day, *adj* mongol
monile, mo-**nee**-lay, *m* jewel; necklace
monito, mo-ne-to, *m* warning
monografia, mo-no-grah-**fee**-ah, *f* monograph
monologo, mo-**no**-lo-go, *m* monologue
monopolio, mo-no-**po**-le'o, *m* monopoly
monosillabo, mo-no-**sil**-lah-bo, *m* monosyllable; *adj* monosyllabic
monotono, mo-**no**-to-no, *adj* monotonous, dull
monsignore, mons-see-**n'yo**-ray, *m* monsignor; Your Grace
monsone, mon-**so**-nay, *m* monsoon
montacarichi, mon-tah-**kah**-re-ke, *m* goods lift
montaggio, mon-**tahd**-jo, *m* assembly; **catena di –,** assembly line; (film) editing
montagna, mon-**tah**-n'yah, *f* mountain; **in –,** in the mountains
montagnoso, mon-tah-n'**yo**-zo, *adj* mountainous
montanaro, -a, mon-tah-**nah**-ro, *m/f* mountain dweller
montare, mon-**tah**-ray, *v* to go up; to climb; to ride; to assemble; to mount
monte, mon-tay, *m* mountain; **– Bianco,** Mont Blanc; **– Everest,** Mount Everest; **– di pietà,** pawnshop
montatura, mon-tah-**too**-rah, *f* (glasses) frames; (jewel) mounting; assembling
montone, mon-**to**-nay, *m* ram; (meat) mutton
montuoso, mon-too'**o**-zo, *adj* mountainous
monumento, mo-noo-**men**-to, *m* monument
mora, mo-rah, *f* blackberry; mulberry; *law* delay
morale, mo-**rah**-lay, *adj* moral; *f* morals, morality; *m* morale
moralità, mo-rah-lee-**tah**, *f* morality, morals
morbido, mor-be-do, *adj* soft; smooth; tender
morbillo, mor-**beel**-lo, *m* measles
morbo, mor-bo, *m* disease
morboso*, mor-**bo**-zo, *adj* morbid
mordace, mor-**dah**-chay, *adj* biting, cutting
mordere, mor-day-ray, *v* to bite
morfina, mor-**fee**-nah, *f* morphia, morphine
moribondo, mo-re-**bonn**-do, *adj* moribund, dying
morire, mo-**ree**-ray, *v* to die; (light) to fade; (fire) to die out
mormorare, mor-mo-**rah**-ray, *v* to murmur, to whisper; to grumble
mormorio, mor-mo-**ree**-o, *m* murmur; muttering
moro, mo-ro, *adj* dark-haired; dark-skinned; **i Mori,** the Moors
morsa, mor-sah, *f tech* vice; grip
morso, mor-so, *m* bite; mouthful; (insect) sting;

(bridle) bit
mortaio, mor-**tah**-e'o, *m* mortar
mortale, mor-**tah**-lay, *adj* mortal; deadly, fatal; *m/f* mortal
mortalità, mor-tah-le-**tah**, *f* mortality; death rate
morte, mor-tay, *f* death
mortificare, mor-te-fe-**kah**-ray, *v* to mortify
morto, mor-to, *adj* dead; **–a,** *m/f* dead man, dead woman; **il giorno dei morti,** All Souls' Day
mosaico, mo-**zah**'e-ko, *m* mosaic
mosca, moss-kah, *f* fly; **– cieca,** (game) blindman's buff
moscato, moss-**skah**-to, *m* muscatel; muscat grape
moscerino, mos-shay-**ree**-no, *m* midge, gnat
moschea, moss-**kay**-ah, *f* mosque
moscone, moss-**ko**-nay, *m* bluebottle; (boat) pedalo
mossa, moss-sah, *f* movement; (at chess) move
mostarda, moss-**tar**-dah, *f* mustard
mostra, moss-trah, *f* exhibition, show; **in –,** on display
mostrare, moss-**trah**-ray, *v* to show, to display
mostrarsi, moss-**trar**-se, *v* to appear
mostro, moss-tro, *m* monster
mostruoso*, moss-troo'**o**-zo, *adj* monstrous
motivare, mo-te-**vah**-ray, *v* to give a reason for; to motivate
motivo, mo-**tee**-vo, *m* motive; reason; motif, theme, pattern
moto, mo-to, *m* motion, movement; tumult; *f* motorbike
motocicletta, mo-to-che-**klet**-tah, *f* motorcycle
motociclismo, mo-to-che-**kliss**-mo, *m* motorcycling
motociclista, mo-to-che-**kliss**-tah, *m/f* motorcyclist
motore, mo-**tor**-ay, *m* engine, motor
motorizzato, mo-to-rid-**dzah**-to, *adj* motorized; having transport
motoscafo, mo-to-**skah**-fo, *m* motorboat
motteggio, mot-**ted**-jo, *m* jest; banter
motto, mot-to, *m* motto; witty remark
movente, mo-**ven**-tay, *m* *law* motive
movimento, mo-ve-**men**-to, *m* movement; exercise
mozione, mo-tse'**o**-nay, *f* motion
mozzare, mot-**tsah**-ray, *v* to cut off
mozzicone, mot-tse-**ko**-nay, *m* stub, end
mozzo, mot-tso, *m* cabin-boy; **– di stalla,** stable-boy
mucca, mook-kah, *f* cow
mucchio, mook-ke'o, *m* heap, pile
muco, moo-ko, *m* mucus
muffa, moof-fah, *f* mould; mildew
muggire, mood-**jee**-ray, *v* to moo, to low; to bellow; to roar
mughetto, moo-**get**-to, *m* lily of the valley
mugnaio, -a, moo-n'**yah**-e'o, *m/f* miller
mugolare, moo-go-**lah**-ray, *v* to whimper, to whine
mulinare, moo-lee-**nah**-ray, *v* to whirl
mulino, moo-**lee**-no, *m* mill; **– a vento,** windmill
mulo, moo-lo, *m* mule
multa, mool-tah, *f* fine
multare, mool-**tah**-ray, *v* to fine
multimediale, mool-te-may-de'**ah**-lay, *adj* multimedia

multiplo, mool-te-plo, *adj* multiple; *m* multiple
multiuso, mool-te-**oo**-so, *adj* multipurpose
mummia, moom-me'ah, *f* mummy
mungere, moonn-jay-ray, *v* to milk
municipio, moo-ne-**chee**-pe'o, *m* town-hall; town council
munificenza, moo-ne-fe-**chen**-tsah, *f* munificence
munifico, moo-**nee**-fe-ko, *adj* munificent, generous
munire, moo-**nee**-ray, *v* – **di,** to provide with
munizioni, moo-ne-tse'**o**-ne, *fpl* ammunition
muovere, moo'**o**-vay-ray, *v* to move
muraglia, moo-**rah**-l'yah, *f* wall
murale, moo-**rah**-lay, *adj* mural; *m* mural
murare, moo-**rah**-ray, *v* to wall up
muratore, moo-rah-**tor**-ay, *m* bricklayer; mason
muro, moo-ro, *m* wall; **armadio a –,** built-in cupboard; **– del suono,** sound barrier
muschio, mooss-ke'o, *m* musk; moss
muscolare, mooss-ko-**lah**-ray, *adj* muscular
muscolo, mooss-ko-lo, *m* muscle
museo, moo-**zay**-o, *m* museum
museruola, moo-zay-roo'**o**-lah, *f* muzzle
musica, moo-ze-kah, *f* music
musicale, moo-ze-**kah**-lay, *adj* musical
musicista, moo-ze-**chee**-stah, *m/f* musician
muso, moo-zo, *m* (animal) muzzle; (vehicle) front, nose; **fare il –,** to pull a long face; **tenere il –,** to sulk
mussola, mooss-so-lah, *f* muslin
mussulmano, -a, mooss-sool-**mah**-no, *adj* Muslim; *m/f* Muslim
muta, moo-tah, *f* moulting; shedding of skin; (for diving) wet suit; (of dogs) pack
mutamento, moo-tah-**men**-to, *m* change
mutande, moo-**tahn**-day, *fpl* pants
mutandine, moo-tahn-**dee**-nay, *fpl* pants; knickers
mutandoni, moo-tahn-**do**-nee, *mpl* long johns
mutare, moo-**tah**-ray, *v* to change
mutilare, moo-te-**lah**-ray, *v* to mutilate, to maim
mutilato, -a, moo-te-**lah**-to, *adj* disabled; mutilated; *m/f* disabled person
muto, -a, moo-to, *adj* dumb; *gram* mute, silent; **il cinema –,** silent cinema; *m/f* mute, dumb person
mutua, moo-too-ah, *f* National Health Service
mutuo, moo-too-o, *adj* mutual; *m* loan; **– ipotecario,** mortgage

nacchere, nahk-kay-ray, *fpl* castanets
nafta, nahf-tah, *f* naphta; diesel oil
naftalina, nahf-tah-**lee**-nah, *f* mothballs; naphthalene
nailon, na'ee-lon, *m* nylon
nanna, nahn-nah, *f fam* bye-byes
nano, -a, nah-no, *m/f* dwarf
Napoli, nah-po-le, *f* Naples
nappa, nahp-pah, *f* tassel; soft leather
narciso, nar-**chee**-so, *m* narcissus
narcosi, nar-**ko**-se, *f* narcosis, general anaesthesia
narcotico, nar-**ko**-te-ko, *m* narcotic; *adj* narcotic
narcotraffico, nar-ko-trahf-**fee**-ko, *m* drug trade
narice, nah-**ree**-chay, *f* nostril
narrare, nar-**rah**-ray, *v* to relate, to recite, to tell, to report
narrativa, nar-rah-**tee**-vah, *f* fiction
narratore, -trice, nar-rah-**tor**-ay, nar-rah-**tree**-chay, *m/f* narrator
narrazione, nar-rah-tse'o-nay, *f* account; story
nasale, nah-**sah**-lay, *adj* nasal; *f* nasal consonant
nascere, nah-shay-ray, *v* to be born; to rise
nascita, nah-she-tah, *f* birth
nascondere, nah-**skon**-day-ray, *v* to conceal
nascondersi, nah-**skon**-dair-se, *v* to hide oneself
nascondiglio, nah-skon-**dee**-l'yo, *m* hiding place
nascosto*, nah-**skoss**-to, *adj* hidden; **di –,** secretly
nasello, nah-**zell**-lo, *m* whiting; hake
naso, nah-zo, *m* nose
nastro, nah-stro, *m* ribbon
natale, nah-**tah**-lay, *adj* native; *m* **Natale,** Christmas; **di umili natali,** of humble birth
natalità, nah-tah-le-**tah**, *f* birth rate
natica, nah-te-kah, *f* buttock
nativo, -a, nah-**tee**-vo, *adj* native; *m/f* native
natura, nah-**too**-rah, *f* nature; kind; temper; **– morta,** still life
naturale, nah-too-**rah**-lay, *adj* natural
naturalizzare, nah-too-rah-lit-**tsah**-ray, *v* to naturalize
naturalmente, nah-too-rahl-**men**-tay, *adv* naturally, of course
naufragare, nah'oo-frah-**gah**-ray, *v* to be shipwrecked
naufragio, nah'oo-**frah**-jo, *m* shipwreck

naufrago, -a, nah'oo-**frah**-go, *m/f* shipwrecked person
nausea, nah'oo-zay-ah, *f* nausea; **avere la –,** to feel sick
nauseabondo, nah'oo-zay-ah-**bon**-do, *adj* nauseous; nauseating
nautica, nah'oo-te-kah, *f* nautical science
navale, nah-**vah**-lay, *adj* naval; **cantiere –,** shipyard
navata, nah-**vah**-tah, *f* nave; aisle
nave, nah-vay, *f* ship
navetta, nah-**vayt**-tah, *f* shuttle; shuttle service
navigabile, nah-ve-**gah**-be-lay, *adj* navigable
navigare, nah-ve-**gah**-ray, *v* to sail
navigatore, -trice, nah-ve-gah-**tor**-ay, nah-ve-gah-**tree**-chay, *m/f* navigator
navigazione, nah-ve-gah-tse'**o**-nay, *f* navigation
naviglio, nah-**vee**-l'yo, *m* navigable canal; ship; fleet
nazionale, nah-tse'o-**nah**-lay, *adj* national; *f* national team
nazionalità, nah-tse'o-nah-le-**tah**, *f* nationality
nazione, nah-tse'**o**-nay, *f* nation
nazista, nah-**dzee**-stah, *m/f* Nazi; *adj* Nazi
ne, nay, *pron* of it, of them; from it, from them; some of it, some of them; of him, of her, of them; from there, from here
né... né..., nay nay, *conj* neither ... nor ...
neanche, nay-**ahn**-kay, *adv* not even; *conj* not even
nebbia, nayb-be'ah, *f* fog
nebbioso, nayb-be'**o**-zo, *adj* foggy; misty
nebulizzatore, nay-boo-leed-dzah-**to**-ray, *m* atomizer
nebuloso, nay-boo-**lo**-zo, *adj* hazy
necessario*, nay-chess-**sah**-re'o, *adj* necessary
necessità, nay-chess-se-**tah**, *f* necessity; need
necessitare, nay-chess-se-**tah**-ray, *v* to be needed; **– di,** to need
necrologio, nay-kro-**lo**-jo, *m* obituary notice
nefando, nay-**fahn**-do, *adj* vile
nefasto, nay-**fahss**-to, *adj* inauspicious; fateful
nefrite, nay-**free**-tay, *f* nephritis
negare, nay-**gah**-ray, *v* to deny, to refuse
negativa, nay-gah-**tee**-vah, *f* negative
negato, nay-**gah**-to, *adj* **– per/in,** hopeless at
negletto, nay-**glet**-to, *adj* neglected
negligente, nay-glee-**jayn**-tay, *adj* negligent, careless
negligenza, nay-glee-**jaynt**-tsah, *f* negligence, carelessness
negoziante, nay-go-tse'**ahn**-tay, *m/f* shopkeeper
negoziare, nay-go-tse'**ah**-ray, *v* to negotiate
negozio, nay-**go**-tse'o, *m* shop
negro, nay-gro, *adj* black
nembo, nem-bo, *m* nimbus
nemico, -a, nay-**mee**-ko, *adj* hostile, adverse; *m/f* enemy
nemmeno, nem-**may**-no, *adv* not even; *conj* not even
nenia, nay-ne'ah, *f* monotonous song; dirge
neo, nay-o, *m* mole, spot; slight flaw
neoclassico, nay-o-**klas**-se-ko, *adj* neoclassical
neolaureato, nay-o-lah'oo-ray'**ah**-to, *adj* recently graduated
neon, nay-on, *m* neon
neonato, -a, nay-**o**-nah-to,

m/f new-born baby
neppure, nayp-**poo**-ray, *adv* not even; *conj* not even
nero, -a, nay-ro, *adj* black; dark; (race) black; **Mar Nero,** *m* Black Sea; *m/f* black man, black woman
nervo, nair-vo, *m* nerve
nervosismo, nair-vo-**zee**-zmo, *m* nervousness; irritability
nervoso*, nair-**vo**-zo, *adj* nervous; irritable; sinewy
nespolo, nay-spo-lo, *m* medlar-tree
nesso, ness-so, *m* connection, link
nessuno, ness-**soo**-no, *adj* no, not any; *pron* nobody, no one, (not) anyone
nettare, nayt-tah-ray, *m* nectar
nettare, nayt-**tah**-ray, *v* to clean, to cleanse
nettezza, nayt-**tet**-tsah, *f* cleanliness
netto*, nayt-to, *adj* clean; clear; (weight) net
netturbino, nayt-toor-**bee**-no, *m* dustman
neurologia, nay'oo-ro-lo-**jee**-ah, *f* neurology
neutrale, nay'oo-**trah**-lay, *adj* neutral
neutro, nay'oo-tro, *adj* neuter
neve, nay-vay, *f* snow
nevicare, nay-ve-**kah**-ray, *v* to snow
nevicata, nay-ve-**kah**-tah, *f* snowfall
nevischio, nay-**vee**-ske'o, *m* sleet
nevoso, nay-**vo**-zo, *adj* snowy
nevralgia, nay-vrahl-**jee**-ah, *f* neuralgia
nevrosi, nay-**vro**-se, *f* neurosis
nevrotico, nay-**vro**-te-ko, *adj* neurotic
nibbio, neeb-be'o, *m* kite (bird)
nicchia, neek-ke'ah, *f* niche; hollow
nicchiare, neek-ke'**ah**-ray, *v* to hesitate
nichel, nee-kayl, *m* nickel
nicotina, ne-ko-**tee**-nah, *f* nicotine
nidiata, ne-de'**ah**-tah, *f* brood
nidificare, ne-de-fe-**kah**-ray, *v* to make a nest
nido, nee-do, *m* nest; **asilo –,** crèche
niente, ne-**en**-tay, *pron* nothing, anything
nientemeno, ne-en-tay-**may**-no, *adv* actually, no less; *interj* really!
Nilo, nee-lo, *m* Nile
ninfa, neen-fah, *f* nymph
ninfea, neen-**fay**-ah, *f* water-lily
ninnananna, neen-nah-**nahn**-nah, *f* lullaby
ninnolo, neen-no-lo, *m* knick-knack
nipote, ne-**po**-tay, *m/f* nephew; niece; grandson, granddaughter, grandchild
nitidezza, ne-te-**det**-tsah, *f* clearness; sharpness
nitido*, nee-te-do, *adj* clear; sharp
nitrato, ne-**trah**-to, *m* nitrate
nitrire, ne-**tree**-ray, *v* to neigh
nitrito, ne-**tree**-to, *m* (horse) neighing; (chemistry) nitrite
nitroglicerina, nee-tro-gle-chay-**ree**-nah, *f* nitroglycerine
no, no, *adv* & *m* no; *adv* not; **o –,** or not; **perché –?,** why not?
nobile, no-be-lay, *adj* noble; *m/f* nobleman, noblewoman
nobilitare, no-be-le-**tah**-ray, *v* to ennoble
nobiltà, no-beel-**tah**, *f* nobility; nobleness
nocca, nock-kah, *f* knuckle

nocciola, not-**cho**-lah, *f* hazelnut; *adj* light brown
nocciolo, not-cho-lo, *m* kernel, stone
nocciolo, not-**cho**-lo, *m* (tree) hazel
noce, no-chay, *f* walnut; *m* walnut-tree; **– moscata,** nutmeg
nocepesca, no-chay-**pess**-kah, *f* nectarine
nocivo*, no-**chee**-vo, *adj* noxious; harmful
nodo, no-do, *m* knot; tie; node; **– scorsoio,** slip-knot
nodoso, no-**do**-zo, *adj* gnarled
noi, no-e, *pron* we; us; **– stessi,** ourselves
noia, no-e'ah, *f* boredom; nuisance
noioso, no-e'**o**-zo, *adj* boring; annoying
noleggiare, no-led-**jah**-ray, *v* to hire, to rent; to hire out, to rent out; (ship, plane) to charter
noleggio, no-**led**-jo, *m* hire, rental; charter; freight
nolo, no-lo, *m* hire; freight charge
nomade, no-mah-day, *adj* nomadic; *m/f* nomad
nome, no-may, *m* name; *gram* noun
nomignolo, no-**mee**-n'yo-lo, *m* nickname
nomina, no-me-nah, *f* appointment; nomination
nominale*, no-me-**nah**-lay, *adj* nominal
nominare, no-me-**nah**-ray, *v* to mention; to name; to appoint
non, non, *adv* not
noncurante, non-koo-**rahn**-tay, *adj* **– di,** careless of
nondimeno, non-de-**may**-no, *conj* nevertheless; however
nonna, non-nah, *f* grandmother
nonni, non-ne, *mpl* grandparents
nonno, non-no, *m* grandfather
nono, no-no, *adj* & *m* ninth
nonostante, no-no-**stahn**-tay, *prep* notwithstanding; *conj* even though
nord, nord, *m* north; *adj* northern; **in direzione –,** northwards; **Mare del Nord,** *m* North Sea
nord-est, nord-**esst**, *m* north-east
nordico, nor-de-ko, *adj* northern
nord-ovest, nord-**o**-vest, *m* north-west
norma, nor-mah, *f* norm, rule; custom; **a – di legge,** according to the law
normale*, nor-**mah**-lay, *adj* normal
norvegese, nor-vay-**jay**-zay, *adj* Norwegian
Norvegia, nor-**vay**-je'ah, *f* Norway
nostalgia, no-stahl-**jee**-ah, *f* nostalgia, homesickness
nostrano, no-**strah**-no, *adj* local; home-grown
nostro, noss-tro, *adj* our; *pron* ours
nota, no-tah, *f* note; list
notaio, no-**tah**-e'o, *m* notary
notare, no-**tah**-ray, *v* to note, to notice
notarile, no-tah-**ree**-lay, *adj* **atto –,** legal document; **studio –,** notary's office
notevole*, no-**tay**-vo-lay, *adj* remarkable; considerable
notificare, no-te-fe-**kah**-ray, *v* to notify
notificazione, no-te-fe-kah-tse'**o**-nay, *f* notification
notizia, no-**tee**-tse'ah, *f* news; piece of information

noto, no-to, *adj* noted; evident
notorietà, no-to-re'ay-**tah,** *f* fame; notoriety
notorio*, no-**to**-re'o, *adj* notorious
nottambulo, -a, not-**tahm**-boo-lo, *m/f* night owl *fig*
notte, not-tay, *f* night; darkness
nottola, not-to-lah, *f* noctule
notturno, not-**toohr**-no, *adj* nocturnal; *m mus* nocturne
novanta, no-**vahn**-tah, *adj* & *m* ninety
novantesimo, no-vahn-**tay**-ze-mo, *adj* & *m* ninetieth
nove, no-vay, *adj* & *m* nine
novecento, no-vay-**chayn**-to, *adj* & *m* nine hundred; *m* **il Novecento,** the twentieth century
novella, no-**vell**-lah, *f* short story
novello, no-**vell**-lo, *adj* new, fresh
novembre, no-**vem**-bray, *m* November
novero, no-vay-ro, *m* group; **essere nel – di,** to be counted among
novità, no-ve-**tah,** *f* novelty; news
novizio, no-**vee**-tse'o, *m* novice; apprentice
nozione, no-tse'**o**-nay, *f* notion
nozze, not-tsay, *fpl* wedding; **– d'argento,** silver wedding; **– d'oro,** golden wedding
nube, noo-bay, *f* cloud
nubile, noo-be-lay, *adj* unmarried, single (woman)
nuca, noo-kah, *f* nape of the neck
nucleare, noo-klay'**ah**-ray, *adj* nuclear
nucleo, noo-klay-o, *m* nucleus; core; group; **– familiare,** family unit
nudità, noo-de-**tah,** *f* nudity, nakedness
nudo, noo-do, *adj* naked; bare; *m* nude
nulla, nooll-lah, *pron* nothing; *m* nothingness; **non fa –,** it does not matter
nullità, nooll-le-**tah,** *f* nullity; insignificance
nullo*, nooll-lo, *adj* worthless; *law* null
numerale, noo-may-**rah**-lay, *m* numeral; *adj* numeral
numerare, noo-may-**rah**-ray, *v* to number
numerico*, noo-**may**-re-ko, *adj* numerical
numero, noo-may-ro, *m* number; numeral; (magazine) issue
numeroso, noo-may-**ro**-zo, *adj* numerous
nunzio, noonn-tse'o, *m* nuncio, papal ambassador
nuocere, noo'**o**-chay-ray, *v* **– a,** to harm, to damage
nuora, noo'**o**-rah, *f* daughter-in-law
nuotare, noo'o-**tah**-ray, *v* to swim
nuotata, noo'o-**tah**-tah, *f* swim
nuotatore, -trice, noo'o-tah-**tor**-ay, noo'o-tah-**tree**-chay, *m/f* swimmer
Nuova York, noo'**o**-vah york, *f* New York
Nuova Zelanda, noo'**o**-vah zay-**lahn**-dah, *f* New Zealand
nuovo*, noo'**o**-vo, *adj* new; **di –,** again
nutrice, noo-**tree**-chay, *f* wet-nurse
nutrimento, noo-tre-**men**-to, *m* nourishment
nutrire, noo-**tree**-ray, *v* to nourish, to feed; (feelings) to feel
nutritivo, noo-tre-**tee**-vo, *adj* nourishing
nutrizione, noo-tre-tse'**o**-nay, *f* nutrition
nuvola, noo-vo-lah, *f*

cloud; **cadere dalle nuvole,** to be taken aback

nuvoloso, noo-vo-**lo**-zo, *adj* cloudy

nuziale, noo-tse'**ah**-lay, *adj* nuptial

nylon, na'ee-lon, *m* nylon

o, o, *conj* or; **o... o...,** either... or...
oasi, o-ah-ze, *f* oasis
obbediente, ob-bay-de'**en**-tay, *adj* obedient
obbedienza, ob-bay-de'**en**-tsah, *f* obedience
obbedire, ob-bay-**dee**-ray, *v* to obey
obbligare, ob-ble-**gah**-ray, *v* to compel, to oblige, to force
obbligatorio, ob-ble-gah-**to**-re'o, *adj* compulsory
obbligazione, ob-ble-gah-tse'**o**-nay, *f* obligation; bond, debenture
obbligo, ob-ble-go, *m* obligation, duty
obeso, o-**bay**-so, *adj* obese
obiettare, o-be'et-**tah**-ray, *v* to object
obiettivo, o-be'et-**tee**-vo, *adj* objective; *m* lens; objective
obiettore, o-be'et-**to**-ray, *m* objector; **– di coscienza,** conscientious objector
obiezione, o-be'ay-tse'**o**-nay, *f* objection
obitorio, o-be-**to**-re'o, *m* mortuary, morgue
oblio, o-**blee**-o, *m* oblivion
obliquo*, o-**blee**-kwo, *adj* oblique; indirect
oblò, o-**blo**, *m naut* porthole
oboe, o-bo-ay, *m* oboe
oboista, o-bo-**ees**-tah, *m/f* oboist
oca, o-kah, *f* goose
occasionale, ok-kah-ze'o-**nah**-lay, *adj* casual, occasional, chance
occasionare, ok-kah-ze'o-**nah**-ray, *v* to cause
occasione, ok-kah-ze'**o**-nay, *f* opportunity, chance; occasion
occhiaia, ok-ke'**ah**-e'ah, *f* (eye) socket; **avere le occhiaie,** to have bags under one's eyes
occhiali, ok-ke'**ah**-le, *mpl* spectacles, glasses; goggles
occhiata, ok-ke'**ah**-tah, *f* glance, look
occhiello, ok-ke'**el**-lo, *m* button-hole; eyelet
occhio, ok-ke'o, *m* eye
occhiolino, ok-ke'o-**lee**-no, *m* **fare l'– a,** to wink at
occidentale, ot-che-den-**tah**-lay, *adj* western; westerly
occidente, ot-che-**den**-tay, *m* west; **l'Occidente,** the West
occorrente, ok-ko**r**-**ren**-tay, *adj* necessary; *m* equipment, materials
occorrenza, ok-ko**r**-**ren**-tsah, *f* necessity; **all'–,** if need be
occorrere, ok-**kor**-ray-ray, *v* to be required; **occorre,** it is necessary
occultare, ok-kool-**tah**-ray, *v* to hide, to conceal

occulto*, ok-**kool**-to, *adj* occult; secret
occupare, ok-koo-**pah**-ray, *v* to occupy; to employ
occuparsi, ok-koo-**pahr**-se, *v* to take an interest in; to look after
occupazione, ok-koo-pah-tse'**o**-nay, *f* occupation; employment
oceano, o-**chay**-ah-no, *m* ocean
ocra, **o**-krah, *f* ochre
oculatezza, o-koo-lah-**tet**-tsah, *f* caution
oculista, o-koo-**lee**-stah, *m* eye specialist, oculist
odiare, o-de'**ah**-ray, *v* to hate, to detest
odio, **o**-de'o, *m* hatred, strong dislike
odioso*, o-de'**o**-so, *adj* hateful; obnoxious
odontoiatria, o-don-to-e'ah-**tree**-ah, *f* dentistry
odorare, o-do-**rah**-ray, *v* to smell
odorato, o-do-**rah**-to, *m* sense of smell
odore, o-**do**-ray, *m* scent, smell
offendere, of-**fen**-day-ray, *v* to offend; to insult; to infringe
offensiva, of-fen-**see**-vah, *f* offensive
offensivo*, of-fen-**see**-vo, *adj* offensive, insulting
offerente, of-fen-**ren**-tay, *m/f* (auction) bidder
offerta, of-**fair**-tah, *f* offer, bid; **offerte d'impiego,** situations vacant
offesa, of-**fay**-zah, *f* offence, insult, affront
officina, of-fe-**chee**-nah, *f* workshop
offrire, of-**free**-ray, *v* to offer, to present
offuscare, of-fooss-**kah**-ray, *v* to darken
oftalmia, of-tahl-**mee**-ah, *f* ophthalmia
oggettivo, od-jet-**tee**-vo, *adj* objective
oggetto, od-**jet**-to, *m* object; **oggetti smarriti,** lost property
oggi, **od**-je, *adv* today, nowadays
oggigiorno, od-je-**jor**-no, *adv* nowadays
ogni, **o**-n'ye, *adj* each, every; **– tanto,** every now and then
Ognissanti, o-n'yeess-**sahn**-te, *m* All Saints' Day
ognuno, o-n'**yoo**-no, *pron* everyone, each one
ohi, o'ee, *interj* hey!; ow!
ohimè, o'ee-**may**, *interj* oh dear!
okay, o-**kay**'ee, *interj* okay
Olanda, o-**lahn**-dah, *f* Holland
olandese, o-lahn-**day**-zay, *adj* Dutch
oleandro, o-lay'**ahn**-dro, *m* oleander
oleodotto, o-lay'o-**dot**-to, *m* oil pipeline
olfatto, ol-**faht**-to, *m* sense of smell
oliare, o-le'**ah**-ray, *v* to lubricate; to grease
oliera, o-le'**ay**-rah, *f* cruet-stand
Olimpiadi, o-lim-**pee**-ah-de, *fpl* Olymic games
olio, **o**-l'yo, *m* oil
oliva, o-**lee**-vah, *f* olive
olivastro, o-le-**vah**-stro, *adj* olive-coloured
oliveto, o-le-**vay**-to, *m* olive grove
olivo, o-**lee**-vo, *m* olive-tree
olmo, **ol**-mo, *m* elm
olocausto, o-lo-**kah**'oo-sto, *m* holocaust; sacrifice
oltraggiare, ol-trahd-**jah**-ray, *v* to offend, to insult
oltraggio, ol-**trahd**-jo, *m* insult, offence
oltre, **ol**-tray, *adv* farther, further; *prep* beyond; over; **– a,** besides
oltremare, ol-tray-**mah**-ray, *adv* overseas
oltremodo, ol-tray-**mo**-do, *adv* greatly
oltrepassare, ol-tray-

pahss-**sah**-ray, *v* to go beyond; to exceed
omaggio, o-**mahd**-jo, *m* homage; gift; **omaggi,** regards; **in –,** free, complimentary
ombelico, om-bay-**lee**-ko, *m* navel
ombra, om-brah, *f* (area) shade; (silhouette) shadow; ghost; **governo –,** shadow cabinet
ombrellino, om-brell-**lee**-no, *m* parasole
ombrello, om-**brell**-lo, *m* umbrella
ombrellone, om-brell-**lo**-nay, *m* beach umbrella, sunshade
ombretto, om-**bret**-to, *m* eyeshadow
ombroso, om-**bro**-zo, *adj* shady; touchy
omelette, o-mel-**let**, *f* omelette
omeopatia, o-may-o-pah-**tee**-ah, *f* homoeopathy
omertà, o-mer-**tah**, *f* conspiracy of silence
omettere, o-**met**-tay-ray, *v* to omit, to leave out
omicida, o-me-**chee**-dah, *m/f* murderer, murderess
omicidio, o-me-**chee**-de'o, *m* murder; **– colposo,** man-slaughter
omissione, o-mis-se'**o**-nay, *f* omission
omogeneizzato, o-mo-jay-nay-eed-**dzah**-to, *adj* homogenized; *m* baby food
omogeneo, o-mo-**jay**-nay'o, *adj* homogeneous
omonimo, o-**mo**-ne-no, *adj* with the same name; *m gram* homonym
omosessuale, o-mo-ses-soo'**a**-lay, *adj* homosexual; *m/f* homosexual
oncia, on-chah, *f* ounce; *fig* small quantity
onda, on-dah, *f* wave, billow; **mandare in –,** to broadcast
ondeggiare, on-ded-**jah**-ray, *v* to flutter; to sway; to hesitate
ondulare, on-doo-**lah**-ray, *v* to wave
ondulato*, on-doo-**lah**-to, *adj* undulating; wavy; **lamiera di ferro ondulata,** corrugated iron
onere, o-nay-ray, *m* burden
oneroso, o-nay-**ro**-zo, *adj* onerous, heavy
onestà, o-nay-**stah**, *f* honesty; fairness; virtue
onesto*, o-**nay**-sto, *adj* honest; fair; virtuous
onice, o-ne-chay, *f* onyx
onnipotente, on-nee-po-**ten**-tay, *adj* omnipotent; *m* **l'Onnipotente,** the Almighty
onomastico, o-no-**mahs**-te-ko, *m* name day
onorare, o-no-**rah**-ray, *v* to honour
onorario, o-no-**rah**-re'o, *m* fee; *adj* honorary
onore, o-**no**-ray, *m* honour; **farsi –,** to distinguish oneself
onorevole, o-no-**ray**-vo-lay, *adj* honourable; *m/f* Member of Parliament
onorificenza, o-no-re-fe-**chent**-tsah, *f* honour, decoration
onta, on-tah, *f* shame; affront
ontano, on-**tah**-no, *m* alder
opacità, o-pah-che-**tah**, *f* opacity
opaco, o-**pah**-ko, *adj* opaque
opale, o-**pah**-lay, *m* & *f* opal
opera, o-pay-rah, *f* work, deed; opera; **– d'arte,** work of art; **– pia,** religious charity
operaio, -a, o-pay-**rah**-e'o, *m/f* worker; *adj* worker; **classe operaia,** working class
operare, o-pay-**rah**-ray, *v* to carry out; to act; *med*

to operate (on)
operatore, -trice, o-pay-rah-**tor**-ay, o-pay-rah-**tree**-chay, *m/f* operator; agent; dealer; cameraman, camerawoman
operazione, o-pay-rah-tse'**o**-nay, *f* operation; business transaction
operetta, o-pay-ret-tah, *f* operetta
operoso*, o-pay-**ro**-zo, *adj* industrious; hard-working
opificio, o-pe-**fee**-cho, *m* mill; factory
opinabile, o-pe-**nah**-be-lay, *adj* debatable, questionable
opinione, o-pe-ne'**o**-nay, *f* opinion
oppio, op-pe'o, *m* opium
opporre, op-**por**-ray, *v* to oppose
opportunità, op-por-too-ne-**tah**, *f* timeliness; opportunity
opportuno*, op-por-**too**-no, *adj* timely; appropriate
oppositore, -trice, op-po-se-**to**-ray, op-po-se-**tree**-chay, *m/f* opponent
opposizione, op-po-ze-tse'**o**-nay, *f* opposition; *law* objection
opposto, op-**poss**-to, *adj* opposite; conflicting; *m* opposite
oppressione, op-press-se'**o**-nay, *f* oppression
oppressivo*, op-press-**see**-vo, *adj* oppressive
opprimere, op-**pree**-may-ray, *v* to oppress
oppure, op-**poo**-ray, *conj* or, or else
opuscolo, o-**poo**-sko-lo, *m* pamphlet, leaflet
opzionale, op-tse'o-**nah**-lay, *adj* optional
ora, o-rah, *f* hour; time; *adv* now
oracolo, o-**rah**-ko-lo, *m* oracle
orafo, o-rah-fo, *m* goldsmith
orale, o-**rah**-lay, *adj* oral
oramai, o-rah-**mah**-e, *adv* by now; by then
orario, o-**rah**-re'o, *m* timetable; *adj* hourly; **in senso –,** clockwise
orata, o-**rah**-tah, *f* sea bream
oratore, -trice, o-rah-**tor**-ay, o-rah-**tree**-chay *m/f* orator, public speaker
orazione, o-rah-tse'**o**-nay, *f* prayer; oration
orbita, or-be-tah, *f* eye-socket; orbit; sphere of influence
orca, or-kah, *f* killer whale
orchestra, or-**kes**-trah, *f* orchestra; band; orchestra pit
orchidea, or-kee-**day**'ah, *f* orchid
orco, or-ko, *m* ogre
orda, or-dah, *f* horde
ordigno, or-**dee**-n'yo, *m* device
ordinale, or-de-**nah**-lay, *adj* ordinal; *m* ordinal number
ordinamento, or-de-nah-**men**-to, *m* arrangement; rules
ordinanza, or-de-**nahn**-tsah, decree; *law, mil* order
ordinare, or-de-**nah**-ray, *v* to arrange, to put in order; to order; to prescribe; *relig* to ordain
ordinario*, or-de-**nah**-re'o, *adj* ordinary; poor-quality; common
ordinazione, or-de-nah-tse'**o**.nay, *f* order; *relig* ordination
ordine, or-de-nay, *m* order
ordire, or-de-ray, *v* to plot
orecchino, o-reck-**kee**-no, *m* ear-ring
orecchio, o-**reck**-ke'o, *m* ear; hearing
orecchioni, o-reck-kee'**o**-nee, *mpl* mumps
orefice, o-**ray**-fe-chay, *m* goldsmith; jeweller

orfano, -a, or-fah-no, *m/f* orphan
orfanotrofio, or-fah-no-**tro**-fe'o, *m* orphanage
organetto, or-gah-**net**-to, *m* street-organ
organico, or-gah-nee-ko, *adj* organic; *m* personnel; *mil* cadre
organismo, or-gah-**nee**-smo, *m* organism; body
organizzare, or-gah-need-**dzah**-ray, *v* to organize
organizzazione, or-gah-need-dzah-tse'**o**-nay, *f* organization
organo, or-gah-no, *m* organ
orgasmo, or-gahz-mo, *m* orgasm; anxiety
orgia, or-jah, *f* orgy
orgoglio, or-go-l'yo, *m* pride
orgoglioso*, or-go-l'**yo**-zo, *adj* proud
orientale, o-re-en-**tah**-lay, *adj* oriental; eastern
orientamento, o-re-en-tah-**men**-to, *m* orientation; positioning; directing
orientare, o-re-en-**tah**-ray, *v* to orientate; to position; to direct
orientativo, o-re-en-tah-**tee**-vo, *adj* approximate, indicative
oriente, o-re-**en**-tay, *m* east; **l'Oriente,** the East; **l'Estremo Oriente,** the Far East; **il Medio Oriente,** the Middle East
origano, o-**ree**-gah-no, *m* oregano
originale, o-re-je-**nah**-lay, *adj* original; eccentric; *m* original
originario, o-re-je-**nah**-re'o, *adj* native
origine, o-**ree**-je-nay, *f* origin; source; cause
orina, o-**ree**-nah, *f* urine
orinale, o-re-**nah**-lay, *m* chamber-pot
orizzontale, o-rit-tson-**tah**-lay, *adj* horizontal
orizzonte, o-rit-**tson**-tay, *m* horizon
orlare, or-lah-ray, *v* to hem; to edge
orlo, or-lo, *m* edge; brim; hem
orma, or-mah, *f* footprint; trace, mark
ormai, or-mah-e, *adv* by now; by then
ormeggio, or-mej-jo, *m* mooring; moorings
ormone, or-mo-nay, *m* hormone
ornamentale, or-nah-men-**tah**-lay, *adj* decorative, ornamental
ornamento, or-nah-**men**-to, *m* decoration, ornament
ornare, or-nah-ray, *v* to adorn, to decorate; to embellish
ornitologia, or.ne-to-lo-**jee**-ah, *f* ornithology
oro, o-ro, *m* gold
orologiaio, o-ro-lo-**jah**-e'o, *m* watchmaker
orologio, o-ro-**lo**-je'o, *m* watch; clock; **– da polso,** wrist-watch; **– digitale,** digital watch
oroscopo, o-**ro**-sko-po, *m* horoscope
orrendo*, or-ren-do, *adj* horrible; dreadful
orribile*, or-ree-be-lay, *adj* horrible; horrid
orrore, or-ro-ray, *m* horror; disgust
orsa, or-sah, *f* she-bear; **Orsa Maggiore/Minore,** Great/Little Bear
orsacchiotto, or-sahk-**ke'ot**-to, *m* bear cub; teddy bear
orso, or-so, *m* bear
ortaggio, or-tahj-jo, *m* vegetable
ortica, or-tee-kah, *f* nettle
orticaria, or-te-**kah**-re'ah, *f* nettle rash
orticultore, -trice, or-te-kool-**tor**-ay, **or**-te-kool-**tree**-chay, *m/f* horticulturalist
orto, or-to, *m* kitchen-

garden; vegetable-garden
ortodosso, or-to-**doss**-so, *adj* orthodox
ortografia, or-to-grah-**fee**-ah, *f* spelling, orthography
ortolano, -a, or-to-**lah**-no, *m/f* kitchen-gardener
ortopedico, -a, or-to-**pay**-de-ko, *adj* orthopaedic; *m/f* orthopaedic specialist
orzaiolo, or-dzah-e'o-lo, *m* (eye-lid) sty
orzata, or-**dzah**-tah, *f* barley water
orzo, or-dzo, *m* barley
osare, o-**zah**-ray, *v* to dare
oscenità, o-shay-ne-**tah**, *f* obscenity
osceno*, o-**shay**-no, *adj* obscene
oscillare, o-sheel-**lah**-ray, *v* to oscillate; to fluctuate
oscillazione, o-sheel-lah-tse'o-nay, *f* oscillation; fluctuation
oscurare, oss-koo-**rah**-ray, *v* to darken; to obscure
oscurità, oss-koo-re-**tah**, *f* darkness; obscurity
oscuro*, oss-**koo**-ro, *adj* dark; obscure
ospedale, oss-pay-**dah**-lay, *m* hospital
ospitale, oss-pe-**tah**-lay, *adj* hospitable
ospitare, oss-pe-**tah**-ray, *v* to accommodate; to put up
ospite, oss-pe-tay, *m/f* host, hostess; visitor, guest
ospizio, oss-**pee**-tse'o, *m* old people's home; hospice
ossatura, oss-sah-**too**-rah, *f* bone structure; framework
ossequio, oss-**say**-kwe-o, *m* respect, deference
ossequioso*, oss-say-kwe'o-zo, *adj* respectful; obsequious
osservanza, oss-sai**r**-**vahn**-tsah, *f* observance
osservare, oss-sai**r**-**vah**-ray, *v* to observe
osservatorio, oss-sai**r**-vah-**to**-re'o, *m* observatory
osservazione, oss-sai**r**-vah-tse'o-nay, *f* observation; comment, remark
ossessione, oss-ses-se'o-nay, *f* obsession
ossessivo, oss-ses-**see**-vo, *adj* obsessive
ossia, osss-**ee**-ah, *conj* or rather; that is
ossidare, oss-se-**dah**-ray, *v* to oxidize
ossido, oss-se-do, *m* oxide; **– di carbonio,** carbon monoxide
ossigeno, oss-**see**-jay-no, *m* oxygen
osso, oss-so, *m* bone; (fruit) stone
ossuto, oss-**soo**-to, *adj* bony
ostacolare, oss-tah-ko-**lah**-ray, *v* to hinder
ostacolo, oss-**tah**-ko-lo, *m* obstacle; (sport) hurdle; fence
ostaggio, oss-**tahd**-jo, *m* hostage
oste, -essa, oss-tay, oss-**tes**-sah, *m/f* inn-keeper
ostello, oss-**tel**-lo, *m* hostel; **– della gioventù,** youth hostel
ostentare, oss-ten-**tah**-ray, *v* to show off; to feign
ostentazione, oss-ten-tah-tse'o-nay, *f* ostentation
osteria, oss-tay-**ree**-ah, *f* pub, inn
ostetrico, -a, oss-**tay**-tree-ko, *adj* obstetric; *m/f* obstetrician; *f* midwife
ostia, oss-te-ah, *f relig* host; wafer
ostile*, oss-**tee**-lay, *adj* hostile
ostilità, oss-te-le-**tah**, *f* hostility
ostinarsi, oss-te-**nar**-se, *v* to persist obstinately
ostinato*, oss-te-**nah**-to, *adj* obstinate, stubborn

ostinazione, oss-te-nah-tse'**o**-nay, *f* obstinacy, stubborness
ostrica, oss-tre-kah, *f* oyster
ostruire, oss-troo-**ee**-ray, *v* to obstruct, to block
ostruzione, oss-troo-tse'**o**-nay, *f* obstruction, blockage
otite, o-**tee**-tay, *f* ear infection
otre, o-tray, *m* goatskin (container)
ottagono, ot-**tah**-go-no, *m* octagon
ottano, ot-**tah**-no, *m* octane
ottanta, ot-**tahn**-tah, *adj* & *m* eighty
ottantesimo, ot-tahn-**tay**-ze-mo, *adj* & *m* eightieth
ottava, ot-**tah**-vah, *f mus* octave
ottavo, ot-**tah**-vo, *adj* & *m* eighth
ottemperare, ot-tem-pay-**rah**-ray, *v* to comply
ottenere, ot-tay-**nay**-ray, *v* to obtain
ottico, ot-te-ko, *m* optician; *adj* optical, optic
ottimismo, ot-te-**miss**-mo, *m* optimism
ottimo*, ot-te-mo, *adj* excellent; perfect
otto, ot-to, *adj* & *m* eight
ottobre, ot-**to**-bray, *m* October
ottocento, ot-to-**chen**-to, *adj* & *m* eight hundred; **l'Ottocento,** the nineteenth century
ottone, ot-**to**-nay, *m* brass; **gli ottoni** *mus* the brass
otturare, ot-too-**rah**-ray, *v* to block up; (teeth) to fill
ottuso*, ot-**too**-zo, *adj* stupid; obtuse
ovaia, o-**vah**-e'ah, *f* ovary
ovale, o-**vah**-lay, *adj* oval
ovatta, o-**vaht**-tah, *f* wadding; cotton-wool
ovattare, o-vaht-**tah**-ray, *v* to pad
ovazione, o-vaht-tse'**o**-nay, *f* ovation
ovest, o-vest, *m* west; *adj* western; **in direzione –,** westwards
ovile, o-**vee**-lay, *m* sheepfold, pen
ovunque, o-**voonn**-kway, *adv* everywhere
ovvero, ov-**vay**-ro, *conj*, or rather; or else
ovviare, ov-ve'**ah**-ray, *v* to obviate; to remedy
ovvio*, ov-ve'o, *adj* obvious
oziare, o-tse'**ah**-ray, *v* to idle
ozio, o-tse'o, *m* idleness; free time
ozioso*, o-tse'**o**-zo, *adj* idle, lazy, indolent
ozono, o-**dzo**-no, *m* ozone; **lo strato d'–,** the ozone layer

P

pacato, pah-**kah**-to, *adj* quiet
pacca, pahk-kah, *f* slap; pat on the shoulder
pacchetto, pahk-**ket**-to, *m* packet; parcel
pacchiano, pahk-ke'**ah**-no, *adj* garish
pacco, pahk-ko, *m* parcel
pace, pah-chay, *f* peace
pacifico, pah-**chee**-fe-ko, *adj* pacific
padella, pah-**dell**-lah, *f* frying pan
padiglione, pah-de-l'**yo**-nay, *m* pavilion; tent
padre, pah-dray, *m* father
padrino, pah-**dree**-no, *m* godfather
padrona, pah-**dro**-nah, *f* owner; **– di casa** landlady
padrone, pah-**dro**-nay, *m* owner; **– di casa** landlord
paesaggio, pah-ay-**sahd**-jo, *m* landscape
paesano, pah-ay-**zah**-no, *adj* country
paese, pah-**ay**-zay, *m* country; village; **Paesi Bassi,** *mpl* Netherlands
paffuto, pahf-**foo**-to, *adj* plump
paga, pah-gah, *f* salary
pagaia, pah-**gah**-e'ah, *f* paddle
pagamento, pah-gah-**men**-to, *m* payment
pagare, pah-**gah**-ray, *v* to pay
pagella, pah-**jel**-lah, *f* school report
paggio, pahd-jo, *m* page(boy)
pagherò, pah-gay-**ro**, *m* promissory note
pagina, pah-je-nah, *f* page
paglia, pah-l'yah, *f* straw
pagliaccio, pah-**l'yaht**-cho, *m* clown
pagnotta, pah-n'**yot**-tah, *f* loaf
paio, pah-e'o, *m* pair; **un – di,** a pair of
pala, pah-lah, *f* shovel; blade
palato, pah-**lah**-to, *m* palate
palazzina, pah-laht-**tsee**-nah, *f* villa
palazzo, pah-**laht**-tso, *m* palace; building
palco, pahl-ko, *m* platform; (theatre) box
palcoscenico, pahl-ko-**shay**-ne-ko, *m* stage
palesare, pah-lay-**zah**-ray, *v* to reveal
palese, pah-**lay**-zay, *adj* clear
palestra, pah **less**-trah, *f* gymnasium, gym
paletta, pah-**let**-tah, *f* spade; signalling disc; dustpan
paletto, pah-**let**-to, *m* stake; bolt; pole
palio, pah-l'yo, *m* **in –,** as a prize
palizzata, pah-lit-**tsah**-tah, *f* fence

palla, pahl-lah, *f* ball
pallacanestro, pahl-lah-kah-**ness**-tro, *f* basketball
pallanuoto, pahl-lah-noo'o-to, *f* water polo
pallavolo, pahl-lah-**vo**-lo, *f* volleyball
pallido, pahl-le-do, *adj* pale
pallino, pahl-**lee**-no, *m* dot
palloncino, pahl-lon-**chee**-no, *m* balloon
pallone, pahl-**lo**-nay, *m* ball; football; balloon
pallore, pahl-**lor**-ay, *m* pallor
pallottola, pahl-**lot**-to-lah, *f* bullet; pellet
palma, pahl-mah, *f* palm, palm-tree
palmo, pahl-mo, *m* palm
palo, pah-lo, *m* post; pole
palombaro, pah-lom-**bah**-ro, *m* diver
palpare, pahl-**pah**-ray, *v* to touch, to feel
palpebra, pahl-pay-brah, *f* eye-lid
palpitare, pal-pe-**tah**-ray, *v* to palpitate
palude, pah-**loo**-day, *f* marsh, swamp
paludoso, pah-loo-**do**-zo, *adj* marshy, swampy
panca, pahn-kah, *f* bench
pancarrè, pahn-kah**r-ray**, *m* sliced bread
pancetta, pahn-**chet**-tah, *f* bacon
pancia, pahn-chah, *f* belly
panciotto, pahn-**chot**-to, *m* waistcoat
pane, pah-nay, *m* bread; loaf of bread; **– a cassetta,** sliced bread
panetteria, pah-net-tay-**ree**-ah, *f* bakery
panettiere, -a, pah-net-te'**ay**-ray, *m/f* baker
panico, pah-ne-ko, *m* panic
paniere, pah-ne'**ay**-ray, *m* basket
panino, pah-**nee**-no, *m* roll; **– imbottito** sandwich
panna, pahn-nah, *f* cream
panno, pahn-no, *m* cloth
pannocchia, pahn-**nok**-ke'ah, *f* cob
pannolino, pahn-no-**lee**-no, *m* nappy
panorama, pah-no-**rah**-mah, *m* panorama
pantaloni, pahn-tah-**lo**-ne, *mpl* trousers
pantera, pahn-**tay**-rah, *f* panther
pantofola, pahn-**to**-fo-lah, *f* slipper
Papa, pah-pah, *m* Pope
papà, pah-**pah**, *m* dad
papale, pah-**pah**-lay, *adj* papal
papavero, pah-**pah**-vay-ro, *m* poppy
papero, pah-pe-ro, *m* gosling
papillon, pah-pee-**yon**, *m* bow tie
pappagallo, pahp-pah-**gahl**-lo, *m* parrot
paracadute, pah-rah-kah-**doo**-tay, *m* parachute
para, pah-rah, *f* crepe rubber
parabrezza, pah-rah-**bret**-tsah, *m* windscreen
paradiso, pah-rah-**dee**-zo, *m* paradise, heaven
paradosso, pah-rah-**doss**-so, *m* paradox
parafango, pah-rah-**fahn**-go, *m* mud-guard
parafulmine, pah-rah-**fool**-me-nay, *m* lightning conductor
paragonare, pah-rah-go-**nah**-ray, *v* to compare
paragone, pah-rah-**go**-nay, *m* comparison
paragrafo, pah-**rah**-grah-fo, *m* paragraph
paralisi, pah-**rah**-le-ze, *f* paralysis
parallelo, pah-rahl-**lay**-lo, *adj* parallel; *m* parallel
paralume, pah-rah-**loo**-may, *m* lamp-shade
parapetto, pah-rah-**pet**-to, *m* parapet
parapiglia, pah-rah-**pee**-

l'yah, *f* turmoil
parare, pah-**rah**-ray, *v* to parry; to save; to shield
parassita, pah-rahs-**see**-tah, *m* parasite
parata, pah-**rah**-tah, *f* parade; save
paraurti, pah-rah-**oor**-te, *m* bumper
paravento, pah-rah-**ven**-to, *m* screen
parcella, pahr-**chel**-lah, *f* fee
parcheggiare, pahr-kej-**jah**-ray, *v* to park
parcheggio, pahr-**kej**-jo, *m* car park; parking
parchimetro, pahr-**kee**-me-tro, *m* parking meter
parco, par-ko, *m* park; *adj* moderate
parecchi, pah-**reck**-ke, *adj* & *pron* several
parecchio, pah-**reck**-ke'o, *adj* quite a lot of; *pron* quite a lot; *adv* quite; quite a lot
pareggiare, pah-red-**jah**-ray, *v* to equalize; to make equal
parente, pah-**ren**-tay, *m/f* relative
parentesi, pah-**ren**-tay-ze, *f* bracket
parere, pah-**ray**-ray, *m* opinion; *v* to seem; to look
parete, pah-**ray**-tay, *f* wall
pari, pah-re, *adj* equal; level; even; *m/f* peer
Parigi, pah-**ree**-dje, *f* Paris
parità, pah-re-**tah**, *f* equality
parlamentare, par-lah-men-**tah**-ray, *adj* parliamentary; *m/f* MP
parlare, par-**lah**-ray, *v* to speak, to talk
parmigiano, pahr-mee-**jah**-no, *m* Parmesan cheese
parola, pah-**ro**-lah, *f* word
parolaccia, pah-ro-**laht**-chah, *f* swearword
parrocchia, par-**rock**-ke'ah, *f* parish; parish church
parrocchiano, par-rock-ke'**ah**-no, *m* parishioner
parroco, par-ro-ko, *m* parish priest
parrucca, par-**rock**-kah, *f* wig
parrucchiere, -a, par-rook-ke'**ay**-ray, *m/f* hairdresser
parsimonia, par-se-**mo**-n'yah, *f* parsimony
parte, par-tay, *f* part; side; way; **da** –, aside; **in** –, partly
partecipare, par-tay-che-**pah**-ray, *v* to take part, participate; to share
partenza, par-**ten**-tsah, *f* departure; start
particella, par-te-**chell**-lah, *f* particle
participio, par-te-**chee**-pe'o, *m* participle
particolare, par-te-ko-**lah**-ray, *adj* particular
partigiano, par-te-**jah**-no, *m* partisan
partire, par-**tee**-ray, *v* to leave; to depart
partita, par-**tee**-tah, *f* game, match; consignment
partito, par-**tee**-to, *m* party
partitura, par-te-**too**-rah, *f* *mus* score
parto, par-to, *m* birth
partorire, par-to-**ree**-ray, *v* to give birth to
parziale, par-tse'**ah**-lay, *adj* partial; biased
pascolo, pahss-ko-lo, *m* pasture
Pasqua, pahss-kwah, *f* Easter
passabile, pahss-**sah**-be-lay, *adj* passable
passaggio, pahss-**sahd**-jo, *m* passage; change; lift
passante, pahss-**sahn**-tay, *m/f* passer-by
passare, pahss-**sah**-ray, *v* to pass; to go by; to go through; to call in; to spend; to go beyond
passatempo, pahss-sah-**tem**-po, *m* pastime

passato, pahss-**sah**-to, *adj* past; last; *m* past
passeggero, -a, pahss-sed-**jay**-ro, *m/f* passenger
passeggiare, pahss-sed-**jah**-ray, *v* to walk
passeggiata, pahss-sed-**jah**-tah, *f* walk, stroll
passeggio, pahss-**sed**-jo, *m* **andare a –,** to go for a walk
passeggino, pahss-sed-**jee**-no, *m* pushchair
passero, pahss-say-ro, *m* sparrow
passione, pahss-se'**o**-nay, *f* passion
passivo, pahss-**see**-vo, *adj** passive; *m gram* passive; liabilities
passo, pahss-so, *m* step; footstep; pace
pasta, pahss-tah, *f* paste; pastry; dough; **– sfoglia,** puff pastry; **– frolla,** shortcrust pastry
pastasciutta, pahss-tah-**shoot**-tah, *f* pasta
pastello, pahss-**tell**-lo, *m* crayon
pasticca, pahss-**tick**-kah, *f* pastille
pasticceria, pahss-tit-chay-**ree**-ah, *f* cake shop
pasticciere, -a, pahss-tit-**chay**-ray, *m/f* pastry-cook
pasticcino, pahss-tit-**chee**-no, *m* cake
pasticcio, pahss-**tit**-cho, *m* pie; *fig* mix up
pasticcione, pahss-tit-**cho**-nay, *m* bungler
pastiglia, pahss-**tee**-l'yah, *f* pastille
pastinaca, pahss-te-**nah**-kah, *f* parsnip
pasto, pahss-to, *m* meal
pastore, pahss-**tor**-ay, *m* shepherd; minister
pastorizzato, pahss-to-reed-**dzah**-to, *adj* pasteurized
pastura, pahss-**too**-rah, *f* pasture
patata, pah-**tah**-tah, *f* potato
patatine, pah-tah-**tee**-nay, *fpl* crisps; chips
patente, pah-**ten**-tay, *f* driving licence
paternità, pah-tair-nee-**tah**, *f* paternity
paterno, pah-**tair**-no, *adj* fatherly
patetico*, pah-**tay**-te-ko, *adj* pathetic
patibolo, pah-**tee**-bo-lo, *m* gallows
patire, pah-**tee**-ray, *v* to suffer
patria, pah-tre'ah, *f* homeland
patrigno, pah-**tree**-n'yo, *m* stepfather
patrimonio, pah-tree-**mo**-ne'o, *m* property; *fig* heritage
patrocinare, pah-tro-che-**nah**-ray, *v* to sponsor
patrocinio, pah-tro-**chee**-ne'o *m* patronage
patrono, pah-**tro**-no, *m* patron
pattinaggio, paht-te-**nahd**-jo, *m* skating
pattinare, paht-te-**nah**-ray, *v* to skate
pattini, paht-te-ne, *mpl* skates
patto, paht-to, *m* agreement; condition
pattuglia, paht-**too**-l'yah, *f* patrol
pattugliare, paht-too-l'**yah**-ray, *v* to patrol
pattuire, paht-too-**ee**-ray, *v* to agree
pattumiera, paht-too-mee-**ay**-rah, *f* dustbin
paura, pah'**oo**-rah, *f* fear
pauroso, pah'oo-**ro**-zo, *adj* fearful; frightening
pausa, pah'oo-zah, *f* break; pause
pavimentare, pah-ve-men-**tah**-ray, *v* to pave
pavimento, pah-ve-**men**-to, *m* floor
pavone, pah-**vo**-nay, *m* peacock
paziente, pah-tse'**en**-tay, *adj* patient; *m/f* patient
pazienza, pah-tse'**en**-tsah,

f patience
pazzia, paht-**tsee**-ah, *f* madness; crazy thing
pazzesco, paht-**tses**-ko, *adj* crazy
pazzo, paht-tso, *adj* mad, crazy
pecca, peck-kah, *f* fault, flaw, defect
peccaminoso, peck-kah-me-**no**-zo, *adj* sinful
peccare, peck-**kah**-ray, *v* to sin
peccato, peck-**kah**-to, *m* sin
peccatore, -trice, peck-kah-**tor**-ay, peck-kah-**tree**-chay, *m/f* sinner
pece, pay-chay, *f* pitch
pecora, pay-ko-rah, *f* sheep
pecoraio, pay-ko-**rah**-e'o, *m* shepherd
pedaggio, pay-**dahd**-jo, *m* toll
pedalare, pay-dah-**lah**-ray, *v* to pedal
pedale, pay-**dah**-lay, *m* pedal
pedana, pay-**dah**-nah, *f* footboard
pedante, pay-**dahn**-tay, *adj* pedantic
pedata, pay-**dah**-tah, *f* kick; foot-print
pediatra, pay-de'**ah**-trah, *m/f* pediatrician
pedina, pay-**dee**-nah, *f* (draughts) piece
pedinare, pay-de-**nah**-ray, *v* to shadow, to follow closely
pedonale, pay-do-**nah**-lay, *adj* pedestrian
pedone, pay-**do**-nay, *m/f* pedestrian
peggio, ped-jo, *adv* worse, worst; *adj* worse, worst; *m* worst; *f* **avere la –,** to come off worse
peggioramento, ped-jo-rah-**men**-to, *m* worsening
peggiorare, ped-jo-**rah**-ray, *v* to worsen
peggiore, ped-**jo**-ray, *adj* worse, worst; *m/f* **il/la –,** the worst (person)
pegno, pay-n'yo, *m* pledge; forfeit
pelare, pay-**lah**-ray, *v* to peel; to pluck
pelato, pay-**lah**-to, *adj* bald
pelle, pell-lay, *f* skin; leather
pellegrinaggio, pell-lay-gre-**nahd**-jo, *m* pilgrimage
pellegrino, pell-lay-**gree**-no, *m* pilgrim
pelliccia, pell-**lit**-chah, *f* fur (coat)
pellicciaio, pell-lit-**chah**-e'o, *m* furrier
pellicola, pell-**lee**-ko-lah, *f* film
pelo, pay-lo, *m* hair; coat; **– dell'acqua,** surface of the water
peloso, pay-**lo**-zo, *adj* hairy
peltro, pell-tro, *m* pewter
pena, pay-nah, *f law* sentence; sorrow
penalità, pay-nah-le-**tah**, *f* penalty
penalizzare, pay-nah-lid-**dzah**-ray, *v* (games) to penalize
pendente, pen-**den**-tay, *adj* hanging; leaning; *m* pendant
pendenza, pen-**den**-tsah, *f* slope; *comm* outstanding account
pendere, pen-day-ray, *v* to hang; to lean
pendio, pen-**dee**-o, *m* slope
pendola, pen-do-lah, *f* clock
pendolare, pen-doh-**lah**-ray, *m/f* commuter
pendolo, pen-do-lo, *m* pendulum
pene, pay-nay, *m* penis
penetrare, pay-nay-**trah**-ray, *v* to penetrate
penetrazione, pay-nay-trah-tse'**o**-nay, *f* penetration
penicillina, pay-ne-cheell-**le**-na, *f* penicillin
penisola, pay-**nee**-zo-lah, *f* peninsula

penitenza, pay-ne-**ten**-tsah, *f* penitence; (games) forfeit
penitenziario, pay-ne-ten-tse'**ah**-re'o, *m* prison
penna, pen-nah, *f* pen; feather; – **stilografica,** fountain-pen
pennarello, pen-nah-**rell**-lo, *m* felt-tip pen
pennello, pen-**nell**-lo, *m* paint-brush
pennino, pen-**nee**-no, *m* nib
pennone, pen-**no**-nay, *m* *naut* yard; banner
penombra, pay-**nom**-brah, *f* half-light
penoso, pay-**no**-zo, *adj* painful
pensare, pen-**sah**-ray, *v* to think
pensiero, pen-se'**ay**-ro, *m* thought
pensieroso*, pen-se'ay-**ro**-zo, *adj* thoughtful
pensilina, pen-se-**lee**-nah, *f* bus shelter; platform roof
pensionato, -a, pen-se'o-**nah**-to, *m/f* pensioner
pensione, pen-se'**o**-nay, *f* pension; boarding house; board and lodging; **andare in –,** to retire
Pentecoste, pen-tay-**koss**-tay, *f* Whit Sunday
pentimento, pen-te-**men**-to, *m* repentance
pentirsi, pen-**teer**-se, *v* to repent; to regret
pentola, pen-to-lah, *f* pot
penultimo, pay-**nool**-te-mo, *adj* penultimate
penzolare, pen-tso-**lah**-ray, *v* to dangle, to hang
pepe, pay-pay, *m* pepper
peperone, pay-pay-**ro**-nay, *m* pepper, capsicum
pepita, pay-**pee**-tah, *f* nugget
per, pair, *prep* for; by; through
pera, pay-rah, *f* pear
percento, pair-**chen**-to, *m* per cent
percentuale, pair-chen-too'**ah**-lay, *f* percentage
percepire, pair-chay-**pee**-ray, *v* to perceive
percezione, pair-chay-tse'**o**-nay, *f* perception
perché, pair-**kay**, *adv* why; *conj* because; so that; *m* **il –,** the reason why
perciò, pair-**cho**, *conj* therefore
percorrere, pair-**kor**-ray-ray, *v* to travel; to cover
percorso, pair-**kor**-so, *m* journey
percossa, pair-**kos**-sah, *f* blow
percuotere, pair-koo'**o**-tay-ray, *v* to strike
perdere, pair-day-ray, *v* to lose; to miss; to waste
perdigiorno, pair-de-**jor**-no, *m* idler
perdita, pair-de-tah, *f* loss; waste; leak
perdonare, pair-do-**nah**-ray, *v* to forgive; to excuse
perdono, pair-**do**-no, *m* pardon; forgiveness
perdurare, pair-doo-**rah**-ray, *v* to last
peregrinare, pay-ray-gre-**nah**-ray, *v* to wander
perentorio*, pay-ren-**to**-re'o, *adj* peremptory
perfetto*, pair-**fet**-to, *adj* perfect
perfezionare, pair-fay-tse'o-**nah**-ray, *v* to improve
perfezione, pair-fay-tse'**o**-nay, *f* perfection
perfidia, pair-**fee**-de'ah, *f* perfidy
perfido*, pair-fe-do, *adj* perfidious
perfino, pair-**fee**-no, *adv* even
perforare, pair-fo-**rah**-ray, *v* to pierce
pergamena, pair-gah-**may**-nah, *f* parchment
pericolo, pay-**ree**-ko-lo, *m* danger
pericoloso*, pay-re-ko-**lo**-zo, *adj* dangerous

periodico, pay-re'**o**-de-ko, *adj* periodical; *m* periodical
periodo, pay-**ree**-o-do, *m* period
perire, pay-**ree**-ray, *v* to perish
perito, pay-**ree**-to, *m* expert
perizia, pay-**ree**-tse'ah, *f* survey
perla, pair-lah, *f* pearl
perlustrare, pair-loo-**strah**-ray, *v* to explore
permaloso, pair-mah-**lo**-so, *adj* touchy
permanente, pair-mah-**nen**-tay, *adj* permanent
permeare, pair-may-**ah**-ray, *v* to permeate
permesso, pair-**mess**-so, *m* permission, permit
permettere, pair-**met**-tay-ray, *v* to allow, to permit
permuta, pair-moo-tah, *f* exchange
permutare, pair-moo-**tah**-ray, *v* to exchange
pernice, pair-**nee**-chay, *f* partridge
pernicioso, pair-ne-**cho**-zo, *adj* pernicious
perno, pair-no, *m* pivot
pernottare, pair-not-**tah**-ray, *v* to spend the night
pero, pay-ro, *m* pear-tree
però, pay-**ro**, *conj* but; however
perorare, pay-ro-**rah**-ray, *v* to plead
perpendicolare, pair-pen-de-ko-**lah**-ray, *adj* perpendicular
perpetuare, pair-pay-too'**ah**-ray, *v* to perpetuate
perpetuo, pair-**pay**-too-o, *adj* perpetual
perplesso, pair-**pless**-so, *adj* perplexed
perquisire, pair-kwe-**see**-ray, *v* to search
persecutore, pair-say-koo-**tor**-ay, *m* persecutor
persecuzione, pair-say-koo-tse'**o**-nay, *f* persecution
perseguire, pair-say-goo'**ee**-ray, *v* to pursue
perseguitare, pair-say-goo'e-**tah**-ray, *v* to persecute
perseveranza, pair-say-vay-**rahn**-tsah, *f* perseverance
perseverare, pair-say-vay-**rah**-ray, *v* to persevere
persiana, pair-se'**ah**-nah, *f* shutter; Venetian blind
persino, pair-**see**-no, *adv* even
persistenza, pair-siss-**ten**-tsah, *f* persistence
persistere, pair-**siss**-tay-ray, *v* to persist, to continue
persona, pair-**so**-nah, *f* person, individual
personaggio, pair-so-**nahd**-jo, *m* personality; character
personale, pair-so-**nah**-lay, *adj* personal; *m* personnel
personalità, pair-so-nah-le-**tah**, *f* personality
perspicace, pair-spe-**kah**-chay, *adj* shrewd
persuadere, pair-soo'ah-**day**-ray, *v* to persuade; to convince
persuasione, pair-soo'ah-ze'**o**-nay, *f* persuasion
pertanto, pair-**tahn**-to, *conj* therefore
pertica, pair-te-kah, *f* pole
pertinenza, pair-te-**nen**-tsah, *f* pertinence, relevance
pertugio, pair-**too**-jo, *m* opening, hole
perturbare, pair-toohr-**bah**-ray, *v* to upset
perversità, pair-vair-se-**tah**, *f* perversity
perverso*, pair-**vair**-so, *adj* perverted
pervinca, pair-**vin**-kah, *f* (flower) periwinkle
pesante, pay-**zahn**-tay, *adj* heavy; dull
pesantezza, pay-zahn-**tet**-tsah, *f* weight
pesare, pay-**zah**-ray, *v* to

weigh
pesca, pess-kah, *f* peach; fishing
pescare, pess-**kah**-ray, *v* to fish
pescatore, pess-kah-**tor**-ay, *m* fisherman, angler
pesce, pay-shay, *m* fish; **Pesci,** Pisces
pescecane, pay-shay-**kah**-nay, *m* shark
pescheria, pess-kay-**ree**-ah, *f* fishmonger's
pescivendolo, -a, pay-she-**ven**-do-lo, *m/f* fishmonger
pesco, pess-ko, *m* peach-tree
peso, pay-zo, *m* weight; load
pessimismo, pess-se-**mees**-mo, *m* pessimism
pessimista, pess-se-**mees**-tah, *m/f* pessimist
pessimo*, pess-se-mo, *adj* very bad, awful
pestare, pess-**tah**-ray, *v* to tread on; to crush; to beat
peste, pess-tay, *f* plague; pest
pesto, pess-to, *m* pesto
petalo, pay-tah-lo, *m* petal
petardo, pay-**tahr**-do, *m* banger
petizione, pay-te-tse'**o**-nay, *f* petition
petroliera, pay-tro-le'**ay**-rah, *f* oil tanker
petrolio, pay-**tro**-le'o, *m* oil, petroleum
pettegolezzo, pet-tay-go-**let**-tso, *m* gossip
pettegolo, -a, pet-**tay**-go-lo, *m/f* gossip
pettinare, pet-te-**nah**-ray, *v* to comb
pettine, pet-te-nay, *m* comb; scallop
pettirosso, pet-te-**ross**-so, *m* robin
petto, pet-to, *m* breast, chest
petulante, pay-too-**lahn**-tay, *adj* insolent
pezzo, pet-tso, *m* piece; part
piacere, pe'ah-**chay**-ray, *m* pleasure; favour; *v* to please; to like
piacevole, pe'ah-**chay**-vo-lay, *adj* pleasant
piaga, pe'**ah**-gah, *f* sore; wound
pialla, pe'**ahl**-lah, *f* carpenter's plane
piallare, pe'ahl-**lah**-ray, *v* to plane
pianerottolo, pe'ah-nay-**rot**-to-lo, *m* landing
pianeta, pe'ah-**nay**-tah, *m* planet; *f relig* chasuble
piangere, pe'**ahn**-jay-ray, *v* to cry, to weep
piano, pe'**ah**-no, *m* floor; plain; plane; *adj* flat, level; smooth; *adv* softly
pianoforte, pe'ah-no-**for**-tay, *m* piano
pianta, pe'**ahn**-tah, *f* plant; plan; (foot) sole; **– grassa,** succulent
piantagione, pe'ahn-tah-**jo**-nay, *f* plantation
piantare, pe'ahn-**tah**-ray, *v* to plant
pianterreno, pe'ahn-tair-**ray**-no, *m* ground-floor
pianto, pe'**ahn**-to, *m* tears, weeping
pianura, pe'ah-**noo**-rah, *f* plain
piastrella, pe'as-**strel**-lah, *f* tile
piattaforma, pe'aht-tah-**for**-mah, *f* platform
piattino, pe'aht-**tee**-no, *m* saucer
piatto, pe'**aht**-to, *m* plate; dish; course; *adj* flat
piazza, pe'**aht**-tsah, *f* square
piazzale, pe'aht-**tsah**-lay, *m* square
picca, pick-kah, *f* pike; **picche** (cards) spades
piccante, pick-**kahn**-tay, *adj* spicy
picchetto, pick-**ket**-to, *m* peg; picket
picchiare, pick-ke'**ah**-ray, *v* to knock; to beat
picchio, pick-ke'o, *m* woodpecker

piccino, pit-**chee**-no, *adj* small, little
piccionaia, pit-cho-**nah**-e'ah, *f* pigeon-house; *fig* gallery
piccione, pit-**cho**-nay, *m* pigeon
picco, pick-ko, *m* peak
piccolo, pick-ko-lo, *adj* small; little
piccone, pick-**ko**-nay, *m* pick-axe
pidocchio, pe-**dock**-ke'o, *m* louse
piede, pe'**ay**-day, *m* foot
piedi, pe'**ay**-de, **in –,** standing
piedistallo, pe'ay-de-**stahl**-lo, *m* pedestal
piega, pe'**ay**-gah, *f* fold; crease
piegare, pe'ay-**gah**-ray, *v* to fold; to bend
pieghevole, pe'ay-**gay**-vo-lay, *adj* pliable; folding
piena, pe'**ay**-nah, *f* flood
pieno*, pe'**ay**-no, *adj* full
pietà, pe'ay-**tah**, *f* pity; piety
pietanza, pe'ay-**tahn**-tsah, *f* dish, course
pietoso, pe'ay-**to**-zo, *adj* compassionate; pitiful
pietra, pe'**ay**-trah, *f* stone; **– di paragone,** touchstone
pietrificare, pe'ay-tre-fe-**kah**-ray, *v* to petrify
piffero, pif-fay-ro, *m* fife
pigiama, pe-**jah**-mah, *m* pyjamas
pigiare, pe-**jah**-ray, *v* to press; to crush
pigione, pe-**jo**-nay, *f* rent
pigliare, pe-l'**yah**-ray, *v* to take; to catch
pigmeo, pig-**may**-o, *m* pigmy
pigna, pee-n'yah, *f* fir-cone
pignolo, pe-n'yo-lo, *adj* fussy
pignorare, pe-n'yo-**rah**-ray, *v* to distrain
pigolare, pe-go-**lah**-ray, *v* to chirp
pigrizia, pe-**gree**-tse'ah, *f* laziness
pigro*, pee-gro, *adj* lazy
pila, pee-lah, *f* pile; battery
pilastro, pe-**lahss**-tro, *m* pillar
pillola, pil-lo-lah, *f* pill
pilone, pe-**lo**-nay, *m* pylon; pier
pilota, pe-**lo**-tah, *m* pilot; driver
pilotare, pe-lo-**tah**-ray, *v* to pilot
pinacoteca, pe-nah-ko-**tay**-kah, *f* art gallery
pineta, pe-**nay**-tah, *f* pinewood
ping-pong, ping-**pong**, *m* table tennis
pingue, pin-goo'ay, *adj* fat
pinguino, pin-goo'**ee**-no, *m* penguin
pinna, pin-nah, *f* fin; flipper
pino, pee-no, *m* pine-tree
pinolo, pe-**no**-lo, *m* pine kernel
pinze, pin-tsay, *fpl* pliers
pinzette, pin-**tset**-tay, *fpl* tweezers
pio, pee-o, *adj* pious; charitable
pioggia, pe'**od**-jah, *f* rain
piolo, pe'**o**-lo, *m* rung
piombare, pe'om-**bah**-ray, *v* to swoop down; to seal with lead; **– addosso,** to assail
piombino, pe'om-**bee**-no, *m* sinker; lead seal
piombo, pe'**om**-bo, *m* lead
pioniere, pe'o-ne'**ay**-ray, *m* pioneer
pioppo, pe'**op**-po, *m* poplar
piovere, pe'**o**-vay-ray, *v* to rain
piovigginare, pe'o-vid-je-**nah**-ray, *v* to drizzle
piovoso, pe'o-**vo**-zo, *adj* rainy
pipa, pee-pah, *f* pipe
pipì, pe-**pee**, *f* wee, pee
pipistrello, pe-pe-**strell**-lo, *m* bat
pirata, pe-**rah**-tah, *m* pirate

Pirenei, pe-ray-**nay**-e, *mpl* Pyrenees
piroscafo, pe-**ro**-skah-fo, *m* steamer
piscina, pe-**shee**-nah, *f* swimming pool; swimming baths
piselli, pe-**zell**-le, *mpl* peas
pista, pees-tah, *f* trail; track; run; runway; **– da ballo,** dance floor
pistacchio, piss-**tak**-ke'o, *m* pistachio
pistola, piss-**to**-lah, *f* pistol, gun
pistone, piss-**to**-nay, *m* piston
pittore, -trice, pit-**tor**-ay, pit-**tree**-chay, *m/f* painter
pittoresco, pit-to-**ress**-ko, *adj* picturesque
pittura, pit-**too**-rah, *f* painting
pitturare, pit-too-**rah**-ray, *v* to paint
più, pe'**oo**, *adv* more; most; plus; *adj* more; the most; several; *m* plus; the most; **i –**, the majority; **per lo –,** in most cases
piuma, pe'**oo**-mah, *f* feather
piumaggio, pe'oo-**mahd**-jo, *m* plumage
piumino, pe'oo-**mee**-no, *m* duvet; quilted jacket
piuttosto, pe'oot-**toss**-to, *adv* rather
pizza, pit-tsa, *f* pizza
piviere, pe-ve'**ay**-ray, *m* plover
pizzicagnolo, pit-tse-**kah**-n'yo-lo, *m* delicatessen owner
pizzicare, pit-tse-**kah**-ray, *v* to pinch; to sting; to itch; (food) to be spicy
pizzico, pit-tse-ko, *m* pinch
placare, plah-**kah**-ray, *v* to pacify; to satisfy
placca, plahk-kah, *f* plate; plaque
placcare, plahk-**kah**-ray, *v* to plate
placido, plah-che-do, *adj* placid
plagio, plah-jo, *m* plagiarism
planare, plah-**nah**-ray, *v* to glide
plancia, plahn-cha, *f* bridge
plastica, plahs-te-kah, *f* plastic
platano, plah-tah-no, *m* plane-tree
platea, plah-**tay**-ah, *f* (theatre) stalls; audience
platino, plah-te-no, *m* platinum
plauso, plah-oo-zo, *m* approval
plebe, play-bay, *f* common people
plebeo, -a, play-**bay**-o, *adj* plebeian; coarse; *m/f* plebeian
plico, plee-ko, *m* parcel
plurale, ploo-**rah**-lay, *adj* plural; *m* plural
pneumatico, pnay'oo-**mah**-te-ko, *adj* pneumatic; inflatable; *m* tyre
po´, po, *adj* & *adv* (see **poco**)
pochino, po-**kee**-no, *m* very very little, wee bit
poco, po-ko, *adj* & *pron* little; few; *adv* little; not very; *m* little; **durare –,** not to last long; **un po´,** a little
poema, po'**ay**-mah, *m* poem
poesia, po'ay-**zee**-ah, *f* poem; poetry
poeta, -essa, po'**ay**-tah, po'ay-**tays**-sah, *m/f* poet
poetico*, po'**ay**-te-ko, *adj* poetic
poggiarsi, pod-**jar**-se, *v* to rest
poggiatesta, pod-jah-**tays**-sta, *m* headrest
poggio, pod-jo, *m* hillock
poi, po'e, *adv* then; later
poiché, po'e-**kay**, *conj* since, as
polare, po-**lah**-ray, *adj*

polar
polemica, po-**lay**-me-ka, *f* controversy
poliestere, po-lee-**ays**-te-ray, *m* polyester
polipo, po-le-po, *m* polyp
polistirolo, po-le-ste-**ro**-lo, *m* polystyrene
politica, po-**lee**-te-kah, *f* politics; policy
politico, po-**lee**-te-ko, *adj** political; *m* politician
polizia, po-le-**tsee**-ah, *f* police
polizza, po-lit-tsah, *f* policy; bill; **– di assicurazione,** insurance policy; **– di carico,** bill of lading
pollaio, poll-**lah**-e'o, *m* hen house
pollame, poll-**lah**-may, *m* poultry
pollastra, poll-**lahss**-trah, *f* pullet
pollastro, poll-**lahss**-tro, *m* cockerel
pollice, poll-le-chay, *m* thumb; inch
polline, poll-le-nay, *m* pollen
pollo, poll-lo, *m* chicken
polmone, poll-**mo**-nay, *m* lung
polmonite, poll-mo-**nee**-tay, *f* pneumonia
polo, po-lo, *m* pole; *f* polo shirt
polpa, poll-pah, *f* pulp; flesh
polpaccio, poll-**paht**-cho, *m* (leg) calf
polpastrello, poll-pah-**strell**-lo, *m* fingertip
polpetta, poll-**pet**-tah, *f* meatball
polpo, poll-po, *m* octopus
polsino, poll-**see**-no, *m* cuff
polso, poll-so, *m* pulse; wrist; *fig* vigour
poltiglia, poll-**tee**-l'yah, *f* paste; pulp; slush
poltrona, poll-**tro**-nah, *f* armchair
poltrone, poll-**tro**-nay, *m* idler
polvere, poll-vay-ray, *f* dust; powder
polveriera, poll-vay-re'**ay**-rah, *f* powder magazine
polverizzare, poll-vay-rid-**dzah**-ray, *v* to pulverize
polveroso, poll-vay-**ro**-zo, *adj* dusty
pomata, po-**mah**-tah, *f* ointment
pomeriggio, po-may-**rid**-djo, *m* afternoon
pomice, po-me-chay, *f* pumice
pomo, po-mo, *m* apple; knob; pommel
pomodoro, po-mo-**do**-ro, *m* tomato
pompa, pom-pah, *f* pump; pomp; **pompe funebri,** undertakers
pompare, pom-**pah**-ray, *v* to pump
pompelmo, pom-**pell**-mo, *m* grapefruit
pompiere, pom-pe'**ay**-ray, *m* fireman
pomposo*, pom-**po**-zo, *adj* pompous
ponderare, pon-day-**rah**-ray, *v* to ponder
ponente, po-**nen**-tay, *m* west
ponte, pon-tay, *m* bridge; deck; scaffold
pontefice, pon-**tay**-fe-chay, *m* pontiff
ponticello, pon-te-**chell**-lo, *m* small bridge
popolare, po-po-**lah**-ray, *adj* popular; working-class; *v* to populate
popolazione, po-po-lah-tse'**o**-nay, *f* population
popolo, po-po-lo, *m* people
poppa, pop-pah, *f naut* stern; breast
poppare, pop-**pah**-ray, *v* to suck
porcellana, por-chell-**lah**-nah, *f* china, porcelain
porcellino, por-chell-**lee**-no, *m* piglet; **– d'India,** guinea-pig
porcheria, por-chay-**ree**-ah, *f* filth; obscenity

porcile, por-**chee**-lay, *m* pig-sty
porcino, por-**chee**-no, *m* cep
porco, por-ko, *m* pig; pork
porcospino, por-ko-**spee**-no, *m* porcupine; hedge-hog
porgere, por-jay-ray, *v* to hold out; to hand
pornografia, por-no-grah-**fee**-ah, *f* pornography
poro, po-ro, *m* pore
poroso, po-**ro**-zo, *adj* porous
porpora, por-po-rah, *f* crimson
porre, por-ray, *v* to place, to put; to suppose
porro, por-ro, *m* leek; *med* wart
porta, por-tah, *f* door; **– girevole**, revolving door
portabagagli, por-tah-bah-**gah**-ly'e, *m* boot; roof rack
portacenere, por-tah-**chay**-nay-ray, *m* ashtray
portachiavi, por-tah-ke'**ah**-ve, *m* key ring
portaerei, por-tah'**ay**-ray'e, *f* aircraft carrier
portafoglio, por-tah-**fo**-l'yo, *m* wallet
portafortuna, por-tah-for-**too**-nah, *m* lucky charm
portalettere, por-tah-**let**-tay-ray, *m* postman
portamento, por-tah-**men**-to, *m* bearing
portamonete, por-tah-mo-**nay**-tay, *m* purse
portapenne, por-tah-**pen**-nay, *m* pen-holder
portare, por-**tah**-ray, *v* to carry; to bring; to take; to wear
portasigari, por-tah-**see**-gah-re, *m* cigar-case
portaspilli, por-tah-**spil**-le, *m* pin-cushion
portata, por-**tah**-tah, *f* range; course; flow; capacity
portatile, por-**tah**-te-lay, *adj* portable
portatore, por-tah-**tor**-ay, *m* bearer; carrier
portento, por-**ten**-to, *m* marvel
portiere, por-te'**ay**-ray, *m* caretaker; porter; goal-keeper
porto, por-to, *m* port; *comm* carriage; **– d'armi,** gun licence
Portogallo, por-to-**gahl**-lo, *m* Portugal
portoghese, por-to-**gay**-zay, *adj* Portuguese
portone, por-**to**-nay, *m* main door
porzione, por-tse'o-nay, *f* portion
posa, po-zah, *f* pose; exposure
posamine, po-zah-**mee**-nay, *m* mine-layer
posare, po-**zah**-ray, *v* to put (down); to rest; to pose
posata, po-**zah**-tah, *f* piece of cutlery
posato, po-**zah**-to, *adj* steady
poscritto, po-**skrit**-to, *m* postscript
positivo*, po-ze-**tee**-vo, *adj* positive
posizione, po-ze-tse'**o**-nay, *f* position
posologia, po-zo-lo-**jee**-ah, *f* dosage
posporre, poss-**por**-ray, *v* to postpone
possedere, poss-say-**day**-ray, *v* to possess
possesso, poss-**sess**-so, *m* possession
possessore, poss-sess-**sor**-ay, *m* owner
possibile, poss-**see**-be-lay, *adj* possible
possibilità, poss-se-be-le-**tah**, *f* possibility; chance
posta, poss-tah, *f* post, mail; post-office
postale, poss-**tah**-lay, *adj* postal; **vaglia –,** *m* money-order
posteggiare, poss-ted-**jah**-ray, *v* to park
posteggio, poss-**ted**-jo, *m* car-park; parking

posteri, poss-tay-re, *mpl* descendants
posteriore, poss-tay-re'**or**-ay, *adj* back; later
posterità, poss-tay-re-**tah**, *f* posterity
postino, -a, poss-**tee**-no, *m/f* postman, postwoman
posto, poss-to, *m* place; (job) position; room, space
potabile, po-**tah**-be-lay, *adj* drinkable; **acqua –,** drinking water
potare, po-**tah**-ray, *v* to prune
potente, po-**ten**-tay, *adj* powerful, strong
potenza, po-**ten**-tsah, *f* power, strength
potere, po-**tay**-ray, *m* power; *v* can, to be able
povero, -a, po-vair-ro, *adj** poor; *m/f* poor man, poor woman; **i poveri,** the poor
povertà, po-vair-**tah**, *f* poverty
pozione, po-tse'**o**-nay, *f* potion
pozza, pot-tsah, *f* pool
pozzanghera, pot-**tsahn**-ghay-rah, *f* puddle
pozzo, pot-tso, *m* well; pit
pranzare, prahn-**dzah**-ray, *v* to have lunch
pranzo, prahn-dzo, *m* lunch
prateria, prah-tay-**ree**-ah, *f* prairie
pratica, prah-te-kah, *f* practice; experience
praticabile, prah-te-**kah**-be-lay, *adj* practicable; passable
praticare, prah-te-**kah**-ray, *v* to practise; to play
pratico*, prah-te-ko, *adj* practical; experienced
prato, prah-to, *m* meadow; lawn
preavviso, pray-**ahv**-ve-so, *m* notice
precario*, pray-**kah**-re'o, *adj* precarious
precauzione, pray-kah'oo-tse'**o**-nay, *f* precaution
precedente, pray-chay-**den**-tay, *adj** previous; *m* precedent
precedenza, pray-chay-**den**-tsah, *f* precedence, priority; right of way
precedere, pray-**chay**-day-ray, *v* to precede
precetto, pray-**chet**-to, *m* precept
precettore, pray-chet-**tor**-ay, *m* tutor
precipitare, pray-che-pe-**tah**-ray, *v* to fall; to come to a head; to rush
precipitoso*, pray-che-pe-**to**-zo, *adj* headlong; rash; rushed
precipizio, pray-che-**pee**-tse'o, *m* precipice
precipuo, pray-**chee**-poo-o, *adj* principal, main
precisione, pray-che-ze'**o**-nay, *f* precision; accuracy
preciso*, pray-**chee**-zo, *adj* precise; accurate
precoce, pray-**ko**-chay, *adj* precocious, premature
preda, pray-dah, *f* prey
predica, pray-de-kah, *f* sermon; *fig* lecture
predicare, pray-de-**kah**-ray, *v* to preach
predicatore, pray-de-kah-**tor**-ay, *m* preacher
prediletto, pray-de-**let**-to, *adj* favourite
predire, pray-**dee**-ray, *v* to predict, to foretell
predisporre, pray-diss-**por**-ray, *v* to prepare; to predispose
predominare, pray-do-me-**nah**-ray, *v* to predominate
predone, pray-**do**-nay, *m* plunderer
prefabbricato, pray-fahb-bre-**kah**-to, *adj* prefabricated
prefazione, pray-fah-tse'**o**-nay, *f* preface
preferenza, pray-fay-**ren**-tsah, *f* preference
preferire, pray-fay-**ree**-ray,

v to prefer; to like better
prefetto, pray-**fet**-to, *m* prefect
prefiggersi, pray-**feed**-jayr-se, *v* – **uno scopo,** to set oneself a goal
prefisso, pray-**fees**-so, *m* dialling code; *gram* prefix
pregare, pray-**gah**-ray, *v* to pray (to); to beg
pregevole, pray-**jay**-vo-lay, *adj* valuable
preghiera, pray-ghe'**ay**-rah, *f* prayer
pregio, pray-jo, *m* value; merit; esteem
pregiudizio, pray-joo-**dee**-tse'o, *m* prejudice
prego, pray-go, *interj* you're welcome
preistoria, pray-ees-**to**-re'ah, *f* prehistory
prelavaggio, pray-lah-**vahj**-jo, *m* prewash
prelevare, pray-lay-**vah**-ray, *v* to withdraw; to take
preliminare, pray-le-me-**nah**-ray, *adj* preliminary
premere, pray-may-ray, *v* to press; – **a qualcuno,** to matter to sb
premettere, pray-**met**-tay-ray, *v* to start by saying
premiare, pray-me'**ah**-ray, *v* to award a prize to; to reward
premiato, -a, pray-me'**ah**-to, *adj* prizewinning; *m/f* prizewinner
premio, pray-me'o, *m* prize; reward; premium
premunirsi, pray-moo-**neer**-se, *v* – **contro,** to protect oneself against
premura, pray-**moo**-rah, *f* haste; care
prendere, pren-day-ray, *v* to take; to get
prenotare, pray-no-**tah**-ray, *v* to book
prenotazione, pray-no-tah-tse'**o**-nay, *f* booking
preoccupare, pray-ock-koo-**pah**-ray, *v* to worry
preoccupato, pray-ock-koo-**pah**-to, *adj* worried
preparare, pray-pah-**rah**-ray, *v* to prepare; to get ready
preparazione, pray-pah-rah-tse'**o**-nay, *f* preparation
preposizione, pray-po-se-tse'**o**-nay, *f* preposition
presa, pray-zah, *f* taking; grip; pinch; socket
presagio, pray-**zah**-jo, *m* omen
presagire, pray-zah-**jee**-ray, *v* to foresee
presbite, press-be-tay, *adj* long-sighted
presbiterio, press-be-**tay**-re'o, *m* presbytery
prescrivere, pray-**skree**-vay-ray, *v* to prescribe
prescrizione, pray-skre-tse'**o**-nay, *f* prescription
presentare, pray-zen-**tah**-ray, *v* to present; to submit; to introduce
presentazione, pray-zen-tah-tse'**o**-nay, *f* presentation
presente, pray-**zen**-tay, *m* present; *adj* present
presentimento, pray-zen-te-**men**-to, *m* premonition
presenza, pray-**zen**-tsah, *f* presence
presenziare, pray-zen-tse'**ah**-ray, *v* to be present
presepio, pray-**zay**-e'o, *m* crib
preservare, pray-zair-**vah**-ray, *v* to protect
preservativo, pray-zair-vah-**tee**-vo, *m* condom
preside, pray-se-day, *m/f* headteacher
presidente, pray-se-**den**-tay, *m* president
presidenza, pray-se-**den**-tsah, *f* presidency
presidio, pray-**see**-de'o, *m* garrison
presiedere, pray-se'**ay**-day-ray, *v* to preside over
pressa, press-sah, *f* press
pressante, press-**sahn**-tay,

adj pressing
pressare, press-**sah**-ray, *v* to press
pressione, press-se'**o**-nay, *f* pressure
presso, press-so, *prep* near; for; care of
pressoché, press-so-**kay**, *adv* almost
prestabilire, press-tah-be-**lee**-ray, *v* to arrange beforehand
prestante, press-**tahn**-tay, *adj* good-looking
prestare, press-**tah**-ray, *v* to lend
prestigiatore, press-tee-jah-**to**-ray, *m* conjurer
prestigio, press-**tee**-jo, *m* prestige; **gioco di –,** conjuring trick
prestito, press-te-to, *m* loan
presto, press-to, *adv* soon; early; quickly
presumere, pray-**zoo**-may-ray, *v* to presume
presuntuoso, pray-zoonn-too'**o**-zo, *adj* presumptuous, conceited
presunzione, pray-zoonn-tse'**o**-nay, *f* presumptuousness
prete, pray-tay, *m* priest
pretendere, pray-**ten**-day-ray, *v* to demand; to expect; to claim
pretesa, pray-**tay**-zah, *f* claim; pretension
pretesto, pray-**tess**-to, *m* pretext
pretura, pray-**too**-rah, *f* magistrate's court
prevalere, pray-vah-**lay**-ray, *v* to prevail
prevaricare, pray-vah-re-**kah**-ray, *v* to abuse one's power
prevaricazione, pray-vah-re-kah-tse'**o**-nay, *f* abuse of power
prevedere, pray-vay-**day**-ray, *v* to foresee; to forecast; to make provision for; to expect
prevenire, pray-vay-**nee**-ray, *v* to prevent; to forestall
preventivo, pray-ven-**tee**-vo, *adj** preventive; *m* estimate
prevenuto, pray-vay-**noo**-to, *adj* prejudiced
prevenzione, pray-ven-tse'**o**-nay, *f* prevention
previdenza, pray-ve-**den**-tsah, *f* foresight; **– sociale,** social security
previo, pray-ve'o, *adj comm* upon
previsione, pray-ve-ze'**o**-nay, *f* prediction; expectation; **previsioni del tempo,** weather forecast
previsto, pray-**viss**-sto, *adj* expected; *m* **più del –,** more than expected
prezioso, pray-tse'**o**-zo, *adj* precious, valuable
prezzemolo, pret-**tsay**-mo-lo, *m* parsley
prezzo, pret-tso, *m* price
prigione, pre-**jo**-nay, *f* prison
prigionia, pre-jo-**nee**-ah, *f* imprisonment
prigioniero, -a, pre-jo-ne'**ay**-ro, *m/f* prisoner
prima, pree-mah, *adv* before; earlier; first; once; *f* (theatre) first night; (car) first gear
primario, pre-**mah**-re'o, *adj* primary; *m* chief physician
primato, pre-**mah**-to, *m* (sport) record
primavera, pre-mah-**vay**-rah, *f* spring
primitivo, pre-me-**tee**-vo, *adj* primitive
primizie, pre-**mee**-tse'ay, *fpl* early produce
primo, pree-mo, *adj* & *m* first; early; *m* first course
primogenito, -a, pre-mo-**jay**-ne-to, *m/f* first child
primula, pree-mo-lah, *f* primrose
principale, prin-che-**pah**-lay, *adj* principal, main; *m/f* boss

principe, **prin**-che-pay, *m* prince
principessa, prin-che-**pess**-sah, *f* princess
principiante, prin-che-pe'**ahn**-tay, *m/f* beginner
principio, prin-**chee**-pe'o, *m* beginning; principle
priorità, pre-o-re-**tah**, *f* priority
privare, pre-**vah**-ray, *v* to deprive
privativa, pre-vah-**tee**-vah, *f* monopoly
privato, -a, pre-**vah**-to, *adj** private; *m/f* private citizen; **in –,** in private
privazione, pre-vah-tse'o-nay, *f* privation; loss
privilegiare, pre-ve-lay-**jah**-ray, *v* to favour
privilegio, pre-ve-**lay**-jo, *m* privilege
privo, pree-vo, *adj* **– di,** without; lacking in
pro, pro, *prep* in favour of; *m* advantage; good; **i – e i contro,** pros and cons
probabile, pro-**bah**-be-lay, *adj* probable, likely
probabilità, pro-bah-be-le-**tah**, *f* probability
problema, pro-**blay**-mah, *m* problem
proboscide, pro-**bo**-she-day, *f* trunk
procacciare, pro-kaht-**chah**-ray, *v* to get
procace, pro-**kah**-chay, *adj* provocative
procedere, pro-**chay**-day-ray, *v* to proceed
procedimento, pro-chay-de-**men**-to, *m* procedure; *law* proceedings
procedura, pro-chay-**doo**-rah, *f* procedure
processare, pro-chess-**sah**-ray, *v law* to try
processione, pro-chess-se'o-nay, *f* procession
processo, pro-**chess**-so, *m* trial; process
proclama, pro-**klah**-mah, *m* proclamation
proclamare, pro-klah-**mah**-ray, *v* to proclaim
proclamazione, pro-klah-mah-tse'o-nay, *f* proclamation
procura, pro-**koo**-rah, *f* power of attorney; proxy
procurare, pro-koo-**rah**-ray, *v* to get
procuratore, pro-koo-rah-**tor**-ay, *m* solicitor; holder of power of attorney
prode, pro-day, *adj* brave
prodigare, pro-de-**gah**-ray, *v* to be lavish with
prodigarsi, pro-de-**gar**-se, *v* **– per,** to do all one can for
prodigio, pro-**dee**-jo, *m* prodigy; marvel
prodigioso, pro-de-**jo**-zo, *adj* extraordinary, astonishing
prodigo, pro-de-go, *adj* lavish
prodotto, pro-**dot**-to, *m* product
produrre, pro-**doohr**-ray, *v* to produce
produttore, pro-doot-**tor**-ay, *m* producer
produzione, pro-doo-tse'o-nay, *f* production
proemio, pro'**ay**-me'o, *m* introduction
profanare, pro-fah-**nah**-ray, *v* to profane
profano, -a, pro-**fah**-no, *adj* profane; *m/f* lay person
proferire, pro-fay-**ree**-ray, *v* to utter; to express
professare, pro-fess-**sah**-ray, *v* to profess
professionale, pro-fess-se'o-**nah**-lay, *adj* professional
professione, pro-fess-se'o-nay, *f* profession
professore, -essa, pro-fess-**so**-ray, pro-fess-so-**ress**-sah, *m/f* teacher; professor
profeta, pro-**fay**-tah, *m* prophet
profetico, pro-**fay**-te-ko, *adj* prophetic
profetizzare, pro-fay-tid-

dzah-ray, *v* to prophesy
profezia, pro-fay-**tsee**-ah, *f* prophecy
profilo, pro-**fee**-lo, *m* profile
profittare, pro-fit-**tah**-ray, *v* to profit; to take advantage
profitto, pro-**fit**-to, *m* profit; advantage
profondere, pro-**fon**-day-ray, *v* to lavish
profondità, pro-fon-de-**tah**, *f* depth
profondo*, pro-**fon**-do, *adj* profound; deep
profugo, -a, pro-foo-go, *m/f* refugee
profumare, pro-foo-**mah**-ray, *v* to perfume; to smell good
profumeria, pro-foo-may-**ree**-ah, *f* perfumery
profumo, pro-**foo**-mo, *m* perfume; fragrance
profusione, pro-foo-ze'**o**-nay, *f* profusion
progettare, pro-jet-**tah**-ray, *v* to plan
progetto, pro-**jet**-to, *m* plan, project
programma, pro-**grahm**-mah, *m* programme; program
progredire, pro-gray-**dee**-ray, *v* to progress
progressivo*, pro-gress-**see**-vo, *adj* progressive
progresso, pro-**gress**-so, *m* progress
proibire, pro-e-**bee**-ray, *v* to prohibit
proibizione, pro-e-be-tse'**o**-nay, *f* prohibition
proiettare, pro-e'et-**tah**-ray, *v* to project
proiettile, pro-e'**et**-te-lay, *m* projectile
proiettore, pro-e'et-**tor**-ay, *m* projector; searchlight; head-lamp
proiezione, pro-e'ay-tse'**o**-nay, *f* projection; showing
prole, pro-lay, *f* children, offspring
prolifico*, pro-**lee**-fe-ko, *adj* prolific
prolisso, pro-**liss**-so, *adj* verbose
prologo, pro-lo-go, *m* prologue, introduction
prolunga, pro-**loonn**-gah, *f* extension
prolungare, pro-loonn-**gah**-ray, *v* to prolong; to extend
promessa, pro-**mess**-sah, *f* promise
promettere, pro-**met**-tay-ray, *v* to promise; to be promising
promozione, pro-mo-tse'**o**-nay, *f* promotion
promulgare, pro-mool-**gah**-ray, *v* to promulgate
promuovere, pro-moo'**o**-vay-ray, *v* to promote
pronome, pro-**no**-may, *m* pronoun
pronostico, pro-**noss**-te-ko, *m* forecast
prontezza, pron-**tet**-tsah, *f* readiness; promptness; quickness
pronto, pron-to, *adj* * prompt; ready; quick; *interj* hello
prontuario, pron-too'**ah**-re'o, *m* manual, handbook
pronuncia, pro-**noonn**-chah, *f* pronunciation
pronunciare, pro-noonn-**chah**-ray, *v* to pronounce; to utter
propagare, pro-pah-**gah**-ray, *v* to propagate; to spread
propensione, pro-pen-se'**o**-nay, *f* propensity
propizio, pro-**pee**-tse'o, *adj* favourable; suitable
proporre, pro-**por**-ray, *v* to suggest; propose
proporzionale, pro-por-tse'o-**nah**-lay, *adj* proportional
proporzionato*, pro-por-tse'o-**nah**-to, *adj* proportionate
propozione, pro-por-tse'**o**-nay, *f* proportion; ratio
proposito, pro-**po**-ze-to, *m*

intention; purpose; **a –,** by the way
proposta, pro-**poss**-tah, *f* proposal
proprietà, pro-pre-ay-**tah,** *f* property
proprietario, -a, pro-pre-ay-**tah**-re'o, *m/f* owner
proprio, pro-pre'o, *adj* own; exact; characteristic; *adv* really; exactly
propulsore, pro-pooll-**sor**-ay, *m* propeller
prora, pro-rah, *f* prow, bow
proroga, pro-ro-gah, *f* extension; postponement
prorogare, pro-ro-**gah**-ray, *v* to extend; to postpone
prorompere, pro-**rom**-pay-ray, *v* to burst out
prosa, pro-zah, *f* prose
prosciugare, pro-she'oo-**gah**-ray, *v* to drain; to reclaim; to dry up
prosciutto, pro-she'**oot**-to, *m* ham
proscritto, pro-**skrit**-to, *m* outlaw
proseguire, pro-say-goo'**ee**-ray, *v* to carry on
prosperare, pross-pay-**rah**-ray, *v* to thrive
prosperità, pross-pay-re-**tah,** *f* prosperity
prospero, pross-pay-ro, *adj* flourishing
prospettiva, pross-pet-**tee**-vah, *f* perspective; prospect
prospetto, pross-**pet**-to, *m* elevation; table; summary
prossimità, pross-se-me-**tah,** *f* proximity
prossimo*, pross-se-mo, *adj* next; *m* neighbour
prostituta, pross-te-**too**-tah, *f* prostitute
prostrazione, pross-trah-tse'**o**-nay, *f* prostration
protagonista, pro-tah-go-**niss**-stah, *m/f* protagonist
proteggere, pro-**ted**-jay-ray, *v* to protect
protendere, pro-**ten**-day-ray, *v* to stretch out
protervo, pro-**tair**-vo, *adj* arrogant
protesi, pro-tay-ze, *f* prosthesis
protesta, pro-**tess**-tah, *f* protest
protestante, pro-tess-**tahn**-tay, *adj* Protestant; *m/f* Protestant
protestare, pro-tess-**tah**-ray, *v* to protest
protesto, pro-**tess**-to, *m* protest
protettore, -trice, pro-tet-**tor**-ay, pro-tet-**tree**-chay, *m/f* protector
protezione, pro-tay-tse'**o**-nay, *f* protection
prototipo, pro-**to**-te-po, *m* prototype
protrarre, pro-**trar**-ray, *v* to prolong
prova, pro-vah, *f* trial, test; proof, evidence; experiment; rehearsal; exam
provare, pro-**vah**-ray, *v* to try; to try on; to prove; to feel
provenienza, pro-vay-ne'**en**-tsah, *f* source, origin
provenire, pro-vay-**nee**-ray, *v* **– da,** to come from
proventi, pro-**ven**-te, *mpl* proceeds
proverbio, pro-**vair**-be'o, *m* proverb
provetta, pro-**vet**-tah, *f* test tube
provincia, pro-**vin**-chah *f* province
provinciale, pro-vin-**chah**-lay, *adj* provincial
provino, pro-**vee**-no, *m* audition
provocante, pro-vo-**kahn**-tay, *adj* provocative
provocare, pro-vo-**kah**-ray, *v* to provoke
provocazione, pro-vo-kah-tse'**o**-nay, *f* provocation
provvedere, prov-vay-

day-ray, *v* to take measures; to provide for
provvedimento, prov-vay-de-**men**-to, *m* measure
provveditore, prov-vay-de-**tor**-ay, *m* – **agli studi,** director of education
provvidenza, prov-ve-**den**-tsah, *f* providence
provvigione, prov-ve-**jo**-nay, *f* commission
provvisorio*, prov-ve-**zo**-re'o, *adj* temporary
provvista, prov-**viss**-tah, *f* supply; provision
prua, proo-ah, *f* prow
prudente, proo-**den**-tay, *adj* prudent, cautious; sensible
prudenza, proo-**den**-tsah, *f* prudence, caution
prudere, proo-day-ray, *v* to itch
prugna, proo-n'yah, *f* plum; – **secca,** prune
pruriginoso, proo-re-je-**no**-zo, *adj* itchy
prurito, proo-**ree**-to, *m* itch
pseudonimo, psay'oo-**do**-ne-mo, *m* pseudonym
psicanalisi, pse-kah-**nah**-le-ze, *f* psychoanalysis
psicanalista, pse-kah-nah-**liss**-stah, *m/f* psychoanalyst
psiche, psee-kay, *f* psyche
psichiatria, pse-ke'ah-**tree**-ah, *f* psychiatry
psichico, psee-ke-ko, *adj* psychic
psicologia, pse-ko-lo-**jee**-ah, *f* psychology
psicologico, pse-ko-**lo**-je-ko, *adj* psychological
psicologo, -a, pse-**ko**-lo-gho, *m/f* psychologist
psicopatico, -a, pse-ko-**pah**-te-ko, *m/f* psychopath
psoriasi, pso-re'**ah**-ze, *f* psoriasis
pubblicare, poob-ble-**kah**-ray, *v* to publish
pubblicazione, poob-ble-kah-tse'**o**-nay, *f* publication; **pubblicazioni matrimoniali,** marriage banns
pubblicità, poob-ble-che-**tah**, *f* publicity; advertising; advertisement
pubblico, poob-ble-ko, *m* public; *adj** public
pube, poo-bay, *m* pubis
pudico, poo-**dee**-ko, *adj* modest
pudore, poo-**dor**-ay, *m* modesty
puerile, poo'ay-**ree**-lay, *adj* childish, puerile
pugilato, poo-ge-**lah**-to, *m* boxing
pugile, poo-ge-lay, *m* boxer
pugnalare, poo-n'yah-**lah**-ray, *v* to stab
pugnale, poo-n'**yah**-lay, *m* dagger
pugno, poo-n'yo, *m* fist; punch; fistful
pulce, pooll-chay, *f* flea
Pulcinella, pooll-che-**nell**-lah, *m* Punch
pulcino, pooll-**chee**-no, *m* chick
puledra, poo-**lay**-drah, *f* filly
puledro, poo-**lay**-dro, *m* colt
puleggia, poo-**led**-jah, *f* pulley
pulire, poo-**lee**-ray, *v* to clean; to polish
pulito, poo-**lee**-to, *adj* clean; polished
pulizia, poo-le-**tsee**-ah, *f* cleanliness; cleaning
pullman, pooll-mahn, *m* coach
pullover, pooll-**lo**-vair, *m* pullover, sweater
pullulare, pooll-loo-**lah**-ray, *v* to swarm, to teem
pulmino, pooll-**mee**-no, *m* minibus
pulpito, pooll-pe-to, *m* pulpit
pulsante, pooll-**sahn**-tay, *m* button
pulsare, pooll-**sah**-ray, *v* to pulsate, to beat

pulsazione, pooll-sah-tse'**o**-nay, *f* beat
pungere, poonn-jay-ray, *v* to prick; to sting
pungiglione, poonn-je-**l'yo**-nay, *m* sting
pungolo, poonn-go-lo, *m* goad
punire, poo-**nee**-ray, *v* to punish
punizione, poo-ne-tse'**o**-nay, *f* punishment
punta, poonn-tah, *f* point; end, tip
puntare, poonn-**tah**-ray, *v* to point; to bet; to plant; **– a,** to aim at
puntata, poonn-**tah**-tah, *f* episode; bet
punteggiatura, poonn-ted-jah-**too**-rah, *f* punctuation
punteggio, poonn-**ted**-jo, *m* score
puntellare, poonn-tell-**lah**-ray, *v* to shore; to prop up
punteruolo, poonn-tay-roo'**o**-lo, *m* punch; bodkin
punto, poonn-to, *m* dot, point; full stop; spot; stitch; **– esclamativo,** exclamation mark; **– interrogativo,** question mark
puntuale, poonn-too'**ah**-lay, *adj* punctual
puntualità, poonn-too'ah-le-**tah**, *f* punctuality
puntura, poonn-**too**-rah, *f* sting; prick; injection
pupazzo, poo-**pat**-tso, *m* puppet
pupilla, poo-**pill**-lah, *f* (eye) pupil
purché, poohr-**kay**, *conj* provided that
pure, poo-ray, *conj* yet; even if; *adv* also, too
purezza, poo-**ret**-tsah, *f* purity
purgare, poohr-**gah**-ray, *v* to purge
purgatorio, poohr-gah-**tor**-e'o, *m* purgatory
purificare, poo-re-fe-**kah**-ray, *v* to purify
puro, poo-ro, *adj* pure
purosangue, poo-ro-**sahn**-goo'ay, *adj* thoroughbred
purpureo, poohr-**poo**-ray-o, *m* purple
purtroppo, poohr-**trop**-po, *adv* unfortunately
pus, pooss, *m* pus
pustola, pooss-to-lah, *f* pustule; pimple
putrefare, poo-tray-**fah**-ray, *v* to putrify; to decompose
putrido, poo-tre-do, *adj* putrid; decomposed
puttana, poot-**tah**-nah, *f* prostitute
puzza, poot-tsah, *f* stink, stench
puzzare, poot-**tsah**-ray, *v* to stink
puzzo, poot-tso, *m* stink, stench
puzzola, poot-**tso**-lah, *f* polecat
puzzolente, poot-tso-**len**-tay, *adj* stinking

qua, kwah, *adv* here; **– e là,** here and there
quacchero, -a, kwahk-kay-ro, *m/f* Quaker
quaderno, kwah-**dair**-no, *m* exercise book
quadrante, kwah-**drahn**-tay, *m* quadrant; face
quadrare, kwah-**drah**-ray, *v* to square; to balance
quadrato, kwah-**drah**-to, *adj* square; *m* square
quadretto, kwah-**dret**-to, *m* **a quadretti,** squared; checked
quadrifoglio, kwah-dree-**fo**-l'yo, *m* four-leaf clover
quadrimestre, kwah-dree-**mes**-tray, *m* term; four-months period
quadro, kwah-dro, *m* square; picture; (cards) diamonds; *adj* square
quadruplo, kwah-droo-plo, *m* quadruple
quaggiù, kwahd-**joo**, *adv* here below
quaglia, kwah-l'yah, *f* quail
qualche, kwahl-kay, *adj* some; any; **– volta,** sometimes
qualcosa, kwahl-**ko**-zah, *pron* something; anything; **qualcos'altro,** something else
qualcuno, kwahl-**koo**-no, *pron*, someone; anyone; **– di noi,** some of us
quale, kwah-lay, *adj* & *pron* which; who; what
qualifica, kwah-**le**-fe-kah, *f* qualification
qualificarsi, kwah-le-fe-**kahr**-se, *v* to qualify
qualità, kwah-le-**tah**, *f* quality; kind
qualitativo*, kwah-le-tah-**tee**-vo, *adj* qualitative
qualora, kwah-**lor**-ah, *conj* if
qualsiasi, kwahl-**see**-ah-se, *adj* any; whatever
qualunque, kwah-**loonn**-kway, *adj* any; whatever
quando, kwahn-do, *adv* & *conj* when
quantificabile, kwahn-te-fe-**kah**-be-lay, *adj* quantifiable
quantificare, kwahn-te-fe-**kah**-ray, *v* to quantify
quantità, kwahn-te-**tah**, *f* quantity
quantitativo, kwahn-te-tah-**tee**-vo *adj** quantitative; *m* amount, quantity
quanto, kwahn-to, *adj* & *pron* how much, how many; *adv* how much, how long; how far; **– a,** with regard to; as for;

per –, however, although
quantunque, kwahn-**toonn**-kway, *conj* although
quaranta, kwah-**rahn**-tah, *adj* & *m* forty
quarantena, kwah-rahn-**tay**-nah, *f* quarantine
quarantesimo, kwah-rahn-**tay**-ze-mo, *adj* & *m* fortieth
quaresima, kwah-**ray**-ze-mah, *f* Lent
quartiere, kwah**r**-te'**ay**-ray, *m* district, neighbourhood
quarta, kwahr-tah, *f* fourth gear
quarto, kwahr-to, *adj* & *m* fourth; *m* quarter
quarzo, kwahr-tso, *m* quartz
quasi, kwah-ze, *adv* almost
quassù, kwahss-**soo**, *adv* up here
quatto, kwaht-to, *adj* **andarsene quatto quatto,** to slip away
quattordicesimo, kwaht-tor-de-**chay**-se-mo, *adj* & *m* fourteenth
quattordici, kwaht-**tor**-de-che, *adj* & *m* fourteen
quattrini, kwaht-**tree**-ne, *m* money
quattro, kwaht-tro, *adj* & *m* four
quattrocento, kwaht-tro-**chen**-to, *adj* & *m* four hundred; **il Quattrocento,** the fifteenth century
quegli, kway-l'ye, *adj* those
quei, kway-e, *adj* those
quello, kwayl-lo, *adj* & *pron* that, those
quercia, kwayr-chah, *f* oak
querela, kway-**ray**-lah, *f* legal action
querelante, kway-ray-**lahn**-tay, *m/f* plaintiff
querelare, kway-ray-**lah**-ray, *v* to bring a legal action against
querelato, kway-ray-**lah**-to, *m* defendant
quesito, kway-**zee**-to, *m* question
questionario, kwess-te'o-**nah**-re'o, *m* questionnaire
questione, kwess-te'**o**-nay, *f* matter, question
questo, kwess-to, *adj* & *pron* this, these
questore, kwess-**tor**-ay, *m* chief constable
questura, kwess-**too**-rah, *f* police headquarters
qui, kwee, *adv* here; **di – a pochi giorni,** in a few days
quiete, kwe'**ay**-tay, *f* quiet, peace
quieto, kwe'**ay**-to, *adj* quiet
quindi, kwin-de, *conj* therefore; *adv* then
quindicesimo, kwin-de-**chay**-se-mo, *adj* & *m* fifteenth
quindici, kwin-de-che, *adj* & *m* fifteen
quindicina, kwin-de-**chee**-nah, *f* about fifteen
quindicinale, kwin-de-che-**nah**-lay, *adj* fortnightly; *m* fortnightly magazine
quinta, kwin-tah, *f* fifth gear; **quinte,** (theatre) wings
quintale, kwin-**tah**-lay, *m* one hundred kilograms
quinto, kwin-to, *adj* & *m* fifth
quiz, kwidz, *m* quiz game
quota, kwo-tah, *f* altitude; share; fee
quotare, kwo-**tah**-ray, *v* to quote; to value
quotazione, kwo-tah-tse'**o**-nay, *f* quotation
quotidiano, kwo-te-de'**ah**-no, *adj** daily; *m* daily paper
quoziente, kwod-dze'**ayn**-tay, *m* quotient; **– d'intelligenza,** IQ

R

rabarbaro, rah-**bar**-bah-ro, *m* rhubarb
rabbia, rahb-be'ah, *f* anger, rage; fury; *med* rabies
rabbino, rahb-**bee**-no, *m* rabbi
rabbioso*, rahb-be'**o**-so, *adj* angry; furious; rabid
rabbonire, rahb-bo-**nee**-ray, *v* to calm down
rabbrividire, rahb-bre-ve-**dee**-ray, *v* to shudder, to shiver
rabbuiare, rahb-boo-e'**ah**-ray, *v* to darken
raccapezzarsi, rahk-kah-pet-**tsahr**-se, *v* to make it out
raccapricciante, rahk-kah-prit-**chahn**-tay, *adj* horrifying
raccattapalle, rahk-kaht-tah-**pahl**-lay, *m/f* ball-boy, ball-girl
raccattare, rahk-kaht-**tah**-ray, *v* to pick up
racchetta, rahk-**ket**-tah, *f* racket; bat; (ski) stick
raccogliere, rahk-**ko**-l'ye'ay-ray, *v* to pick up; to pick; to gather
raccoglitore, rahk-ko-l'ye-**tor**-ay, *m* folder
raccolta, rahk-**koll**-tah, *f* collection; harvest
raccomandare, rahk-ko-mahn-**dah**-ray, *v* to recommend; to entrust; **mi raccomando!,** don't forget!
raccomandata, rahk-ko-mahn-**dah**-tah, *f* registered letter
raccomandazione, rahk-ko-mahn-dah-tse'**o**-nay, *f* recommendation
raccontare, rahk-kon-**tah**-ray, *v* to tell
racconto, rahk-**kon**-to, *m* story; account
raccordare, rahk-kor-**dah**-ray, *v* to connect
raccordo, rahk-**kor**-do, *m* connection; slip road
rachitico, rah-**kee**-te-ko, *adj* suffering from rickets
rachitismo, rah-kee-**teez**-mo, *m* rickets
rada, rah-dah, *f* harbour
radar, rah-dahr, *m* radar
raddolcire, rahd-doll-**chee**-ray, *v* to soften
raddoppiare, rahd-dop-pe'**ah**-ray, *v* to double
raddrizzare, rahd-drit-**tsah**-ray, *v* to straighten
radere, rah-day ray, *v* to shave
radiante, rah-de'**ahn**-tay, *adj* radiant
radiare, rah-de'**ah**-ray, *v* to strike off
radiatore, rah-de'ah-**tor**-ay, *m* radiator
radiazione, rah-de'ah-tse'**o**-nay, *f* radiation
radica, rah-de-kah, *f* briar
radicale, rah-de-**kah**-lay, *adj* radical
radicare, rah-de-**kah**-ray, *v* to take root

radicchio, rah-**dik**-ke'o, *m* chicory
radice, rah-**dee**-chay, *f* root
radio, rah-de'o, *f* radio; *m* radium
radioascoltatore, -trice, rah-de'o-ahs-kol-tah-**to**-ray, rah-de'o-ahs-kol-tah-**tree**-chay, *m/f* listener
radioattivo, rah-de'o-aht-**tee**-vo, *adj* radioactive
radiocomandato, rah-de'o-ko-mahn-**dah**-to, *adj* remote-controlled
radiografia, rah-de'o-grah-**fee**-ah, *f* X-ray
radiotaxi, rah-de'o-**tahk**-se, *m* minicab
radiotelegrafia, rah-de'o-tay-lay-grah-**fee**-ah, *f* radiotelegraphy
rado, rah-do, *adj* sparse, thin; **di –,** rarely
radunare, rah-doo-**nah**-ray, *v* to assemble, to gather
raduno, rah-**doo**-no, *m* gathering, meeting
radura, rah-**doo**-rah, *f* clearing
rafano, rah-fah-no, *m* horseradish
raffazzonare, rahf-faht-tso-**nah**-ray, *v* to patch up
raffermo, rahf-**fair**-mo, *adj* stale
raffica, rahf-fe-kah, *f* gust; burst
raffigurare, rahf-fe-goo-**rah**-ray, *v* to represent, to portray
raffinare, rahf-fe-**nah**-ray, *v* to refine
raffinato, rahf-fe-**nah**-to, *adj* refined; sophisticated
raffineria, rahf-fe-nay-**ree**-ah, *f* refinery
rafforzare, rahf-for-**tsah**-ray, *v* to reinforce
raffreddare, rahf-fraid-**dah**-ray, *v* to cool; *fig* to dampen
raffreddore, rahf-fraid-**dor**-ay, *m* cold
raffronto, rahf-**fron**-to, *m* comparison
ragazza, rah-**gaht**-tsah, *f* girl; girlfriend
ragazzo, rah-**gaht**-tso, *m* boy, lad; boyfriend
raggiante, rahd-**jahn**-tay, *adj* beaming
raggio, rahd-jo, *m* ray; radius; spoke
raggirare, rahd-jee-**rah**-ray, *v* to cheat, to trick
raggiro, rahd-**jee**-ro, *m* trick
raggiungere, rahd-**djoonn**-jay-ray, *v* to reach; to catch up; to hit; to achieve
raggomitolarsi, rahg-go-me-to-**lar**-se, *v* to curl up
raggranellare, rahg-grah-nell-**lah**-ray, *v* to scrape together
raggruppare, rahg-groop-**pah**-ray, *v* to assemble; to group together
ragguagliare, rahg-goo'ah-l'**yah**-ray, *v* to to inform
ragguardevole, rahg-goo'ar-**day**-vo-lay, *adj* considerable; remarkable
ragionamento, rah-jo-nah-**men**-to, *m* reasoning
ragionare, rah-jo-**nah**-ray, *v* to reason
ragione, rah-**jo**-nay, *f* reason; right
ragioneria, rah-jo-nay-**ree**-ah, *f* accountancy; accounts
ragionevole, rah-jo-**nay**-vo-lay, *adj* reasonable
ragioniere, -a, rah-jo-ne'**ay**-ray, *m/f* accountant
ragliare, rah-l'**yah**-ray, *v* to bray
ragnatela, rah-n'yah-**tay**-lah, *f* cobweb, spider's web
ragno, rah-n'yo, *m* spider
rallegramenti, rahl-lay-grah-**men**-te, *mpl* congratulations

rallegrare, rahl-lay-**grah**-ray, *v* to rejoice; to cheer up
rallentare, rahl-len-**tah**-ray, *v* to slow down
ramaiolo, rah-mah-e'**o**-lo, *m* ladle
ramanzina, rah-mahn-**dzee**-nah, *f* telling-off
rame, rah-may, *m* copper
ramificare, rah-me-fe-**kah**-ray, *v* to ramify
ramino, rah-**mee**-no, *m* rummy
rammarico, rahm-**mah**-re-ko, *m* regret
rammendare, rahm-men-**dah**-ray, *v* to mend; to darn
rammentare, rahm-men-**tah**-ray, *v* to remind; to remember
rammollire, rahm-moll-**lee**-ray, *v* to soften; to go soft
ramo, rah-mo, *m* branch
ramoscello, rah-mo-**shell**-lo, *m* twig
rampa, rahm-pah, *f* flight (of stairs); slope; **– di lancio,** launching pad
rampicante, rahm-pe-**kahn**-tay, *adj* climbing
rampino, rahm-**pee**-no, *m* hook
rampone, rahm-**po**-nay, *m* harpoon
rana, rah-nah, *f* frog
rancido, rahn-che-do, *adj* rancid
rancore, rahn-**kor**-ay, *m* rancour; grudge
randagio, rahn-**dah**-jo, *adj* stray
randello, rahn-**dell**-lo, *m* cudgel
rango, rahn-go, *m* rank
rannicchiarsi, rahn-nick-ke'**ar**-se, *v* to crouch
rannuvolare, rahn-noo-vo-**lah**-ray, *v* to cloud
ranocchio, rah-**nock**-ke'o, *m* small frog
rantolo, rahn-to-lo, *m* (death) rattle
rapa, rah-pah, *f* turnip
rapace, rah-**pah**-chay, *adj* predatory; *fig* rapacious
rapare, rah-**pah**-ray, *v* to crop
rapide, rah-pe-day, *fpl* rapids
rapidità, rah-pe-de-**tah**, *f* rapidity
rapido*, rah-pe-do, *adj* fast, rapid, swift
rapimento, rah-pe-**men**-to, *m* kidnapping; *fig* rapture
rapina, rah-**pee**-nah, *f* robbery
rapinare, rah-pee-**nah**-ray, *v* to rob
rapinatore, -trice, rah-pee-nah-**to**-ray, rah-pee-nah-**tree**-chay, *m/f* robber
rapire, rah-**pee**-ray, *v* to kidnap
rapitore, -trice, rah-pee-**to**-ray, rah-pee-**tree**-chay, *m/f* kidnapper
rapportare, rahp-por-**tah**-ray, *v* to compare; to reproduce
rapporto, rahp-**por**-to, *m* report; relationship; ratio; **rapporti sessuali,** sexual intercourse
rapprendersi, rahp-**pren**-der-se, *v* to curdle
rappresaglia, rahp-pray-**zah**-l'yah, *f* reprisal
rappresentante, rahp-pray-sen-**tahn**-tay, *m/f* representative
rappresentare, rahp-pray-sen-**tah**-ray, *v* to represent; to depict; to perform
rappresentazione, rahp-pray-sen-tah-tse'**o**-**nay**, *f* performance; representation
rarità, rah-re-**tah**, *f* rarity
raro*, rah-ro, *adj* rare
raschiare, rahss-ke'**ah**-ray, *v* to scrape
raschiatura, rahss-ke'ah-**too**-rah, *f* scraping
rasentare, rah-zen-**tah**-ray, *v* to graze; to keep close to; to border on
rasente, rah-**zen**-tay, *prep*

close to
raso, rah-zo, *m* satin; *adj* level
rasoio, rah-**zo**-e'o, *m* razor
raspa, rahss-pah, *f* rasp
raspare, rahss-**pah**-ray, *v* to rasp; to scratch
rassegna, rahss-**say**-n'yah, *f* review; exhibition; season
rassegnare, rahss-say-n'**yah**-ray, *v* to resign; to give up; **– le dimissioni,** to resign
rassegnazione, rahss-say-n'yah-tse'**o**-nay, *f* resignation
rasserenare, rahss-say-ray-**nah**-ray, *v* to clear up
rassettare, rahss-set-**tah**-ray, *v* to tidy
rassicurare, rahss-se-koo-**rah**-ray, *v* to reassure
rassodare, rahss-so-**dah**-ray, *v* to harden
rassomiglianza, rahss-so-me-l'**yahn**-tsah, *f* resemblance
rassomigliare, rahss-so-me-l'**yah**-ray, *v* to resemble
rastrellare, rahss-trell-**lah**-ray, *v* to rake; *fig* to comb
rastrelliera, rahss-trell-le'**ay**-rah, *f* rack
rastrello, rahss-**trell**-lo, *m* rake
rata, rah-tah, *f* instalment
ratificare, rah-te-fe-**kah**-ray, *v* to ratify
ratto, raht-to, *m* rat
rattoppare, raht-top-**pah**-ray, *v* to patch
rattrappirsi, raht-trahp-**peer**-se, *v* to become numb
rattristare, raht-triss-**tah**-ray, *v* to sadden
raucedine, rah'oo-**chay**-de-nay, *f* hoarsenesss
rauco, rah'oo-ko, *adj* hoarse
ravanello, rah-vah-**nell**-lo, *m* radish
ravvedersi, rahv-vay-**dair**-se, *v* to mend one's ways
ravviare, rahv-ve'**ah**-ray, *v* (hair) to tidy
ravvicinare, rahv-ve-che-**nah**-ray, *v* to bring near again; (friends, etc.) to reconcile
ravvivare, rahv-ve-**vah**-ray, *v* to revive; to brighten up
ravvolgere, rahv-**vohl**-jay-ray, *v* to wrap up
raziocinio, rah-tse'o-**che**-ne'o, *m* reasoning; common sense
razionale, rah-tse'o-**nah**-lay, *adj* rational
razionare, rah-tse'o-**nah**-ray, *v* to ration
razza, raht-tsah, *f* race; kind; (fish) skate
razzia, raht-**tsee**-ah, *f* raid
razziale, raht-tse'**ah**-lay, *adj* racial
razzismo, raht-**tsee**-zmo, *m* racism
razzista, raht-**tsee**-stah, *adj* racist; *m/f* racist
razzo, raht-tso, *m* rocket
razzolare, raht-tso-**lah**-ray, *v* to scratch about
re, ray, *m* king; *mus* D
reagire, ray-ah-**jee**-ray, *v* to react
reale, ray-**ah**-lay, *adj* royal; real
realista, ray-ah-**leess**-tah, *adj* realistic; *m/f* realist; royalist
realizzare, ray-ah-lid-**dzah**-ray, *v* to realize; to achieve; to score
realizzazione, ray-ah-lid-dzah-tse'**o**-nay, *f* realization; achievement
realtà, ray-ahl-**tah**, *f* reality
reato, ray-**ah**-to, *m* crime; offence
reattore, ray-aht-**to**-ray, *m* reactor; jet; jet engine
reazionario, ray-ah-tse'o-**nah**-re'o, *adj* reactionary; **–a,** *m/f* reactionary
reazione, ray-ah-tse'**o**-nay, *f* reaction
recapitare, ray-kah-pe-

tah-ray, *v* to deliver
recapito, ray-**kah**-pe-to, *m* address; delivery
recare, ray-**kah**-ray, *v* to bring; to cause
recarsi, ray-**kar**-se, *v* to go
recedere, ray-**chay**-day-ray, *v* to withdraw
recensione, ray-chen-se'**o**-nay, *f* review
recensire, ray-chen-**see**-ray, *v* to review
recente,* ray-**chen**-tay, *adj* recent, new
recessione, ray-chess-se'**o**-nay, *f* recession
recesso, ray-**chess**-so, *m* recess
recidere, ray-**chee**-day-ray, *v* to cut off
recidiva, ray-che-**dee**-vah, *f* relapse
recidivo, -a, ray-che-**dee**-vo, *m/f* recidivist
recinto, ray-**chin**-to, *m* enclosure; fence
recipiente, ray-che-pe'**en**-tay, *m* container
reciproco*, ray-**chee**-pro-ko, *adj* mutual
recita, ray-che-tah, *f* performance
recitare, ray-che-**tah**-ray, *v* to recite; to perform; to play
recitazione, ray-che-tah-tse'**o**-nay, *f* acting; recitation
reclamare, ray-klah-**mah**-ray, *v* to complain
reclamo, ray-**klah**-mo, *m* complaint
réclame, ray-**klahm**, *f* advertisement
reclinare, ray-kle-**nah**-ray, *v* to tilt; (head) to bow
reclusione, ray-kloo-ze'**o**-nay, *f* imprisonment
recluso, -a, ray-**kloo**-zo, *m/f* prisoner; *fig* recluse
recluta, ray-kloo-tah, *f* recruit
reclutare, ray-kloo-**tah**-ray, *v* to recruit
recondito, ray-**kon**-de-to, *adj* hidden, secret
recriminare, ray-kre-me-**nah**-ray, *v* to recriminate
redattore, -trice, ray-daht-**tor**-ay, ray-daht-**tree**-chay, *m/f* editor
redazione, ray-dah-tse'**o**-nay, *f* editorial department; editorial staff; writing, editing
redditizio, ryad-de-**tee**-tse'o, *adj* profitable
reddito, rayd-de-to, *m* income; revenue
redenzione, ray-den-tse'**o**-nay, *f* redemption
redigere, ray-**dee**-jay-ray, *v* to write; to draw up
redimere, ray-**dee**-may-ray, *v* to redeem
redine, ray-de-nay, *f* rein
reduce, ray-doo-chay, *adj* returning; *m* veteran
refe, ray-fay, *m* thread
referendum, ray-fay-**ren**-doom, *m* referendum
referenza, ray-fay-**rent**-tsah, *f* reference
referto, ray-**fair**-to, *m* medical report
refrattario, ray-fraht-**tah**-re'o, *adj* refractory
refrigerio, ray-fre-**jay**-re'o, *m* coolness; relief
regalare, ray-gah-**lah**-ray, *v* to give (as present)
regale, ray-**gah**-lay, *adj* regal
regalo, ray-**gah**-lo, *m* present, gift
regata, ray-**gah**-tah, *f* regatta
reggenza, red-**jen**-tsah, *f* regency
reggere, red-jay-ray, *v* to hold; to support, to bear; to hold; to take; to last; to withstand
reggia, red-jah, *f* royal palace
reggicalze, red-je-**kahl**-tsay, *m* suspender belt
reggimento, red-je-**men**-to, *m* regiment
reggiseno, red-je-**say**-no, *m* bra
regia, ray-**jee**-ah, *f* direction
regime, ray-**jee**-may, *m*

regime; system; diet
regina, ray-**jee**-nah, *f* queen
regionale, ray-jo-**nah**-lay, *adj* regional
regione, ray-**jo**-nay, *f* region; country
regista, ray-**jiss**-tah, *m/f* director
registrare, ray-jiss-**trah**-ray, *v* to record; to register; to enter
registratore, ray-jiss-trah-**tor**-ay, *m* tape recorder; recorder
registrazione, ray-jiss-trah- tse'**o**-nay, *f* recording; registration; check-in; *comm* entry
registro, ray-**jiss**-tro, *m* register; registry
regnare, ray-n'**yah**-ray, *v* to reign
regno, ray-n'yo, *m* kingdom; realm
regola, ray-go-lah, *f* rule
regolamento, ray-go-lah-**men**-to, *m* regulations; settlement
regolare, ray-go-**lah**-ray, *adj** regular; *v* to regulate; to govern; to determine
reintegrare, ray-een-tay-**grah**-ray, *v* to reinstate
reiterare, ray-e-tay-**rah**-ray, *v* to reiterate
relativo*, ray-lah-**tee**-vo, *adj* relative
relatore, -trice, ray-lah-**tor**-ay, ray-lah-**tree**-chay, *m/f* (university) supervisor
relax, ray-laks, *m* relaxation
relazione, ray-lah-tse'**o**-nay, *f* relation, relationship; report
relegare, ray-lay-**gah**-ray, *v* to banish; to relegate
religione, ray-le-**jo**-nay, *f* religion
religioso, ray-le-**jo**-zo, *adj* religious, pious; *m* monk; **-a,** *f* nun
reliquia, ray-**lee**-kwe-ah, *f* relic
reliquiario, ray-le-kwe-**ah**-re'o, *m* reliquary
relitto, ray-**leet**-to, *m* wreck, piece of wreckage
remare, ray-**mah**-ray, *v* to row
rematore, -trice, ray-mah-**tor**-ay, ray-mah-**tree**-chay, *m/f* oarsman, oarswoman
reminiscenza, ray-me-ne-**shen**-tsah, *f* reminiscence
remissione, ray-miss-se'**o**-nay, *f* remission
remo, ray-mo, *m* oar
rendere, ren-day-ray, *v* to give back, to return; to make; to yield; to do well
rendimento, ren-de-**men**-to, *m* efficiency; performance
rendita, ren-de-tah, *f* unearned income
rene, ray-nay, *m* kidney
renitente, ray-ne-**ten**-tay, *adj* reluctant
renna, ren-nah, *f* reindeer
reo, ray-o, *adj* guilty
reparto, ray-**par**-to, *m* department; ward; unit
repellere, ray-**pell**-lay-ray, *v* to repel
repentaglio, ray-pen-**tah**-l'yo, *m* : **a –,** at risk
repentino*, ray-pen-**tee**-no, *adj* sudden
reperibile, ray-pay-**ree**-be-lay, *adj* available; on call
repertorio, ray-pai**r-tor**-e'o, *m* repertory; index
replica, ray-ple-kah, *f* reply; repeat, repeat performance
replicare, ray-ple-**kah**-ray, *v* to reply; to repeat
repressione, ray-pres-se'**o**-nay, *f* repression
reprimere, ray-**pree**-may-ray, *v* to repress, to suppress
repubblica, ray-**poob**-ble-kah, *f* republic
repubblicano, -a, ray-poob-ble-**kah**-no, *adj*

republican; *m/f* republican

reputare, ray-poo-**tah**-ray, *v* to consider

reputazione, ray-poo-tah-tse'**o**-nay, *f* reputation; good name

requie, ray-kwe-ay, *f* : **senza –,** unceasingly

requisire, ray-kwe-**zee**-ray, *v* to requisition

requisito, ray-kwe-**zee**-to, *m* requisite

requisizione, ray-kwe-zee-tse'**o**-nay, *f* requisition

resa, ray-zah, *f* surrender

rescindere, ray-**sheen**-day-ray, *v* to rescind

rescissione, ray-shiss-se'**o**-nay, *f* rescission

residente, ray-ze-**den**-tay, *m/f* resident

residenza, ray-ze-**den**-tsah, *f* residence

residenziale, ray-ze-den-tse'**ah**-lay, *adj* residential

residuo, ray-**zee**-doo-o, *m* remainder; residue; *adj* left over

resina, ray-ze-nah, *f* resin

resistente, ray-ziss-**ten**-tay, *adj* resistant; strong; durable

resistenza, ray-ziss-**ten**-tsah, *f* resistance; endurance

resistere, ray-**ziss**-tay-ray, *v* to resist; to withstand; to hold out

resoconto, ray-zo-**kon**-to, *m* account

respingere, ress-**peen**-jay-ray, *v* to reject; to repel; to fail

respirare, ress-pe-**rah**-ray, *v* to breathe

respiratore, ress-pe-rah-**to**-ray, *m* respirator

respirazione, ress-pe-rah-tse'**o**-nay, *f* breathing

respiro, ress-**pee**-ro, *m* breath; breathing

responsabile, ress-pon-**sah**-be-lay, *adj* responsible; *m/f* person in charge; culprit

responso, ress-**pon**-so, *m* answer

ressa, ress-sah, *f* crowd

restare, ress-**tah**-ray, *v* to remain

restaurare, ress-tah'oo-**rah**-ray, *v* to restore

restauro, ress-**tah'oo**-ro, *m* restoration

restituire, ress-te-too'**ee**-ray, *v* to give back

restituzione, ress-te-too-tse'**o**-nay, *f* return; repayment

resto, ress-to, *m* rest, remainder; (small money) change; **resti,** ruins; left-overs; remains

restringere, ress-**trin**-jay-ray, *v* to reduce; to shrink; to restrict; to narrow

restrittivo, ress-treet-**tee**-vo, *adj* restrictive

restrizione, ress-tre-tse'**o**-nay, *f* restriction

retaggio, ray-**tahd**-jo, *m* heritage

retata, ray-**tah**-tah, *f* raid

rete, ray-tay, *f* net; network; bedsprings; wire fence; goal

reticente, ray-te-**chen**-tay, *adj* reticent

reticolato, ray-te-ko-**lah**-to, *m* wire netting, fencing

retina, ray-tee-nah, *f* retina

retorica, ray-**to**-re-kah, *f* rhetoric

retorico, ray-**to**-re-ko, *adj* rhetorical

retribuire, ray-tre-boo'**e**-ray, *v* to pay, to remunerate

retribuzione, ray-tre-boo-tse'**o**-nay, *f* pay, remuneration

retro, ray-tro, *m* back

retrocedere, ray-tro-**chay**-day-ray, *v* to recede; to be relegated

retrogrado, ray-**tro**-grah-do, *adj* retrograde

retroguardia, ray-tro-goo'**ar**-de'ah, *f* rear-guard

retromarcia, ray-tro-**mahr**-chah, *f* reverse
retta, ret-tah, *f* straight line; fee
rettangolare, ret-tahn-go-**lah**-ray, *adj* rectangular
rettangolo, ret-**tahn**-go-lo, *m* rectangle
rettifica, ret-**tee**-fe-kah, *f* rectification
rettile, ret-te-lay, *m* reptile
retto, ret-to, *m* rectum; *adj* straight; upright
rettore, ret-**tor**-ay, *m* rector; (university) chancellor
reumatismo, ray'oo-mah-**teez**-mo, *m* rheumatism
revisione, ray-ve-ze'**o**-nay, *f* revision; review; servicing; auditing
revisore, ray-ve-**zor**-ay, *m* **– di conti,** auditor
revoca, ray-vo-kah, *f* revocation
revocare, ray-vo-**kah**-ray, *v* to revoke
riabilitazione, re'ah-be-le-tah-tse'**o**-nay, *f* rehabilitation
rialzare, re'ahl-**tsah**-ray, *v* to raise; to lift; to rise, to increase
rialzista, re'ahl-**tsiss**-tah, *m* (stock-exchange) bull
rialzo, re'**ahl**-tso, *m* rise, increase
rianimazione, re'an-ee-mah-tse'**o**-nay, *f* intensive care
riapparire, re'ahp-pah-**ree**-ray, *v* to reappear
riassumere, re'ahss-**soo**-may-ray, *v* to resume; to sum up; to re-employ
riassunto, re'ahss-**soon**-to, *m* summary
riaversi, re'ah-**vair**-se, *v* to come round
ribadire, re-bah-**dee**-ray, *v* to confirm
ribalta, re-**bahl**-tah, *f* front of the stage; foot-light; bureau
ribassista, re-bahss-**siss**-tah, *m* (stock-exchange) bear
ribasso, re-**bahss**-so, *m* fall; reduction
ribattere, re-**baht**-tay-ray, *v* to return; to answer back
ribellarsi, re-bell-**lar**-se, *v* to rebel
ribelle, re-**bell**-lay, *adj* rebellious; *m/f* rebel
ribellione, re-bell-le'**o**-nay, *f* revolt
ribes, ree-bess, *m* currant
ribollire, re-boll-**lee**-ray, *v* to boil
ribrezzo, re-**bret**-tso, *m* disgust
ributtante, re-boot-**tahn**-tay, *adj* disgusting
ricacciare, re-kaht-**chah**-ray, *v* to to drive back
ricaduta, re-kah-**doo**-tah, *f* relapse
ricalcitrare, re-kahl-che-**trah**-ray, *v* to kick; to be recalcitrant
ricamare, re-kah-**mah**-ray, *v* to embroider
ricambiare, re-kahm-be'**ah**-ray, *v* to return; to reciprocate
ricambio, re-**kahm**-be'o, *m* **pezzi di –,** spare parts
ricamo, re-**kah**-mo, *m* embroidery
ricapitolare, re-kah-pe-to-**lah**-ray, *v* to summarize
ricaricare, re-kah-re-**kah**-ray, *v* to reload; to recharge; to rewind
ricattare, re-kaht-**tah**-ray, *v* to blackmail
ricattatore, -trice, re-kaht-tah-**to**-ray, re-kaht-tah-**tree**-ray, *m/f* blackmailer
ricatto, re-**kaht**-to, *m* blackmail
ricavare, re-kah-**vah**-ray, *v* to extract; to obtain
ricchezza, reek-**ket**-tsah, *f* wealth; richness; abundance; **ricchezze,** riches
riccio, reet-cho, *adj* curly; *m* curl; hedgehog; sea urchin

ricco, reek-ko, *adj* rich; fertile
ricerca, re-**chair**-kah, *f* research; search
ricercare, re-chair-**kah**-ray, *v* to search for
ricercato, -a, re-chair-**kah**-to, *adj* refined; in demand; *m/f* wanted man, wanted woman
ricetta, re-**chet**-tah, *f* prescription; recipe
ricettatore, re-chet-tah-**tor**-ay, *m* (of stolen goods) receiver
ricettazione, re-chet-tah-tse'**o**-nay, *f* receiving (stolen goods)
ricevere, re-**chay**-vay-ray, *v* to receive
ricevimento, re-chay-ve-**men**-to, *m* reception
ricevitore, re-chay-ve-**tor**-ay, *m* receiver
ricevuta, re-chay-**voo**-tah, *f* receipt
ricezione, re-chay-tse'o-nay, *f* reception
richiamare, re-ke'ah-**mah**-ray, *v* to call back; to attract; to recall
richiamo, re-ke'**ah**-mo, *m* call; *med* booster **uccello da –,** decoy-bird
richiedere, re-ke'**ay**-day-ray, *v* to require; to ask again; to ask back
richiesta, re-ke'**ess**-tah, *f* request; demand
ricino, ree-che-no, *m* castor-oil
ricompensa, re-kom-**pen**-sah, *f* reward
ricompensare, re-kom-pen-**sah**-ray, *v* to reward
ricomprare, re-kom-**prah**-ray, *v* to buy back
riconciliare, re-kon-che-le'**ah**-ray, *v* to reconcile
riconoscente, re-ko-no-**shen**-tay, *adj* grateful
riconoscenza, re-ko-no-**shen**-tsah, *f* gratitude
riconoscere, re-ko-**no**-shay-ray, *v* to recognize
ricoprire, re-ko-**pree**-ray, *v* to cover; to hold
ricordare, re-ko**r**-**dah**-ray, *v* to remember; to remind of
ricordo, re-**kor**-do, *m* memory; keepsake
ricorrente, re-kor-**ren**-tay, *adj* recurring
ricorrenza, re-kor-**ren**-tsah, *f* anniversary
ricorrere, re-**kor**-ray-ray, *v* to recur; to resort
ricorso, re-**kor**-so, *m* appeal
ricostituire, re-koss-te-too'**ee**-ray, *v* to buil up again; to re-form
ricostruire, re-koss-troo'**ee**-ray, *v* to reconstruct
ricoverare, re-ko-vay-**rah**-ray, *v* – **in ospedale,** to admit into hospital
ricreare, re-kray-**ah**-ray, *v* to recreate
ricreazione, re-kray-ah-tse'o-nay, *f* recreation; break
ricredersi, re-**krav**-dair-se, *v* to change one's mind
ricucire, re-koo-**chee**-ray *v* to stich; to mend
ricuperare, re-koo-pay-**rah**-ray, *v* to recover; to make up; to salvage
ricupero, re-**koo**-pay-ro, *m* recovery; salvage; rehabilitation
ricurvo, re-**koohr**-vo, *adj* bent, curved
ricusare, re-koo-**zah**-ray, *v* to refuse, to reject
ridare, re-**dah**-ray, *v* to give again; to give back
ridere, ree-day-ray, *v* to laugh
ridestare, re-day-**stah**-ray, *v* to reawaken
ridicolo, re-**dee**-ko-lo, *adj* ridiculous
ridimensionare, re-de-men-se'o-**nah**-ray, *v* to get into perspective
ridire, re-**dee**-ray, *v* to repeat; to object to
ridotto, re-**dot**-to, *adj* reduced; smaller
ridurre, re-**doohr**-ray, *v* to

reduce
riduzione, re-doo-tse'**o**-nay, *f* reduction
riempire, re'em-**pee**-ray, *v* to fill; to fill in
riepilogare, re'ay-pe-lo-**gah**-ray, *v* to summarize
rifare, re-**fah**-ray, *v* to do again; to rebuild; to make
rifarsi, re-**far**-se, *v* – **di,** to recover from
riferimento, re-fay-re-**men**-to, *m* reference
riferire, re-fay-**ree**-ray, *v* to refer; to report
rifinire, re-fe-**nee**-ray, *v* to finish off
rifiutare, re-fe'oo-**tah**-ray, *v* to refuse; to turn down
rifiuto, re-fe'**oo**-to, *m* refusal; **rifiuti,** rubbish
riflessione, re-fless-se'**o**-nay, *f* reflection
riflessivo, re-fless-**see**-vo, *adj* thoughtful; *gram* reflexive
riflesso, re-**fless**-so *m* reflection; reflex
riflettere, re-**flet**-tay-ray, *v* to reflect
riflettore, re-flet-**tor**-ay, *m* reflector; floodlight; spotlight
riflusso, re-**flooss**-so, *m* flow; ebb
rifocillarsi, re-fo-chill-**lah**-se, *v* to take refreshments
riforma, re-**for**-mah, *f* reform
riformare, re-fo**r**-**mah**-ray, *v* to reform; to declare unfit
rifornimento, re-for-ne-**men**-to, *m* : **fare – di,** to stock up with; **rifornimenti,** supplies
rifuggire, re-food-**jee**-ray, *v* to shun
rifugio, re-**foo**-jo, *m* refuge, shelter
rifulgere, re-**fooll**-jay-ray, *v* to shine
riga, ree-gah, *f* line; ruler; parting
rigagnolo, re-**gah**-n'yo-lo, *m* rivulet
rigare, re-**gah**-ray, *v* to rule; to score
rigattiere, re-gaht-te'**ay**-ray, *m* second-hand dealer
rigettare, re-jet-**tah**-ray, *v* to reject; to vomit
rigetto, re-**jet**-to, *m* rejection
rigidezza, re-je-**det**-tsah, *f* rigidity; strictness
rigido*, ree-je-do, *adj* rigid; harsh; strict
rigirare, re-je-**rah**-ray, *v* to turn over, to turn round
rigoglioso*, re-go-l'**yo**-zo, *adj* flourishing
rigore, re-**go**-ray, *m* rigour; penalty
riguardare, re-goo'**ar**-**dah**-ray, *v* to look at again; to check; to concern
riguardo, re-goo'**ar**-do, *m* regard; care; respect
riguardoso, re-goo'**ar**-**do**-zo, *adj* respectful; considerate
rigurgitare, re-goohr-je-**tah**-ray, *v* to bring up
rilasciare, re-lah-she'**ah**-ray, *v* to release; to issue; to relax
rilascio, re-**lah**-she'o, *m* release; issue
rilassamento, re-lahss-sah-**men**-to, *m* relaxation
rilassare, re-lahss-**sah**-ray, *v* to relax
rilegare, re-lay-**gah**-ray, *v* to bind
rilegatore, re-lay-gah-**tor**-ay, *m* bookbinder
rilento, re-**len**-to, **a** – *adv* slowly
rilevare, re-lay-**vah**-ray, *v* to notice, to point out; to collect; to take over
rilievo, re-le'**ay**-vo, *m* importance; relief; survey
rilucere, re-**loo**-chay-ray, *v* to shine, to glitter
riluttante, re-loot-**tahn**-tay, *adj* reluctant
rima, ree-mah, *f* rhyme

rimandare, re-mahn-**dah**-ray, *v* to send back; to postpone
rimando, re-**mahn**-do, *m* cross-reference
rimanente, re-mah-**nen**-tay, *m* remainder
rimanere, re-mah-**nay**-ray, *v* to remain; to be left
rimarchevole, re-mar-**kay**-vo-lay, *adj* remarkable
rimare, re-**mah**-ray, *v* to rhyme
rimarginare, re-mar-jee-**nah**-ray, *v* to heal
rimbalzare, reem-bahl-**tsah**-ray, *v* to rebound; to ricochet
rimbambito, reem-bahm-**bee**-to, *adj* daft
rimbeccare, reem-beck-**kah**-ray, *v* to reply abruptly
rimboccare, reem-bock-**kah**-ray, *v* to tuck in; to turn up
rimbombare, reem-bom-**bah**-ray, *v* to roar; to rumble
rimborsare, reem-bor-**sah**-ray, *v* to reimburse, to refund
rimborso, reem-**bor**-so, *m* reimbursement, refund
rimediare, re-may-de'**ah**-ray, *v* to remedy; to scrape up
rimedio, re-**may**-de'o, *m* remedy
rimescolare, re-mess-ko-**lah**-ray, *v* to mix well; to shuffle
rimessa, re-**mess**-sah, *f* garage; hangar; consignment; remittance; (tennis) return; (football) throw-in
rimettere, re-**met**-tay-ray, *v* to put back; to put back on; to replace; to remit; to pardon; to vomit; to lose
rimettersi, re-**met**-tair-se, *v* to get well again; (weather) to get fine again
rimonta, re-**mon**-tah, *f* recovery
rimorchiare, re-mor-ke'**ah**-ray, *v* to tow
rimorchiatore, re-mor-ke'ah-**tor**-ay, *m* tug
rimorchio, re-**mor**-ke'o, *m* tow; trailer
rimorso, re-**mor**-so, *m* remorse
rimozione, re-mo-tse'o-nay, *f* removal; dismissal; repression
rimostranza, re-moss-**trahn**-tsah, *f* complaint
rimpatriare, reem-pah-tre'**ah**-ray, *v* to repatriate
rimpiangere, reem-pe'**ahn**-jay-ray, *v* to regret; to look back on with regret; to miss
rimpianto, reem-pe'**ahn**-to, *m* regret
rimpiattino, reem-pe'aht-**tee**-no, *m* hide-and-seek
rimpiazzare, reem-pe'aht-**tsah**-ray, *v* to replace
rimpicciolire, reem-peech-cho-**lee**-ray, *v* to make smaller; to become smaller
rimproverare, reem-pro-vay-**rah**-ray, *v* to reprimand; to tell off
rimprovero, reem-**pro**-vay-ro, *m* reproach, reprimand
rimunerare, re-moo-nay-**rah**-ray, *v* to remunerate
rimuovere, re-moo'**o**-vay-ray, *v* to remove
Rinascimento, re-nah-shee-**men**-to, *m* Renaissance
rinascita, re-**nah**-shee-ta, *f* rebirth; revival
rincalzare, reen-kahl-**tsah**-ray, *v* to tuck in; to prop up
rincarare, reen-kah-**rah**-ray, *v* to go up (in price)
rinchiudere, reen-ke'**oo**-day-ray, *v* to lock up
rincontrare, reen-kon-**trah**-ray, *v* to meet again
rincorrere, reen-**kor**-ray-

ray, *v* to run after
rincrescere, reen-**kray**-she'ay-ray, *v* to be sorry
rinculare, reen-koo-**lah**-ray, *v* to recoil
rinfacciare, reen-faht-**chah**-ray, *v* to reproach
rinforzare, reen-for-**tsah**-ray, *v* to reinforce, to strengthen
rinfrancare, reen-frahn-**kah**-ray, *v* to reassure
rinfrescare, reen-fress-**kah**-ray, *v* to cool; to freshen up; to grow cooler
rinfresco, reen-**fress**-ko, *m* reception; party
rinfusa, reen-**foo**-zah, *f* : **alla –,** higgledy-piggledy
ringhiare, reen-ghe'**ah**-ray, *v* to snarl, to growl
ringhiera, reen-ghe'**ay**-rah, *f* banisters; railing
ringiovanire, reen-jo-vah-**nee**-ray, *v* to rejuvenate
ringraziare, reen-grah-tse'**ah**-ray, *v* to thank
rinoceronte, re-no-chair-**on**-tay, *m* rhinoceros
rinnegare, reen-nay-**gah**-ray, *v* to renounce; to disown
rinnegato, -a, reen-nay-**gah**-to, *m/f* renegade
rinnovabile, reen-no-**vah**-be-lay, *adj* renewable
rinnovamento, reen-no-vah-**men**-to, *m* renewal
rinnovare, reen-no-**vah**-ray, *v* to renovate
rinomato, re-no-**mah**-to, *adj* renowned
rinsaldare, reen-sahl-**dah**-ray, *v* to strengthen
rinserrare, reen-sair-**rah**-ray, *v* to lock up
rintocco, reen-**tock**-ko, *m* toll
rintracciare, reen-traht-**chah**-ray, *v* to track down; to trace
rintronare, reen-tro-**nah**-ray, *v* to deafen; to stun
rintuzzare, reen-toot-**tsah**-ray, *v* to refute
rinuncia, re-**noonn**-che'ah, *f* renunciation
rinunciare, re-noonn-**chah**-ray, *v* to renounce
rinvenimento, reen-vay-ne-**men**-to, *m* discovery; recovery
rinvenire, reen-vay-**nee**-ray, *v* to find (out); to come round
rinviare, reen-ve'**ah**-ray, *v* to send back; to return; to postpone
rinvio, reen-**vee**-o, *m* return; postponement; cross-reference
rinvolgere, reen-**voll**-jay-ray, *v* to wrap up
rione, re'**o**-nay, *m* district
riorganizzare, re-or-gah-ned-**dzah**-ray, *v* to reorganize
ripagare, re-pah-**gah**-ray, *v* to pay again; to repay
riparare, re-pah-**rah**-ray, *v* to repair; to protect
riparazione, re-pah-rah-tse'**o**-nay, *f* repair, repairing
riparo, re-**pah**-ro, *m* shelter
ripartire, re-par-**tee**-ray, *v* to leave again; to divide up, to share out
ripassare, re-pahss-**sah**-ray, *v* to go back, to come back; to go over (again)
ripensare, re-pen-**sah**-ray, *v* to think over; to change one's mind
ripercuotersi, re-pair-**kwo**-tair-se, *v* to have repercussions
ripetere, re-**pay**-tay-ray, *v* to repeat
ripetitore, re-pay-te-**tor**-ay, *m* relay
ripiano, re-pe'**ah**-no, *m* shelf; terrace
ripido*, ree-pe-do, *adj* steep
ripiegare, re-pe'ay-**gah**-ray, *v* to fold; to retreat
ripiegarsi, re-peay-**gar**-se, *v* to bend
ripiego, re-pe'**ay**-go, *m* expedient

ripieno, re-pe'**ay**-no, *adj* full, stuffed, filled; *m* stuffing, filling
ripigliare, re-pe-l'**yah**-ray, *v* to take again; to take back
riporre, re-**por**-ray, *v* to replace; to put away
riportare, re-por-**tah**-ray, *v* to take back, to bring back; to tell, to repor; to obtain
riporto, re-**por**-to, *m* amount brought forward
riposare, re-po-**zah**-ray, *v* to rest
riposo, re-**po**-zo, *m* rest
ripostiglio, re-poss-**tee**-l'yo, *m* store room
riprendere, re-**pren**-day-ray, *v* to take again; to take back; to reproach; to resume; to film
riprendersi, re-**pren**-dair-se *v* to recover
ripresa, re-**pray**-zah, *f* resumption; recovery; acceleration; shot; (sport) round
ripristinare, re-prees-te-**nah**-ray, *v* to restore
riprodurre, re-pro-**doohr**-ray, *v* to reproduce
riprova, re-**pro**-vah, *f* confirmation
riprovare, re-pro-**vah**-ray, *v* to try again
ripugnare, re-poo-n'**yah**-ray, *v* to repel
riquadro, re-**kwah**-dro, *m* square; box
risa, ree-zah, *fpl* laughing
risacca, re-**zahck**-kah, *f* backwash
risaia, re-**zah**-e'ah, *f* rice-field
risalire, re-zah-**lee**-ray, *v* to go back up; **– a,** to go back to
risaltare, re-zahl-**tah**-ray, *v* to stand out
risalto, re-**zahl**-to, *m* prominence
risanamento, re-sah-nah-**men**-to, *m* (economy) improvement
risanare, re-sah-**nah**-ray, *v* to cure; (land) to reclaim; to improve; to reorganize
risaputo, re-sah-**poo**-to, *adj* : **è – che,** it's common knowledge that
risarcimento, re-zar-che-**men**-to, *m* compensation
risarcire, re-zar-**chee**-ray, *v* to compensate, to pay compensation for
risata, re-**zah**-tah, *f* laugh
riscaldamento, reess-kahl-dah-**men**-to, *m* heating
riscaldare, reess-kahl-**dah**-ray, *v* to warm; to heat; to heat up
riscattare, reess-kaht-**tah**-ray, *v* to redeem; to pay ransom for
riscatto, reess-**kaht**-to, *m* ransom; redemption
rischiarare, reess-ke'ah-**rah**-ray, *v* to clear up; to light up
rischiare, reess-ke'**ah**-ray, *v* to risk
rischio, reess-ke'o, *m* risk, danger
rischioso*, reess-ke'**o**-zo, *adj* dangerous; risky
risciacquare, re-she'ahk-**kwah**-ray, *v* to rinse
riscontrare, reess-kon-**trah**-ray, *v* to compare; to find
riscontro, reess-**kon**-tro, *m* confirmation; comparison, check; *comm* reply
riscossa, reess-**koss**-sah, *f* recovery
riscossione, reess-koss-se'**o**-nay, *f* collection
riscuotere, reess-koo'**o**-tay-ray, *v* to draw; to collect; to win
risentimento, re-sen-te-**men**-to, *m* resentment
risentire, re-sen-**tee**-ray, *v* to hear again; to feel; to resent
riserbo, re-**sair**-bo, *m* reserve, discretion
riserva, re-**sair**-vah, *f*

reserve; preserve; reservation

riservare, re-sai**r-vah**-ray, *v* to reserve, to book; to save

risiedere, re-se'**ay**-day-ray, *v* to reside

risma, reez-mah, *f* ream; kind

riso, ree-zo, *m* rice; laughter

risolare, re-so-**lah**-ray, *v* to resole

risoluto*, re-so-**loo**-to, *adj* resolute

risolvere, re-**soll**-vay-ray, *v* to resolve; to solve

risonanza, re-so-**nahn**-tsah, *f* resonance

risorsa, re-**sor**-sah, *f* resort; **risorse,** resources

risparmiare, reess-par-me'**ah**-ray, *v* to spare; to save

risparmio, reess-**par**-me'o, *m* saving; savings

rispecchiare, reess-peck-ke'**ah**-ray, *v* to reflect

rispettabile, reess-pet-**tah**-be-lay, *adj* respectable

rispettare, reess-pet-**tah**-ray, *v* to respect

rispettoso*, reess-pet-**to**-zo, *adj* respectful

rispondere, reess-**pon**-day-ray, *v* to answer

risposta, reess-**poss**-tah, *f* answer; reply

rissa, reess-sah, *f* brawl

rissoso, reess-**so**-zo, *adj* quarrelsome

ristabilire, reess-tah-be-**lee**-ray, *v* to re-establish; to restore; to recover

ristagno, reess-**tah**-n'yo, *m* stagnation

ristampa, reess-**tahm**-pah, *f* reprint

ristoro, reess-**to**-ro, *m* refreshment

ristrettezza, reess-tret-**tet**-tsah, *f* shortage; **ristrettezze,** poverty

ristretto, reess-**tret**-to, *adj* restricted; (coffee) extra-strong

risultare, re-sooll-**tah**-ray, *v* to turn out to be; result

risultato, re-sooll-**tah**-to, *m* result

risuonare, re-soo'o-**nah**-ray, *v* to resound

risvegliare, reess-vay-l'**yah**-ray, *v* to awaken; to wake up

risveglio, reess-**vay**-l'yo, *m* awakening; waking-up

ritagli, re-**tah**-l'ye, *mpl* scraps; cuttings

ritardare, re-tar-**dah**-ray, *v* to be late; to delay; to slow down

ritardatario, -a, re-tar-dah-**tah**-re'o, *m/f* latecomer

ritardo, re-**tar**-do, *m* delay

ritegno, re-**tay**-n'yo, *m* restraint

ritemprare, re-tem-**prah**-ray, *v* to strengthen

ritenere, re-tay-**nay**-ray, *v* to retain; to believe; to deduct

ritentare, re-ten-**tah**-ray, *v* to try again

ritenuta, re-tay-**noo**-tah, *f* deduction

ritirare, re-te-**rah**-ray, *v* to withdraw

ritirata, re-te-**rah**-tah, *f* retreat

ritiro, re-**tee**-ro, *m* retirement; collection; confiscation; retreat

ritmo, reet-mo, *m* rhythm

rito, ree-to, *m* rite

ritoccare, re-tock-**kah**-ray, *v* to touch up; to alter

ritorcere, re-**tor**-chay-ray, *v* to twist; to throw back

ritornare, re-tor-**nah**-ray, *v* to return; to go back, to come back; to become again

ritornello, re-tor-**nell**-lo, *m* refrain

ritorno, re-**tor**-no, *m* return

ritrarre, re-**trar**-ray, *v* to portray, to depict; to withdraw

ritrattare, re-traht-**tah**-ray, *v* to retract

ritratto, re-**traht**-to, *m* portrait
ritrosia, re-tro-**zee**-ah, *f* reluctance; shyness
ritroso, re-**tro**-zo, *adj* shy; reluctant
ritrovare, re-tro-**vah**-ray, *v* to find again, to recover; to meet again
riunire, re-oo-**nee**-ray, *v* to reunite; to join
riunirsi, re-oo-**neer**-se, *v* to meet; to be reunited
riuscire, re-oo-**shee**-ray, *v* to succeed; to go out again
riuscita, re-oo-**shee**-tah, *f* success
riva, ree-vah, *f* bank; shore
rivaleggiare, re-vah-led-**jah**-ray, *v* to compete
rivangare, re-vahn-**gah**-ray, *v* to dig up
rivedere, re-vay-**day**-ray, *v* to see again; to revise; to review
rivelare, re-vay-**lah**-ray, *v* to reveal
rivelazione, re-vay-lah-tse'**o**-nay, *f* revelation
rivendere, re-**ven**-day-ray, *v* to sell again
rivendicare, re-ven-de-**kah**-ray, *v* to claim; to claim responsibility for
rivendita, re-**ven**-de-tah, *f* (shop) dealer
riverberare, re-vair-bay-**rah**-ray, *v* (heat, etc.) to reflect
riverenza, re-vay-**ren**-tsah, *f* reverence
riverire, re-vay-**ree**-ray, *v* to revere
riversare, re-vair-**sah**-ray, *v* to pour; to lavish; to heap
riversarsi, re-vair-**sahr**-se, *v* to pour
rivestimento, re-vess-te-**men**-to, *m* covering; coating
rivestire, re-vess-**tee**-ray, *v* to cover; to hold; to dress again
riviera, re-ve'**ay**-rah, *f* coast
rivincita, re-**vin**-che-tah, *f* return match; revenge
rivista, re-**viss**-tah, *f* magazine
rivivere, re-**vee**-vay-ray, *v* to live through again
rivolgere, re-**voll**-jay-ray, *v* to turn; to address
rivolgersi, re-**voll**-jair-se, *v* to turn round; **– a,** to go and speak to
rivolta, re-**voll**-tah, *f* revolt
rivoltare, re-voll-**tah**-ray, *v* to turn over
rivoltella, re-voll-**tell**-lah, *f* revolver
rivoltoso, re-voll-**to**-zo, *adj* rebel
rivoluzione, re-vo-loo-tse'**o**-nay, *f* revolution
rizzare, rit-**tsah**-ray, *v* to raise
rizzarsi, rit-**tsar**-se, *v* to stand up
roba, ro-bah, *f* things; stuff
robaccia, ro-**baht**-chah, *f* rubbish
robusto, ro-**boos**-to, *adj* robust, sturdy; strong
rocca, rock-kah, *f* fortress
rocchetto, rock-**ket**-to, *m* spool
roccia, rot-chah, *f* rock
roccioso, rot-**cho**-zo, *adj* rocky
roco, ro-ko, *adj* hoarse
rodaggio, ra-**daj**-jo, *m* running in
rodere, ro-day-ray, *v* to gnaw at
roditore, ro-de-**to**-ray, *m* rodent
rogito, ro-je-to, *m law* deed
rogna, ro-n'yah, *f* scabies; mange; *fig* trouble
rognone, ro-n'**yo**-nay, *m* kidney
rognoso, ro-n'**yo**-zo, *adj* scabby; mangy
rogo, ro-go, *m* pyre; stake
Roma, ro-mah, *f* Rome
romanico, ro-**mah**-nee-ko, *adj* Romanesque

romano, ro-**mah**-no, *adj* Roman
romanticismo, ro-mahn-te-**cheez**-mo *m* romanticism
romantico, ro-**mahn**-te-ko, *adj* romantic
romanza, ro-**mahn**-tsah, *f* romance
romanzo, ro-**mahn**-tso, *m* novel; *adj* Romance
rombare, rom-**bah**-ray, *v* to rumble
rombo, rom-bo, *m* rumble, roar; rhombus; turbot
rompere, rom-pay-ray, *v* to break; to crush
rompicapo, rom-pe-**kah**-po, *m* puzzle
rompiscatole, rom-piss-**kah**-to-lay, *m* pain in the neck
ronda, ron-dah, *f* patrol; rounds, beat
rondella, ron-**del**-lah, *f* washer
rondine, ron-de-nay, *f* swallow
rondone, ron-**do**-nay, *m* swift
ronfare, ron-**fah**-ray, *v* to snore
ronzare, ron-**dzah**-ray, *v* to buzz, to hum
ronzino, ron-**dzee**-no, *m* nag
ronzio, ron-**dzee**-o, *m* buzzing, droning
rosa, ro-zah, *f* rose; *adj* pink
rosario, ro-**zah**-re'o, *m* rosary
roseto, ro-**zay**-to, *m* rose-garden
rosicchiare, ro-zick-ke'**ah**-ray, *v* to nibble
rosmarino, ross-mah-**ree**-no, *m* rosemary
rosolare, ro-zo-**lah**-ray, *v* to brown
rosolia, ro-zo-**lee**-ah, *f* measles
rosone, ro-**zo**-nay, *m* rosette; rose window
rospo, ross-po, *m* toad
rossastro, ross-**sahss**-tro, *adj* reddish
rossetto, ross-**set**-to, *m* lipstick
rosso, ross-so, *adj* & *m* red; **– d'uovo,** egg yolk
rossore, ross-**sor**-ay, *m* blush; redness
rosticceria, ross-tit-chay-**ree**-ah, *f* shop selling cooked food such as roast meat, lasagne, etc.
rostro, ross-tro, *m* beak; rostrum
rotaia, ro-**tah**-e'ah, *f* rail, railway-track
rotare, ro-**tah**-ray, *v* to rotate
rotazione, ro-tah-tse'o-nay, *f* rotation
roteare, ro-te'**ah**-ray, *v* to whirl; to roll
rotella, ro-**tell**-lah, *f* little wheel; cog
rotolare, ro-to-**lah**-ray, *v* to roll
rotolo, ro-to-lo, *m* roll
rotonda, ro-**ton**-dah, *f* circular terrace; round about
rotondo, ro-**ton**-do, *adj* round
rotta, rot-tah, *f* rout; route, via; **in – per,** bound for
rottami, rot-**tah**-me, *mpl* fragments; wreckage
rotto, rot-to, *adj* broken
rottura, rot-**too**-rah, *f* breaking; break; fracture
rotula, ro-too-lah, *f* knee-cap
roulotte, roo-**lot**, *f* caravan
rovente, ro-**ven**-tay, *adj* red-hot
rovere, ro-vay-ray, *m* oak
rovesciamento, ro-vay-she'ah-**men**-to, *m* overturning; capsizing; reversal
rovesciare, ro-vay-she'**ah**-ray, *v* to spill; to overturn; to capsize; to reverse
rovescio, ro-**vay**-she'o, *m* wrong side; reverse; setback; downpour; backhand

rovina, ro-**vee**-nah, *f* ruin
rovinare, ro-ve-**nah**-ray, *v* to ruin, to spoil; to fall
rovinoso, ro-ve-**no**-zo, *adj* ruinous
rovistare, ro-viss-**tah**-ray, *v* to rummage
rovo, ro-vo, *m* bramble
rozzo, rod-dzo, *adj* rough; uncouth
ruba, roo-bah, *f* : **andare a –,** to sell like hot cakes
rubacuori, roo-bah-koo'**o**-re, *m/f* heart-breaker
rubare, roo-**bah**-ray, *v* to steal
rubicondo, roo-be-**kon**-do, *adj* ruddy
rubinetto, roo-be-**net**-to, *m* tap
rubino, roo-**bee**-no, *m* ruby
rubrica, roo-**bree**-ka, *f* address book; column
rude, roo-day, *adj* rude
ruderi, roo-day-re, *mpl* ruins
rudimentale, roo-de-men-**tah**-lay, *adj* rudimentary, basic
rudimenti, roo-de-**men**-te, *mpl* rudiments; principles
ruffiano, roo-fe'**ah**-no, *m* pimp; bootlicker
ruga, roo-gah, *f* wrinkle
ruggine, rood-je-nay, *f* rust
rugginoso, rood-je-**no**-zo, *adj* rusty
ruggire, rood-**jee**-ray, *v* to roar
ruggito, rood-**jee**-to, *m* roar, roaring
rugiada, roo-**jah**-dah, *f* dew
rugoso, roo-**go**-zo, *adj* wrinkled
rullare, rooll-**lah**-ray, *v* to roll
rullio, rooll-**lee**-o, *m* rolling
rullo, rooll-lo, *m* roller; roll
rum, room, *m* rum
ruminare, roo-me-**nah**-ray, *v* to ruminate
rumore, roo-**mor**-ay, *m* noise; sound
rumoreggiare, roo-mo-red-**jah**-ray, *v* to rumble; to clamour
rumoroso*, roo-mor-**o**-zo, *adj* noisy
ruolo, roo'**o**-lo, *m* role; list
ruota, roo'o-tah, *f* wheel
rupe, roo-pay, *f* rock; cliff
rurale, roo-**rah**-lay, *adj* rural
ruscello, roo-**shell**-lo, *m* stream
ruspa, rooss-pha, *f* excavator
russare, rooss-**sah**-ray, *v* to snore
Russia, rooss-se'ah, *f* Russia
russo, rooss-so, *adj* Russian
rustico, rooss-te-ko, *adj* rustic
rutilante, roo-te-**lahn**-tay, *adj* beaming, gleaming
ruttare, root-**tah**-ray, *v* to belch
ruvido*, roo-ve-do, *adj* rough
ruzzolare, root-tso-**lah**-ray, *v* to tumble down; to roll over
ruzzoloni, root-tso-**lo**-ne, *adv* rolling down (*or* over)

sabato, sah-bah-to, *m* Saturday
sabbia, sahb-be'ah, *f* sand
sabbioso, sahb-be'**o**-zo, *adj* sandy
sabotaggio, sah-bo-**tahj**-jo, *m* sabotage
sabotare, sah-bo-**tah**-ray, *v* to sabotage
sacca, sahk-kah, *f* bag
saccarina, sahk-ka-**ree**-na, *f* saccharin
saccente, saht-**chen**-tay, *adj* conceited; *m/f* know-all
saccheggiare, sahk-ked-**jah**-ray, *v* to plunder
saccheggio, sahk-**ked**-jo, *m* plundering
sacchetto, sahk-**ket**-to, *m* bag
sacco, sahk-ko, *m* sack; bag; **un – di,** heaps of; **– a pelo,** sleeping bag
sacerdote, sah-chai**r**-do-tay, *m* priest
sacerdozio, sah-chai**r**-do-tse'o, *m* priesthood
sacramento, sah-krah-**men**-to, *m* sacrament
sacrificare, sah-kre-fe-**kah**-ray, *v* to sacrifice
sacrificio, sah-kre-**fee**-cho, *m* sacrifice
sacrilegio, sah-kre-**lay**-jo, *m* sacrilege
sacro, sah-kro, *adj* sacred
sadico, sah-de-ko, *adj* sadistic
saetta, sah-**et**-tah, *f* arrow; flash of lightning
safari, sah-**fah**-re, *m* safari
sagace, sah-**gah**-chay, *adj* shrewd
saggezza, sahd-**jet**-tsah, *f* wisdom
saggiare, sahd-**jah**-ray, *v* to assay; to test
saggio, sahd-jo, *m* essay; sample; wise man; *adj** wise
Sagittario, sah-jit-**tah**-re'o, *m* Sagittarius
sagoma, sah-go-mah, *f* outline; shape; template; target
sagra, sah-grah, *f* festival
sagrestano, sah-gress-**tah**-no, *m* sacristan; sexton
sagrestia, sah-gress-**tee**-ah, *f* sacristy
saio, sah-e'o, *m* habit
sala, sah-lah, *f* hall; living room
salame, sah-**lah**-may, *m* salami
salamoia, sah-lah-**mo**-e'ah, *f* brine
salare, sah-**lah**-ray, *v* to salt
salariato, sah-lah-re'**ah**-to, *adj* wage-earning
salario, sah-**lah**-re'o, *m* wage, pay
salassare, sah-lahss-**sah**-ray, *v* to bleed
salato, sah-**lah**-to, *adj* salted; salty; salt; dear
saldare, sahl-**dah**-ray, *v* to solder; to settle
saldatura, sahl-dah-**toohr**-ah, *f* soldering; soldered

joint
saldezza, sahl-**det**-tsah, *f* firmness
saldo, sahl-do, *adj** sound; steady; *m* balance; settlement; **saldi,** sales
sale, sah-lay, *m* salt
salice, sah-le-chay, *m* willow
saliera, sah-le'**ay**-rah, *f* salt-cellar
salina, sah-**lee**-nah, *f* salt-works
salire, sah-**lee**-ray, *v* to go up, to come up; to get on; to rise; to climb
saliscendi, sah-le-**shen**-de, *m* latch
salita, sah-**lee**-tah, *f* ascent; slope
saliva, sah-**lee**-vah, *f* saliva
salma, sahl-mah, *f* body (of dead person)
salmastro, sahl-**mahss**-tro, *adj* salty, salt
salmo, sahl-mo, *m* psalm
salmone, sahl-**mo**-nay, *m* salmon
salnitro, sahl-**nee**-tro, *m* saltpetre
salone, sah-**lo**-nay, *m* lounge; show
salotto, sah-**lot**-to, *m* sitting-room
salpare, sahl-**pah**-ray, *v* to weigh anchor
salsa, sahl-sah, *f* sauce
salsiccia, sahl-**sit**-chah, *f* sausage
salsiera, sahl-se'**ay**-rah, *f* sauceboat
saltare, sahl-**tah**-ray, *v* to jump; to skip
saltellare, sahl-tell-**lah**-ray, *v* to hop
salto, sahl-to, *m* jump; **– mortale,** somersault
saltuario *, sahl-too'**ah**-re'o, *adj* occasional
salumi, sah-**loo**-me, *mpl* cured pork meats
salumiere, sah-loo-me'**ay**-ray, *m* delicatessen owner
salutare, sah-loo-**tah**-ray, *v* to greet; to say goodbye; *adj* healthy
salute, sah-**loo**-tay, *f* health; *interj* bless you!
saluto, sah-**loo**-to, *m* salute; greeting; wave
salva, sahl-vah, *f* salvo
salvacondotto, sahl-vah-kon-**dot**-to, *m* safe-conduct
salvadanaio, sahl-vah-dah-**nah**-e'o, *m* money-box
salvagente, sahl-vah-**jen**-tay, *m* life-belt, life-jacket; traffic island
salvaguardare, sahl-vah-goo'**ar**-**dah**-ray, *v* to safeguard
salvare, sahl-**vah**-ray, *v* to rescue; to save
salvataggio, sahl-vah-**taj**-jo, *m* rescue
salve, sahl-vay, *interj* hello!
salvezza, sahl-**vet**-tsah, *f* salvation; safety
salvia, sahl-ve'ah, *f* sage
salvietta, sahl-ve'**et**-tah, *f* towel; wet wipe
salvo, sahl-vo, *adj* safe; *prep* except for
sambuco, sahm-**boo**-ko, *m* elder-tree
san (see **santo**)
sanabile, sah-**nah**-be-lay, *adj* curable
sanare, sah-**nah**-ray, *v* to heal; to cure
sancire, sahn-**chee**-ray, *v* to sanction
sangue, sahn-goo'ay, *m* blood
sanguinaccio, sahn-goo'e-**naht**-cho, *m* black-pudding
sanguinare, sahn-goo'e-**nah**-ray, *v* to bleed
sanguinoso, sahn-goo'e-**no**-so, *adj* bloody
sanguisuga, sahn-goo'e-**soo**-gah, *f* leech
sanità, sah-ne-**tah**, *f* health
sanitario, sah-ne-**tah**-re'o, *adj* health; sanitary; **sanitari,** bathroom fittings

sano, sah-no, *adj* healthy
santificare, sahn-te-fe-**kah**-ray, *v* to sanctify; to observe
santità, sahn-te-**tah**, *f* sanctity; holyness
santo, -a, sahn-to *adj* holy; saint; *m/f* saint
santuario, sahn-too'**a**-re'o, *m* sanctuary
sanzionare, sahn-tse'o-**nah**-ray, *v* to sanction
sanzione, sahn-tse'**o**-nay, *f* sanction
sapere, sah-**pay**-ray, *m* knowledge; *v* to know; to smell; to be able to
sapiente, sah-pe-**en**-tay, *adj* learned; *m* sage
sapienza, sah-pe-**en**-tsah, *f* wisdom
sapone, sah-**po**-nay, *m* soap
saponetta, sah-po-**net**-tah, *f* bar of soap
sapore, sah-**por**-ay, *m* taste, flavour
saporito, sah-po-**ree**-to, *adj* tasty
saracinesca, sah-rah-chee-**ness**-kah, *f* rolling shutter
sardina, sar-**dee**-na, *f* sardine
sarta, sar-tah, *f* dressmaker
sartiame, sar-te'**ah**-may, *m* stays
sarto, sar-to, *m* tailor
sartoria, sar-to-**ree**-ah, *f* tailor's shop
sasso, sahss-so, *m* pebble; rock
sassofono, sahss-**so**-fo-no, *m* saxophone
sassoso, sahss-**so**-zo, *adj* stony
satellite, sah-**tell**-le-tay, *m* satellite; *adj* satellite
satira, sah-te-rah, *f* satire
satirico, sah-**tee**-re-ko, *adj* satirical
satollo, sah-**toll**-lo, *adj* full
saturo, sah-too-ro, *adj* saturated; *fig* full
sauna, sah'oo-nah, *f* sauna
sauro, sah'oo-ro, *adj* sorrel; *m* sorrel
savio, sah-ve'o, *adj* wise
saziare, sah-tse'**ah**-ray, *v* to satiate
sazio, sah-tse'o, *adj* sated; full
sbadato*, zbah-**dah**-to, *adj* careless
sbadigliare, zbah-de-l'**yah**-ray, *v* to yawn
sbadiglio, zbah-**de**-l'yo, *m* yawn
sbagliare, zbah-l'**yah**-ray, *v* to get wrong; to make a mistake; to be wrong
sballare, zbahl-**lah**-ray, *v* to unpack; to overestimate
sballottare, zbahl-lot-**tah**-ray, *v* to toss about
sbalordire, zbah-lor-**dee**-ray, *v* to astonish, to amaze
sbalzare, zbahl-**tsah**-ray, *v* to throw; to emboss
sbalzo, zbahl-tso, *m* sudden change
sbancare, zbahn-**kah**-ray, *v* to break the bank
sbandare, zbahn-**dah**-ray, *v* to skid
sbaragliare, zbah-rah-l'**yah**-ray, *v* to rout; to beat
sbarazzare, zbah-raht-**tsah**-ray, *v* to clear
sbarazzarsi, zbah-raht-**tsar**-se, *v* – **di,** to get rid of
sbarbarsi, zbar-**bar**-se, *v* to shave
sbarcare, zbar-**kah**-ray, *v* to disembark; to unload
sbarco, zbar-ko, *m* landing; unloading
sbarra, zbar-rah, *f* bar; barrier
sbarrare, zbar-**rah**-ray, *v* to bar; to block
sbatacchiare, zbah-tahk-ke'**ah**-ray, *v* to bang
sbattere, zbaht-tay-ray, *v* to beat; to bang; to whisk
sbavare, zbah-**vah**-ray, *v* to dribble
sbevazzare, zbay-vaht-

tsah-ray, *v* to booze
sbiadire, zbe'ah-**dee**-ray, *v* to fade
sbiancare, zbe'ahn-**kah**-ray, *v* to grow pale; to whiten; to bleach
sbieco, zbe'**ay**-ko, *adj* squint, askew; **di –,** at an angle
sbigottire, zbe-got-**tee**-ray, *v* to dismay
sbilanciare, zbe-lahn-**chah**-ray, *v* to throw off balance
sbilanciarsi, zbe-lahn-**char**-se, *v* to lose one's balance
sbilancio, zbe-**lahn**-cho, *m* deficit
sbilenco, zbe-**len**-ko, *adj* crooked; rickety
sbirciare, zbeer-**chah**-ray, *v* to peep at; to eye
sbirro, zbeer-ro, *m* (pejorative) cop
sbizzarrirsi, zbeed-dzar-**reer**-se, *v* to indulge one's whims
sbloccare, zblock-**kah**-ray, *v* to unblock; to release
sboccare, zbock-**kah**-ray, *v* to flow into; to lead into; to end up in
sboccato*, zbock-**kah**-to, *adj* foul-mouthed
sbocciare, zbot-**chah**-ray, *v* to open, to blossom
sbocco, zbock-ko, *m* outlet; (of river) mouth; end
sbocconcellare, zbock-kon-chell-**lah**-ray, *v* to nibble
sbollire, zboll-**lee**-ray, *v* to cool down
sbornia, zbor-ne'ah, *f* : **prendersi una –,** to get plastered
sborsare, zbor-**sah**-ray, *v* to pay out
sbottonare, zbot-to-**nah**-ray, *v* to unbutton
sbozzare, zbot-**tsah**-ray, *v* to sketch out; to outline
sbracciato, zbraht-**chah**-to, *adj* sleeveless; bare-armed
sbraitare, zbrah'e-**tah**-ray, *v* to shout
sbranare, zbrah-**nah**-ray, *v* to tear to pieces
sbriciolare, zbre-cho-**lah**-ray, *v* to crumble
sbrigare, zbre-**gah**-ray, *v* to deal with
sbrigarsi, zbre-**gar**-se, *v* to hurry
sbrigativo*, zbre-gah-**tee**-vo, *adj* expeditious; hasty
sbrogliare, zbro-l'**yah**-ray, *v* to disentangle
sbronzo, zbron-dzo, *adj* plastered
sbucare, zboo-**kah**-ray, *v* to come out; to spring out
sbucciare, zboot-**chah**-ray, *v* to peel; to skin
sbudellare, zboo-del-**lah**-ray, *v* to disembowel
sbuffare, zboof-**fah**-ray, *v* to puff; to snort
scabro, skah-bro, *adj* rough
scabroso, skah-**bro**-zo, *adj* difficult; *fig* indecent
scacchiera, skahk-ke'**ay**-rah, *f* chess-board
scacciare, skaht-**chah**-ray, *v* to drive out
scacco, skahk-ko, *m* check; chessman; **scacchi**, chess; **a scacchi,** checked
scadente, skah-**den**-tay, *adj* of poor quality
scadenza, skah-**den**-tsah, *f* deadline; expiry date; sell-by date, use-by date
scadere, skah-**day**-ray, *v* to expire; to fall due; to decline
scafandro, skah-**fahn**-dro, *m* diving-suit; space-suit
scaffale, skahf-**fah**-lay, *m* shelf
scafo, skah-fo, *m* hull
scagionare, skah-jo-**nah**-ray, *v* to exonerate, to free from blame
scaglia, skah-l'yah, *f* chip; (fish) scale
scagliare, skah-l'**yah**-ray, *v*

to hurl
scagliarsi, skah-l'**yar**-se, *v* **– su,** to attack
scaglione, skah-l'**yo**-nay, *m* echelon
scala, skah-lah, *f* stairs; ladder
scalare, skah-**lah**-ray, *v* to climb; to knock off; to layer
scalatore, -trice, skah-lah-**to**-ray, skah-lah-**tree**-chay, *m/f* climber
scaldabagno, skahl-dah-**bah**-n'yo, *m* water heater
scaldare, skahl-**dah**-ray, *v* to heat
scaldarsi, skahl-**dar**-se, *v* to warm oneself; to get excited
scalfire, skahl-**fee**-ray, *v* to scratch
scalinata, skah-lee-**nah**-tah, *f* staircase
scalino, skah-**lee**-no, *m* step
scalo, skah-lo, *m* stop; port of call; stopover
scaloppina, skah-lop-**pee**-nah, *f* escalope
scalpello, skahl-**pell**-lo, *m* chisel
scalpitare, skahl-pe-**tah**-ray, *v* to paw the ground
scalpore, skahl-**por**-ay, *m* stir
scaltro*, skahl-tro, *adj* shrewd; cunning
scalzare, skahl-**tsar**-ay, *v* to bare the roots of; to undermine
scalzo, skahl-tso, *adj* barefoot
scambiare, skahm-be'**ah**-ray, *v* to exchange; to mistake
scambio, skahm-be'o, *m* exchange; mistake; trade; points
scampagnata, skahm-pah-n'**yah**-tah, *f* trip to the country
scampanare, skahm-pah-**nah**-ray, *v* to peal
scampanato, skahm-pah-**nah**-to, *adj* flared
scampanio, skahm-pah-**nee**-o, *m* (bells) peal
scampare, skahm-**pah**-ray, *v* to escape
scampo, skahm-po, *m* escape; safety; prawn
scampolo, skahm-po-lo, *m* remnant
scanalatura, skah-nah-lah-**too**-rah, *f* groove
scandagliare, skahn-dah-l'**yah**-ray, *v* to sound
scandalizzare, skahn-dah-lid-**dzah**-ray, *v* to scandalize, to shock
scandalo, skahn-dah-lo, *m* scandal
scandire, skahn-**dee**-ray, *v* to articulate; *mus* to beat
scannare, skahn-**nah**-ray, *v* to butcher; to slit the throat of
scanno, skahn-no, *m* pew; bench
scansare, skahn-**sah**-ray, *v* to move, to shift; to dodge; to shun
scanso, skahn-so, *m* **a – di,** in order to avoid
scantinato, skahn-te-**nah**-to, *m* basement
scapestrato, –a, skah-pess-**trah**-to, skah-pess-**trah**-tah, *m/f* dissolute person
scapito, skah-pe-to, *m* **a – di,** to the detriment of
scapola, skah-po-lah, *f* shoulder-blade
scapolo, skah-po-lo, *m* bachelor
scappamento, skahp-pah-**men**-to, *m* exhaust; **tubo di –,** exhaust pipe
scappare, skahp-**pah**-ray, *v* to escape; to run away; to rush
scappata, skahp-**pah**-tah, *f* **fare una – a,** to pop over to
scappatella, skahp-pah-**tell**-lah, *f* escapade
scappatoia, skahp-pah-**to**-e'ah, *f* way out; loophole
scappellarsi, skahp-pell-**lar**-se, *v* to raise hat

scappellotto, skahp-pell-**lot**-to, *m* smack on head
scarabeo, skah-rah-**bay**'o, *m* beetle
scarabocchiare, skah-rah-bock-ke'**ah**-ray, *v* to scrawl; to scribble
scarafaggio, skah-rah-**fahd**-jo, *m* cockroach
scaramuccia, skah-rah-**moot**-chah, *f* skirmish
scaraventare, skah-rah-ven-**tah**-ray, *v* to hurl
scarcerare, skar-chay-**rah**-ray, *v* to release (from prison)
scarica, skah-re-kah, *f* shot; *fig* shower; *fig* flood; discharge
scaricare, skah-re-**kah**-ray, *v* to unload; to set down; to discharge
scaricarsi, skah-re-**kahr**-se, *v* to run down; to go flat
scaricatore, skah-re-kah-**to**-ray, *m* loader; docker
scarico, skah-re-ko, *adj* unloaded; run down; flat; *m* unloading; dumping; dump; exhaust
scarno, skar-no, *adj* thin, bony
scarpa, skar-pah, *f* shoe
scarpata, skar-**pah**-tah, *f* escarpment
scarpiera, skar-pe'**ay**-rah, *f* shoe rack
scarpinata, skar-pe-**nah**-tah, *f* trek
scarseggiare, skar-sej-**jah**-ray, *v* to be scarse; **– di,** to be short of
scarso*, skar-so, *adj* scarce; **– di,** short of, lacking in
scartare, skar-**tah**-ray, *v* to reject; to discard; to unwrap
scarto, skar-to, *m* reject; discarding; gap
scassinare, skahss-se-**nah**-ray, *v* to break open
scatenare, skah-tay-**nah**-ray, *v* to provoke
scatenarsi, skah-tay-**nar**-se, *v* to break; to go wild
scatola, skah-to-lah, *f* box; tin, can
scattare, skaht-**tah**-ray, *v* (picture) to take; to be released; to spring up; to go off
scatto, skaht-to, *m* release; click; shot; jump
scaturire, skah-too-**ree**-ray, *v* **– da,** to gush from; to come from
scavalcare, skah-vahl-**kah**-ray, *v* to climb over; to overtake
scavare, skah-**vah**-ray, *v* to dig; to hollow out; to excavate
scavatrice, skah-vah-**tree**-chay, *f* excavator
scavo, skah-vo, *m* excavation
scegliere, shay-l'yay-ray, *v* to choose
scellerato, shell-lay-**rah**-to, *adj* wicked, evil
scelta, shell-tah, *f* choice; option
scelto, shell-to, *adj* select; choice; *mil* highly skilled
scemare, shav-**mah**-ray, *v* to diminish
scemo, shay-mo, *adj* silly, stupid
scempio, shem-pe'o, *m* massacre; destruction
scena, shay-nah, *f* scene; stage
scenario, shay-**nah**-re'o, *m* scenery; backdrop
scenata, shay-**nah**-tah, *f* scene
scendere, shen-day-ray, *v* to go down, to come down; to get off; to descend; to alight
scendiletto, shen-de-**let**-to, *m* bed-side rug
scettico, shet-te-ko, *adj** sceptical; *m* sceptic
scettro, shet-tro, *m* sceptre
scevro, shay-vro, *adj* **– di,** free from
scheda, skay-dah, *f* card; form; ballot paper
schedario, skay-**dah**-re'o,

m file; filing cabinet
scheggia, sked-jah, *f* splinter; chip
scheggiare, sked-**jah**-ray, *v* to chip; to splinter
scheletro, skay-lay-tro, *m* skeleton
schema, skay-mah, *m* outline; diagram
scherma, skair-mah, *f* fencing
schermaglia, skair-**mah**-l'yah, *f* skirmish
schermirsi, skair-**meer**-se, *v* to defend oneself
schermo, skair-mo, *m* screen
schernire, skair-**nee**-ray, *v* to sneer at
scherno, skair-no, *m* scorn
scherzare, skair-**tsah**-ray, *v* to joke
scherzo, skair-tso, *m* joke; fun
scherzoso,* skair-**tso**-zo, *adj* playful; facetious
schiaccianoci, ske'aht-chah-**no**-che, *m* nutcracker
schiacciare, ske'aht-**chah**-ray, *v* to crush; to crack; to mash; to press
schiaffeggiare, ske'ahf-fed-**jah**-ray, *v* to slap, to smack
schiaffo, ske'**ahf**-fo, *m* slap (in the face)
schiamazzare, ske'ah-maht-**tsah**-ray, *v* to squawk; to make a racket
schiamazzo, ske'ah-**maht**-tso, *m* racket
schiantare, ske'ahn-**tah**-ray, *v* to break
schiantarsi, ske'ahn-**tar**-se, *v* to break up; to crash
schianto, ske'**ahn**-to, *m* crash
schiarire, ske'ah-**ree**-ray, *v* to clear up
schiattare, ske'aht-**tah**-ray, *v* to burst
schiavitù, ske'ah-ve-**too**, *f* slavery
schiavo, -a, ske'**ah**-vo, *adj* enslaved; *m/f* slave
schiena, ske'**ay**-nah, *f* (body) back
schienale, ske'ay-**nah**-lay, *m* (chair) back
schiera, ske'**ay**-rah, *f* rank; group
schierare, ske'ay-**rah**-ray, *v* to line up
schierarsi, ske'ay-**rar**-se, *v* **– con/contro,** to side with/to oppose
schietto, ske'**et**-to, *adj* frank, sincere; pure
schifezza, ske-**fet**-tsah, *f* : **essere una –,** to be disgusting, to be awful
schifiltoso*, ske-fill-**to**-zo, *adj* difficult
schifo, skee-fo, *m* disgust
schifoso*, ske-**fo**-zo, *adj* disgusting, awful
schioccare, ske'ock-**kah**-ray, *v* to snap; to click
schiudere, ske'**oo**-day-ray, *v* to open
schiuma, ske'**oo**-mah, *f* foam; froth; lather
schiumare, ske'oo-**mah**-ray, *v* to foam; to skim
schivare, ske-**vah**-ray, *v* to dodge; to avoid
schivo, skee-vo, *adj* reserved
schizzare, skit-**tsah**-ray, *v* to splash; to sketch; to spurt; to dart away
schizzettare, skit-tset-**tah**-ray, *v* to drizzle
schizzo, skit-tso, *m* splash; sketch
sci, shee, *m* ski; skiing
scia, she'ah, *f* (ship's) wake; trail
sciabola, she'**ah**-bo-lah, *f* sabre
sciacallo, she'ah-**kahl**-lo, *m* jackal
sciacquare, she'ahk-**kwah**-ray, *v* to rinse; to wash
sciagura, she'ah-**goo**-rah, *f* misfortune, calamity
scialacquare, she'ah-lahk-**kwah**-ray, *v* to squander
scialacquatore, -trice,

she'ah-lahk-kwah-**tor**-ay, she'ah-lahk-kwah-**tree**-chay, *m/f* spendthrift
scialbo*, she'**ahl**-bo, *adj* dull
scialle, she'**ahl**-lay, *m* shawl
scialuppa, she'ah-**loop**-pah, *f* boat, launch
sciamare, she'ah-**mah**-ray, *v* to swarm
sciame, she'**ah**-may, *m* swarm; *fig* crowd
sciare, she'**ah**-ray, *v* to ski
sciarpa, she'**ar**-pah, *f* scarf
sciatica, she'**ah**-te-kah, *f* sciatica
sciatore, -trice, she'ah-**to**-ray, she'ah-**tree**-chay, *m/f* skier
scibile, shee-be-lay, *m* knowledge
scientifico, she'en-**tee**-fe-ko, *adj* scientific
scienza, she'**en**-tsah, *f* science; knowledge
scienziato, -a, she'en-tse'**ah**-to, *m/f* scientist
scimmia, shim-me'ah, *f* monkey
scimmiottare, shim-me'ot-**tah**-ray, *v* to ape
scimunito, -a, she-moo-**nee**-to, *m/f* idiot
scindere, sheen-day-ray, *v* to separate
scintilla, sheen-**till**-lah, *f* spark
scintillare, sheen-till-**lah**-ray, *v* to spark; to sparkle
sciocchezza, she'ock-**ket**-tsah, *f* stupidity; silly thing
sciocco, -a, she'**ock**-ko, *adj** stupid; *m/f* fool
sciogliere, she'**o**-l'yay-ray, *v* to untie; to loosen; to let loose; to melt; to dissolve
sciogliersi, she'**o**-l'yair-se, *v* to come untied; to melt
scioglimento, she'o-l'ye-**men**-to, *m* dissolution
sciolto, she'**ol**-to, *adj* loose; nimble; melted
scioperante, she'o-pay-**rahn**-tay, *m/f* striker
scioperare, she'o-pay-**rah**-ray, *v* to strike
sciopero, she'**o**-pay-ro, *m* strike
scipito, shee-**pe**-to, *adj* insipid
sciroppo, she-**rop**-po, *m* syrup
sciupare, she'oo-**pah**-ray, *v* to waste; to spoil, to ruin
sciuparsi, she'oo-**pahr**-se, *v* to get spoilt, to get ruined
scivolare, she-vo-**lah**-ray, *v* to slip; to slide
scoccare, skock-**kah**-ray, *v* to shoot; to strike
scocciare, skock-**chah**-ray, *v* to bother, to annoy
scocciarsi, skock-**char**-se, *v* to get fed up; to get annoyed
scodella, sko-**dell**-lah, *f* bowl
scodinzolare, sko-din-tso-**lah**-ray, *v* to wag its tail
scogliera, sko-**l'yay**-rah *f* reef, cliff
scoglio, sko-l'yo, *m* rock
scoiattolo, sko'e-**aht**-to-lo, *m* squirrel
scolapiatti, sko-lah-pe'**aht**-te, *m* draining board; plate rack
scolare, sko-**lah**-ray, *adj* (age) school; *v* to drain; to drip
scolaro, -a, sko-**lah**-ro, *m/f* pupil
scolastico, sko-**lahs**-ste-ko, *adj* school, scholastic
scoliosi, sko-le'**o**-se, *f* scoliosis
scollarsi, skoll-**lar**-se, *v* to come unstuck, to come off
scollatura, skoll-lah-**too**-rah, *f* neckline
scolo, sko-lo, *m* drainage
scolorire, sko-lo-**ree**-ray, *v* to fade
scolpire, skoll-**pee**-ray, *v* to carve; to sculp
scombussolare, skom-

booss-so-**lah**-ray, *v* to upset
scommessa, skom-**mess**-sah, *f* bet
scommettere, skom-**met**-tay-ray, *v* to bet
scomodare, sko-mo-**dah**-ray, *v* to trouble
scomodo, sko-mo-do, *adj* uncomfortable; inconvenient
scomparire, skom-pah-**ree**-ray, *v* to disappear, to vanish
scomparsa, skom-**par**-sah, *f* disappearance
scompartimento, skom-par-te-**men**-to, *m* compartment
scompigliare, skom-pe-l'**yah**-ray, *v* to upset; to muddle
scompiglio, skom-**pee**-l'yo, *m* confusion
scomporre, skom-**por**-ray, *v* to break up; to decompose
scomporsi, skom-**por**-se, *v fig* to lose one's composure
scomposto, skom-**poss**-to, *adj* broken up; unseeemly
scomunicare, sko-moo-ne-**kah**-ray, *v* excommunicate
sconcertare, skon-chair-**tah**-ray, *v* to disconcert
sconcio, skon-cho, *adj* indecent
sconfessare, skon-fess-**sah**-ray, *v* to retract
sconfiggere, skon-**fid**-jay-ray, *v* to defeat
sconfinare, skon-fe-**nah**-ray, *v* to cross the border; to trespass; **– da,** *fig* to stray from
sconfinato, skon-fe-**nah**-to, *adj* without limits; *fig* unlimited
sconfitta, skon-**fit**-tah, *f* defeat
sconfortante, skon-for-**tahn**-tay, *adj* disheartening
sconforto, skon-**for**-to, *m* dejection
scongiurare, skon-joo-**rah**-ray, *v* to beseech; to avert
sconnesso, skon-**ness**-so, *adj* incoherent
sconosciuto, -a, sko-no-**shoo**-to, *adj* unknown; *m/f* stranger
sconquassare, skon-kwahss-**sah**-ray, *v* to shatter
sconsigliare, skon-se-l'**yah**-ray, *v* to advise against
sconsolato*, skon-so-**lah**-to, *adj* disconsolate
scontare, skon-**tah**-ray, *v* to deduct; to serve; to pay for
scontentare, skon-ten-**tah**-ray, *v* to displease
scontentezza, skon-ten-**tet**-tsah, *f* dissatisfaction
sconto, skon-to, *m* discount
scontrino, skon-**tree**-no, *m* till receipt; ticket
scontro, skon-tro, *m* clash; collision
scontroso, skon-**tro**-so, *adj* surly
sconveniente, skon-vay-ne'**ayn**-tay, *adj* unseemly; improper
sconvolgere, skon-**voll**-jay-ray, *v* to shake; to upset
scopa, sko-pah, *f* broom
scopare, sko-**pah**-ray, *v* to sweep
scoperta, sko-**pair**-tah, *f* discovery
scoperto, sko-**pair**-to, *adj* uncovered; bare; open; *m* **– di conto,** bank overdraft
scopo, sko-po, *m* aim, purpose
scoppiare, skop-pe'**ah**-ray, *v* to burst; to explode
scoppiettare, skop-pe'et-**tah**-ray, *v* to crackle; to chug
scoppio, skop-pe'o, *m* explosion; burst; bang; outbreak

scoprire, sko-**pree**-ray, *v* to discover, to find out; to uncover; to unveil; to reveal
scoraggiamento, sko-rahd-jah-**men**-to, *m* discouragement
scoraggiare, sko-rahd-**jah**-ray, *v* to discourage
scoraggiarsi, sko-rahd-**jar**-se, *v* to lose heart
scorbuto, skor-**boo**-to, *m* scurvy
scorciare, skor-**chah**-ray, *v* to shorten
scorciatoia, skor-chah-**to**-e'ah, *f* short-cut
scorgere, skor-jay-ray, *v* to catch sight of
scoria, sko-re'ah, *f* slag; scoria; **scorie radioattive,** radioactive waste
scorpacciata, skor-paht-**chah**-tah, *f* **fare una –,** to stuff oneself
scorpione, skor-pe'o-nay, *m* scorpion; **Scorpione,** Scorpio
scorrazzare, skor-raht-**tsah**-ray, *v* to run about
scorrere, skor-ray-ray, *v* to flow; to run; to pass (by); to glance through
scorreria, skor-ray-**ree**-ah, *f* raid; incursion
scorretto*, skor-**ret**-to, *adj* incorrect; unfair
scorrevole, skor-**ray**-vo-lay, *adj* sliding; fluent
scorribanda, skor-re-**bahn**-dah, *f* incursion
scorsa, skor-sah, *f* glance
scorso, skor-so, *adj* last
scorsoio, skor-**so**-e'o, *adj* : **nodo –,** slipknot, noose
scortare, skor-**tah**-ray, *v* to escort
scortecciare, skor-tet-**chah**-ray, *v* (strip) to bark
scortese, skor-**tay**-zay, *adj* impolite
scortesia, skor-tay-**zee**-ah, *f* impoliteness
scorticare, shor-te-**kah**-ray, *v* to skin
scorza, skor-tsah, *f* bark; rind
scosceso, sko-**shay**-zo, *adj* steep
scossa, skoss-sah, *f* jerk, shake; shock; tremor
scostare, skoss-**tah**-ray, *v* to push aside
scostarsi, skoss-**tar**-se, *v* to move aside
scostumatezza, skoss-too-mah-**tet**-tsah, *f* dissoluteness
scotennare, sko-ten-**nah**-ray, *v* to skin; to scalp
scottare, skot-**tah**-ray, *v* to scald, to burn; to be very hot
scotto, skot-to, *m* : **pagare lo –,** to pay the consequences
scovare, sko-**vah**-ray, *v* to drive out; to discover
Scozia, sko-tse'ah, *f* Scotland
scozzese, skot-**tsay**-zay, *adj* Scottish
screanzato*, skray-ahn-**tsah**-to, *adj* ill-mannered
screditare, skray-de-**tah**-ray, *v* to discredit
screpolare, skray-po-**lah**-ray, *v* to crack; to chap
screpolatura, skray-po-lah-**too**-rah, *f* chap; crack
screziato, skray-tse'**ah**-to, *adj* variegated
scribacchiare, skre-bahk-ke'**ah**-ray, *v* to scribble
scricchiolare, skrik-ke'o-**lah**-ray, *v* to creak
scricciolo, skrit-cho-lo, *m* wren
scrigno, skree-n'yo, *m* casket
scriminatura, skre-me-nah-**too**-rah, *f* parting
scritto, skrit-to, *adj* written; *m* work
scrittoio, skrit-**to**-e'o, *m* writing-desk
scrittore, -trice, skrit-**tor**-ay, skrit-**tree**-chay, *m/f* writer
scrittura, skrit-**too**-rah, *f* handwriting; entry;

contract; **la Sacra Scrittura,** the Scriptures
scrivania, skre-vah-**nee**-ah, *f* desk
scrivere, skree-vay-ray, *v* to write
scroccare, skrock-**kah**-ray, *v* to scrounge
scroccone, -a, skrock-**ko**-nay, *m/f* scrounger
scrofa, skro-fah, *f* sow
scrollare, skroll-**lah**-ray, *v* to shake (off); to shrug
scrosciare, skro-she'**ah**-ray, *v* to pelt down; to thunder
scroscio, skro-she'o, *m* pelting; thunder
scrostare, skro-**stah**-ray, *v* to scrape off
scrupolo, skroo-po-lo, *m* scruple; care
scrutare, skroo-**tah**-ray, *v* to scrutinize
scucire, skoo-**chee**-ray, *v* to unstitch; to fork out
scuderia, skoo day-**ree**-ah, *f* stable
scudo, skoo-do, *m* shield
sculacciare, skoo-laht-**chah**-ray, *v* to spank
scultore, -trice, skooll-**tor**-ay, skooll-**tree**-chay, *m/f* sculptor
scuola, skoo'o lah, *f* school
scuotere, skoo'o-tay-ray, *v* to shake
scure, skoo-ray, *f* axe
scuro, skoo-ro, *adj* dark, grim; *m* dark colour
scusa, skoo-zah, *f* excuse
scusare, skoo-**zah**-ray, *v* to excuse; **scusi,** I'm sorry; excuse me
scusarsi, skoo-**zar**-se, *v* – **(di),** to apologize (for)
sdebitarsi, zday-be-**tar**-se, *v* to repay
sdegnare, zday-n'**yah**-ray, *v* to despise
sdegnato*, zday-n'**yah**-to, *adj* indignant
sdegno, zday-n'yo, *m* indignation; contempt
sdoganare, zdo-gah-**nah**-ray, *v* to clear through customs
sdraiarsi, zdrah-e'**ar**-se, *v* to lie down, to stretch out
sdrucciolare, zdrooht-cho-**lah**-ray, *v* to slip
sdrucciolevole, zdrooht-cho-**lay**-vo-lay, *adj* slippery
se, say, *conj* if, whether
sé, say, *pron* oneself; himself; herself; itself; themselves
sebbene, seb-**bay**-nay, *conj* although, though
secca, seck-kah, *f* shallows
seccare, seck-**kah**-ray, *v* to dry; to dry up; to bother, to annoy
seccarsi, seck-**kar**-se, *v* to get annoyed
seccatore, -trice, seck-kah-**tor**-ay, seck-kah-**tree**-chay, *m/f* bother; nuisance
seccatura, seck-kah-**too**-rah, *f* bother; nuisance
secchio, seck-ke'o, *m* bucket
secco*, seck-ko, *adj* dry; dried; withered; skinny; abrupt; sharp
secolare, say-ko-**lah**-ray, *adj* secular; centuries-old
secolo, say-ko-lo, *m* century; age
seconda, say-**kon**-dah, *f* second gear
secondo, say-**kon**-do, *adj* & *m* second; *m* (time) second; main course; *prep* according to; **secondo!** it depends!
secrezione, say-kray-tse'o-nay, *f* secretion
sedano, say-dah-no, *m* celery
sede, say-day, *f* seat; headquarters; head office; branch; [Holy] See
sedere, say-**day**-ray, *v* to sit; *m* bottom
sedersi, say-**dair**-se, *v* to sit down
sedia, say-de'ah, *f* chair

sedicesimo, say-de-**chay**-ze-mo, *adj* & *m* sixteenth
sedici, say-de-che, *adj* & *m* sixteen
sedile, say-**dee**-lay, *m* seat
seducente, say-doo-**chen**-tay, *adj* seductive
sedurre, say-**doohr**-ray, *v* to seduce
seduta, say-**doo**-tah, *f* sitting, session; meeting
sega, say-gah, *f* saw
segale, say-gah-lay, *f* rye
segare, say-**gah**-ray, *v* to saw; to saw off
seggio, sed-jo, *m* seat
seggiolone, sed-jo-**lo**-nay, *m* highchair
seggiovia, sed-jo-**ve**'ah, *f* chair lift
segheria, say-gay-**ree**-ah, *f* saw-mill
segnalare, say-n'yah-**lah**-ray, *v* to signal, to indicate; to notify; to point out
segnale, say-n'**yah**-lay, *m* signal; sign
segnalibro, say-n'yah-**lee**-bro, *m* book-mark
segnare, say-n'**yah**-ray, *v* to mark; to score; to note
segno, say-n'yo, *m* sign; mark
segregare, say-gray-**gah**-ray, *v* to segregate
segretario, -a, say-gray-**tah**-re'o, *m/f* secretary
segreteria, say-gray-tay-**re'**ah, *f* secretary's office; position of Secretary; **– telefonica,** answering machine
segretezza, say-gray-**tet**-tsah, *f* secrecy
seguace, say-goo'**ah**-chay, *m/f* follower
segugio, say-**goo**-jo, *m* hound
seguire, say-goo'**ee**-ray, *v* to follow; to attend; to continue
seguitare, say-goo'e-**tah**-ray, *v* to continue
seguito, say-goo'e-to, *m* continuation; sequel; rest; retinue; followers
sei, say-e, *adj* & *m* six
seicento, say'ee-**chen**-to; *adj* & *m* six hundred; **il Seicento,** the seventeenth century
selciato, sell-**chah**-to, *m* cobbled surface
selezionare, say-lay-tse'o-**nah**-ray, *v* to select
selezione, say-lay-tse'o-nay, *f* selection
sella, sell-lah, *f* saddle
sellare, sell-**lah**-ray, *v* to saddle
selvaggina, sell-vahd-**jee**-nah, *f* (animals) game
selvaggio, -a, sell-**vahd**-jo, *adj** savage; wild; *m/f* savage
selvatico, sell-**vah**-te-ko, *adj* wild
semaforo, say-**mah**-fo-ro, *m* traffic lights
sembrare, sem-**brah**-ray, *v* to seem; to look like
seme, say-may, *m* seed; *med* semen; (cards) suit
semestre, say-**mess**-tray, *m* half-year
semifinale, say-me-fe-**nah**-lay, *f* semifinal
seminare, say-me-**nah**-ray, *v* to sow
seminario, say-me-**nah**-re'o, *m relig* seminary; seminar
semola, say-mo-lah, *f* bran
semolino, say-mo-**lee**-nah, *m* semolina
semplice, sem-ple-chay, *adj* simple; single; easy
semplicità, sem-ple-che-**tah**, *f* simplicity
sempre, sem-pray, *adv* always; still; **per –,** forever
senape, say-nah-pay, *f* mustard
senato, say-**nah**-to, *m* senate
seno, say-no, *m* breast; (mat) sine
sensato*, sen-**sah**-to, *adj* sensible

sensazione, sen-sah-tse'**o**-nay, *f* sensation, feeling
sensibile, sen-**see**-be-lay, *adj* sensitive; noticeable
sensibilità, sen-see-be-le-**tah**, *f* sensitivity
senso, sen-so, *m* sense; feeling; meaning, sense; direction; – **unico,** one way street
sensuale, sen-soo'**a**-lay, *adj* sensual; sensuous
sentenza, sen-**ten**-tsah, *f* *law* sentence; maxim
sentiero, sen-te'**ay**-ro, *m* path
sentimentale, sen-te-men-**tah**-lay, *adj* sentimental
sentimento, sen-te-**men**-to, *m* feeling
sentinella, sen-te-**nell**-lah, *f* sentry
sentire, sen-**tee**-ray, *v* to hear; to feel; to smell; to taste
sentirsi, sen-**teer**-se, *v* to feel; – **di fare qualcosa,** to feel like doing something
senza, sen-tsah, *prep* & *conj* without; **senz' altro,** certainly; – **dubbio,** undoubtedly
separare, say-pah-**rah**-ray, *v* to separate; to divide; to distinguish
separarsi, say-pah-**rar**-se, *v* to separate, to part
separato, say-pah-**rah**-to, *adj* separate; separated
sepolcro, say-**poll**-kro, *m* sepulchre
sepoltura, say poll-**too**-rah, *f* burial
seppellire, sep-pell-**lee**-ray, *v* to bury
seppia, sep-pe'ah, *f* cuttlefish; sepia
sequela, say-**kway**-lah, *f* series; string
sequestrare, say-kwess-**trah**-ray, *v* to confiscate; to sequestrate; to kidnap
sera, say-rah, *f* evening; night
serata, say-**rah**-tah, *f* evening; party
serbare, sair-**bah**-ray, *v* to keep; to put aside
serbatoio, sair-bah-**to**-e'o, *m* tank; cistern
sereno, say-**ray**-no, *adj* clear; serene; *m* fine weather
serie, say-re-ay, *f* series; set; division, league
serietà, say-re-ay-**tah**, *f* seriousness; reliability
serio, say-re'o, *adj* serious; reliable
serpeggiare, sair-ped-**jah**-ray, *v* to wind; to spread
serpente, sair-**pen**-tay, *m* snake
serra, sair-rah, *f* greenhouse
serrata, sair-**rah**-tah, *f* lock-out
serratura, sair-rah-**too**-rah, *f* lock
serva, sair-vah, *f* maidservant
servire, sair-**vee**-ray, *v* to serve; to wait on; (cards) to deal; to be of use
servirsi, sair-**veer**-se, *v* to help oneself; – **di,** to use
servitù, sair-ve-**too**, *f* domestic staff
servizio, sair-**vee**-tse'o, *m* service; set; report
servo, sair vo, *m* servant
sessanta, sess-**sahn**-tah, *adj* & *m* sixty
sessantesimo, sess-sahn-**tay**-ze-mo, *adj* & *m* sixtieth
sesso, sess-so, *m* sex
sessuale, sess-soo'**a**-lay, *adj* sexual
sestante, sess-**tahn**-tay, *m* sextant
sesto, sess-to, *adj* & *m* sixth
seta, say-tah, *f* silk
sete, say-tay, *f* thirst; *fig* longing
setola, say-to-lah, *f* bristle
setta, set-tah, *f* sect
settanta, set-**tahn**-tah, *adj* & *m* seventy
settantesimo, set-tahn-

tay-ze-mo, *adj* & *m* seventieth
sette, set-tay, *adj* & *m* seven
settecento, set-tay-**chen**-to; *adj* & *m* seven hundred; **il Settecento,** the eighteenth century
settembre, set-**tem**-bray, *m* September
settentrionale, set-ten-tre'o-**nah**-lay, *adj* northern
settimana, set-te-**mah**-nah, *f* week
settimanale, set-te-mah-**nah**-lay, *adj* weekly; *m* weekly publication
settimo, set-te-mo, *adj* & *m* seventh
settore, set-**tor**-ay, *m* sector
severo,* say-**vay**-ro, *adj* strict
sevizie, say-**vee**-tse'ah, *fpl* tortures
sezione, say-tse'**o**-nay, *f* section; portion
sfaccendato, sfaht-chah-**dah**-to, *adj* idle
sfacciato*, sfaht-**chah**-to, *adj* cheeky
sfamare, sfah-**mah**-ray, *v* to feed
sfamarsi, sfah-**mar**-se, *v* to satisfy one's hunger
sfarzo, sfar-tso, *m* pomp, magnificence
sfatare, sfah-**tah**-ray, *v* to explode, to discredit
sfavorevole, sfah-vo-**ray**-vo-lay, *adj* unfavourable
sfegatato, sfay-gah-**tah**-to, *adj* fanatical
sfera, sfay-rah, *f* sphere
sferrare, sfai**r**-**rah**-ray, *v* to launch; **– un colpo a,** to lash out at
sferzare, sfai**r**-**tsah**-ray, *v* to whip
sferzata, sfair-**tsah**-tah, *f* whipping; *fig* lashing
sfida, sfee-dah, *f* challenge
sfidare, sfe-**dah**-ray, *v* to challenge; to defy
sfiducia, sfe-**doo**-chah, *f* mistrust
sfiduciato*, sfe-doo-**chah**-to, *adj* disheartened
sfigurare, sfe-goo-**rah**-ray, *v* to disfigure
sfilata, sfe-**lah**-tah, *f mil* parade; **– di moda,** fashion show
sfinge, sfin-jay, *f* sphinx
sfinire, sfe-**nee**-ray, *v* to exhaust
sfinito, sfe-**nee**-to, *adj* exhausted
sfiorare, sfe'o-**rah**-ray, *v* to skim
sfiorire, sfe'o-**ree**-ray, *v* to wither
sfoderare, sfo-day-**rah**-ray, *v* to unsheathe, to draw
sfogare, sfo-**gah**-ray, *v* to give vent to
sfoggiare, sfod-**jah**-ray, *v* to show off
sfoggio, sfod-jo, *m* pomp; show
sfogliare, sfo-l'**yah**-ray, *v* to leaf through
sfogo, sfo-go, *m* rash; outburst; outlet
sfollare, sfoll-**lah**-ray, *v* to empty
sfondare, sfon-**dah**-ray, *v* to break down; to break the bottom of
sfondarsi, sfon-**dar**-se, *v* to burst at the bottom
sfondo, sfon-do, *m* background
sfortuna, sfo**r**-**too**-nah, *f* misfortune
sfortunato*, sfor-too-**nah**-to, *adj* unfortunate, unlucky
sforzare, sfo**r**-**tsah**-ray, *v* to force; to strain
sforzarsi, sfo**r**-**tsar**-se, *v* to make an effort
sforzo, sfor-zo, *m* effort
sfracellare, sfrah-**chell**-lah-ray, *v* to shatter
sfrattare, sfraht-**tah**-ray, *v* to evict
sfregiare, sfray-**jah**-ray, *v* to disfigure; to slash
sfregio, sfray-jo, *m* scar; gash; scratch
sfrenato*, sfray-**nah**-to,

adj unrestrained; uncontrolled
sfrondare, sfron-**dah**-ray, *v* to prune
sfrontatezza, sfron-tah-**tet**-tsah, *f* impudence
sfrontato*, sfron-**tah**-to, *adj* cheeky
sfruttare, sfroot-**tah**-ray, *v* to exploit; to take advantage of
sfuggire, sfood-**jee**-ray, *v* to escape; to shun
sfumare, sfoo-**mah**-ray, *v* to shade off ; to vanish
sfumatura, sfoo-mah-**too**-rah, *f* shade; hint
sfuriata, sfoo-re'**ah**-tah, *f* outburst of anger
sgabello, zgah-**bell**-lo, *m* stool
sganciare, zgahn-**chah**-ray, *v* to unfasten; to uncouple; to drop; to fork out
sgangherato, zgahn-gay-**rah**-to, *adj* ramshackle; off its hinges
sgarbato*, zgar-**bah**-to, *adj* impolite
sghembo, zghem-bo, *adj* crooked; aslant
sghignazzare, zghe-n'yaht-**tsah**-ray, *v* to laugh loudly
sgocciolare, zgot-cho-**lah**-ray, *v* to drip; to drain
sgolarsi, zgo-**lar**-se, *v* to become hoarse
sgomberare, zgom-bay-**rah**-ray, *v* to clear; to vacate; to evacuate
sgombro, zgom-bro, *m* mackerel; clearing
sgomentarsi, zgo-men-**tahr**-se, *v* to be dismayed
sgomento, zgo-**men**-to, *m* dismay
sgonfiare, zgon-fe'**ah**-ray, *v* to deflate
sgorgare, zgor-**gah**-ray, *v* to stream out
sgozzare, zgot-**tsah**-ray, *v* to slit the throat of
sgradevole, zgrah-**day**-vo-lay, *adj* unpleasant
sgranare, zgrah-**nah**-ray, *v* (peas, etc.) to shell
sgranchire, zgrahn-**kee**-ray, *v* to stretch
sgravio, zgrah-ve'o, *m* – **fiscale,** tax relief
sgraziato*, zgrah-tse'**ah**-to, *adj* awkward, clumsy
sgretolare, zgray-to-**lah**-ray, *v* to cause to crumble
sgridare, zgre-**dah**-ray, *v* to scold; to tell off
sgridata, zgre-**dah**-tah, *f* scolding
sguainare, zgoo'ah-e-**nah**-ray, *v* to unsheathe
sgualcire, zgoo'ahl-**chee**-ray, *v* to crumple, to crease
sguardo, zgoo'**ar**-do, *m* look, glance
sguazzare, zgoo'aht-**tsah**-ray, *v* to splash about
sgusciare, zgoo-she'**ah**-ray, *v* to shell; to slip
shampoo, shahm-po, *m* shampoo
si, se, *pron* oneself; himself; herself; itself; themselves; each other; one, you; **lavarsi le mani,** to wash one's hands; *m mus* B
sì, se, *adv* & *m* yes
sia, see-ah, *conj* **sia ... che/sia,** both ... and; **sia che ... sia che ...,** whether ... or ...
sibilare, se-be-**lah**-ray, *v* to hiss; to whistle
sibilo, see-bi-lo, *m* hiss, hissing; whistling
sicario, se-**kah**-re'o, *m* hired assasin, killer
sicché, sick-**kay**, *conj* and so
siccità, sit-che-**tah**, *f* drought
siccome, sick-**ko**-may, *conj* since; as
sicurezza, se-koo-**ret**-tsah, *f* security, safety; certainty
sicuro*, se-**koo**-ro, *adj* safe; secure; confident; sure, certain; reliable;

adv sure, certainly
siderurgia, se-day-roohr-**jee**-ah, *f* iron and steel industry
sidro, see-dro, *m* cider
siepe, se'**ay**-pay, *f* hedge
siero, se'**ay**-ro, *m* serum
sieropositivo, se'ay-ro-po-se-**tee**-vo, *adj* HIV-positive
sigaretta, se-gah-**ret**-tah, *f* cigarette
sigaro, see-gah-ro, *m* cigar
sigillare, se-jil-**lah**-ray, *v* to seal
sigillo, se-**jil**-lo, *m* seal
sigla, see-glah, *f* acronym
significare, se-n'yee-fe-**kah**-ray, *v* to mean
significato, se-n'yee-fe-**kah**-to, *m* meaning
signora, se-n'**yor**-ah, *f* lady; madam; Mrs.
signore, se-n'**yor**-ay, *m* gentleman; sir; Mr.
signorina, se-n'yor-**ee**-nah, *f* Miss; young lady
silenzio, see-**len**-tse'o, *m* silence
sillaba, seel-lah-bah, *f* syllable
siluro, se-**loo**-ro, *m* torpedo
simbolo, seem-bo-lo, *m* symbol
simile, see-me-lav, *adj* similar
simpatico*, seem-**pah**-te-ko, *adj* nice
simulare, se-moo-**lah**-ray, *v* to sham; to simulate
sinagoga, se-nah-**go**-gah, *f* synagogue
sincerarsi, seen-chay-**rar**-se, *v* to assure oneself
sincero*, seen-**chay**-ro, *adj* sincere
sindacato, seen-dah-**kah**-to, *m* trade union; syndicate
sindaco, seen-dah-ko, *m* mayor
sinfonia, seen-fo-**nee**-ah, *f* symphony
singhiozzare, seen-ghe'ot-**tsah**-ray, *v* to sob
singhiozzo, seen-ghe'**ot**-tso, *m* sob; hiccup
singolare, seen-go-**lah**-ray, *adj* singular
singolo, seen-go-lo, *adj* single; each
sinistra, se-**niss**-trah, *f* left; left-hand side
sinistro, se-**niss**-tro, *adj* left; sinister; *m* accident
sintassi, seen-**tahss**-se, *f* syntax
sintetico, seen-**tay**-te-ko, *adj* synthetic
sintomo, seen-to-mo, *m* symptom, sign
sinuoso*, se-noo'**o**-zo, *adj* sinuous; winding
sipario, se-**pah**-re'o, *m* curtain
sirena, se-**rav**-nah, *f* mermaid; siren
siringa, se-**reen**-gah, *f* syringe
sistema, siss-**tay**-mah, *m* system; method
sito, see-to, *m* site
slacciare, zlaht-**chah**-ray, *v* to undo, to unfasten
slanciarsi, zlahn-**char**-se, *v* to throw oneself
slancio, zlahn-cho, *m* dash, leap; surge
sleale, zlay'**ah**-lay, *adj* disloyal; unfair
slegare, zlay-**gah**-ray, *v* to untie
slitta, zlit-tah, *f* sledge; sleigh
slittare, zlit-**tah**-ray, *v* to slide; to skid
slittamento, zlit-tah-**men**-to, *m* sliding; skidding
slogare, zlo-**gah**-ray, *v* to sprain; to dislocate
slogatura, zlo-gah-**too**-rah, *f* dislocation, sprain
sloggiare, zlod-**jah**-ray, *v* to move out
smacchiare, zmahk-ke'**ah**-ray, *v* to remove stains from
smagliante, zmah-l'**yahn**-tay, *adj* brilliant, dazzling
smagliare, zmah-l'**yah**-ray, *v* to break; to ladder
smagliatura, zmah-l'yah-**too**-rah, *f* ladder; stretch

mark
smaltare, zmahl-**tah**-ray, *v* to enamel
smaltire, zmahl-**tee**-ray, *v* to digest; to sell off; to discharge; – **la sbornia,** to get over one's hangover
smalto, zmahl-to, *m* enamel; nail varnish
smania, zmah-ne'ah, *f* restlessness; craving
smanioso*, zmah-ne'**o**-zo, *adj* eager; furious
smantellare, zmahn-tell-**lah**-ray, *v* to dismantle; to demolish
smarrire, zma**r-ree**-ray, *v* to lose, to mislay
smarrirsi, zma**r-reer**-se, *v* to get lost
smarrito, zma**r-ree**-to, *adj* lost; bewildered
smascherare, zmahss-kay-**rah**-ray, *v* to unmask
smemorato, zmay-mo-**rah**-to, *adj* forgetful, absent-minded
smentire, zmen-**tee**-ray, *v* to deny; to refute
smentita, zmen-**tee**-tah, *f* denial
smeraldo, zmay-**rahl**-do, *m* emerald
smerciare, zmai**r-chah**-ray, *v* to sell; to sell off
smercio, zmair-cho, *m* sale
smeriglio, zmay-**ree**-l'yo, *m* emery
smettere, zmet-tay-ray, *v* to stop; to stop wearing
smilzo, zmeel-tso, *adj* lean, thin
sminuire, zme-noo'**ee**-ray, *v* to diminish
sminuzzare, zme-noot-**tsah**-ray, *v* to crumble
smistare, zme-**stah**-ray, *v* to sort out; to shunt
smisurato*, zme-zoo-**rah**-to, *adj* huge
smoderato*, zmo-day-**rah**-to, *adj* immoderate
smoking, zmo-king, *m* dinner jacket
smontare, zmon-**tah**-ray, *v* to take to pieces; to dismount; to finish work
smorfia, zmor-fe'ah, *f* grimace
smorfioso, zmo**r**-fe'**o**-zo, *adj* simpering
smorto, zmor-to, *adj* pale; dull
smottamento, zmot-tah-**men**-to, *m* landslide
smuovere, zmoo'**o**-vay-ray, *v* to move, to shift; to deter
snaturato, znah-too-**rah**-to, *adj* cruel
snello, znell-lo, *adj* slender, slim
snervare, znai**r-vah**-ray, *v* to wear out
snidare, zne-**dah**-ray, *v* to drive out
snobbare, znob-**bah**-ray, *v* to snub
snodare, zno-**dah**-ray, *v* to loosen
sobbalzare, sob-bahl-**tsah**-ray, *v* to jolt; to jump
sobborgo, sob-**bor**-go, *m* suburb
sobillare, so-bill-**lah**-ray, *v* to instigate
socchiudere, sock-ke'**oo**-day-ray, *v* to half close; to leave ajar
soccorrere, sock-**kor**-ray-ray, *v* to help
soccorso, sock-**kor**-so, *m* help; aid
società, so-chay-**tah**, *f* society; company; club
socievole, so-**chay**-vo-lay, *adj* sociable
socio, -a, so-cho, **so**-chah, *m/f* partner; member
soddisfacente, sod-diss-fah-**chen**-tay, *adj* satisfactory
soddisfare, sod-diss-**fah**-ray, *v* to satisfy; to fulfil; to meet
soddisfatto, sod-diss-**faht**-to, *adj* satisfied
sodo, so-do, *adj* firm, hard; *adv* hard
sofà, so-**fah**, *f* sofa
sofferente, sof-fay-**ren**-tay, *adj* suffering

sofferenza, sof-fay-**ren**-tsah, *f* suffering
soffiare, sof-fe'**ah**-ray, *v* to blow
soffice, sof-fe-chay, *adj* soft
soffio, sof-fe'o, *m* breath
soffitta, sof-**fit**-tah, *f* attic
soffitto, sof-**fit**-to, *m* ceiling
soffocare, sof-fo-**kah**-ray, *v* to suffocate
soffriggere, sof-**freed**-jay-ray, *v* to fry slowly
soffrire, sof-**free**-ray, *v* to suffer
soggetto, sod-**jet**-to, *adj* liable; *m* subject
soggezione, sod-jay-tse'**o**-nay, *f* subjection; awe
sogghignare, sog-ghe-n'**yah**-ray, *v* to grin
sogghigno, sog-**ghe**-n'yo, *m* grin
soggiogare, sod-jo-**gah**-ray, *v* to subjugate
soggiornare, sod-jor-**nah**-ray, *v* to stay
soglia, so-l'yah, *f* threshold; doorstep
sogliola, so-l'yo lah, *f* (fish) sole
sognare, so-n'**yah**-ray, *v* to dream
sogno, so-n'yo, *m* dream
soia, so-e'ah, *f* soya
sol, sol, *m mus* G
solco, soll-ko, *m* furrow; track; groove; wrinkle
soldato, soll-**dah**-to, *m* soldier
soldo, soll-do, *m* : **non avere un –,** to be pennyless; **soldi,** money
sole, so-lay, *m* sun; sunshine
solenne*, so-**len**-nay, *adj* solemn
solere, so-**lay**-ray, *v* to be used to
solerte, so-**lair**-tay, *adj* industrious
soletta, so-**let**-tah, *f* insole
solido, so-le-do, *adj* solid; *m* (matter) solid
solito*, so-le-to, *adj* usual
solitudine, so-le-**too**-de-nay, *f* solitude
sollecito*, soll-**lay**-che-to, *adj* prompt, quick
solletico, soll-**lay**-te-ko, *m* tickling; **fare il – a,** to tickle
sollevare, soll-lay-**vah**-ray, *v* to raise, to lift; to comfort
sollevarsi, soll-lay-**var**-se, *v* to get up; to rise up
sollievo, soll-le'**ay**-vo, *m* relief
solo*, so-lo, *adj* alone; lonely; only; *adv* only
soltanto, sol-**tahn**-to, *adv* only
solubile, so-**loo**-be-lay, *adj* soluble; instant
soluzione, so-loo-tse'**o**-nay, *f* solution; answer
somaro, so-**mah**-ro, *m* donkey
somiglianza, so-me-l'**yahn**-tsah, *f* resemblance
somigliare, so-me-l'**yah**-ray, *v* – **a,** to be like; to look like
somma, som-mah, *f* sum; amount
sommare, som-**mah**-ray, *v* to add up; to add
sommario, som-**mah**-re'o, *m* summary
sommergere, som-**mair**-jay-ray, *v* to submerge
sommergibile, som-mair-**jee**-be-lay, *m* submarine
sommesso*, som-**mess**-so, *adj* subdued
somministrare, som-me-niss-**trah**-ray, *v* to administer
sommità, som-me-**tah**, *f* summit; top
sommo, som-mo, *adj* highest
sommossa, som-**moss**-sah, *f* riot
sonaglio, so-**nah**-l'yo, *m* bell; rattle
sonda, son-dah, *f* probe; drill
sondaggio, son-**dahj**-jo, *m* survey
sonnecchiare, son-neck-

ke'**ah**-ray, *v* to doze
sonnellino, son-nell-**lee**-no, *m* nap
sonnifero, son-**nee**-fay-ro, *m* sleeping drug, sleeping pill
sonno, son-no, *m* sleep; **avere –,** to be sleepy
sonoro*, so-**no**-ro, *adj* sonorous; sound
sontuoso*, son-too'**o**-zo, *adj* sumptuous
sopore, so-**po**-ray, *m* torpor
soppiantare, sop-pe'ahn-**tah**-ray, *v* to supplant
soppiatto, sop-pe'**aht**-to, *adv* **di –,** secretly
sopportare, sop-por-**tah**-ray, *v* to support, to bear; to stand
sopprimere, sop-**pree**-may-ray, *v* to suppress
sopra, so-prah, *prep* on; above; over; *adv* above; **di –,** upstairs
soprabito, so-**prah**-be-to, *m* overcoat
sopracciglio, so-praht-**chee**-l'yo, *m* eyebrow
sopraffare, so-prahf-**fah**-ray, *v* to overcome
sopraggiungere, so-prahd-**joonn**-jay-ray, *v* to arrive unexpectedly; to occur unexpectedly
sopralluogo, so-prah-loo'**o**-go, *m* inspection; on-the-spot investigation
soprannaturale, so-prahn-nah-too-**rah**-lay, *adj* supernatural
soprannome, so-prahn-**no**-may, *m* nickname
soprassedere, so-prahss-say-**day**-ray, *v* **– a,** to put off
soprattutto, so-praht-**toot**-to, *adv* above all, especially
sopravvento, so-prahv-**ven**-to, *m* **avere il – su,** to have the upper hand over
sopravvivere, so-prahv-**vee**-vay-ray, *v* to survive
soprintendere, so-prin-**ten**-day-ray, *v* to supervise
sorbetto, sor-**bet**-to, *m* sorbet
sorbire, sor-**bee**-ray, *v* to sip; *fig* to put up with
sordità, sor-de-**tah**, *f* deafness
sordo, sor-do, *adj* deaf; muffled
sorella, so-**rell**-lah, *f* sister
sorellastra, so-rell-**lahss**-trah, *f* step-sister
sorgente, sor-**jen**-tay, *f* spring; source
sorgere, sor-jay-ray, *v* to rise; to arise
sormontare, sor-mon-**tah**-ray, *v* to surmount
sorpassare, sor-pahss-**sah**-ray, *v* to overtake; to surpass; to go past
sorprendente, sor-pren-**den**-tay, *adj* surprising
sorprendere, sor-**pren**-day-ray, *v* to surprise
sorpresa, sor-**pray**-zah, *f* surprise
sorreggere, sor-**red**-jay-ray, *v* to support
sorridere, sor-**ree**-day-ray, *v* to smile
sorriso, sor-**ree**-zo, *m* smile
sorseggiare, sor-sed-**jah**-ray, *v* to sip
sorso, sor-so, *m* sip; gulp
sorta, sor-tah, *f* sort
sorte, sor-tay, *f* destiny; chance
sorteggiare, sor-ted-**jah**-ray, *v* to draw for
sorvegliare, sor-vay-l'**yah**-ray, *v* to watch; to oversee
sorvolare, sor-vo-**lah**-ray, *v* to fly over
sosia, so-ze'ah, *m* (person) double
sospendere, soss-**pen**-day-ray, *v* to suspend, to interrupt; to hang
sospettare, soss-pet-**tah**-ray, *v* to suspect
sospetto, -a, soss-**pet**-to, *adj* suspicious; *m*

suspicion; *m/f* suspect
sospingere, soss-**pin**-jay-ray, *v* to push
sospirare, soss-pe-**rah**-ray, *v* to sigh
sospiro, soss-**pee**-ro, *m* sigh
sosta, soss-tah, *f* stop; pause, break
sostantivo, soss-tahn-**tee**-vo, *m* noun
sostanza, soss-**tahn**-tsah, *f* substance
sostare, soss-**tah**-ray, *v* to stop
sostegno, soss-**tay**-*n*'yo, *m* support
sostenere, soss-tay-**nay**-ray, *v* to support; to maintain
sostituire, soss-te-too'**ee**-ray, *v* to substitute; to replace; to take over from
sottana, sot-**tah**-nah, *f* skirt
sotterraneo, sot-tair-**rah**-nay-o, *adj* underground; *m* cellar
sotterrare, sot-tair-**rah**-ray, *v* to bury
sottigliezza, sot-te-l'**yay**-tsah, *f* subtlety
sottile, sot-**tee**-lay, *adj* thin; subtle
sottintendere, sot-tin-**ten**-day-ray, *v* to imply
sotto, sot-to, *prep* under; below; *adv* underneath; below; **di –,** downstairs
sottolineare, sot-to-le-nay-**ah**-ray, *v* to underline
sottomano, sot-to-**mah**-no, *adv* at hand
sottomarino, sot-to-mah-**ree**-no, *m* submarine
sottomettere, sot-to-**met**-tay-ray, *v* to subdue
sottomettersi, sot-to-**met**-tair-se, *v* to submit
sottopassaggio, sot-to-pahs-**sahj**-jo, *m* subway; underpass
sottoporre, sot-to-**por**-ray, *v* to subject; to submit
sottoporsi, sot-to-**por**-se, *v* **– a,** to undergo
sottosopra, sot-to-**so**-prah, *adv* topsy-turvy
sottostare, sot-to-**stah**-ray, *v* **– a,** to submit to; to give in to; to undergo
sottosuolo, sot-to-soo'**o**-lo, *m* subsoil
sottrarre, sot-**trar**-ray, *v* to subtract; to deduce; to take away ; to steal
sottrarsi, sot-**trar**-se, *v* **– a,** to escape; to avoid
sovente, so-**ven**-tay, *adv* frequently
sovrano, -a, so-**vrah**-no, *m/f* sovereign
sovrapporre, so-vrahp-**por**-ray, *v* to place on top of; to superimpose
sovrumano, so-vroo-**mah**-no, *adj* superhuman
sovvenzione, sov-ven-tse'**o**-nay, *f* subsidy
sovvertire, sov-vair-**tee**-ray, *v* to subvert
spaccare, spahk-**kah**-ray, *v* to break, to split; to chop
spaccatura, spahk-kah-**too**-rah, *f* split
spacciare, spaht-**chah**-ray, *v* to push
spacciarsi, spaht-**chah**-rse, *v* **– per,** to pass oneself off as
spacciatore, -trice, spaht-chah-**to**-ray, spaht-chah-**tree**-chay, *m/f* pusher; dealer
spaccio, spaht-cho, *m* trafficking; shop
spacco, spahk-ko, *m* slit
spaccone, -a, spahk-**ko**-nay, *m/f* braggart
spada, spah-dah, *f* sword; **spade** (cards) spades
Spagna, spah-ny'ah, *f* Spain
spagnolo, spah-*n*'yo-lo, *adj* Spanish
spago, spah-go, *m* twine, string
spalancare, spah-lahn-**kah**-ray, *v* to open wide
spalla, spahl-lah, *f* shoulder; back

spalliera, spahl-l'**yay**-rah, *f* (bed) head; wall bars
spallina, spahl-**lee**-nah, *f* strap; shoulder pad; *mil* epaulet
spalmare, spahl-**mah**-ray, *v* to spread
spandere, spahn-day-ray, *v* to spread; to pour; to scatter
sparare, spah-**rah**-ray, *v* to fire; to shoot
sparecchiare, spah-reck-ke'**ah**-ray, *v* to clear (the table)
spargere, spahr-jay-ray, *v* to spread; to scatter
sparire, spah-**ree**-ray, *v* to disappear
sparlare, spah**r**-**lah**-ray, *v* : **– di,** to run down
sparpagliare, spah**r**-pah-l'**yah**-ray, *v* to scatter
sparso, spahr-so, *adj* scattered
spartire, spah**r**-**tee**-ray, *v* to share out
sparuto, spah-**roo**-to, *adj* haggard; small, thin
sparviero, spah**r**-ve'**ay**-ro, *m* sparrowhawk
spasimare, spah-ze-**mah**-ray, *v* to be in agony; **– per,** to be madly in love with
spasmo, spah-zmo, *m* spasm
spassarsela, spahss-**sar**-say-lah, *v* to have fun
spassionato*, spahss-se'**o**-nah-to, *adj* dispassionate, unbiassed
spasso, spahss-so, *m* amusement; **andare a –,** to go for a walk
spauracchio, spah'oo-**rahk**-ke'o, *m* scare-crow
spaurire, spah'oo-**ree**-ray, *v* to scare
spavaldo, spah-**vahl**-do, *adj* bold
spaventare, spah-ven-**tah**-ray, *v* to frighten
spavento, spah-**ven**-to, *m* fear; fright
spaventoso, spah-ven-**to**-so, *adj* frightening; terrible
spazio, spah-tse'o, *m* space; room
spazioso, spah-tse'**o**-zo, *adj* spacious
spazzacamino, spaht-tsah-kah-**mee**-no, *m* chimney-sweep
spazzaneve, spaht-tsah-**nay**-vay, *m* snowplough
spazzare, spaht-**tsah**-ray, *v* to sweep
spazzatura, spaht-tsah-**too**-rah, *f* rubbish
spazzino, spaht-**tsee**-no, *m* sweeper; dustman
spazzola, spaht-tso-lah, *f* brush
spazzolare, spaht-tso-**lah**-ray, *v* to brush
spazzolino, spaht-tso-**lee**-no, *m* toothbrush
specchiarsi, spayk-ke'**ahr**-se, *v* to look at oneself in the mirror
specchio, spayk-ke'o, *m* mirror
specialità, spay-chah-le-**tah**, *f* speciality
specie, spay-chay, *f* species; kind
specificare, spay-che-fe-**kah**-ray, *v* to specify
spedire, spay-**dee**-ray, *v* to send
spedizione, spay-de-tse'**o**-nay, *f* sending; expedition
spedizioniere, spay-de-tse'o-ne'**ay**-ray, *m* forwarding agent, shipping agent
spegnere, spay-n'yay-ray, *v* to turn off; to put out; to extinguish
spegnersi, spay-n'yai**r**-se, *v* to go out; to go off
spendere, spen-day-ray, *v* to spend
spennare, spen-**nah**-ray, *v* to pluck; to fleece
spensierato*, spen-se'ay-**rah**-to, *adj* carefree
spento, spen-to, *adj* out; dull; lifeless
speranza, spay-**rahn**-tsah, *f* hope

sperare, spay-**rah**-ray, *v* to hope
spergiuro, spai**r**-**joo**-ro, *m* perjury; perjurer
sperimentare, spay-re-men-**tah**-ray, *v* to experiment with; to test out
sperone, spay-**ro**-nay, *m* spur
sperperare, spai**r**-pay-**rah**-ray, *v* to squander
sperpero, spair-pay-ro, *m* squandering, waste
spesa, spay-zah, *f* expense; shopping; purchase; cost; **fare la –,** to do the shopping
spesso, spess-so, *adj* thick; *adv* often
spessore, spess-**sor**-ay, *m* thickness
spettacolo, spet-**tah**-ko-lo, *m* show, performance
spettare, spet-**tah**-ray, *v* : **– a,** to be up to; to be due to
spettatore, -trice, spet-tah-**tor**-ay, spet-tah-**tree**-chay, *m/f* member of the audience; viewer, spectator; onlooker
spettinato, spet-tee-**nah**-to, *adj* dishevelled
spettrale, spet-**trah**-lay, *adj* spectral
spettro, spet-tro, *m* ghost
spezie, spay-tse-ay, *fpl* spices
spezzare, spet-**tsah**-ray, *v* to break (up)
spia, spee-ah, *f* spy; informer; warning light; sign; **fare la –,** to give sb away; to be a telltale
spiacente, spe'ah-**chen**-tay, *adj* sorry
spiacevole, spe'ah-**chay**-vo-lay, *adj* unpleasant
spiaggia, spe'**ahd**-jah, *f* beach
spianare, spe'ah-**nah**-ray, *v* to level
spiare, spe'**ah**-ray, *v* to spy on, to watch
spiccare, speek-**kah**-ray, *v* to stand out; **– un balzo,** to jump
spicchio, speek ke'o, *m* (of fruit) slice; segment; **– d'aglio,** clove of garlic
spicciarsi, speet-**char**-se, *v* to hurry up
spiccioli, speet-cho-le, *mpl* small change
spiegare, spe'ay-**gah**-ray, *v* to explain; to unfold; to unfurl
spiegarsi, spe'ay-**gar**-se, *v* to make oneself clear; to become clear
spiegazione, spe'ay-gah-tse'**o**-nay, *f* explanation
spiegazzare, spe'ay-gaht-**tsah**-ray, *v* to crumple, to crease
spietato*, spe'ay-**tah**-to, *adj* cruel; pitiless; fierce
spiga, spee-gah, *f* (corn) ear
spillare, spil-**lah**-ray, *v* (cask) to tap; to clip together
spillo, spil-lo, *m* pin; brooch
spilorcio, spe-**lor**-cho, *adj* stingy; *m* miser
spina, spee-nah, *f* thorn; (fish) bone; spine, prickle; **– dorsale,** backbone; **alla –,** draught
spinaci, spe-**nah**-che, *mpl* spinach
spinello, spe-**nel**-lo, *m* joint
spingere, speen-jay-ray, *v* to push; to drive; to press, to urge
spinoso, spee-**no**-so, *m* thorny
spinta, speen-tah, *f* push; thrust; *fig* incentive
spione, spe-**o**-nay, *m* sneak, telltale
spira, spee-rah, *f* coil; curl
spiraglio, spe-**rah**-l'yo, *m* chink; glimmer
spirale, spe-**rah**-lay, *f* spiral; coil
spirare, spe-**rah**-ray, *v* (to die) to expire
spirito, spee-re-to, *m* spirit; mind; wit

spiritoso*, spe-re-**to**-zo, *adj* witty, funny
splendere, splen-day-ray, *v* to shine
spoglia, spo-l'yah, *f* slough; **spoglie,** remains
spogliare, spo-l'**yah**-ray, *v* to undress; to strip; to count; to deprive
spogliatoio, spo-l'yah-**to**-e'o, *m* changing room
spola, spo-lah, *f* spool; **fare la –,** to go to and fro
spoletta, spo-**let**-tah, *f* fuse; spool
spolpare, spoll-**pah**-ray, *v* to strip the flesh off bone
spolverare, spoll-vay-**rah**-ray, *v* to dust
spolverizzare, spoll-vay-rid-**dzah**-ray, *v* to sprinkle
sponda, spon-dah, *f* shore, bank; edge
spontaneo, spon-**tah**-nay-o, *adj* spontaneous, natural
spopolare, spo-po-**lah**-ray, *v* to depopulate
sporcaccione, spor-kaht-**cho**-nay, *m* dirty old man
sporcare, spor-**kah**-ray, *v* dirty, to make dirty; to stain; to soil
sporcizia, spor-**chee**-tse'ah, *f* filth, dirt
sporco, spor-ko, *adj* dirty, filthy
sporgere, spor-jay-ray, *v* to put out; to stick out; to jut out
sporgersi, spor-jair-se, *v* : **– da,** to lean out of
sport, sport, *m* sport
sportello, spor-**tell**-lo, *m* (car, train) door; window, counter; **– automatico,** cash dispenser
sposa, spo-zah, *f* bride; wife
sposalizio, spo-zah-**lee**-tse'o, *m* wedding
sposare, spo-**zah**-ray, *v* to marry
sposarsi, spo-**zar**-se, *v* to get married, to marry
sposo, spo-zo, *m* husband; bridegroom
spossatezza, sposs-sah-**tet**-tsah, *f* weariness
spostare, sposs-**tah**-ray, *v* to move, to shift; to change
spranga, spranh-gah, *f* (rod) bar
sprazzo, spraht-tso, *m* flash; burst
sprecare, spray-**kah**-ray, *v* to waste
spreco, spray-ko, *m* waste
sprecone, -a, spray-**ko**-nay, *m/f* waster
spregio, spray-jo, *m* scorn, disdain
spremere, spray-may-ray, *v* to squeeze
spremuta, spray-**moo**-tah, *f* fresh fruit juice
sprezzante, spret-**tsahn**-tay, *adj* contemptuous
sprigionare, spre-jo-**nah**-ray, *v* to give off; to unleash
sprigionarsi, spre-jo-**nar**-se, *v* to emanate
sprizzare, spreet-**tsah**-ray, *v* to spurt
sprofondare, spro-fon-**dah**-ray, *v* to sink; to collapse; to subside
spronare, spro-**nah**-ray, *v* to spur
sprone, spro-nay, *m* spur
sproporzionato*, spro-por-tse'o-**nah**-to, *adj* out of all proportion
sproposito, spro-**po**-ze-to, *m* blunder
sprovvisto, sprov-**viss**-to, *adj* **– di,** without, lacking in
spruzzare, sproot-**tsah**-ray, *v* to spray, to sprinkle
spruzzo, sproot-tso, *m* spray; splash
spudoratezza, spoo-do-rah-**tet**-tsah, *f* impudence
spugna, spoo-n'yah, *f* sponge

spuma, spoo-mah, *f* foam, froth; fizzy drink; mousse
spumante, spoo-**mahn**-tay, *m* sparkling wine
spuntare, spoonn-**tah**-ray, *v* break the point of; to trim; to dawn; to begin to grow; to sprout; to appear suddenly; **spuntarla,** to make it
spuntato, spoonn-**tah**-to, *adj* blunt
spuntino, spoonn-**tee**-no, *m* snack
spurgare, spoohr-**gah**-ray, *v* to clean; to bleed
sputare, spoo-**tah**-ray, *v* to spit; to spit out
sputo, spoo-to, *m* spittle, spit
squadra, skwah-drah, *f* team; squad; square
squadrare, skwah-**drah**-ray, *v* to square; to look at closely
squagliarsi, skwah-l'**yar**-se, *v* to melt; to sneak off
squalificare, skwah-le-fe-**kah**-ray, *v* to disqualify
squalo, skwah-lo, *m* shark
squama, skwah-mah, *f* scale
squarcio, skwar-cho, *m* rip; hole; gash
squartare, skwar-**tah**-ray, *v* to quarter; to dismember
squilibrato, skwe-le-**brah**-to, *m* deranged person
squilibrio, skwe-**lee**-bre-o, *m* imbalance; derangement
squillare, skweel-**lah**-ray, *v* to ring; to blare
squillo, skweel-lo, *m* ring, ringing; blare
squisito*, skwe-**zee**-to, *adj* exquisite; delicious
sradicare, zrah-de-**kah**-ray, *v* to eradicate; to uproot
sregolato*, zray-go-**lah**-to, *adj* disorderly; immoderate; dissolute
stabile, stah-be-lay, *adj* stable, steady; settled; *m* building
stabilimento, stah-be-le-**men**-to, *m* factory, plant
stabilire, stah-be-**lee**-ray, *v* to establish; to fix; to decide
stabilirsi, stah-be-**leer**-se, *v* to settle
staccare, stahk-**kah**-ray, *v* to detach; to separate; to tear off; to leave behind
stadio, stah-de'o, *m* stadium; stage, phase
staffa, stahf-fah, *f* stirrup
staffetta, stahf-**fet**-tah, *f* relay race
stagionare, stah-jo-**nah**-ray, *v* to season; to mature
stagione, stah-**jo**-nay, *f* season
stagnare, stah-*n*'**yah**-ray, *v* to stagnate; to tin-plate; to stop
stagno, stah-*n*'yo, *m* pond; tin
stagnola, stah-**n'yo**-lah, *f* tinfoil
stalla, stahl-lah, *f* stable; cowshed
stallo, stahl-lo, *m* stall; stalemate
stamani, stah-**mah**-ne, *adv* this morning
stamattina, stah-maht-**tee**-nah, *adv* this morning
stampa, stahm-pah, *f* print; press; printed matter
stampante, stahm-**pahn**-tay, *f* printer
stampare, stahm-**pah**-ray, *v* to print; to publish; to strike
stampatello, stahm-pah-**tel**-lo, *m* block capitals
stampella, stahm-**pell**-lah, *f* crutch
stampo, stahm-po, *m* mould
stancare, stahn-**kah**-ray, *v* to tire; to bore; to annoy
stancarsi, stahn-**kar**-se, *v* to get tired; **– di,** to grow tired of

stanchezza, stahn-**ket**-tsah, *f* tiredness, fatigue
stanco, stahn-ko, *adj* tired
stanga, stahn-gah, *f* bar; shaft
stanghetta, stahn-**ghet**-tah, *f* (glasses) leg
stanotte, stah-**not**-tay, *adv* tonight
stante, stahn-tay, *adj* : **a sé –,** independent, separate; **seduta –,** on the spot
stantio, stahn-**tee**-o, *adj* stale; rancid
stantuffo, stahn-**toof**-fo, *m* piston
stanza, stahn-tsah, *f* room
stanziare, stahn-tse'**ah**-ray, *v* to allocate
stappare, stahp-**pah**-ray, *v* to uncork; to uncap
stare, stah-ray, *v* to be; to stand; to stay, to live; to suit; to fit
starnutire, star-noo-**tee**-ray, *v* to sneeze
starnuto, star-**noo**-to, *m* sneeze
stasera, stah-**say**-rah, *adv* this evening, tonight
statista, stah-**tiss**-tah, *m* statesman
statistica, stah-**tiss**-te-kah, *f* statistics; statistic
stato, stah-to, *m* state; condition; status; **gli Stati Uniti,** *mpl* the United States
statua, stah-too'ah, *f* statue
statura, stah-**too**-rah, *f* height; stature
statuto, stah-**too**-to, *m* statute
stazionario, stah-tse'o-**nah**-re'o, *adj* stable, unchanged
stazione, stah-tse'**o**-nay, *f* station; resort
stazza, staht-tsah, *f* tonnage
stecca, stek-kah, *f* stick; rib; carton; splint; cue; **fare una –,** to sing the wrong note
stecchino, stek-**kee**-no, *m* tooth-pick
steccato, stek-**kah**-to, *m* fence
stella, stell-lah, *f* star; **– alpina,** edelweiss; **– di mare,** starfish
stelo, stay-lo, *m* stem
stemma, stem-mah, *m* coat of arms
stendere, sten-day-ray, *v* to stretch; to spread; to hang out; to lay down; to draw up
stenodattilografo, -a, stay-no-daht-te-**lo**-grah-fo, *m/f* shorthand-typist
stenografia, stay-no-grah-**fe**'ah, *f* shorthand
stentare, sten-**tah**-ray, *v* : **– a,** to find it hard to
stento, sten-to, *m* **a –,** with difficulty; **stenti,** hardship
sterco, stair-ko, *m* dung
stereo, stay-ray'o, *m* stereo
stereotipo, stay-ray'**o**-te-po, *m* stereotype
sterile, stay-ree-lay, sterile; barren; futile
sterilizzare, stay-re-lid-**dzah**-ray, *v* to sterilize
sterlina, stair-**lee**-nah, *f* pound (sterling)
sterminare, stair-me-**nah**-ray, *v* to exterminate
sterminio, stair-**mee**-ne'o, *m* extermination
sterno, stair-no, *m* breastbone
sterzo, stair-tso, *m* steering wheel
stesso, stess-so, *adj* & *pron* same; **lei stessa,** she herself; **fa lo –,** it doesn't matter
stesura, stay-**soo**-rah, *f* drafting; draft
stile, stee-lay, *m* style
stilista, stee-**leess**-stah, *m/f* designer
stilla, still-lah, *f* drop
stillare, still-**lah**-ray, *v* to drip; to ooze
stima, stee-mah, *f* esteem; estimate, assessment,

valuation
stimare, ste-**mah**-ray, *v* to respect; to value
stimolo, stee-mo-lo, *m* stimulus
stinco, stin-ko, *m* shin
stingere, stin-jay-ray, *v* to fade
stipare, ste-**pah**-ray, *v* to cram
stipendio, ste-**pen**-de'o, *m* salary
stipulare, ste-poo-**lah**-ray, *v* to draw up
stirare, ste-**rah**-ray, *v* to iron; to stretch
stirpe, steer-pay, *f* descent; descendants
stitichezza, ste-te-**ket**-tsah, *f* constipation
stiva, stee-vah, *f* (ship) hold
stivale, ste-**vah**-lay, *m* boot
stivaletti, ste-vah-**let**-te, *mpl* ankle boots
stivare, ste-**vah**-ray, *v* to stow
stizza, steet-tsah, *f* anger
stizzirsi, steet-**tsir**-se, *v* to become vexed
stoccata, stock-**kah**-tah, *f* stab; thrust; shot
stoffa, stoff-fah, *f* cloth, material
stomachevole, sto-mah-**kay**-vo-lay, *adj* disgusting
stomaco, sto-mah-ko, *m* stomach
stonare, sto-**nah**-ray, *v* to be out of tune
stonatura, sto-nah-**too**-rah, *f* false note
stop, stop, *m* brake-light; stop sign; stop
stoppa, stop-pah, *f* tow
stoppia, stop-pe'ah, *f* stubble
stoppino, stop-**pee**-no, *m* wick
storcere, stor-chay-ray, *v* to twist
stordire, stor-**dee**-ray, *v* to stun
storia, sto-re'ah, *f* history; tale; story; business
storione, sto-re'**o**-nay, *m* sturgeon
stormire, stor-**mee**-ray, *v* to rustle
stormo, stor-mo, *m* flock
stornare, stor-**nah**-ray, *v* to transfer
storpiare, stor-pe'**ah**-ray, *v* to cripple; to mangle
storpio, stor-pe'o, *m* cripple
storta, stor-tah, *f* sprain, twist
storto, stor-to, *adj* bent, twisted; crooked
stoviglie, sto-**vee**-l'yay, *fpl* dishes, crockery
strabico, strah-be-ko, *adj* squint; **essere –,** to have a squint
strabiliante, strah-be-l'**yahn**-tay, *adj* amazing
strabismo, strah-**biss** mo, *m* squinting
stracciare, straht-**chah**-ray, *v* to tear; to beat
straccio, straht-cho, *m* rag; cloth; *adj* : **carta straccia,** wastepaper
straccione, -a, straht-**cho**-nay; *m/f* ragamuffin
stracotto, strah-**kot**-to, *adj* overcooked
strada, strah-dah, *f* road, street; way
strage, strah-jay, *f* massacre
stralunato, strah-loo-**nah**-to, *adj* staring; dazed
stramazzare, strah-maht-**tsah**-ray, *v* to fall heavily
stramberia, strahm-bay-**ree**-ah, *f* eccentricity
stranezza, strah-**net**-tsah, *f* strangeness; odd thing
strangolare, strahn-go-**lah**-ray, *v* to strangle
straniero, -a, strah-ne'**ay**-ro, *adj* foreign; *m/f* foreigner
strano*, strah-no, *adj* strange, odd
straordinario, strah-**or**-de-**nah**-re'o, *adj* extraordinary; special; *m* overtime
strapazzare, strah-paht-

tsah-ray, *v* to ill-treat; to tire out

strapazzo, strah-**paht**-tso, *m* fatigue, strain; **da –,** third rate

strappare, strahp-**pah**-ray, *v* to tear, to rip; to tear off; to pull up; to snatch

strappo, strahp-po, *m* tear; **– muscolare,** torn muscle

straripare, strah-re-**pah**-ray, *v* to overflow

strascicare, strah-she-**kah**-ray, *v* to drag; to drawl

strascico, strah-she-ko, *m* (gown) train; *fig* after-effects

strato, strah-to, *m* stratum; layer; coat, coating

stratosfera, strah-tos-**sfay**-rah, *f* stratosphere

stravagante, strah-vah-**gahn**-tay, *adj* eccentric

stravolgere, strah-**voll**-jay-ray, *v* to upset; to contort; to shake; to distort

straziare, strah-tse'**ah**-ray, *v* to torture, to torment

strazio, strah-tse'o, *m* torture; disaster

strega, stray-gah, *f* witch

stregare, stray-**gah**-ray, *v* to bewitch

stregone, stray-**go**-nay, *m* wizard; witch doctor

stremare, stray-**mah**-ray, *v* to exhaust

stremo, stray-mo, *m* very end, limit

strenna, stren-nah, *f* Christmas present

strepitare, stray-pe-**tah**-ray, *v* to yell and shout

strepito, stray-pe-to, *m* din

stress, stress, *m* stress

stressante, stress-**sahn**-tay, *adj* stressful

stressato, stress-**sah**-to, *adj* under stress

stretta, stret-tah, *f* grip; squeeze; **una – di mano,** a handshake

strettezza, stret-**tet**-tsah, *f* narrowness

stretto, stret-to, *adj** narrow; tight; close; exact; *m* strait

strettoia, stret-**to**-e'ah, *f* bottleneck

stria, stree-ah, *f* streak

stridere, stree-day-ray, *v* to shriek; to clash

stridore, stree-do-ray, *m* shrieking

strigare, stre-**gah**-ray, *v* to unravel

strigliare, stre-l'**yah**-ray, *v* to curry

strillare, streel-**lah**-ray, *v* to scream

strillo, streel-lo, *m* cry, scream

strimpellare, streem-pell-**lah**-ray, *v* to strum away on; to plonk away on

stringa, streen-gah, *f* (shoes, etc.) lace

stringere, streen-jay-ray, *v* to tighten; to squeeze; to clench; to grip; to conclude; to be tight

stringersi, streen-jair-se, *v* to squeeze up

striscia, stree-she'ah, *f* strip; stripe; **strisce pedonali,** zebra crossing

strisciare, stre-she'**ah**-ray, *v* to creep, to crawl; to drag

stritolare, stre-to **lah**-ray, *v* to crush, to grind

strizzare, street-**tsah**-ray, *v* to wring; **– l'occhio,** to wink

strofa, stro-fah, *f* strophe

strofinaccio, stro-fe-**naht**-cho, *m* duster, cloth

strofinare, stro-fe-**nah**-ray, *v* to rub

stropicciare, stro-pit-**chah**-ray, *v* to rub; to crease

strozzare, strot-**tsah**-ray, *v* to choke; to strangle

strozzino, strot-**tsee**-no, *m* shark, moneylender

struggere, strood-jay-ray, *v* to melt

struggersi, strood-jair-se, *v* to melt; to be

consumed
strumento, stroo-**men**-to, *m* instrument; tool
strutto, stroot-to, *m* lard
struttura, stroot-**too**-rah, *f* structure
struzzo, stroot-tso, *m* ostrich
studente, -essa, stoo-**den**-tay, stoo-den-**tess**-sah, *m/f* student
studiare, stoo-de'**ah**-ray, *v* to study
studio, stoo-de'o, *m* studying; study; office; studio
stufa, stoo-fah, *f* stove; **– elettrica,** electric heater
stufare, stoo-**fah**-ray, *v* to stew; to bore
stufato, stoo-**fah**-to, *m* stew
stufo, stoo-fo, *adj* fed up
stuoia, stoo'**o**-e'ah, *f* mat
stuolo, stoo'**o**-lo, *m* crowd
stupefacente, stoo-pay-fah-**chen**-tay, *adj* amazing; *m* drug, narcotic
stupido, -a, stoo-pe-do, *adj* stupid; *m/f* fool
stupire, stoo-**pee**-ray, *v* to amaze
stuprare, stoo-**prah**-ray, *v* to rape
sturare, stoo-**rah**-ray, *v* to uncork; to unblock
stuzzicadenti, stoot-tse-kah-**den**-te, *m* toothpick
stuzzicare, stoot-tse-**kah**-ray, *v* to poke (at); to whet; to tease
su, soo, *prep* on; about; around; by; *adv* up; upstairs; *interj* come on!
subacqueo, soob-**ack**-kway'o, *adj* underwater; *m* skindiver
subbuglio, soob-**boo**-l'yo, *m* turmoil
subconscio, soob-**kon**-sho, *m* subconscious
subdolo*, soob-do-lo, *adj* underhand
subire, soo-**bee**-ray, *v* to suffer; to undergo
subitaneo*, soo-be-**tah**-nay-o, *adj* sudden
subito, soo-be-to, *adv* straight away, immediately, at once
succedere, soot-**chay**-day-ray, *v* to happen; **– a,** to succeed; to follow
successivo, soot-ches-**see**-vo, *adj* following
successo, soot-**chays**-so, *m* success
successore, soot-ches-**so**-ray, *m* successor
succhiare, sook-ke'**ah**-ray, *v* to suck
succhiotto, sook-ke'**ot**-to, *m* dummy; lovebite
succo, sook-ko, *m* juice; *fig* gist
succursale, sook-koor-**sah**-lay, *f* (office) branch
sud, sood, *m* south; *adj* southern; **in direzione –,** southwards
sudare, soo-**dah**-ray, *v* to sweat; *fig* to work hard
sudario, soo-**dah**-re'o, *m* shroud
suddetto, sood-**det**-to, *adj* above-mentioned
suddito, sood-de-to, *m* subject
suddividere, sood-de-**vee**-day-ray, *v* to subdivide
sud-est, sood-**esst**, *m* south-east
sudicio, soo-de-cho, *adj* dirty, filthy; *m* dirt, filth
sudore, soo-**dor**-ay, *m* sweat
sud-ovest, sood-**o**-vest, *m* south-west
sufficiente, soof-fe-**chen**-tay, *adj* sufficient, enough
suffisso, soof-**fiss**-so, *m* suffix
suffragio, soof-**frah**-jo, *m* vote, suffrage
suggellare, sood-jell-**lah**-ray, *v* to seal
suggerimento, sood-jay-re-**men**-to, *m* suggestion; piece of advice
suggerire, sood-jay-**ree**-

ray, *v* to suggest; to advise; to tell; to prompt
suggeritore, sood-jay-re-**tor**-ay, *m* prompter
suggestionare, sood-jay-ste'o-**nah**-ray, *v* to influence
sughero, soo-gay-ro, *m* cork
sugo, soo-go, *m* sauce; gravy; juice
sugoso, soo-**go**-zo, *adj* succulent, juicy
suicida, soo'e-**chee**-dah, *adj* suicidal; *m/f* (person) suicide
suicidarsi, soo'e-che-**dar**-se, *v* to commit suicide
suicidio, soo'e-**chee**-de-o, *m* suicide
suino, soo'**e**-no, *adj* pork; *m* pig; **i suini,** swine
sulfureo, sool-**foo**-ray-o, *adj* sulphureous
sunto, soonn-to, *m* synopsis
suo, soo-o, *adj* his; her; its; your; *pron* his; hers; its; yours
suocera, soo-**o**-chay-rah, *f* mother-in-law
suocero, soo-**o**-chay-ro, *m* father-in-law
suola, soo-**o**-lah, *f* (foot, shoe, etc.) sole
suolo, soo-**o**-lo, *m* soil; ground
suonare, soo-o-**nah**-ray, *v* to ring; to play; to sound; to strike
suono, soo-**o**-no, *m* sound
suora, soo-**o**-rah, *f* nun
superare, soo-pay-**rah**-ray, *v* to overcome; to surpass; to cross; to pass; to be over
superbia, soo-**pair**-be'ah, *f* pride
superbo, soo-**pair**-bo, *adj* proud; superb
superficiale, soo-pai**r**-fe-**chah**-lay, *adj* superficial; light
superficie, soo-pai**r**-**fee**-chay, *f* surface
superiore, soo-pai**r**-re'**o**-ray, *adj* upper; higher; superior; *m* superior; **le superiori** secondary school
superlativo, soo-pai**r**-lah-**tee**-vo, *adj* superlative; *m* superlative
supermercato, soo-pai**r**-mayr-**kah**-to, *m* supermarket
superstite, soo-**pair**-ste-tay, *adj* surviving; *m/f* survivor
superstizione, soo-pai**r**-stee-tse'**o**-nay, *f* superstition
suppellettile, soop-pell-**let**-te-lay, *m* utensil
suppergiù, soop-pai**r**-**joo**, *adv* more or less
supplente, soop-**plen**-tay, *m/f* supply teacher
supplica, soop-ple-kah, *f* request; plea
supplicare, soop-ple-**kah**-ray, *v* to implore
supplire, soop-**plee**-ray, *v* to stand in for
supplizio, soop-**plee**-tse'o, *m* torture; torment
supporre, soop-**por**-ray, *v* to suppose
supposta, soop-**poss**-stah, *f* suppository
suppurare, soop-poo-**rah**-ray, *v* to suppurate
supremo*, soo-**pray**-mo, *adj* supreme
surgelare, soo**r**-jay-**lah**-ray, *v* to (deep-)freeze
surgelato, soo**r**-jay-**lah**-to, *adj* (deep-)frozen; *m* **surgelati,** frozen food
surriscaldare, soo**r**-riss-kahl-**dah**-ray, *v* to overheat
suscettibile, soo-shet-**tee**-be-lay, *adj* touchy; **– a,** subject to
suscitare, soo-she-**tah**-ray, *v* to raise, to cause
susina, soo-**zee**-nah, *f* plum
susino, soo-**zee**-no, *m* plum-tree
susseguente, sooss-say-

goo'**en**-tay, *adj* subsequent, consecutive
sussidio, sooss-**see**-de'o, *m* subsidy, benefit; aid
sussistere, sooss-**siss**-tay-ray, *v* to exist; to be valid
sussultare, sooss-sool-**tah**-ray, *v* to start
sussulto, sooss-**sool**-to, *m* start
sussurrare, sooss-soohr-**rah**-ray, *v* to whisper
sussurro, sooss-**soohr**-ro, *m* murmur; whisper
svagare, zvah-**gah**-ray, *v* to amuse
svago, zvah-go, *m* pastime; relaxation
svaligiare, zvah-le-**jah**-ray, *v* to rob, to burgle
svalutare, zvah-loo-**tah**-ray, *v* to devalue; to belittle
svalutazione, zvah-loo-tah-tse'**o**-nay, *f* devaluation
svanire, zvah-**nee**-ray, *v* to vanish
svantaggio, zvahn-**tahd**-jo, *m* disadvantage
svaporare, zvah-po-**rah**-ray, *v* to evaporate
svariato, zvah-re'**ah**-to, *adj* varied; various
svarione, zvah-re'**o**-nay, *m* blunder; misprint
svedese, zvay-**day**-zay, *adj* Swedish
sveglia, zvay-l'yah, *f* alarm-clock; reveille
svegliare, zvay-l'**yah**-ray, *v* to wake up; to awaken, to arouse
svegliarsi, zvay-l'**yar**-se, *v* to wake up
sveglio, zvay-l'yo, *adj* awake; smart
svelare, zvay-**lah**-ray, *v* to reveal
svelto, zvell-to, *adj* quick; brisk
svendere, zven-day-ray, *v* to sell off
svendita, zven-de-tah, *f* clearance sale
svenimento, zvay-ne-**men**-to, *m* fainting fit
svenire, zvay-**nee**-ray, *v* to faint
sventare, zven-**tah**-ray, *v* to foil
sventato*, zven-**tah**-to, *adj* scatterbrained; thoughtless, rash
sventolare, zven-to-**lah**-ray, *v* to wave; to flutter
sventrare, zven-**trah**-ray, *v* to disembowel; to rip open
sventura, zven-**too**-rah, *f* misfortune
sventurato*, zven-too-**rah**-to, *adj* unfortunate; unhappy
svenuto, zvay-**noo**-to, *adj* fainted
svergognare, zvair-go-n'**yah**-ray, *v* to shame
svergognato*, zvair-go-n'**yah**-to, *adj* shameless; impudent
svernare, zvair-**nah**-ray, *v* to winter
svestire, zvess-**tee**-ray, *v* to undress
Svezia, zvay-tse'ah, *f* Sweden
svezzare, zvet-**tsah**-ray, *v* to wean
sviare, zve'**ah**-ray, *v* to divert; to lead astray
svignarsela, zve-n'**yar**-say-lah, *v* to sneak off
sviluppare, zve-loop-**pah**-ray, *v* to develop
sviluppo, zve-**loop**-po, *m* development
svincolare, zvin-ko-**lah**-ray, *v* to free; to clear
svista, zviss-tah, *f* oversight, slip
svitare, zve-**tah**-ray, *v* to unscrew
Svizzera, zveet-tsay-rah, *f* Switzerland
svizzero, zveet-tsay-ro, *adj* Swiss
svogliato*, zvo-l'**yah**-to, *adj* lazy; listless
svolazzare, zvo-laht-**tsah**-ray, *v* to flutter
svolgere, zvoll-jay-ray,

v to unwind; to unroll; to carry out; to write

svolgersi, zvoll-jair-se, *v* to unwind; to unroll; to take place

svolta, zvoll-tah, *f* turn; turning point

svoltare, zvoll-**tah**-ray, *v* to turn

svuotare, zvoo'o-**tah**-ray, *v* to empty

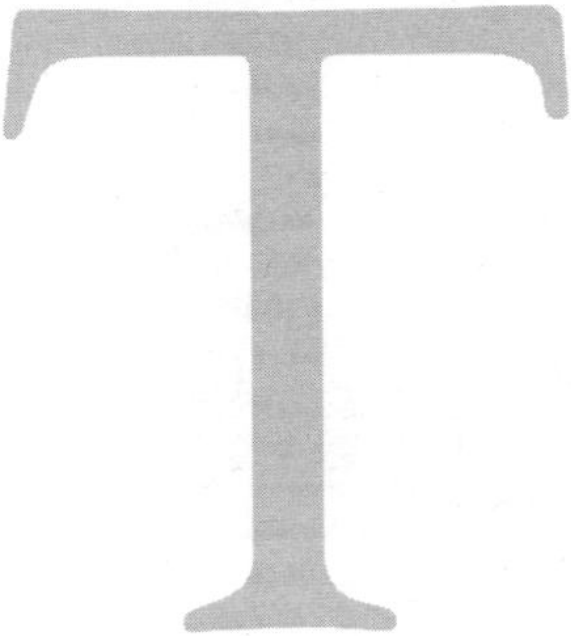

tabaccaio, -a, tah-bahk-**kah**-e'o, *m/f* tobacconist
tabaccheria, tah-bahk-kay-**ree**-ah, *f* tobacconist's
tabacco, tah-**bahk**-ko, *m* tobacco
tabella, tah-**bell**-lah, *f* table; list
tabulato, tah-boo-**lah**-to, *m* printout
tacca, tahk-kah, *f* notch, nick
taccagno, tahk-**kah**-n'yo, *adj* mean, stingy
tacchino, tahk-**kee**-no, *m* turkey
tacciare, taht-**chah**-ray, *v* to accuse
tacco, tahk-ko, *m* heel
taccuino, tahk-koo'**e**-no, *m* notebook
tacere, tah-**chay**-ray, *v* to keep silent (about)
tachimetro, tah-**kee**-may-tro, *m* speedometer
tacito*, tah-che-to, *adj* silent; tacit
tafano, tah-**fah**-no, *m* horse-fly
tafferuglio, tahf-fay-**roo**-l'yo, *m* scuffle
taglia, tah-l'yah, *f* size; reward
tagliacarte, tah-l'yah-**kar**-tay, *m* paper-knife
taglialegna, tah-l'yah-**lay** n'yah, *m* wood-cutter
tagliando, tah-l'**yahn**-do, *m* coupon
tagliare, tah-l'**yah**-ray, *v* to cut; to slice; to chop; to cut off; (tree) to fell
tagliente, tah-l'**yen**-tay, *adj* sharp
taglio, tah-l'yo, *m* cut; cutting; edge; (meat) joint; length
tagliuzzare, tah-l'yoot-**tsah**-ray, *v* to cut into small pieces; to shred
talco, tahl-ko, *m* talcum powder
tale, tah-lay, *adj* such; **tale ... tale ...,** like ... like ...; *pron* **un –,** someone
talento, tah-**len**-to, *m* talent
talloncino, tahl-lon-**chee**-no, *m* counterfoil; coupon
tallone, tahl-**lo**-nay, *m* heel
talmente, tahl-**men**-tay, *adv* so; so much
talora, tah-**lor**-ah, *adv* sometimes
talpa, tahl-pah, *f* mole
talvolta, tahl-**vol**-tah, *adv* sometimes
tamburellare, tahm-boo-rel-**lah**-ray, *v* to drum
tamburo, tahm-**boo**-ro, *m* drum; drummer; cylinder
Tamigi, tah-**mee**-je, *m* Thames
tamponamento, tahm-po-nah-**men**-to, *m* collision
tamponare, tahm-po-**nah**-ray, *v* to bump into; to plug

tampone, tahm-**po**-nay, *m med* wad, pad; buffer; tampon
tana, tah-nah, *f* den; lair
tanfo, tahn-fo, *m* stench
tangente, tahn-**jen**-tay, *f* tangent; share; kickback
tantino, tahn-**tee**-no, *adv* : **un –,** a bit, a little
tanto, tahn-to, *adj* a lot of, much, many; so much, so many; *pron* a lot, much, many; *adv* so much; very; so; **– ... quanto,** as much ... as; as ... as
tappa, tahp-pah, *f* stop; stage; lap
tappare, tahp-**pah**-ray, *v* to cork; to plug
tappeto, tahp-**pay**-to, *m* carpet; rug
tappezzeria, tahp-pet-tsay-**ree**-ah, *f* soft furnishings; upholstery; wallpaper
tappezziere, tahp-pet-tse'**ay**-ray, *m* upholsterer
tappo, tahp-po, *m* top, stopper; cork; lid
tara, tah-rah, *f* tare; hereditary defect
tarchiato, tar-ke'**ah**-to, *adj* sturdy
tardare, tar-**dah**-ray, *v* to be late; to delay
tardi, tar-de, *adv* late; **più –,** later
tardo, tar-do, *adj* late; slow
targa, tar-gah, *f* number plate; name plate
tarlo, tar-lo, *m* woodworm
tarma, tar-mah, *f* moth
tartagliare, tar-tah-l'**yah**-ray, *v* to stammer
tartaruga, tar-tah-**roo**-gah, *f* tortoise; turtle; tortoiseshell
tartina, tar-**tee**-nah, *f* canapé
tartufo, tar-**too**-fo, *m* truffle
tasca, tahss-kah, *f* pocket
tassa, tahss-sah, *f* tax; duty; fee
tassametro, tahss-**sah**-may-tro, *m* taximeter
tassare, tahss-**sah**-ray, *v* to tax
tassativo*, tahss-sah-**tee**-vo, *adj* peremptory
tassista, tahss-**see**-stah, *m/f* taxi driver
tasso, tahss-so, *m* rate; percentage; badger; yew-tree
tastare, tahss-**tah**-ray, *v* to feel
tastiera, tahss-te'**ay**-rah, *f* key-board
tasto, tahss-to, *m* key, button; touch
tatuaggio, tah-too'**ahd**-jo, *m* tattoo
tatto, taht-to, *m* tact; touch
tavola, tah-vo-lah, *f* table; index; plank; plate; tablet; panel painting
tavolato, tah-vo-**lah**-to, *m* boarding; wooden floor
tavoletta, tah-vo-**let**-tah, *f* tablet, bar
tavolo, tah-vo-lo, *m* table
tavolozza, tah-vo-**lot**-tsah, *f* palette
taxi, tahk-se, *m* taxi
tazza, taht-tsah, *f* cup, mug
te, tay, *pron* you, to you
tè, tay, *m* tea
teatro, tay-**ah**-tro, *m* theatre
tecnico, -a, tek-ne-ko, *adj* technical; *m/f* technician; expert
tecnologia, tek-no-lo-**jee**-ah, *f* technology
tediare, tay-de'**ah**-ray, *v* to bore
tegame, tay-**gah**-may, *m* pan
tegola, tay-go-lah, *f* tile
teiera, tay-**yay**-rah, *f* tea-pot
tela, tay-lah, *f* cloth; canvas; **– cerata,** oilskin; tarpaulin
telaio, tay-**lah**-e'o, *m* loom; frame
telecamera, tay-lay-**kah**-may-rah, *f* television

camera
telecomando, tay-lay-ko-**mahn**-do, *m* remote control
telefonare, tay-lay-fo-**nah**-ray, *v* to (tele)phone, to ring
telefonata, tay-lay-fo-**nah**-tah, *f* telephone-call; **– interurbana,** long-distance call
telefono, tay-**lay**-fo-no, *m* telephone, phone
telegiornale, tay-lay-jor-**nah**-lay, *m* (television) news
televisione, tay-lay-ve-ze'o-nay, *f* television
televisore, tay-lay-ve-**zo**-ray, *m* television set
tema, tay-mah, *m* theme; essay
temerario, tay-may-**rah**-re'o, *adj* reckless
temere, tay-**may**-ray, *v* to fear, to be afraid (of)
tempaccio, tem-**paht**-cho, *m* very bad weather
tempera, tem-pay-rah, *f* tempera
temperino, tem-pay-**ree**-no, *m* penknife
temperatura, tem-pay-rah-**too**-rah, *f* temperature
tempestivo*, tem-pess-**tee**-vo, *adj* timely
tempia, tem-pe'ah, *f* (forehead) temple
tempio, tem-pe'o, *m relig* temple
tempo, tem-po, *m* time; weather
temporale, tem-po-**rah**-lay, *adj* temporal; *m* storm
temporaneo*, tem-po-**rah**-nay-o, *adj* temporary
temporeggiare, tem-po-red-**jah**-ray, *v* to temporize
tenace, tay-**nah**-chay, *adj* tenacious
tenaglie, tay-**nah**-l'yay, *fpl* pincers
tenda, ten-dah, *f* tent; awning; curtain
tendere, ten-day-ray, *v* to stretch; to hold out; **– a,** to tend towards
tendina, ten-**dee**-nah, *f* curtain, net
tendine, ten-de-nay, *m* tendon, sinew
tenebre, tay-nay-bray, *fpl* darkness
tenebroso, tay-nay-**bro**-zo, *adj* dark, gloomy
tenente, tay-**nen**-tay, *m* lieutenant
tenere, tay-**nay**-ray, *v* to hold; to keep; **– a,** to care about
tenerezza, tay-nay-**ret**-tsah, *f* tenderness
tenero*, tay-nay-ro, *adj* tender, delicate
tenia, tay-ne'ah, *m* tapeworm
tennis, tenn-neess, *m* tennis
tennista, tenn-**neess**-tah, *m/f* tennis player
tenore, tay-**nor**-ay, *m* tenor; standard
tentare, ten-**tah**-ray, *v* to tempt; to try
tentoni, ten-**to**-ne, *adv* : **andare a –,** to grope one's way
tenue, tay-noo'ay, *adj* thin; slender
tenuta, tay-**noo**-tah, *f* capacity; outfit; estate
teoria, tay-o-**ree**-ah, *f* theory
teppista, tayp-**piss**-tah, *m/f* hooligan
tergicristallo, tair-je-kriss-**stahll**-lo, *m* windscreen wiper
tergiversare, tair-je-vair-**sah**-ray, *v* to shilly-shally
tergo, tair-go, *m* : **vedi a –,** please turn over
terme, tair-may, *fpl* spa; baths
terminal, tair-me-nahl, *m* (air) terminal
terminale, tair-me-**nah**-lay, *adj* final; *m* terminal
terminare, tair-me-**nah**-ray, *v* to end, to finish
termine, tair-me-nay, *m*

term; limit; end; word
termometro, tair-**mo**-may-tro, *m* thermometer
termosifone, tair-mo-se-**fo**-nay, *m* radiator
termostato, tair-**mo**-stah-to, *m* thermostat
terra, tair-rah, *f* earth; country; land; **per –,** on the floor, on the ground
terrazza, tair-**raht**-tsah, *f* balcony; terrace
terremoto, tair-ray-**mo**-to, *m* earthquake
terreno, tair-**ray**-no, *adj* worldly, earthly; *m* land; ground
terrestre, tair-**ress**-tray, *adj* of the earth, earth's; land; earthly, worldly
terribile, tair-**ree**-be-lay, *adj* dreadful, terrible
terriccio, tair-**rit**-cho, *m* soil
territorio, tair-re-**to**-re'o, *m* territory
terrore, tair-**ro**-ray, *m* terror
terrorismo, tair-ro-**riz**-mo, *m* terrorism
terrorista, tair-ro-**riss**-tah, *m/f* terrorist
terza, tair-tsah, *f* third gear
terzo, tair-tso, *adj* & *m* third; **terzi,** others
teschio, tess-ke'o, *m* skull
tesi, tay-ze, *f* thesis; theory
teso, tay-zo, *adj* taut; tense; strained
tesoreria, tay-zo-ray-**ree**-ah, *f* treasury
tesoro, tay-**zo**-ro, *m* treasure; *fig* riches
tessera, tess-say-rah, *f* season-ticket; member's card
tessere, tess-say-ray, *v* to weave
tessile, tess-se-lay, *adj* textile
tessitore, -trice, tess-se-**tor**-ay, tess-se-**tree**-chay, *m/f* weaver
tessitura, tess-se-**too**-rah, *f* weaving
tessuto, tess-**soo**-to, *m* material, cloth
testa, tess-tah, *f* head
testamento, tess-tah-**men**-to, *m* will
testardo, tess-**tar**-do, *adj* stubborn, pig-headed
testare, tess-**tah**-ray, *v* to test
teste, tess-tay, *m* & *f* witness
testicolo, tess-**tee**-ko-lo, *m* testicle
testimone, tess-te-**mo**-nay, *m/f* witness
testimonianza, tess-te-mo-ne'**ahn**-tsah, *f* deposition; evidence; proof
testimoniare, tess-te-mo-ne'**ah**-ray, *v* to testify
testo, tess-to, *m* text
testuggine, tess-**tood**-je-nay, *f* tortoise; turtle
tetano, tay-tah-no, *m* tetanus
tetro, tay-tro, *adj* gloomy
tetta, tet-tah, *f fam* tit
tetto, tet-to, *m* roof
tettoia, tet-**to**-e'ah, *f* canopy; roof
Tevere, tay-vay-ray, *m* Tiber
thermos, tair-mos, *m* Thermos (flask) TM
ti, tee, *pron* you; to you; *refl* yourself
tibia, tee-be'ah, *f* shin-bone
ticchettio, tik-ket-**te**'o, *m* ticking; clatter; patter
tiepido, te'**ay**-pe-do, *adj* lukewarm, tepid
tifo, tee-fo, *m* typhus; **fare il – per,** to be a fan of
tifone, te-**fo**-nay, *m* typhoon
tifoso, te-**fo**-zo, *m* (enthusiast) fan
tiglio, tee-l'yo, *m* lime-tree
tiglioso, te-l'**yo**-zo, *adj* tough
tigna, tee-*n*'yah, *f* ringwarm
tigre, tee-gray, *f* tiger, tigress
timbrare, teem-**brah**-ray, *v* to stamp

timbro, teem-bro, *m* stamp
timido*, tee-me-do, *adj* shy
timo, tee-mo, *m* thyme
timone, te-**mo**-nay, *m* rudder
timoniere, te-mo-ne'**ay**-ray, *m* helmsman
timore, te-**mo**-ray, *m* fear
tingere, tin-jay-ray, *v* to dye
tino, tee-no, *m* vat
tinozza, te-**not**-tsah, *f* tub
tinta, tin-tah, *f* dye; paint; colour, shade
tintinnio, tin-tin-**nee**-o, *m* tinkling
tintoria, tin-to-**ree**-ah, *f* dyeworks; dry cleaners
tipo, tee-po, *m* type
tipografo, te-**po**-grah-fo, *m* typographer
tir, teer, *m* heavy goods vehicle
tiraggio, te-**rahd**-jo, *m* draught
tiranneggiare, te-rahn-ned-**jah**-ray, *v* to tyrannize
tiranno, te-**rahn**-no, *m* tyrant
tirare, te-**rah**-ray, *v* to pull; to throw; to draw; to fire; to be tight; **– calci,** to kick
tirata, te-**rah**-tah, *f* pull; tedious speech
tirato, te-**rah**-to, *adj* drawn; taut; mean
tiratura, te-rah-**too**-rah, *f* circulation; printing
tirchio, teer-ke'o, *adj* stingy
tiro, tee-ro, *m* shooting; shot; throwing; throw; draught; trick
tirocinio, te-ro-**chee**-ne'o, *m* apprenticeship; training
tisana, te-**zah**-nah, *f* herbal tea
tisi, tee-ze, *f* consumption
tisico, tee-ze-ko, *adj* consumptive
titolare, te-to-**lah**-ray, *m* holder, incumbent; owner
titolo, tee-to-lo, *m* title; headline; qualifications; security; share, stock
titubare, te-too-**bah**-ray, *v* to hesitate
tizio, teet-tse'o, *m* fellow
tizzone, tit-**tso**-nay, *m* brand; live coal
toccare, tock-**kah**-ray, *v* to touch; to feel; to concern; to mention; **– a,** to happen to; to be up to
tocco, tock-ko, *m* touch; stroke
togliere, to-l'yay-ray, *v* to take away; to take off
tolda, toll-dah, *f* deck
tolleranza, toll-lay-**rahn**-tsah, *f* tolerance
tollerare, toll-lay-**rah**-ray, *v* to tolerate
tomaia, to-**mah**-e'ah, *f* (shoe) upper
tomba, tom-bah, *f* tomb
tombino, tom-**bee**-no, *m* manhole
tombola, tom-bo-lah, *f* bingo
tomo, to-mo, *m* volume
tondo, ton-do, *adj* round
tonfo, ton-fo, *m* thud
tonnellaggio, ton-nell-**lahd**-jo, *m* tonnage
tonnellata, ton-nell-**lah**-tah, *f* ton
tonno, ton-no, *m* tuna (fish)
tono, to-no, *m* tone; key; shade
tonsille, ton-**sill**-lay, *fpl* tonsils
topo, to-po, *m* mouse
toppa, top-pah, *f* keyhole; patch
torace, to-**rah**-chay, *m* chest
torba, tor-bah, *f* peat
torbido, tor-be-do, *adj* cloudy; *fig* dark
torcere, tor-chay-ray, *v* to twist
torchio, tor-ke'o, *m* press
torcia, tor-chah, *f* torch
torcicollo, tor-che-**kol**-lo, *m* stiff-neck

tordo, tor-do, *m* thrush
tormentare, tor-men-**tah**-ray, *v* to torment; to pester
tormentarsi, tor-men-**tar**-se, *v* to fret
tornaconto, tor-nah-**kon**-to, *m* advantage, benefit; interest
tornare, tor-**nah**-ray, *v* to come back, to go back, to return; to become again; to work out
torneo, tor-**nay**-o, *m* tournament
tornio, tor-ne'o, *m* lathe
toro, to-ro, *m* bull; **Toro,** Taurus
torpedine, tor-**pay**-de-nay, *f* torpedo
torpediniera, tor-pay-de-ne'**ay**-rah, *f* torpedo-boat
torpido, tor-pe-do, *adj* torpid
torre, tor-ray, *f* tower
torrefare, tor-ray-**fah**-ray, *v* to roast
torreggiare, tor-red-**jah**-ray, *v* to tower
torrente, tor-**ren**-tay, *m* torrent
torretta, tor-**ret**-tah, *f* turret
torrido, tor-re-do, *adj* torrid
torrone, tor-**ro**-nay, *m* nougat
torso, tor-so, *m* trunk, torso
torsolo, tor-so-lo, *m* core; stump
torta, tor-tah, *f* cake; pie
torto, tor-to, *adj* twisted; crooked; *m* wrong; fault; **aver –,** to be wrong
tortora, tor-to-rah, *f* turtle-dove
torturare, tor-too-**rah**-ray, *v* to torture
tortura, tor-**too**-rah, *f* torture
torvo, tor-vo, *adj* surly
tosare, to-**zah**-ray, *v* to shear, to clip
tosse, toss-say, *f* cough
tossico, toss-se-ko, *adj* toxic
tossicodipendente, toss-se-ko-de-pen-**den**-tay, *m/f* drug addict
tossire, toss-**see**-ray, *v* to cough
tostapane, toss-tah-**pah**-nay, *m* toaster
tostare, toss-**tah**-ray, *v* to toast; to roast
tosto, toss-to, *adj* : **faccia tosta,** cheek
tovaglia, to-**vah**-l'yah, *f* table-cloth
totale,* to-**tah**-lay, *adj* total; *m* total
tovagliolo, to-vah-l'**yo**-lo, *m* napkin
tozzo, tot-tso, *adj* stocky; *m* **– di pane,** crust of bread
tra, trah, *prep* among; between; within, in
traballare, trah-bahl-**lah**-ray, *v* to stagger; to be shaky
traboccare, trah-bock-**kah**-ray, *v* to overflow
trabocchetto, trah-bock-**ket**-to, *m* trap
tracannare, trah-kahn-**nah**-ray, *v* to gulp down
traccia, traht-chah, *f* trace; mark; footprint; trail, track
tracciare, traht-**chah**-ray, *v* to trace; to draw
trachea, trah-**kay**-ah, *f* windpipe
tracolla, trah-**kohl**-lah, *f* shoulder strap; **portare a –,** to carry over one's shoulder
tracollo, trah-**kol**-lo, *m* ruin, collapse
tracotanza, trah-ko-**tahn**-tsah, *f* arrogance
tradimento, trah-de-**men**-to, *m* betrayal; treason
tradire, trah-**dee**-ray, *v* to betray; to be unfaithful to; to reveal
traditore, -trice, trah-de-**tor**-ay, trah-de-**tree**-chay, *m/f* traitor
traducibile, trah-doo-**chee**-be-lay, *adj*

translatable
tradurre, trah-**doohr**-ray, *v* to translate
traduttore, -trice, trah-doot-**tor**-ay, trah-doot-**tree**-chay, *m/f* translator
traduzione, trah-doo-tse'**o**-nay, *f* translation
traente, trah-**en**-tay, *m/f* (cheque) drawer
trafelato*, trah-fay-**lah**-to, *adj* out of breath
trafficare, trahf-fe-**kah**-ray, *v* to trade; to deal in
traffico, trahf-fe-ko, *m* traffic; trade
trafiggere, trah-**fid**-jay-ray, *v* to run through, to stab; to pierce
trafiletto, trah-fe-**let**-to, *m* short article
traforare, trah-fo-**rah**-ray, *v* to pierce; to drill; to tunnel trough
traforo, trah-**fo**-ro, *m* tunnel
trafugare, trah-foo-**gah**-ray, *v* to purloin
tragedia, trah-**jay**-de'ah, *f* tragedy
traghettare, trah-ghet-**tah**-ray, *v* to ferry
traghetto, trah-**ghet**-to, *m* ferry
tragittare, trah-jit-**tah**-ray, *v* to cross
tragitto, trah-**jit**-to, *m* crossing, passage; journey
traguardo, trah-goo'**ar**-do, *m* finishing line; goal
trainare, trah-e-**nah**-ray, *v* to haul; to tow
traino, trah-e-no, *m* pulling; towing
tralasciare, trah-lah-she'**ah**-ray, *v* to omit
traliccio, trah-**lit**-cho, *m* pylon
trama, trah-mah, *f* weft; plot
tramandare, trah-mahn-**dah**-ray, *v* to pass on
tramare, trah-**mah**-ray, *v* to plot; to weave
trambusto, trahm-**booss**-to, *m* hubbub
tramezzino, trah-med-**dzee**-no, *m* sandwich
tramite, trah-me-tay, *prep* through
tramontana, trah-mon-**tah**-nah, *f* north wind
tramontare, trah-mon-**tah**-ray, *v* to set
tramonto, trah-**mon**-to, *m* setting; sunset
tramortire, trah-mor-**tee**-ray, *v* to stun
trampoli, trahm-po-le, *mpl* stilts
trampolino, trahm-po-**lee**-no, *m* springboard, diving board; ski jump
tramutare, trah-moo-**tah**-ray, *v* – **in,** to change into
tranello, trah-**nell**-lo, *m* trap
trangugiare, trahn-goo-**jah**-ray, *v* to gulp
tranne, trahn-nay, *prep* except (for)
tranquillante, trahn-kwil-**lahn**-tay, *m* tranquillizer
tranquillità, trahn-kwil-le-**tah**, *f* calm; peacefulness; peace of mind
tranquillo*, trahn-**kwill**-lo, *adj* quiet; calm
transazione, trahn-zah-tse'**o**-nay, *f* transaction
transenna, trahn-**senn**-nah, *f* barrier
transitabile, trahn-ze-**tah**-be-lay, *adj* passable
trapanare, trah-pah-**nah**-ray, *v* to drill
trapassare, trah-pahss-**sah**-ray, *v* to pierce
trapelare, trah-pay-**lah**-ray, *v* to filter through; to leak out
trapezio, trah-**pay**-tse'o, *m* trapezium; trapeze
trapiantare, trah-pe'ahn-**tah**-ray, *v* to transplant
trapianto, trah-pe'**ahn**-to, *m* transplant; transplanting
trappola, trahp-po-lah, *f* trap
trapunta, trah-**poonn**-tah,

f quilt
trarre, trahr-ray, *v* to draw, to pull; to obtain, to get
trasalire, trah-sah-**lee**-ray, *v* to jump
trasandato, trah-sahn-**dah**-to, *adj* shabby
trasbordare, trahss-bor-**dah**-ray, *v* to transfer; to tranship
trascendere, trah-**shen**-day-ray, *v* to transcend; to go beyond
trascinare, trah-she-**nah**-ray, *v* to drag; to haul
trascorrere, trahss-**kor**-ray-ray, *v* to pass; (time) to spend
trascrivere, trahss-**kree**-vay-ray, *v* to write down; to transliterate; to transcribe
trascurare, trahss-koo-**rah**-ray, *v* to neglect; to overlook
trasferire, trahss-fay-**ree**-ray, *v* to transfer
trasferirsi, trahss-fay-**reer**-se, *v* to move
trasformare, trahss-for-**mah**-ray, *v* to transform
trasfusione, trahss-foo-ze'**o**-nay, *f* transfusion
trasgredire, trahss-gray-**dee**-ray, *v* to trespass; to infringe
traslocare, trahss-lo-**kah**-ray, *v* to move
trasloco, trahss-**lo**-ko, *m* removal; move
trasmettere, trahss-**met**-tay-ray, *v* to pass on (to); to send; to transmit; to broadcast
trasmissione, trahss-miss-se'**o**-nay, *f* transmission; broadcast; programme
trasognato, trah-so-n'**yah**-to, *adj* dreamy
trasparente, trahss-pah-**ren**-tay, *adj* transparent; see-through
traspirare, trahss-pe-**rah**-ray, *v* to perspire
traspirazione, trahss-pe-rah-tse'**o**-nay, *f* perspiration
trasporre, trahss-**por**-ray, *v* to transpose
trasportare, trahss-por-**tah**-ray, *v* to carry; to transport
trasporto, trahss-**por**-to, *m* transport
trastullarsi, trahss-tooll-**lar**-se, *v* to play
trastullo, trahss-**tooll**-lo, *m* game
trasvolare, trahss-vo-**lah**-ray, *v* to fly across, to fly over
tratta, traht-tah, *f* draft; (slave) trade
trattamento, traht-tah-**men**-to, *m* treatment; service
trattare, traht-**tah**-ray, *v* to treat; to handle; to discuss; to deal in; to negotiate; **– di,** to deal with; **si tratta di ...,** it's about ...
trattativa, traht-tah-**tee**-vah, *f* negotiation
trattato, traht-**tah**-to, *m* treatise; treaty
trattenere, traht-tay-**nay**-ray, *v* to detain; to hold back; to deduct
trattenersi, traht-tay-**nair**-se, *v* to stay; to stop oneself
tratto, traht-to, *m* stroke; stretch; period (of time); expanse; **ad un –,** *adv* suddenly
trattore, traht-**tor**-ay, *m* tractor
trattoria, traht-to-**ree**-ah, *f* restaurant
trauma, trah-oo-mah, *m* trauma
travasare, trah-vah-**zah**-ray, *v* to decant
trave, trah-vay, *f* beam
traversa, trah-**vair**-sah, *f* side-street; sleeper; crossbar
traversare, trah-vair-**sah**-ray, *v* to cross
traverso, trah-**vair**-so, *adj* oblique; **di –,** *adv* crosswise

travestimento, trah-vess-te-**men**-to, *m* disguise
travestire, trah-vess-**tee**-ray, *v* to disguise
traviare, trah-ve'**ah**-ray, *v* to lead astray
travisare, trah-ve-**zah**-ray, *v* to distort
travolgere, trah-**vol**-jay-ray, *v* to sweep away; to overwhelm
trazione, trah-tse'**o**-nay, *f* traction; drive
tre, tray, *adj* & *m* three
trebbiare, treb-be'**ah**-ray, *v* to thresh
treccia, tret-chah, *f* plait
trecento, tray-**chen**-to, *adj* & *m* three hundred; **il Trecento,** the fourteenth century
tredicesimo, tray-de-**chay**-ze-mo, *adj* & *m* thirteenth
tredici, tray-de-che, *adj* & *m* thirteen
tregua, tray-goo'ah, *f* truce; respite
tremare, tray-**mah**-ray, *v* to shiver; to shake
tremarella, tray-mah-**rell**-lah, *f* shivers
trementina, tray-men-**tee**-nah, *f* turpentine
tremito, tray-me-to, *m* shiver; tremor
tremolio, tray-mo-**lee**-o, *m* shaking
treno, tray-no, *m* train
trenta, tren-tah, *adj* & *m* thirty
trentesimo, tren-**tay**-ze-mo, *adj* & *m* thirtieth
trepidare, tray-pe-**dah**-ray, *v* to be anxious
tresca, tress-kah, *f* intrigue; affair
triangolo, tre-**ahn**-go-lo, *m* triangle
tribordo, tre-**bor**-do, *m* starboard
tribù, tre-**boo**, *f* tribe
tribuna, tre-**boo**-nah, *f* platform; stand; gallery
tribunale, tre-boo-**nah**-lay, *m* court
tricheco, tre-**kay**-ko, *m* walrus
triciclo, tre-**chee**-klo, *m* tricycle
trifoglio, tre-**fo**-l'yo, *m* clover
triglia, tree-l'yah, *f* red mullet
trillo, trill-lo, *m* trill; ring
trimestre, tre-**mess**-tray, *m* quarter, period of three months
trina, tree-nah, *f* point-lace
trincea, trin-**chay**-ah, *f* trench
trincerare, trin-chay-**rah**-ray, *v* to entrench
trinchetto, trin-**ket**-to, *m* foresail
trinciare, trin-**chah**-ray, *v* to cut up
trionfare, tre-on-**fah**-ray, *v* to triumph
triplice, tree-ple-chay, *adj* triple
triplo, tree-plo, *adj* triple; treble; *m* **il –,** three times as much
trippa, trip-pah, *f* tripe
tripudio, tre-**poo**-de'o, *m* jubilation; (colours) galaxy
triste, triss-tay, *adj* sad
tritare, tre-**tah**-ray, *v* to mince
trivella, tre-**vell**-lah, *f* auger; drill
trivellare, tre-vell-**lah**-ray, *v* to drill
trofeo, tro-**fay**-o, *m* trophy
tromba, trom-bah, *f* trumpet
troncare, tron-**kah**-ray, *v* to cut off; to break off
tronco, tron-ko, *m* trunk; section
tronfio, tron-fe'o, *adj* conceited
trono, tro-no, *m* throne
tropico, tro-pe-ko, *m* tropic
troppo, trop-po, *adj* & *pron* too much, too many; *adv* too; too much; too long
trota, tro-tah, *f* trout
trottare, trot-**tah**-ray, *v* to

trot
trotto, trot-to, *m* trot
trottola, trot-to-lah, *f* spinning top
trovare, tro-**vah**-ray, *v* to find; to come across; to meet; to call on
trovarsi, tro-**var**-se, *v* to be; to meet
trovatello, tro-vah-**tell**-lo, *m* foundling
truccare, trook-**kah**-ray, *v* to make up; to soup up; to fix
truccarsi, trook-**kar**-se, *v* to make oneself up
trucco, trook-ko, *m* trick; make-up
truce, troo-chay, *adj* fierce
trucidare, troo-che-**dah**-ray, *v* to slaughter
trucioli, troo-cho-le, *mpl* shavings
truffa, troof-fah, *f* fraud; swindle
truffare, troof-**fah**-ray, *v* to cheat; to swindle
truppa, troop-pah, *f* troop
tu, too, *pron* you; **– stesso,** yourself; *m* **darsi del –,** to be on first-name terms
tubetto, too-**bet**-to, *m* tube
tubo, too-bo, *m* tube, pipe; hose
tuffare, toof-**fah**-ray, *v* to dip
tuffarsi, toof-**far**-se, *v* to dive
tuffo, toof-fo, *m* dive, dip
tugurio, too-**goo**-re'o, *m* hovel
tulipano, too-le-**pah**-no, *m* tulip
tumore, too-**mo**-ray, *m* tumour
tumulare, too-moo-**lah**-ray, *v* to inter
tumulo, too-moo-lo, *m* tumulus
tuo, too-o, *adj* your; *pron* yours
tuonare, too'o-**nah**-ray, *v* to thunder
tuono, too'**o**-no, *m* thunder
tuorlo, too'**or**-lo, *m* yolk
turacciolo, too-**raht**-cho-lo, *m* cork
turare, too-**rah**-ray, *v* to cork; to plug
turba, toohr-bah, *f* multitude, mob; disorder
turbamento, toohr-bah-**men**-to, *m* confusion
turbare, toohr-**bah**-ray, *v* to trouble
turbinare, toohr-be-**nah**-ray, *v* to whirl
turbine, toohr-be-nay, *m* whirlwind
turchese, toohr-**kay**-say, *adj* & *m* turquoise; *f* turquoise
Turchia, toohr-**kee**-ah, *f* Turkey
turchino, toohr-**kee**-no, *adj* deep blue
turco, toohr-ko, *adj* Turkish
turismo, too-**riz**-mo, *m* tourism
turista, too-**riss**-tah, *m/f* tourist
turistico, too-**riss**-te-ko, *adj* tourist
turno, toohr-no, *m* turn; shift
turpe, toohr-pay, *adj* vile
turpiloquio, toohr-pe-**lo**-kwe-o, *m* foul language
tuta, too-tah, *f* overalls; tracksuit
tutela, too-**tay**-lah, *f* guardianship; protection; defence
tutore -trice, too-**tor**-ay, too-**tree**-chay, *m/f*, guardian
tuttavia, toot-tah-**vee**-ah, *adv* yet; nevertheless
tutto, toot-to, *adj* all (of); every; *pron* all; everyone; *adv* completely; *m* **il –,** the lot
tuttora, toot-**tor**-ah, *adv* still

U

ubbidiente, oobb-be-de'**ayn**-tay, *adj* obedient
ubbidire, oobb-be-**dee**-ray, *v* to obey
ubriacarsi, oo-bre-ah-**kar**-se, *v* to get drunk
ubriachezza, oo-bre-ah-**ket**-tsah, *f* drunkenness
ubriaco, oo-bre-**ah**-ko, *adj* drunk; **–a,** *m/f* drunkard
uccello, oot-**chell**-lo, *m* bird
uccidere, oot-**chee**-day-ray, *v* to kill; to murder
uccisione, oot-che-ze'**o**-nay, *f* killing; murder
udienza, oo-de-**en**-tsah, *f* audience; *law* hearing
udire, oo-**dee**-ray, *v* to hear
udito, oo-**dee**-to, *m* hearing
uditorio, oo-de-**tor**-e'o, *m* audience
ufficiale, oof-fe-**chah**-lay, *adj* official; *m* officer
ufficio, oof-**fee**-cho, *m* office
Ufo, oo-fo, *m* UFO
uggioso, ood-**jo**-zo, *adj* dull
uguaglianza, oo-goo'ah-l'**yahn**-tsah, *f* equality
uguagliare, oo-goo'ah-l'**yah**-ray, *v* to equal
uguale, oo-goo'**ah**-lay, *adj* the same; equal
ulcera, ool-chay-rah, *f* ulcer
ulivo, oo-**lee**-vo, *m* olive-tree
ulteriore, ool-tay-re'**o**-ray, *adj* further
ultimare, ool-te-**mah**-ray, *v* to finish
ultimo, ool-te-mo, *adj* last; latest
ululare, oo-loo-**lah**-ray, *v* to howl
umanità, oo-mah-ne-**tah**, *f* mankind
umano, oo-**mah**-no, *adj* human
umidità, oo-me-de-**tah**, *f* dampness; humidity
umido, oo-me-do, *adj* damp; humid
umile, oo-me-lay, *adj* humble
umiliare, oo-me-l'**yah**-ray, *v* to humiliate
umore, oo-**mor**-ay, *m* mood, temper
umorismo, oo-mo-**riz**-mo, *m* humour
un, oon, *art* a, an
una, oo-nah, *art* a, an
unanime, oo-**nah**-ne-may, *adj* unanimous
uncinetto, oonn-chee-**net**-to, *m* crochet hook
uncino, oonn-**chee**-no, *m*, hook
undicesimo, oonn-de-**chay**-ze-mo *adj* & *m* eleventh
undici, oonn-de-che, *adj* & *m* eleven
ungere, oonn-jay-ray, *v* to oil
unghia, oonn-ghe'ah, *f* nail

unguento, oonn-goo'**en**-to, *m* ointment
unico*, oo-ne-ko, *adj* only; unique; sole
unificare, oo-ne-fe-**kah**-ray, *v* to unify
uniformare, oo-ne-**for**-**mah**-ray, *v* to conform
uniforme, oo-ne-**for**-may, *f* uniform; *adj* uniform
unione, oo-ne'**o**-nay, *f* union
unire, oo-**nee**-ray, *v* to unite; to connect
unità, oo-nee-**tah**, *f* unit
unito, oo-**nee**-to, *adj* united; close
università, oo-nee-vair-se-**tah**, *f* university
universo, oo-nee-**vair**-so, *m* universe
uno, oo-no, *adj* & *m* one; *art* a, an; *pron* one; somebody
unto, oonn-to, *adj* greasy; *m* grease
untuoso, oonn-too-**o**-zo, *adj* greasy; oily
uomo, oo'**o**-mo, *m* man
uovo, oo'**o**-vo, *m* egg; – **sodo,** hard-boiled egg
uragano, oo-rah-**gah**-no, *m* hurricane
urbano, oohr-**bah**-no, *adj* urban
urgente, oohr-**jen**-tay, *adj* urgent
urina, oo-**ree**-nah, *f* urine
urlare, oohr-**lah**-ray, *v* to shout
urlo, oohr-lo, *m* yell
urna, oohr-nah, *f* urn; ballot-box
urtare, oohr-**tah**-ray, *v* to bump against
urto, oohr-to, *m* crash
usanza, oo-**zahn**-tsah, *f* custom
usare, oo-**zah**-ray, *v* to use
usato, oo-**zah**-to, *adj* used, second-hand
usciere, oo-she'**ay**-ray, *m* usher
uscire, oo-**shee**-ray, *v* to go out
uscita, oo-**shee**-tah, *f* exit
usignolo, oo-ze-n'**yo**-lo, *m* nightingale
uso, oo-zo, *m* use; custom
usura, oo-**zoo**-rah, *f* usury
usurpare, oo-zoohr-**pah**-ray, *v* to usurp
utensile, oo-**ten**-se-lay, *m* utensil
utero, oo-tay-ro, *m* womb
utile, oo-te-lay, *adj* useful
utilitaria, oo-te-le-**tah**-re'ah, *f* economy car
utilizzare, oo-te-lid-**dzah**-ray, *v* to use
uva, oo-vah, *f* grapes; – **passa,** raisins; – **spina,** gooseberry

V

vacanza, vah-**kahn**-tsah, *f* holiday
vacca, vahk-kah, *f* cow
vaccinare, vaht-che-**nah**-ray, *v* to vaccinate
vaccinazione, vaht-che-nah-tse'**o**-nay, *f* vaccination
vaccino, vaht-**chee**-no, *m* vaccine
vacillare, vah-chill-**lah**-ray, *v* to sway
vacuo, vah-koo'o, *adj* vacuous, empty
vagabondare, vah-gah-bon-**dah**-ray, *v* to wander
vagabondo, -a, vah-gah-**bon**-do, *adj* idle; *m/f* tramp
vagamente, vah-gah-**men**-tay, *adv* vaguely
vagare, vah-**gah**-ray, *v* to wander about; to roam
vagina, vah-**jee**-nah, *f* vagina
vagire, vah-**jee**-ray, *v* (baby) to wail
vaglia, vah-l'yah, *m* money-order
vagliare, vah-l'**yah**-ray, *v* to sift; to weigh up
vaglio, vah-l'yo, *m* sieve; **passare al –,** to examine
vago, vah-go, *adj* vague
vagone, vah-**go**-nay, *m* coach; waggon, truck
vaiolo, vah-e'**o**-lo, *m* small-pox
valanga, vah-**lahn**-gah, *f* avalanche
valere, vah-**lay**-ray, *v* to be valid; to apply; to be worth; to be equal to
valevole, vah-**lay**-vo-lay, *adj* valid
valicare, vah-le-**kah**-ray, *v* to cross
valico, vah-le-ko, *m* pass
valido*, vah-le-do, *adj* valid; effective; worthwhile
valigia, vah-**lee**-jah, *f* suitcase; **fare le valigie,** to pack
vallata, vahll-**lah**-tah, *f* valley
valle, vahll-lay, *f* valley
valletta, vahll-**let**-ta, *f* (TV) assistant
valore, vah-**lor**-ay, *m* value; merit; bravery; security; **valori,** valuables
valorizzare, vah-lo-rid-**dzah**-ray, *v* to make the most of; to enhance
valuta, vah-**loo**-tah, *f* currency
valutare, vah-loo-**tah**-ray, *v* to value; to estimate
valvola, vahll-vo-lah, *f* valve
valzer, vahll-zair, *m* waltz
vampata, vahm-**pah**-tah, *f* blaze; blast; flush
vampiro, vahm-**pee**-ro, *m* vampire
vandalismo, vahn-dah-**liz**-zmo, *m* vandalism
vaneggiare, vah-ned-**jah**-ray, *v* to rave

vanga, vahn-gah, *f* spade
vangare, vahn-**gah**-ray, *v* to dig
vangelo, vahn-**jay**-lo, *m* Gospel
vaniglia, vah-**nee**-l'yah, *f* vanilla
vanità, vah-nee-**tah**, *f* vanity; futility
vano, vah-no, *adj** vain; *m* room
vantaggio, vahn-**tahd**-jo, *m* advantage
vantare, vahn-**tah**-ray, *v* to praise
vantarsi, vahn-**tar**-se, *v* to boast
vanto, vahn-to, *m* boasting; merit
vapore, vah-**por**-ay, *m* vapour, steam
vaporetto, vah-po-**ret**-to, *m* steamer
vaporizzatore, vah-po-rid-dzah-**to**-ray, *m* spray
varare, vah-**rah**-ray, *v* to launch; *law* to pass
varcare, vah**r-kah**-ray, *v* to cross
variare, vah-ree'**ah**-ray, *v* to vary; to range
variato, vah-re'**ah**-to, *adj* varied
varice, vah-**ree**-chay, *f* varicose vein
varicella, vah-ree-**chell**-lah, *f* chickenpox
vario*, vah-re'o, *adj* varied; various
variopinto, vah-re'o-**pin**-to, *adj* multicoloured
varo, vah-ro, *m* launching; *law* passing
Varsavia, var-**sah**-ve'ah, *f* Warsaw
vasaio, vah-**zah**-e'o, *m* potter
vasca, vahss-kah, *f* basin; bath; tank; length
vascello, vah-**shell**-lo, *m* ship; vessel
vasellame, vah-zell-**lah**-may, *m* crockery
vaso, vah-zo, *m* pot; vase
vassoio, vahss-**so**-e'o, *m* tray
vasto*, vahss-to, *adj* vast; ample
ve, vay, *pron* & *adv* (see **vi**)
vecchiaia, vek-ke'**ah**-e'ah, *f* old age
vecchio, -a, vek-ke'o, *adj* old, antique; second-hand; *m/f* old man, old woman
vedere, vay-**day**-ray, *v* to see
vedetta, vay-**det**-tah, *f* look-out
vedova, vay-do-vah, *f* widow
vedovo, vay-do-vo, *m* widower
veduta, vay-**doo**-tah, *f* view
veemente, vay-ay-**men**-tay, *adj* vehement
vegetale, vay-jay-**tah**-lay, *adj* vegetable; *m* plant
vegetariano, vay-jay-tah-re'**ah**-no, *adj* vegetarian
veggente, ved-**jen**-tay, *m/f* clairvoyant
vegliare, vay-l'**yah**-ray, *v* to watch over
veglione, vay-l'**yo**-nay, *m* ball, dance
veicolo, vay-**ee**-ko-lo, *m* vehicle
vela, vay-lah, *f* sail; sailing
velare, vay-**lah**-ray, *v* to veil, to cover
veleggiare, vay-led-**jah**-ray, *v* to sail
veleno, vay-**lay**-no *m* poison
velenoso, vay-lay-**no**-zo, *adj* poisonous
veletta, vay-**let**-tah, *f* veil
veliero, vay-l'**yay**-ray, *m* sailing-ship
velivolo, vay-**lee**-vo-lo, *m* aircraft
velleità, vel-lay-e-**tah**, *f* vain ambition
vello, vell-lo, *m* fleece
velluto, vell-**loo**-to, *m* velvet; **– a coste,** corduroy
velo, vay-lo, *m* veil; voile
veloce, vay-**lo**-chay, *adj* fast, swift, quick; *adv* fast, quickly

velocità, vay-lo-chee-**tah**, *f* speed
vena, vay-nah, *f* vein; **non essere in – di,** not to be in the mood for
vendemmia, ven-**dem**-me'ah, *f* grape harvest
vendere, ven-day-ray, *v* to sell
vendetta, ven-**det**-tah, *f* revenge
vendicare, ven-de-**kah**-ray, *v* to avenge
vendicarsi, ven-de-**kar**-se, *v* to avenge oneself; **– di,** to take one's revenge for
vendita, ven-de-tah, *f* sale
venditore, -trice, ven-de-**tor**-ay, ven-de-**tree**-chay, *m/f* seller, vendor, salesman, saleswoman
venerare, vay-nay-**rah**-ray, *v* to venerate
venerdì, vay-nair-**dee**, *m* Friday
Venezia, vay-**nay**-tse'ah, *f* Venice
venire, vay-**nee**-ray, *v* to come; to turn out
ventaglio, ven-**tah**-l'yo, *m* fan
ventata, ven-**tah**-tah, *f* (wind) gust
ventesimo, ven-**tay**-ze-mo, *adj* & *m* twentieth
venti, ven-te, *adj* & *m* twenty
ventilare, ven-te-**lah**-ray, *v* to ventilate
vento, ven-to, *m* wind
ventola, ven-to-lah, *f* fan
ventre, ven-tray, *m* stomach
venturo, ven-**too**-ro, *adj* next, coming
venuta, vay-**noo**-tah, *f* arrival
verace, vay-**rah**-chay, *adj* real
veramente, vay-rah-**men**-tay, *adv* really
verbo, vair-bo, *m* verb
verde, vair-day, *adj* & *m* green; **essere al –,** to be broke
verderame, vair-day-**rah**-may, *m* verdigris
verdetto, vair-**det**-to, *m* verdict
verdura, vair-**doo**-rah, *f* vegetables
vergine, vair-je-nay, *adj* virgin; blank; *f* virgin; **Vergine,** Virgo
vergogna, vair-**go**-*n*'yah, *f* shame
vergognarsi, vair-go-n'**yahr**-se, *v* to be ashamed; to be shy
veridicità, vay-re-de-che-**tah**, *f* truthfulness
veritiero, vay-re-te'**ay**-ro, *adj* truthful; true
verme, vair-may, *m* worm
vermicelli, vair-me-**chell**-le, *mpl* vermicelli
vermiglio, vair-**mee**-l'yo, *m* vermilion
vernice, vair-**nee**-chay, *f* varnish; paint; patent leather
verniciare, vair-ne-**chah**-ray, *v* to varnish; to paint
vero, vay-ro, *adj* true; real
verosimile, vay-ro-**see**-me-lay, *adj* likely
verruca, vair-**roo**-kah, *f* wart
versamento, vair-sah-**men**-to, *m* payment; deposit; *med* effusion
versante, vair-**sahn**-tay, *m* side; slopes
versare, vair-**sah**-ray, *v* to pour; to spill; to pay; to deposit
verso, vair-so, *m* verse, line; cry; direction; way; *prep* towards; near; around, about
vertere, vair-tay-ray, *v* **– su,** to be about
verticale, vair-te-**kah**-lay, *adj* vertical; *f* vertical
vertice, vair-te-chay, *m* vertex; peak; summit
vertigine, vair-**tee**-je-nay, *f* dizziness; **soffrire di vertigini,** to be afraid of heights
vescica, vay-**shee**-kah, *f* bladder; blister

vescovado, vess-ko-**vah**-do, *m* bishopric
vescovile, vess-ko-**vee**-lay, *adj* episcopal
vescovo, vess-ko-vo, *m* bishop
vespa, vess-pah, *f* wasp
vespaio, vess-**pah**-e'o, *m* wasps' nest
vespasiano, vess-pah-ze'**ah**-no, *m* urinal
vespri, vess-pre, *mpl* vespers
vessillo, vess-**sill**-lo, *m* flag, banner, standard
vestaglia, vess-**tah**-l'yah, *f* dressing gown
veste, vess-tay, *f* garment; dress; **in – di,** as
vestiario, vess-te-**ah**-re'o, *m* clothes; **capo di –,** garment
vestire, vess-**tee**-ray, *v* to dress
vestirsi, vess-**teer**-se, *v* to get dressed
vestito, vess-**tee**-to, *m* dress; suit
veterinario, -a, vay-tay-re-**nah**-re'o, *m/f* vet, veterinary surgeon
vetraio, vay-**trah**-e'o, *m* glazier
vetreria, vay-tray-**ree**-ah, *m* glass-ware; glassworks
vetrina, vay-**tree**-nah, *f* shop-window
vetro, vay-tro, *m* glass; piece of glass; windowpane; window
vetta, vet-tah, *f* peak, top
vettovaglie, vet-to-**vah**-l'yay, *fpl* supplies
vettura, vet-**too**-rah, *f* car; carriage
vezzeggiativo, vet-tsed-jah-**tee-vo**, *m* term of endearment
vi, vee, *pron* you; to you; *refl* yourselves; each other; *adv* there
via, vee-ah, *f* street; road; way; *adv* away; *prep* via; *interj* go away!; go!; come on!; *m* starting signal; *fig* green light
viabilità, ve'ah-be-le-**tah**, *f* road conditions
viadotto, ve'ah-**dot**-to, *m* viaduct
viaggiare, ve'ahd-**jah**-ray, *v* to travel
viaggiatore, -trice, ve'ahd-jah-**tor**-ay, ve'ahd-jah-**tree**-chay, *m/f* traveller
viaggio, ve'**ahd**-jo, *m* travel; journey; trip; flight; voyage
viale, ve'**ah**-lay, *m* avenue; drive
viavai, ve'ah-**vah**-e, *m* bustle
vibrare, ve-**brah**-ray, *v* to vibrate
vicario, ve-**kah**-re'o, *m* vicar
vicenda, ve-**chen**-dah, *f* event
vicepresidente, ve-chay-pray-se-**den**-tay, *m* vicepresident
vicinanza, ve-che-**nahn**-tsah, *f* proximity; **vicinanze,** vicinity
vicinato, ve-che-**nah**-to, *m* neighbourhood; neighbours
vicino, -a, ve-**chee**-no, *adj* near, nearby; close; *adv* nearby; *m/f* neighbour
vicolo, vee-ko-lo, *m* alley
video, vee-de'o, *m* screen; video-clip
videocamera, vee-de'o-**kah**-may-rah, *f* camcorder
videocassetta, vee-de'o-kahss-**set**-tah, *f* video(cassette)
videogioco, vee-de'o-**jo**-ko, *m* videogame
videoregistratore, vee-de'o-ray-jiss-strah-**to**-ray, *m* video(recorder)
videoterminale, vee-de'o-tair-me-**nah**-lay, *m* visual display unit
vidimare, ve-de-**mah**-ray, *v* to authenticate
vietare, ve'ay-**tah**-ray, *v* to forbid; to prohibit
vigente, ve-**jen**-tay, *adj* existing; in force
vigere, vee-jay-ray, *v* to be

in force
vigilare, ve-je-**lah**-ray, *v* to watch over
vigile, vee-je-lay, *adj* vigilant; *m* (traffic) policeman, policewoman; **vigili del fuoco,** fire brigade
vigilia, ve-**jee**-le'ah, *f* eve
vigliacco, -a, ve-l'**yahk**-ko, *adj** cowardly; *m/f* coward
vigna, vee-n'yah, *f* vineyard
vignetta, ve-n'**yet**-tah, *f* cartoon
vigore, ve-**gor**-ay, *m* vigour
vile, vee-lay, *adj* vile, contemptible; cowardly
vilipendere, ve-le-**pen**-day-ray, *v* to scorn
villa, vill-lah, *m* rural or suburban residence
villaggio, vill-**lahd**-jo, *m* village
villania, vill-lah-**nee**-ah, *f* lack of manners
villano, vill-**lah**-no, *adj** ill-mannered, rude
villeggiante, vill-led-**jahn**-tay, *m/f* holiday-maker
villetta, vill-**let**-tah, *f* detached house; cottage
viltà, vill-**tah**, *f* cowardice
vimine, vee-me-nay, *m* wicker
vinaio, ve-**nah**-e'o, *m* wine-merchant
vincente, vin-**chen**-tay, *adj* winning
vincere, vin-chay-ray, *v* to win; to defeat; to overcome
vincita, vin-che-tah, *f* winnings; win
vincitore, -trice, vin-che-**tor**-ay, vin-che-**tree**-chay, *m/f* winner
vincolare, vin-ko-**lah**-ray, *v* to bind; to tie up
vincolo, vin-ko-lo, *m* bond
vino, vee-no, *m* wine
viola, ve'**o**-lah, *f* violet; *m* purple
violacciocca, ve'o-lahch-**chock**-kah, *f* stock
violare, ve'o-**lah**-ray, *v* to violate
violentare, ve'o-len-**tah**-ray, *v* to rape
violento, ve'o-**len**-to, *adj* violent
violino, ve'o-**lee**-no, *m* violin
viottolo, ve'**ot**-to-lo, *m* path
vipera, vee-pay-rah, *f* viper, adder
viraggio, ve-**rahd**-jo, *m* turn; toning
virare, ve-**rah**-ray, *v* to haul (in); to turn; to tone
virgola, veer go-lah, *f* comma
virgolette, veer-go-**let**-tay, *fpl* quotation marks
virile, ve-**ree**-lay, *adj* virile
virtù, veer-**too**, *f* virtue
virtuale, veer-too'**ah**-lay, *adj* virtual
virtuoso, veer-too'**o**-zo, *adj* virtuous
virus, vee-roos, *m* virus
viscere, vee-shay-ray, *fpl* entrails; *fig* bowels
vischio, viss-ke'o, *m* mistletoe; bird-lime
visconte, viss-**kon**-tay, *m* viscount
visibile, ve-**zee**-be-lay, *adj* visible
visione, ve-ze'**o**-nay, *f* vision
visitare, ve-ze-**tah**-ray, *v* to visit; to examine
visitatore, -trice, ve-ze-tah-**tor**-ay, ve-ze-tah-**tree**-chay, *m/f* visitor
viso, vee-zo, *m* face
vispo, viss-po, *adj* lively
vista, viss-tah, *f* view; eyesight
visto, viss-to, *m* visa
vistoso*, viss-**to**-zo, *adj* gaudy
vita, vee-tah, *f* life; waist; existence
vitalizio, ve-tah-**lee**-tse'o, *m* life-annuity
vite, vee-tay, *f* vine; screw
vitello, ve-**tell**-lo, *m* calf;

veal; calfskin
viticoltore, ve-te-koll-**tor**-ay, *m* vine grower
vittima, vit-te-mah, *f* victim
vitto, vit-to, *m* food
vittoria, vit-**tor**-re'ah, *f* victory
vittorioso, vit-to-re'**o**-zo, *adj* victorious, triumphant
viuzza, ve'**oot**-tsah, *f* alley
viva, vee-vah, *interj* hurrah!; long live!
vivacchiare, ve-vahk-ke'**ah**-ray, *v* to scrape a living
vivace, ve-**vah**-chay, *adj* lively; bright
vivacità, ve-vah-che-**tah**, *f* vivacity; liveliness; brightness
vivamente, ve-vah-**men**-tay, *adv* deeply; sincerely
vivanda, ve-**vahn**-dah, *f* food; dish
vivente, ve-**ven**-tay, *adj* living
vivere, vee-vay-ray, *v* to live; to live through; *m* existence
viveri, vee-vay-re, *mpl* supplies
vivo, vee-vo, *adj* alive, living; live; lively; bright
viziare, ve-tse'**ah**-ray, *v* to spoil
vizio, vee-tse'o, *m* vice; bad habit; defect
vizioso, ve-tse'**o**-zo, *adj* depraved
vizzo, vit-tso, *adj* withered
vocabolario, vo-kah-bo-**lah**-re'o, *m* vocabulary; dictionary
vocabolo, vo-**kah**-bo-lo, *m* word
vocale, vo-**kah**-lay, *adj* vocal; *f* vowel
vocazione, vo-kah-tse'**o**-nay, *f* vocation; natural bent
voce, vo-chay, *f* voice
voga, vo-gah, *f* vogue; rowing
vogare, vo-**gah**-ray, *v* to row
voglia, vo-l'yah, *f* wish, fancy; craving; birthmark; **aver – di (fare) qualcosa,** to feel like (doing) something
voi, vo-e, *pron* you; **– stessi,** yourselves
volante, vo-**lahn**-tay, *adj* flying; loose, *m* steering wheel
volantino, vo-lahn-**tee**-no, *m* flier
volare, vo-**lah**-ray, *v* to fly
volatile, vo-**lah**-te-lay, *adj* volatile; *m* bird
volatilizzare, vo-lah-te-lid-**dzah**-ray, *v* to volatilize
volatilizzarsi, vo-lah-te-lid-**dzar**-se, *v* to volatilize; to vanish
volentieri, vo-len-te'**ay**-re, *adv* willingly
volere, vo-**lay**-ray, *v* to want; to need; *m* will, wish; **voler bene a qn,** to love sb; **voler dire,** to mean
volgare, voll-**gah**-ray, *adj* vulgar
volgarità, voll-gah-re-**tah**, *f* vulgarity
volgere, voll-jay-ray, *v* to turn
volo, vo-lo, *m* flight
volontà, vo-lon-**tah**-*f* will
volontario, -a, vo-lon-**tah**-re'o, *adj** voluntary; *m/f* volunteer
volpe, voll-pay, *f* fox
volta, voll-tah, *f* time; vault; **una –,** once; **due volte,** twice
voltaggio, voll-**tahj**-jo, *m* voltage
voltare, voll-**tah**-ray, *v* to turn; to turn over; to turn round
voltarsi, voll-**tar**-se, *v* to turn; to turn over; to turn round
volteggiare, voll-ted-**jah**-ray, *v* to vault; to circle
volto, voll-to, *m* face
volubile, vo-**loo**-be-lay, *adj* fickle

volume, vo-**loo**-may, *m* volume
voluminoso, vo-loo-me-**no**-zo, *adj* voluminous, bulky
voluttà, vo-loot-**tah**, *f* sensual delight
vomere, vo-may-ray, *m* ploughshare
vomitare, vo-me-**tah**-ray, *v* to vomit, to throw up
vorace, vo-**rah**-chay, *adj* voracious
voracità, vo-rah-che-**tah**, *f* greediness
voragine, vo-**rah**-je-nay, *f* abyss
vortice, vor-te-chay, *m* vortex; whirl
vostro, voss-tro, *adj* your; *pron* yours
votante, vo-**tahn**-tay, *m/f* voter
votare, vo-**tah**-ray, *v* to vote
votarsi, vo-**tar**-se, *v* to devote oneself
voto, vo-to, *m* vote; mark; vow
vulcano, vooll-**kah**-no, *m* volcano
vulcanico, vooll-**kah**-ne-ko, *adj* volcanic
vulnerabile, vooll-nay-**rah**-be-lay, *adj* vulnerable
vuotare, voo'o-**tah**-ray, *v* to empty
vuoto, voo'**o**-to, *adj* empty; *m* empty space; vacuum

W

Walkman, oo'**ok**-mahn, *m* Walkman TM, personal stereo

water, vah-tair, *m* toilet (bowl)

watt, oo'ot, *m* watt

weekend, oo'eek-**end**, *m* weekend

whisky, oo'**iss**-ke, *m* whisky

windsurf, oo'**ind**-serf, *m* windsurfing; windsurf board

würstel, vyr-stel, *m* frankfurter

X

xenofobia, ksay-no-fo-**bee**-ah, *f* xenophobia
xilofono, ksee-**lo**-fo-no, *m* xylophone

Y

yacht, ee-**ot**, *m* yacht
yoga, ee'**o**-gah, *m* yoga
yogurt, ee'**o**-goort, *m* yoghurt

Z

zabaglione, dzah-bah-**ly'o**-nay, *m* zabaglione
zafferano, dzahf-fay-**rah**-no, *m* saffron
zaffiro, dzahf-**fee**-ro, *m* sapphire
zaino, dzah-e-no, *m* rucksack
zampa, tsahm-pah, *f* paw
zampillare, tsahm-pill-**lah**-ray, *v* (fluid) to jet
zampillo, tsahm-**pill**-lo, *m* jet
zampirone, dzam-pe-**ro**-nay, *m* mosquito repellent
zampogna, tsahm-**po**-n'yah, *f* bag-pipe
zangola, tsahn-go-lah, *f* churn
zanna, tsahn-nah, *f* tusk; fang
zanzara, dzahn-**dzah**-rah, *f* mosquito
zanzariera, dzahn-dzah-re'**ay**-rah, *f* mosquito-net
zappa, tsahp-pah, *f* hoe
zappare, tsahp-**pah**-ray, *v* to hoe
zar, tsahr, *m* tsar
zarina, tsah-**ree**-nah, *f* tsarina
zattera, tsaht-tay-rah, *f* raft
zavorra, dzah-**vor**-rah, *f* ballast
zebra, dzay-brah, *f* zebra
zecca, tsek-kah, *f* (parasite) tick; (money) mint
zelante, dzay-**lahn**-tay, *adj* zealous
zelo, dzay-lo, *m* zeal
zenzero, dzen-dzay-ro, *m* ginger
zeppa, tsep-pah, *f* wedge; (shoe) platform
zeppo, tsep-po, *adj* crammed
zerbino, dzer-**bee**-no, *m* doormat
zero, dzay-ro *m* zero, nought; (sport) nil
zeta, dzay-tah, *f* zed
zia, tsee-ah, *f* aunt
zibellino, dze-bell-**lee**-no, *m* sable
zigomo, dzee-go-mo, *m* cheekbone
zimbello, tsim-**bell**-lo, *m* laughing stock
zinco, tsin-ko, *m* zinc
zingaro, -a, tsin-gah-ro, *m/f* gipsy
zio, tsee-o, *m* uncle
zitella, tse-**tell**-lah, *f* spinster
zittire, tsit-**tee**-ray, *v* to hush
zitto, tsit-to, *adj* silent; *interj* shut up!
zizzania, dzit-**dzah**-ne'ah, *f* discord
zoccolo, tsock-ko-lo, *m* clog; hoof
zodiaco, dzo-**dee**'ah-ko, *m* zodiac
zolfanello, tsoll-fah-**nell**-lo, *m* sulphur-match
zolfo, tsoll-fo, *m* sulphur
zolla, dzoll-lah, *f* clod

zolletta, dzoll-**let**-tah, *f* lump
zona, dzo-nah, *f* zone; – **pedonale,** pedestrian precinct
zoo, dzo'o, *m* zoo
zoologico, dzo-o-**lo**-je-ko, *adj* zoological
zoppicare, tsop-pe-**kah**-ray, *v* to limp
zoppo, tsop-po, *adj* lame
zotico, dzo-te-ko, *m* boor
zucca, tsook-kah, *f* pumpkin
zuccherare, tsook-kay-**rah**-ray, *v* to sweeten
zuccheriera, tsook-kay-ree'**ay**-rah, *f* sugar bowl
zucchero, tsook-kay-ro, *m* sugar; – **filato,** candy floss; – **a velo,** icing sugar
zuccheroso, tsook-kay-**ro**-so, *adj* sugary
zucchetto, tsook-**ket**-to, *m* skull-cap
zucchino, tsook-**kee**-no, *m* courgette
zuccone, -a, tsook-**ko**-nay, *m/f* blockhead
zuffa, tsoof-fah, *f* scuffle
zufolare, tsoo-fo-**lah**-ray, *v* to whistle
zuppa, tsoop-pah, *f* soup
zuppiera, tsoop-pe'**ay**-rah, *f* tureen
zuppo, tsoop-po, *adj* soaked

ENGLISH • ITALIAN
INGLESE • ITALIANO

a, ei, *art* un, uno, una
abandon, *a*-ban´-don, *v* abbandonare
abandoned, *a*-ban´-dond, *adj* abbandonato
abashed, *a*-basht´, *adj* sconcertato, imbarazzato
abate, *a*-beit´, *v* (weather) calmarsi; (noise) diminuire
abattoir, ab´-*a*-tuaar, *n* mattatoio *m*, macello *m*
abbot, ab´-ot, *n* abate *m*
abbreviate, *a*-brii´-vi-eit, *v* abbreviare
abbreviation, *a*-bri-vi-ei´-shon, *n* abbreviazione *f*
abdicate, ab´-di-keit, *v* abdicare
abdomen, ab´-do-men, *n* addome *m*
abduction, ab-dŏk´-shon, *n* rapimento *m*
aberration, ab-*e*-rei´-shon, *n* aberrazione *f*
abhor, ab-hoor´, *v* aborrire
abhorrent, ab-ho´-rent, *adj* ripugnante
abide, *a*-baid´, *v* dimorare; **to – by,** attenersi a
ability, *a*-bil´-i-ti, *n* abilità *f*
abject, ab´-chekt, *adj* abietto
ablaze, *a*-bleis´, *adv* in fiamme
able, ei´-bl, *adj* capace, abile; **to be –,** potere
ably, ei´-bli, *adv* abilmente
abnormal*, ab-noor´-mal, *adj* anormale
aboard, *a*-boord´, *adv* a bordo
abode, *a*-boud´, *n* dimora *f*, abitazione *f*
abolish, *a*-bol´-ish, *v* abolire
abominable, *a*-bom´-in-*a*-bl, *adj* abominevole, orribile
aboriginal, ab-*o*-rich´-in-al, *adj* aborigeno
abortion, *a*-boor´-shon, *n* aborto *m*; **to have an –,** abortire
abound, *a*-baund´, *v* abbondare
about, *a*-baut´, *adv* circa; intorno; quasi; *prep* intorno a; riguardo a; **to be – to,** essere sul punto di
above, *a*-bŏv´, *adv* al di sopra; *prep* sopra
abrasion, *a*-brei´-shon, *n* abrasione *f*, escoriazione *f*
abreast, *a*-brest´, *adv* fianco a fianco
abridge, *a*-brich´, *v* riassumere; ridurre
abroad, *a*-brood´, *adv* all'estero
abrupt*, *a*-brŏpt´, *adj* brusco; (steep) scosceso, ripido
abscess, ab´-ses, *n* ascesso *m*
abscond, ab-skond´, *v* fuggire; rendersi latitante
abseil, ab´-seil, *v* scendere

a corda doppia
absence, ab´-sens, *n* assenza *f*
absent, ab´-sent, *adj* assente
absent-minded, ab-sent-main´-did, *adj* distratto
absent oneself, ab-sent' uŏn-self´, *v* assentarsi; non presentarsi
absentee, ab-sen-tii´, *n* assente *m/f*
absolute*, ab´-so-lut, *adj* assoluto
absolve, ab-solv´, *v* assolvere; **– from,** assolvere da
absorb, ab-soorb´, *v* assorbire
absorbed, ab-soorbd´, *adj* assorto
abstain, ab-stein´, *v* astenersi
abstainer, ab-stein´-a, *n* astemio *m*
abstemious*, ab-stii´-mi-os, *adj* sobrio, moderato
abstinence, ab´-sti-nens, *n* astinenza *f*
abstract, ab-strakt´, *v* astrarre; riassumere; estrarre
abstract, ab´-strakt, *n* estratto *m*, compendio *m*; *adj* astratto
absurd*, ab-serd´, *adj* assurdo
abundance, a-bŏn´-dans, *n* abbondanza *f*
abundant, a-bŏn´-dant, *adj* abbondante
abuse, a-biuus´, *v* abusare di; maltrattare; (affront) insultare
abuse, a-biuus´, *n* abuso *m*; maltrattamento *m*; (affront) insulto *m*
abusive*, a-biuus´-iv, *adj* offensivo
abyss, a-bis´, *n* abisso *m*
acacia, a-kei´-sha, *n* acacia *f*
academy, a-kad´-e-mi, *n* accademia *f*
accede, ak-siid´, *v* accedere
accelerate, ak-sel´-e-reit, *v* accelerare
accent, ak´-sent, *n* accento *m*
accent, ak-sent´, *v* accentare; evidenziare
accentuate, ak-sent´-iu-eit, *v* accentuare
accept, ak-sept´, *v* accettare
acceptance, ak-sept´-ens, *n* accettazione *f*
acceptable, ak-sept´-a-bl, *adj* accettabile, gradito
access, ak´-ses, *n* accesso *m*; entrata *f*
accessible, ak-ses´-si-bl, *adj* accessibile
accession, ak-se´-shon, *n* accessione *f*; ascesa al trono *f*
accessory, ak-ses´-o-ri, *n* accessorio *m*; (person) complice *m/f*
accident, ak´-si-dent, *n* incidente *m*
accidental*, ak-si-den´-tl, *adj* accidentale, fortuito
acclaim, a-kleim´, *v* acclamare, applaudire
accommodate, a-kom´-o-deit, *v* (lodge) alloggiare; (have space for) accogliere
accommodation, a-kom-o-dei´-shon, *n* (lodging) alloggio *m*; (room) posto *m*
accompaniment, a-kŏm´-pa-ni-ment, *n* accompagnamento *m*
accompanist, a-kŏm´-pa-nist, *n* accompagnatore *m*, accompagnatrice *f*
accompany, a-kŏm-pa-ni, *v* accompagnare
accomplice, a-kŏm´-plis, *n* complice *m/f*
accomplish, a-kŏm´-plish, *v* compiere; (purpose) realizzare
accomplishment, a-kŏm´-plish-ment, *n* compimento *m*; risultato *m*
accord, a-koord´, *n* accordo *m*; **of one's own –,** di propria volontà; *v*

accordare
accordance, *a*-koord´-*a*ns, *n* **in – with,** in conformità a
according to, *a*-koord´-ing tu, *prep* secondo; a seconda di
accordingly, *a*-koord´-ing-li, *adv* in conseguenza; conformemente
accordion, *a*-koor´-di-on, *n* fisarmonica *f*
accost, *a*-kost´, *v* accostare, avvicinare
account, *a*-kaunt´, *n* (bill) conto *m*; (report) resoconto, rapporto *m*; **on – of,** a causa di; **on no –,** in nessun modo; **– for,** *v* rendere conto di, spiegare
accountable for, *a*-kaun´-ta-bl foor, *adj* responsabile di
accountant, *a*-kaun´-tant, *n* ragioniere *m*, ragioniera *f*; commercialista *m/f*
accrue, *a*-kruu´, *v* maturare
accumulate, *a*-kiuu´-miu-leit, *v* accumulare
accuracy, ak´-iu-ra-si, *n* accuratezza *f*
accurate*, ak´-iu-rat, *adj* accurato, esatto
accursed, *a*-kerst´, *adj* maledetto
accuse, *a*-kiuus´, *v* accusare
accustom, *a*-kŏs´-tom, *v* abituare
accustomed, *a*-kŏs´-tomd, *adj* abituale; **– to,** abituato a
ace, eis, *n* asso *m*
ache, eik, *n* dolore *m*; *v* far male, dolere
achieve, *a*-chiiv´, *v* (success) conseguire; (aim) raggiungere
achievement, *a*-chiiv´-ment, *n* (attainment) realizzazione *f*; (result) risultato *m*, successo *m*
acid, as´-id, *n* acido *m*; *adj* acido
acid rain, as´-id rein, *n* pioggia acida *f*
acidity, *a*-sid´-i-ti, *n* acidità *f*
acknowledge, *a*k-nol´-ich, *v* riconoscere; (receipt) accusare
acknowledgment, *a*k-nol´-ich-ment, *n* riconoscimento *m*; (receipt) conferma *f*
acne, ak´-ni, *n* acne *f*
acorn, ei´-koorn, *n* ghianda *f*
acoustics, *a*-kus´-tiks, *n* acustica *f*
acquaint, *a*-kueint´, *v* informare; far conoscere
acquaintance, *a*-kueint´-*a*ns, *n* conoscenza *f*; (person) conoscente *m/f*
acquiesce, ak-ui-es´, *v* accondiscendere
acquiescence, ak-ui-es´-*a*ns, *n* consenso *m*
acquire, *a*-kuair´, *v* acquistare; apprendere
acquisition, ak-ui-si´-shon, *n* acquisto *m*
acquit, *a*-kuit´, *v law* prosciogliere
acquittal, *a*-kuit´-l, *n law* assoluzione *f*
acre, ei´-ke, *n* acro *m*
acrid, ak´-rid, *adj* acre, pungente
acrobat, ak´-ro-bat, *n* acrobata *m/f*
across, *a*-kros´, *prep* attraverso; *adv* dall'altra parte; di traverso; in larghezza
acrylic, *a*-kri´-lik, *adj* acrilico; *n* acrilico *m*
act, akt, *n* azione *f*; (of a play) atto *m*; *law* legge *f*; *v* agire, comportarsi; (in a theatre) recitare
action, ak´-shon, *n* azione *f*; *law* processo *m*; (war) combattimento *m*
active*, ak´-tiv, *adj* attivo
activity, *a*k-tiv´-i-ti, *n* attività *f*
actor, ak´-ta, *n* attore *m*
actress, ak´-tris, *n* attrice *f*
actual, ak´-chu-al, *adj*

reale, effettivo
actually, ak´-chu-*a*-li, *adv* veramente, davvero
actuate, ak´-tiu-eit, *v* incitare; mettere in azione, attivare
acumen, ak´-iu-men, *n* acume *m*
acute, *a*-kiuut´, *adj* acuto; fine; perspicace
acuteness, *a*-kiuut´-nis, *n* acutezza *f*
adamant, ad´-*a*-mant, *adj* inflessibile
adapt, *a*-dapt´, *v* adattare, modificare
adaptation, ad-*a*p-tei´-shon, *n* adattamento *m*
adaptor, *a*-dap´-ta, *n* presa multipla *f*; riduttore *m*, adattatore *m*
add, ad, *v* aggiungere; (sum) addizionare
adder, ad´-*a*, *n* vipera *f*
addict, ad´-ikt, *n* drogato *m*, drogata *f*, tossicomane *m/f*
addicted to, *a*-dik´-tid tu, *adj* dedito a; dipendente da
addiction, *a*-dik´-shon, *n* assuefazione *f*; tossicodipendenza *f*
addition, *a*-di´-shon, *n* addizione *f*; aggiunta *f*
additional, *a*-di´-shon-al, *adj* aggiunto, supplementare
additive, ad-i-tiv, *n* additivo *m*
address, *a*-dres´, *v* indirizzare; (orally) fare un discorso a, rivolgersi a; *n* indirizzo *m*; discorso *m*
adduce, *a*-diuus´, *v* addurre
adequacy, ad´-i-ku*a*-si, *n* adeguatezza *f*
adequate, ad´-i-ku*a*t, *adj* adeguato; adatto; all'altezza di
adhere, *a*d-hi*er*´, *v* aderire; rimanere fedele a
adherence, *a*d-hi*e*-rens, *n* (loyalty) adesione *f*
adherent, *a*d-hi*e*-rent, *n* & *adj* aderente
adhesion, *a*d-hii´-sh*o*n, *n* (grip) aderenza *f*
adhesive, *a*d-hii´-siv, *adj* adesivo; *n* adesivo *m*
adjacent, *a*d-chei´-sent, *adj* adiacente
adjective, ad´-chek-tiv, *n* aggettivo *m*
adjoin, *a*d-choin´, *v* essere attiguo
adjoining, *a*d-choin´-ing, *adj* vicino a, attiguo a
adjourn, *a*d-ch*er*n´, *v* rinviare, aggiornare; sospendere
adjournment, *a*d-ch*er*n´-ment, *n* rinvio *m*
adjust, *a*d-chŏst´, *v* adattare, aggiustare; *mech* regolare
adjustment, *a*d-chŏst´-ment, *n* modifica *f*, adattamento *m*; regolazione *f*
administer, *a*d-min´-is-ta, *v* gestire, amministrare; (medicine) somministrare
admirable, ad´-mi-r*a*-bl, *adj* ammirevole
admiral, ad´-mi-r*a*l, *n* ammiraglio *m*
admire, *a*d-mai*r*´, *v* ammirare
admission, *a*d-mi´-sh*o*n, *n* ammissione *f*; entrata *f*
admit, *a*d-mit´, *v* ammettere; fare entrare
admittance, *a*d-mit´-*a*ns, *n* entrata *f*, ingresso *m*
admonish, *a*d-mon´-ish, *v* ammonire
admonition, ad-mo-ni´-sh*o*n, *n* ammonizione *f*
ado, *a*-duu´, *n* scalpore *m*; (noise) agitazione *f*
adolescence, ad-*a*-le´-sens, *n* adolescenza *f*
adolescent, ad-*a*-le´-sent, *n* adolescente *m/f*
adopt, *a*-dopt´, *v* adottare
adore, *a*-doo*r*´, *v* adorare
adorn, *a*-doo*r*n´, *v* adornare
adornment, *a*-doo*r*n´-ment, *n* ornamento *m*

adrift, *a*-drift´, *adv* alla deriva
adulation, ad-iu-lei´-shon, *n* adulazione *f*
adult, ad´-ŏlt, *n* adulto *m*; *adj* adulto
adulterate, *a*-dŏl´-te-reit, *v* adulterare; falsificare
adultery, *a*-dŏl´-te-ri, *n* adulterio *m*
advance, *ad*-vaans´, *v* avanzare; (science) progredire; (lend) anticipare; *n* (progress) progresso *m*; (money) anticipo *m*; *mil* avanzata *f*; **in –,** anticipatamente
advancement, *ad*-vaans´-ment, *n* promozione *f*; progresso *m*
advantage, *ad*-vaan´-tich, *n* vantaggio *m*; **to take – of,** approfittare di
advantageous*, ad-vaan-tei´-chos, *adj* vantaggioso
advent, ad´-vent, *n* avvento *m*
adventure, *ad*-ven´-cha, *n* avventura *f*
adventurer, *ad*-ven´-cha-ra, *n* avventuriero *m*
adventurous, *ad*-ven´-cha-ros, *adj* avventuroso
adverb, ad´-verb, *n* avverbio *m*
adversary, ad´-ve-sa-ri, *n* avversario *m*
adverse*, ad´-vers, *adj* avverso; contrario
advert, *ad*´-vert, *n* annuncio *m*, inserzione *f*, pubblicità *f*
advertise, ad´-ve-tais, *v* fare pubblicità (a), mettere un annuncio (per)
advertisement, *ad*-ver´-tis-ment, *n* annuncio *m*, inserzione *f*, pubblicità *f*
advertiser, *ad*´-ve-tais-*a*, *n* inserzionista *m/f*
advertising, *ad*´-ve-tais-ing, *n* pubblicità *f*
advice, *ad*-vais´, *n* consiglio *m*, consigli *mpl*
advisable, *ad*-vais´-*a*-bl, *adj* consigliabile, opportuno
advise, *ad*-vais´, *v* consigliare; avvisare
advised, *ad*-vaisd´, *adj* **to be ill –,** far male a; **to be well –,** far bene a
adviser, *ad*-vais´-*a*, *n* consulente *m/f*
advocate, ad´-vo-kat, *n* avvocato *m*
advocate, ad´-vo-keit, *v* difendere, propugnare
aerial, er´-ri-al, *n* (radio, TV) antenna *f*; *adj* aereo
aerobics, er-rou´-biks, *n* aerobica *f*
aerodrome, er´-ro-droum, *n* aerodromo *m*
aeroplane, er´-ro-plein, *n* aereo *m*, aeroplano *m*
aerosol, er´-ro-sol, *n* aerosol *m*
afar, *a*-faar´, *adv* lontano; **from –,** da lontano
affable, af´-*a*-bl, *adj* affabile, cortese
affably, af´-*a*-bli, *adv* affabilmente
affair, *a*-fer´, *n* affare *m*; faccenda *f*; relazione amorosa *f*
affect, *a*-fekt´, *v* toccare; (influence) influire su; (move) commuovere; (pretend) fingere
affected, *a*-fek´-tid, *adj* affettato; (moved) commosso
affection, *a*-fek´-shon, *n* affetto *m*
affectionate*, *a*-fek´-shon-at, *adj* affezionato
affidavit, af-i-dei´-vit, *n* *law* affidavit *m*
affiliate, *a*-fil´-i-eit, *v* affiliare, associare
affinity, *a*-fin´-i-ti, *n* affinità *f*
affirm, *a*-ferm´, *v* affermare
affirmation, af-*e*-mei´-shon, *n* affermazione *f*
affirmative*, *a*-ferm´-*a*-tiv, *adj* affermativo
affix, *a*-fiks´, *v* apporre; attaccare

afflict, *a*-flikt´, *v* affliggere
affliction, *a*-flik´-shon, *n* afflizione *f*; infermità *f*
affluence, af´-lu-ens, *n* opulenza *f*; ricchezza *f*
affluent, af´-lu-ent, *adj* abbondante; ricco
afford, *a*-foord´, *v* (means) permettersi; (opportunity) offrire
affray, *a*-frei´, *n* rissa *f*
affront, *a*-frŏnt´, *n* affronto *m*; *v* insultare, oltraggiare
aflame, *a*-fleim´, *adj* in fiamme
afloat, *a*-flout´, *adj* & *adv* a galla
aforesaid, *a*-foor´-sed, *adj* suddetto
afraid, *a*-freid´, *adj* spaventato, impaurito; **to be – of,** aver paura di
afresh, *a*-fresh´, *adv* di nuovo
Africa, af´-ri-ca, *n* Africa *f*
African, af´-ri-can, *adj* africano
aft, aaft, *adv* a poppa
after, aaft´-a, *prep* dopo; *adv* dopo, seguente; *conj* dopo che
aftermath, aaft´-e-maaZ, *n* conseguenze *fpl*; **in the –,** nel periodo seguente
afternoon, aaft´-e-nuun, *n* pomeriggio *m*
afterthought, aaft´-e-Zoot, *n* ripensamento *m*
afterwards, aaft´-e-ueds, *adv* in seguito
again, *a*-ghein´, *adv* nuovamente; ripetutamente; **not –,** non più
against, *a*-gheinst´, *prep* contro
age, eich, *n* età *f*; (period) epoca *f*; **to be of –,** essere maggiorenne
aged, eich´-id, *adj* vecchio; **a child – five,** un bambino di cinque anni
agency, ei´-chen-si, *n* agenzia *f*
agenda, *a*-chen´-da, *n* ordine del giorno *m*, agenda *f*
agent, ei´-chent, *n* agente *m/f*, rappresentante *m/f*
aggravate, ag´-ra-veit, *v* aggravare; irritare
aggregate, ag´-ri-gheit, *v* aggregare; *adj* aggregato, complessivo; *n* aggregato *m*; insieme *m*
aggression, *a*-gre´-shon, *n* aggressione *f*
aggressive, *a*-gres´-iv, *adj* aggressivo
aggrieved, *a*-griivd´, *adj* afflitto, addolorato
aghast, *a*-gaast´, *adj* sbigottito
agile, a´-chail, *adj* agile
agitate, a' chi-teit, *v* (shake) agitare; (mental) turbare; (stir up) eccitare
agitation, a-chi-tei´-shon, *n* agitazione *f*; turbamento *m*; (strife) turbolenza *f*
ago, *a*-gou´, *adv* fa; **long –,** molto tempo fa
agonize, ag´-o-nais, *v* angosciarsi
agonizing, ag´-o-nais-ing, *adj* angoscioso
agony, ag´-o-ni, *n* agonia *f*, tormento *m*
agree, *a*-grii´, *v* convenire, essere d'accordo
agreable, *a*-grii´-e-bl, *adj* gradevole, piacevole
agreement, *a*-grii´-ment, *n* accordo *m*; (contract) contratto *m*
agricultural, ag-ri-kŏl´-cha-ral, *adj* agricolo
agriculture, ag´-ri-kŏl-cha, *n* agricoltura *f*
aground, *a*-graund´, *adj* incagliato, arenato
ahead, *a*-hed´, *adv* avanti; in testa; in anticipo
aid, eid´, *n* aiuto *m*; *v* aiutare
AIDS, eids, *n* AIDS *m*
ailing, ei´-ling, *adj* sofferente
ailment, eil´-ment, *n* male *m*, malanno *m*

aim, eim, *n* (arms) mira *f*; (object) scopo *m*; *v* mirare
aimless, eim´-les, *adj* senza scopo
air, er, *n* aria *f*; (mien) aria *f*; **by –,** per via aerea; in aereo; **on the –,** (radio, tv) in onda; *v* arieggiare, far prendere aria; (ideas) esprimere
air-conditioning, er-kon-di´-shon-ing, *n* aria condizionata *f*
airgun, er´-gŏn, *n* fucile ad aria compressa *m*
airing, er´-ring, *n* ventilazione *f*
airlift, er´-lift, *n* ponte aereo *m*
airport, er´-poort, *n* aeroporto *m*
airship, er´-ship, *n* dirigibile *m*
airtight, er´-tait, *adj* a chiusura ermetica
airy, er-ri, *adj* arioso, arieggiato
aisle, ail, *n* navata *f*
ajar, *a*-chaar´, *adj* socchiuso
akimbo, *a*-kim´-bou, *adv* (appoggiato) sui fianchi
akin to, *a*-kin' tu, *adj* simile a
alabaster, al´-*a*-baas-ta, *n* alabastro *m*
alacrity, *a*-lak´-ri-ti, *n* alacrità *f*
alarm, *a*-laarm´, *v* allarmare; *n* allarme *m*
alarm-clock, *a*-laarm´-klok, *n* sveglia *f*
alarming, *a*-laarm´-ing, *adj* allarmante
album, al´-bum, *n* album *m*
alcohol, al´-ko-hol, *n* alcol *m*
alcoholic, al-ko-hol´-ik, *adj* alcolizzato; *n* alcolizzato *m*
ale, eil, *n* birra *f*
alert, *a*-lert´, *adj* vigile, all'erta
alertess, *a*-lert´-nis, *n* vigilanza *f*; prontezza *f*
alias, ei´-li-as, *adv* altrimenti detto; *n* falso nome *m*
alibi, al´-i-bai, *n* alibi *m*
alien, ei´-li-en, *n* straniero *m*; extraterrestre *m*; *adj* straniero; **– to,** estraneo a
alienate, ei´-li-en-eit, *v* alienare
alight, *a*-lait´, *adj* acceso; in fiamme; *v* scendere (da un veicolo)
align, *a*-lain´, *v* allineare
alike, *a*-laik´, *adj* simile; *adv* allo stesso modo
alive, *a*-laiv´, *adj* vivo, vivente
all, ool, *adj* tutto, tutta; tutti, tutte; ogni; *adv* completamente; perfettamente; **– along,** per tutto il tempo; **– right,** va bene; **– the more,** tanto più; **not at –,** niente affatto
allay, *a*-lei´, *v* mitigare; calmare
allegation, a-li-gei´-shon, *n* accusa *f*
allege, *a*-lech´, *v* asserire
alleged, *a*-lechd´, *adj* presunto
allegedly, *a*-lech´-id-li, *adv* secondo quanto si dice
allegiance, *a*-lii´-chans, *n* fedeltà *f*
allergic, a-ler´-chik, *adj* allergico
allergy, a´-le-chi, *n* allergia *f*
alleviate, *a*-lii´-vi-eit, *v* alleviare
alley, al´-i, *n* vicolo *m*
alliance, *a*-lai´-ans, *n* alleanza *f*
allied, al´-aid, *adj* alleato; affine
allocate, al´-o-keit, *v* assegnare; stanziare
allot, *a*-lot´, *v* assegnare; spartire
allotment, *a*-lot´-ment, *n* assegnazione *f*; lotto di terreno *m*
allow, *a*-lau´, *v* permettere; concedere;

assegnare; calcolare
allowance, *a*-lau´-*ans*, *n* (monetary) assegno *m*, indennità *f*; (rebate) sconto *m*; **to make - for,** scusare, tener conto di
alloy, al´-oi, *n* lega *f*
allude, *a*-luud´, *v* alludere
allure, *a*-liur´, *v* allettare; (tempt) sedurre
alluring, *a*-liur´-ring, *adj* allettante, seducente
allusion, *a*-luu´-shon, *n* allusione *f*
ally, al´-ai, *n* alleato *m*
ally, *a*-lai´, *v* allearsi
Almighty, ool-mai´-ti, *n* Onnipotente *m*
almond, aa´-mond, *n* mandorla *f*
almost, ool´-moust, *adv* quasi
alms, aams, *n* elemosina *f*
aloft, *a*-loft´, *adv* sopra, in alto
alone, *a*-loun´, *adv* solo
along, *a*-long´, *prep* lungo; *adv* avanti; insieme
alongside, *a*-long´-said, *prep* accanto a
aloof, *a*-luuf´, *adj* riservato; **keep –,** tenersi in disparte
aloud, *a*-laud´, *adv* ad alta voce
alphabet, al´-*fa*-bet, *n* alfabeto *m*
Alps, alps, *npl* Alpi *mpl*
already, ool-red´-i, *adv* già
also, ool´-sou, *adv* anche; ugualmente
altar, ool´-*ta*, *n* altare *m*
alter, ool´-*ta*, *v* mutare; modificare
alteration, ool-*te*-rei´-shon, *n* mutamento *m*
alternate, ool´-*te*-neit, *adj* alterno; **on – days,** ogni due giorni
alternative, ool-*ter*´-*na*-tiv, *adj* alternativo; *n* alternativa *f*
although, ool-Dou´, *conj* quantunque, sebbene
altitude, al´-ti-tiuud, *n* altitudine *f*, quota *f*
altogether, ool-*to*-geD´-*a*, *adv* interamente; nel complesso
aluminium, al-iu-min´-*ium*, *n* alluminio *m*
always, ool´-ueis, *adv* sempre
amass, *a*-mas´, *v* ammassare
amateur, am´-*a*-*ter*, *n* dilettante *m/f*
amaze, *a*-meis´, *v* stupire
amazement, *a*-meis´-ment, *n* stupore *m*
ambassador, am-bas´-*a*-da, *n* ambasciatore *m*
amber, am´-*ba*, *n* ambra *f*
ambiguity, am-bi-ghiu´-i-ti, *n* ambiguità *f*
ambiguous*, am-bi´-ghiu-os, *adj* ambiguo
ambition, am-bi´-shon, *n* ambizione *f*
ambitious*, am-bi´-shos, *adj* ambizioso
ambulance, am´-biu-lans, *n* ambulanza *f*
ambush, am´-bush, *n* imboscata *f*, agguato *m*; *v* tendere un agguato
ameliorate, *a*-mii´-lio-reit, *v* migliorare
amenable to, *a*-mii´-na-bl tu, *adj* disposto a
amend, *a*-mend´, *v* (a law) emendare; (correct) correggere
amendment, *a*-mend´-ment, *n* (a law) emendamento *m*; correzione *f*
amends, *a*-mends´, **make –,** *v* farsi perdonare; indennizzare
amenities, *a*-mii´-ni-tis, *npl* attrezzature ricreative *fpl*; comodità *fpl*
America, *a*-me´-ri-ka, *n* America *f*
American, *a*-me´-ri-kan, *adj* americano
amethyst, am´-i-Zist, *n* ametista *f*
amiable, ei´-mia-bl, *adj* gentile, carino
amicable, am´-i-ka-bl, *adj* amichevole

amid(st), *a*-mid(st)', *prep* fra, tra, in mezzo a
amiss, *a*-mis´, *adj* che non quadra
ammonia, *a*-mou´-ni-*a*, *n* ammoniaca *f*
ammunition, am-iu-ni´-shon, *n* munizioni *fpl*
amnesia, am-nii´-*sia*, *n* amnesia *f*
amnesty, am´-nis-ti, *n* amnistia *f*
among(st), *a*-mŏng(st)', *prep* tra, fra, in mezzo a
amorous*, am´-*o*-ros, *adj* amoroso
amount, *a*-maunt´, *v* ammontare; *n* importo *m*; quantità *f*; somma *f*
ample, am´-pl, *adj* ampio, vasto; abbondante
amplifier, am´-pli-fai-*a*, *n* amplificatore *m*
amplify, am´-pli-fai, *v* amplificare
amputate, am´-piu-teit, *v* amputare
amuck, *a*-mŏk´, **run –,** *v* correre all'impazzata; scatenarsi
amuse, *a*-miuus´, *v* divertire
amusement, *a*-miuus´-ment, *n* divertimento *m*, svago *m*
amusing*, *a*-miuus´-ing, *adj* divertente
an, *an*, *art* un, uno, una
anaemia, *a*-nii´-mi-*a*, *n* anemia *f*
anaemic, *a*-nii´-mik, *adj* anemico
anaesthetic, an-is-Zet´-ik, *n* anestetico *m*; **under –,** sotto anestesia
analogous, *a*-nal´-*o*-gos, *adj* analogo
analysis, *a*-nal´-i-sis, *n* analisi *f*; psicanalisi *f*
analyst, an´-*a*-list, *n* analista *m/f*
analyze, an´-*a*-lais, *v* analizzare
anarchy, an´-*a*-ki, *n* anarchia *f*
anatomy, *a*-na´-to-mi, *n* anatomia *f*
ancestor, an´-ses-ta, *n* antenato *m*
anchor, ang´-ka, *n* ancora *f*; *v* ancorare
anchorage, ang´-ka-rich, *n* ancoraggio *m*
anchovy, an´-cho-vi, *n* acciuga *f*, alice *f*
ancient*, ein´-shent, *adj* antico
and, and, *conj* e, ed
anecdote, an´-ik-dout, *n* aneddoto *m*
anew, *a*-niuu´, *adv* nuovamente, daccapo
angel, ein´-chel, *n* angelo *m*
anger, ang´-ga, *n* collera *f*, rabbia *f*; *v* far arrabbiare
angina, an-chai´-na, *n* angina pectoris *f*
angle, ang´-gl, *n* angolo *m*; punto di vista *m*; *v* pescare con la lenza
angler, ang´-gla, *n* pescatore con la lenza *m*
angry, ang´-gri, *adj* arrabbiato, stizzito
anguish, ang´-guish, *n* angoscia *f*
animal, an´-i-mal, *n* animale *m*; *adj* animale
animate, an´-i-meit, *v* animare; ravvivare
animated, an´-i-mei-tid, *adj* animato
animation, an-i-mei´-shon, *n* animazione *f*
animosity, an-i-mo´-si-ti, *n* animosità *f*
aniseed, an´-i-siid, *n* anice *m*
ankle, ang´-kl, *n* caviglia *f*
annals, an´-als, *npl* annali *mpl*
annex, *a*-neks´, *v* annettere
annex, an´-eks, *n* (edificio) annesso *m*
annihilate, *a*-nai´-il-eit, *v* annientare
anniversary, a-ni-ver´-sa-ri, *n* anniversario *m*
annotate, an´-*o*-teit, *v* annotare
announce, *a*-nauns´, *v* annunciare

announcement, *a*-nauns´-ment, *n* annuncio *m*; (card) partecipazione *f*
announcer, *a*-nauns´-*a*, *n* annunciatore *m*, annunciatrice *f*
annoy, *a*-noi´, *v* dare fastidio a, molestare
annoying, *a*-noi´-ing, *adj* irritante
annoyance, *a*-noi´-*a*ns, *n* fastidio *m*, noia *f*
annual*, an´-iu-*a*l, *adj* annuo, annuale
annuity, *a*-niuu´-i-ti, *n* annualità *f*
annul, *a*-nŏl´, *v* annullare
annulment, *a*-nŏl´-ment, *n* annullamento *m*; abrogazione *f*
anoint, *a*-noint´, *v* ungere
anomalous*, *a*-nom´-*a*-los, *adj* anomalo
anonymous*, *a*-non´-i-mos, *adj* anonimo
anorak, a'-no-rak, *n* giacca a vento *f*
anorexia, a-no-rek´-si-*a*, *n* anoressia *f*
another, *a*-nŏ´-D*a*, *adj* & *pron* un altro
answer, aan´-s*a*, *v* rispondere; *n* risposta *f*; soluzione *f*
answerable, aan´-se-r*a*-bl, *adj* responsabile
answering machine, aan´-se-ring m*a*-shiin´, *n* segreteria telefonica *f*
ant, ant, *n* formica *f*
antagonist, an-tag´-o-nist, *n* antagonista *m/f*
antecedent, an-ti-sii´-dent, *adj* antecedente
antecedents, an-ti-sii´-dents, *npl* antecedenti *mpl*
antedate, an-ti-deit´, *v* antidatare; precedere
antediluvian, an-ti-di-luu´-vi-*a*n, *adj* antidiluviano
antelope, an´-ti-loup, *n* antilope *f*
antenna, an-ten´-*a*, *n* antenna *f*
anterior, an-tier´-ri-*a*, *adj* anteriore
anteroom, an´-ti-ruum, *n* anticamera *f*
anthem, an´-Zem, *n* inno *m*
antibiotic, an-ti-bai-o´-tik, *adj* antibiotico; *n* antibiotico *m*
anticipate, an-tis´-i-peit, *v* anticipare; prevedere
anticipation, an-tis-i-pei´-shon, *n* previsione *f*; **in –,** in previsione; in anticipo
anticlimax, an-ti-klai´-maks, *n* delusione *f*
anticlockwise, an-ti-klok´-uais, *adv* & *adj* in senso antiorario
antics, an´-tiks, *npl* buffonerie *fpl*
antidote, an´-ti-dout, *n* antidoto *m*
antifreeze, an´-ti-friis, *n* antigelo *m*
antihistamine, an-ti-his´-t*a*-miin, *n* antistaminico *m*
antipathy, an-tip´-*a*-Zi, *n* antipatia *f*
antipodes, an-tip´-o-diis, *npl* antipodi *mpl*
antiquarian, an-ti-kueir´-ri-*a*n, *n* antiquario *m*
antiquated, an´-ti-kueit-id, *adj* antiquato
antique, an-tiik´, *adj* antico; *n* pezzo d'antiquariato *m*
antiseptic, an-ti-sep´-tik, *n* antisettico *m*
antisocial, an-ti-sou´-sh*a*l, *adj* antisociale
antlers, ant´-l*e*s, *npl* corna di cervo *fpl*
anvil, an´-vil, *n* incudine *f*
anxiety, ang-sai´-i-ti, *n* ansietà *f*
anxious*, ang´-shos, *adj* ansioso; **– for,** desideroso di
any, en´-i, *adj* (any one) qualunque; (every) ogni; (in questions) del, dello, della, degli, delle, dei, qualche; (in negatives) nessun, nessuno,

nessuna

anybody, en´-i-bo-di, *pron* chiunque; (in questions) qualcuno; (in negatives) nessuno

anyhow, en´-i-hau, *conj* comunque

anyone, e´-ni-uŏn, *pron* chiunque; (in questions) qualcuno; (in negatives) nessuno

anything, en´-i-Zing, *pron* qualunque cosa; (in questions) qualcosa; (in negatives) niente

anyway, en´-i-uei, *adv* in qualunque modo; in ogni modo; comunque

anywhere, en´-i-ueir, *adv* dovunque; (in questions) da qualche parte; (in negatives) da nessuna parte

apart, *a*-paart´, *adv* a parte; a distanza; a pezzi

apartheid, *a*-paar´-tait, *n* apartheid *m*

apartment, *a*-paart´-ment, *n* appartamento *m*

apartments, *a*-paart´-ments, *npl* stanze *fpl*

apathetic, ap-*a*-Zet´-ik, *adj* apatico

apathy, ap´-*a*-Zi, *n* apatia *f*

ape, eip, *n* scimmia *f*; *v* scimmiottare

aperitif, *a*-pe´-ri-tiif, *n* aperitivo *m*

aperture, ap´-*e*-ch*a*, *n* (photo) apertura *f*; fessura *f*

apex, ei´-peks, *n* apice *m*

apologetic, *a*-pol´-*o*-che´-tik, a (person) che si scusa; (look, letter) di scuse

apologize, *a*-pol´-*o*-chais, *v* scusarsi

apology, *a*-pol´-*o*-chi, *n* scuse *fpl*

apoplexy, a´-po-plek-si, *n* apoplessia *f*

apostle, *a*-pos´-l, *n* apostolo *m*

apostrophe, *a*-pos´-tro-fi, *n* apostrofo *m*

apothecary, *a*-poZ´-i-k*a*-ri, *n* farmacista *m/f*

appal, *a*-pool´, *v* atterrire

appalling, *a*-pool´-ing, *adj* spaventoso, orribile

apparatus, ap-*a*-rei´-tos, *n* attrezzatura *f*; impianto *m*; apparato *m*

apparent*, *a*-pa´-rent, *adj* apparente; evidente

apparition, ap-*a*-ri´-shon, *n* apparizione *f*

appeal, *a*-piil´, *n law* appello *m*; richiesta *f*; *v* appellarsi; **– for,** chiedere; **– to,** (like) attrarre

appear, *a*-pier´, *v* apparire; (seem) sembrare

appearance, *a*-pier´-rans, *n* apparizione *f*; (in public) comparsa *f*; (looks, figure) aspetto *m*

appearances, *a*-pier´-rans-is, *npl* apparenze *fpl*

appease, *a*-piis´, *v* placare, calmare; appagare

append, *a*-pend´, *v* allegare; apporre

appendicitis, *a*-pend-i-sai´-tis, *n* appendicite *f*

appendix, *a*-pen´-diks, *n* appendice *f*

appertain, ap-*e*-tein´, *v* essere pertinente

appetite, ap´-i-tait, *n* appetito *m*; desiderio *m*

appetizer, ap´-i-tais-*a*, *n* aperitivo *m*; stuzzichino *m*

appetizing, ap´-i-tais-ing, *adj* appetitoso

applaud, *a*-plood´, *v* applaudire; lodare

applause, *a*-ploos´, *n* applauso *m*; elogio *m*

apple, ap´-l, *n* mela *f*

apple tree, ap´-l trii, melo *m*

appliance, *a*-plai´-ans, *n* apparecchio *m*; (electrical) elettrodomestico *m*

applicant, ap´-li-k*a*nt, *n* candidato *m*; chi fa domanda

application, ap-li-kei´-shon, *n* (use)

applicazione *f*; (request) richiesta *f*, domanda *f*

apply, *a*-plai´, *v* (use) applicare; (as candidate) fare domanda, richiedere; **– to,** (turn to) rivolgersi

appoint, *a*-point´, *v* designare, nominare

appointment, *a*-point´-ment, *n* (meeting) appuntamento *m*; (to a post) nomina *f*

appointments, *a*-point´-ments, *npl* offerte di lavoro *fpl*

apportion, *a*-poor´-shon, *v* (money) ripartire; (blame) attribuire

apposite, ap´-*o*-sit, *adj* a proposito

appraisal, *a*-prei'-*sal*, *n* stima *f*, valutazione *f*; giudizio *m*

appraise, *a*-preis´, *v* apprezzare, valutare

appreciable, *a*-prii´-shi-*a*-bl, *adj* notevole

appreciate, *a*-prii´-shi-eit, *v* apprezzare; rendersi conto di; aumentare di valore

appreciation, *a*-prii-shi-ei´-shon, *n* apprezzamento *m*; gratitudine *f*

apprehend, ap´-ri-hend, *v* (seize) sequestrare; arrestare; (understand) comprendere

apprehension, ap-ri-hen´-shon, *n* (fear) timore *m*; (arrest) arresto *m*

apprehensive*, ap-ri-hen´-siv, *adj* apprensivo

apprentice, *a*-pren´-tis, *n* apprendista *m/f*

apprenticeship, *a*-pren´-tis-ship, *n* tirocinio *m*, apprendistato *m*

apprize, *a*-prais´, *v* informare

approach, *a*-prouch´, *v* avvicinare; avvicinarsi; *n* approccio *m*; presa di contatto *f*; accesso *m*

approbation, ap-ro-bei´-shon, *n* approvazione *f*

appropriate, *a*-prou´-pri-eit, *v* appropriarsi; *adj** adatto, appropriato

approval, *a*-pruu´-val, *n* approvazione *f*

approve, *a*-pruuv´, *v* approvare

approximate* , *a*-prok´-si-mat, *adj* approssimativo

apricot, ei´-pri-kot, *n* albicocca *f*

April, ei´-pril, *n* aprile *m*

apron, ei´-pron, *n* grembiule *m*

apse, aps, *n* abside *f*

apt, apt, *adj* adatto; dotato, capace; **– to,** incline a

aptitude, ap´-ti-tiuud, *n* attitudine *f*, tendenza *f*

Aquarius, *ak*-ueir´-ri-*os*, *n* Acquario *m*

aqueduct, ak´-ui-dŏkt, *n* acquedotto *m*

aqueous, ei´-kui-*os*, *adj* acquoso

aquiline, ak´-ui-lain, *adj* aquilino

arable, a´-ra-bl, *adj* arabile

arbitrary, aar´-bi-tra-ri, *adj* arbitrario

arbitrate, aar´-bi-treit, *v* arbitrare

arbitration, aar-bi-trei´-shon, *n* arbitraggio *m*; *law* arbitrato *m*

arbour, aar´-ba, *n* pergolato *m*

arc, aark, *n* (curved line) arco *m*

arcade, aar´-keid, *n* galleria *f*, portico *m*

arch, aarch, *n* (architecture) arco *m*

archaeologist, aar-ki-ol´-o-chist, *n* archeologo *m*

archaeology, aar-ki-ol´-o-chi, *n* archeologia *f*

archbishop, aarch-bish´-op, *n* arcivescovo *m*

archdeacon, aarch-dii´-kn, *n* arcidiacono *m*

archer, aarch´-*a*, *n* arciere *m*

archery, aarch´-*a*-ri, *n* tiro con l'arco *m*

archetype, aar´-ki-taip, *n* archetipo *m*
architect, aar´-ki-tekt, *n* architetto *m*
archives, aar´-kaivs, *npl* archivi *mpl*
arctic, aark´-tik, *adj* artico
ardent*, aar´-dent, *adj* ardente
ardour, aar´-da, *n* ardore *m*
arduous*, aar´-diu-os, *adj* arduo
area, eir-ri-a, *n* area *f*; zona *f*; sfera *f*, campo *m*
arena, a-rii´-na, *n* arena *f*
argue, aar´-ghiuu, *v* litigare, discutere; sostenere, affermare
argument, aar´-ghiu-ment, *n* argomento *m*, motivo *m*; litigio *m*; discussione *f*
Aries, eir-riis, *n* Ariete *m*
arise, a-rais´, *v* provenire; presentarsi
aristocracy, a-ris-tok´-ra-si, *n* aristocrazia *f*
aristocratic, a-ris-to-krat´-ik, *adj* aristocratico
arithmetic, a-riZ´-me-tik, *n* aritmetica *f*
ark, aark, *n* arca *f*
arm, aarm, *n* braccio *m*; *v* armare
armament, aar´-ma-ment, *n* armamento *m*
armchair, aarm´-cher, *n* poltrona *f*
armistice, aar´-mis-tis, *n* armistizio *m*
armour, aar´-ma, *n* armatura *f*
armoured, aar´-med, *adj* corazzato
armoured car, aar´-med kaar, *n* autoblinda *f*
armoury, aar´-mo-ri, *n* armeria *f*; arsenale *m*
armpit, aarm´-pit, *n* ascella *f*
arms, aarms, *npl* armi *fpl*; **coat of –,** stemma *m*, blasone *m*
arms race, aarms' reis, *n* corsa agli armamenti *f*
army, aar´-mi, *n* esercito *m*
aromatic, a-ro-mat´-ik, *adj* aromatico
around, a-raund´, *adv* intorno; *prep* intorno a
arouse, a-raus´, *v* eccitare; (awaken) svegliare
arrange, a-reinch´, *v* ordinare, sistemare, organizzare
arrangement, a-reinch´-ment, *n* sistemazione *f*, organizzazione *f*
array, a-rei´, *n* ordine *m*; schieramento *m*; bella mostra *f*
arrayed, a-reid´, *adj* disposto; messo in mostra
arrears, a-ries´, *npl* arretrati *mpl*
arrest, a-rest´, *v* arrestare; (development) fermare; *n* arresto *m*
arrival, a-rai´-val, *n* arrivo *m*
arrive, a-raiv´, *v* arrivare; (aim) pervenire
arrogance, a´-ro-gans, *n* arroganza *f*
arrogant*, a´-ro-gant, *adj* arrogante
arrow, a´-rou, *n* freccia *f*
arsenal, aar´-sen-l, *n* arsenale *m*
arsenic, aar´-sen-ik, *n* arsenico *m*
arson, aar´-son, *n* incendio doloso *m*
art, aart, *n* arte *f*
arterial, aar-tier´-ri-al, *adj* (road) di grande traffico
artery, aar´-te-ri, *n* arteria *f*
artful*, aart´-ful, *adj* scaltro
arthritis, aarZ-rai´-tis, *n* artrite *f*
artichoke, aar´-ti-chouk, *n* carciofo *m*
article, aar´-ti-kl, *n* articolo *m*
articulate, aar-tik´-iu-leit, *v* articolare; *adj* che si esprime chiaramente
artifice, aar´-ti-fis, *n* astuzia *f*, artificio *m*

artificial*, aar-ti-fish´-al, *adj* artificiale, artificioso
artillery, aar-til´-e-ri, *n* artiglieria *f*
artisan, aar-ti-san´, *n* artigiano *m*
artist, aar´-tist, *n* artista *m/f*
artistic, aar-tis´-tik, *adj* artistico
as, as, *conj* (manner) come; (time) mentre; (cause) siccome; (although) per quanto; (comparison) – **as** tanto quanto, così come; – **for,** in quanto a; – **if,** come se; – **long as,** purché; – **soon as,** appena; – **though,** come se; – **to,** in quanto a; – **well,** egualmente; – **yet,** finora
asbestos, as-bes´-tos, *n* amianto *m*
ascend, a-send´, *v* ascendere; scalare
ascent, a-sent´, *n* ascensione *f*; salita *f*
ascertain, a-se-tein´, *v* assicurarsi, accertare
ascribe, as-kraib´, *v* attribuire
ash, ash, *n* cenere *f*; (tree) frassino *m*
ashtray, ash´-trei, portacenere *m*
ashamed, a-sheimd´, *adj* vergognoso
ashore, a-shoor´, *adv* a terra
Asia, ei-sha, *n* Asia *f*
Asian, ei-shan, *adj* asiatico
aside, a-said´, *adv* in disparte; (in a play) a parte
ask, aask, *v* domandare; (beg) pregare; (invite) invitare; – **for** chiedere
askew, a-skiuu´, *adv* di traverso
asleep, a-sliip´, *adj* addormentato; **to be –,** dormire; **to fall –,** addormentarsi
asparagus, as-pa´-ra-gos, *n* asparagi *mpl*
aspect, as´-pekt, *n* aspetto *m*
aspen, as´-pn, *n* pioppo tremulo *m*
aspersion, as-per´-shon, *n* calunnia *f*, diffamazione *f*
asphyxia, as-fik´-sia, *n* asfissia *f*
asphyxiate, as-fik´-si-eit, *v* asfissiare
asphyxiation, as-fik´-si-ei-shon, *n* asfissia *f*
aspire, as-pair´, *v* ambire
aspirin, as´-prin, *n* aspirina *f*
ass, as, *n* asino *m*
assail, a-seil´, *v* assalire
assailant, a-sei´-lant, *n* assalitore *m*
assassinate, a-sas´-i-neit, *v* assassinare
assault, a-soolt´, *n* assalto *m*, aggressione *f*; *v* assaltare, aggredire
assemble, a-sem´-bl, *v* radunare; radunarsi; *mech* montare
assembly, a-sem´-bli, *n* assemblea *f*; montaggio *m*
assembly line, a-sem´-bli lain, *n* catena di montaggio *f*
assent, a-sent´, *v* assentire; *n* consenso *m*
assert, a-sert´, *v* sostenere
assertion, a-ser´-shon, *n* asserzione *f*
assess, a-ses´, *v* valutare; tassare
assessment, a-ses´-ment, *n* valutazione *f*; accertamento fiscale *m*
assets, a´-sets, *npl* (personal) beni *mpl*; *comm* attivo *m*
assiduous*, a-sid´-iu-os, *adj* assiduo
assign, a-sain´, *v* assegnare
assignment, a-sain´-ment, *n* incarico *m*; compito *m*
assist, a-sist´, *v* assistere
assistance, a-sist´-ans, *n* assistenza *f*
assistant, a-sist´-ant, *n*

assistente *m/f*; (shop) commesso *m*, commessa *f*

assizes, *a*-sais´, *n* corte d'Assise *f*

associate, *a*-sou´-si-eit, *v* associare; *n* socio *m*; complice *m/f*; *adj* associato

association, *a*-sou-si-ei´-shon, *n* associazione *f*, società *f*

assorted, *a*-soor´-tid, *adj* assortito

assortment, *a*-soort´-ment, *n* assortimento *m*

assume, *a*-siuum´, *v* supporre; assumersi

assuming *a*-siuum´-ing, **– that,** *conj* supponendo che

assumption, *a*-sŏmp´-shon, *n* supposizione *f*, presupposto *m*; *relig* assunzione *f*

assurance, *a*-shoo´-rans, *n* assicurazione *f*; sicurezza di sé *f*

assure, *a*-shoor´, *v* assicurare

asterisk, as´-te-risk, *n* asterisco *m*

astern, *a*-stern´, *adv naut* a poppa

asthma, as´-ma, *n* asma *f*

astir, *a*-ster´, *adv* in moto

astonish, *as*-ton´-ish, *v* sorprendere

astound, *as*-taund´, *v* sbalordire

astray, *as*-trei´, *adv* **to go –,** smarrirsi; **to lead –,** traviare

astride, *as*-traid´, *adv* a cavalcioni

astrology, *as*-trol´-*o*-chi, *n* astrologia *f*

astronaut, as´-tro´-noot, *n* astronauta *m/f*

astronomy, *as*-tron´-*o*-mi, *n* astronomia *f*

astute, *as*-tiut´, *adj* astuto

astuteness, *as*-tiut´-nis, *n* scaltrezza *f*, astuzia *f*

asylum, *a*-sai´-lom, *n* rifugio *m*, asilo *m*; (mental) manicomio *m*

at, *at*, *prep* a, in, dentro, presso, da; **– once,** *adv* immediatamente; **– times,** alle volte

atheist, ei´-Zii-ist, *n* ateo *m*

Athens, aZ´-*ens*, *n* Atene *f*

athlete, aZ´-liit, *n* atleta *m/f*

athletic, aZ-let´-ik, *adj* atletico

atlas, at´-*las*, *n* atlante *m*

atmosphere, at´-mo-sfier, *n* atmosfera *f*

atom, at´-om, *n* atomo *m*

atonement, *a*-toun´-ment, *n* espiazione *f*

atrocious*, *a*-trou´-shos, *adj* atroce

atrophy, at´-ro-fi, *n* atrofia *f*

attach, *a*-tach´, *v* attaccare; annettere; allegare

attachment, *a*-tach´-ment, *n* affetto *m*, attaccamento *m*

attack, *a*-tak´, *v* attaccare; aggredire; *n* attacco *m*

attain, *a*-tein´, *v* realizzare, raggiungere

attainment, *a*-tein´-ment, *n* realizzazione *f*, conseguimento *m*

attempt, *a*-tempt´, *v* provare; (risk) tentare; *n* tentativo *m*; (attack) attentato *m*

attend, *a*-tend´, *v* frequentare; (to be present) assistere a

attendance, *a*-tend´-*ans*, *n* presenza *f*; frequenza *f*

attendant, *a*-tend´-*ant*, *n* attendente *m/f*; (keeper) custode *m/f*; *adj* concomitante

attention, *a*-ten´-shon, *n* attenzione *f*

attest, *a*-test´, *v* testimoniare, attestare

attic, at´-ik, *n* soffitta *f*; mansarda *f*

attire, *a* tair´, *v* vestire; *n* abbigliamento *m*

attitude, at´-i-tiuud, *n*

atteggiamento *m*
attorney, *a*-ter´-ni, *n* procuratore *m*; **power of –,** procura *f*
attract, *a*-trakt´, *v* attrarre
attraction, *a*-trak´-shon, *n* attrazione *f*
attractive, *a*-trak´-tiv, *adj* attraente; allettante
attribute, at´-rib-iut, *n* attributo *m*
attribute, *a*-trib´-iut, *v* attribuire
aubergine, oo´-ber-**shiin**, *n* melanzana *f*
auburn, oo´-ben, *adj* color rame; color castano
auction, ook´-shon, *v* vendere all'asta; *n* asta *f*, incanto *m*
auctioneer, ook-shon-ier´, *n* banditore *m*
audacious*, oo-dei´-shos, *adj* audace
audacity, oo-das´-i-ti, *n* audacia *f*
audible, oo' di-bl, *adj* udibile
audience, oo´-di-ens, *n* pubblico *m*, (radio) ascoltatori *mpl*, (TV) telespettatori *mpl*; (formal hearing) udienza *f*
audit, oo´-dit, *v* verificare; *n* revisione dei conti *f*
auditor, oo dit-*a*, *n* revisore dei conti *m*
augment, oogh-ment´, *v* aumentare
augur, oo´-ga, *v* presagire
August, oo´-gost, *n* agosto *m*
august, oo-gŏst´, *adj* augusto
aunt, aant, *n* zia *f*
au pair, ou-per´, *n* ragazza alla pari *f*
auspicious*, oos-pi´-shos, *adj* propizio
austere*, oos-tier´, *adj* austero
Australia, os-trei´-li-*a*, *n* Australia *f*
Australian, os-trei´-li-an, *adj* australiano
Austria, os´-tri-*a*, *n* Austria *f*
Austrian, os´-tri-an, *adj* austriaco
authentic, oo-Zen´-tik, *adj* autentico
author, oo´-Za, *n* autore *m*, autrice *f*
authoritative*, oo-Zo´-ri-ta-tiv, *adj* autorevole; autoritario
authority, oo-Zo´-ri-ti, *n* autorità *f*
authorize, oo´-Zo-rais, *v* autorizzare
autograph, oo´-to-graf, *n* autografo *m*
automatic, oo-to-mat´-ik, *adj* automatico
autumn, oo´-tom, *n* autunno *m*
auxiliary, oogh-sil´-i-*a*-ri, *adj* ausiliario
avail, *a*-veil´, *n* **to no –,** inutilmente; **– oneself of,** *v* servirsi di; approfittare di
available, *a*-veil´-*a*-bl, *adj* disponibile
avalanche, av´-*a*-laanch, *n* valanga *f*
avaricious*, av-*a*-ri´-shos, *adj* avaro
avenge, *a*-vench´, *v* vendicare
avenue, av´-*e*-niuu, *n* viale *m*
average, av´-*e*-rich, *adj* medio; *n* media *f*
averse, *a*-vers´, *adj* contrario (a)
aversion, *a*-ver´-shon, *n* avversione *f*
avert, *a*-vert´, *v* evitare; distogliere
aviary, ei´-vi-*a*-ri, *n* uccelliera *f*
aviation, ei-vi-ei´-shon, *n* aviazione *f*
avidity, *a*-vid´-i-ti, *n* avidità *f*
avocado, av-*o*-kaa´-do, *n* avocado *m*
avoid, *a*-void´, *v* evitare; (elude) sottrarsi a
avow, *a*-vau´, *v* confessare, dichiarare
await, *a*-ueit´, *v* aspettare

awake, *a*-ueik´, *adj* sveglio
awaken, *a*-ueik´-n, *v* svegliarsi; (arouse) destare, risvegliare
awakening, *a*-ueik´-n-ing, *n* risveglio *m*
award, *a*-uoord´, *n* premio *m*, ricompensa *f*; *law* risarcimento *m*; *v* (prize) assegnare, conferire; *law* accordare
aware, *a*-uer´, *adj* conscio; **to be – of,** rendersi conto di; essere al corrente di
awareness, *a*-uer´-niss, *n* consapevolezza *f*
away, *a*-uei´, *adv* via, fuori; **far –,** molto lontano
awe, oo, *n* rispetto *m*; timore *m*
awful*, oo´-ful, *adj* spaventoso, terribile
awhile, *a*-uail´, *adv* per un certo tempo
awkward, ook´-ued, *adj* imbarazzante; (clumsy) goffo
awkwardness, ook´-ued-nis, *n* imbarazzo *m*; goffaggine *f*
awning, oon´-ing, *n* tenda *f*
awry, *a*-rai´, *adv* & *adj* di traverso
axe, aks, *n* ascia *f*, scure *f*; *v* ridurre, annullare
axis, ak´-sis, *n* (geometry) asse *m*
axle, aks´-l, *n mech* asse *m*
azure, as´-iur, *adj* azzurro; *n* azzurro *m*

B

babble, bab´-l, *v* balbettare; *n* balbettio *m*
baby, bei´-bi, *n* bimbo *m*, bimba *f*
bachelor, bach´-i-*lor*, *n* scapolo *m*
back, bak, *n* schiena *f*; dorso *m*; *v* (support) sostenere; (bet) scommettere su; (car) fare marcia indietro; *adv* (behind) indietro; (return) di ritorno
backbone, bak´-boun, *n* (anatomy) spina dorsale *f*; *fig* forza *f*
background, bak´-graund, *n* sfondo *m*
backpack, bak´-pak, *n* zaino *m*
backseat, bak-siit´, *n* sedile posteriore *m*; *fig* posto secondario *m*
backward, bak´-u*ard*, *adj* tardivo; arretrato
backwards, bak´-u*ards*, *adv* indietro
bacon, bei´-kn, *n* pancetta *f*
bad*, bad, *adj* cattivo; brutto
badge, bach, *n* distintivo *m*
badger, bach´-*ar*, *n* tasso *m*; *v* tormentare
badminton, bad´-min-ton, *n* badminton *m*
baffle, baf´-l, *v* sconcertare
bag, bagh, *n* borsa *f*; sacchetto *m*
baggage, bagh´-ich, *n* bagaglio *m*
bagpipe, bagh´-paip, *n* cornamusa *f*
bail, beil, *n* cauzione *f*; **out on –,** in libertà su cauzione
bailiff, bei´-lif, *n* ufficiale giudiziario *m*
bait, beit, *n* esca *f*; *v* munire di esca
bake, beik, *v* cuocere al forno
baker, beik´-*er*, *n* fornaio *m*, fornaia *f*
bakery, beik´-*e*-ri, *n* panetteria *f*
balance, bal´-*a*ns, *n* equilibrio *m*; (scales) bilancia *f*; *comm* saldo di conto *m*; *v* bilanciare; saldare
balance sheet, bal´-*a*ns shiit, *n* bilancio *m*
balcony, bal´-ko-ni, *n* balcone *m*; (theatre) prima galleria *f*
bald*, boold, *adj* calvo
baldness, boold´-nis, *n* calvizie *f*
bale, beil, *n* balla *f*; *v* imballare; *naut* vuotare
baleful*, beil´-*ful*, *adj* malevolo
balk, baulk, boolk, *v* contrariare
ball, bool, *n* palla *f*; (golf) pallina *f*; (dance) ballo *m*
ballast, bal´-*a*st, *n* zavorra *f*; *v* zavorrare

ballet, bal´-ei, *n* balletto *m*; danza classica *f*
balloon, b*a*-luun´, *n* palloncino *m*
ballot, bal´-*o*t, *n* scrutinio *m*; (second ballot) ballottaggio *m*; *v* votare
ball-point, bool´-point, *n* penna a sfera *f*
balm, baam, *n* balsamo *m*
bamboo, bam-buu´, *n* bambù *m*
bamboozle, bam-buu´-*s*l, *v* abbindolare
ban, ban, *n* bando *m*, divieto *m*; *v* vietare
banana, b*a*-naa´-n*a*, *n* banana *f*
band, band, *n* banda *f*
bandage, band´-ich, *n* benda *f*, fascia *f*
bandmaster, band´-maas-t*a*, *n* maestro di banda *m*
bandy (legged), ban´-di, *adj* con le gambe storte
bang, bang, *n* colpo *m*; *v* sbattere
banish, ban´-ish, *v* bandire
banister, ban´-is-t*a*, *n* ringhiera *f*
bank, bangk, *n* banca *f*; (river) riva *f*, sponda *f*
bank account, bangk´-*a*-kaunt, *n* conto in banca *m*
bank-book, bangk´-buk, *n* libretto di banca *m*
banker, bangk´-*a*, *n* banchiere *m*
bank-holiday, bangk-hol´-i-dei, *n* giorno di festa civile *m*
bank-note, bangk´-nout, *n* banconota *f*
bankrupt, bangk´-rŏpt, *n* fallito *m*; *adj* fallito
bankruptcy, bangk´-rŏp-si, *n* bancarotta *f*
banner, ban´-*a*, *n* bandiera *f*; striscione *m*
banquet, bang´-kuit, *n* banchetto *m*
banter, b*a*n´-t*a*, *n* scherzo *m*; *v* scherzare
baptism, bap´-tis-m, *n* battesimo *m*
bar, baa*r*, *n* (drinks) bar *m*; (metal) sbarra *f*; *mus* battuta *f*; *law* ordine degli avvocati *m*; *v* sbarrare; proibire
bar code, baa*r*´-koud, *n* codice a barre *m*
barbarian, baa*r*-bei*r*´-ri-*a*n, *n* barbaro *m*; *adj* barbaro
barbarity, baa*r*-ba´-ri-ti, *n* barbarie *f*
barbecue, baa*r*´-bi-kiu, *n* barbecue *m*
barbed, baa*r*bd, *adj* spinato
barber, baa*r*´-b*a*, *n* barbiere *m*
bare, bei*r*, *v* spogliare; *adj* nudo
barefoot, bei*r*'-fut, *adj* scalzo
barely, bei*r*´-li, *adv* appena
bareness, bei*r*´-nis, *n* nudità *f*
bargain, baa*r*´-ghin, *v* contrattare; *n* occasione *f*
barge, baa*r*ch, *n* chiatta *f*
bark, baa*r*k, *v* abbaiare; *n* abbaiamento *m*; (tree) corteccia *f*
barley, baa*r*´-li, *n* orzo *m*
barmaid, baa*r*´-meid, *n* cameriera di bar *f*
barman, baa*r*´-m*a*n, *n* barista *m*
barn, baa*r*n, *n* granaio *m*
barometer, b*a*-rom´-it-*a*, *n* barometro *m*
baron, ba´-ron, *n* barone *m*
baroness, ba´-ron-es, *n* baronessa *f*
barracks, ba´-r*a*ks, *npl* caserma *f*
barrel, ba´-rel, *n* barile *m*; (gun) canna *f*
barren, ba´-ren, *adj* sterile; (land) arido
barricade, ba-ri-keid´, *n* barricata *f*; *v* barricare
barrier, ba´-ri-*a*, *n* barriera *f*
barrister, ba´-ris-t*a*, *n* avvocato *m*
barrow, ba´-rou, *n*

carrettino *m*
barter, baar´-ta, *v* barattare; *n* baratto *m*
base, beis, *v* basare; *n* base *f*; *adj* vile
baseball, beis´-bool, *n* baseball *m*
baseless, beis´-lis, *adj* senza fondamento
basement, beis´-ment, *n* seminterrato *m*
baseness, beis´-nis, *n* bassezza *f*
bashful*, bash´-ful, *adj* timido
bashfulness, bash´-ful-nis, *n* timidezza *f*
basic, bei-sik, *adj* fondamentale; elementare; **the –s,** *n* l'essenziale *m*
basically, bei´-sik-li, *adv* fondamentalmente
basin, bei´-sn, *n* catinella *f*; (wash) lavabo *m*
basil, ba´-sil, *n* basilico *m*
basis, bei´-sis, *n* base *f*
bask, baask, *v* scaldarsi al sole
basket, baas´-kit, *n* cesto *m*, cestino *m*, cestello *m*; canestro *m*
bass, beis, *n* (voice, music) basso *m*
bassoon, ba-suun´, *n* fagotto *m*
baste, beist, *v* (cookery) inumidire; (sewing) imbastire
bat, bat, *n* pipistrello *m*; (sport) mazza *f*
batch, bach, *n* (bread) infornata *f*; (articles, etc.) mucchio *m*
bath, baaZ, *n* bagno *m*
bathroom, baaZ´-ruum *n* stanza da bagno *f*
bathe, beiD, *v* fare i bagni
bather, bei´-Da, *n* bagnante *m/f*
batter, bat´-a, *n* pasta da friggere *f*
battery, bat´-a-ri, *n* batteria *f*; (of torch, radio) pila *f*
battle, bat´-l, *n* battaglia *f*
battleship, bat´-l-ship, *n* corazzata *f*
bawl, bool, *v* urlare
bay, bei, *n* baia *f*; *adj* (horse) baio; *v* latrare
bayonet, bei´-o-net, *n* baionetta *f*
be, bii, *v* essere; esistere; stare
beach, biich, *n* spiaggia *f*
beacon, bii´-kon, *n* faro; segnale *m*
bead, biid, *n* perlina *f*; (drop) goccia *f*
beagle, bii´-gl, *n* bracchetto *m*
beak, biik, *n* becco *m*
beam, biim, *n* trave *f*; (light) raggio *m*
beaming, bii´-ming, *adj* raggiante
bean, biin, *n* fagiolo *m*; (of coffee) chicco *m*
bear, ber, *n* orso *m*; *v* (endure) sopportare; (produce) produrre
bearable, ber´-abl, *adj* sopportabile
bearer, ber´-a, *n* portatore *m*; titolare *m/f*
bearing, ber´-ring, *n* (behaviour) contegno *m*; *mech* cuscinetto *m*
bearings, ber´-rings, *npl* (location) orientamento *m*
beard, bird, *n* barba *f*
bearded, bir´-did *adj* barbuto
beardless, bird´-lis, *adj* imberbe
beast, biist, *n* bestia *f*
beastly, biist´-li, *adv* & *adj* bestiale
beat, biit, *v* battere; *n* colpo *m*; (pulse) battito *m*; *mus* battuta *f*
beautiful*, biuu´-ti-ful, *adj* bello
beautify, biuu´-ti-fai, *v* abbellire
beauty, biuu´-ti, *n* bellezza *f*
beauty spot, biuu´-ti spot, *n* (mole) neo *m*; (country) luogo ameno *m*
beaver, bii´-va, *n*

castoro *m*
because, bi-kos´, *conj* perché; **– of,** a causa di
beckon, bek´-n, *v* far segno
become, bi-kŏm´, *v* diventare
becoming*, bi-kŏm´-ing, *adj* (conduct) conveniente; (dress) che sta bene
bed, bed, *n* letto *m*
bedding, bed´-ing, *n* biancheria da letto *f*
bedpan, bed´-pan, *n* (chamber pot) padella *f*
bedridden, bed´-rid-n, *adj* costretto a letto
bedroom, bed´-ruum, *n* stanza da letto *f*
bedstead, bed´-sted, *n* lettiera *f*
bee, bii, *n* ape *f*
beech, biich, *n* faggio *m*
beef, biif, *n* carne di manzo *f*
beehive, bii´-haiv, *n* alveare *m*
beer, bir, *n* birra *f*
beetle, bii´-tl, *n* coleottero *m*
beetroot, biit´-ruut, *n* barbabietola *f*
befitting, bi-fit´-ing, *adj* adatto
before, bi-foor´, *prep* (time) prima di; (place) davanti a; *adv* prima
beforehand, bi-foor´-hand, *adv* in anticipo
befriend, bi-frend´, *v* mostrare amicizia a
beg, begh, *v* (request, etc.) pregare; (alms) mendicare
beggar, beg´-a, *n* mendicante *m/f*
begging, begh´-ing *n* accattonaggio *m*
begin, bi-ghin´, *v* cominciare, iniziare
beginner, bi-ghin´-a, *n* principiante *m/f*
beginning, bi-ghin´-ing, *n* principio *m*, inizio *m*
begrudge, bi-grŏch´, *v* dare a malincuore
beguile, bi-gail´, *v* incantare
behalf, be-haaf´, *n* **on – of,** a nome di; per conto di
behave, bi-heiv´, *v* comportarsi
behaviour, bi-heiv´-ia, *n* comportamento *m*
behead, bi-hed´, *v* decapitare
behind, bi-haind´, *prep* dietro; *adv* dietro; indietro
behold, bi-hould´, *v* guardare, mirare; *interj* ecco!
being, bii´-ing, *n* esistenza *f*; (human) essere *m*
belated, bi-lei´-tid, *adj* in ritardo
belch, belch, *vulg v* ruttare; *n* rutto *m*
belfry, bel´-fri, *n* campanile *m*
Belgian, bel´-chan, *adj* belga
Belgium, bel´-chum, *n* Belgio m
belie, bi-lai´, *v* smentire
belief, bi-liif´, *n* credenza *f*
believable, bi-liiv´-a-bl, *adj* credible
believe, bi-liiv´, *v* credere
believer, bi-liiv´-a, *n* credente *m/f*
belittle, bi-lit´-l, *v* sminuire
bell, bel, *n* campana *f*; campanello *m*; sonaglio *m*
belligerent, bil-ich´-e-rent, *adj* belligerante
bellow, bel´-ou, *v* muggire; *n* muggito *m*
bellows, bel´-ous, *npl* soffietto *m*
belly, bel´-i, *n* pancia *f*
belong, bi-long´, *v* appartenere
belongings, bi-long´-ings, *npl* cose *fpl*
beloved, bi-lŏv´-id, *adj* diletto
below, bi-lou´, *prep* sotto, al di sotto di; *adv* sotto, giù

belt, belt, *n* cintura *f*; *mech* cinghia *f*
bemoan, bi-moun´, *v* lamentarsi di
bench, bench, *n* banco *m*; panchina *f*; *law* corte di giustizia *f*
bend, bend, *n* curva *f*; *v* curvare; piegare
beneath, bi-niiZ´, *prep* sotto; indegno di; *adv* sotto; giù
benediction, ben-i-dik´-shon, *n* benedizione *f*
benefactor, ben´-i-fak-ta, *n* benefattore *m*
beneficial*, ben-i-fi´-shal, *adj* salutare; vantaggioso
beneficiary, ben-i-fi´-sha-ri, *n* beneficiario *m*
benefit, ben´-i-fit, *n* beneficio *m*; *v* trarre beneficio da
benevolence, bi-nev´-o-lens, *n* benevolenza *f*
benevolent*, bi-nev´-o-lent, *adj* benevolo
benign, bi-nain´, *adj* benigno
bent, bent, *adj* piegato; *n* *fig* inclinazione *f*
bequeath, bi-kuiiZ´, *v* lasciare in eredità
bequest, bi-kuest´, *n* lascito *m*
bereavement, bi-riiv´-ment, *n* lutto *m*
Berlin, ber-lin´, *n* Berlino *f*
berry, be´-ri, *n* bacca *f*
berth, berZ, *n* cuccetta *f*; *naut* ormeggio *m*
beseech, bi-siich´, *v* supplicare
beside, bi-said´, *prep* accanto a; fuori di
besides, bi-saids´, *adv* inoltre
besiege, bi-siich´, *v* assediare
besotted, bi-sot´-id, a infatuato
best, best, *adj* migliore; *adv* meglio
bestial, bes´-tial, *adj* bestiale
bestow, bi-stou´, *v* accordare, conferire
bet, bet, *n* scommessa *f*; *v* scommettere
betray, bi-trei´, *v* tradire
betrayal, bi-trei´-al, *n* tradimento *m*
betrothal, bi-trouD´-al, *n* fidanzamento *m*
better, bet´-a, *adj* migliore; *adv* meglio; *v* migliorare
betterment, bet´-e-ment, *n* miglioramento *m*
betting, bet´-ing, *n* scommesse *fpl*
between, bi-tuiin´, *prep* fra; *adv* in mezzo
bevel, bev´-l, *v* smussare
beverage, bev´-e-rich, *n* bevanda *f*
bevy, bev´-i, *n* brigata *f*
bewail, bi-ueil´, *v* rimpiangere
beware, bi-uer´, *v* guardarsi da; *interj* attenzione!
bewilder, bi-uil´-da, *v* sbalordire
bewilderment, bi-uil´-de-ment, *n* sbalordimento *m*
bewitch, bi-uich´, *v* stregare; *fig* affascinare
beyond, bi-iond´, *prep* al di là di; *adv* oltre
bias, bai´-as, *n* pregiudizio *m*
biased, bai´-ast, *adj* parziale
bible, bai´-bl, *n* bibbia *f*
bicker, bik´-a, *v* litigare
bickering, bik´-e-ring, *n* litigi *mpl*
bicycle, bai´-si-kl, *n* bicicletta *f*
bid, bid, *n* (at a sale) offerta *f*; *v* offrire; (order) comandare
bidder, bid´-a, *n* offerente *m/f*
bidding, bid´-ing, *n* offerte *fpl*
bide, baid, *v* aspettare
bier, bir, *n* feretro *m*
big, bigh, *adj* grande; grosso; importante
bigot, big´-ot, *n* fanatico *m*, fanatica *f*

bigoted, big´-ot-id, *adj* fanatico
bike, baik, *n fam* bici *f*
bikini, bi-kii´-ni, *n* bikini *m*
bilberry, bil´-be-ri, *n* mirtillo *m*
bile, bail, *n* bile *f*
bilingual, bai-ling´-gual, *adj* bilingue
bilious, bil´-i-os, *adj* biliare
bill, bil, *n* conto *m*; bolletta *f*; fattura *f*; (poster) avviso *m*; *parl* progetto di legge *m*; (bird) becco *m*
billiards, bil´-iads, *npl* biliardo *m*
billion, bi´-lion, *n* miliardo *m*
bin, bin, *n* pattumiera *f*; cestino dei rifiuti *m*
bind, baind, *v* legare; (books) rilegare; (vow) obbligare; **– up,** bendare
binding, bain´-ding, *n* (books) rilegatura *f*; *adj* vincolante
binoculars, bi-nok´-iu-les, *npl* binocolo *m*
biography, bai-ogh´-ra-fi, *n* biografia *f*
biological, bai-o-lod´-chi-kl, *adj* biologico
biology, bai-ol´-o-chi, *n* biologia *f*
biplane, bai´-plein, *n* biplano *m*
birch, berch, *n* (tree) betulla *f*; (rod) verga *f*
bird, berd, *n* uccello *m*; **–'s-eye view,** vista a volo d'uccello *f*
birth, berZ, *n* nascita *f*
birthday, berZ´-dei, *n* compleanno *m*
birth-mark, berZ´-maark, *n* voglia *f*
birthplace, berZ´-pleis, *n* luogo di nascita *m*
birthrate, berZ´-reit, *n* natalità *f*
biscuit, bis´-kit, *n* biscotto *m*
bishop, bish´-op, *n* vescovo *m*; (chess) alfiere *m*
bit, bit, *n* pochino *m*; (horse) morso *m*
bitch, bich, *n* cagna *f*
bite, bait, *v* mordere; (sting) pungere; *n* morso *m*; (of insect) puntura *f*
biting, bait´-ing, *adj* mordente; (wind) pungente
bitter*, bit´-a, *adj* amaro
bitterness, bit´-e-nis, *n* amarezza *f*
black, blak, *n* nero *m*; *adj* nero; (gloomy) cupo
black beetle, blak bii´-tl, *n* scarafaggio *m*
blackberry, blak´-be-ri, *n* mora di rovo *f*
blackbird, blak´-berd, *n* merlo *m*
blackboard, blak´-boord, *n* lavagna *f*
blackcurrant, blak´-kŏr-ent, *n* ribes nero *m*
blacken, blak´-en, *v* annerire; *fig* macchiare
blackleg, blak´-leg, *n* crumiro *m*
blackmail, blak´-meil, *n* ricatto *m*; *v* ricattare
blackmailer, blak´-meil-a, *n* ricattatore *m*, ricattatrice *f*
black market, blak maar´-kit, *n* mercato nero *m*, borsa nera *f*
black pudding, blak pud´-ing, *n* sanguinaccio *m*
Black Sea, blak sii, *n* Mar Nero *m*
blacksmith, blak´-smiZ, *n* maniscalco *m*
blackthorn, blak´-Zoorn, *n* pruno selvatico *m*
bladder, blad´-a, *n* vescica *f*
blade, bleid, *n* lama *f*; lametta *f*; (grass) filo d'erba *m*; (oar) pala *f*
blame, bleim, *n* biasimo *m*; *v* biasimare
blameless*, bleim´-lis, *adj* irreprensibile
blanch, blaanch, *v* impallidire; (cookery) scottare

bland, bland, *adj* blando
blandishment, blan´-dish-ment, *n* lusinghe *fpl*
blank, blangk, *adj* (vacant) vacuo; (page) bianco; (shot) a salve; *n* spazio in bianco *m*
blanket, blang´-kit, *n* coperta *f*
blare, bler, *v* strombettare
blaspheme, blas-fiim´, *v* bestemmiare
blasphemy, blas´-fe-mi, *n* bestemmia *f*
blast, blaast, *v* (explode) far saltare; *n* (explosion) esplosione *f*; (gust) raffica *f*; (trumpet) squillo *m*
blatant, blei´-tant, *adj* sfacciato
blaze, bleis, *v* ardere; *n* incendio *m*
bleach, bliich, *v* candeggiare; decolorare; *n* candeggina *f*; decolorante *m*
bleak, bliik, *adj* (raw) gelido; (bare) desolato
bleat, bliit, *v* belare; *n* belato *m*
bleed, bliid, *v* sanguinare; (radiator) spurgare
bleeding, bliid´-ing, *n* emorragia *f*; *adj* sanguinante
blemish, blem´-ish, *n* macchia *f*; *v* macchiare
blend, blend, *v* mischiare; *n* miscela *f*
bless, bles, *v* benedire
blessed, blest, *adj* benedetto
blessing, bles´-ing, *n* benedizione *f*
blight, blait, *v* rovinare
blind, blaind, *adj* cieco; *v* accecare; *n* cieco *m*; (for window) avvolgibile *f*; (venetian) veneziana *f*
blind alley, blaind al´-i, *n* vicolo cieco *m*
blindfold, blaind´-fould, *v* bendare gli occhi
blindness, blaind´-nis, *n* cecità *f*
blink, blingk, *v* battere le palpebre
blinkers, bling´-kes, *n* (horse) paraocchi *m*
bliss, blis, *n* felicità *f*; beatitudine *f*
blissful, blis´-ful, *adj* beato
blister, blis´-ta, *n* vescica *f*
blithe*, blaiD, *adj* spensierato
blizzard, blis´-ad, *n* tormenta di neve *f*
bloated, blout´-id, *adj* gonfio
bloater, blout´-a, *n* aringa affumicata *f*
block, blok, *v* bloccare; *n* blocco *m*; (wood) ceppo *m*; (toy) cubo *m*; (of houses) isolato *m*
blockade, blok-eid´, *n* blocco *m*
blockage, blok´-ich, *n* ingorgo *m*; blocco *m*
blockhead, blok´-hed, *n* stupido *m*
bloke, blouk, *n fam* tipo *m*
blonde, blond, *n* bionda *f*
blood, blŏd, *n* sangue *m*
blood pressure, blŏd presh´-a, *n* pressione del sangue *f*
bloodhound, blŏd´-haund, *n* cane segugio *m*
bloodshed, blŏd´-shed, *n* spargimento di sangue *m*
bloodshot, blŏd´-shot, *adj* iniettato di sangue
bloodthirsty, blŏd´-Zer-sti, *adj* sanguinario
bloody, blŏd´-i, *adj* sanguinante; insanguinato; sanguinoso
bloom, bluum, *v* fiorire; *n* fiore *m*; **in –,** in fiore
blossom, blos´-om, *v* fiorire; *n* fiori *mpl*
blot, blot, *v* macchiare; (dry) asciugare; *n* macchia *f*
blotch, bloch, *n* macchia *f*; chiazza *f*
blotting paper, blot´-ing pei´-pa, carta asciugante *f*
blouse, blaus, *n* blusa *f*
blow, blou, *n* pugno *m*;

colpo *m*; *v* suonare; soffiare; soffiarsi; **– up,** (tyres etc.) gonfiare; (explode) far saltare; (photo) ingrandire

blubber, blŏb´-*a*, *n* grasso di balena *m*; *v* piagnucolare

bludgeon, blŏch´-en, *n* randello *m*

blue, bl*uu*, *adj* azzurro; blu; *n* azzurro *m*; blu *m*

bluebell, bl*uu*´-bel, *n* campanella *f*

bluff, bl*aff*, *n* bluff *m*; *v* bluffare

bluish, bl*uu*´-ish, *adj* azzurrognolo; bluastro

blunder, blŏn´-d*a*, *n* abbaglio *m*; *v* prendere un abbaglio

blunt*, blŏnt, *adj* smussato; brusco

blur, bl*er*, *v* offuscare; *n* macchia *f*

blurt, bl*er*t, *v* lasciarsi sfuggire

blush, blŏsh, *n* rossore *m*; *v* arrossire

bluster, blŏs´-t*a*, *v* fare lo spaccone; *n* spacconate *fpl*

blustery, blŏs´-te-ri, *adj* tempestoso

boar, bo*or*, *n* verro *m*; (wild) cinghiale *m*

board, bo*or*d, *n* asse *f*; tavola *f*; (directors) consiglio di amministrazione *m*; (food) vitto *m*; *v* chiudere con assi

boarding house, bo*or*´-ding haus, *n* pensione *f*

boarding school, bo*or*´-ding sk*uu*l, *n* collegio *m*

boarder, bo*or*´-d*a*, *n* pensionante *m/f*

boast, boust, *v* vantarsi; *n* vanteria *f*

boaster, bous´-t*a*, *n* spaccone *m*

boat, bout, *n* barca *f*

boat-hook, bout´-huk, *n* alighiero *m*

boatswain, bou´-sn, *n* nostromo *m*

bob, bob, *v* andare su e giù, oscillare

bobbin, bob´-in, *n* rocchetto *m*; spoletta *f*

bodice, bod´-is, *n* corpino *m*

bodily, bod´-i-li, *adj* corporale; *adv* di peso

body, bod´-i, *n* corpo *m*; (corpse) cadavere *m*; (vehicle) carrozzeria *f*

bodyguard, bod´-i-g*aa*rd, *n* guardia del corpo *f*

bog, bogh, *n* pantano *m*

bogey, bou´-ghi, *n* (children's) uomo nero *m*

bogus, bou´-g*us*, *adj* fasullo

boil, boil, *v* bollire; *n med* foruncolo *m*

boiler, boil´-*a*, *n* caldaia *f*

boisterous, bois´-te-ros, *adj* impetuoso; turbolento

bold*, bould, *adj* audace, ardito

boldness, bould´-nis, *n* audacia *f*

bolster, boul´-st*a*, *n* capezzale *m*; **– up,** *v* sostenere

bolt, boult, *v* chiudere col catenaccio; (horse) imbizzarrirsi; *n* catenaccio *m*; (lightning) fulmine *m*

bomb, bom, *n* bomba *f*; *v* bombardare

bombard, bom-b*aa*rd´, *v* bombardare

bombastic, bom-bas´-tik, *adj* ampolloso

bond, bond, *n* (tie) legame *m*; (obligation) impegno *m*; (stock) buono del tesoro *m*, obbligazione *f*; **in –,** (customs) in attesa di sdoganamento

bondage, bon´-d*i*ch, *n* servitù *f*

bone, boun, *n* osso *m*; (fish) spina di pesce *f*; *v* disossare; (fish) diliscare

bonfire, bon´-f*ai*r, *n* falò *m*

bonnet, bon´-it, *n* cuffia *f*; (car) cofano *m*
bonus, bou´-nus, *n* gratifica *f*
bony, bou´-ni, *adj* ossuto
book, buk, *n* libro *m*; *v* prenotare, riservare
bookbinder, buk´-baind-*a*, *n* rilegatore *m*
book-case, buk´-keis, *n* libreria *f*
booking-office, buk´-ing-of-is, *n* biglietteria *f*
book-keeper, buk´-kiip-*a*, *n* contabile *m/f*
book-keeping, buk´-kiip-ing, *n* contabilità *f*
book-mark, buk´-maark, *n* segnalibro *m*
bookseller, buk´-sel-*a*, *n* libraio *m*
bookshop, buk´-shop, *n* libreria *f*
bookstall, buk´-stool, *n* edicola *f*, chiosco di giornali *m*
bookworm, buk´-uerm, *n* *fig* topo di biblioteca *m*
boom, buum, *n* *comm* boom *m*; (noise) rombo *m*; *v* (trade) andare a gonfie vele; (noise) rimbombare
boon, buun, *n* benedizione *f*, manna *f*
boor, boor, *n* zotico *m*
boorish*, boor´-rish, *adj* zotico
boost, buust, *v* incrementare; *n* spinta *f*
boot, buut, *n* stivale *m*
booth, buuD, *n* cabina *f*
booty, buu´-ti, *n* bottino *m*
booze, buus, *n* *fam* alcolici *mpl*
border, boor´-da, *n* bordo *m*; (frontier) confine *m*; *v* costeggiare; confinare
bordering, boor´-de-ring, *adj* confinante; *fig* vicino
bore, boor, *v* perforare; (weary) annoiare; *n* (gun) calibro *m*; (person) noioso *m*, noiosa *f*
born, boorn, *adj* nato
borough, bŏ´-ra, *n* circoscrizione amministrativa *f*
borrow, bo´-rou, *v* prendere in prestito
bosom, bu´-som, *n* seno *m*
botanist, bot´-a-nist, *n* botanico *m*
botany, bot´-a-ni, *n* botanica *f*
both, bouZ, *adj* ambedue, entrambi
bother, boD´-a, *v* seccare; *n* seccatura *f*
bottle, bot´-l, *n* bottiglia *f*; *v* imbottigliare
bottom, bot´-om, *n* fondo *m*
bottomless, bot´-om-lis, *adj* senza fondo
bough, bau, *n* ramo *m*
bounce, bauns, *v* rimbalzare; *n* rimbalzo *m*
bound, baund, *v* limitare; (jump) saltare; *n* (jump) balzo *m*; **– for,** *adj* diretto a; **– to,** (obliged) tenuto a
boundary, baun´-da-ri, *n* confine *m*
bountiful*, baun´-ti-ful, *adj* abbondante
bounty, baun´-ti, *n* liberalità *f*; (reward) taglia *f*
bouquet, bu-kei´, *n* bouquet *m*
bout, baut, *n* attacco *m*, accesso *m*
bow, bou, *n* (archery) arco *m*; (violin) archetto *m*; (tie, knot) fiocco *m*
bow, bau, *v* inchinarsi; *n* inchino *m*; (ship) prua *f*
bowels, bau´-els, *npl* intestino *m*; viscere *fpl*
bowl, boul, *n* scodella *f*; bacinella *f*; *v* (cricket) lanciare la palla
bowling, bou´-ling, *n* bowling *m*
box, boks, *v* (fight) fare pugilato; *n* scatola *f*; (chest) cassa *f*; (theatre) palco *m*; **– on the ears,** scapaccione *m*
boxer, bok´-sa, *n* pugile *m*

boxing, bok´-sing, *n* pugilato *m*
Boxing Day, bok´-sing dei, *n* giorno di Santo Stefano *m*
boy, boi, *n* ragazzo *m*
boycott, boi´-kot, *v* boicottare; *n* boicottaggio *m*
boyfriend, boi´-frend, *n* ragazzo *m*
bra, braa, *n* reggiseno *m*
brace, breis, *v* rinforzare; *n* apparecchio ortodontico *m*; (two) paio *m*
bracelet, breis´-lit, *n* braccialetto *m*
braces, brei´-sis, *npl* bretelle *fpl*
bracing, brei´-sing, *adj* tonificante
bracken, brak´-n, *n* felce *f*
bracket, brak´-it, *n* mensola *f*; (parenthesis) parentesi *f*
brackish, brak´-ish, *adj* salmastro
brag, bragh, *v* vantarsi
braggart, brag´-at, *n* spaccone *m*
braid, breid, *n* treccia *f*; (dress) guarnizione *f*; *v* intrecciare
brain, brein, *n* cervello *m*
braise, breis, *v* brasare
brake, breik, *n* freno *m*; *v* frenare
bramble, bram´-bl, *n* rovo *m*
bran, bran, *n* crusca *f*
branch, braanch, *n* ramo *m*; *comm* filiale *f*; **– off,** *v* ramificarsi
brand, brand, *n* marca *f*; (on cattle) marchio *m*; *v* marchiare
brandish, bran´-dish, *v* brandire
brand-new, brand-niuu´, *adj* nuovo di zecca
brandy, bran´-di, *n* acquavite *f*
brass, braas, *n* ottone *m*
bravado, bra-vaa´-dou, *n* spavalderia *f*
brave*, breiv, *adj* valoroso
bravery, breiv´-e-ri, *n* valore *m*
bravo! braa-vou´, *interj* bravo!
brawl, brool, *v* azzuffarsi; *n* rissa *f*
brawn, broon, *n* sopressata *f*; muscoli *mpl*
brawny, broo´-ni, *adj* muscoloso
bray, brei, *v* (donkey) ragliare
brazen, brei´-sen, *adj* sfacciato
brazier, brei´-sia, *n* braciere *m*
Brazil, bra-sil´, *n* Brasile m
Brazilian, bra-si´-lian, *adj* brasiliano
brazil-nut, bra-sil´-nŏt, *n* noce del Brasile *f*
breach, briich, *n* rottura *f*; infrazione *f*; abuso *m*
bread, bred, *n* pane *m*
breadth, bredZ, *n* larghezza *f*
break, breik, *v* rompere; (the law) violare; *n* rottura *f*; (pause) pausa *f*; (school) ricreazione *f*
breakage, breik´-ich, *n* danni *mpl*
breakdown, breik´-daun, *n* interruzione *f*; (health) esaurimento *m*; *mech* panne *f*
breakers, breik´-es, *npl* (wave) cavalloni *mpl*
breakfast, brek´-fast, *v* far colazione; *n* prima colazione *f*
breakwater, breik´-uoo-ta, *n* frangiflutti *m*
bream, briim, *n* reina *f*
breast, brest, *n* petto *m*; seno *m*
breastbone, brest´-boun, *n* sterno *m*
breast-stroke, brest´-strouk, *n* nuoto a rana *m*
breath, breZ, *n* respiro *m*; fiato *m*
breathe, briiD, *v* respirare
breathless, breZ´-lis, *adj* senza fiato
breech, briich, *n* (gun) culatta *f*

breeches, briich´-is, *npl* calzoni *mpl*
breed, briid, *v* produrre; riprodursi; *n* razza *f*
breeder, brii´-da, *n* allevatore *m*
breeding, brii´-ding, *n* educazione *f*; (stock) allevamento *m*
breeze, briis, *n* brezza *f*
breezy, brii´-si, *adj* ventoso
brevity, brev´-i-ti, *n* brevità *f*
brew, bruu, *v* fabbricar birra
brewer, bruu´-a, *n* birraio *m*
brewery, bruu´-e-ri, *n* fabbrica di birra *f*
briar, brai´-a, *n* (wood) radica *f*; (bramble) rovo *m*
bribe, braib, *v* corrompere; *n* bustarella *f*
bribery, brai´-be-ri, *n* corruzione *f*
brick, brik, *n* mattone *m*
bricklayer, brik´-lei-a, *n* muratore *m*
bridal, brai´-dl, *adj* nuziale
bride, braid, *n* sposa *f*
bridegroom, braid´-gruum, *n* sposo *m*
bridesmaid, braids´-meid, *n* damigella d'onore *f*
bridge, brich, *n* ponte *m*; *v* gettare un ponte su
bridle, brai´-dl, *n* briglia *f*; *v* imbrigliare
brief, briif, *adj** breve; *v* dare istruzioni a; *n law* causa *f*
briefcase, briif´-keis, *n* valigetta ventiquattr' ore *f*
brigade, bri-gheid´, *n* brigata *f*
bright*, brait, *adj* luminoso; sereno; (lively) vivace; (clever) intelligente
brighten, brait´-n, *v* rischiarare; (enliven) rallegrare
brightness, brait´-nis, *n* luminosità *f*; vivacità *f*
brill, bril, *n* (fish) rombo *m*
brilliancy, bril´-ian-si, *n* splendore *m*
brilliant*, bril´-iant, *adj* brillante
brim, brim, *n* orlo *m*; (hat) falda *f*; **– over,** *v* traboccare
brimstone, brim´-stoun, *n* zolfo *m*
brine, brain, *n* salamoia *f*
bring, bring, *v* portare, recare; **– forward,** (accounts) riportare; **– in,** (produce) produrre; **– up,** (educate) allevare
brink, bringk, *n* orlo *m*
brisk*, brisk, *adj* vivace; vispo
brisket, bris´-kit, *n* punta di petto *f*
briskness, brisk´-nis, *n* vivacità *f*
bristle, bris´-l, *n* setola *f*; *v* rizzarsi
bristly, bris´-li, *adj* ispido
Britain, bri´-tn, *n* Gran Bretagna *f*
British, bri´-tish, *adj* britannico
brittle, brit´-l, *adj* fragile
brittleness, brit´-l-nis, *n* fragilità *f*
broach, brouch, *v* affrontare
broad*, brood, *adj* largo; (accent) marcato
broadcast, brood´-kaast, *n* (radio, TV) trasmissione *f*; *v* trasmettere
brocade, bro-keid´, *n* broccato *m*
broccoli, brok´-o-li, *n* broccolo *m*
brochure, broush´-a, *n* dépliant *m*
brogue, brough, *n* accento *m*; scarpone *m*
broil, broil, *n* (quarrel) rissa *f*
broken, brou´-kn, *adj* rotto; (language) stentato
broker, brou-ka, *n* intermediario *m*
brokerage, brou´-ke-rich,

n intermediazione *f*
bromide, brou´-maid, *n* bromuro *m*
bronchitis, brong-kai´-tis, *n* bronchite *f*
bronze, brons, *n* bronzo *m*; *v* bronzare; (tan) abbronzarsi
brooch, brouch, *n* spilla *f*
brood, bruud, *n* covata *f*; *v* covare
brook, bruk, *n* ruscello *m*
broom, bruum, *n* scopa *f*; (plant) ginestra *f*
broth, broZ, *n* brodo *m*
brothel, broZ´-l, *n* bordello *m*
brother, brŏ´-Da, *n* fratello *m*
brother-in-law, brŏ´-De-rin-loo, *n* cognato *m*
brotherly, brŏ´-De-li, *adj* fraterno
brow, brau, *n* sopracciglio *m*; *fig* fronte *f*
browbeat, brau´-biit, *v* intimidire
brown, braun, *adj* marrone; *n* marrone *m*; *v* abbrunire; (cookery) rosolare
brownish, brau´-nish, *adj* marroncino
browse, braus, *v* curiosare qua e là
bruise, bruus, *n* livido *m*; ammaccatura *f*; *v* farsi un livido; ammaccare
brunette, bru-net´, *n* brunetta *f*
brunt, brŏnt, *n* urto *m*
brush, brŏsh, *n* spazzola *f*; (paint) pennello *m*; *v* spazzolare; spennellare; (sweep) spazzare
brushwood, brŏsh´-uud, *n* sottobosco *m*
brusque, brusk, *adj* brusco
Brussels, brŏs-ls, *n* Bruxelles *f*
Brussels sprouts, brŏs-ls-srauts´, *npl* cavolini di Bruxelles *mpl*
brutal*, bruu´-tl, *adj* brutale
brutality, bru-tal´-i-ti, *n* brutalità *f*
brutalize, bruu´-tal-ais, *v* abbrutire; brutalizzare
brute, bruut, *n* bruto *m*
bubble, bŏb´-l, *n* bolla *f*; *v* ribollire
buck, bŏk, *n* (deer) daino *m*; *adj* maschio
bucket, bŏk´-it, *n* secchio *m*
buckle, bŏk´-l, *n* fibbia *f*; *v* affibbiare, allacciare
buckskin, bŏk´-skin, *n* pelle di daino *f*
buckwheat, bŏk´-uiit, *n* grano saraceno *m*
bud, bŏd, *n* bocciolo *m*; gemma *f*; *v* sbocciare; germogliare
budge, bŏch, *v* muoversi
budget, bŏch´-it, *n* bilancio *m*
buff, bŏf, *adj* color camoscio; *v* lucidare
buffalo, bŏf´-a-lou, *n* buffalo *m*
buffer, bŏf´-a, *n* (railway) respingente *m*
buffet, bu´-fei, *n* buffet *m*
buffet, bŏf´-it, *v* sballottare
buffoon, bu-fuun´, *n* buffone *m*
bug, bŏgh, *n* cimice *f*
bugbear, bŏg´-ber, *n* spauracchio *m*
buggy, bŏ´-ghi, *n* passeggino *m*
bugle, biuu´-gl, *n* cornetta *f*
build, bild, *v* costruire
builder, bil´-da, *n* costruttore edile *m*
building, bil´-ding, *n* edificio *m*, palazzo *m*
bulb, bŏlb, *n* bulbo *m*; (lamp) lampadina *f*
bulge, bŏlch, *v* gonfiare; *n* rigonfiamento *m*
bulk, bŏlk, *n* volume *m*; **in –,** in grande quantità
bulky, bŏl´-ki, *adj* voluminoso
bull, bul, *n* toro *m*; (stock-exchange) rialzista *m/f*; **–'s eye,** (target) centro del bersaglio
bulldog, bul´-dogh, *n*

bulldog *m*

bulldozer, bul´-dous-*a*, *n* bulldozer *m*

bullet, bul´-it, *n* proiettile *m*, pallottola *f*

bulletin, bul´-i-tin, *n* bollettino *m*

bullfinch, bul´-finch, *n* ciuffolotto *m*

bullion, bul´-ion, *n* oro in lingotti *m*

bullock, bul´-ok, *n* manzo *m*

bully, bul´-i, *n* prepotente *m/f*; *v* fare il prepotente con

bulrush, bul´-rŏsh, *n* giunco *m*

bump, bŏmp, *n* colpo *m*, botta *f*; (swelling) bernoccolo *m*; *v* urtare, sbattere

bumper, bŏm´-pa, *n* paraurti *m*

bumpkin, bŏmp´-kin, *n* buzzurro *m*

bumptious, bŏmp´-shos, *adj* arrogante

bun, bŏn, *n* panino *m*; (hair) chignon *m*

bunch, bŏnch, *v* ammucchiare; *n* mazzo *m*; (bananas) casco *m*; (people) gruppo *m*; **– of grapes,** grappolo d'uva *m*

bundle, bŏn´-dl, *n* fagotto *m*; fascio *m*; (of wood) fascina *f*; *v* fare un fascio di

bung, bŏng, *n* tappo *m*

bungalow, bŏng´-ga-lou, *n* bungalow *m*

bungle, bŏng´-gl, *v* fare pasticci

bungler, bŏng´-gla, *n* pasticcione *m*, pasticciona *f*

bunion, bŏn´-ion, *n* callo al piede *m*

bunk, bŏnk, *n* cuccetta *f*

bunk bed, bŏnk bed, *n* letto a castello *m*

bunker, bŏng´-ka, *n* (coal) carbonaia *f*

bunkum, bŏng´-kom, *n* sciocchezze *fpl*

bunny, bŏn-i, *n* coniglietto *m*

buoy, boi, *n* boa *f*

buoyancy, boi´-an-si, *n* galleggiabilità *f*

buoyant, boi´-ant, *adj* galleggiante; di buonumore

burden, ber´-dn, *n* carico *m*; peso *m*; *v* caricare; opprimere

burdensome, ber´-dn-som, *adj* pesante

bureau, biu´-rou, *n* ufficio *m*; scrittoio *m*

bureaucracy, biu-ro´-kra-si, *n* burocrazia *f*

burger, ber´-gha, *n* hamburger *m*

burglar, ber´-gla, *n* ladro *m*

burglary, ber´-gla-ri, *n* furto *m*

burial, be´-ri-al, *n* seppellimento *m*

burial-ground, be´-ri-al-graund, *n* cimitero *m*

burlesque, ber-lesk´, *n* parodia *f*

burly, ber´-li, *adj* robusto

burn, bern, *v* bruciare; (arson) incendiare; *n* bruciatura *f*; *med* ustione *f*

burner, ber´-na, *n* becco a gas *m*

burnish, ber´-nish, *v* brunire

burrow, bŏ´-rou, *v* scavare una tana; *n* tana *f*

bursar, ber´-sa, *n* (school) economo *m*

burst, berst, *v* scoppiare; *n* scoppio *m*

bury, be´-ri, *v* seppellire; (conceal) sotterrare

bus, bŏs, *n* autobus *m*

bush, bush, *n* cespuglio *m*

bushel, bush´-l, *n* staio *m*

bushy, bush´-i, *adj* folto

business, bis´-nis, *n* affari *mpl*; impresa *f*

business-like, bis´-nis-laik, *adj* pratico; efficiente

businessman, bis´-nis-man, *n* uomo d'affari,

imprenditore *m*
businesswoman, bis´-nis-uu-man, *n* imprenditrice *f*
busker, bŏs´-ka, *n* suonatore ambulante *m*
bust, bŏst, *n* busto *m*
bustle, bŏs´-l, *n* trambusto *m*; *v* affaccendarsi
bus stop, bŏs' stop, *n* fermata d'autobus *f*
busy, bis´-i, *adj* occupato; affaccendato; (place) movimentato; *v* – **oneself,** affaccendarsi
busybody, bis´-i-bod-i, *n* ficcanaso *m/f*
but, bŏt, *conj* & *prep* ma; *adv* solo, solamente
butcher, buch´-a, *n* macellaio *m*; *v* macellare
butler, bŏt´-la, *n* maggiordomo *m*
butt, bŏt, *n* (gun) calcio *m*; (cask) tino *m*; *v* dare una testata a
butter, bŏt´-a, *n* burro *m*; *v* imburrare
buttercup, bŏt´-e-kŏp, *n* ranuncolo *m*
butter-dish, bŏt´-e-dish, *n* burriera *f*
butterfly, bŏt´-e-flai, *n* farfalla *f*
buttock, bŏt´-ok, *n* natica *f*
button, bŏt´-n, *n* bottone *m*; *v* abbottonare
button-hole, bŏt´-n-houl, *n* occhiello *m*
buttress, bŏt´-ris, *n* contrafforte *m*; *v* puntellare
butts, bŏts, *npl* poligono di tiro *m*
buxom, bŏk´-som, *adj* (woman) formosa
buy, bai, *v* comprare
buyer, bai´-a, *n* compratore *m*
buzz, bŏs, *n* ronzio *m*; brusio *m*; *v* ronzare
buzzard, bŏs´-ad, *n* poiana *f*
buzzer, bŏs-a, *n* cicalino *m*; sirena *f*
by, bai, *prep* da; per; di; accanto a
bye, bai, *interj* ciao!, arrivederci!
by-law, bai´-loo, *n* ordinanza locale *f*
bystander, bai´-stan-da, *n* spettatore *m*
byway, bai´-uei, *n* strada secondaria *f*
byword, bai´-uerd, *n* detto comune *m*; – **for** sinonimo di

cab, kab, *n* taxi *m*
cabbage, kab´-**ich**, *n* cavolo *m*
cabin, kab´-in, *n* cabina *f*; capanna *f*
cabinet, kab´-in-it, *n* consiglio dei ministri *m*; armadietto *m*
cabinet-maker, kab´-in-it-meik-*a*, *n* ebanista *m*
cable, kei´-bl, *n* cavo *m*; *v* telegrafare
cable television, kei´-bl te´-li-vish-*o*n, *n* televisione via cavo *f*
cackle, kak´-l, *v* ridacchiare
caddy, ka´-di, *n* scatola da tè *f*
cadge, kach, *v* scroccare
café, ka´-fei, *n* caffè *m*, bar *m*
cafeteria, ka-*fe*-tie´-ri-*a*, *n* bar self-service *m*
cage, keich, *n* gabbia *f*; *v* ingabbiare
cajole, k*a*-**choul**´, *v* lusingare
cake, keik, *n* torta *f*
calculate, kal´-kiu-leit, *v* calcolare
calculator, kal´-kiu-lei-t*a*, *n* calcolatrice *f*
calendar, kal´-*e*n-d*a*, *n* calendario *m*
calf, kaaf, *n* vitello *m*; polpaccio *m*
call, kool, *v* chiamare; (name) chiamarsi; *n* chiamata *f*
callous*, kal´-*o*s, *adj* insensibile
calm, kaam, *n* calma *f*; *adj** calmo; *v* calmare
calmness, kaam´-nis, *n* calma *f*
calorie, ka´-l*o*-ri, *n* caloria *f*
camcorder, kam´-koo*r*-d*a*, *n* camcorder *f*
camel, kam´-l, *n* cammello *m*
cameo, kam´-i-ou, *n* cammeo *m*
camera, kam´-*e*-r*a*, *n* macchina fotografica *f*
camisole, kam´-i-soul, *n* camicetta *f*
camomile, kam´-*o*-mail, *n* camomilla *f*
camouflage, kam´-*u*-**flaash**, *n* mimetizzazione *f*
camp, kamp, *v* accamparsi; *n* campeggio *m*; accampamento *m*
camp bed, kamp´-bed, *n* brandina *f*
campaign, kam-pein´, *n* campagna *f*
camping, kam´-ping, *n* campeggio
campsite, kamp´-sait, *n* campeggio *m*, camping *m*
campus, kam´-p*u*s, *n* campus *m*
can, kan, *n* scatoletta *f*, lattina *f*
can, kan, *v* (to be able) potere; (to know) sapere
Canada, ka´-n*a*-d*a*, *n*

Canada *m*
Canadian, k*a*-nei´-di-*a*n, *adj* canadese
canal, k*a*-nal´, *n* canale *m*
canary, k*a*-ner´-ri, *n* canarino *m*
cancel, kan´-sl, *v* cancellare
Cancer, kan´-s*a*, *n* Cancro *m*
cancer, kan´-s*a*, *n* cancro *m*
candid*, kan´-did, *adj* franco
candidate, kan´-di-d*a*t, *n* candidato *m*
candied, kan´-did, *adj* candito
candle, kan´-dl, *n* candela *f*
candlestick, kan´-dl-stik, *n* candeliere *m*
candour, kan´-d*a*, *n* candore *m*
candy, kan´-di, *n* dolciumi *mpl*
candyfloss, kan´-di-flos, *n* zucchero filato *m*
cane, kein, *n* bastone da passeggio *m*; bacchetta *f*; *v* bacchettare
canine, kei´-nain, *adj* canino
cannabis, kan´-*a*-bis, *n* canapa indiana *f*
cannibal, kan´-i-bl, *n* cannibale *m/f*
cannon, kan´-on, *n* cannone *m*
canoe, k*a*-nuu´, *n* canoa *f*
can opener, kan´-oup-n*a*, *n* apriscatole *m*
canopy, kan´-*o*-pi, *n* baldacchino *m*
cantankerous, kan-tang´-k*e*-ros, *adj* bisbetico
canteen, kan-tiin´, *n* mensa *f*
canvas, kan´-v*a*s, *n* tela *f*
canvass, kan´-v*a*s, *v* fare propaganda elettorale
cap, kap, *n* berretto *m*; tappo *m*; cappuccio *m*
capable, kei´-p*a*-bl, *adj* capace
capacity, k*a*-pa´-si-ti, *n* capacità *f*; capienza *f*
cape, keip, *n* mantello *m*
caper, kei´-p*a*, *n* cappero *m*
capital, kap´-i-tl, *n* (money) capitale *m*; (city) capitale *f*; (letter) lettera maiuscola *f*
capitalism, kap´-i-t*a*-lis-m, *n* capitalismo *m*
Capricorn, kap´-ri-koorn, *n* Capricorno *m*
capsize, kap-sais´, *v* capovolgere
capsule, kap´-siuul, *n* capsula *f*
captain, kap´-tin, *n* capitano *m*
captive, kap´-tiv, *adj* prigioniero
captivity, kap-tiv´-i-ti, *n* prigionia *f*; cattività *f*
capture, kap´-ch*a*, *n* cattura *f*; *v* catturare
car, kaar, *n* auto *f*; vagone *m*
caramel, ka´-r*a*-mel, *n* caramello *m*
caravan, ka´-r*a*-van, *n* roulotte *f*
carbon, kaar´-bon, *n* carbonio *m*
carbon paper, kaar´-bon pei´-p*a*, *n* carta carbone *f*
carburettor, kaar-b*a*-ret´-*a*, *n* carburatore *m*
carcass, kaar´-k*a*s, *n* carcassa *f*
card, kaard, *n* biglietto da visita *m*; (playing) carta *f*
cardboard, kaard´-boord, *n* cartone *m*
cardboard box, kaard´-boord boks, *n* scatola di cartone *f*
cardigan, kaar´-di-g*a*n, *n* cardigan *m*
cardinal, kaar´-di-nl, *n* cardinale *m*
care, ker, *n* attenzione *f*; (anxiety) preoccupazione *f*; **take –!** *interj* attenzion!; **to take – of,** *v* badare a
career, k*a*-riir´, *n* carriera *f*
careful*, ker´-ful, *adj*

attento
careless*, ker´-lis, *adj* negligente; disattento
carelessness, ker´-lis-nis, *n* negligenza *f*
caress, ka-res´, *n* carezza *f*; *v* accarezzare
caretaker, ker´-tei-ka, *n* custode *m/f*
car ferry, kaar´-fe-ri, *n* traghetto *m*
cargo, kaar´-gou, *n* carico *m*
car hire, kaar´-hair, *n* autonoleggio *m*
caricature, ka´-ri-ka-chiuur, *n* caricatura *f*
carnage, kaar´-nich, *n* carneficina *f*
carnal*, kaar´-nl, *adj* carnale
carnation, kaar-nei´-shon, *n* garofano *m*
carnival, kaar´-ni-vl, *n* carnevale *m*
carol, ka´-rol, *n* canto di Natale *m*
carp, kaarp, *n* carpa *f*
car park, kaar´-paark, *n* parcheggio *m*
carpenter, kaar´-pen-ta, *n* falegname *m*
carpet, kaar´-pit, *n* tappeto *m*; moquette *f*
carriage, ka´-rich, *n* vettura *f*
carrier bag, ka´-ri-a bagh, *n* sacchetto *m*, busta di plastica *f*
carrot, ka´-rot, *n* carota *f*
carry, ka´-ri, *v* portare; **– on,** *fig* continuare
cart, kaart, *n* carretto *m*
carton, kaar´-ton, *n* (milk etc.) cartone *m*; (cigarettes) stecca *f*
cartoon, kaar-tuun´, *n* fumetto *m*; cartone animato *m*
cartridge, kaar´-trich, *n* cartuccia *f*
carve, kaarv, *v* intagliare; (meat) tagliare
carving, kaar´-ving, *n* intaglio *m*
car wash, kaar´-uosh, *n* autolavaggio *m*
cascade, kas-keid´, *n* cascata *f*
case, keis, *n* caso *m*; scatola *f*; astuccio *m*; valigia *f*; *law* causa *f*; **in –,** in caso
casement, keis´-ment, *n* finestra *f*
cash, kash, *n* denaro *m*; (ready money) contanti *mpl*; *v* incassare
cash-book, kash´-buk, *n* libro di cassa *m*
cash card, kash´-kaard, *n* carta per prelievi automatici *f*
cash dispenser, kash dis-pen´-sa, *n* sportello automatico *m*
cashier, kash´-ir, *n* cassiere *m*, cassiera *f*
cashmere, kash´-mir, *n* cachemire *m*
cask, kaask, *n* barile *m*
casket, kaas´-kit, *n* cofanetto *m*
cassette, ka-set´, *n* cassetta *f*
cassette player, ka-set' plei´-a, *n* riproduttore a cassetta *m*
cast, kaast, *n* (theatre) cast *m*; (plaster) ingessatura *f*; *v* gettare
caste, kaast, *n* casta *f*
cast iron, kaast ai´-on, *n* ghisa *f*
castle, kaa´-sl, *n* castello *m*; (chess) torre *f*
castor, kaas´-ta, *n* rotella *f*
castor oil, kaas´-to-roil, *n* olio di ricino *m*
casual*, kash´-u-al, *adj* casuale
casualties, kash´-u-al-tis, *npl* vittime *fpl*
casualty, kash´-u-al-ti, *n* pronto soccorso *m*
cat, kat, *n* gatto *m*
catalogue, kat´-o-logh, *n* catalogo *m*; *v* catalogare
catarrh, ka-taar´, *n* catarro *m*
catastrophe, ka-tas´-tro-fi, *n* catastrofe *f*
catch, kach, *v* prendere; afferrare; **– up,**

raggiungere; *n* presa *f*; gancio *m*
catching, kach´-ing, *adj* contagioso
catchword, kach´-uerd, *n* slogan *m*
category, kat´-i-go-ri, *n* categoria *f*
cater, kei´-ta, *v* provvedere; (food) provvedere alla ristorazione
catering, kei´-te-ring, *n* ristorazione *f*
caterpillar, kat´-e-pil-a, *n* bruco *m*
cathedral, ka-Zii´-dral, *n* cattedrale *f*, duomo *m*
catholic, kaZ´-o-lik, *n* cattolico *m*; *adj* cattolico
cattle, kat´-l, *n* bestiame *m*
cauliflower, ko´-li-flau-a, *n* cavolfiore *m*
cause, koos, *n* causa *f*; *v* causare
caustic, koos´-tik, *adj* caustico
cauterize, koo´-te-rais, *v* cauterizzare
caution, koo´-shon, *n* cautela *f*; diffida *f*; *v* diffidare
cautious*, koo´-shos, *adj* cauto
cavalier, kav-a-lir´, *adj* brusco, sbrigativo
cavalry, kav´-l-ri, *n* cavalleria *f*
cave, keiv, *n* caverna *f*
caviar, kav´-iaar, *n* caviale *m*
cavity, kav´-i-ti, *n* cavità *f*; (tooth) carie *f*
caw, koo, *v* gracchiare
cayenne pepper, kei-en' pep´-a, *n* pepe di Caienna *m*
CD, sii-dii´, *n* CD *m*
CD player, sii-dii' plei´-a, *n* lettore di CD *m*
CD ROM, sii-dii-rom´, *n* CD-rom *m*
cease, siis, *v* cessare
ceasefire, siis´-fair, *n* cessate il fuoco *m*
ceaseless*, siis´-lis, *adj* incessante
cedar, sii´-da, *n* cedro *m*
ceiling, sii´-ling, *n* soffitto *m*
celebrate, sel´-i-breit, *v* celebrare
celebrated, sel´-i-breit-id, *adj* celebre
celebration, sel-i-brei´-shon, *n* celebrazione *f*; festeggiamento *m*
celery, sel´-e-ri, *n* sedano *m*
cell, sel, *n* cella *f*; cellula *f*
cellar, sel´-a, *n* cantina *f*
cement, si-ment´, *n* cemento *m*; *v* cementare
cemetery, sem´-it-ri, *n* cimitero *m*
censor, sen´-sa, *n* censore *m*
censorship, sen´-so-ship, *n* censura *f*
census, sen-sus, *n* censimento *m*
cent, sent, *n* (coin) centesimo *m*
centenary, sen-tii-ne-ri, *n* centenario *m*
centigrade, sen´-ti-greid, *adj* centigrado
centimetre, sen´-ti-mii-ta, *n* centimetro *m*
central, sen´-tral, *adj* centrale
central heating, sen´-tral hii´-ting, *n* riscaldamento autonomo *m*
centralize, sen´-tral-ais, *v* centralizzare
centre, sen´-ta, *n* centro *m*
century, sen´-chu-ri, *n* secolo *m*
ceramics, se-ram´-iks, *n* ceramica *f*
cereal, siir´-ri-al, *n* cereale *m*
ceremony, se´-ri-mo-ni, *n* cerimonia *f*
certain*, ser´-tan, *adj* certo
certainty, ser´-tan-ti, *n* certezza *f*
certificate, ser-tif´-i-kat, *n* certificato *m*; diploma *m*
certify, ser´-ti-fai, *v* certificare, attestare

chain, chein, *n* catena *f*; **– up,** *v* incatenare
chair, cher, *n* sedia *f*; poltrona *f*; (university) cattedra *f*
chairman, cher´-man, *n* presidente *m*
chalk, chook, *n* gesso *m*
challenge, chal´-inch, *n* sfida *f*; *v* sfidare
chambermaid, cheim´-be-meid, *n* cameriera *f*
chambers, cheim´-bes, *npl* (office) studio legale *m*
chamois, sham´-uŏ, *n* camoscio *m*
champagne, sham-pein´, *n* champagne *m*
champion, cham´-pion, *n* campione *m*, campionessa *f*
championship, cham´-pion-ship, *n* campionato *m*
chance, chaans, *n* caso *m*; occasione *f*; possibilità *f*; *adj* casuale; *v* rischiare
chancellor, chaan´-se-la, *n* cancelliere *m*
chandelier, shan-di-lir´, *n* lampadario *m*
change, cheinch, *n* spiccioli *mpl*; resto *m*; cambiamento *m*; *v* cambiare
changeable, chein´-cha-bl, *adj* variabile
changing room, chein´-ching ruum, *n* camerino *m*; spogliatoio *m*
channel, chan´-l, *n* canale *m*; **the English –,** la Manica *f*
chant, chaant, *n* canto *m*
chaos, kei´-os, *n* caos *m*
chaotic, kei-ot´-ik, *adj* caotico
chap, chap, *n* screpolatura *f*; (fellow) tipo *m*; *v* screpolare
chapel, chap´-l, *n* cappella *f*
chaplain, chap´-lin, *n* cappellano *m*
chapter, chap´-ta, *n* capitolo *m*
char, chaar, *v* carbonizzare
character, kar´-ik-ta, *n* carattere *m*; personaggio *m*
characteristic, kar´-ik-te-ris-tik, *adj* caratteristico
charcoal, chaar´-koul, *n* carbone di legna *m*; carboncino *m*
charge, chaarch, *n* tariffa *f*; accusa *f*; carica *f*; *v* chiedere; accusare; caricare; **to be in – of,** essere responsabile di
charitable, cha´-ri-ta-bl, *adj* caritatevole
charity, cha´-ri-ti, *n* carità *f*; opera pia *f*
charm, chaarm, *n* fascino *m*; *v* affascinare; incantare
charming*, chaar´-ming, *adj* affascinante
chart, chaart, *n* carta nautica *f*
charter, chaar´-ta, *v* noleggiare
charter flight, chaar´-ta flait, *n* volo charter *m*
chase, cheis, *n* caccia *f*; *v* cacciare; (pursue) inseguire
chasm, kas-m, *n* abisso *m*
chastity, chas´-ti-ti, *n* castità *f*
chat, chat, *n* chiacchierata *f*; *v* chiacchierare
chatter, chat´-a, *n* ciance *fpl*; *v* cianciare; (teeth) battere i denti
chatter-box, chat´-a-boks, *n* chiacchierone *m*, chiacchierona *f*
chauffeur, shou-fer´, *n* chauffeur *m*, autista *m*
cheap*, chiip, *adj* a buon mercato
cheat, chiit, *v* imbrogliare
cheating, chii´-ting, *n* imbrogli *mpl*
check, chek, *n* controllo *m*; (restraint) freno *m*; (chess) scacco *m*; (pattern) quadretto *m*; *v* controllare; (restrain) frenare
check-in, chek´-in, *n* accettazione bagagli *f*

checkmate, chek-meit´, *n* scacco matto *m*; *v* dare scacco matto
checkout, chek´-aut, *n* (supermarket) cassa *f*
cheek, chiik, *n* guancia *f*; sfacciataggine *f*
cheer, chir, *v* rallegrare
cheerful*, chir´-ful, *adj* allegro
cheers, chirs, *interj* cin cin!
cheese, chiis, *n* formaggio *m*
chef, shef, *n* chef *m*
chemical, kem´-i-kl, *n* prodotto chimico *m*; *adj** chimico
chemist, kem´-ist, *n* (scientist) chimico *m*; (pharmacist) farmacista *m/f*
chemistry, kem´-ist-ri, *n* chimica *f*
cheque, chek, *n* assegno *m*
chequebook, chek´-buk, *n* libretto degli assegni *m*
cheque card, chek´-kaard, *n* carta assegni *f*
cherish, che´-rish, *v* amare
cherry, che´-ri, *n* ciliegia *f*
cherub, che´-rub, *n* cherubino *m*
chess, ches, *n* scacchi *mpl*
chest, chest, *n* petto *m*; (box) cassa *f*
chestnut, ches´-nŏt, *n* castagna *f*
chest of drawers, chest´-ov-droos, *n* cassettone *m*
chew, chu, *v* masticare
chewing gum, chu´-ing-gŏm, *n* gomma da masticare *f*
chick, chik, *n* pulcino *m*
chicken, chik´-in, *n* pollo *m*
chickenpox, chik´-in-poks, *n* varicella *f*
chief, chiif, *n* capo *m*; *adj* principale
chiefly, chiif´-li, *adv* principalmente
chilblain, chil´-blein, *n* gelone *m*
child, chaild, *n* bambino *m*, bambina *f*
childbirth, chaild´-berZ, *n* parto *m*
childish*, chail-dish, *adj* puerile
chill, chil, *n* colpo d'aria *m*; *v* raffreddare
chilli, chil´-i, *n* peperoncino *m*
chilly, chil´-i, *adj* freddo
chime, chaim, *n* rintocco *m*; *v* suonare
chimney, chim´-ni, *n* camino *m*
chimney sweep, chim´-ni suiip, *n* spazzacamino *m*
chin, chin, *n* mento *m*
china, chai´-na, *n* porcellana *f*
China, chai´-na, *n* Cina *f*
Chinese, chai-niis´, *adj* cinese
chink, chingk, *n* crepaccio *m*; tintinnio *m*
chip, chip, *n* patata fritta *f*; scheggia *f*; *v* scheggiare
chiropodist, ki-rop´-o-dist, *n* pedicure *m/f*
chirp, cherp, *n* cinguettio *m*; *v* cinguettare
chisel, chis´-l, *n* scalpello *m*
chivalrous, shiv´-l-ros, *adj* cavalleresco
chive, chaiv, *n* erba cipollina *f*
chlorine, kloo´-riin, *n* cloro *m*
chloroform, klo´-ro-foorm, *n* cloroformio *m*
chocolate, chok´-o-lat, *n* cioccolata *f*; cioccolato *m*
choice, chois, *n* scelta *f*; *adj* scelto
choir, kuair, *n* coro *m*
choke, chouk, *v* soffocare
cholera, kol´-e-ra, *n* colera *m*
choose, chuus, *v* scegliere
chop, chop, *n* costoletta *f*; *v* spaccare; tagliare
chopsticks, chop´-stiks, *npl* bacchette cinesi *fpl*
choral, koo´-ral, *adj* corale
chord, koord, *n mus*

accordo *m*
chorus, koo´-rus, *n* coro *m*; ritornello *m*
Christ, kraist, *n* Cristo *m*
christen, kris´-n, *v* battezzare
christening, kris´-ning, *n* battesimo *m*
Christmas, kris´-mas, *n* Natale *m*
Christmas tree, kris´-mas trii, *n* albero di Natale *m*
chronic, kron´-ik, *adj* cronico
chronicle, kron´-ik-l, *n* cronaca *f*
chrysanthemum, kri-san´-Ze-mum, *n* crisantemo *m*
chubby, chŏb´-i, *adj* paffuto
chuck, chŏk, *v* buttare
chuckle, chŏk´-l, *n* risatina *f*; *v* ridacchiare
chum, chŏm, *n* compagno *m*
chunk, chŏngk, *n* grossa fetta *f*
church, cherch, *n* chiesa *f*
churchyard, cherch´-iaard, *n* camposanto *m*
churlish, cher´-lish, *adj* sgarbato
cider, sai´-da, *n* sidro *m*
cigar, si-gaar´, *n* sigaro *m*
cigarette, sig-a-ret´, *n* sigaretta *f*
cinder, sin´-da, *n* brace *f*
cinema, si´-ni-ma, *n* cinema *m*
cinnamon, si´-na-mon, *n* cannella *f*
circle, ser´-kl, *n* cerchio *m*; (in theatre) galleria *f*; *v* cerchiare
circuit, ser´-kit, *n* circuito *m*
circuitous*, ser-kiu´-it-os, *adj* indiretto
circular, ser´-kiu-la, *n* circolare *f*; *adj* circolare
circulate, ser´-kiu-leit, *v* circolare
circumcise, ser´-kum-sais, *v* circoncidere
circumference, ser-kŏm´-fe-rens, *n* circonferenza *f*
circumflex, ser´-kum-fleks, *adj* circonflesso
circumscribe, ser´-kum-skraib, *v* circoscrivere
circumspect, ser´-kum-spekt, *adj* circospetto
circumstance, ser´-kum-stans, *n* circostanza *f*
circumvent, ser-kum-vent´, *v* aggirare
circus, ser´-kus, *n* circo *m*; (place) piazza rotonda *f*
cistern, sis´-ten, *n* cisterna *f*
citizen, sit´-i-sen, *n* cittadino *m*
citizenship, sit´-i-sen-ship, *n* cittadinanza *f*
city, sit´-i, *n* città *f*
civil, siv´-il, *adj* civile
civilian, siv-il´-ian, *n* borghese *m/f*; civile *m/f*
civilization, siv-il-ai-sei´-shon, *n* civiltà *f*
claim, kleim, *n* rivendicazione *f*; (demand) pretesa *f*; *v* rivendicare; pretendere
clamber, klam´-ba, *v* arrampicarsi
clamour, klam´-a, *n* clamore *m*
clamp, klamp, *n* morsetto *m*; *v* stringere con un morsetto
clan, klan, *n* clan *m*
clandestine, klan-des´-tin, *adj* clandestino
clap, klap, *v* applaudire; *n* battimano *m*; (thunder) colpo *m*
clapping, klap´-ing, *n* applauso *m*
claret, kla´-rit, *n* vino rosso di Bordeaux *m*
clarify, kla´-ri-fai, *v* chiarificare
clarinet, kla-ri-net´, *n* clarinetto *m*
clash, klash, *n* scontro *m*; *v* scontrarsi
clasp, klaasp, *v* stringere; *n* (catch) fermaglio *m*
class, klaas, *n* classe *f*; *v* classificare
classify, klas´-i-fai, *v* classificare

clatter, klat´-*a*, *n* strepitio *m*; *v* strepitare
clause, kloos, *n* clausola *f*
claw, kloo, *n* artiglio *m*; (lobster etc.) pinza *f*; *v* graffiare
clay, klei, *n* creta *f*
clean, kliin, *v* pulire; *adj** pulito
cleaner, klii´-n*a*, *n* addetto alle pulizie *m*; donna delle pulizie *f*
cleaning, klii´-ning, *n* pulizia *f*
cleanliness, klen´-li-nis, *n* pulizia *f*
cleanse, klens, *v* pulire; purificare
clear, klir, *adj** chiaro; libero; *v* sgombrare; (table) sparecchiare; (sky) schiarirsi
cleaver, klii-v*a*, *n* mannaia *f*
cleft, kleft, *n* fenditura *f*
clench, klench, *v* serrare
clergy, kl*er*´-**chi**, *n* clero *m*
clergyman, kl*er*´-**chi**-m*a*n, *n* sacerdote *m*
clerical, kle´-ri-kl, *adj* d'ufficio; *relig* clericale
clerk, kl**aa**rk, *n* impiegato *m*, impiegata *f*
clever*, klev´-*a*, *adj* intelligente; abile
client, klai´-ent, *n* cliente *m/f*
clientele, klii-on-tel´, *n* clientela *f*
cliff, klif, *n* scogliera *f*
climate, klai´-mit, *n* clima *m*
climax, klai´-maks, *n* culmine *m*
climb, klaim, *n* salita *f*; scalata *f*; *v* salire; scalare; arrampicarsi
climber, klai´-m*a*, *n* alpinista *m/f*
clinch, klinch, *v* concludere
cling, kling, *v* aggrapparsi
clinic, kli´-nik, *n* clinica *f*
clink, klingk, *n* tintinnio *m*; *v* tintinnare
clip, klip, *n* forcina *f*; graffetta *f*; *v* tagliare
cloak, klouk, *n* mantello *m*
cloak-room, klouk´-**ruu**m, *n* guardaroba *m*
clock, klok, *n* orologio *m*
clog, klogh, *n* zoccolo *m*; **– up,** *v* intasarsi
cloister, klois´-t*a*, *n* chiostro *m*
clone, kloun, *n* clone *m*; *v* clonare
close, klous, *v* chiudere; *adj* vicino; (weather) afoso
closely, klous´-li, *adv* da vicino, attentamente; strettamente
closet, klos´-it, *n* armadio *m*
closure, klou´-**sh***a*, *n* chiusura *f*
clot, klot, *n* grumo *m*; *v* coagularsi
cloth, kloZ, *n* tessuto *m*
clothe, klouD, *v* vestire
clothes, klouDs, *npl* vestiti *mpl*
clothing, klou´-Ding, *n* abbigliamento *m*
cloud, klaud, *n* nuvola *f*; *v* offuscarsi
cloudy, klau´-di, *adj* nuvoloso; *fig* torbido
clout, klaut, *n* scapaccione *m*
clove, klouv, *n* chiodo di garofano *m*; (garlic) spicchio *m*
clover, klou´-v*a*, *n* trifoglio *m*
clown, klaun, *n* pagliaccio *m*
club, klŏb, *n* club *m*; mazza *f*
cluck, klŏk, *v* chiocciare
clue, kluu, *n* indizio *m*; (crossword) definizione *f*
clump, klŏmp, *n* (grass) ciuffo *m*; (trees etc.) gruppo *m*
clumsiness, klŏm´-**si**-nis, *n* goffaggine *f*
clumsy, klŏm´-**si**, *adj* goffo
cluster, klŏs´-t*a*, *n* (grapes) grappolo *m*; (group) gruppo *m*
clutch, klŏch, *n* stretta *f*;

(car) frizione *f*; *v* afferrare
coach, kouch, *n* pullman *m*; (sport) allenatore *m*; *v* allenare
coagulate, kou-agh´-iu-leit, *v* coagulare
coal, koul, *n* carbone *m*
coalition, kou-*a*-li´-shon, *n* coalizione *f*
coal mine, koul´-main, *n* miniera di carbone *f*
coarse*, koors, *adj* grosso; volgare
coarseness, koors´-nis, *n* grossezza *f*; ruvidezza *f*; volgarità *f*
coast, koust, *n* costa *f*
coastguard, koust´-gaard, *n* guardacoste *m*; guardia costiera *f*
coat, kout, *n* cappotto *m*; (animal) pelo *m*; (paint) mano *f*
coating, kou´-ting, *n* rivestimento *m*
coax, kouks, *v* blandire
cobbler, kob´-la, *n* calzolaio *m*
cobweb, kob´-ueb, *n* ragnatela *f*
cocaine, kou-kein´, *n* cocaina *f*
cock, kok, *n* gallo *m*
cockerel, kok´-*e*-rel, *n* galletto *m*
cockle, kok´-l, *n* vongola *f*
cockroach, kok´-rouch, *n* scarafaggio *m*
cocoa, kou´-kou, *n* cacao *m*
coconut, kou´-ko-nŏt, *n* noce di cocco *f*
cocoon, ko-kuun´, *n* bozzolo *m*
cod, kod, *n* merluzzo *m*
code, koud, *n* codice *m*
cod-liver oil, kod´-li-va-roil, *n* olio di fegato di merluzzo *m*
coerce, kou-*ers*´, *v* costringere
coffee, kof´-i, *n* caffè *m*
coffeepot, kof´-i-pot, *n* caffettiera *f*
coffee table, kof´-i tei´-bl, *n* tavolino *m*
coffin, kof´-in, *n* bara *f*
cog, kogh, *n* dente *f*
cognac, kon´-iak, *n* cognac *m*
cogwheel, kogh´-uiil, *n* ruota dentata *f*
coherence, kou-hir´-rens, *n* coerenza *f*
coherent*, kou-hir´-rent, *adj* coerente
cohesion, kou-hii´-shon, *n* coesione *f*
cohesive*, kou-hii´-siv, *adj* coesivo
coil, koil, *n* rotolo *m*; bobina *f*
coin, koin, *n* moneta *f*; *v* coniare
coincide, kou-in-said´, *v* coincidere
coincidence, kou-in´-si-dens, *n* coincidenza *f*
Coke, kouk, ® *n* coca *f*
colander, kol´-*e*n-da, *n* colino *m*
cold, kould, *n* freddo *m*; raffreddore *m*; *adj* freddo
colic, kol´-ik, *n* colica *f*
collaborate, ko-lab´-o-reit, *v* collaborare
collapse, ko-laps´, *n* crollo *m*; *v* crollare
collar, kol´-*a*, *n* colletto *m*; (dog) collare *m*
collarbone, kol´-*a*-boun, *n* clavicola *f*
collateral, ko-lat´-*e*-ral, *n* garanzia *f*
colleague, kol´-iigh, *n* collega *m/f*
collect, ko-lekt´, *v* raccogliere; ritirare, andare a prendere; radunarsi
collected, ko-lek´-tid, *adj* padrone di sé
collection, ko-lek´-shon, *n* raccolta *f*; collezione *f*; colletta *f*
collective*, ko-lek´-tiv, *adj* collettivo
collector, ko-lek´-ta, *n* collezionista *m/f*; (revenue) esattore *m*
college, kol´-ich, *n* college *m*; istituto superiore *m*
collide, ko-laid´, *v*

scontrarsi
collier, kol´-ie, *n* minatore *m*
colliery, kol´-ie-ri, *n* miniera di carbone *f*
collision, ko-li´-shon, *n* collisione *f*
colloquial, ko-lou´-kui-al, *adj* familiare
collusion, ko-luu´-shon, *n* collusione *f*
colon, kou´-lon, *n* due punti *mpl*
colonel, ker´-nl, *n* colonnello *m*
colonial, ko-lou´-ni-al, *adj* coloniale
colony, kol´-o-ni, *n* colonia *f*
colossal, ko-los´-l, *adj* colossale
colour, kŏl´-a, *n* colore *m*; *v* colorare
colourful, kŏl´-o-ful, *adj* dai colori vivaci
colouring, kŏl´-o-ring, *n* colorante *m*
colt, koult, *n* puledro *m*
column, kol´-om, *n* colonna *f*; rubrica *f*
coma, kou´-ma, *n* coma *m*
comb, koum, *n* pettine *m*; *v* pettinare
combat, kom´-bat, *n* combattimento *m*; *v* combattere
combination, kom-bi-nei´-shon, *n* combinazione *f*
combine, kom-bain´, *v* combinare
come, kŏm, *v* venire; **– down,** scendere; **– in,** entrare; **– off,** staccarsi; **– out,** uscire; **– up,** salire
comedian, ko-mii´-di-an, *n* comico *m*
comedy, kom´-i-di, *n* commedia *f*
comet, kom´-it, *n* cometa *f*
comfort, kŏm´-fot, *n* benessere *m*; comodità *f*; *v* consolare, confortare
comfortable, kŏm´-fo-ta-bl, *adj* comodo
comfortably, kŏm´-fo-ta-bli, *adv* comodamente; agiatamente
comic, kom´-ik, *adj* comico; *n* fumetto *m*
coming, kŏm´-ing, *adj* prossimo; *n* venuta *f*
comma, kom´-a, *n* virgola *f*
command, ko-maand´, *n* ordine *m*; (knowledge) padronanza *f*; *v* ordinare
commander, ko-maand´-a, *n* comandante *m*
commandment, ko-maand´-ment, *n* comandamento *m*
commemorate, ko-mem´-o-reit, *v* commemorare
commence, ko-mens´, *v* cominciare
commencement, ko-mens´-ment, *n* principio *m*
commend, ko-mend´, *v* raccomandare; (praise) lodare
commendation, ko-men-dei´-shon, *n* elogio *m*
comment, kom´-ent, *n* commento *m*; *v* commentare
commerce, kom´-ers, *n* commercio *m*
commercial, ko-mer´-shal, *adj* commerciale
commiserate, ko-mis´-e-reit, *v* commiserare
commission, ko-mish´-on, *v* commissionare; *n* (percentage) commissione *f*
commit, ko-mit´, *v* (crime, fault) commettere; (bind) impegnarsi
commitment, ko-mit´-ment, *n* impegno *m*; dedizione *f*
committee, ko-mit´-i, *n* comitato *m*
commodity, ko-mod´-i-ti, *n* prodotto *m*, articolo *m*
common, kom´-on, *adj** (usual) comune; (vulgar) volgare; *n* terreno municipale *m*
commonplace, kom´-on-pleis, *adj* banale; trito

Commons, kom´-ons, *npl* **(House of —)** Camera dei Comuni *f*
commonwealth, kom´-on-uelZ, *n* commonwealth *m*
commotion, ko-mou´-shon, *n* confusione *f*
communicate, ko-miuu´-ni-keit, *v* comunicare
communication, ko-miuu-ni-kei´-shon, *n* comunicazione *f*
Communion, ko-miuu´-nion, *n relig* comunione *f*
community, ko-miuu´-ni-ti, *n* comunità *f*
commute, ko-miuut, *v* fare il pendolare
commuter, ko-miuut´-a, *n* pendolare *m/f*
compact*, kom-pakt´, *adj* compatto
companion, kom-pan´-ion, *n* compagno *m*
companionship, kom-pan´-ion-ship, *n* compagnia *f*
company, kŏm´-pa-ni, *n* compagnia *f*; società *f*
comparative*, kom-pa´-ra-tiv, *adj* comparativo
compare, kom-per´, *v* paragonare
comparison, kom-pa´-ri-sn, *n* paragone *m*
compartment, kom-paart´-ment, *n* scompartimento *m*
compass, kŏm´-pas, *n* bussola *f*
compasses, kŏm´-pas-is, *npl* compasso *m*
compassionate*, kom-pa´-sho-nat, *adj* compassionevole
compatible, kom-pa´-ti-bl, *adj* compatibile
compel, kom-pel´, *v* costringere
compelling, kom-pel´-ing, *adj* convincente
compensate, kom´-pen-seit, *v* compensare
compensation, kom-pen-sei´-shon, *n* compensazione *f*; risarcimento *m*
compete, kom-piit´, *v* concorrere
competent, kom´-pi-tent, *adj* competente
competition, kom-pi-tish´-n, *n* concorrenza *f*; (games etc.) gara *f*; concorso *m*
competitive, kom-pe´-ti-tiv, *adj* concorrenziale; agonistico
competitor, kom-pet´-i-ta, *n* concorrente *m/f*
compile, kom-pail´, *v* compilare
complacent, kom-plei´-sent, *adj* compiaciuto
complain, kom-plein´, *v* lagnarsi; reclamare
complaint, kom-pleint´, *n* lagnanza *f*; reclamo *m*
complement, kom´-pli-ment, *n* complemento *m*
complete, kom-pliit´, *v* completare; *adj* completo
completion, kom-plii´-shon, *n* completamento *m*
complex, kom´-pleks, *adj* complesso
complexion, kom-plek´-shon, *n* carnagione *f*
compliance, kom-plai´-ans, *n* accordo *m*
complicate, kom´-pli-keit, *v* complicare
compliment, kom´-pli-ment, *n* complimento *m*
comply with, kom-plai' uiD, *v* conformarsi a
component, kom-pou´-nent, *n* componente *m*
compose, kom-pous´, *v* comporre
composer, kom-pou´-sa, *n* compositore *m*
composite, kom´-po-sit, *adj* composto
composition, kom-po-si´-shon, *n* composizione *f*
composure, kom-pou´-sha, *n* calma *f*
compound, kom´-paund, *n* composto *m*; (enclosure) recinto *m*;

adj composto
comprehend, kom-pri-hend´, *v* comprendere, capire
comprehension, kom-pri-hen´-shon, *n* comprensione *f*
compress, kom´-pres, *n* compressa *f*; *v* comprimere
comprise, kom-prais´, *v* comprendere
compromise, kom´-pro-mais, *n* compromesso *m*; *v* compromettere
compulsion, kom-pŏl´-shon, *n* costrizione *f*
compulsory, kom-pŏl´-so-ri, *adj* obbligatorio
computer, kom-piuu´-ta, *n* computer *m*
comrade, kom´-reid, *n* compagno *m*
con, kon, *v* truffare; *n* truffa *f*
conceal, kon-siil´, *v* nascondere
concede, kon-siid´, *v* concedere, ammettere
conceit, kon-siit´, *n* presunzione *f*
conceited*, kon-sii´-tid, *adj* presuntuoso
conceive, kon-siiv´, *v* concepire
concentrate, kon´-sen-treit, *v* concentrare
concentration camp, ko-sen-trei´-shon kamp, *n* campo di concentramento *m*
concept, kon´-sept, *n* concetto *m*
concern, kon-sern´, *n* affare *m*; azienda *f*; preoccupazione *f*; *v* riguardare
concerned, kon-sernd´, *adj* preoccupato
concerning, kon-ser´-ning, *prep* riguardo a
concert, kon´-set, *n* concerto *m*
concession, kon-sesh´-n, *n* concessione *f*; riduzione *f*
conciliate, kon-sil´-i-eit, *v* conciliare
concise*, kon-sais´, *adj* conciso
conclude, kon-kluud´, *v* concludere
conclusion, kon-kluu´-shon, *n* conclusione *f*
conclusive*, kon-kluu´-siv, *adj* conclusivo
concoct, kon-kokt´, *v* elaborare; preparare
concord, kon´-koord, *n* concordia *f*
concrete, kon´-kriit, *n* calcestruzzo *m*; *adj* concreto
concurrence, kon-kŏ´-rens, *n* concorso *m*
concussion, kon-kŏsh´-n, *n* commozione cerebrale *f*
condemn, kon-dem´, *v* condannare
condense, kon-dens´, *v* condensare
condescending, kon-di-sen´-ding, *adj* sussiegoso
condiment, kon´-di-ment, *n* condimento *m*
condition, kon-di´-shon, *n* condizione *f*; malattia *f*
conditional*, kon-di´-shon-al, *adj* condizionale
conditioner, kon-di-shon-a, *n* (hair) balsamo *m*; (fabric) ammorbidente *m*
condolences, kon-dou´-len-sis, *npl* condoglianze *fpl*
condom, kon´-dom, *n* preservativo *m*
condone, kon-doun´, *v* condonare
conducive, kon-diuu´-siv, *adj* favorevole
conduct, kon´-dŏkt, *n* condotta *f*
conduct, kon-dŏkt´, *v* condurre; *mus* dirigere
conductor, kon-dŏkt´-a, *n* (bus) controllore *m*; *mus* direttore d'orchestra *m*
cone, koun, *n* cono *m*; pigna *f*
confectioner, kon-fek´-sho-na, *n* pasticciere *m*;

(shop) pasticceria *f*

confectionery, kon-fek´-sho-ne-ri, *n* dolciumi *mpl*

confederation, kon-fed-e-rei´-shon, *n* confederazione *f*

confer, kon-fer´, *v* conferire

conference, kon´-fe-rens, *n* conferenza *f*; congresso *m*

confess, kon-fes´, *v* confessare

confession, kon-fesh´-n, *n* confessione *f*

confide, kon-faid´, *v* confidare

confidence, kon´-fi-dens, *n* confidenza *f*

confident*, kon´-fi-dent, *adj* sicuro

confidential*, kon-fi-den´-shal, *adj* riservato, confidenziale

confine, kon-fain´, *v* limitare; (lock-up) rinchiudere

confinement, kon-fain´-ment, *n* reclusione *f*

confirm, kon-ferm´, *v* confermare; cresimare

confirmation, kon-fe-mei´-shon, *n* conferma *f*; *relig* cresima *f*

confiscate, kon´-fis-keit, *v* confiscare

conflict, kon´-flikt, *n* conflitto *m*; *v* essere in conflitto

conflicting, kon-flik´-ting, *adj* contraddittorio

conform, kon-foorm´, *v* conformarsi

conformable, kon-foor´-ma-bl, *adj* conforme

confound, kon-faund´, *v* confondere

confront, kon-frŏnt´, *v* affrontare

confuse, kon-fiuus´, *v* confondere

confusing, kon-fiuu´-sing, *adj* confuso; ambiguo

confusion, kon-fiuu´-shon, *n* confusione *f*

confute, kon-fiuut´, *v* confutare

congeal, kon-chiil´, *v* coagularsi

congenial, kon-chii´-ni-al, *adj* simpatico

congenital, kon-chen´-i-tl, *adj* congenito

congested, kon-ches´-tid, *adj* congestionato

congestion, kon-ches´-chon, *n* congestione *f*

congratulate, kon-grat´-iu-leit, *v* congratularsi con

congratulations, kon-grat-iu-lei´-shons, *npl* auguri *mpl*; congratulazioni *fpl*

congregate, kong´-gri-gheit, *v* congregarsi

congregation, kong-gri-ghei´-shon, *n* congregazione *f*

congress, kong´-gres, *n* congresso *m*

conjecture, kon-chek´-cha, *n* congettura *f*

conjunction, kon-chŏngk´-shon, *n* congiunzione *f*

conjure, kŏn´-cha, *v* fare giochi di prestigio

conjurer, kŏn´-chu-ra, *n* prestigiatore *m*

connect, ko-nekt´, *v* connettere, collegare; allacciare, installare

connection, ko-nek´-shon, *n* nesso *m*; collegamento *m*; (train etc.) coincidenza *f*

connive at, ko-naiv´, *v* essere connivente in

connoisseur, ko-no-ser´, *n* conoscitore *m*

conquer, kong´-ka, *v* conquistare; vincere

conqueror, kong´-ke-ra, *n* conquistatore *m*

conquest, kong´-kuest, *n* conquista *f*

conscience, kon´-shens, *n* coscienza *f*

conscientious*, kon-shi-en´-shos, *adj* coscienzioso

conscious*, kon´-shos, *adj* conscio; cosciente

consciousness, kon´-shos-nis, *n* conoscenza *f*; coscienza *f*
conscript, kon´-skript, *n* coscritto *m*
consecrate, kon´-si-kreit, *v* consacrare
consecutive*, kon-sek´-iu-tiv, *adj* consecutivo
consent, kon-sent´, *n* consenso *m*; *v* acconsentire
consequence, kon´-si-kuens, *n* conseguenza *f*
consequential, kon-si-kuen´-shal, *adj* conseguente; importante
consequently, kon´-si-kuent-li, *adv* di conseguenza
conservative, kon-ser´-va-tiv, *adj* conservatore
conservatory, kon-ser´-va-to-ri, *n* serra *f*
conserve, kon-serv´, *v* conservare; *n* conserva *f*
consider, kon-sid´-a, *v* considerare
considerable, kon-sid´-e-ra-bl, *adj* considerevole
considerate, kon-sid´-e-rat, *adj* riguardoso
consideration, kon-sid-e-rei´-shon, *n* considerazione *f*
considering, kon-sid´-e-ring, *prep* considerato
consign, kon-sain´, *v* consegnare
consignment, kon-sain´-ment, *n* consegna *f*
consist (of), kon-sist´, *v* constare di
consistency, kon-sis´-ten-si, *n* consistenza *f*; coerenza *f*
consistent*, kon-sis´-tent, *adj* consistente; coerente
consolation, kon-so-lei´-shon, *n* consolazione *f*
console, kon-soul´, *v* consolare
consolidate, kon-sol´-i-deit, *v* consolidare
consonant, kon´-so-nant, *n* consonante *f*
consort, kon-soort´, *v* frequentare
conspicuous*, kon-spik´-iu-os, *adj* evidente; vistoso
conspiracy, kon-spi´-ra-si, *n* cospirazione *f*
conspirator, kon-spi´-ra-ta, *n* cospiratore *m*
conspire, kon-spair´, *v* cospirare
constable, kon´-sta-bl, *n* agente di polizia *m*
constabulary, kon-stab´-iu-la-ri, *n* polizia *f*
constancy, kon´-stan-si, *n* costanza *f*
constant*, kon´-stant, *adj* costante
constipation, kon-sti-pei´-shon, *n* stitichezza *f*
constituency, kon-stit´-iu-en-si, *n* collegio elettorale *m*
constituent, kon-stit´-iu-ent, *n* elettore *m*
constitute, kon´-sti-tiuut, *v* costituire
constitution, kon-sti-tiuu´-shon, *n* costituzione *f*
constrain, kon-strein´, *v* costringere
constraint, kon-streint´, *n* costrizione *f*
constriction, kon-strik´-shon, *n* costrizione *f*
construct, kon-strŏkt´, *v* costruire
construction, kon-strŏk´-shon, *n* costruzione *f*
construe, kon´-struu, *v* interpretare
consul, kon´-sul, *n* console *m*
consulate, kon´-siu-lat, *n* consolato *m*
consult, kon-sŏlt´, *v* consultare
consultation, kon-sul-tei´-shon, *n* consulto *m*
consume, kon-siuum´, *v* consumare
consumer, kon-siuu´-ma, *n* consumatore *m*
consummate, kon´-som-eit, *v* consumare

consumption, kon-sŏmp´-shon, *n* consumo *m*
contact, kon´-takt, *n* contatto *m*; (person) conoscenza *f*
contagious, kon-tei´-chos, *adj* contagioso
contain, kon-tein´, *v* contenere
contaminate, kon-tam´-i-neit, *v* contaminare
contemplate, kon´-tem-pleit, *v* contemplare
contemporary, kon-tem´-po-ra-ri, *adj* contemporaneo; *n* coetaneo *m*
contempt, kon-tempt´, *n* disprezzo *m*
contemptible, kon-temp´-ti-bl, *adj* spregevole
contend, kon-tend´, *v* combattere; (maintain) sostenere
content, kon-tent´, *adj* contento; *v* accontentare
content, kon´-tent, *n* contenuto *m*
contention, kon-ten´-shon, *n* contesa *f*; affermazione *f*
contentment, kon-tent´-ment, *n* contentezza *f*
contents, kon´-tents, *npl* contenuto *m*; (book) indice *m*
contest, kon-test´, *v* contestare
contest, kon´-test, *n* concorso *m*
context, kon´-tekst, *n* contesto *m*
continent, kon´-ti-nent, *n* continente *m*
continental, kon-ti-nen´-tl, *adj* continentale
contingency, kon-tin´-chen-si, *n* eventualità *f*
continual*, kon-tin´-iu-al, *adj* continuo
continuation, kon-tin-iu-ei´-shon, *n* continuazione *f*
continue, kon-tin´-iuu, *v* continuare
continuous*, kon-tin´-iu-os, *adj* continuo
contortion, kon-toor´-shon, *n* contorsione *f*
contraband, kon´-tra-band, *n* contrabbando m
contraceptive, kon-tra-sep´-tiv, *adj* anticoncezionale
contract, kon-trakt´, *v* contrarre; contrarsi
contract, kon´-trakt, *n* contratto *m*
contraction, kon-trak´-shon, *n* contrazione *f*
contractor, kon-trak´-ta, *n* imprenditore *m*
contradict, kon-tra-dikt´, *v* contraddire
contradiction, kon-tra-dik´-shon, *n* contraddizione *f*
contrary, kon´-tra-ri, *n* contrario *m*; *adj* contrario
contrast, kon´-traast, *n* contrasto *m*
contrast, kon-traast´, *v* contrastare
contravene, kon-tra-viin´, *v* contravvenire
contravention, kon-tra-ven´-shon, *n* contravvenzione *f*
contribute, kon-trib´-iut, *v* contribuire
contribution, kon-trib-iuu´-shon, *n* contributo *m*
contrite, kon´-trait, *adj* mortificato
contrivance, kon-trai´-vens, *n* espediente *m*
contrive, kon-traiv´, *v* inventare; trovare
control, kon-troul´, *v* controllare; *n* controllo *m*; comando *m*
controller, kon-troul´-a, *n* controllore *m*
controversial, kon-tro-ver´-shal, *adj* controverso; polemico
controversy, kon´-tro-ver-si, *n* controversia *f*; polemica
conundrum, ko-nŏn´-drom, *n* enigma *m*

convalescence, kon-va-les´-ens, *n* convalescenza *f*
convalescent, kon-va-les´-ent, *adj* convalescente
convenience, kon-vii´-ni-ens, *n* comodità *f*
convenient*, kon-vii´-ni-ent, *adj* conveniente; comodo
convent, kon´-vent, *n* convento *m*
convention, kon-ven´-shon, *n* convenzione *f*; convegno *m*
converge, kon-verch´, *v* convergere
conversant with, kon´-ver-sant uiD, *adj* pratico di
conversation, kon-ve-sei´-shon, *n* conversazione *f*
converse, kon-vers´, *v* conversare
conversion, kon-ver´-shon, *n* conversione *f*
convert, kon-vert´, *v* convertire
convert, kon´-vert, *n* convertito *m*
convex, kon´-veks, *adj* convesso
convey, kon-vei´, *v* trasportare; comunicare
conveyance, kon-vei´-ans, *n* trasporto *m*; mezzo di trasporto *m*
convict, kon´-vikt, *n* carcerato *m*; *v* condannare
conviction, kon-vik´-shon, *n* condanna *f*; (belief) convinzione *f*
convince, kon-vins´, *v* convincere
convincing, kon-vin´-sing, *adj* convincente
convivial, kon-vi´-vi-al, *adj* gioviale
convoy, kon´-voi, *n* convoglio *m*
convulse, kon-vŏls´, *v* contorcersi
convulsion, kon-vŏl´-shon, *n* convulsione *f*
coo, kuu, *v* tubare
cook, kuk, *n* cuoco *m*, cuoca *f*; *v* cucinare; cuocere
cooker, kuk´-a, *n* (stove) cucina *f*
cookery, kuk´-e-ri, *n* cucina *f*
cool, kuul, *adj* fresco; calmo; *v* raffreddare; rinfrescare
coolness, kuul´-nis, *n* freschezza *f*; sangue freddo *m*
coop, kuup, *n* stia *f*; **– up,** *v* ingabbiare
cooperate, kou-op´-e-reit, *v* cooperare
cooperative, kou-op´-e-ra-tiv, *n* cooperativa *f*
cope with, koup uiD, *v* far fronte a, affrontare
copious*, kou´-pi-os, *adj* copioso
copper, kop´-a, *n* rame *m*; monetina *f*; *adj* di rame
coppice, kop´-is, *n* bosco ceduo *m*
copy, kop´-i, *n* copia *f*; *v* copiare
copybook, kop´-i-buk, *n* quaderno *m*
copyright, kop´-i-rait, *n* diritto d'autore *m*
coquetry, kok´-it-ri, *n* civetteria *f*
coral, ko´-ral, *n* corallo *m*
cord, koord, *n* corda *f*; filo *m*
cordial*, koor´-di-al, *adj* cordiale
corduroy, koor´-diu-roi, *n* velluto a coste *m*
core, koor, *n* torsolo *m*; *fig* cuore *m*
cork, koork, *n* sughero *m*; (bottle) turacciolo *m*; *v* tappare
corkscrew, koork´-skruu, *n* cavatappi *m*
cormorant, koor´-mo-rant, *n* cormorano *m*
corn, koorn, *n* grano *m*; (foot) callo *m*
corned beef, koornd-biif´, *n* carne di manzo in scatola *f*
corner, koor´-na, *n* angolo *m*; calcio d'angolo *m*; *v*

mettere con le spalle al muro

cornflakes, koorn´-fleiks, *npl* fiocchi di granturco *mpl*

cornflour, koorn´-flau-*a*, *n* farina di granturco *f*

cornflower, koorn´-flau-*a*, *n* fiordaliso *m*

coronation, ko-ro-nei´-shon, *n* incoronazione *f*

coroner, ko´-ro-na, *n* magistrato inquirente *m*

coronet, ko´-ro-net, *n* diadema *m*

corporal, koor´-po-ral, *n* caporale *m*; *adj* corporale

corporation, koor-po-rei´-shon, *n* società *f*; (city) consiglio comunale *m*

corps, koor, *n* corpo *m*

corpse, koorps, *n* cadavere *m*

corpulent, koor´-piu-lent, *adj* corpulento

corpuscle, koor´-pŏs-l, *n* corpuscolo *m*

correct, ko-rekt´, *adj** corretto; esatto; *v* correggere

corrective, ko-rek´-tiv, *adj* correttivo

correctness, ko-rekt´-nis, *n* correttezza *f*

correspond, ko-ris-pond´, *v* corrispondere

correspondence, ko-ris-pon´-dens, *n* corrispondenza *f*

correspondent, ko-ris-pon´-dent, *n* corrispondente *m/f*

corridor, ko´-ri-door, *n* corridoio *m*

corroborate, ko-rob´-o-reit, *v* corroborare

corroboration, ko-rob-o-rei´-shon, *n* corroborazione *f*

corrode, ko-roud´, *v* corrodere

corrosive, ko-rou´-siv, *adj* corrosivo

corrugated, ko´-ru-ghei-tid, *adj* ondulato

corrugated iron, ko´-ru-ghei-tid ai´-on, *n* lamiera ondulata *f*

corrupt, ko-rŏpt´, *v* corrompere; *adj** corrotto

corruption, ko-rŏp´-shon, *n* corruzione *f*

corset, koor´-sit, *n* busto *m*

cost, kost, *n* prezzo *m*; costo *m*; *v* costare

costly, kost´-li, *adj* costoso

cost-of-living, kost ov li´-ving, *n* costo della vita *m*

costs, kosts, *n npl* spese *fpl*

costume, kos´-tiuum, *n* costume *m*

cosy, kou´-si, *adj* confortevole; accogliente; *n* copriteiera *m*

cot, kot, *n* culla *f*

cottage, kot´-ich, *n* cottage *m*

cotton, kot´-n, *n* cotone *m*

cotton wool, kot´-n-uul, *n* bambagia *f*; cotone idrofilo *m*

couch, kauch, *n* divano *m*

cough, kof, *n* tosse *f*; *v* tossire

council, kaun´-sil, *n* consiglio *m*; (city) consiglio comunale *m*

council estate, kaun´-sil is-teit´, *n* complesso di case popolari *m*

council flat, kaun´-sil flat, *n* casa popolare *f*

councillor, kaun´-sil-*a*, *n* consigliere *m*

counsel, kaun´-sl, *v* consigliare; *n law* avvocato *m*

count, kaunt, *v* contare; *n* conteggio *m*

countdown, kaunt´-daun, *n* conto alla rovescia *m*

counter, kaun´-ta, *n* banco *m*; *adv* contro

counteract, kaun-te-rakt´, *v* neutralizzare

counterbalance, kaun-te-bal´-ans, *v* controbilanciare

counterfeit, kaun´-te-fit, *n*

falso *m*; *adj* falso; *v* falsificare

counterfoil, kaun´-te-foil, *n* matrice *f*

counterpart, kaun´-te-paart, *n* omologo; duplicato *m*

countersign, kaun´-te-sain, *v* controfirmare

countless, kaunt´-lis, *adj* innumerevole

country, kŏn´-tri, *n* (rural) campagna *f*; (state) paese *m*

countryman, kŏn´-tri-man, *n* campagnolo *m*; (compatriot) compatriota *m*

county, kaun´-ti, *n* contea *f*

coup, kuu, *n* colpo di stato *m*

couple, kŏp´-l, *n* coppia *f*; (pair) paio *m*; *v* accoppiare; (wagons) attaccare

coupon, kuu´-pon, *n* buono *m*, coupon *m*

courage, kŏ´-rich, *n* coraggio *m*

courageous*, ko-rei´-chos, *adj* coraggioso

courgette, kuur-chet´, *n* zucchina *f*

courier, ku´-ri-a, *n* corriere *m*; tour leader *m/f*

course, koors, *n* corso *m*; (ship) rotta *f*; (meals) piatto *m*; **of –,** *adv* naturalmente

court, koort, *v* corteggiare; *n* (royal) corte *f*; *law* tribunale *m*

courteous*, ker´-ti-os, *adj* cortese

courtesy, ker´-ti-si, *n* cortesia *f*

courtier, koor´-ti-a, *n* cortigiano *m*

court martial, koort maar´-shal, *n* corte marziale *f*

courtship, koort´-ship, *n* corteggiamento *m*

courtyard, koort´-iaard, *n* cortile *m*

cousin, kŏs´-in, *n* cugino *m*, cugina *f*

cove, kouv, *n* cala *f*

covenant, kŏv´-e-nant, *n* patto *m*

cover, kŏv´-a, *n* copertina *f*; coperchio *m*; riparo *m*; *v* coprire

cover charge, kŏv´-a chaarch, *n* (restaurant) coperto *m*

covet, kŏv´-it, *v* bramare

cow, kau, *n* vacca *f*

coward, kau´-ad, *n* vigliacco *m*

cowardice, kau´-a-dis, *n* vigliaccheria *f*

cowardly, kau´-ad-li, *adj* vigliacco

cowboy, kau´-boi, *n* cowboy *m*

cower, kau´-a, *v* rannicchiarsi

cowl, kaul, *n* cappuccio *m*

cowslip, kau´-slip, *n* primula *f*

coxswain, kok´-sn, *n* nocchiere *m*

coy*, koi, *adj* modesto

crab, krab, *n* granchio *m*

crab apple, krab´-ap-l, *n* mela selvatica *f*

crack, krak, *v* scricchiolare; (whip) schioccare; (glass) incrinarsi; (nut) schiacciare; *n* incrinatura *f*; crepa *f*; crepitio *m*; (drug) crack *m*

cracker, krak´-a, *n* cracker *m*; petardo *m*

crackle, krak´-l, *v* crepitare

cradle, krei´-dl, *n* culla *f*

craft, kraaft, *n* (trade) mestiere *m*; *naut* bastimento *m*; (cunning) astuzia *f*

craftsman, kraafts´-man, *n* artigiano *m*

crafty, kraaf´-ti, *adj* astuto

crag, kragh, *n* roccia *f*

cram, kram, *v* stipare; fare una sgobbata finale

cramp, kramp, *n* crampo *m*

cranberry, kran´-be-ri, *n* mirtillo *m*
crane, krein, *n* gru *f*
crank, krangk, *n* manovella *f*
crankshaft, krangk´-shaaft, *n* albero a gomiti *m*
crash, krash, *v* schiantarsi; scontrarsi; rompere; *n* scontro *m*; crollo *m*
crate, kreit, *n* cassa *f*
crater, kreit´-a, *n* cratere *m*
crave for, kreiv foor, *v* desiderare ardentemente
craving, krei´-ving, *n* voglia *f*
crawl, krool, *v* strisciare; *n* (swimming) crawl *m*
crayfish, krei´-fish, *n* gambero *m*
crayon, krei´-on, *n* pastello *m*
craze, kreis, *n* mania *f*
crazy, krei´-si, *adj* pazzo, matto
creak, kriik, *v* scricchiolare
cream, kriim, *n* crema *f*; panna *f*
creamy, krii´-mi, *adj* cremoso
crease, kriis, *v* spiegazzare; *n* piega *f*
create, kri-eit´, *v* creare
creation, kri-ei´-shon, *n* creazione *f*
creature, krii´-cha, *n* creatura *f*
crèche, kresh, *n* asilo nido *m*
credentials, kri-den´-shals, *npl* credenziali *fpl*
credible, kred´-i-bl, *adj* credibile
credit, kred´-it, *n* credito *m*; *v* accreditare
credit card, kred´-it kaard, *n* carta di credito *f*
creditor, kred´-i-ta, *n* creditore *m*
credulous*, kred´-iu-los, *adj* credulo
creed, kriid, *n* credo *m*; dottrina *f*
creek, kriik, *n* fiumiciattolo *m*
creep, kriip, *v* strisciare
creeper, krii´-pa, *n* (plant) rampicante *m*
cremate, kri-meit´, *v* cremare
cremation, kri-mei´-shon, *n* cremazione *f*
crematorium, kre´-ma-too-ri-um, *n* crematorio *m*
creole, krii´-oul, *adj* creolo
crescent, kres´-ent, *n* mezzaluna *f*
cress, kres, *n* crescione *m*
crest, krest, *n* cresta *f*
crestfallen, krest´-fool-en, *adj* abbattuto
crevice, krev´-is, *n* crepa *f*
crew, kruu, *n* equipaggio *m*
crib, krib, *n* culla *f*
crick, krik, *n* torcicollo *m*
cricket, krik´-it, *n* grillo *m*; (game) cricket *m*
crime, kraim, *n* delitto *m*
criminal, krim´-i-nal, *n* criminale *m/f*; *adj** criminale
criminal record, krim´-i-nal rek´-oord, *n* menzione nel casellario giudiziale *f*
crimson, krim´-son, *adj* cremisi
cringe, krinch, *v* vergognarsi
crinkle, kring´-kl, *v* sgualcire
cripple, krip´-l, *n* zoppo *m*
crisis, krai´-sis, *n* crisi *f*
crisp, krisp, *adj* croccante; *n* patatina *f*
criterion, krai-tir´-ri-on, *n* criterio *m*
critic, kri´-tik, *n* critico *m*
critical*, krit´-i-kal, *adj* critico
criticism, krit´-i-sism, *n* critica *f*
criticize, krit´-i-sais, *v* criticare
croak, krouk, *v* (frog) gracidare; (crow) gracchiare
crochet, krou´-shei, *v* lavorare all'uncinetto; *n*

uncinetto *m*
crockery, krok´-*e*-ri, *n* vasellame *m*
crocodile, krok´-*o*-dail, *n* coccodrillo *m*
crocus, krou´-k*us*, *n* croco *m*
crook, kruk, *n* truffatore *m*
crooked*, kru´-kid, *adj* curvo; (nose) adunco; *fig* disonesto
crop, krop, *n* raccolto *m*; *v* (hair) rapare
cross, kros, *n* croce *f*; incrocio *m*; *adj* arrabbiato; *v* attraversare; sbarrare; incrociare; **– out,** cancellare
crossbar, kros´-baar, *n* traversa *f*
cross-country, kros-kŏn´-tri, *adj* campestre
crossing, kros´-ing, *n* passaggio *m*
crossroad, kros´-roud, *n* incrocio *m*
crossword, kros´-uerd, *n* cruciverba *m*
crotchet, krot´-shit, *n mus* semiminima *f*
crouch, krauch, *v* rannicchiarsi
crow, krou, *n* cornacchia *f*; *v* (cock) cantare
crowbar, krou´-baar, *n* piede di porco *m*
crowd, kraud, *n* folla *f*; *v* affollare
crown, kraun, *v* incoronare; *n* corona *f*
crucial, kruu´-sh*a*l, *adj* cruciale
crucifix, kruu´-si-fiks, *n* crocifisso *m*
crucify, kruu´-si-fai, *v* crocifiggere
crude*, kruud, *adj* rozzo
cruel*, kruu´-*e*l, *adj* crudele
cruelty, kruu´-*e*l-ti, *n* crudeltà *f*
cruise, kruus, *n* crociera *f*; *v* viaggiare a velocità di crociera
cruiser, kruu´-*sa*, *n* incrociatore *m*
crumb, krŏm, *n* mollica *f*; briciola *f*
crumble, krŏm´-bl, *v* sbriciolarsi
crumple, krŏm´-pl, *v* sgualcire
crunch, krŏnch, *v* sgranocchiare; scricchiolare
crush, krŏsh, *n* ressa *f*; cotta *f*; *v* (grapes, olives) spremere; (pound) schiacciare
crust, krŏst, *n* crosta *f*
crusty, krŏs´-ti, *adj* ben cotto
crutch, krŏch, *n* gruccia *f*
cry, krai, *n* grido *m*; *v* (call) gridare; (weep) piangere
cryptic, krip´-tik, *adj* sibillino
crystal, kris´-tl, *n* cristallo *m*
cub, kŏb, *n* (lion) leoncino *m*; (bear) orsacchiotto *m*; (wolf) lupetto *m*
cube, kiuub, *n* cubo *m*
cubic, kiuu´-bik, *adj* cubico; cubo
cubicle, kiuu´-bi-kl, *n* cabina *f*
cuckoo, ku´-kuu, *n* cuculo *m*
cucumber, kiuu´-kŏm-b*a*, *n* cetriolo *m*
cuddle, kŏd´-l, *v* coccolare
cudgel, kŏch´-*e*l, *n* randello *m*; *v* bastonare
cue, kiuu, *n* imbeccata *f*; (billiards) stecca *f*
cuff, kŏf, *n* polsino *m*
cufflinks, kŏf´-lingks, *n* gemelli *mpl*
culinary, kŏl´-i-n*a*-ri, *adj* culinario
culminate, kŏl´-mi-neit, *v* culminare
culpable, kŏl´-p*a*-bl, *adj* colpevole
culprit, kŏl´-prit, *n* colpevole *m/f*
cult, kŏlt, *n* culto *m*
cultivate, kŏl´-ti-veit, *v* coltivare
culture, kŏl´-ch*a*, *n*

cultura *f*
cumbersome, kŏm´-be-som, *adj* ingombrante
cunning, kŏn´-ing, *adj* astuto; *n* astuzia *f*
cup, kŏp, *n* tazza *f*; coppa *f*
cupboard, kŏb´-ad, *n* armadio *m*
curate, kiuur´-rit, *n* curato *m*
curator, kiuur-reit´-a, *n* direttore di museo *m*
curb, kerb, *n* freno *m*; orlo del marciapiede *m*; *v* frenare
curd, kerd, *n* latte cagliato *m*
curdle, ker-dl, *v* cagliare
cure, kiuur, *n* cura *f*; *v* curare; affumicare
curfew, ker´-fiuu, *n* coprifuoco *m*
curiosity, kiuur-ri-os´-i-ti, *n* curiosità *f*
curious*, kiuur´-ri-os, *adj* (inquisitive) curioso; (peculiar) strano
curl, kerl, *n* riccio *m*; *v* arricciare
curler, ker´-la, *n* bigodino *m*
curly, ker´-li, *adj* riccio
currant, kŏ´-rant, *n* uva passa *f*
currency, kŏ´-ren-si, *n* valuta *f*, moneta *f*
current, kŏ´-rent, *n* corrente *f*; *adj* corrente
current account, kŏ´-rent a-kaunt´, *n* conto corrente *m*
current affairs, kŏ´-rent a-fers, *npl* attualità *f*
curse, kers, *n* maledizione *f*; *v* maledire
cursory, ker´-so-ri, *adj* frettoloso
curt*, kert, *adj* brusco, secco
curtail, ker-teil´, *v* accorciare; ridurre
curtailment, ker-teil´-ment, *n* riduzione *f*
curtain, ker´-tan, *n* tenda *f*; sipario *m*
curtsy, kert´-si, *n* inchino *m*, riverenza *f*; *v* fare la riverenza
curve, kerv, *n* curva *f*; *v* curvarsi
cushion, kush´-on, *n* cuscino *m*
custard, kŏs´-tad, *n* crema pasticcera *f*
custody, kŏs´-to-di, *n* prigione *f*; (care) tutela *f*
custom, kŏs´-tom, *n* costume *m*, consuetudine *f*; (trade) clientela *f*
customer, kŏs´-tom-a, *n* cliente *m/f*
customs, kŏs´-toms, *n* dogana *f*
cut, kŏt, *n* taglio *m*; riduzione *f*; *v* tagliare; ridurre; **– off,** tagliare fuori
cute, kiuut, *adj* carino
cuticle, kiuu´-ti-kl, *n* pellicina *f*
cutlery, kŏt´-le-ri, *n* posate *fpl*
cutlet, kŏt´-let, *n* costoletta *f*
cutting, kŏt´-ing, *n* ritaglio *m*
cuttlefish, kŏt´-l-fish, *n* seppia *f*
cyclamen, sik´-la-men, *n* ciclamino *m*
cycle, sai´-kl, *n* bicicletta *f*; (time) ciclo *m*; *v* andare in bicicletta
cylinder, sil´-in-da, *n* cilindro *m*
cynical*, sin´-i-kl, *adj* cinico
cypress, sai´-pres, *n* cipresso *m*
cystitis, sis-tai´-tis, *n* cistite *f*

D

dabble, da´-bl, – **in,** *v* occuparsi di
dabbler, dab´-la, *n* dilettante *m/f*
daffodil, daf´-o-dil, *n* giunchiglia *f*
dagger, dag´-a, *n* pugnale *m*
dahlia, dei´-li-a, *n* dalia *f*
daily, dei´-li, *adj* quotidiano, giornaliero; *adv* ogni giorno
dainty, dein´-ti, *adj* delicato; elegante
dairy, der´-ri, *n* latteria *f*; *adj* caseario
daisy, dei´-si, *n* margherita *f*
dale, deil, *n* valle *f*
dally, dal´-i, *v* perder tempo
dam, dam, *n* diga *f*; *v* sbarrare
damage, dam´-ich, *n* danno *m*; *v* danneggiare
damask, dam´-ask, *n* damasco *m*; *adj* damascato
damn, dam, *v* maledire; *interj* accidenti!
damnation, dam-nei´-shon, *n* dannazione *f*
damp, damp, *n* umidità *f*; *adj* umido
dance, daans, *n* danza *f*, ballo *m*; *v* danzare, ballare
dancer, daan´-sa, *n* ballerino *m*, ballerina *f*
dancing, daan´-sing, *n* danza *f*, ballo *m*
dandelion, dan´-di-lai-on, *n* dente di leone *m*
dandruff, dan´-drof, *n* forfora *f*
Dane, dein, *n* Danese *m/f*
danger, dein´-cha, *n* pericolo *m*
dangerous*, dein´-che-ros, *adj* pericoloso
dangle, dang´-gl, *v* dondolare
Danish, dei-nish, *adj* danese
Danube, dan´-iuub, *n* Danubio *m*
dapper, dap´-a, *adj* lindo
dare, der, *v* osare
daring*, der´-ring, *adj* audace
dark, daark, *adj* scuro; buio; fosco
darken, daark´-n, *v* scurire; oscurarsi
darkness, daark´-nis, *n* oscurità *f*; buio *m*
darling, daar´-ling, *n* tesoro *m*; *adj* caro
darn, daarn, *v* rammendare
dart, daart, *n* freccetta; (sewing) pince *f*; *v* sfrecciare
dash, dash, *n* lineetta *f*; *v* (throw) lanciare; (rush) precipitarsi
dashboard, dash´-boord, *n* cruscotto *m*
dashing*, dash´-ing, *adj* brillante
dastardly, daas´-tad-li, *adj* codardo

data, dei´-ta, *npl* dati *mpl*
date, deit, *n* data *f*; appuntamento *m*; dattero *m*; *v* datare; uscire con
daughter, doo´-ta, *n* figlia *f*
daughter-in-law, doo´-ta-rin-loo, *n* nuora *f*
dawdle, doo´-dl, *v* gironzolare
dawn, doon, *n* alba *f*; *v* albeggiare
day, dei, *n* giorno *m*; giornata *f*
daybreak, dei´-breik, *n* spuntar del giorno *m*
daydream, dei´-driim, *v* sognare ad occhi aperti
daylight, dei´-lait, *n* luce del giorno *f*
dazzle, das´-l, *v* abbagliare
deacon, dii´-kn, *n* diacono *m*
dead, ded, *adj* morto
deaden, ded´-n, *v* attutire
deadlock, ded´-lok, *n* impasse *f*
deadly, ded´-li, *adj* mortale
deaf, def, *adj* sordo
deafen, def´-n, *v* assordare
deafness, def´-nis, *n* sordità *f*
deal, diil, *n* affare *m*; accordo *m*; *v* (trade) commerciare; (cards) dare; – **with**, trattare di; trattare con
dealer, dii´-la, *n* commerciante *m/f*
dean, diin, *n* decano *m*; preside *m/f*
dear, dir, *adj* caro
dearly, dir´-li, *adv* molto; caro
death, deZ, *n* morte *f*
debar, di-baar´, *v* escludere
debase, di-beis´, *v* degradare
debate, di-beit´, *n* dibattito *m*; *v* dibattere
debauchery, di-boo´-che-ri, *n* dissolutezza *f*
debit, deb´-it, *n* debito *m*; *v* addebitare
debt, det, *n* debito *m*
debtor, det´-a, *n* debitore *m*
decade, dek´-eid, *n* decennio *m*
decadence, dek´-a-dens, *n* decadenza *f*
decaffeinated, dii-ka´-fi-nei-ted, *adj* decaffeinato
decamp, di-kamp´, *v* filarsela
decant, di-kant´, *v* travasare
decanter, di-kan´-ta, *n* caraffa *f*
decapitate, di-kap´-i-teit, *v* decapitare
decay, di-kei´, *n* decadimento *m*; carie *f*; *v* decomporsi; cariarsi
decease, di-siis´, *n* decesso *m*
deceased, di-siist´, *adj* defunto
deceit, di-siit´, *n* inganno *m*
deceitful*, di-siit´-ful, *adj* falso
deceive, di-siiv´, *v* ingannare
December, di-sem´-ba, *n* dicembre *m*
decency, dii´-sen-si, *n* decenza *f*
decent*, dii´-sent, *adj* decente; (nice) onesto
deception, di-sep´-shon, *n* inganno *m*
deceptive, di-sep´-tiv, *adj* ingannevole
decide, di-said´, *v* decidere
decided*, di-sai´-did, *adj* deciso
decimal, des´-i-mal, *adj* decimale; *n* decimale *m*
decipher, di-sai´-fa, *v* decifrare
decision, di-si´-shon, *n* decisione *f*
decisive*, di-sai´-siv, *adj* decisivo
deck, dek, *n naut* ponte di coperta *m*; (cards) mazzo *m*; *v* abbellire
deckchair, dek´-cher, *n* sedia a sdraio *f*
declaration, dek-la-rei´-shon, *n* dichiarazione *f*

declare, di-kler´, *v* dichiarare
decline, di-klain´, *n* declino *m*; *v* declinare; rifiutare
decompose, dii-kom-pous´, *v* decomporre
decorate, dek´-o-reit, *v* decorare; tinteggiare e tappezzare
decoration, dek-o-rei´-shon, *n* decorazione *f*
decorous*, dek´-o-ros, *adj* decoroso
decoy, dii´-koi, *n* esca *f*; uccello da richiamo *m*
decrease, dii´-kriis, *n* diminuzione *f*
decrease, di-kriis´, *v* diminuire
decree, di-krii´, *n* decreto *m*; *v* decretare
dedicate, ded´-i-keit, *v* dedicare
deduce, di-diuus´, *v* dedurre
deduct, di-dŏkt´, *v* sottrarre
deduction, di-dŏk´-shon, *n* deduzione *f*
deed, diid, *n* azione *f*, atto *m*; *law* atto *m*
deem, diim, *v* stimare
deep*, diip, *adj* profondo
deepen, diip´-n, *v* approfondire; approfondirsi
deer, dir, *n* daino *m*; (red) cervo *m*
deface, di-feis´, *v* deturpare
defamation, def-a-mei´-shon, *n* diffamazione *f*
defame, di-feim´, *v* diffamare
default, di-foolt´, *n* contumacia *f*
defeat, di-fiit´, *n* sconfitta *f*; *v* sconfiggere
defect, dii´-fekt, *n* difetto *m*
defective*, di-fek´-tiv, *adj* difettoso
defence, di-fens´, *n* difesa *f*
defenceless, di-fens´-lis, *adj* indifeso
defend, di-fend´, *v* difendere
defendant, di-fen´-dant, *n* imputato *m*
defender, di-fen´-da, *n* difensore *m*
defensible, di-fen´-si-bl, *adj* scusabile
defensive, di-fen´-siv, *n* difensiva *f*
defer, di-fer´, *v* differire, rinviare
deferential*, def-e-ren´-shal, *adj* rispettoso
defiance, di-fai´-ans, *n* sfida *f*
defiant, di-fai´-ant, *adj* di sfida
deficiency, di-fish´-en-si, *n* carenza *f*
deficient, di-fish´-ent, *adj* carente
deficit, def´-i-sit, *n* deficit *m*, disavanzo *m*
define, di-fain´, *v* definire
definite*, def´-i-nit, *adj* deciso; definito; (article) determinativo
definition, def-i-ni´-shon, *n* definizione *f*
deflect, di-flekt´, *v* deviare
deflection, di-flek´-shon, *n* deviazione *f*
deform, di-foorm´, *v* deformare
defraud, di-frood´, *v* defraudare
defray, di-frei´, *v* pagare
defrost, di-frost´, *v* sbrinare; scongelare
deft*, deft, *adj* abile
defunct, di-fŏngkt´, *adj* morto e sepolto
defy, di-fai´, *v* sfidare
degenerate, di-chen´-e-ret, *adj* degenere; *v* degenerare
degradation, deg-ra-dei´-shon, *n* degradazione *f*
degrade, di-greid´, *v* degradare
degree, di-grii´, *n* grado *m*; laurea *f*
dehydrated, dii´-hai-drei-tid, *adj* disidratato
deign, dein, *v* degnare
dejected, di-chek´-tid, *adj*

abbattuto
dejection, di-chek´-shon, *n* abbattimento *m*
delay, di-lei´, *n* ritardo *m*; *v* tardare
delectable, di-lek´-ta-bl, *adj* delizioso
delegate, del´-i-gheit, *n* delegato *m*; *v* delegare
delete, di-liit´, *v* cancellare
deleterious, di-li-tir´-ri-os, *adj* deleterio
deletion, de-lii´-shon, *n* cancellazione *f*
deliberate, di-lib´-e-reit, *v* deliberare
deliberate, di-lib´-e-rat, *adj** intenzionale
delicacy, del´-i-ka-si, *n* delicatezza *f*; (food) leccornia *f*
delicate*, del´-i-kat, *adj* delicato
delicious*, di-lish´-os, *adj* delizioso
delight, de-lait´, *n* piacere *m*; *v* dilettare
delightful*, de-lait´-ful, *adj* incantevole
delineate, di-lin´-i-eit, *v* delineare
delinquent, di-ling´-kuent, *n* delinquente *m/f*
delirious, di-li´-ri-os, **to be –,** *v* delirare
delirium, di-li´-ri-om, *n* delirio *m*
deliver, di-li´-va, *v* (goods) consegnare; (letters) distribuire; (speech) fare
delivery, di-li´-ve-ri, *n* (goods) consegna *f*; (letters) distribuzione *f*
delude, di-luud´, *v* illudere
delusion, di-luu´-shon, *n* illusione *f*
delve, delv, *v* scavare; approfondire
demand, di-maand´, *n* domanda *f*; *v* domandare
demean, di-miin´, *v* – **oneself,** abbassarsi
demeanour, di-mii´-na, *n* contegno *m*
demented, di-men´-tid, *adj* demente
demise, di-mais´, *n* decesso *m*
democracy, di-mok´-ra-si, *n* democrazia *f*
democrat, dem´-o-krat, *n* democratico *m*
democratic, dem-o-krat´-ik, *adj* democratico
demolish, di-mol´-ish, *v* demolire
demon, dii´-mon, *n* demonio *m*
demonstrate, dem´-on-streit, *v* dimostrare; manifestare
demoralize, di-mo´-ra-lais, *v* demoralizzare
demote, di-mout´, *v* degradare
demur, di-mer´, *v* esitare
demure*, di´-miuur, *adj* contegnoso
den, den, *n* covo *m*; tana *f*
denial, di-nai´-al, *n* negazione *f*; rifiuto *m*
denim, den´-im *n* tessuto jeans *m*
denizen, den´-i-sen, *n* abitante *m/f*
Denmark, den´-maark, *n* Danimarca *f*
denomination, di-nom-i-nei´-shon, *n* confessione *f*; valore *m*
denote, di-nout´, *v* denotare
denounce, di-nauns´, *v* denunciare
dense*, dens, *adj* denso; ottuso
density, den´-si-ti, *n* densità *f*
dent, dent, *n* ammaccatura *f*; (notch) tacca *f*; *v* ammaccare
dental, den-tal, *adj* dentale
dentist, den´-tist, *n* dentista *m/f*
dentistry, den´-tist-ri, *n* odontoiatria *f*
dentures, den´-chus, *npl* dentiera *f*
denude, di-niuud´, *v* spogliare

deny, di-nai´, *v* negare; smentire; (deprive) privarsi
deodorant, dii-ou´-do-rant, *n* deodorante *m*
deodorize, dii-ou´-do-rais, *v* deodorare
depart, di-paart´, *v* partire
department, di-paart´-ment, *n* reparto *m*; dipartimento *m*; ministero *m*
department store, di-paart´-ment stoor, *n* grande magazzino *m*
departure, di-paar´-cha, *n* partenza *f*
depend, di-pend´, *v* dipendere; **– upon,** contare su
dependant, di-pen´-dant, *n* persona a carico *f*
depict, di-pikt´, *v* dipingere, descrivere
deplete, di-pliit´, *v* esaurire
depletion, di-plii´-shon, *n* esaurimento *m*
deplore, di-ploor´, *v* deplorare
deport, di-poort´, *v* deportare
deportment, di-poort´-ment, *n* portamento *m*
depose, di-pous´, *v* deporre
deposit, di-pos´-it, *n* deposito *m*; cauzione *f*; *v* depositare
depositor, di-pos´-i-ta, *n* depositante *m*
depository, di-pos´-i-to-ri, *n* deposito *m*
depot, dep´-ou, *n* deposito *m*; stazione ferroviaria *f*
deprecate, dep´-ri-keit, *v* deprecare
depreciate, di-prii´-shi-eit, *v* deprezzare
depress, di-pres´, *v* deprimere
depression, di-pre´-shon, *n* depressione *f*
deprivation, dep-ri-vei´-shon, *n* privazione *f*
deprive, di-praiv´, *v* privare
depth, depZ, *n* profondità *f*
deputy, dep´-iu-ti, *n* vice *m/f*; supplente *m/f*
derailment, di-reil´-ment, *n* deragliamento *m*
deranged, di-reinchd´, *adj* squilibrato
derelict, de´-ri-likt, *adj* in rovina
deride, di-raid´, *v* deridere
derisive*, di-rai´-siv, *adj* derisivo
derive, di-raiv´, *v* derivare; dedurre
derogatory, di-ro´-ga-to-ri, *adj* spregiativo
descend, di-send´, *v* discendere
descendant, di-sen´-dant, *n* discendente *m/f*
descent, di-sent´, *n* discesa *f*; origine *f*
describe, dis-kraib´, *v* descrivere
description, dis-krip´-shon, *n* descrizione *f*; specie *f*
desecrate, des´-i-kreit, *v* profanare
desert, des´-et, *n* deserto *m*
desert, di-sert´, *v* disertare
deserter, di-ser´-ta, *n* disertore *m*
desertion, di-ser´-shon, *n* diserzione *f*
deserve, di-serv´, *v* meritare
deserving, di-ser´-ving, *adj* meritevole
design, di-sain´, *v* disegnare; *n* disegno *m*; (pattern) motivo *m*
designate, des´-igh-neit, *v* designare
designer, di-sai´-na, *n* disegnatore *m*; stilista *m/f*
designing, di-sai´-ning, *adj* intrigante
desirable, di-sai´-ra-bl, *adj* desiderabile
desire, di-sair´, *n* desiderio *m*; (craving) voglia *f*; *v* desiderare
desirous, di-sair´-ros, *adj*

desideroso
desist, di-sist´, *v* desistere
desk, desk, *n* scrivania *f*; banco *m*
desolate*, des´-o-lat, *adj* desolato
despair, di-sper´, *n* disperazione *f*; *v* disperare
desperate*, des´-pe-rat, *adj* disperato
despicable, dis-pi´-ka-bl, *adj* disprezzabile
despise, di-spais´, *v* disprezzare
despite, di-spait´, *prep* a dispetto di; malgrado
despondent, di-spon´-dent, *adj* scoraggiato
despot, des´-pot, *n* despota *m*
dessert, di-sert´, *n* dessert *m*
destination, des-ti-nei´-shon, *n* destinazione *f*
destine, des´-tin, *v* destinare
destiny, des´-ti-ni, *n* destino *m*
destitute, des´-ti-tiuut, *adj* indigente
destitution, des-ti-tiuu´-shon, *n* indigenza *f*
destroy, di-stroi´, *v* distruggere
destruction, dis-trŏk´-shon, *n* distruzione *f*
destructive, dis-trŏk´-tiv, *adj* distruttivo
desultory, des´-ul-tri, *adj* sconnesso; saltuario
detach, di-tach´, *v* staccare; distaccare
detachable, di-tach´-a-bl, *adj* staccabile
detail, dii´-teil, *n* dettaglio *m*, particolare *m*
detail, di-teil´, *v* dettagliare, particolareggiare
detain, di-tein´, *v* trattenere; (prison) tenere in prigione
detect, di-tekt´, *v* scorgere; notare
detective, di-tek´-tiv, *n* investigatore *m*
detention, di-ten´-shon, *n* detenzione *f*
deter, di-ter´, *v* dissuadere
detergent, di-ter´-chent, *n* detersivo *m*
deteriorate, di-tir´-ri-o-reit, *v* deteriorare
determine, di-ter´-min, *v* determinare
detest, di-test´, *v* detestare
dethrone, di-Zroun´, *v* detronizzare
detonation, det-o-nei´-shon, *n* detonazione *f*
detour, dii´-tuur, *n* deviazione *f*
detract, di-trakt´, *v* denigrare; (value) detrarre
detrimental*, det-ri-men´-tl, *adj* nocivo
deuce, diuus, *n* (tennis) parità *f*
devastate, dev´-as-teit, *v* devastare
develop, di-vel´-op, *v* sviluppare
development, di-vel´-op-ment, *n* sviluppo *m*
deviate, dii´-vi-eit, *v* deviare
device, di-vais´, *n* congegno *m*; stratagemma *m*
devil, dev´-l, *n* diavolo *m*
devious, dii´-vi-os, *adj* subdolo
devise, di-vais´, *v* ideare; *law* legare
devoid, di-void´, *adj* privo
devote, di-vout´, *v* dedicare; – **oneself,** consacrarsi
devour, di-vaur´, *v* divorare
devout*, di-vaut´, *adj* devoto
dew, diuu, *n* rugiada *f*
dexterous*, deks´-tros, *adj* destro, abile
diabetes, dai-a-bii´-tis, *n* diabete *m*
diabolical*, dai-a-bol´-i-kl, *adj* infernale
diagnose, dai´-agh-nous, *v* fare la diagnosi
diagonal, dai-agh´-o-nal,

adj diagonale
diagram, dai´-*a*-gram, *n* diagramma *m*
dial, dai´-*a*l, *n* quadrante *m*; *v* (telephone number) fare
dialect, dai´-*a*-lekt, *n* dialetto *m*
dialogue, dai´-*a*-logh, *n* dialogo *m*
diameter, dai-am´-i-*ta*, *n* diametro *m*
diamond, dai´-*a*-mond, *n* diamante *m*; (cards) quadri *mpl*
diarrhœa, dai-*a*-rii´-*a*, *n* diarrea *f*
diary, dai´-*a*-ri, *n* diario *m*; (pocket) agenda *f*
dice, dais, *n* dadi *mpl*
dictate, dik´-teit, *v* dettare
dictator, dik-tei´-*ta*, *n* dittatore *m*
dictionary, dik´-sho-n*a*-ri, *n* dizionario *m*
die, dai, *v* morire
diesel, dii´-sel, *n* (car) diesel *m*; (fuel) gasolio *m*
diet, dai´-et, *n* dieta *f*; *v* stare a dieta
differ, dif´-*a*, *v* differire; dissentire
difference, dif´-*e*-rens, *n* differenza *f*
different*, dif´-*e*-rent, *adj* differente
difficult, dif´-i-kelt, *adj* difficile
difficulty, dif´-i-kel-ti, *n* difficoltà *f*
diffident, dif´-i-dent, *adj* timido
diffuse, dif-iuus´, *adj* diffuso; *v* diffondere
dig, digh, *v* scavare; **– up,** sradicare
digest, di-chest´, *v* digerire
digestion, di-ches´-chon, *n* digestione *f*
dignified, digh´-ni-faid, *adj* dignitoso
dignitary, digh´-ni-t*a*-ri, *n* dignitario *m*
dignity, digh´-ni-ti, *n* dignità *f*
digression, dai-gresh´-on, *n* digressione *f*
dike, daik, *n* diga *f*
dilapidated, di-lap´-i-dei-tid, *adj* devastato
dilapidation, di-lap-i-dei´-shon, *n* sfacelo
dilate, dai-leit´, *v* dilatare
dilatory, dil´-*a*-to-ri, *adj* dilatorio; tardo
dilemma, dai-lem´-*a*, *n* dilemma *m*
diligence, dil´-i-chens, *n* diligenza *f*
diligent*, dil´-i-chent, *adj* diligente
dilute, di-luut´, *v* diluire
dim, dim, *adj* fosco; *v* (darken) oscurarsi
dimension, dai-men´-shon, *n* dimensione *f*
diminish, di-min´-ish, *v* diminuire
dimple, dim´-*pl*, *n* fossetta *f*
din, din, *n* baccano *m*
dine, dain, *v* pranzare; cenare
dinghy, ding´-gi, *n* gommone *m*
dingy, din´-chi, *adj* squallido
dining car, dai´-ning kaar, *n* vagone ristorante *m*
dining room, dai´-ning ruum, *n* sala da pranzo *f*
dinner, din´-*a*, *n* pranzo *m*; cena *f*
dip, dip, *n* cunetta *f*; tuffo *m*; *v* abbassarsi; immergere
diphtheria, dif-Ziir´-ri-*a*, *n* difterite *f*
diplomacy, di-plou´-m*a*-si, *n* diplomazia *f*
dire, dair, *adj* terribile; tremendo
direct, di-rekt´, *adj** diretto; *v* dirigere; (address) indirizzare
direction, di-rek´-shon, *n* direzione *f*
directly, di-rekt´-li, *adv* subito
director, di-rek´-*ta*, *n* direttore *m*; regista *m/f*
directory, di-rek´-*to*-ri, *n* elenco *m*

dirt, dert, *n* sporcizia *f*; (earth) terra *f*
dirty, der´-ti, *adj* sporco
disability, dis-*a*-bil´-i-ti, *n* invalidità *f*; handicap *m*
disable, dis-ei´-bel, *v* rendere invalido
disabled, dis-ei´-beld, *adj* invalido; handicappato
disabuse, dis-*a*-biuus´, *v* disingannare
disadvantage, dis-*ad*-vaan´-tich, *n* svantaggio *m*
disagree, dis-*a*-grii´, *v* dissentire
disagreeable, dis-*a*-grii´-*a*-bl, *adj* sgradevole
disallow, dis-*a*-lau´, *v* respingere; annullare
disappear, dis-*a*-pir´, *v* sparire
disappearance, dis-*a*-pir´-rans, *n* scomparsa *f*
disappoint, dis-*a*-point´, *v* deludere
disappointment, dis-*a*-point´-ment, *n* delusione *f*
disapprove, dis-*a*-pruuv´, *v* disapprovare
disarm, dis-aarm´, *v* disarmare
disaster, dis-aas´-ta, *n* disastro *m*
disastrous*, dis-aas´-tros, *adj* disastroso
disbelief, dis-bi-liif´, *n* incredulità *f*
disburse, dis-bers´, *v* sborsare
disc, disk, *n* disco *m*
discard, dis-kaard´, *v* scartare; sbarazzarsi di
discern, di-sern´, *v* discernere, distinguere
discerning, di-ser´-ning, *adj* esperto; oculato
discharge, dis´-chaarch, *n* (dismissal) licenziamento *m*; (electricity, gun) scarica *f*; *mil* congedo *m*; *med* secrezione *f*
discharge, dis-chaarch´, *v* (load) scaricare; (duties) adempire; *mil* congedare; (patient) dimettere
disciple, dis-ai´-*pl*, *n* discepolo *m*
discipline, dis´-i-plin, *n* disciplina *f*
disc jockey, disk´-cho-ki, *n* disc jokey *m/f*
disclaim, dis-kleim´, *v* negare; smentire
disclose, dis-klous´, *v* rivelare
disclosure, dis-klou´-sh*a*, *n* rivelazione *f*
disco, dis´-kou, *n* discoteca *f*
discolour, dis-kŏl´-*a*, *v* scolorire
discomfort, dis-kŏm´-fot, *n* scomodità *f*; disagio *m*
disconnect, dis-ko-nekt´, *v* staccare
discontent, dis-kon´-tent, *n* scontentezza *f*; malcontento *m*
discontented, dis-kon-ten´-tid, *adj* scontento
discontinue, dis-kon-tin´-iuu, *v* (cease) cessare; *comm* mettere fuori produzione
discord, dis-koord´, *n* disaccordo *m*
discount, dis´-kaunt, *n* sconto *m*; **at a –,** scontato
discount, dis-kaunt´, *v* scontare
discourage, dis-kŏ'-rich, *v* scoraggiare
discourse, dis´-koors, *n* dissertazione *f*
discourteous*, dis-kŏr´-ti-os, *adj* scortese
discover, dis-kŏv´-*a*, *v* scoprire
discovery, dis-kŏv´-*e*-ri, *n* scoperta *f*
discredit, dis-kre´-dit, *v* screditare; *n* discredito *m*
discreet*, dis-kriit´, *adj* discreto
discrepancy, dis-krep´-*an*-si, *n* discrepanza *f*
discriminate, dis-krim´-i-neit, *v* distinguere; fare

discriminazioni
discuss, dis-kŏs´, *v* discutere
discussion, dis-kŏsh´-*n*, *n* discussione *f*
disdain, dis-dein´, *n* sdegno *m*; *v* sdegnare
disdainful*, dis-dein´-ful, *adj* sdegnoso
disease, di-siis´, *n* malattia *f*
diseased, di-siisd´, *adj* ammalato
disembark, dis-im-baark´, *v* sbarcare
disengaged, dis-in-gheichd´, *adj* libero
disentangle, dis-in-tang´-gl, *v* sbrogliare; districarsi
disfavour, dis-fei´-va, *n* disgrazia *f*
disfigure, dis-fi´-gha, *v* sfigurare
disgrace, dis-greis´, *n* vergogna *f*; disgrazia *f*; *v* disonorare
disguise, dis-gais´, *n* travestimento *m*; *v* travestire; (camouflage) mascherare
disgust, dis-gŏst´, *n* disgusto *m*; *v* disgustare
dish, dish, *n* piatto *m*; (meals) pietanza *f*; **– up,** *v* servire
dishcloth, dish´-kloZ, *n* strofinaccio *m*
dishearten, dis-haar´-tn, *v* scoraggiare
dishevelled, di-shev´-eld, *adj* scarmigliato
dishonest*, dis-on´-ist, *adj* disonesto
dishonour, dis-on´-a, *n* disonore *m*; *v* disonorare
dishwasher, dish´-uosh´-a, *n* lavastoviglie *f*
disillusion, dis-i-luu´-shon, *v* disilludere
disinclination, dis-in-klin-ei´-shon, *n* avversione *f*
disinfect, dis-in-fekt´, *v* disinfettare
disinherit, dis-in-he´-rit, *v* diseredare
disjointed, dis-choin´-tid, *adj* sconnesso
disk, disk, *n* disco *m*
dislike, dis-laik´, *n* avversione *f*, antipatia *f*; *v* non amare
dislocate, dis´-lo-keit, *v* slogare
disloyal, dis-loi´-al, *adj* sleale
dismal*, dis´-mal, *adj* triste, cupo
dismay, dis-mei´, *n* sgomento *m*; *v* sgomentare
dismiss, dis-mis´, *v* licenziare; congedare; scartare
dismissal, dis-mi´-sl, *n* licenziamento *m*
dismount, dis-maunt´, *v* smontare
disobedient*, dis-o-bii´-di-ent, *adj* disubbidiente
disobey, dis-o-bei´, *v* disubbidire
disorder, dis-oor´-da, *n* disordine *m*; *med* disturbo *m*
disorientated, dis-oor´-ri-en-tei-tid, *adj* disorientato
disown, dis-oun´, *v* sconfessare
disparage, dis-pa´-rich, *v* denigrare
dispatch, dis-pach´, *n* spedizione *f*; invio *m*; *v* spedire; inviare
dispel, dis-pel´, *v* scacciare; dissipare
dispensary, dis-pen´-sa-ri, *n* dispensario *m*
dispensation, dis-pen-sei´-shon, *n* dispensa *f*
disperse, dis-pers´, *v* disperdere; disperdersi
display, dis-plei´, *n* mostra *f*; display *m*; *v* esporre
displease, dis-pliis´, *v* dispiacere
displeasure, dis-plesh´-a, *n* dispiacere *m*
disposable, dis-pou´-sa-bl, *adj* usa e getta
disposable nappy, dis-pou´-sa-bl na´-pi, *n* pannolino *m*

disposal, dis-pou´-sal, *n* disposizione *f*; smaltimento *m*
dispose, dis-pous´, *v* disporre; **– of,** sbarazzarsi di
disposed, dis-pousd´, *adj* disposto
disprove, dis-pruuv´, *v* confutare
disputable, dis-piu´-ta-bl, *adj* discutibile
dispute, dis-piuut´, *n* disputa *f*, controversia *f*; *v* discutere
disqualify, dis-kuo´-li-fai, *v* squalificare
disquiet, dis-kuai´-et, *n* inquietudine *f*
disregard, dis-ri-gaard´, *n* indifferenza *f*; inosservanza *f*; *v* trascurare
disrepute, dis-ri-piuut´, *n* discredito *m*
disrespect, dis-ri-spekt´, *n* irriverenza *f*
disrespectful, dis-ri-spekt´-ful, *adj* irriverente
disrupt, dis-rŏpt, *v* disturbare; scombussolare
dissatisfied, dis-sat´-is-faid, *adj* insoddisfatto
dissect, di-sekt´, *v* analizzare; *med* sezionare
dissent, di-sent´, *v* dissentire; *n* dissenso *m*
dissimilar, di-sim´-i-la, *adj* dissimile
dissipate, dis´-i-peit, *v* dissipare
dissociate, di-sou´-si-eit, *v* dissociare
dissolute*, dis´-o-luut, *adj* dissoluto
dissolve, di-solv´, *v* dissolvere
dissuade, dis-ueid´, *v* dissuadere
distance, dis´-tans, *n* distanza *f*
distant*, dis´-tant, *adj* distante
distaste, dis-teist´, *n* ripugnanza *f*
distasteful, dis-teist´-ful, *adj* ripugnante
distemper, dis-tem´-pa, *n* (paint) tempera *f*; (dog) cimurro *m*
distend, dis-tend´, *v* dilatare
distil, dis-til´, *v* distillare
distinct*, dis-tingkt´, *adj* distinto
distinction, dis-tingk´-shon, *n* distinzione *f*
distinguish, dis-ting´-guish, *v* distinguere
distort, dis-toort´, *v* distorcere
distract, dis-trakt´, *v* distrarre
distraction, dis-trak´-shon, *n* distrazione *f*
distress, dis-tres´, *n* angoscia *f*; *naut* pericolo *m*; *v* addolorare
distressing, dis-tres´-ing, *adj* doloroso
distribute, dis-trib´-iuut, *v* distribuire
district, dis´-trikt, *n* distretto *m*
distrust, dis-trŏst´, *n* diffidenza *f*; *v* diffidare
disturb, dis-terb´, *v* disturbare
disturbance, dis-ter´-bans, *n* disturbo *m*; (mob) disordini *mpl*
disuse, dis-iuus´, *n* disuso *m*
ditch, dich, *n* fosso *m*
ditto, dit´-o, *adv* idem
dive, daiv, *n* tuffo *m*; *v* tuffarsi
diver, daiv´-a, *n* tuffatore *m*; palombaro *m*
diverge, dai-verch´, *v* divergere
diverse, dai-vers´, *adj* diverso
diversion, dai-ver´-shon, *n* deviazione *f*; distrazione *f*
divert, dai-vert´, *v* divergere
divide, di-vaid´, *v* dividere; (distribute) spartire
divine*, di-vain´, *adj* divino

diving board, dai´-ving boord, *n* trampolino *m*
division, di-vi´-shon, *n* divisione *f*; (football) serie *f*
divorce, di-voors´, *n* divorzio *m*; *v* divorziare
divulge, dai-vŏlch´, *v* divulgare
DIY, dii-ai-uai, *n* fai da te *m*; bricolage *m*
dizzy, dis´-i, *adj* vertiginoso; stordito
do, duu, *v* fare; (be enough) essere abbastanza
docile, dou´-sail, *adj* docile
dock, dok, *n* bacino *m*; banco degli imputati *m*
dockyard, dok´-iaard, *n* cantiere navale *m*
doctor, dok´-ta, *n* dottore *m*; medico *m*; *v* adulterare
doctrine, dok´-trin, *n* dottrina *f*
document, dok´-iu-ment, *n* documento *m*
dodge, doch, *v* schivare
dog, dogh, *n* cane *m*
dogged*, dogh´-id, *adj* ostinato
dole, doul, *n* sussidio di disoccupazione *m*; *v* distribuire
doleful*, doul´-ful, *adj* afflitto
doll, dol, *n* bambola *f*
dollar, do´-la, *n* dollaro *m*
Dolomites, do´-lo-maits, *npl* Dolomiti *fpl*
dolphin, dol´-fin, *n* delfino *m*
dome, doum, *n* cupola *f*
domestic, do-mes´-tik, *adj* domestico; (flight) nazionale
domesticated, do-mes´-ti-kei-tid, *adj* addomesticato
domicile, dom´-i-sail, *n* domicilio *m*
dominate, dom´-i-neit, *v* dominare
domineer, dom-i-niir´, *v* tiranneggiare
domino, dom´-i-nou, *n* domino *m*
donate, dou-neit´, *v* donare
donation, dou-nei´-shon, *n* donazione *f*
donkey, dong´-ki, *n* asino *m*
donor, dou´-na, *n* donatore *m*, donatrice *f*
doom, duum, *n* rovina *f*; *v* condannare
doomsday, duums´-dei, *n* giorno del giudizio *m*
door, door, *n* porta *f*
doorbell, door´-bel, *n* campanello *m*
doorkeeper, door´-kiip-a, *n* portinaio *m*
doormat, door´-mat, *n* zerbino *m*
dormitory, door´-mi-to-ri, *n* dormitorio *m*
dose, dous, *n* dose *f*
dot, dot, *n* punto *m*; *v* mettere i puntini
double, dŏb´-l, *adj* & *adv* doppio; *n* doppio *m*; sosia *m/f*; *v* raddoppiare
doubt, daut, *n* dubbio *m*; *v* dubitare
doubtful*, daut´-ful, *adj* dubbioso
douche, duush, *n* irrigazione *f*
dough, dou, *n* pasta *f*
dove, dŏv, *n* colomba *f*
down, daun, *adv* & *prep* giù; in fondo; *n* piumino *m*
downcast, daun´-kaast, *adj* abbattuto
downfall, daun´-fool, *n* caduta *f*; rovina *f*
downhill, daun´-hil, *adj* & *adv* in discesa
downpour, daun´-poor, *n* acquazzone *m*
downstairs, daun-sters´, *adv* di sotto; *adj* al piano di sotto
downwards, daun´-ueds, *adv* in giù
dowry, dau´-ri, *n* dote *f*
doze, dous, *n v* sonnecchiare
dozen, dŏs´-n, *n* dozzina *f*
drab, drab, *adj* tetro, grigio

draft, draaft, *n* cambiale *f*; abbozzo *m*; brutta copia *f*; *v* redigere
drag, dragh, *v* trascinare; dragare; *n* noia *f*
dragon, drag´-on, *n* drago *m*
dragonfly, drag´-on-flai, *n* libellula *f*
drain, drein, *n* fogna *f*; canale di scolo *m*; *v* prosciugare
drainage, drein´-ich, *n* fognatura *f*
drake, dreik, *n* anatra maschio *f*
drama, draam´-a, *n* dramma *m*
dramatic, dra-mat´-ik, *adj* drammatico
drastic, dras´-tik, *adj* drastico
draught, draaft, *n* corrente d'aria *f*; sorso *m*
draughtboard, draaft´-boord, *n* scacchiera *f*
draughts, draafts, *npl* (gioco della) dama *f*
draughtsman, draafts´-man, *n* disegnatore *m*
draw, droo, *n* (lottery) estrazione *f*; (game) pareggio *m*; *v* (pull) tirare; (sketch) disegnare; (money) ritirare
drawback, droo´-bak, *n* svantaggio *m*
drawer, droo´-a, *n* cassetto *m*
drawing, droo´-ing, *n* disegno *m*
drawl, drool, *n* cadenza strascicata *f*
dread, dred, *n* paura *f*; *v* aver paura di
dreadful*, dred´-ful, *adj* spaventoso
dream, driim, *n* sogno *m*; *v* sognare
dreary, drir´-ri, *adj* tetro; monotono
dredge, drech, *v* dragare
dregs, dreghs, *npl* feccia *f*
drench, drench, *v* inzuppare
dress, dres, *n* vestito *m*; *v* vestire; vestirsi; (wounds) fasciare
dressing, dres´-ing, *n med* fasciatura *f*; (cooking) condimento *m*
dressing gown, dres´-ing-gaun, *n* veste da camera *f*
dressing room, dres´-ing-ruum, *n* camerino *m*; spogliatoio *m*
dressmaker, dres´-meik-a, *n* sarta *f*
dribble, drib´-l, *v* (drop) sgocciolare; (saliva) sbavare
drift, drift, *n* (current) direzione *f*; (snow etc.) cumulo *m*; (meaning) senso *m*; *v* andare alla deriva
drill, dril, *v mil* fare esercitazioni; (bore) forare; *n mil* esercitazione *f*; (tool) trapano *m*
drink, dringk, *n* bibita *f*; bevanda *f*; *v* bere
drip, drip, *n* goccia *f*; *v* gocciolare
dripping, drip´-ing, *n* grasso dell'arrosto *m*
drive, draiv, *n* (outing) giro in macchina *m*; (approach) vialetto d'accesso *m*; *v* guidare
driver, drai´-va, *n* conducente *m/f*; autista *m/f*
driving licence, drai´-ving lai´-sens, *n* patente *f*
drizzle, dris´-l, *n* pioggerella *f*
droll, droul, *adj* comico
drone, droun, *n* fuco *m*; *v* ronzare
droop, druup, *v* chinarsi; (plants) appassire
drop, drop, *n* goccia *f*; caduta *f*; *v* cadere; calare; (let fall) lasciar cadere
drought, draut, *n* siccità *f*
drove, drouv, *n* (cattle) mandria *f*
drown, draun, *v* annegare, affogare

drowsy, drau´-si, *adj* sonnolento
drudgery, drŏch´-e-ri, *n* lavoro faticoso *m*
drug, drŏgh, *n* medicinale *m*; droga *f*; *v* narcotizzare
drum, drŏm, *n* tamburo *m*; *v* tamburellare
drummer, drŏm´-a, *n* batterista *m*
drums, drŏms, *n* batteria *f*
drunk, drŏngk, *adj* ubriaco
drunkard, drŏng´-kad, *n* ubriacone *m*
drunkenness, drŏng´-ken-nis, *n* ubriachezza *f*
dry, drai, *adj** secco; asciutto; *v* seccare; asciugare
dry-cleaner's, drai-klii´-nes, *n* lavasecco *m*
dryness, drai´-nis, *n* siccità *f*
dual carriageway, diu-al-ka´-rich-uei, *n* strada a doppia carreggiata *f*
dubious*, diuu´-bi-os, *adj* dubbio
duck, dŏk, *n* anatra *f*; *v* abbassare la testa
due, diuu, *n* dovuto *m*; *adj* dovuto
duel, diu´-el, *n* duello *m*; *v* battersi in duello
dues, diuus, *npl* diritti *mpl*
duet, diu-et´, *n* duetto *m*
duke, diuuk, *n* duca *m*
dull, dŏl, *adj* (mind) ottuso; (weather) triste; (sounds) sordo; (colours) spento
duly, diuu´-li, *adv* debitamente
dumb, dŏm, *adj* muto
dumbfound, dŏm-faund´, *v* sbigottire
dummy, dŏm´-i, *n* manichino *m*; tettarella *f*
dump, dŏmp, *n* discarica *f*
dumping, dŏm´-ping, *n* scarico *m*
dung, dŏng, *n* sterco *m*
dungeon, dŏn´-chen, *n* segreta *f*
dupe, diuup, *n* babbeo *m*; *v* abbindolare
duplicate, diuu´-pli-kat, *n* duplicato *m*; *adj* duplicato
duplicate, diuu´-pli-keit, *v* duplicare
durable, diur´-ra-bl, *adj* durevole
duration, diur-rei´-shon, *n* durata *f*
during, diur´-ring, *prep* durante
dusk, dŏsk, *n* crepuscolo *m*
dusky, dŏs´-ki, *adj* scuro
dust, dŏst, *n* polvere *f*; *v* spolverare
dustbin, dŏst´-bin, *n* bidone della spazzatura *m*
duster, dŏs´-ta, *n* strofinaccio *m*
dustman, dŏst´-man, *n* netturbino *m*
Dutch, dŏch, *adj* olandese
dutiful*, diu´-ti-ful, *adj* rispettoso
duty, diu´-ti, *n* dovere *m*; (tax) diritto *m*, dazio *m*; (officials) funzione *f*
duvet, diuu´-vei, *n* piumone *m*
dwarf, duoorf, *n* nano *m*; *v* rimpicciolire
dwell, duel, *v* dimorare; **– upon,** insistere
dweller, duel´-a, *n* abitante *m/f*
dwelling, duel´-ing, *n* dimora *f*
dwindle, duin´-dl, *v* diminuire
dye, dai, *n* tintura *f*; *v* tingere
dynamic, dai-na´-mik, *adj* dinamico
dynamite, dai´-na-mait, *n* dinamite *f*
dynamo, dai´-na-mou, *n* dinamo *f*
dysentery, dis´-n-tri, *n* dissenteria *f*
dyslexia, dis-lek´-si-a, *n* dislessia *f*

E

each, iich, *adj* ciascuno, ciascuna; ogni; *pron* ognuno, ognuna; **– other,** l'un l'altro, l'un l'altra
eager*, ii´-ga, *adj* (keen) desideroso; (desire) ardente
eagerness, ii´-ghe-nis, *n* desiderio *m*
eagle, ii´-gl, *n* aquila *f*
ear, ir, *n* orecchio *m*; (corn) spiga *f*
earl, *er*l, *n* conte *m*
early, *er´*-li, *adv* presto; in anticipo; *adj* primo; prematuro
earn, *er*n, *v* guadagnare; meritare
earnest*, *er´*-nist, *adj* serio
earnings, *er´*-nings, *npl* guadagni *mpl*
earphones, ir´-founs, *npl* cuffie *fpl*
earring, ir´-ring, *n* orecchino *m*
earth, *er*Z, *n* terra *f*; *v* (electricity) collegare a terra
earthenware, *er*Z´-en-uer, *n* terracotta *f*
earthly, *er*Z´-li, *adj* terreno; terrestre
earthquake, *er*Z´-kueik, *n* terremoto *m*
earwig, ir´-uigh, *n* (insect) forbicina *f*
ease, iis, *n* (comfort) agio *m*; (facility) facilità *f*; *v* alleviare; facilitare; **at one's –,** a proprio agio
easel, ii´-sl, *n* cavalletto *m*
easily, ii´-si-li, *adv* facilmente
east, iist, *n* est *m*, oriente *m*
Easter, iis´-ta, *n* Pasqua *f*
easterly, iis´-te-li, *adj* dell'est; verso est
eastern, iis´-ten, *adj* orientale
easy, ii´-si, *adj* facile
eat, iit, *v* mangiare; (corrode) corrodere
eatable, ii´-ta-bl, *adj* mangiabile; commestibile
eavesdrop, iivs´-drop, *v* origliare
ebb, eb, *n* riflusso *m*; *v* rifluire
ebony, eb-*o*-ni, *n* ebano *m*
eccentric, ek-sen´-trik, *adj* eccentrico
echo, ek´-ou, *n* eco *m*; *v* far eco
eclipse, i-klips´, *n* eclissi *f*; *v* eclissare
economic, ii-ko-nom´-ik, *adj* economico; (profitable) redditizio
economical*, ii-ko-nom´-i-kal, *adj* economico; (person) parsimonioso
economize, i-kon´-*o*-mais, *v* economizzare
economy, i-kon´-*o*-mi, *n* economia *f*
ecstasy, ek´-sta-si, *n* estasi *f*
eddy, ed´-i, *n* mulinello *m*; gorgo *m*

edge, ech, *n* (knife) filo *m*; (brink) orlo *m*; *v* (border) orlare
edible, ed´-i-bl, *adj* commestibile
edify, ed´-i-fai, *v* edificare
edit, ed´-it, *v* dirigere; curare; editare
edition, ed-i´-shon, *n* edizione *f*
editor, ed´-i-ta, *n* redattore *m*, redattrice *f*; curatore *m*, curatrice *f*
editorial, ed-i-toor´-ri-al, *adj* editoriale; redazionale; *n* articolo di fondo *m*
educate, ed´-iu-keit, *v* istruire; (rear) educare
education, ed-iu-kei´-shon, *n* istruzione *f*; insegnamento *m*
eel, iil, *n* anguilla *f*
effect, if-ekt´, *n* effetto *m*; *v* effettuare
effective*, if-ek´-tiv, *adj* effettivo
effectual*, if-ek´-tiu-al, *adj* efficace
effeminate, if-em´-i-nat, *adj* effeminato
effervescent, ef-e-ves´-ent, *adj* effervescente
efficacious*, ef-i-kei´-shos, *adj* efficace
efficiency, if-ish´-en-si, *n* efficienza *f*
efficient, if-ish´-ent, *adj* (person) efficiente
effort, ef´-et, *n* sforzo *m*
effrontery, if-rŏn´-te-ri, *n* sfrontatezza *f*
effusive*, if-iu´-siv, *adj* espansivo
egg, egh, *n* uovo *m*
egg cup, egh´-kŏp, *n* portauovo *m*
egg white, egh´-uait, *n* albume *m*
egotism, eg´-o-tism, *n* egoismo *m*
Egypt, ii´-chipt, *n* Egitto *m*
eiderdown, ai´-de-daun, *n* (quilt) piumino *m*
eight, eit, *adj* otto
eighteen, ei-tiin´, *adj* diciotto
eighteenth, ei-tiinZ´, *adj* diciottesimo; (date) diciotto
eighth, eitZ, *adj* ottavo; (date) otto
eightieth, ei´-ti-eZ, *adj* ottantesimo
eighty, ei´-ti, *adj* ottanta
Eire, er´-re, *n* Irlanda *f*
either, ai´-Da, *pron* l'uno o l'altro; *adj* l'uno o l'altro; entrambi; *conj* o… o…né… né…; *adv* neanche
eject, i-chekt´, *v* espellere
elaborate, i-lab´-o-reit, *v* elaborare; *adj* elaborato; (detailed) complicato
elapse, i-laps´, *v* trascorrere
elastic, i-las´-tik, *n* elastico *m*; *adj* elastico
elate, i-leit´, *v* esaltare
elbow, el´-bou, *n* gomito *m*; *v* sgomitare
elder, el´-da, *adj* maggiore; *n* (tree) sambuco *m*
elderly, el´-de-li, *adj* anziano
eldest, el´-dist, *adj* maggiore
elect, i-lekt´, *v* eleggere; *adj* designato
election, i-lek´-shon, *n* elezione *f*
electric(al), i-lek´-trik(-l), *adj* elettrico
electrician, e-lik-trish´-an, *n* elettricista *m*
electricity, e-lik-tri´-si-ti, *n* elettricità *f*
electrify, i-lek´-tri-fai, *v* elettrificare
elegance, el´-i-gans, *n* eleganza *f*
elegant*, el´-i-gant, *adj* elegante
element, el´-i-ment, *n* elemento *m*; (of kettle) resistenza *f*
elementary, el-i-men´-ta-ri, *adj* elementare
elephant, el´-i-fant, *n* elefante *m*
electrocute, i-lek-tro´-kiut, *v* fulminare

electronic, e-lik-tron´-ik, *adj* elettronico
elevate, el´-i-veit, *v* elevare
eleven, i-lev´-en, *adj* undici
eleventh, i-lev´-enZ, *adj* undicesimo; (date) undici
elf, elf, *n* folletto *m*
elicit, i-lis´-it, *v* ottenere; strappare
eligible, el´-i-chi-bl, *adj* idoneo
eliminate, el-im´-i-neit, *v* eliminare
élite, i-liit´, *n* élite *f*
elk, elk, *n* alce *m*
elm, elm, *n* olmo *m*
elongate, ii-long´-gheit, *v* allungare
elope, i-loup´, *v* scappare
elopement, i-loup´-ment, *n* fuga d'amore *f*
eloquent*, el´-o-kuent, *adj* eloquente
else, els, *adv* altro; altrimenti
elsewhere, els´-uer, *adv* altrove
elucidate, i-luu´-si-deit, *v* delucidare
elude, i-luud´, *v* eludere
elusive, i-luu´-siv, *adj* inafferrabile
emaciated, i-mei´-si-ei-tid, *adj* emaciato
e-mail, ii´-meil, *n* posta elettronica *f*
emanate, em´-a-neit, *v* emanare
emancipate, i-man´-si-peit, *v* emancipare
embalm, im-baam´, *v* imbalsamare
embankment, im-bangk´-ment, *n* banchina *f*; (railway, road) scarpata *f*
embark, im-baark´, *v* imbarcare
embarrass, im-ba´-ras, *v* imbarazzare
embarrassment, im-ba´-ras-ment, *n* imbarazzo *m*
embassy, em´-ba-si, *n* ambasciata *f*
embellish, im-bel´-ish, *v* abbellire
embers, em´-bes, *npl* braci *fpl*
embezzle, im-bes´-l, *v* appropriarsi indebitamente di
embitter, im-bit´-a, *v* inasprire
embody, im-bod´-i, *v* comprendere; personificare
embolden, im-boul´-dn, *v* incitare
embrace, im-breis´, *v* abbracciare
embroider, im-broi´-da, *v* ricamare
embroidery, im-broi´-de-ri, *n* ricamo *m*
embroil, im-broil´, *v* coinvolgere
emerald, em´-e-rald, *n* smeraldo *m*
emerge, i-merch´, *v* emergere
emergency, i-mer´-chen-si, *n* emergenza *f*
emetic, i-met´-ik, *n* emetico *m*
emigrant, em´-i-grant, *n* emigrante *m/f*
emigrate, em´-i-greit, *v* emigrare
eminence, em´-in-ens, *n* eminenza *f*
eminent*, em´-in-ent, *adj* eminente
emissary, em´-is-a-ri, *n* emissario *m*
emit, i-mit´, *v* emettere
emotion, i-mou´-shon, *n* emozione *f*
emotional, i-mou´-shon-l, *adj* emotivo; commovente
emperor, em´-pe-ra, *n* imperatore *m*
emphasis, em´-fa-sis, *n* enfasi *f*
emphasize, em´-fa-sais, *v* accentuare; sottolineare
emphatic, im-fat´-ik, *adj* enfatico
empire, im´-per, *n* impero *m*
employ, im-ploi´, *v* impiegare

employee, im-ploi´-ii, *n* dipendente *m/f*
employer, im-ploi´-a, *n* datore di lavoro *m*
employment, im-ploi´-ment, *n* impiego *m*
empower, im-pau´-a, *v* autorizzare
empress, em´-pris, *n* imperatrice *f*
empty, emp´-ti, *adj* vuoto
emulate, em´-iu-leit, *v* emulare
enable, in-ei´-bl, *v* permettere
enact, in-akt´, *v* promulgare; (theatre) rappresentare
enamel, in-am´-l, *n* smalto *m*; *v* smaltare
enamoured, in-am´-ed, *adj* innamorato
encamp, in-kamp´, *v* accamparsi
enchant, in-chaant´, *v* incantare
enchantment, in-chaant´-ment, *n* incanto *m*
encircle, in-ser´-kl, *v* circondare
enclose, in-klous´, *v* allegare
enclosure, in-klou´-sha, *n* (letter) allegato *m*; (fence) recinto *m*
encompass, in-kŏm´-pas, *v* comprendere
encore, ong-koor´, *interj* bis!
encounter, in-kaun´-ta, *n* incontro *m*; *v* incontrare
encourage, in-kŏ'-rich, *v* incoraggiare
encroachment, in-krouch´-ment, *n* violazione *f*
encumber, in-kŏm´-ba, *v* ingombrare; (property) gravare
encumbrance, in-kŏm´-brans, *n* (burden) peso *m*
encyclopædia, in-sai-klo-pii´-di-a, *n* enciclopedia *f*
end, end, *n* fine *f*; (aim) fine *m*; *v* finire
endanger, in-dein´-cha, *v* mettere in pericolo
endear, in-dir´, *v* render caro
endearment, in-dir´-ment, *n* tenerezza *f*
endeavour, in-dev´-a, *n* sforzo *m*; *v* sforzarsi
endive, en´-div, *n* indivia *f*
endless*, end´-lis, *adj* senza fine; infinito
endorse, in-doors´, *v* girare; (approve) appoggiare
endorsement, in-doors´-ment, *n* girata *f*; (approval) appoggio *m*
endow, in-dau´, *v* dotare
endurance, in-diur´-rans, *n* tolleranza *f*
endure, in-diur´, *v* sopportare
enema, en´-i-ma, *n* clistere *m*
enemy, en´-i-mi, *n* nemico *m*
energetic, en-e-chet´-ik, *adj* energico
energy, en´-e-chi, *n* energia *f*
enervate, en´-e-veit, *v* snervare
enforce, in-fors´, *v* rafforzare; far rispettare
engage, in-gheich´, *v* occupare; (employ) assumere; (reserve) riservare; (enemy) attaccare; (bind) impegnarsi
engaged, in-gheichd´, *adj* occupato; fidanzato
engagement, in-gheich´-ment, *n* impegno *m*; fidanzamento *m*
engaging, in-ghei´-ching, *adj* attraente
engender, in-chen´-da, *v* generare
engine, en´-chin, *n* motore *m*; locomotiva *f*
engineer, en-chi-nir´, *n* ingegnere *m*; tecnico *m*
engineering, en-chi-nir´-ring, *n* ingegneria *f*
England, ing´-ghland, *n* Inghilterra *f*

English, ing´-ghlish, *adj* inglese; *n* (language) inglese *m*
engrave, in-greiv´, *v* intagliare
engrossed, in-grousd´, *adj* assorto
engulf, in-gŏlf´, *v* inghiottire
enhance, in-haans´, *v* aumentare; far risaltare
enjoy, in-choi´, *v* (like) godere; – **oneself,** divertirsi
enjoyment, in-choi´-ment, *n* piacere *m*
enlarge, in-laarch´, *v* ingrandire
enlargement, in-laarch´-ment, *n* ingrandimento *m*
enlighten, in-lai´-tn, *v* illuminare, dare chiarimenti
enlist, in-list´, *v* arruolare
enliven, in-lai´-ven, *v* rallegrare
enmity, en´-mi-ti, *n* inimicizia *f*
ennoble, i-nou´-bl, *v* nobilitare
enormous*, i-noor´-mos, *adj* enorme
enough, i-nŏf´, *adv* abbastanza
enquire, in-kuair´, (see **inquire**)
enrage, in-reich´, *v* far arrabbiare
enrapture, in-rap´-cha, *v* estasiare
enrich, in-rich´, *v* arricchire
enrol, in-roul´, *v* iscrivere; iscriversi
ensign, en´-sain, *n* bandiera *f*; insegna *f*
enslave, in-sleiv´, *v* rendere schiavo
ensnare, in-sner´, *v* prendere in trappola
ensue, in-siuu´, *v* derivare
entail, in-teil´, *v* comportare
entangle, in-tang´-gl, *v* impigliare
enter, en´-ta, *v* entrare; partecipare a
enterprise, en´-te-prais, *n* impresa *f*
entertain, en-te-tein´, *v* intrattenere; considerare
entertainment, en-te-tein´-ment, *n* spettacolo *m*; trattenimento *m*
enthusiasm, in-Ziuu´-si-asm, *n* entusiasmo *m*
entice, in-tais´, *v* allettare
entire*, in-tair´, *adj* intero
entitle, in-tai´-tl, *v* dar diritto a; intitolare
entrance, en´-trans, *n* entrata *f*; ingresso *m*
entrance, in-traans´, *v* incantare
entreat, in-triit´, *v* supplicare
entrench, in-trench´, *v* trincerarsi
entrepreneur, on-tre-pre-ner´, *n* imprenditore *m*
entrust, in-trŏst´, *v* affidare
entry, en´-tri, *n* ingresso *m*; (record) registrazione *f*
entwine, in-tuain´, *v* intrecciare
enumerate, i-niuu´-me-reit, *v* enumerare
envelop, in-vel´-op, *v* avvolgere
envelope, en´-ve-loup, *n* busta *f*
envious*, en´-vi-os, *adj* invidioso
environment, in-vair´-ron-ment, *n* ambiente *m*
environs, in-vair´-rons, *npl* dintorni *mpl*
envoy, en´-voi, *n* inviato *m*
envy, en´-vi, *n* invidia *f*; *v* invidiare
epidemic, ep-i-dem´-ik, *n* epidemia *f*
epilepsy, ep´-i-lep-si, *n* epilessia *f*
episode, ep´-i-soud, *n* episodio *m*
epoch, ii´-pok, *n* epoca *f*
equal, ii´-kual, *adj** uguale; *n* pari *m/f*; *v* uguagliare

equality, i-kuol´-i-ti, *n* uguaglianza *f*
equalize, ii´-ku*a*-lais, *v* pareggiare
equator, i-kuei´-*ta*, *n* equatore *m*
equilibrium, ii-kui-lib´-ri-*um*, *n* equilibrio *m*
equip, i-kuip´, *v* equipaggiare; attrezzare
equitable, ek´-ui-*ta*-bl, *adj* (just) giusto; (fair) equo
equity, ek´-ui-ti, *n* equità *f*
equivalent, i-kui´-*va*-lent, *adj* equivalente
era, ir´-*ra*, *n* era *f*
eradicate, i-rad´-i-keit, *v* sradicare
erase, i-reis´, *v* cancellare
eraser, i-reis´-*a*, *n* gomma da cancellare *f*
erect, i-rekt´, *v* erigere; *adj* eretto
ermine, *er´*-min, *n* ermellino *m*
erode, i´-roud, *v* erodere
erotic, i´-ro-tik, *adj* erotico
err, *er*, *v* errare
errand, e´-rand, *n* commissione *f*
erratic, i-rat´-ik, *adj* imprevedibile
erroneous*, i-rou´-ni-*os*, *adj* erroneo
error, e´-*ra*, *n* errore *m*
eruption, i-rŏp´-shon, *n* eruzione *f*
escalate, es´-*ka*-leit, *v* intensificarsi
escalator, es-*ka*-lei´-*ta*, *n* scala mobile *f*
escape, is-keip´, *v* scampare; *n* fuga *f*
escort, es´-koort, *n* scorta *f*
escort, is-koort´, *v* scortare
especially, is-pesh´-*al*-i, *adv* specialmente
espionage, es´-pio-naash, *n* spionaggio *m*
essay, es´-ei, *n* saggio *m*
essence, es´-*ens*, *n* essenza *f*
essential*, i-sen´-sh*al*, *adj* essenziale
establish, is-tab´-lish, *v* fondare; stabilire
establishment, is-tab´-lish-ment, *n* istituzione *f*
estate, is-teit´, *n* proprietà *f*; (housing) complesso edilizio *m*
estate agency, is-teit' ei´-chen-si, *n* agenzia immobiliare *f*
esteem, is-tiim´, *n* stima *f*; *v* stimare
estimate, es´-ti-m*at*, *n* stima *f*; preventivo *m*
estimate, es´-ti-meit, *v* stimare
estranged, is-treinchd´, *adj* separato
etching, ech´-ing, *n* acquaforte *f*
eternal*, i-*ter´*-nal, *adj* eterno
eternity, i-*ter´*-ni-ti, *n* eternità *f*
ether, ii´-Z*a*, *n* etere *m*
ethical, eZ´-i-k*al*, *adj* etico
ethics, eZ´-iks, *n* etica *f*; *npl* morale *f*
Europe, iuur´-rop, *n* Europa *f*
European, iuur-ro-pii´-*an*, *adj* europeo
evacuate, i-vak´-iu-eit, *v* evacuare
evade, i-veid´, *v* evadere
evaporate, i-vap´-*o*-reit, *v* evaporare
evasive*, i-vei´-siv, *adj* evasivo
eve, iiv, *n* vigilia *f*
even, ii´-ven, *adj* regolare; costante; (numbers) pari; *adv* perfino; anche
evening, iiv´-ning, *n* sera *f*
event, i-vent´, *n* avvenimento *m*
eventful, i-vent´-ful, *adj* pieno di avvenimenti, movimentato
eventually, i-ven´-tiu-*al*-i, *adv* finalmente
ever, ev´-*a*, *adv* sempre; (at any time) mai
everlasting*, ev-*e*-laas´-ting, *adj* eterno
evermore, ev´-*e*-moor, *adv* sempre
every, ev´-ri, *adj* ogni;

tutti, tutte
everybody, ev´-ri-bod-i, *pron* ognuno; tutti, tutte
everyone, ev´-ri-uŏn, *pron* ognuno; tutti, tutte
everything, ev´-ri-Zing, *pron* tutto, ogni cosa
everywhere, ev´-ri-uer, *adv* dappertutto
evict, i-vikt´, *v* sfrattare
eviction, i-vik´-shon, *n* sfratto *m*
evidence, ev´-i-dens, *n* (proof) prova *f*; (testimony) testimonianza *f*
evident*, ev´-i-dent, *adj* evidente
evil, ii´-vil, *n* male *m*; *adj* malvagio
evince, i-vins´, *v* manifestare
evoke, i-vouk´, *v* evocare
evolution, ii-vo-luu´-shon, *n* evoluzione *f*
evolve, i-volv´, *v* evolversi
ewe, iuu, *n* pecora *f*
exact, igh-sakt´, *adj** esatto; *v* esigere
exacting, igh-sak´-ting, *adj* esigente
exaggerate, igh-sach´-e-reit, *v* esagerare
exaggeration, igh-sach-e-rei´-shon, *n* esagerazione *f*
exalt, igh-soolt´, *v* esaltare
examination, igh-sam-i-nei´-shon, *n* esame *m*; (search) ispezione *f*; (legal) interrogatorio *m*
examine, igh-sam´-in, *v* esaminare; interrogare
example, igh-saam´-pl, *n* esempio *m*
exasperate, igh-saas´-pe-reit, *v* esasperare
excavate, eks´-ka-veit, *v* scavare
exceed, ik-siid´, *v* superare
exceedingly, ik-sii´-ding-li, *adv* straordinariamente
excel, ik-sel´, *v* eccellere
excellent*, ek´-se-lent, *adj* eccellente
except, ik´-sept, *prep* eccetto; *v* eccettuare
exception, ik-sep´-shon, *n* eccezione *f*; **take –,** *v* obiettare
exceptional*, ik-sep´-shon-al, *adj* eccezionale
excerpt, ek´-serpt, *n* estratto *m*; brano *m*
excess, ik-ses´, *n* eccesso *m*
excessive*, ik-ses´-iv, *adj* eccessivo
exchange, iks-cheinch´, *n* cambio *m*; (telephone) centralino *m*
exchequer, iks-chek´-a, *n* ministero delle finanze *m*
excise, ek´-sais, *n* dazio *m*
excitable, ik-sait´-a-bl, *adj* eccitabile
excite, ik-sait´, *v* eccitare
excitement, ik-sait´-ment, *n* eccitazione *f*
exciting, ik-sai´-ting, *adj* eccitante
exclaim, iks-kleim´, *v* esclamare
exclamation, eks-kla-mei´-shon, *n* esclamazione *f*
exclamation mark, eks-kla-mei´-shon maark, *n* punto esclamativo *m*
exclude, iks-kluud´, *v* escludere
exclusive*, iks-kluu´-siv, *adj* esclusivo
excruciating, iks-kruu´-shi-ei-ting, *adj* atroce
exculpate, eks´-kŏl-peit, *v* scagionare
excursion, iks-ker´-shon, *n* gita *f*
excuse, iks-kiuus´, *v* scusare; *n* scusa *f*
execute, ek´-si-kiuut, *v* (perform) eseguire; (put to death) giustiziare
executioner, ek-si-kiuu´-shon-a, *n* boia *m*
exempt, igh-sempt´, *v* esentare; *adj* esentato
exemption, igh-semp´-shon, *n* esenzione *f*
exercise, eks´-e-sais, *n* esercizio *m*; moto *m*; *v*

esercitarsi; fare del moto
exert, igh-*sert´*, *v* sforzarsi
exertion, igh-*ser´*-shon, *n* sforzo *m*
exhale, eks-heil´, *v* espirare
exhaust, igh-*soost´*, *v* esaurire; *n* (tubo di) scappamento *m*
exhaustive*, igh-*soost´*-iv, *adj* esauriente
exhibit, igh-*sib´*-it, *n* oggetto esposto *m*; *law* reperto *m*; *v* mostrare; esporre
exhibition, eks-i-bish´-*on*, *n* esposizione *f*; mostra *f*
exhilarating, igh-*sil´-a*-rei-ting, *adj* tonificante
exhort, igh-*soort´*, *v* esortare
exile, ek´-sail, *n* esilio *m*; (person) esule *m*; *v* esiliare
exist, igh-*sist´*, *v* esistere
existence, igh-*sis´*-tens, *n* esistenza *f*
exit, ek´-sit, *n* uscita *f*; *v* uscire
exodus, ek´-*so*-d*us*, *n* esodo *m*
exonerate, igh-son´-*e*-reit, *v* discolpare
exorbitant*, igh-*soor´*-bi-tant, *adj* esorbitante
exotic, igh-*sot´*-ik, *adj* esotico
expand, iks-pand´, *v* espandere; ampliare
expansion, iks-pan´-shon, *n* espansione *f*
expect, iks-pekt´, *v* aspettare; (believe) supporre
expectation, eks-pek-tei´-shon, *n* aspettativa *f*
expectorate, iks-pek´-*to*-reit, *v* espettorare
expedient, iks-pii´-di-*ent*, *n* espediente *m*
expedite, eks´-pi-dait, *v* affrettare, accelerare
expedition, eks-pi-di´-shon, *n* spedizione *f*
expel, iks-pel´, *v* espellere
expend, iks´-pend, *v* spendere; (use up) consumare
expenditure, iks-pen´-di-ch*a*, *n* spesa *f*
expense, iks-pens´, *n* spesa *f*
expensive*, iks-pen´-siv, *adj* costoso
experience, iks-pi*r´*-ri-*ens*, *n* esperienza *f*; *v* provare
experiment, iks-pe´-ri-ment, *n* esperimento *m*; *v* sperimentare
expert, eks-*pert´*, *n* perito *m*, esperto *m*; *adj* esperto
expire, iks-pai*r´*, *v* (time) scadere; (to die) spirare
explain, iks-plein´, *v* spiegare
explanation, eks-pl*a*-nei´-shon, *n* spiegazione *f*
explicit*, iks-plis´-it, *adj* esplicito
explode, iks-ploud´, *v* esplodere
exploit, eks-ploit´, *n* impresa *f*; *v* sfruttare
explore, iks-plo*or´*, *v* esplorare
explosion, iks-plou´-sh*on*, *n* esplosione *f*
explosive, iks-plou´-*siv*, *adj* esplosivo; *n* esplosivo *m*
export, iks-poo*rt´*, *v* esportare
export, eks´-poo*rt*, *n* esportazione *f*
expose, iks-pou*s´*, *v* esporre; (disclose) smascherare
exposure, iks-pou´-sh*a*, *n* esposizione *f*; assideramento *m*
expound, iks-paund´, *v* spiegare
express, iks-pres´, *n* espresso *m*; *adj** espresso
expression, iks-presh´-*on*, *n* espressione *f*
expulsion, iks-pŏl´-shon, *n* espulsione *f*
exquisite*, iks-kui´-sit, *adj* squisito
extend, iks-tend´, *v* prorogare; estendere; ampliare
extension, iks-ten´-shon,

n (contract) proroga *f*; (wire) prolunga *f*; (telephone) interno *m*

extensive*, iks-ten´-siv, *adj* vasto

extent, iks-tent´, *n* estensione *f*

extenuating, iks-ten´-iu-ei-ting, *adj* attenuante

exterior, iks-tii*r*´-ri-*a*, *n* esteriore *m*, esterno *m*; *adj** esterno, esteriore

exterminate, iks-te*r*´-mi-neit, *v* sterminare

external, iks-te*r*´-na*l*, *adj* esterno

extinct, iks-tingkt´, *adj* estinto

extinguish, iks-ting´-guish, *v* estinguere; spegnere

extort, iks-too*r*t´, *v* estorcere; strappare

extortion, iks-too*r*´-shon, *n* estorsione *f*

extra, eks´-tr*a*, *n* extra *m*; *adj* extra

extract, iks-trakt´, *v* estrarre

extract, eks´-trakt, *n* estratto *m*; brano *m*

extraordinary, iks-troo*r*´-di-n*a*-ri, *adj* straordinario

extravagant*, iks-trav´-*a*-g*a*nt, *adj* stravagante; costoso; (exaggerated) esagerato

extreme*, iks-triim´, *adj* estremo

extrovert, eks´-tro-ve*r*t, *n* estroverso *m*

eye, ai, *n* occhio *m*

eyeball, ai´-bool, *n* bulbo oculare *m*

eyebrow, ai´-brau, *n* sopracciglio *m*

eyelash, ai´-lash, *n* ciglio *m*

eyelet, ai´-lit, *n* occhiello *m*

eyelid, ai´-lid, *n* palpebra *f*

eyesight, ai´-sait, *n* vista *f*

eyewitness, ai´-uit´-nis, *n* testimone oculare *m/f*

fable, fei´-bl, *n* favola *f*
fabric, fab´-rik, *n* tessuto *m*, stoffa *f*
fabrication, fab-ri-kei´-shon, *n* fabbricazione *f*
fabulous*, fab´-iu-los, *adj* favoloso
facade, fa-saad´, *n* facciata *f*
face, feis, *n* faccia *f*; (clock) quadrante *m*; *v* affrontare
facetious*, fa-sii´-shos, *adj* faceto
facilitate, fa-sil´-i-teit, *v* facilitare
facilities, fa-sil´-i-tis, *npl* attrezzature *fpl*; agevolazioni *fpl*
facsimile, fak-sim´-i-li, *n* facsimile *m*
fact, fakt, *n* fatto *m*
factory, fak´-to-ri, *n* fabbrica *f*
faculty, fak´-ul-ti, *n* facoltà *f*
fade, feid, *v* affievolirsi; (colour) scolorire
fail, feil, *v* (omit) mancare; (miscarry) fallire; (exam) essere respinto; **without –,** certamente
failure, feil´-ia, *n* fallimento *m*; fiasco *m*
faint, feint, *v* svenire; *adj** debole; vago; *n* svenimento *m*
fair, fer, *n* fiera *f*; *adj** bello; (just) giusto; (hair) biondo
fairness, fer´-nis, *n* bellezza *f*; giustizia *f*
fairy, fer´-ri, *n* fata *f*
fairy tale, fer´-ri-teil, *n* favola *f*
faith, feiZ, *n* fede *f*
faithful*, feiZ´-ful, *adj* fedele
faithless, feiZ´-lis, *adj* infedele
falcon, fool´-kn, *n* falco *m*
fall, fool, *n* caduta *f*; *v* cadere
false*, fols, *adj* falso
falsehood, fols´-hud, *n* falsità *f*
falsification, fol-si-fi-kei´-shon, *n* falsificazione *f*
falsify, fol´-si-fai, *v* falsificare
falter, fol´-ta, *v* esitare
fame, feim, *n* fama *f*
famed, feimd, *adj* famoso
familiar*, fa-mil´-ia, *adj* familiare
family, fam´-i-li, *n* famiglia *f*
famine, fam´-in, *n* carestia *f*
famished, fam´-isht, *adj* affamato
famous*, fei´-mos, *adj* famoso
fan, fan, *n* ventaglio *m*; ventilatore *m*; fan *m/f*; *v* sventolare
fanatic, fa-nat´-ik, *n* fanatico *m*; *adj* fanatico
fancy, fan´-si, *n* fantasia *f*; (desire) capriccio *m*; *v* immaginare; avere

voglia di
fancy dress, fan´-si dres, *n* costume *m*, maschera *f*
fang, fang, *n* zanna *f*; (snake) dente *m*
fantastic, fan-tas´-tik, *adj* fantastico
fantasy, fan´-ta-si, *n* fantasia *f*
far, faar, *adj* & *adv* lontano
farce, faars, *n* farsa *f*
fare, fer, *n* (bus, train) tariffa *f*; (taxi) prezzo della corsa *m*
farewell, fer-uel´, *interj* addio!
farm, faarm, *n* fattoria *f*; *v* coltivare
farmer, faar´-ma, *n* agricoltore *m*
farther, faar´-Da, *adv* più lontano
fascinate, fas´-i-neit, *v* affascinare
fashion, fash´-on, *n* moda *f*; *v* foggiare; **out of –,** fuorimoda
fashionable, fash´-on-a-bl, *adj* di moda; alla moda
fast, faast, *adj* rapido; (firm, fixed, tight) saldo; (colour) resistente; *n* digiuno *m*; *v* digiunare
fasten, faas´-n, *v* abbottonare; fissare; (close) chiudere
fast food, faast´-fuud, *n* fast food *m*
fastidious*, fas-tid´-i-os, *adj* schizzinoso
fat, fat, *n* grasso *m*; *adj* grasso
fatal*, fei´-tl, *adj* fatale
fatality, fa-tal´-i-ti, *n* fatalità *f*
fate, feit, *n* fato *m*
fated, fei´-tid, *adj* destinato
father, faa´-Da, *n* padre *m*
father-in-law, faa´-De-rin-loo, *n* suocero *m*
fatherly, faa´-De-li, *adj* paterno
fathom, faD´-om, *v* sondare
fatigue, fa-tiigh´, *n* stanchezza *f*; *v* affaticare
fatten, fat´-n, *v* ingrassare
fault, foolt, *n* difetto *m*; colpa *f*; (tennis) fallo *m*
faultless*, folt´-lis, *adj* senza difetto
faulty, fol´-ti, *adj* difettoso
favour, fei´-va, *n* favore *m*; *v* favorire
favourable, fei´-vo-ra-bl, *adj* favorevole
favourite, fei´-vo-rit, *n* favorito *m*; *adj* favorito
fawn, foon, *n* daino *m*; *adj* fulvo
fax, faks, *n* fax *m*; *v* faxare
fear, fir, *n* paura *f*; *v* temere
fearful*, fir´-ful, *adj* terribile
fearless*, fir´-lis, *adj* intrepido
feasible, fii´-si-bl, *adj* fattibile
feast, fiist, *n* banchetto *m*; *v* festeggiare
feat, fiit, *n* impresa *f*
feather, feD´-a, *n* penna *f*; piuma *f*
feature, fii´-cha, *n* caratteristica *f*; *v* figurare; avere come protagonista
features, fii´-chus, *npl* (face) lineamenti *mpl*
February, feb´-ru-a-ri, *n* febbraio *m*
federal, fed´-e-ral, *adj* federale
federation, fed-e-rei´-shon, *n* federazione *f*
fed up, fed-ŏp´, *adj* stufo
fee, fii, *n* onorario *m*; (school) tassa scolastica *f*; (club) quota d'iscrizione *f*
feeble, fii´-bl, *adj* debole
feed, fiid, *v* nutrire; *n* mangime *m*
feel, fiil, *v* sentire; (touch) tastare; *n* tatto *m*
feeler, fii´-la, *n* (insects) antenna *f*
feeling, fii´-ling, *n* sentimento *m*
feign, fein, *v* fingere
feint, feint, *n* finta *f*

fell, fel, *v* abbattere
fellow, fel´-ou, *n* membro *m*; *fam* tipo *m*
fellowship, fel´-ou-ship, *n* associazione *f*
felony, fel´-o-ni, *n* crimine *m*
felt, felt, *n* feltro *m*
female, fii´-meil, *adj* femminile; *n* femmina *f*
feminine, fem´-i-nin, *adj* femminile
feminist, fem´-i-nist, *n* femminista *f*
fence, fens, *n* steccato *m*; *v* recingere; tirare di scherma
fencing, fen´-sing, *n* scherma *f*
ferment, fe-ment´, *v* fermentare
fern, fern, *n* felce *f*
ferocious*, fi-rou´-shos, *adj* feroce
ferret, fe´-rit, *n* furetto *m*
ferry, fe´-ri, *n* traghetto *m*; *v* traghettare
fertile, fer´-tail, *adj* fertile
fertilize, fer´-ti-lais, *v* fertilizzare
fervent*, fer´-vent, *adj* fervido
fester, fes´-ta, *v* suppurare
festival, fes´-ti-vl, *n* festa *f*; festival *m*
festive, fes´-tiv, *adj* festivo
festoon, fes-tuun´, *v* inghirlandare
fetch, fech, *v* portare; (call for) andare a cercare
fetter, fet´-a, *v* incatenare
fetters, fet'es, *npl* catene *fpl*
feud, fiuud, *n* faida *f*
feudal, fiuu´-dl, *adj* feudale
fever, fii´-va, *n* febbre *f*
feverish, fii´-ve-rish, *adj* febbricitante
few, fiuu, *adj* pochi; **a –,** alcuni, alcune
fibre, fai´-ba, *n* fibra *f*
fickle, fik´-l, *adj* incostante
fiction, fik´-shon, *n* finzione *f*; narrativa *f*
fictitious*, fik-ti´-shos, *adj* fittizio
fidelity, fi-del´-i-ti, *n* fedeltà *f*
fidget, fich´-it, *v* agitarsi
fidgety, fich´-it-i, *adj* irrequieto
field, fiild, *n* campo *m*
flendish, fiin´-dish, *adj* diabolico
fierce, firs, *adj* feroce
fiery, fair´-ri, *adj* ardente; (temper) focoso
fifteen, fif-tiin´, *adj* quindici
fifteenth, fif-tiinZ´, *adj* quindicesimo; (date) quindici
fifth, fifZ, *adj* quinto
fiftieth, fif´-ti-eZ, *adj* cinquantesimo
fifty, fif´-ti, *adj* cinquanta
fig, figh, *n* fico *m*
fight, fait, *n* lotta *f*; combattimento *m*; *v* lottare contro; combattere
figure, fi´-ga, *n* figura *f*; (number) cifra *f*; *v* figurare
filch, filch, *v* sgraffignare
file, fail, *n* (tool) lima *f*; *mil* fila *f*; (office) dossier *m*; *comp* file *m*; *v* limare; (letters etc.) classificare
filigree, fil´-i-grii, *n* filigrana *f*
fill, fil, *v* riempire; (teeth) otturare
fillet, fil´-it, *n* filetto *m*
filly, fil´-i, *n* puledra *f*
film, film, *v* filmare; *n* pellicola *f*; film *m*
filter, fil´-ta, *n* filtro *m*; *v* filtrare
filth, filZ, *n* sporcizia *f*
filthy, fil´-Zi, *adj* sporco
fin, fin, *n* pinna *f*
final*, fai´-nal, *adj* decisivo; (last) finale
finalize, fai´-nal-ais, *v* mettere a punto
finance, fi-nans´, *v* finanziare
finance, fai´-nans, *n* finanza *f*
financial, fi-nan´-shal, *adj* finanziario

finch, finch, *n* fringuello *m*
find, faind, *v* trovare; ritrovare; *n* trovata *f*; scoperta *f*
fine, fain, *n* ammenda *f*; multa *f*; *adj** bello; fino; *v* multare
finger, fing´-ga, *n* dito *m*; *v* toccare
finish, fin´-ish, *v* finire; (cease) terminare; *n* fine *f*; (goods) finitura *f*
fir, fer, *n* abete *m*
fir cone, fer´-koun, *n* pigna *f*
fire, fair, *v* sparare; *n* fuoco *m*; incendio *m*
fire alarm, fair´-ra-laarm, *n* allarme antincendio *m*
fire brigade, fair´-brigheid, *n* (corpo dei) vigili del fuoco *mpl*, pompieri *mpl*
fire engine, fair´-ren-chin, *n* autopompa *f*
fire escape, fair´-ris-keip, *n* scala di sicurezza *f*
fire exit, fair´-rek-sit, *n* uscita di sicurezza *f*
firefly, fair´-flai, *n* lucciola *f*
fireman, fair´-man, *n* pompiere *m*
fireplace, fair´-pleis, *n* caminetto *m*
fireproof, fair´-pruuf, *adj* resistente al fuoco
fireworks, fair´-uerks, *npl* fuochi d'artificio *mpl*
firm, ferm, *n* ditta *f*, azienda *f*; *adj* fermo, risoluto
first, ferst, *adj* primo; *adv* prima; per prima cosa
first aid, ferst-eid´, *n* pronto soccorso *m*
fish, fish, *n* pesce *m*; *v* pescare
fishbone, fish´-boun, *n* lisca *f*, spina di pesce *f*
fisherman, fish´-e-man, *n* pescatore *m*
fishing, fish´-ing, *n* pesca *f*
fishing rod, fish´-ing rod, *n* canna da pesca *f*
fishmonger, fish´-mŏng-ga, *n* pescivendolo *m*
fist, fist, *n* pugno *m*
fistula, fis´-tiu-la, *n* fistola *f*
fit, fit, *n* attacco *m*; convulsione *f*; *adj* adatto; *v* andare bene; (clothes) stare bene
fittings, fit´-ings, *npl* accessori *mpl*
five, faiv, *adj* cinque
fix, fiks, *v* fissare; riparare; preparare; *n fig* pasticcio *m*
fixture, fiks´-cha, *n* infisso *m*
fizzy, fi´-si, *adj* frizzante
flabby, flab´-i, *adj* flaccido
flag, flagh, *n* bandiera *f*
flagon, flagh´-on, *n* fiasco *m*
flagpole, flagh´-poul, *n* pennone *m*
flagship, flagh´-ship, *n* nave ammiraglia *f*
flagrant*, flei´-grant, *adj* flagrante
flake, fleik, *n* scaglia *f*; (snow) fiocco *m*
flaky, flei´-ki, *adj* squamoso
flame, fleim, *n* fiamma *f*
flaming, flei´-ming, *adj* fiammeggiante
flank, flangk, *n* fianco *m*; *v* fiancheggiare
flannel, flan´-l, *n* flanella *f*
flap, flap, *n* (table etc.) ribalta *f*; (pocket) falda *f*; *v* (wings) battere le ali
flare, fler, *n* bagliore *m*; *v* fiammeggiare
flash, flash, *v* lampeggiare; *n* lampo *m*
flashlight, flash´-lait, *n* torcia tascabile *f*
flashy, flash´-i, *adj* vistoso
flask, flaask, *n* fiaschetta *f*
flat, flat, *adj** piatto, piano; (market) debole; (drink) sgassato; *n* appartamento *m*; (music) bemolle *m*
flatten, flat´-n, *v* appiattire; livellare
flatter, flat´-a, *v* lusingare
flattering, flat´-e-ring, *adj*

lusinghiero
flattery, flat´-e-ri, *n* lusinghe *fpl*
flavour, flei´-va, *v* condire; *n* sapore *m*; gusto *m*
flaw, floo, *n* difetto *m*
flax, flaks, *n* lino *m*
flea, flii, *n* pulce *f*
flee, flii, *v* fuggire
fleece, fliis, *n* vello *m*; *v fig* spogliare
fleet, fliit, *n* flotta *f*
flesh, flesh, *n* carne *f*
flexible, flek´-si-bl, *adj* flessibile
flicker, flik´-a, *n* tremolio *m*; *v* tremolare
flight, flait, *n* volo *m*; fuga *f*; (stairs) scalinata *f*
flimsy, flim´-si, *adj* leggero
flinch, flinch, *v* trasalire
fling, fling, *v* scagliare
flint, flint, *n* selce *f*; (fire) pietra focaia *f*
flippant*, flip´-ant, *adj* petulante; irriverente
flirt, flert, *n* civetta *f*; *v* civettare
float, flout, *n* galleggiante *m*; (procession) carro *m*; *v* (ship) galleggiare; (a company) lanciare
flock, flok, *n* (cattle) gregge *m*; (birds) stormo *m*; *v* adunarsi
flog, flogh, *v* sferzare, frustare
flood, flŏd, *n* inondazione *f*; *v* inondare
floor, floor, *n* pavimento *m*; (storey) piano *m*; *v* atterrare
floppy disk, flo´-pi disk, *n* floppy disk *m*
florid*, flo´-rid, *adj* florido
florist, flo´-rist, *n* fiorista *m/f*
floss, flos, *n* (dental) filo interdentale *m*; *v* usare il filo interdentale
flour, flau'-a, *n* farina *f*
flourish, flŏ'-rish, *n* (pen) svolazzo *m*; *v* fiorire; prosperare
flout, flaut, *v* beffarsi di
flow, flou, *n* corrente *f*; circolazione *f*; flusso *m*; *v* scorrere
flower, flau´-a, *n* fiore *m*; *v* fiorire
flu, fluu, *n* influenza *f*
fluctuate, flŏk´-tiu-eit, *v* fluttuare
fluency, fluu´-en-si, *n* scioltezza *f*
fluent*, fluu´-ent, *adj* corrente
fluffy, flŏf´-i, *adj* lanuginoso; (toy) di peluche; (jumper) morbido e peloso
fluid, fluu´-id, *n* fluido *m*; *adj* fluido
fluke, fluuk, *n* (chance) colpo di fortuna *m*
flurry, flŏ'-ri, *n* trambusto *m*
flush, flŏsh, *n* rossore *m*; *v* arrossire; tirare lo sciacquone; *adj* a livello di
fluster, flŏs´-ta, *n* agitazione *f*; *v* agitarsi
flute, fluut, *n* flauto *m*
flutter, flŏt´-a, *n* battito *m*; *v* palpitare; battere le ali
fly, flai, *v* volare; (aircraft) pilotare; (flag) sventolare; *n* mosca *f*
foal, foul, *n* puledro *m*
foam, foum, *n* schiuma *f*; (rubber) gommapiuma *f*; *v* schiumare
focus, fou´-kus, *n* fuoco *m*; *v* (optics) centrare; (camera) mettere a fuoco
fodder, fod´-a, *n* foraggio *m*
foe, fou, *n* nemico *m*
fog, fogh, *n* nebbia *f*
foggy, fo´-ghi, *adj* nebbioso
foil, foil, *n* lamina di metallo *f*; (kitchen) carta stagnola *f*; (fencing) fioretto *m*; *v* sventare
foist, foist, *v* spacciare
fold, fould, *n* piega *f*; ovile *m*; *v* piegare; (arms) incrociare

foliage, fou´-li-ich, *n* fogliame *m*
folk, fouk, *n* gente *f*
follow, fol´-ou, *v* seguire
follower, fol´-ou-*a*, *n* seguace *m*; discepolo *m*
folly, fol´-i, *n* follia *f*
fond*, fond, *adj* affettuoso; **to be – of,** *v* amare
fondle, fon´-dl, *v* carezzare
fondness, fond´-nis, *n* affetto *m*
font, font, *n* fonte *f*
food, fuud, *n* cibo *m*; (plants) fertilizzante *m*
food processor, fuud prou´-ses-*a*, *n* robot da cucina *m*
fool, fuul, *n* sciocco *m*; *v* ingannare
foolhardy, fuul´-haar-di, *adj* avventato
foolish*, fuul´-ish, *adj* sciocco
foot, fut, *n* piede *m*
football, fut´-bool, *n* pallone *m*; (game) calcio *m*
footballer, fut´-bool-*a*, *n* calciatore *m*
footpath, fut´-paaZ, *n* sentiero *m*; (pavement) marciapiede *m*
footprint, fut´-print, *n* orma *f*, impronta *f*
footstep, fut´-step, *n* passo *m*
footstool, fut´-stuul, *n* poggiapiedi *m*
for, foor, *prep* per; *conj* poiché
forage, fo´-rich, *v* andare in cerca di
forbear, fo-ber´, *v* astenersi
forbearance, fo-ber´-rans, *n* tolleranza *f*
forbearing, fo-ber´-ring, *adj* tollerante
forbid, fo-bid´, *v* proibire, vietare
force, foors, *n* forza *f*; violenza *f*; *v* forzare
forceful, foors´-ful, *adj* forte
forceps, foor´-seps, *npl* forcipe *m*
forcible, foor´-si-bl, *adj* vigoroso
ford, foord, *n* guado *m*; *v* guadare
fore, foor, *adj* anteriore; *n* davanti *m*
forearm, foor´-raarm, *n* avambraccio *m*
forebode, fo-boud´, *v* presagire
foreboding, fo-bou´-ding, *n* presagio *m*
forecast, foor´-kaast, *v* prevedere; *n* previsione *f*
foreclose, fo-klous´, *v* pignorare
forefathers, foor´-faa-Des, *npl* antenati *mpl*
forefinger, foor´-fing-ga, *n* indice *m*
forego, fo-gou´, *v* rinunciare a
foregoing, foor´-gou-ing, *adj* precedente
foregone, foor´-gon, *adj* scontato
foreground, foor´-graund, *n* primo piano *m*
forehead, foor´-hed, *n* fronte *f*
foreign, fo´-rin, *adj* straniero
foreigner, fo´-ti-na, *n* straniero *m*
foreman, foor´-man, *n* caposquadra *m*
foremost, foor´-moust, *adj* principale
forerunner, foor-rŏn´-*a*, *n* precursore *m*
foresee, fo-sii´, *v* prevedere
foresight, foor´-sait, *n* previdenza *f*
forest, fo´-rist, *n* foresta *f*
forestall, fo-stool´, *v* prevenire
forester, fo´-ris-ta, *n* guardia forestale *f*
foretaste, foor´-teist, *n* pregustazione *f*
foretell, fo-tel´, *v* predire
forethought, foor´-Zoot, *n* previdenza *f*
forewarn, fo-uoorn´, *v* avvertire

forfeit, foor´-fit, *v* perdere; *n* confisca *f*; (in games) penitenza *f*
forge, foorch, *n* fucina *f*; *v* forgiare; (falsify) falsificare
forger, foorch´-a, *n* falsario *m*
forgery, foorch´-e-ri, *n* falsificazione *f*; falso *m*
forget, fo-ghet´, *v* dimenticare
forgetful, fo-ghet´-ful, *adj* dimentico; di scarsa memoria
forgetfulness, fo-ghet´-ful-nis, *n* dimenticanza *f*
forget-me-not, fo-ghet´-mi-not, *n* nontiscordardimé *m*
forgive, fo-ghiv´, *v* perdonare
forgiveness, fo-ghiv´-nis, *n* perdono *m*
forgo, fo-gou´, *v* rinunciare a
fork, foork, *n* forchetta *f*; (road) biforcazione *f*; *v* biforcarsi
forlorn, fo-loorn´, *adj* abbandonato; disperato
form, foorm, *n* (shape) forma *f*; (to fill up) modulo *m*; (class) classe *f*; *v* formare; formarsi
formal*, foor´-mal, *adj* formale
formality, fo-mal´-i-ti, *n* formalità *f*
formation, foor-mei´-shon, *n* formazione *f*
former, foor´-ma, *adj* vecchio; ex; *pron* primo; quello
formerly, foor´-me-li, *adv* una volta, in passato
forsake, fo-seik´, *v* abbandonare
fort, foort, *n* forte *m*
forth, foorZ, *adv* avanti
forthcoming, foorZ-kŏm´-ing, *adj* prossimo
forthwith, foorZ-uiD´, *adv* immediatamente
fortieth, foor´-ti-eZ, *adj* quarantesimo
fortification, foor-ti-fi-kei´-shon, *n* fortificazione *f*
fortify, foor´-ti-fai, *v* fortificare
fortnight, foort´-nait, *n* quindici giorni *mpl*, due settimane *fpl*
fortress, foor´-tris, *n* fortezza *f*
fortuitous*, fo-tiuu´-i-tos, *adj* fortuito
fortunate*, foor´-tiu-nit, *adj* fortunato
fortune, foor´-tiuun, *n* fortuna *f*
forty, foor´-ti, *adj* quaranta
forward, foor´-uad, *adv* avanti; *v* spedire
forwardness, foor´-uad-nis, *n* precocità *f*; insolenza *f*
fossil, fos´-l, *n* fossile *m*
foster, fos´-ta, *v* nutrire; incoraggiare
foster parents, fos´-te-per-rents, *npl* genitori adottivi *mpl*
foul, faul, *adj* cattivo; brutto; osceno; *n* fallo *m*; *v* sporcare
found, faund, *v* fondare
foundation, faun-dei´-shon, *n* fondamento *m*; fondazione *f*
founder, faun´-da, *n* fondatore *m*
foundling, faund´-ling, *n* trovatello *m*
foundry, faun´-dri, *n* fonderia *f*
fountain, faun´-tin, *n* fontana *f*
fountain pen, faun´-tin pen, *n* penna stilografica *f*
four, foor, *adj* quattro
fourteen, foor-tiin´, *adj* quattordici
fourteenth, foor-tiinZ´, *adj* quattordicesimo; (date) quattordici
fourth, foorZ, *adj* quarto; (date) quattro
fourthly, foorZ´-li, *adv* in quarto luogo
fowl, faul, *n* pollame *m*

fox, foks, *n* volpe *f*
fraction, frak´-shon, *n* frazione *f*
fracture, frak´-cha, *n* frattura *f*; *v* fratturare
fragile, frach´-ail, *adj* fragile
fragment, fragh´-ment, *n* frammento *m*
fragrance, frei´-grans, *n* fragranza *f*
fragrant*, frei´-grant, *adj* fragrante
frail, freil, *adj* fragile; (health) debole
frame, freim, *n* struttura *f*; (picture) cornice *f*; *v* incorniciare
framework, freim´-uerk, *n* struttura *f*; (panelling etc.) intelaiatura *f*
France, fraans, *n* Francia *f*
franchise, fran´-chais, *n* concessione *f*
frank, frangk, *adj* franco
frankness, frangk´-nis, *n* franchezza *f*
frantic, fran´-tik, *adj* frenetico
fraternal*, fra-ter´-nal, *adj* fraterno
fraud, frood, *n* frode *f*
fraudulent*, froo´-diu-lent, *adj* fraudolento
fray, frei, *v* logorarsi; *n* (scuffle) rissa *f*
freak, friik, *n* avvenimento eccezionale *m*; fenomeno da baraccone *m*
freakish, friik´-ish, *adj* bizzarro
freckle, frek´-l, *n* lentiggine *f*; *v* coprirsi di lentiggini
free, frii, *v* liberare; *adj** libero; gratis
freedom, frii´-dom, *n* libertà *f*
freemason, frii´-mei-son, *n* massone *m*
freeze, friis, *v* gelare; congelare
freezer, frii´-sa, *n* congelatore *m*; freezer *m*
freezing, frii´-sing, *adj* gelido
freight, freit, *n* carico *m*; (cost) nolo *m*
French, french, *adj* francese; *n* (language) francese *m*
frenzy, fren´-si, *n* frenesia *f*
frequency, frii´-kuen-si, *n* frequenza *f*
frequent*, frii´-kuent, *adj* frequente
frequent, fri-kuent´, *v* frequentare
fresh*, fresh, *adj* fresco
freshness, fresh´-nis, *n* freschezza *f*
fret, fret, *v* agitarsi
fretful*, fret´-ful, *adj* irrequieto
friar, frai´-a, *n* frate *m*
friction, frik´-shon, *n* attrito *m*; (massage) frizione *f*
Friday, frai´-di, *n* venerdì *m*
fridge, frich, *n* frigo *m*, frigorifero *m*
friend, frend, *n* amico *m*
friendly, frend´-li, *adj* amichevole
friendship, frend´-ship, *n* amicizia *f*
fright, frait, *n* spavento *m*
frightful*, frait´-ful, *adj* pauroso
frighten, frait´-n, *v* spaventare
frightening, frait´-ning, *adj* spaventoso
frigid*, frich´-id, *adj* frigido
frill, fril, *n* balza *f*; *v* increspare
fringe, frinch, *n* frangia *f*; (edge) orlo *m*; *v* orlare
frisky, fris´-ki, *adj* vivace
fritter, frit´-a, *n* frittella *f*; **– away,** *v* sciupare
frivolous*, friv´-o-los, *adj* frivolo
frizzle, fris´-l, *v* sfrigolare
fro, frou, **to and –,** *adv* avanti e indietro
frock, frok, *n* vestito *m*
frog, frogh, *n* rana *f*; (small) ranocchia *f*

frolic, frol´-ik, *v* saltellare
from, from, *prep* da
front, frŏnt, *n* davanti *m*; (book) copertina *f*; (building) facciata *f*; **in –,** davanti
frontier, frŏn´-tir, *n* frontiera *f*
frost, frost, *n* gelo *m*
frostbitten, frost´-bit-*n*, *adj* congelato
frosty, fros´-ti, *adj* glaciale
froth, froZ, *n* spuma *f*; *v* schiumare
frown, fraun, *n* cipiglio *m*; *v* aggrottare le sopracciglia
frugal*, fruu´-gal, *adj* frugale
fruit, fruut, *n* frutto *m*; frutta *f*
fruiterer, fruu´-te-ra, *n* fruttivendolo *m*
fruitful, fruut´-ful, *adj* fruttuoso
fruitless*, fruut´-lis, *adj* infruttuoso
frustrate, frŏs-treit´, *v* frustrare
fry, frai, *v* friggere
frying pan, frai´-ing pan, *n* padella *f*
fuchsia, fiuu´-sha, *n* fucsia *f*; (colour) fucsia *m*
fuel, fiu´-el, *n* combustibile *m*; carburante *m*
fugitive, fiuu´-chi-tiv, *n* fuggiasco *m*
fugue, fiuugh, *n mus* fuga *f*
fulcrum, ful´-krom, *n* fulcro *m*
fulfil, ful-fil´, *v* compiere; (promise) mantenere; (dream, wish) realizzare
fulfilment, ful-fil´-ment, *n* compimento *m*; realizzazione *f*; soddisfazione *f*
full, ful, *adj* pieno
fume, fiuum, *n* esalazione *f*; *v* (rage) essere furioso
fumigate, fiuu´-mi-geit, *v* fumigare
fun, fŏn, *n* divertimento *m*; (joke) scherzo *m*
function, fŏngk´-shon, *n* funzione *f*; *v* funzionare
functionary, fŏngk´-sho-na-ri, *n* funzionario *m*
fund, fŏnd, *n* fondo *m*
fundamental*, fŏn-da-men´-tl, *adj* fondamentale
funds, fŏnds, *npl* (money) fondi *mpl*
funeral, fiuu´-ne-ral, *n* funerale *m*
funfair, fŏn´-fer, *n* luna park *m*
funnel, fŏn´-l, *n* imbuto *m*
funny, fŏn´-i, *adj* divertente; (person) buffo; (peculiar) strano
fur, fer, *n* pelliccia *f*
furious*, fiuur´-ri-os, *adj* furioso
furlough, fer´-lou, *n* licenza *f*
furnace, fer´-nis, *n* fornace *f*
furnish, fer´-nish, *v* ammobiliare; arredare
furniture, fer´-ni-cha, *n* mobilia *f*; mobili *mpl*
furrier, fŏ'-ri-a, *n* pellicciaio *m*
furrow, fŏ'-rou, *n* solco *m*; *v* solcare
further, fer´-Da, *adj* più lontano; altro; *adv* di più; più lontano; *v* promuovere
further education, fer-Der-red-iu-kei´-shon, *n* corsi di formazione *mpl*
furtive*, fer´-tiv, *adj* furtivo
fury, fiur´-ri, *n* furia *f*
fuse, fiuus, *n* miccia *f*; fusibile *m*; valvola *f*; *v* fondersi; far saltare
fuss, fŏs, *n* storie *fpl*; *v* fare storie
fussy, fŏs´-i, *adj* esigente; pignolo
fusty, fŏs´-ti, *adj* stantio
future, fiuu´-cha, *n* futuro *m*; *adj* futuro

gable, ghei´-bl, *n* frontone *m*
gadfly, gad´-flai, *n* tafano *m*
gaff, gaf, *n* rampone *m*
gag, gagh, *n* bavaglio *m*; (joke) battuta *f*; *v* imbavagliare
gaiety, ghei´-*e*-ti, *n* gaiezza *f*
gaily, ghei´-li, *adv* gaiamente
gain, ghein, *n* guadagno *m*; *v* ottenere; (watch) andare avanti
gait, gheit, *n* andatura *f*; passo *m*
gaiter, ghei´-*ta*, *n* ghetta *f*
galaxy, gal´-*ak*-si, *n* galassia *f*
gale, gheil, *n* bufera *f*; burrasca *f*
gallant*, gal´-*a*nt, *adj* galante; (heroic) prode
gallantry, gal´-*a*nt-ri, *n* (courage) prodezza *f*; (manners) galanteria *f*
gallery, gal´-*e*-ri, *n* galleria *f*; loggione *m*
galling, gool´-ing, *adj* seccante
gallon, gal´-*o*n, *n* gallone *m*
gallop, gal´-*o*p, *n* galoppo *m*; *v* galoppare
gallows, gal´-ous, *npl* patibolo *m*
galore, *ga*-loor´, *adv* in abbondanza
galoshes, *ga*-losh´-*is*, *npl* galosce *fpl*
gamble, gam´-bl, *v* giocare d'azzardo; *n* azzardo *m*
gambler, gam´-bl*a*, *n* giocatore d'azzardo *m*
game, gheim, *n* gioco *m*; partita *f*; (animals) selvaggina *f*
gammon, gam´-*o*n, *n* prosciutto *m*
gamut, gam´-*u*t, *n* gamma *f*
gander, gan´-d*a*, *n* oca maschio *f*
gang, gang, *n* banda *f*; (friends) comitiva *f*
gangster, gang´-st*a*, *n* gangster *m*
gangway, gang´-uei, *n* (passage) corridoio *m*; (ship's) passerella
gap, gap, *n* spazio vuoto *m*; lacuna *f*
gape, gheip, *v* restare a bocca aperta
garage, ga´-raach, *n* garage *m*; stazione di servizio *f*
garbage, gaa*r*´-bich, *n* rifiuti *mpl*
garden, gaa*r*´-dn, *n* giardino *m*; (kitchen) orto *m*
gardener, gaa*r*d´-n*a*, *n* giardiniere *m*
gardening, gaa*r*d´-ning, *n* giardinaggio *m*
gargle, gaa*r*´-gl, *v* fare gargarismi
garish, ghe*r*´-rish, *adj* vistoso
garland, gaa*r*´-*l*and, *n* ghirlanda *f*

garlic, gaar´-lik, *n* aglio *m*
garment, gaar´-ment, *n* indumento *m*
garnish, gaar´-nish, *n* guarnizione *f*; *v* guarnire
garret, ga´-rit, *n* soffitta *f*
garrison, ga´-ri-son, *n* guarnigione *f*
garrulous, ga´-riu-los, *adj* ciarliero
garter, gaar´-ta, *n* giarrettiera *f*
gas, gas, *n* gas *m*
gas cylinder, gas sil´-in-da, *n* bombola del gas *f*
gaseous, ghei´-si-os, *adj* gassoso
gas fire, gas´-fair, *n* stufa a gas *f*
gash, gash, *n* sfregio *m*; *v* sfregiare
gas mask, gas´-maask, *n* maschera antigas *f*
gasp, gaasp, *n* anelito *m*; *v* ansimare
gastric, gas´-trik, *adj* gastrico
gate, gheit, *n* cancello *m*; (airport) uscita *f*
gather, gaD´-a, *v* raccogliere; (people) riunirsi
gathering, gaD´-e-ring, *n* riunione *f*
gaudy, goo´-di, *adj* vistoso
gauge, gheich, *n* indicatore *m*; *v* misurare; *fig* stimare
gaunt, goont, *adj* smunto
gauntlet, goont´-lit, *n* guanto lungo *m*
gauze, goos, *n* garza *f*
gawky, goo´-ki, *adj* goffo
gay, ghei, *adj* gay; *n* gay *m/f*
gaze, gheis, *v* guardare fisso; *n* sguardo fisso *m*
gazelle, ga-sel´, *n* gazzella *f*
gazette, ga-set´, *n* gazzetta *f*
gear, ghir, *n mech* ingranaggio *m*; (car) marcia *f*
gearbox, ghir'-boks, *n* scatola del cambio *f*
gelatine, chel´-a-tin, *n* gelatina *f*
gem, chem, *n* gemma *f*
Gemini, chem´-in-ai, *n* Gemelli *mpl*
gender, chen´-da, *n* genere *m*
general, chen´-e-ral, *n* generale *m*; *adj* generale
generalize, chen´-e-ra-lais, *v* generalizzare
generally, chen´-e-ra-li, *adv* generalmente
generate, chen´-e-reit, *v* generare
generation, chen´-e-rei-shon, *n* generazione *f*
generosity, chen-e-ros´-i-ti, *n* generosità *f*
generous*, chen´-e-ros, *adj* generoso
genetic, chi-ne´-tik, *adj* genetico
Geneva, chi-nii´-va, *n* Ginevra *f*
genial*, chii´-ni-al, *adj* (kindly) cordiale
genitals, chen´-i-tals, *npl* genitali *mpl*
genitive, chen´-i-tiv, *n* genitivo *m*
genius, chii´-ni-os, *n* genio *m*
Genoa, che´-nou-a, *n* Genova *f*
genteel, chen-tiil´, *adj* distinto
gentle, chen´-tl, *adj* dolce; delicato
gentleman, chen´-tl-man, *n* gentiluomo *m*
gentleness, chen´-tl-nis, *n* dolcezza *f*; delicatezza *f*
gently, chent´-li, *adv* dolcemente; delicatamente
gents, chents, *n* bagno degli uomini *m*
genuine*, chen´-iu-in, *adj* genuino
geography, chiogli´-ra-fi, *n* geografia *f*
geology, chi-ol´-o-chi, *n* geologia *f*
geometry, chi-om´-e-tri, *n* geometria *f*
geranium, chi-rei´-ni-um, *n* geranio *m*
germ, cherm, *n* germe *m*;

microbo *m*
German, ch*er*´-man, *adj* tedesco; *n* (language) tedesco *m*
Germany, ch*er*´-m*a*-ni, *n* Germania *f*
gesticulate, ches-tik´-iu-leit, *v* gesticolare
gesture, ches´-ch*a*, *n* gesto *m*
get, ghet, *v* (obtain) procurare, ottenere; (earn) guadagnare; (fetch) andare a prendere; (induce) indurre; (reach) arrivare; (become) diventare; – **back,** (receive back) ricuperare; – **down,** (descend) scendere; – **in,** entrare; (home) rincasare; – **off,** (alight) scendere da; (free) liberarsi; – **on,** salire su; (progress) andare; – **out,** uscire; – **up,** alzarsi
geyser, ghii´-*sa*, *n* geyser *m*
ghastly, gaast´-li, *adj* orrendo
gherkin, gher´-kin, *n* cetriolino *m*
ghost, goust, *n* spettro *m*, fantasma *m*
ghostly, goust´-li, *adj* spettrale
giant, chai´-*a*nt, *n* gigante *m*
gibberish, chib´-*e*-rish, *n* parole sconnesse *fpl*
gibbet, chib´-it, *n* patibolo *m*
giblets, chib´-lits, *npl* frattaglie *fpl*
Gibraltar, chib-rol´-*ta*, *n* Gibilterra *f*
giddiness, ghid´-i-nis, *n* vertigini *fpl*
giddy, ghid´-i, *adj* stordito; vertiginoso
gift, ghift, *n* dono *m*
gifted, ghif´-tid, *adj* dotato
gigantic, chai-gan´-tik, *adj* gigantesco
giggle, ghigh´-l, *n* risolino sciocco; *v* ridere scioccamente
gild, ghild, *v* dorare
gills, ghil*s*, *npl* branchie *fpl*
gilt, ghilt, *adj* dorato; *n* doratura *f*
gimlet, ghim´-lit, *n* succhiello *m*
gin, chin, *n* gin *m*
ginger, chin´-ch*a*, *n* zenzero *m*
gingerbread, chin´-ch*a*-bred, *n* pan pepato *m*
giraffe, chi-raaf´, *n* giraffa *f*
girder, gh*er*´-d*a*, *n* trave *f*
girdle, gh*er*´-dl, *n* guaina *f*
girl, gh*er*l, *n* ragazza *f*
girlfriend, gh*er*l´-frend, *n* amica *f*; ragazza *f*
girth, gh*er*Z, *n* circonferenza *f*
gist, chist, *n* succo *m*, nocciolo *m*
give, ghiv, *v* dare; – **back,** restituire; – **in,** cedere; – **up,** rinunciare a; (oneself) arrendersi
giver, ghiv´-*a*, *n* donatore *m*
glacier, ghla´-si-*a*, *n* ghiacciaio *m*
glad*, ghlad, *adj* lieto; contento
gladden, ghlad´-*n*, *v* allietare; rallegrare
glade, ghleid, *n* radura *f*
glamorous, ghla´-m*o*-tos, *adj* affascinante; brillante
glamour, ghla´-m*a*, *n* fascino *m*
glance, ghlaans, *n* occhiata *f*; – **at,** *v* dare uno sguardo a; – **off,** rimbalzare su
gland, ghland, *n* ghiandola *f*
glare, ghl*er*, *n* bagliore *m*; (stare) sguardo furioso *m*; *v* abbagliare; (stare) guardare fisso
glaring*, ghl*er*´-ring, *adj* abbagliante; lampante
glass, ghlaas, *n* vetro *m*; (tumbler) bicchiere *m*
glasses, ghlaas´-*is*, *npl*

occhiali *mpl*
glasshouse, ghlaas´-haus, *n* serra *f*
glassy, ghlaa´-si, *adj* vitreo
glaze, ghleis, *n* smalto *m*; *v* smaltare
glazier, ghlei´-si-*a*, *n* vetraio *m*
gleam, ghliim, *n* barlume *m*; luccichio *m*; *v* luccicare; brillare
glean, ghliin, *v* racimolare
glee, ghlii, *n* gioia *f*
glen, ghlen, *n* valletta *f*
glib*, ghlib, *adj* disinvolto; dalla parola facile
glide, ghlaid, *v* scivolare; planare
glider, ghlai´-d*a*, *n* aliante *m*
glimmer, ghlim´-*a*, *n* barlume *m*; *v* baluginare
glimpse, ghlimps, *n* occhiata *f*; *v* intravedere
glint, ghlint, *n* scintillio *m*; *v* scintillare
glisten, ghlis´-*n*, *v* brillare
glitter, ghlit´-*a*, *n* sfavillio *m*; *v* sfavillare; luccicare
gloat, ghlout, *v* gongolare
global, ghlou´-bl, *adj* globale
global warming, ghlou´-bl uoor´-ming, *n* riscaldamento dell'atmosfera terrestre *m*
globe, ghloub, *n* globo *m*; sfera *f*; mappamondo *m*
gloom, ghluum, *n* oscurità *f*; (dismal) tristezza *f*
gloomy, ghluu´-mi, *adj* oscuro; (person) triste
glorify, ghlo´-ri-fai, *v* esaltare
glorious*, ghlo´-ri-*os*, *adj* magnifico
glory, ghlo´-ri, *n* gloria *f*; – **in,** *v* gloriarsi di
gloss, ghlos, *n* lucentezza *f*; vernice lucida *f*; – **over,** *v* sorvolare
glossy, ghlos´-i, *adj* lucido
glove, ghlŏv, *n* guanto *m*
glow, glou, *n* bagliore *m*; *v* ardere; arrossire
glue, ghluu, *n* colla *f*; *v* incollare
glum, ghlŏm, *adj* cupo
glut, ghlŏt, *n* sovrabbondanza *f*; *v* saturare
glutton, ghlŏt´-*n*, *n* ghiottone *m*
gnarled, naarld, *adj* nodoso
gnash, nash, *v* digrignare
gnat, nat, *n* moscerino *m*
gnaw, noo, *v* rodere
go, gou, *v* andare; – **away,** andare via; (journey) partire; – **back,** ritornare, – **down,** scendere; (sun) tramontare; – **for,** andare a prendere; (attack) lanciarsi contro; – **off,** (depart) partire; (food) andare a male; (guns) sparare; – **out,** uscire; spegnersi; – **up,** salire; – **without,** far a meno di
goad, goud, *v* pungolare
goal, goul, *n* (football) porta *f*; (score) gol *m*, rete *f*; (object) meta *f*
goalkeeper, goul-kii´-p*a*, *n* portiere *m*
goat, gout, *n* capra *f*
gobble, gob´-l, *v* trangugiare
goblet, gob´-lit, *n* coppa *f*; calice *m*
goblin, gob´-lin, *n* folletto *m*
God, god, *n* Dio *m*
god, god, *n* dio *m*; idolo *m*
godchild, god´-chaild, *n* figlioccio *m*, figlioccia *f*
goddess, god´-is, *n* dea *f*
godfather, god´-faa´-D*a*, *n* padrino *m*
godmother, god´-mŏ'-D*a*, *n* madrina *f*
goggles, gogh´-ls, *npl* occhiali di protezione *mpl*
gold, gould, *n* oro *m*
golden, goul´-dn, *adj* d'oro; dorato
goldfish, gould´-fish, *n* pesciolino rosso *m*
goldsmith, gould´-smiZ, *n*

orefice *m*, orafo *m*
golf, golf, *n* golf *m*
golf course, golf´-koors, *n* campo da golf *m*
golfer, golf´-a, *n* golfista *m/f*
gong, gong, *n* gong *m*
good, gud, *adj* buono; *n* bene *m*; (use) vantaggio *m*; **– morning!, – day!, – afternoon!,** buon giorno!; **– evening!** buona sera!; **– night!** buona notte!
goodbye, gud-bai´, *interj* arrivederci!
Good Friday, gud frai´-di, *n* venerdì santo *m*
good-looking, gud-luk´-ing, *adj* bello
good-natured, gud-nei´-chud, *adj* buono
goodness, gud´-nis, *n* bontà *f*
goods, guds, *npl* merci *fpl*
good-will, gud´-uil, *n* buona volontà *f*
goose, guus, *n* oca *f*
gooseberry, gus´-be-ri, *n* uva spina *f*
goosepimples, guus´-pimpls, *n* pelle d'oca *f*
gore, goor, *n* (blood) sangue *m*; *v* incornare
gorge, goorch, *n* (ravine) gola *f*; *v* (feed) ingozzare
gorgeous*, goor´-chos, *adj* magnifico; fantastico
gorilla, go-ril´-a, *n* gorilla *m*
gory, goor´-ri, *adj* sanguinoso
gospel, gos´-pl, *n* vangelo *m*
gossamer, gos´-a-ma, *n* mussolina *f*
gossip, gos´-ip, *v* spettegolare; *n* pettegolezzi *mpl*; pettegolo *m*, pettegola *f*
gouge, gauch, *v* scavare; strappare
gout, gaut, *n* gotta *f*
govern, gŏv´-en, *v* governare
governess, gŏv´-e-nis, *n* governante *f*
government, gŏv´-en-ment, *n* governo *m*
governor, gŏv´-e-na, *n* governatore *m*
gown, gaun, *n* abito *m*; (official) toga *f*
grab, grab, *v* afferrare; impadronirsi di
grace, greis, *n* grazia *f*
graceful*, greis´-ful, *adj* aggraziato
graceless, greis´-lis, *adj* sgarbato
gracious*, grei´-shos, *adj* grazioso
gradation, gra-dei´-shon, *n* gradazione *f*
grade, greid, *n* grado *m*; categoria *f*; voto *m*; *v* classificare; graduare
gradient, grei´-di-ent, *n* pendenza *f*
gradual*, grad´-iu-al, *adj* graduale
graduate, grad´-iu-eit, *v* graduare; (university) laurearsi
graduate, grad´-iu-at, *n* laureato *m*, laureata *f*
graft, graaft, *n* innesto *m*; *fig* corruzione *f*; *v* innestare
grain, grein, *n* (cereal) grano *m*; (sand) granellino *m*; (wood) venatura *f*
grammar, gram´-a, *n* grammatica *f*
gram(me), gram, *n* grammo *m*
granary, gran´-a-ri, *n* granaio *m*
grand*, grand, *adj* splendido; imponente
grandchild, grand´-chaild, *n* nipote *m/f*
granddaughter, grand´-doo-ta, *n* nipote *f*
grandfather, grand´-faa-Da, *n* nonno *m*
grandmother, grand´-mŏ-Da, *n* nonna *f*
grandson, grand´-sŏn, *n* nipote *m*
grant, graant, *n* sovvenzione *f*; (university) borsa di

studio *f*; *v* concedere
grape, greip, *n* uva *f*
grapefruit, greip´-fruut, *n* pompelmo *m*
graph, graaf, *n* grafico *m*
graphic, gra´-fik, *adj* grafico; (description) vivido
graphics, gra´-fiks, *n* grafica *f*
grapple, grap´-l, *v*: **– with,** essere alle prese con
grasp, graasp, *n* presa *f*; *v* afferrare
grass, graas, *n* erba *f*
grasshopper, graas´-hop-*a*, *n* cavalletta *f*
grassy, graa´-si, *adj* erboso
grate, greit, *v* grattugiare; (brakes, wheels etc.) stridere; *n* griglia *f*
grateful*, greit´-ful, *adj* grato, riconoscente
gratefulness, greit´-ful-nis, *n* gratitudine *f*
grater, grei´-ta, *n* grattugia *f*
gratification, grat-i-fi-kei´-shon, *n* gratificazione *f*
gratify, grat´-i-fai, *v* gratificare
gratifying, grat´-i-fai-ing, *adj* soddisfacente
grating, grei´-ting, *n* griglia *f*; *adj* (noise) stridulo
gratis, grei´-tis, *adv* gratis
gratitude, grat´-i-tiuud, *n* gratitudine *f*
gratuitous*, gr*a*-tiuu´-i-tos, *adj* gratuito
gratuity, gr*a*-tiuu´-i-ti, *n* gratifica *f*; (tip) mancia *f*
grave, greiv, *n* fossa *f*; *adj** grave, serio
gravedigger, greiv´-di-g*a*, *n* becchino *m*
gravestone, greiv´-stoun, *n* lapide *f*
graveyard, greiv´-iaard, *n* camposanto *m*
gravel, grav´-l, *n* ghiaia *f*
gravitate, grav´-i-teit, *v* gravitare
gravity, grav´-i-ti, *n* gravità *f*
gravy, grei´-vi, *n* sugo dell'arrosto *m*
graze, greis, *v* (feed) pascere; (slight rub) sfiorare
grease, griis, *n* grasso *m*; unto *m*; *v* ingrassare, lubrificare; ungere
greasy, grii´-si, *adj* grasso, unto; (surface) sdrucciolevole
great*, greit, *adj* grande; magnifico
Great Britain, greit bri´-tn, *n* Gran Bretagna *f*
greatness, greit´-nis, *n* grandezza *f*
Greece, griis, *n* Grecia *f*
greed, griid, *n* ingordigia *f*; avidità *f*
greedily, grii´-di-li *adv* ingordamente; avidamente
greedy, grii´-di, *adj* ingordo; avido
Greek, griik, *adj* greco; *n* (language) greco *m*
green, griin, *n* verde *m*; *adj* verde; *v* verdeggiare
greengage, griin´-gheich, *n* susina *f*
greengrocer, griin´-grou-s*a*, *n* fruttivendolo *m*
greenhouse, griin´-haus, *n* serra *f*
greenish, grii´-nish, *adj* verdastro
greens, griin*s*, *npl* verdura *f*
greet, griit, *v* salutare
greeting, grii´-ting, *n* saluto *m*
grenade, gr*e*-neid´, *n* granata *f*
grey, grei, *adj* grigio
greyhound, grei´-haund, *n* levriero *m*
grief, griif, *n* dolore *m*
grievance, grii´-vans, *n* lagnanza *f*
grieve, griiv, *v* addolorare; piangere qualcuno
grievous*, grii´-vos, *adj* penoso; grave; **– bodily harm,** *n* lesione personale *f*
grill, gril, *n* griglia *f*; grill

m; *v* cuocere alla griglia
grim*, grim, *adj* orribile; brutto
grimace, gri-meis´, *n* smorfia *f*
grime, graim, *n* sudiciume *m*
grin, grin, *n* smorfia *f*; *v* ridere sardonicamente
grind, graind, *v* tritare, macinare; (sharpen) arrotare
grinder, grain´-da, *n* macinino *m*; affilacoltelli *m*
grip, grip, *n* stretta *f*; *v* stringere
gripping, grip´-ing, *adj* avvincente
grisly, gris´-li, *adj* orribile
grit, grit, *n* ghiaia *f*; sassolino *m*; bruscolino *m*
groan, groun, *n* gemito *m*; *v* gemere
grocer, grou´-sa, *n* negoziante di generi alimentari *m/f*
groceries, grou´-sa-ris, *npl* generi alimentari *mpl*
grog, grogh, *n* ponce *m*
groggy, grogh´-i, *adj* barcollante
groin, groin, *n* inguine *m*
groom, gruum, *n* stalliere *m*; sposo *m*
groove, gruuv, *n* solco *m*
grope, group, *v* brancolare
gross*, grous, *adj* (thick, coarse) grossolano; (profit, income) lordo
ground, graund, *n* suolo *m*; terreno *m*; (sport) campo *m*; *v* (ship) arenarsi
ground floor, graund flor´, *n* pianterreno *m*
groundless*, graund´-lis, *adj* infondato
grounds, graunds, *npl* (park) giardini *mpl*; (reasons) motivi *mpl*
group, gruup, *n* gruppo *m*; *v* raggruppare
grouse, graus, *n* gallo cedrone *m*; *v fig* brontolare
grovel, grov´-l, *v* strisciare
grow, grou, *v* crescere; coltivare
grower, grou´-a, *n* coltivatore *m*
grown-up, groun'-ŏp, *adj* adulto
growl, graul, *n* ringhio *m*; *v* ringhiare
growth, grouZ, *n* tumore *m*; crescita *f*
grub, grŏb, *n* bruco *m*
grudge, grŏch, *n* rancore *m*; *v* invidiare; dare a malincuore
gruesome, gruu´-som, *adj* orripilante
gruff, grŏf, *adj* arcigno
grumble, grŏm´-bl, *v* borbottare
grunt, grŏnt, *v* grugnire; *n* grugnito *m*
guarantee, ga-ran-tii´, *n* garanzia *f*; *v* garantire
guard, gaard, *n* guardia *f*; (railway) capotreno *m*; *v* fare la guardia a; proteggere
guarded, gaar´-did, *adj* circospetto
guardian, gaar´-di-an, *n* custode *m*; tutore *m*
guess, ghes, *v* indovinare
guesswork, ghes´-uerk, *n* supposizione *f*
guest, ghest, *n* ospite *m/f*; cliente *m/f*
guesthouse, ghest´-haus, *n* pensione *f*
guest room, ghest´-ruum, *n* stanza degli ospiti *f*
guidance, gai´-dens, *n* guida *f*
guide, gaid, *v* guidare; *n* guida *f*
guild, ghild, *n* corporazione *f*
guile, gail, *n* astuzia *f*
guilt, ghilt, *n* colpa *f*
guilty, ghil´-ti, *adj* colpevole
guinea pig, ghin´-i-pigh, *n* porcellino d'India *m*; cavia *f*
guise, gais, *n* guisa *f*
guitar, ghi´-taar, *n* chitarra *f*

gulf, gŏlf, *n* golfo *m*; abisso *m*
gull, gŏl, *n* gabbiano *m*
gullet, gŏl´-it, *n* gargarozzo *m*
gulp, gŏlp, *v* inghiottire; *n* sorso *m*; boccone *m*
gum, gŏm, *n* gomma *f*; incollare
gums, gŏm*s*, *npl* gengive *fpl*
gun, gŏn, *n* fucile *m*; pistola *f*
gurgle, gh*er´*-gl, *v* gorgogliare; *n* gorgoglio *m*
gush, gŏsh, *n* getto *m*; *v* sgorgare
gust, gŏst, *n* raffica *f*
gut, gŏt, *n* intestino *m*
gutter, gŏt´-*a*, *n* cunetta *f*; (roof) grondaia *f*
guy, gai, *n* (person) tipo *m*
gym, chim, *n* palestra *f*
gymnast, chim´-nast, *n* ginnasta *m/f*
gymnastics, chim-nas´-tiks, *n* ginnastica *f*
gypsy, chip´-si, *n* zingaro *m*, zingara *f*; *adj* gitano

H

haberdashery, hab´-*e*-dash-*e*-ri, *n* merceria *f*
habit, hab´-it, *n* abitudine *f*; tonaca *f*
habitable, hab´-it-*a*-bl, *adj* abitabile
habitual*, h*a*-bit´-iu-*a*l, *adj* abituale
hack, hak, *v* fare a pezzi
hackneyed, hak´-nid, *adj* banale
haddock, had´-*o*k, *n* eglefino *m*
haggard*, hagh´-*a*d, *adj* smunto
haggle, hagh´-l, *v* mercanteggiare
Hague, heigh, *n* **The –,** L'Aja *f*
hail, heil, *n* grandine *f*; *v* grandinare; (call) chiamare
hair, he*r*, *n* capelli *mpl*; (animal) pelo *m*
hairbrush, he*r*´-brŏsh, *n* spazzola per capelli *f*
hairdresser, he*r*´-dres-*a*, *n* parrucchiere *m*, parrucchiera *f*
hair-dryer, he*r*´-drai-*a*, *n* asciugacapelli *m*
hairpin, he*r*´-pin, *n* forcina *f*
hairspray, he*r*´-sprei, *n* lacca per capelli *f*
hairy, he*r*´-ri, *adj* peloso
hake, heik, *n* nasello *m*
half, haaf, *n* metà *f*; *adj* mezzo
halibut, hal´-i-b*u*t, *n* halibut *m*, ipoglosso *m*
hall, hool, *n* sala *f*; (entry) ingresso *m*
hallucination, h*a*-lu-si-nei´-shon, *n* allucinazione *f*
halt, hoolt, *n* fermata *f*; *v* fermare, fermarsi
halter, hol´-t*a*, *n* cavezza *f*
halve, haav, *v* dimezzare
ham, ham, *n* prosciutto *m*
hamburger, ham´-b*er*-gh*a*, *n* hamburger *m*
hamlet, ham´-lit, *n* borgo *m*
hammer, ham´-*a*, *n* martello *m*; *v* martellare
hammock, ham´-*o*k, *n* amaca *f*
hamper, ham´-p*a*, *n* cesta *f*; *v* ostacolare
hand, hand, *n* mano *f*; (clock) lancetta *f*; *v* dare; **on the one –,** da un lato; **on the other –,** dall'altro (lato)
handbag, hand´-bagh, *n* borsa *f*, borsetta *f*
handbook, hand´-buk, *n* manuale *m*
handcuffs, hand´-kŏfs, *npl* manette *fpl*
handful, hand´-ful, *n* manciata *f*
handicapped, han-di´-kapt, *adj* handicappato, portatore di handicap
handkerchief, hang´-k*e*-chiif, *n* fazzoletto *m*
handle, han´-dl, *n* manico *m*; (knob) maniglia *f*;*v* maneggiare

hand-luggage, hand´-lŏgh-ich, *n* bagaglio a mano *m*
handmade, hand´-meid, *adj* fatto a mano
handrail, hand´-reil, *n* corrimano *m*
handshake, hand´-sheik, *n* stretta di mano *f*
handsome*, han´-som, *adj* bello
handwriting, hand´-raiting, *n* scrittura *f*, calligrafia *f*
handy, han´-di, *adj* comodo; a portata di mano; abile
hang, hang, *v* appendere; impiccare; **– up,** appendere; riagganciare
hangar, hang´-a, *n* hangar *m*
hang-gliding, hang´-ghlaiding, *n* volo col deltaplano *m*
hangover, hang´-ou-va, *n* postumi della sbornia *mpl*
hanker, hang-ka, *v* bramare
happen, hap´-n, *v* succedere, accadere, capitare
happily, hap´-i-li, *adv* felicemente; con gioia
happiness, hap´-i-nis, *n* felicità *f*
happy, hap´-i, *adj* contento, felice; allegro
harass, ha´-ras, *v* tormentare
harassment, ha´-ras-ment, *n* molestia *f*
harbour, haar´-ba, *n* porto *m*; *v* nutrire
hard, haard, *adj* duro; difficile; *adv* (work) sodo; (push) forte
hardback, haard´-bak, *n* edizione rilegata *f*
hard disk, haard disk, *n comp* disco rigido *m*, hard disk *m*
hard drug, haard drŏgh, *n* droga pesante *f*
harden, haar´-den, *v* indurire
hardly, haard´-li, *adv* appena
hardship, haard´-ship, *n* privazioni *fpl*; sofferenze *fpl*
hardware, haard´-uer, *n* hardware *m*; (tools) ferramenta *fpl*
hardy, haar´-di, *adj* robusto
hare, her, *n* lepre *f*
harelip, her-lip´, *n* labbro leporino *m*
harm, haarm, *n* male *m*; danno *m*; *v* far male a
harmful, haarm´-ful, *adj* dannoso, nocivo
harmless, haarm´-lis, *adj* innocuo
harmonious, haar-mou´-ni-os, *adj* armonioso
harmonize, haar´-mon-ais, *v* armonizzare
harness, haar´-nis, *n* bardatura *f*; *v* bardare; (forces) utilizzare
harp, haarp, *n* arpa *f*
harpoon, haar-puun´, *n* arpione *m*; *v* arpionare
harrowing, ha´-rou-ing, *adj* straziante
harsh, haarsh, *adj* duro; severo; stridente
harvest, haar´-vist, *n* raccolto *m*; *v* raccogliere; mietere
hassle, has´-l, *n* seccatura *f*; *v* seccare
haste, heist, *n* fretta *f*
hasten, hei´-sn, *v* affrettare
hastily, heis´-ti-li, *adv* affrettatamente
hat, hat, *n* cappello *m*
hatch, hach, *v* covare; *n* boccaporto *m*
hatchback, hach´-bak, *n* auto con portellone posteriore *f*
hatchet, hach´-it, *n* accetta *f*
hate, heit, *n* odio *m*; *v* odiare
hateful*, heit´-ful, *adj* odioso
hatred, hei´-trid, *n* odio *m*
haughtiness, hoo´-ti-nis,

n alterigia *f*
haughty, hoo´-ti, *adj* altero
haul, hool, *v* tirare; *n* tirata *f*; (catch) retata *f*
haunch, hoonch, *n* anca *f*; (meat) coscia *f*
haunt, hoont, *v* perseguitare; frequentare; *n* ritrovo *m*; (animals) tana *f*
have, hav, *v* avere; (cause) fare
haven, hei´-ven, *n* rifugio *m*
haversack, hav´-e-sak, *n* bisaccia *f*
havoc, hav´-ok, *n* caos *m*
hawk, hook, *n* falco *m*
hawker, hoo´-ka, *n* venditore ambulante *m*
hawthorn, hoo´-Zoorn, *n* biancospino *m*
hay, hei, *n* fieno *m*
hayfever, hei´-fii-va, *n* raffreddore da fieno *m*
hazard, has´-ed, *n* rischio *m*; *v* rischiare
hazardous*, has´-ed-os, *adj* rischioso
haze, heis, *n* foschia *f*
hazel, he´-sl, *n* nocciolo *m*; *adj* castano
hazelnut, he´-sl-nŏt, *n* nocciola *f*
hazy, hei´-si, *adj* fosco; offuscato
he, hii, *pron* lui, egli
head, hed, *n* testa *f*; capo *m*
headache, hed´-eik, *n* mal di testa *m*
heading, hed´-ing, *n* titolo *m*; intestazione *f*
headline, hed´-lain, *n* titolo *m*
headlong, hed´-long, *adv* a capofitto
headmaster, hed-maas´-ta, *n* direttore didattico *m*; preside *m*
headphones, hed´-founs, *npl* cuffie *fpl*
headquarters, hed´-kuoor-tes, *n* sede centrale *f*; *mil* quartier generale *m*
headroom, hed´-ruum, *n* altezza massima *f*
headstrong, hed´-strong, *adj* caparbio
heady, hed´-i, *adj* inebriante
heal, hiil, *v* guarire
healing, hii´-ling, *adj* curativo; *n* guarigione *f*
health, helZ, *n* salute *f*
healthy, hel´-Zi, *adj* sano; salutare
heap, hiip, *n* mucchio *m*; *v* ammucchiare
hear, hir, *v* sentire
hearing, hir´-ring, *n* udito *m*; (court) udienza *f*
hearing aid, hir´-ring eid, *n* apparecchio acustico *m*
hearsay, hir´-sei, *n* diceria *f*, sentito dire *m*
hearse, hers, *n* carro funebre *m*
heart, haart, *n* cuore *m*
heartbroken, haart´-brouk-n, *adj* affranto
heartburn, haart´-bern, *n* acidità di stomaco *f*
heartily, haart´-i-li, *adv* di cuore
heartless, haart´-lis, *adj* spietato
hearth, haarZ, *n* focolare *m*
hearty, haar´-ti, *adj* caloroso; robusto; vigoroso
heat, hiit, *n* calore *m*; *v* scaldare
heater, hii´-ta, *n* termosifone *m*
heating, hii´-ting, *n* riscaldamento *m*
heath, hiiZ, *n* landa *f*
heathen, hii´-Den, *n* pagano *m*
heather, heD´-a, *n* erica *f*
heat-stroke, hiit´-strouk, *n* colpo di calore *m*
heatwave, hiit´-ueiv, *n* ondata di caldo *f*
heave, hiiv, *v* sollevare; spingere; tirare
heaven, hev´-en, *n* cielo *m*, paradiso *m*
heavenly, hev´-en-li, *adj* celeste, divino

heavily, hev´-i-li, *adv* (smoke, drink) molto; (rain, snow) forte
heavy, hev´-i, *adj* pesante
hedge, hech, *n* siepe *f*
hedgehog, hech´-hogh, *n* riccio *m*
heedless, hiid´-lis, *adj* avventato
heel, hiil, *n* tallone *m*, calcagno *m*; (shoe) tacco *m*
hefty, hef´-ti, *adj* pesante
heifer, hef´-a, *n* giovenca *f*
height, hait, *n* altezza *f*; apice *m*
heighten, hai´-ten, *v* alzare; *fig* esaltare
heinous*, hei´-nos, *adj* nefando
heir, er, *n* erede *m*
heiress, er-res, *n* erede *f*
heirloom, er´-luum, *n* ricordo di famiglia *m*
helicopter, hel´-i-kop-ta, *n* elicottero *m*
hell, hel, *n* inferno *m*
hellish, hel´-ish, *adj* infernale
hello, hel-ou´, *interj* ciao!; salve!; (telephone) pronto?
helm, helm, *n* timone *m*
helmet, hel´-mit, *n* casco *m*; elmetto *m*
help, help, *n* aiuto *m*; aiutante *m/f*; *v* aiutare; contribuire; servire
helper, hel´-pa, *n* aiutante *m/f*
helpful*, help´-ful, *adj* utile
helpless*, help´-lis, *adj* impotente; indifeso
hem, hem, *n* orlo *m*; *v* orlare; **– in,** cingere
hemp, hemp, *n* canapa *f*
hen, hen, *n* gallina *f*
hence, hens, *adv* per cui
her, her, *pron* lei; le; la; *adj* suo, sua, suoi, sue
herb, herb, *n* erba *f*
herd, herd, *n* mandria *f*; branco *m*
herdsman, herds´-man, *n* mandriano *m*
here, hir, *adv* qui, qua
hereditary, hi-red´-i-ta-ri, *adj* ereditario
heresy, he´-ri-si, *n* eresia *f*
heretic, he´-ri-tik, *n* eretico *m*
heritage, he´-ri-tich, *n* patrimonio *m*, eredità *f*
hermetic, her-met´-ik, *adj* ermetico
hermit, her´-mit, *n* eremita *m/f*
hernia, her´-ni-a, *n* ernia *f*
hero, hir´-rou, *n* eroe *m*
heroic, hi-rou´-ik, *adj* eroico
heroin, he´-rou-in, *n* (drug) eroina *f*
heroine, he´-rou-in, *n* eroina *f*
heroism, he´-rou-ism, *n* eroismo *m*
herring, he´-ring, *n* aringa *f*
hers, hers, *pron* il suo, la sua, i suoi, le sue; **a friend of –,** un suo amico
herself, her-self´, *pron refl* si; se stessa
hesitate, hes´-i-teit, *v* esitare
hesitation, hes-i-tei´-shon, *n* esitazione *f*
heterosexual, he-te-rou-sek´-siu-al, *adj* eterosessuale; *n* eterosessuale *m/f*
hiccough, hik'-ŏp, *n* singhiozzo *m*
hide, haid, *n* pelle *f*; cuoio *m*; *v* nascondere
hide-and-seek, haid´-en-siik, *n* nascondino *m*
hideous*, hid´-i-os, *adj* orrendo
hiding, hai´-ding, *n* (beating) botte *fpl*
hiding place, hai´-ding pleis, *n* nascondiglio *m*
hi-fi, hai´-fai, *n* stereo *m*
high, hai, *adj* alto
high chair, hai´-cher, *n* seggiolone *m*
highway, hai´-uei, *n* superstrada *f*
hijack, hai´-chak, *v* dirottare

hilarious, hi-ler´-ri-os, *adj* spassoso
hilarity, hi-la´-ri-ti, *n* ilarità *f*
hill, hil, *n* collina *f*
hilly, hil´-i, *adj* collinoso
hilt, hilt, *n* impugnatura *f*
him, him, *pron* lui; gli; lo
himself, him-self´, *pron refl* si; se stesso
hind, haind, *adj* posteriore
hinder, hin´-da, *v* impedire
hindrance, hin´-drans, *n* impedimento *m*
hinge, hinch, *n* cardine *m*
hint, hint, *n* cenno *m*; allusione *f*; *v* accennare; alludere
hip, hip, *n* anca *f*
hippo, hip´-ou, *n* ippopotamo *m*
hire, hair, *v* noleggiare; *n* nolo *m*; noleggio *m*
his, his, *pron* il suo, la sua, i suoi, le sue; *adj* suo, sua, suoi, sue; **a friend of –,** un suo amico
hiss, his, *v* sibilare; *n* sibilo *m*
historian, his-toor´-ri-an, *n* storico *m*
historic(al), his-to´-rik(-al), *adj* storico
history, his´-to-ri, *n* storia *f*
hit, hit, *n* colpo *m*; successo *m*; *v* colpire
hitch, hich, *n* intoppo *m*; *v* tirare su; attaccare
hitchhike, hich´-haik, *v* fare l'autostop
hitchhiker, hich´-haik-a, *n* autostoppista *m/f*
hi-tech, hai-tek´, *adj* hi-tech
hive, haiv, *n* alveare *m*
hoarse*, hoors, *adj* rauco
hoax, houks, *n* burla *f*
hobby, hob´-i, *n* hobby *m*
hockey, hok´-i, *n* hockey *m*
hoe, hou, *n* zappa *f*; *v* zappare
hog, hogh, *n* maiale *m*
hoist, hoist, *v* issare
hold, hould, *n* presa *f*; stiva *f*; *v* tenere; contenere; possedere; **– back,** trattenere; **– on,** *v* aspettare; resistere
holder, houl´-da, *n* possessore *m*; titolare *m/f*; contenitore *m*
hole, houl, *n* buco *m*
holiday, hol´-i-dei, *n* giorno di vacanza *m*; (bank holiday) giorno festivo *m*
holidays, hol´-i-deis, *npl* vacanze *fpl*; ferie *fpl*
holiness, houl´-i-nis, *n* santità *f*
Holland, hol´-and, *n* Olanda *f*
hollow, hol´-ou, *n* cavità *f*; *adj* cavo; vuoto; *v* scavare
holly, hol´-i, *n* agrifoglio *m*
holocaust, hol´-o-koost, *n* olocausto *m*
holy, hou´-li, *adj* santo
homage, hom´-ich, *n* omaggio *m*
home, houm, *n* casa *f*; patria *f*; **at –,** a casa
homeless, houm´-lis, *adj* senzatetto
homely, houm´-li, *adj* accogliente; alla buona
home-made, houm´-meid, *adj* fatto in casa; casalingo
homesick, houm´-sik, *adj* **to be –,** avere nostalgia
homicide, hom´-i-said, *n* omicidio *m*
homosexual, hom-ou-sek´-siu-al, *adj* omosessuale; *n* omosessuale *m/f*
honest*, on´-ist, *adj* onesto
honesty, on´-is-ti, *n* onestà *f*
honey, hŏn´-i, *n* miele *m*
honeymoon, hŏn´-i-muun, *n* luna di miele *f*
honeysuckle, hŏn´-i-sŏk-l, *n* caprifoglio *m*
honorary, on´-o-ta-ri, *adj* onorario
honour, on´-a, *n* onore *m*;

v onorare
honourable, on´-*e*-ra-bl, *adj* onorevole
hood, hud, *n* cappuccio *m*; cappa *f*; capote *f*
hoof, huuf, *n* zoccolo *m*
hook, huk, *n* gancio *m*; amo *m*; *v* agganciare
hooligan, huu´-li-gan, *n* teppista *m*
hoop, huup, *n* cerchio *m*
hoot, huut, *v* ululare; suonare il clacson
hoover®, huuv´-*a*, *n* aspirapolvere *m*; *v* passare l'aspirapolvere
hop, hop, *n* luppolo *m*; *v* saltellare; saltare
hope, houp, *n* speranza *f*; *v* sperare
hopeful*, houp´-ful, *adj* pieno di speranze
hopeless*, houp´-lis, *adj* disperato; senza speranza
horizon, ho-rai-son, *n* orizzonte *m*
horizontal, ho-ri-son´-tal, *adj* orizzontale
hormone, hoor´-moun, *n* ormone *m*
horn, hoorn, *n* corno *m*; clacson *m*
hornet, hoor´-nit, *n* calabrone *m*
horoscope, ho´-ro-skoup, *n* oroscopo *m*
horrible, ho´-ri-bl, *adj* orrido
horrid, ho´-rid, *adj* orrendo
horrify, ho´-ri-fai, *v* inorridire
horror, ho´-ra, *n* orrore *m*
horse, hoors, *n* cavallo
horseback, hoors´-bak, **on –,** *adv* a cavallo
horsepower, hoors´-pau-*a*, *n* cavalli vapore *mpl*
horseradish, hoors´-rad-ish, *n* rafano *m*
horseshoe, hoors´-shuu, *n* ferro di cavallo *m*
hose, hous, *n* tubo di gomma *m*
hosiery, hou´-*sie*-ri, *n* maglieria *f*
hospitable, hos-pi´-*ta*-bl, *adj* ospitale
hospital, hos´-pi-tl, *n* ospedale *m*
hospitality, hos-pi-ta´-li-ti, *n* ospitalità *f*
host, houst, *n* ospite *m*
hostage, hos´-tich, *n* ostaggio *m*
hostel, hos´-tl, *n* ostello *m*
hostess, hous´-tes, *n* ospite *f*; hostess *f*
hostile, hos´-tail, *adj* ostile
hot*, hot, *adj* caldo; piccante
hotel, hou-tel´, *n* albergo *m*
hothouse, hot´-haus, *n* serra *f*
hot-water bottle, hot-uoo´-*ta* bot´-l, *n* borsa dell'acqua calda *f*
hound, haund, *n* segugio *m*; *v* perseguitare
hour, au-*a*, *n* ora *f*
hourly, au'-*e*-li, *adv* ogni ora; *adj* all'ora
house, haus, *n* casa *f*
household, haus´-hould, *n* famiglia *f*
housekeeper, haus´-kii-pa, *n* governante *f*
House of Commons, haus´-ov-kom´-ons, *n* Camera dei Comuni *f*
housewife, haus´-uaif, *n* casalinga *f*
hovel, hov´-l, *n* tugurio *m*
hover, hov´-*a*, *v* sorvolare
how, hau, *adv* come; **– far is it?,** quanto è lontano?; **– much?,** quanto? quanta?; **– many?,** quanti? quante?
however, hau-ev´-*a*, *conj* tuttavia
howl, haul, *v* ululare
hub, hŏb, *n* mozzo *m*; *fig* fulcro *m*
huddle, hŏd´-l, *v* raggomitolarsi
hue, hiuu, *n* tinta *f*
hue and cry, hiuu-en-krai´, *n* clamore *m*
hug, hŏgh, *v* abbracciare; *n* abbraccio *m*
huge, hiuuch, *adj* enorme, immenso

hull, hŏl, *n* scafo *m*
hum, hŏm, *v* canticchiare
human*, hiuu´-man, *adj* umano; *n* essere umano *m*
humane*, hiu-mein´, *adj* umanitario
humanity, hiu-man´-i-ti, *n* umanità *f*
humble, hŏm´-bl, *adj* umile; *v* umiliare
humid, hiuu´-mid, *adj* umido
humidity, hiu-mid´-i-ti, *n* umidità *f*
humiliate, hiu-mil´-i-eit, *v* umiliare
humiliation, hiu-mi-li-ei´-shon, *n* umiliazione *f*
humorous, hiuu´-mo-ros, *adj* umoristico; spiritoso
humour, hiuu´-ma, *n* umorismo *m*; *v* compiacere
hunch, hŏnch, *n* gobba *f*
hunchback, hŏnch´-bak, *n* gobbo *m*
hundred, hŏn´-drid, *adj* cento
hundredth, hŏn´-dredZ, *adj* centesimo
hunger, hŏng´-ga, *n* fame *f*
hungry, hŏng´-gri, *adj* affamato
hunt, hŏnt, *n* caccia *f*; *v* cacciare
hunter, hŏn-ta, *n* cacciatore *m*
hurdle, her´-dl, *n* ostacolo *m*
hurl, herl, *v* scagliare
hurricane, hŏ'-ri-kan, *n* uragano *m*
hurry, hŏ'-ri, *n* fretta *f*; *v* affrettare
hurt, hert, *v* far male; ferire
hurtful*, hert´-ful, *adj* che ferisce
husband, hŏs´-band, *n* marito *m*
hush! hŏsh, *interj* zitto! – **up,** *v* mettere a tacere
husky, hŏs´-ki, *adj* roco
hustle, hŏs´-l, *v* spingere
hut, hŏt, *n* capanna *f*
hutch, hŏch, *n* (rabbit) conigliera *f*
hyacinth, hai´-a-sinZ, *n* giacinto *m*
hydrant, hai´-drant, *n* idrante *m*
hydraulic, hai-dro´-lik, *adj* idraulico
hydrogen, hai´-dro-chen, *n* idrogeno *m*
hygiene, hai´-chiin, *n* igiene *f*
hygienic, hai-chii´-nik, *adj* igienico
hymn, him, *n* inno *m*
hype, haip, *n* pubblicità *f*
hyphen, hai´-fen, *n* lineetta *f*, trattino *m*
hypnotize, hip´-no-tais, *v* ipnotizzare
hypocrisy, hi-po´-kri-si, *n* ipocrisia *f*
hypocrite, hip´-o-krit, *n* ipocrita *m/f*
hypothermia, haip-ou-Zer´-mi-a, *n* ipotermia *f*
hysterical, his-te´-ri-kl, *adj* isterico

I

I, ai, *pron* io
ice, ais, *n* ghiaccio *m*
iceberg, ais´-bergh, *n* iceberg *m*
icebound, ais´-baund, *adj* bloccato dal ghiaccio
ice cream, ais-criim´, *n* gelato *m*
ice hockey, ais´-ho-ki, *n* hockey su ghiaccio *m*
ice lolly, ais lo´-li, *n* (sorbet) ghiacciolo *m*
ice rink, ais´-rink, *n* pista di pattinaggio su ghiaccio *f*
ice skating, ais´-skei-ting, *n* pattinaggio su ghiaccio *m*
icicle, ai´-si-kl, *n* ghiacciolo *m*
icing, ai´-sing, *n* glassa *f*
icing sugar, ai´-sing shu´-ga, *n* zucchero a velo *m*
icy, ai´-si, *adj* gelido; ghiacciato
idea, ai-di´-a, *n* idea *f*
ideal, ai-di´-al, *n* ideale *m*; *adj* ideale
idealize, ai-di´-a-lais, *v* idealizzare
identical*, ai-den´-ti-kl, *adj* identico
identify, ai-den´-ti-fai, *v* identificare
identity, ai-den´-ti-ti, *n* identità *f*
idiom, id´-i-om, *n* espressione idiomatica *f*
idiot, id´-i-ot, *n* idiota *m/f*
idiotic, id-i-ot´-ik, *adj* idiota
idle, ai´-dl, *adj* pigro; ozioso; inattivo; *v* oziare; (engine) girare al minimo
idleness, aidl´-nis, *n* ozio *m*
idler, aid´-la, *n* poltrone *m*, fannullone *m*
idol, ai´-dl, *n* idolo *m*
idolize, ai´-dol-ais, *v* idolatrare
idyll, is´-il, *n* idillio *m*
idyllic, i´-dil-ik, *adj* idilliaco
if, if, *conj* se; **even –,** anche se
ignite, igh-nait´, *v* accendere; accendersi
ignition, igh-ni´-shon, *n* accensione *f*
ignoble, igh-nou´-bl, *adj* ignobile
ignominious, igh-no-min´-i-os, *adj* ignominioso
ignominy, igh´-no-min-i, *n* ignominia *f*
ignorance, igh´-no-rans, *n* ignoranza *f*
ignorant, igh´-no-rant, *adj* ignorante
ignore, igh-noor´, *v* ignorare
ill, il, *adj* malato; **be –,** essere ammalato; (sick) star male
illness, il´-nis, *n* malattia *f*
illegal*, i-lii´-gl, *adj* illegale
illegible, il-lech´-i-bl, *adj* illeggibile

illegitimate*, i-li-chit´-i-mat, *adj* illegittimo
illiterate, i-lit´-e-ret, *adj* analfabeta
illogical*, i-loch´-i-kl, *adj* illogico
illuminate, i-luu´-mi-neit, *v* illuminare
illumination, i-luu-mi-nei´-shon, *n* illuminazione *f*
illusion, i-luu´-shon, *n* illusione *f*
illusory, i-luu´-so-ri, *adj* illusorio
illustrate, il´-us-treit, *v* illustrare
illustration, il-us-trei´-shon, *n* illustrazione *f*
illustrious*, i-lŏs´-tri-os, *adj* illustre
image, im´-ich, *n* immagine *f*
imaginary, i-mach´-in-a-ri, *adj* immaginario
imagination, i-mach-in-ei´-shon, *n* immaginazione *f*
imagine, i-mach´-in, *v* immaginarsi
imbecile, im´-bi-siil, *n* imbecille *m/f*
imbue, im-biuu´, *v* permeare
imitate, im´-i-teit, *v* imitare
immaculate*, i-mak´-iu-let, *adj* immacolato
immaterial*, i-ma-tiir´-ri-al, *adj* immateriale
immature, i-ma-tiuur´, *adj* immaturo
immeasurable, i-mesh´-u-ra-bl, *adj* incommensurabile
immediate*, i-mii´-di-et, *adj* immediato
immense*, i-mens´, *adj* immenso
immensity, i-mens´-i-ti, *n* immensità *f*
immerse, i-mers´, *v* immergere
immigrant, im´-i-grant, *n* immigrante *m/f*
immigrate, im´-i-greit, *v* immigrare
immigration, im-i-grei´-shon, *n* immigrazione *f*
imminent, im´-i-nent, *adj* imminente
immoderate, i-mod´-e-rat, *adj* smodato
immodest*, i-mod´-ist, *adj* immodesto; indecente
immoral*, i-mo´-ral, *adj* immorale
immortal*, i-moor´-tal, *adj* immortale
immortalize, i-moor´-tal-ais, *v* immortalare
immovable, i-muu´-va-bl, *adj* irremovibile
immune, i-miuun´, *adj* immune
immunity, i-miuu´-ni-ti, *n* immunità *f*
imp, imp, *n* folletto *m*; (little rascal) demonietto *m*
impact, im´-pakt, *n* impatto *m*; scontro *m*
impair, im-per´, *v* danneggiare; deteriorare; diminuire
impale, im-peil´, *v* impalare
impart, im-paart´, *v* impartire; comunicare
impartial*, im-paar´-shal, *adj* imparziale
impassable, im-paas´-a-bl, *adj* intransitabile, impraticabile
impassive, im-pas´-iv, *adj* impassibile
impatience, im-pei´-shens, *n* impazienza *f*
impatient, im-pei´-shent, *adj* impaziente
impeach, im-piich´, *v* mettere in stato d'accusa; attaccare
impeachment, im-piich´-ment, *n* accusa *f*
impecunious, im-pi-kiuu´-ni-os, *adj* indigente
impede, im-piid´, *v* impedire
impediment, im-ped´-i-ment, *n* impedimento *m*
impel, im-pel´, *v* costringere

impending, im-pen´-ding, *adj* imminente
imperative, im-pe´-ra-tiv, *n gram* imperativo *m*; *adj* imperativo; indispensabile
imperfect, im-per´-fikt, *n* imperfetto *m*; *adj** imperfetto; difettoso
imperfection, im-pe-fek´-shon, *n* imperfezione *f*
imperial*, im-pir´-ri-al, *adj* imperiale
imperil, im-pe´-ril, *v* mettere in pericolo
impersonate, im-per´-son-eit, *v* impersonare
impertinence, im-per´-ti-nens, *n* impertinenza *f*
impertinent*, im-per´-ti-nent, *adj* impertinente
impervious, im-per´-vi-os, *adj* impervio
impetuous*, im-pet´-iu-os, *adj* impetuoso
impetus, im´-pi-tus, *n* impeto *m*
implant, im-plaant´, *v* innestare; inculcare
implement, im´-pli-ment, *n* attrezzo *m*; utensile *m*
implicate, im´-pli-keit, *v* implicare
implicit*, im-plis´-it, *adj* implicito
implore, im-ploor´, *v* implorare
imply, im-plai´, *v* implicare; (suggest) insinuare
impolite*, im-po-lait´, *adj* scortese
import, im´-poort, *n* importazione *f*
import, im-poort´, *v* importare
importance, im-poor´-tans, *n* importanza *f*
important, im-poor´-tant, *adj* importante
importer, im-poor´-ta, *n* importatore *m*
impose, im-pous´, *v* imporre; **– upon,** abusare di
imposing, im-pou´-sing, *adj* imponente
imposition, im-po-si´-shon, *n* imposizione *f*
impossibility, im-pos-i-bil´-i-ti, *n* impossibilità *f*
impossible, im-pos´-i-bl, *adj* impossibile
impostor, im-pos´-ta, *n* impostore *m*
impotent, im´-po-tent, *adj* impotente
impound, im-paund´, *v* sequestrare, confiscare
impoverish, im-pov´-e-rish, *v* impoverire
impracticable, im-prak´-ti-ka-bl, *adj* impraticabile
imprecation, im-pri-kei´-shon, *n* imprecazione *f*
impregnable, im-pregh´-na-bl, *adj* inespugnabile
impregnate, im´-pregh-neit, *v* impregnare
impress, im-pres´, *v* fare un'impressione; *n* impressione *f*
impression, im-pre´-shon, *n* impressione *f*
impressive, im-pres´-iv, *adj* impressionante
imprint, im´-print, *n* sigla editoriale *f*
imprint, im-print´, *v* stampare
imprison, im-pris´-n, *v* imprigionare
imprisonment, im-pris´-n-ment, *n* reclusione *f*
improbable, im-prob´-a-bl, *adj* improbabile
improper, im-prop´-a, *adj* improprio; sconveniente
impropriety, im-pro-prai´-i-ti, *n* sconvenienza *f*
improve, im-pruuv´, *v* migliorare
improvement, im-pruuv´-ment, *n* miglioramento *m*; miglioria *f*
improvise, im´-pro-vais, *v* improvvisare
impudence, im´-piu-dens, *n* impudenza *f*
impudent, im´-piu-dent, *adj* impudente
impulse, im´-pŏls, *n* impulso *m*

impulsive, im-pŏl´-siv, *adj* impulsivo
impure, im-piuur´, *adj* impuro
impurity, im-piuur´-ri-ti, *n* impurità *f*
impute, im-piut´, *v* imputare
in, in, *prep* a; in; *adv* dentro
inability, in-*a*-bil´-i-ti, *n* incapacità *f*
inaccessible, in-ak-ses´-i-bl, *adj* inaccessibile
inaccuracy, in-ak´-iu-*ra*-si, *n* inesattezza *f*
inaccurate*, in-ak´-iu-*rat*, *adj* inaccurato; inesatto
inadequate, in-ad´-i-ku*at*, *adj* inadeguato; insufficiente
inadvertently, in-*ad*-ve*r*´-tent-li, *adv* inavvertitamente
inane, i-nein´, *adj* sciocco
inanimate, i-nan´-i-m*at*, *adj* inanimato
inapt, i-napt´, *adj* poco appropriato
inasmuch as, i-n*as*-mŏch' a*s*, *conj* in quanto; poiché
inaudible, i-noo´-di-bl, *adj* appena percettibile
inaugurate, i-noo´-ghiu-reit, *v* inaugurare
inborn, in´-boorn, *adj* innato; congenito
inbred, in-bred´, *adj* innato; congenito
incalculable, in-kal´-kiu-*la*-bl, *adj* incalcolabile
incapable, in-kei´-p*a*-bl, *adj* incapace
incapacitate, in-k*a*-pas´-i-teit, *v* inabilitare
incapacity, in-k*a*-pas´-i-ti, *n* incapacità *f*; *law* inabilitazione *f*
incarnation, in-kaa*r*-nei´-shon, *n* incarnazione *f*
incautious*, in-koo´-sh*o*s, *adj* incauto
incense, in´-sens, *n* incenso *m*
incense, in-sens´, *v* fare infuriare
incentive, in-sen´-tiv, *n* incentivo *m*
incessant*, in-ses´-*a*nt, *adj* incessante
inch, inch, *n* pollice *m* (= 2,54 cm)
incident, in´-si-dent, *n* incidente *m*
incidental*, in-si-den´-tl, *adj* fortuito; secondario
incision, in-si´-**sh**on, *n* incisione *f*
incite, in-sait´, *v* incitare
incivility, in-si-vil´-i-ti, *n* inciviltà *f*
inclination, in-kli-nei´-shon, *n* inclinazione *f*
incline, in-klain´, *n* (slope) pendio *m*; *v* inclinare; inclinarsi
include, in-kluud´, *v* includere
inclusive, in-kluu´-siv, *adj* incluso
incoherent, in-*ko*-hii*r*´-*r*ent, *adj* incoerente
income, in´-kom, *n* reddito *m*
income tax, in´-kom taks, *n* imposta sul reddito *f*
incoming, in´-kŏm-ing, *adj* in arrivo; (new) entrante
incomparable, in-kom´-pa-*ra*-bl, *adj* incomparabile
incompatible, in-kom-pat´-i-bl, *adj* incompatibile
incompetent, in-kom´-pi-tent, *adj* incompetente
incomplete*, in-kom-pliit´, *adj* incompleto
incomprehensible, in-kom-pri-hen´-si-bl, *adj* incomprensibile
inconceivable, in-kon-sii´-v*a*-bl, *adj* inconcepibile
inconclusive*, in-kon-kluu´-siv, *adj* inconcludente
incongruous, in-kong´-gru-*os*, *adj* incongruo
inconsiderable, in-kon-si´-de-*ra*-bl, *adj* inconsiderabile
inconsiderate, in-kon-si´-

de-ret, *adj* senza riguardo, sconsiderato
inconsistent, in-kon-sis´-tent, *adj* incoerente
inconsolable, in-kon-soul´-a-bl, *adj* inconsolabile
inconstant*, in-kon´-stant, *adj* incostante
inconvenience, in-kon-vii´-ni-ens, *v* disturbare, incomodare; *n* disturbo *m*; inconveniente *m*
inconvenient, in-kon-vii´-ni-ent, *adj* scomodo
incorporate, in-koor´-po-reit, *v* incorporare
incorrect*, in-ko-rekt´, *adj* scorretto; inesatto
incorrigible, in-ko´-ri-chi-bl, *adj* incorreggibile
increase, in-kriis´, *v* aumentare; *n* aumento *m*
incredible, in-kred´-i-bl, *adj* incredibile
incredulous, in-kred´-iu-los, *adj* incredulo
incriminate, in-krim´-i-neit, *v* incriminare
inculcate, in´-kŏl-keit, *v* inculcare
incur, in-ker´, *v* incorrere
incurable, in-kiur´-ra-bl, *adj* incurabile
indebted, in-det´-id, *adj* obbligato
indecent, in-dii´-sent, *adj* indecente
indecision, in-di-si´-shon, *n* indecisione *f*
indecisive*, in-di-sai´-siv, *adj* indeciso
indecorous, in-dek´-o-ros, *adj* indecoroso
indeed, in-diid´, *adv* infatti; davvero
indefensible, in-di-fen´-si-bl, *adj* insostenibile; ingiustificabile
indefinite, in-def´-i-nit, *adj* indefinito
indelible, in-del´-i-bl, *adj* indelebile
indelicate, in-del´-i-kat, *adj* indelicato
indemnify, in-dem´-ni-fai, *v* indennizzare
indemnity, in-dem´-ni-ti, *n* indennità *f*
independence, in-di-pen´-dens, *n* indipendenza *f*
independent, in-di-pen´-dent, *adj* indipendente
indescribable, in-dis-krai´-ba-bl, *adj* indescrivibile
indestructible, in-dis-trŏk´-ti-bl, *adj* indistruttibile
index, in´-deks, *n* indice *m*
index finger, in´-deks fing´-ga, *n* indice *m*
India, in´-di-a, *n* India *f*
Indian, in´-di-an, *adj* indiano
indicate, in´-di-keit, *v* indicare
indication, in-di-kei´-shon, *n* indicazione *f*
indicator, in´-di-kei-ta, *n* indicatore *m*
indict, in-dait´, *v* incriminare
indifference, in-dif´-e-rens, *n* indifferenza *f*
indifferent*, in-dif´-e-rent, *adj* indifferente; mediocre
indigestible, in-di-ches´-ti-bl, *adj* indigesto
indigestion, in-di-ches´-chon, *n* acidità di stomaco *f*
indignant*, in-digh´-nant, *adj* indignato
indignity, in-digh´-ni-ti, *n* umiliazione *f*
indigo, in´-di-gou, *n* indaco *m*
indirect*, in-dai-rekt´, *adj* indiretto
indiscreet*, in-dis-kriit´, *adj* indiscreto
indiscriminate*, in-dis-krim´-i-nat, *adj* indiscriminato
indispensable, in-dis-pen´-sa-bl, *adj* indispensabile
indisposed, in-dis-pousd´, *adj* indisposto
indisposition, in-dis-po-

sish´-on, *n* indisposizione *f*
indisputable, in-dis-piu´-ta-bl, *adj* indiscutibile
indistinct*, in-dis-tingkt´, *adj* indistinto; confuso
indistinguishable, in-dis-ting-gui´-sha-bl, *adj* indistinguibile
individual, in-di-vid´-iu-al, *adj* individuale; personale; *n* individuo *m*
indolent, in´-do-lent, *adj* indolente
indoors, in-doors´, *adv* in casa; al coperto; all'interno
induce, in-diuus´, *v* persuadere
inducement, in-diuus´-ment, *n* incentivo *m*
indulge, in-dŏlch´, *v* accontentare; soddisfare
indulgent*, in-dŏl´-chent, *adj* indulgente
industrial*, in-dŏs´-tri-al, *adj* industriale
industrious*, in-dŏs´-tri-os, *adj* industrioso; diligente
industry, in´-dus-tri, *n* industria *f*
inebriated, in-ii´-bri-ei-tid, *adj* ubriaco
ineffective, in-i-fek´-tiv, *adj* inefficace
inefficient, in-i-fish´-ent, *adj* inefficiente; (person) incapace
inept, i-nept´, *adj* inetto
inequality, in-i-kuol´-i-ti, *n* ineguaglianza *f*; disuguaglianza *f*
inert, in-ert´, *adj* inerte
inestimable, in-es´-ti-ma-bl, *adj* inestimabile
inevitable, in-ev´-i-ta-bl, *adj* inevitabile
inexact, in-igh-sakt´, *adj* inesatto
inexcusable, in-iks-kiuu´-sa-bl, *adj* imperdonabile
inexhaustible, in-igh-soos´-ti-bl, *adj* inesauribile
inexpensive*, in-iks-pen´-siv, *adj* economico, poco costoso
inexperience, in-iks-pir´-ri-ens, *n* inesperienza *f*
inexperienced, in-iks-pir´-ri-enst, *adj* inesperto
inexplicable, in-iks-plik´-a-bl, *adj* inesplicabile
inexpressible, in-iks-pres´-i-bl, *adj* inesprimibile
infallible, in-fal´-i-bl, *adj* infallibile
infamous*, in´-fa-mos, *adj* famigerato
infamy, in-fa-mi, *n* infamia *f*
infancy, in´-fan-si, *n* infanzia *f*
infant, in´-fant, *n* bambino *m*; *law* minorenne *m/f*
infantry, in´-fan-tri, *n* fanteria *f*
infatuation, in-fat-iu-ei´-shon, *n* infatuazione *f*
infect, in-fekt´, *v* infettare
infection, in-fek´-shon, *n* infezione *f*
infectious, in-fek´-shos, *adj* contagioso, infettivo
infer, in-fer´, *v* dedurre
inference, in´-fe-rens, *n* deduzione *f*
inferior, in-fir´-ri-a, *adj* inferiore
infernal, in-fer´-nal, *adj* infernale
infest, in-fest´, *v* infestare
infinite*, in´-fi-nit, *adj* infinito
infirm, in-ferm´, *adj* infermo
infirmary, in-ferm´-a-ri, *n* infermeria *f*
inflame, in-fleim´, *v* infiammare
inflammable, in-flam´-a-bl, *adj* infiammabile
inflammation, in-fla-mei´-shon, *n* infiammazione *f*
inflate, in-fleit, *v* gonfiare; (prices) aumentare
inflexible, in-flek´-si-bl, *adj* inflessibile
inflict, in-flikt´, *v* infliggere
inflow, in´-flou, *n*

afflusso *m*
influence, in´-flu-ens, *n* influenza *f*; *v* influire; influenzare
influential, in-flu-en´-shal, *adj* influente
influenza, in-flu-en´-sa, *n* influenza *f*
influx, in´-flŏks, *n* afflusso *m*; flusso *m*
inform, in-foorm´, *v* informare, avvisare
informal*, in-foor´-mal, *adj* informale; non formale; non ufficiale
information, in-fo-mei´-shon, *n* informazioni *fpl*
infrequent, in-frii´-kuent, *adj* raro, non comune
infringe, in-frinch´, *v* infrangere, violare
infringement, in-frinch´-ment, *n* infrazione *f*, violazione *f*
infuriate, in-fiur´-ri-eit, *v* rendere furioso
infuse, in-fiuus´, *v* infondere; (tea etc.) mettere in infusione
ingenious*, in-chii´-ni-os, *adj* ingegnoso
ingenuity, in-chin-iuu´-i-ti, *n* ingegnosità *f*
ingot, ing´-got, *n* lingotto *m*
ingrained, in-greind´, *adj* incrostato; inveterato
ingratiate, in-grei´-shi-eit, *v* ingraziarsi
ingratitude, in-grat´-i-tiuud, *n* ingratitudine *f*
ingredient, in-grii´-di-ent, *n* ingrediente *m*
ingrowing, in´-grou-ing, *adj* incarnito
inhabit, in-hab´-it, *v* abitare; vivere in
inhabitable, in-hab´-it-a-bl, *adj* abitabile
inhabitant, in-hab´-it-ant, *n* abitante *m/f*
inhale, in-heil´, *v* inalare; aspirare; inspirare
inherent*, in-hir´-rent, *adj* inerente
inherit, in-he´-rit, *v* ereditare
inheritance, in-he´-rit-ans, *n* eredità *f*
inhospitable, in-hos-pi´-ta-bl, *adj* inospitale
inhuman, in-hiuu´-man, *adj* disumano; inumano
iniquitous, in-ik´-ui-tos, *adj* iniquo
initial, in-ish´-al, *n* iniziale *f*; *adj** iniziale
initiate, in-ish´-i-eit, *v* iniziare
initiative, in-ish´-a-tiv, *n* iniziativa *f*
inject, in-chekt´, *v* iniettare
injection, in-chek´-shon, *n* iniezione *f*
injunction, in-chŏngk´-shon, *n* ingiunzione *f*
injure, in´-cha, *v* ferire; nuocere a
injurious*, in-chur´-ri-os, *adj* nocivo
injury, in´-chu-ri, *n* ferita *f*, lesione *f*; danno *m*
injury time, in´-chu-ri taim, *n* minuti di recupero *mpl*
injustice, in-chŏs´-tis, *n* ingiustizia *f*
ink, ingk, *n* inchiostro *m*
ink-jet printer, ingk´-chet prin´-ta, *n* stampante a getto d'inchiostro *f*
inlaid, in-leid´, *adj* intarsiato
inland, in´-land, *adj* interno; *adv* all'interno
in-laws, in´-loos, *npl* suoceri *mpl*
inlet, in´-let, *n* insenatura *f*
inmate, in´-meit, *n* carcerato *m*; degente *m/f*
inmost, in´-moust, *adj* il più profondo; il più intimo
inn, in, *n* locanda *f*
innate, i´-neit, *adj* innato
inner, in´-a, *adj* interno; intimo
innocent*, i´-no-sent, *adj* innocente
innocuous, i-nok´-iu-os, *adj* innocuo
innovation, i-no-vei´-

shon, *n* innovazione *f*
innumerable, i-niu´-me-ra-bl, *adj* innumerevole
inoculate, i-nok´-iu-leit, *v* inoculare
inoffensive, i-no-fen´-siv, *adj* inoffensivo
inopportune, in-op´-o-tiuun, *adj* inopportuno
input, in´-put, *n* input *m*
inquest, ing´-kuest, *n* inchiesta giudiziaria *f*
inquire, ing-kuair´, *v* informarsi; domandare
inquiry, ing-kuair´-ri, *n* richiesta di informazioni *f*; indagine *f*; inchiesta *f*
inquisition, ing-kui-sish´-on, *n* inquisizione *f*
inquisitive*, ing-kui´-sit-iv, *adj* curioso, indiscreto
insane*, in-sein´, *adj* pazzo, folle
insanity, in-san´-i-ti, *n* follia *f*
insatiable, in-sei´-sha-bl, *adj* insaziabile
inscribe, in-skraib´, *v* scrivere
inscription, in-skrip´-shon, *n* iscrizione *f*; dedica *f*
insect, in´-sekt, *n* insetto *m*
insecure, in-si-kiur´, *adj* insicuro; malsicuro
insensible, in-sen´-si-bl, *adj* insensibile; (unconscious) svenuto
inseparable, in-sep´-a-ra-bl, *adj* inseparabile
insert, in-sert´, *v* inserire
insertion, in-ser´-shon, *n* inserzione *f*
inside, in-said´, *adv* dentro; *adj* interno; *n* interno *m*
insidious, in-sid´-i-os, *adj* insidioso
insight, in´-sait, *n* intuito *m*; perspicacia *f*
insignificant, in-sigh-nif´-i-kant, *adj* insignificante
insincere, in-sin-sir´, *adj* insincero
insinuate, in-sin´-iu-eit, *v* insinuare
insipid, in-sip´-id, *adj* insipido
insist (on), in-sist´, *v* insistere
insolence, in´-so-lens, *n* insolenza *f*
insolent, in´-so-lent, *adj* insolente
insolvent, in-sol´-vent, *adj* insolvente
inspect, in-spekt´, *v* ispezionare
inspection, in-spek´-shon, *n* ispezione *f*
inspector, in-spek´-ta, *n* ispettore *m*; (on bus) controllore *m*
inspiration, in-spi-rei´-shon, *n* spirazione *f*
inspire, in-spair´, *v* spirare
install, in-stool´, *v* installare
installation, in-sta-lei´-shon, *n* installazione *f*
instalment, in-stool´-ment, *n* rata *f*; **pay in –s,** *v* pagare a rate
instance, in´-stans, *n* esempio *m*, caso *m*
instant, in´-stant, *n* istante *m*; *adj** immediato; (coffee) istantaneo
instead, in-sted´, *prep* invece; **– of,** *adv* invece di
instep, in´-step, *n* collo del piede *m*
instigate, in´-sti-gheit, *v* istigare
instil, in-stil´, *v* inculcare
instinct, in´-stingkt, *n* istinto *m*
institute, in´-sti-tiuut, *n* istituto *m*
instruct, in´-strŏkt, *v* istruire; (order) dare istruzioni
instruction, in-strŏk´-shon, *n* istruzione *f*
instrument, in´-stru-ment, *n* strumento *m*
insubordination, in-su-boor-di-nei´-shon, *n* insubordinazione *f*
insufferable, in-sŏf´-e-ra-bl, *adj* insopportabile

insufficient*, in-*suf*-ish´-*ent*, *adj* insufficiente
insulate, in´-siu-leit, *v* isolare
insulation, in-siu-lei´-shon, *n* isolamento *m*
insulin, in´-siu-lin, *n* insulina *f*
insult, in-sŏlt´, *v* insultare
insult, in´-sŏlt, *n* insulto *m*
insurance, in-shoo´-*rans*, *n* assicurazione *f*
insure, in-shoo*r*´, *v* assicurare
insurrection, in-*se*-rek´-shon, *n* insurrezione *f*
intact, in-takt´, *adj* intatto
intellect, in´-til-ekt, *n* intelletto *m*
intelligence, in-tel´-i-*chens*, *n* intelligenza *f*
intelligent, in-tel´-i-*chent*, *adj* intelligente
intemperate, in-tem´-pe-*rat*, *adj* intemperante; smoderato
intend, in-tend´, *v* avere l'intenzione, volere
intense*, in-tens´, *adj* intenso
intensive care, in-ten´-siv *ker*, *n* rianimazione *f*
intent, in-tent´, *n* intenzione *f*; *adj* intento
intention, in-ten´-shon, *n* intenzione *f*
intentional*, in-ten´-shon-*al*, *adj* intenzionale, fatto apposta
inter, in-*ter*´, *v* sotterrare
intercept, in-*te*-sept´, *v* intercettare
interchange, in-*te*-cheinch´, *v* scambiare
intercourse, in´-*te*-koors, *n* rapporto *m*
interdict, in-*te*-dikt´, *v* interdire
interest, in´-*te*-rest, *n* interesse *m*
interesting, in´-*te*-res-ting, *adj* interessante
interfere, in-*te*-fir´, *v* intromettersi
interference, in-*te*-fir´-rens, *n* intromissione *f*; (radio) interferenza *f*
interior, in-tiir´-ri-*a*, *adj* interiore, interno; *n* interno *m*
interlace, in-*te*-leis´, *v* intrecciare
interloper, in-*te*-lou´-pa, *n* intruso *m*
interlude, in´-*te*-luud, *n* intermezzo *m*
intermediate, in-*te*-mii´-di-*at*, *adj* intermediario
interment, in-*ter*´-ment, *n* sepoltura *f*
intermingle, in-*te*-ming´-gl, *v* mescolare
intermission, in-*te*-mish´-on, *n* interruzione *f*
intermittent*, in-*te*-mit´-*ent*, *adj* intermittente
intern, in-*tern*´, *v* internare
internal*, in-*ter*´-*nal*, *adj* interno
international, in-*te*-nash´-*nal*, *adj* internazionale
Internet, in´-*te*-net, *n* Internet *f*
interpret, in-*ter*´-prit, *v* interpretare
interpreter, in-*ter*´-prit-*a*, *n* interprete *m/f*
interrogate, in-te´-ro-gheit, *v* interrogare
interrupt, in-*te*-rŏpt´, *v* interrompere
interval, in´-*te*-val, *n* intervallo *m*
intervene, in-*te*-viin´, *v* intervenire
intervention, in-*te*-ven´-shon, *n* intervento *m*
interview, in´-*te*-viuu, *n* intervista *f*; (for job) colloquio *m*; *v* intervistare
interviewer, in´-*te*-viu-*a*, *n* intervistatore *m*, intervistatrice *f*
intestate, in-tes´-*tet*, *adj* intestato
intestine, in-tes´-tin, *n* intestino *m*
intimacy, in´-ti-*ma*-si, *n* intimità *f*
intimate*, in´-ti-*mat*, *adj*

intimo
intimate, in´-ti-meit, *v* lasciar capire
intimation, in-ti-mei´-shon, *n* accenno *m*
intimidate, in-tim´-i-deit, *v* intimidire
into, in´-tu, *prep* in, dentro
intolerable, in-tol´-e-ra-bl, *adj* intollerabile
intoxicate, in-tok´-si-keit, *v* ubriacare; inebriare
intrepid*, in-trep´-id, *adj* intrepido
intricate*, in´-tri-kat, *adj* intricato
intrigue, in´-triigh, *n* intrigo *m*; *v* intrigare
intriguing, in-trii´-ghing, *adj* intrigante
intrinsic, in-trin´-sik, *adj* intrinseco
introduce, in-tro-dius´, *v* introdurre; presentare
introductory, in-tro-dŏk´-to-ri, *adj* introduttivo; (offer) di lancio
intrude, in-truud´, *v* disturbare
intruder, in-truu´-da, *n* intruso *m*
intuition, in-tiu-ish´-on, *n* intuito *m*
inundate, in-un-deit´, *v* inondare
inure, in-iur´, *v* assuefare
invade, in-veid´, *v* invadere
invader, in-veid´-a, *n* invasore *m*
invalid, in´-va-lid, *n* invalido *m*; infermo *m*
invalid, in-val´-id, *adj* invalido, non valido
invaluable, in-val´-iu-a-bl, *adj* inestimabile
invariable, in-ver´-ri-a-bl, *adj* invariabile
invasion, in-vei´-shon, *n* invasione *f*
invent, in-vent´, *v* inventare
invention, in-ven´-shon, *n* invenzione *f*
inventor, in-ven´-ta, *n* inventore *m*
inventory, in´-ven-tri, *n* inventario *m*
invert, in-vert´, *v* invertire
invest, in-vest´, *v* investire
investigate, in-ves´-ti-gheit, *v* investigare
investigation, in-ves-ti-ghei´-shon, *n* indagine *f*
investment, in-vest´-ment, *n* investimento *m*
investor, in-ves´-ta, *n* investitore *m*
inveterate*, in-vet´-e-rat, *adj* inveterato
invigorate, in-vi´-go-reit, *v* invigorire
invincible, in-vin´-si-bl, *adj* invincibile
invisible, in-vis´-i-bl, *adj* invisibile
invitation, in-vi-tei´-shon, *n* invito *m*
invite, in-vait´, *v* invitare
invoice, in´-vois, *n* fattura *f*; *v* fatturare
invoke, in-vouk´, *v* invocare
involuntary, in-vol´-un-ta-ri, *adj* involontario
involve, in-volv´, *v* coinvolgere; comportere
inward, in´-uad, *adj* interiore, intimo
iodine, ai´-o-diin, *n* iodio *m*
Ireland, air´-land, *n* Irlanda *f*
iris, air´-ris, *n* (flower) giaggiolo *m*; (eye) iride *f*
Irish, air´-rish, *adj* irlandese
irksome*, erk´-som, *adj* tedioso
iron, ai´-on, *v* stirare; *n* ferro *m*; ferro da stiro *m*
ironic(al)*, ai-ron´-i-k(-l), *adj* ironico
ironmonger, ai´-on-mŏng-ga, *n* negoziante di ferramenta *m/f*
irony, air´-ron-i, *n* ironia *f*
irreconcilable, i-rek-on-sai´-la-bl, *adj* irreconciliabile
irregular*, i-re´-ghiu-la, *adj* irregolare

irrelevant, i-rel´-i-vant, *adj* non pertinente
irreproachable, i-ri-prouch´-a-bl, *adj* irreprensibile
irresistible, i-ri-sis´-ti-bl, *adj* irresistibile
irrespective of, i-ri-spek´-tiv ov, *prep* a prescindere da
irresponsible, i-ri-spon´-si-bl, *adj* irresponsabile
irretrievable, i-ri-trii´-va-bl, *adj* irrecuperabile; irreparabile
irreverent*, i-rev´-e-rent, *adj* irriverente
irrigate, i´-ri-gheit, *v* irrigare
irritable, i´-ri-ta-bl, *adj* irritabile
irritate, i´-ri-teit, *v* irritare
Islam, is´-laam, *n* Islam *m*
Islamic, is-lam´-ik, *adj* islamico
island, ai´-land, *n* isola *f*
islander, ai´-lan-da, *n* isolano *m*
isolate, ai´-sol-eit, *v* isolare
isolation, ai-so-lei´-shon, *n* isolamento *m*
issue, i´-shuu, *v* emettere; pubblicare; *n* questione *f*; emissione *f*; numero *m*
isthmus, is´-mos, *n* istmo *m*
it, it, *pron* esso, essa; lo, la; gli, le
Italian, i-tal´-ian, *adj* italiano; *n* (language) italiano *m*
italic, i-tal´-ik, *n* (type) caratteri corsivi *mpl*
Italy, i´-ta-li, *n* Italia *f*
itch, ich, *v* prudere; *n* prurito *m*
item, ai´-tem, *n* articolo *m*; (accounts) voce *f*
itinerant, ai-tin´-e-rant, *adj* ambulante; itinerante; girovago
its, its, *adj* il suo, la sua; i suoi, le sue
itself, it-self´, *pron* (reflexive) si; esso stesso, essa stessa; **by –,** da sé
ivory, ai´-ve-ri, *n* avorio *m*
ivy, ai´-vi, *n* edera *f*

J

jabber, chab´-a, *v* ciarlare
jack, chak, *n mech* cric *m*
jackal, chak´-l, *n* sciacallo *m*
jacket, chak´-ot, *n* giacca *f*; (of book) sopraccopertina *f*
jackpot, chak´-pot, *n* montepremi *m*
jade, cheid, *n* giada *f*
jaded, chei´-did, *adj* spossato
jagged, cha´-ghid, *adj* dentellato; frastagliato
jail, cheil, *n* carcere *m*; *v* incarcerare
jailor, chei´-la, *n* carceriere *m*
jam, chaam, *n* marmellata *f*; (traffic) ingorgo *m*; *v* ostruire; (block) bloccare
jangle, chang´-gl, *n* tintinnio *m*; *v* tintinnare
January, chan´-iu-a-ri, *n* gennaio *m*
Japan, cha-pan´, *n* Giappone *m*
Japanese, cha-pa-niis, *adj* giapponese; *n* (language) giapponese
jar, chaar, *n* vasetto *m*; (shock) scossone *m*; *v* (annoy) infastidire
jargon, chaar´-gon, *n* gergo *m*
jaundice, choon´-dis, *n* itterizia *f*
jaundiced, choon´-dist *adj med* itterico; *fig* cinico
javelin, cha´-ve-lin, *n* giavellotto *m*
jaw, choo, *n* mascella *f*
jealous*, chel´-os, *adj* geloso
jealousy, chel´-o-si, *n* gelosia *f*
jeans, chiins, *npl* jeans *mpl*
jeer, chir, *v* schernire; *n* scherno *m*
jelly, chel´-i, *n* gelatina *f*
jellyfish, chel´-i-fish, *n* medusa *f*
jeopardize, chep´-e-dais, *v* rischiare
jeopardy, chep´-e-di, *n* rischio *m*
jerk, cherk, *v* procedere a sobbalzi; *n* sobbalzo *m*
jersey, cher´-si, *n* maglia *f*
jest, chest, *v* scherzare; *n* scherzo *m*
jester, ches´-ta, *n* buffone di corte *m*
jet, chet, *n* (aircraft) jet *m*; (liquid) getto *m*; (mineral) giaietto *m*
jettison, chet´-i-son, *v* gettar a mare
jetty, chet´-i, *n* molo *m*
jewel, chuu´-el, *n* gioiello *m*
jeweller, chuu´-el-a, *n* gioielliere *m*

jewellery, chuu´-el-ri, *n* gioielli *mpl*
Jewish, chuu´-ish, *adj* ebreo
jigsaw, chig´-soo, *n* puzzle *m*
jilt, chilt, *v* piantare in asso, abbandonare
job, chob, *n* lavoro *m*
jockey, chok´-i, *n* fantino *m*
jocular, chok´-iu-la, *adj* gioviale
jog, chog, *v* fare jogging
join, choin, *v* unire, unirsi; (political party) iscriversi; (club) diventare socio; **– in,** partecipare a
joiner, choi´-na, *n* falegname *m*
joint, choint, *n* giuntura *f*; (meat) taglio *m*; (roast) arrosto *m*; (anatomy) articolazione *f*
jointly, choint´-li, *adv* congiuntamente
joke, chook, *n* scherzo *m*; *v* scherzare
joker, choo´-ka, *n* burlone *m*; (cards) jolly *m*
jolly, chol´-i, *adj* allegro
jolt, choult, *n* sobbalzo *m*; *v* sobbalzare
jostle, chos´-l, *v* spintonare
journal, cher´-nal, *n* giornale *m*
journalism, cher´-na-lism, *n* giornalismo *m*
journalist, cher´-na-list, *n* giornalista *m/f*
journey, cher´-ni, *n* viaggio *m*; *v* viaggiare
jovial*, chou´-vi-al, *adj* gioviale
joy, choi, *n* gioia *f*
joyful*, choi´-ful, *adj* lieto, gioioso
jubilant, chuu´-bi-lant, *adj* giubilante
jubilee, chuu´-bi-lii, *n* giubileo *m*
judge, chŏch, *n* giudice *m*; conoscitore *m*; *v* giudicare
judgment, chŏch´-ment, *n* giudizio *m*; sentenza *f*
judicial, chu-dish´-al, *adj* giudiziario
judicious*, chu-dish´-os, *adj* giudizioso
jug, chŏgh, *n* brocca *f*, caraffa *f*
juggle, chŏgh´-l, *v* fare il giocoliere
juggler, chŏgh´-la, *n* giocoliere *m*
juice, chuus, *n* succo *m*; (meat) sugo *m*
juicy, chuu´-si, *adj* succoso; sugoso
July, chu-lai´, *n* luglio *m*
jumble, chŏm´-bl, *v* mescolare; *n* miscuglio *m*
jump, chŏmp, *n* salto *m*; *v* saltare
jumper, chŏm´-pa, *n* maglione *m*; saltatore *m*, saltatrice *f*
junction, chŏngk´-shon, *n* (road) crocevia *m*; (railway) stazione di smistamento *f*
juncture, chŏngk´-cha, *n* (period) congiuntura *f*
June, chuun, *n* giugno *m*
jungle, chŏng´-gl, *n* giungla *f*
junior, chuu´-ni-a, *adj* più giovane; subalterno
juniper, chuu´-ni-pa, *n* ginepro *m*
jurisdiction, chur-ris-dik´-shon, *n* giurisdizione *f*
juror, chur´-ra, *n* giurato *m*
jury, chur´-ri, *n* giuria *f*
just, chŏst, *adj* (fair) giusto; *adv* (exactly) proprio; (only) soltanto; (barely) appena
justice, chŏst´-is, *n* giustizia *f*
justification, chŏs-ti-fi-kei´-shon, *n* giustificazione *f*
justify, chŏst´-i-fai, *v* giustificare
jut (out), chŏt (aut), *v* sporgere
juvenile, chuu´-ve-nail, *adj* minorile; infantile

K

kangaroo, kang-*ga*-**ruu**´, *n* canguro *m*
kebab, ki-bab´, *n* spiedino di carne e verdure *m*
keel, kiil, *n* chiglia *f*
keen*, kiin, *adj* entusiasta; (intelligence) acuto
keenness, kiin´-nis, *n* entusiasmo *m*; (mind) acutezza *f*
keep, kiip, *n* mantenimento *m*; *v* (retain) tenere; (support) mantenere; (preserve) conservare; – **back,** trattenere; – **off,** tener lontano; – **up,** mantenere
keeper, kii´-p*a*, *n* guardiano *m*
keepsake, kiip´-seik, *n* ricordo *m*
keg, kegh, *n* barile *m*
kennel, ken´-l, *n* canile *m*
kerb, k*er*b, *n* orlo del marciapiede *m*
kernel, k*er*´-n*e*l, *n* (nut) gheriglio *m*
kettle, ket´-l, *n* bollitore *m*
kettledrum, ket´-l-drŏm, *n mus* timpano *m*
key, kii, *n* chiave *f*; (piano, typewriter) tasto *m*
keyboard, kii´-boo*r*d, *n* tastiera *f*
keyhole, kii´-houl, *n* buco della serratura *m*
kick, kik, *n* calcio *m*; *v* dare calci; (horse) scalciare
kid, kid, *n* capretto *m*; *fig* bambino *m*, bambina *f*
kidnap, kid´-nap, *v* rapire
kidney, kid´-ni, *n* rene *m*; (cookery) rognone *m*
kill, kil, *v* uccidere
kiln, kiln, *n* fornace *f*
kilo, kii´-lou, *n* chilo *m*
kin, kin, *n* parente *m/f*
kind, kaind, *n* specie *f*, genere *m*; *adj** buono, gentile
kindness, kaind´-nis, *n* gentilezza *f*
kindle, kin´-dl, *v* accendere
king, king, *n* re *m*
kingdom, king´-dom, *n* regno *m*
kiosk, kii´-osk, *n* chiosco *m*
kipper, kip´-*a*, *n* aringa affumicata *f*
kiss, kis, *n* bacio *m*; *v* baciare
kit, kit, *n* equipaggiamento *m*, attrezzatura *f*
kitchen, kit´-shin, *n* cucina *f*
kite, kait, *n* aquilone *m*; (bird) nibbio *m*
kitten, kit´-*n*, *n* gattino *m*
knack, nak, *n* abilità *f*
knave, neiv, *n* (cards) fante *m*
knead, niid, *v* impastare
knee, nii, *n* ginocchio *m*
kneecap, nii´-kap, *n* rotula *f*

kneel, niil, *v* inginocchiarsi
knell, nel, *n* rintocco funebre *m*
knickers, nik´-*es*, *npl* mutandine da donna *fpl*
knife, naif, *n* coltello *m*
knight, nait, *n* cavaliere *m*
knit, nit, *v* lavorare a maglia
knitting, nit´-ing, *n* lavoro a maglia *m*
knob, nob, *n* pomello *m*; (on radio, TV) manopola *f*
knock, nok, *n* colpo *m*; *v* colpire; bussare; – **against,** urtare contro; – **down,** gettare a terra
knocker, nok´-*a*, *n* (door) battente *m*
knot, not, *n* nodo *m*; *v* annodare
knotty, not´-i, *adj* nodoso
know, nou, *v* sapere; conoscere
knowledge, nol´-**ich**, *n* conoscenza *f*; sapere *m*
known, noun, *adj* conosciuto
knuckle, nŏk´-l, *n* nocca *f*

L

label, lei´-bl, *n* etichetta *f*; *v* etichettare
laboratory, lab´-o-ra-to-ri, *n* laboratorio *m*
laborious*, la-boor´-ri-os, *adj* laborioso
Labour, lei´-ba, *n* il partito laburista *m*
labour, lei´-ba, *n* fatica *f*; manodopera *f*; *med* doglie *fpl*; *v* lavorare; affaticarsi
labourer, lei´-be-ra, *n* manovale *m*; bracciante *m*
lace, leis, *n* merletto *m*, pizzo *m*; (shoe) laccio *m*; *v* allacciare
lacerate, las´-e-reit, *v* lacerare
lack, lak, *n* (shortage) mancanza *f*; *v* mancare
lacquer, lak´-a, *n* lacca *f*
lad, lad, *n* ragazzo *m*
ladder, lad´-a, *n* scala *f*; smagliatura *f*
ladle, leid´-l, *n* mestolo *m*
lady, lei´-di, *n* signora *f*
ladybird, lei´-di-berd, *n* coccinella *f*
lag, lagh, *v* trascinarsi; – **behind,** restare indietro
lagoon, la-guun´, *n* laguna *f*
lair, ler, *n* covo *m*
lake, leik, *n* lago *m*
lamb, lam, *n* agnello *m*
lame*, leim, *adj* zoppo; zoppicante
lament, la-ment´, *v* lamentarsi; *n* lamento *m*
lamp, lamp, *n* lampada *f*; (street) lampione *m*
lance, laans, *n* lancia *f*; *v* *med* incidere
land, land, *n* terra *f*; (property) terreno *m*; *v* sbarcare
landing, lan´-ding, *n* atterraggio *m*; (stairs) pianerottolo *m*
landlady, land´-lei-di, *n* padrona di casa *f*; (pub) proprietaria *f*
landlord, land´-loord, *n* padrone di casa *m*; (pub) proprietario *m*
landmark, land´-maark, *n* punto di riferimento *m*; *fig* pietra miliare *f*
landscape, land´-skeip, *n* paesaggio *m*
landslide, land´-slaid, *n* frana *f*
lane, lein, *n* sentiero *m*; corsia *f*
language, lang´-guich, *n* lingua *f*; linguaggio *m*
languid*, lang´-guid, *adj* languido
languish, lang´-guish, *v* languire
lanky, lang´-ki, *adj* mingherlino
lantern, lan´-ten, *n* lanterna *f*
lap, lap, *n* grembo *m*; (sport) giro *m*; *v* (drink) leccare
lapel, la-pel´, *n* risvolto *m*
lapse, laps, *n* mancanza *f*; (time) lasso di tempo *m*;

v trascorrere
larceny, laar´-se-ni, *n* furto *m*
lard, laard, *n* strutto *m*
larder, laar´-da, *n* dispensa *f*
large*, laarch, *adj* grande; grosso; considerevole
lark, laark, *n* allodola *f*; *fam* scherzo *m*
laser, lei´-sa, *n* laser *m*
lash, lash, *n* (whip) frustata *f*; (eye) ciglio *m*; *v* frustare
last, laast, *v* durare; *adj** ultimo; scorso
lasting*, laas´-ting, *adj* duraturo
latch, lach, *n* chiavistello *m*
late, leit, *adj* tardi; (belated) in ritardo; (formerly) ex; (deceased) defunto
lately, leit´-li, *adv* ultimamente
latent, lei´-tent, *adj* latente
lathe, leiD, *n* tornio *m*
lather, laa´-Da, *n* schiuma *f*; *v* insaponare
latitude, lat´-i-tiuud, *n* latitudine *f*
latter, lat´-a, *adj* ultimo; secondo; *pron* ultimo; questo
latterly, lat´-e-li, *adv* negli ultimi tempi
lattice, lat´-is, *n* graticcio *m*
laudable, loo´-da-bl, *adj* lodevole
laugh, laaf, *n* risata *f*; *v* ridere; **– at,** ridere di
laughable, laaf´-a-bl *adj* ridicolo
laughing stock, laaf´-ing stok, *n* zimbello *m*
laughter, laaf´-ta, *n* riso *m*; risata *f*
launch, loonch, *n* lancio *m*; *naut* varo *m*; *v* lanciare; *naut* varare
launderette, loon-dret´, *n* lavanderia automatica *f*
laundry, loon´-dri, *n* lavanderia *f*; bucato *m*
laurel, lo´-rel, *n* alloro *m*
lavatory, lav´-a-to-ri, *n* gabinetto *m*
lavender, lav´-en-da, *n* lavanda *f*
lavish*, lav´-ish, *adj* prodigo; sontuoso
law, loo, *n* legge *f*
lawful*, loo´-ful, *adj* legale
lawn, loon, *n* prato all'inglese *m*
lawn-mower, loon´-mou-a, *n* tagliaerba *m*
lawsuit, loo´-suut, *n* processo *m*, causa *f*
lawyer, loo´-ia, *n* avvocato *m*
lax*, laks, *adj* permissivo; lassista
laxative, lak´-sa-tiv, *n* lassativo *m*
lay, lei, *v* mettere, porre; (table) apparecchiare; (hen) fare le uova
layer, lei´-a, *n* strato *m*
layman, lei´-man, *n* laico *m*
laziness, lei´-si-nis, *n* pigrizia *f*
lazy, lei´-si, *adj* pigro
lead, led, *n* piombo *m*; (pencil) mina *f*
lead, liid, *v* condurre; guidare
leading, lii´-ding, *adj* primo; principale
leader, lii´-da, *n* capo *m*; leader *m/f*; (article) articolo di fondo *m*
leadership, lii´-de-ship, *n* guida *f*; comando *m*
leaf, liif, *n* foglia *f*
leaflet, liif´-lit, *n* volantino *m*; dépliant *m*
leafy, lii´-fi, *adj* (tree) frondoso
league, liigh, *n* lega *f*; campionato *m*
leak, liik, *v* perdere; trapelare; colare; (boat) far acqua; *n* fuga *f*; perdita *f*; infiltrazione *f*
lean, liin, *adj* magro; **– against,** *v* appoggiarsi contro; **– on,** appoggiarsi a; **– out,**

sporgersi
leap, liip, *v* balzare; *n* balzo *m*
leap year, liip´-iir, *n* anno bisestile *m*
learn, lern, *v* imparare; (news) apprendere
learner, ler´-na, *n* apprendista *m/f*; principiante *m/f*
learning, ler´-ning, *n* cultura *f*; sapere *m*
lease, liis, *n* contratto d'affitto *m*; *v* affittare
leash, liish, *n* guinzaglio *m*
least, liist, *adj* il minimo, il più piccolo; *adv* meno; **at –,** almeno
leather, leD´-a, *n* cuoio *m*; pelle *f*
leave, liiv, *n* congedo *m*, licenza *f*; *v* partire; lasciare; **– behind,** lasciare; dimenticare; **– off,** smettere; **– out,** tralasciare
lecture, lek´-cha, *n* lezione *f*; conferenza *f*; *v* fare lezioni; fare conferenze
lecturer, lek´-chu-ra, *n* docente *m/f*; conferenziere *m*
ledge, lech, *n* (window) davanzale *m*
ledger, lech´-a, *n* libro mastro *m*
leech, liich, *n* sanguisuga *f*
leek, liik, *n* porro *m*
left, left, *adv* a sinistra; *adj* sinistro; *n* sinistra *f*
left-handed, left-han´-did, *adj* mancino
leftovers, left´-ou-ves, *npl* avanzi *mpl*
leg, legh, *n* gamba *f*; zampa *f*; (cookery) coscia *f*; (journey) tappa *f*; (sport) girone *m*
legacy, leg´-a-si, *n* eredità *f*
legal, lii´-gal, *adj* legale
legalize, lii-'ga-lais, *v* legalizzare
legend, lech´-ind, *n* leggenda *f*
leggings, legh´-ings, *npl* pantacollant *mpl*
legible, lech´-i-bl, *adj* leggibile
legion, lii´-chon, *n* legione *f*
legislate, lech´-is-leit, *v* legislare
legislation, lech-is-lei´-shon, *n* legislazione *f*
legitimacy, lech-it´-i-ma-si, *n* legittimità *f*
legitimate, lech-it´-i-mat, *v* legittimare
leisure, lesh´-a, *n* tempo libero *m*
leisure centre, lesh´-a sen´-ta, *n* centro ricreativo e sportivo *m*
leisurely, lesh´-u-li, *adv* con comodo
lemon, lem´-on, *n* limone *m*
lemonade, lem-on-eid´, *n* limonata *f*
lend, lend, *v* prestare
length, lengZ, *n* lunghezza *f*; (time) durata *f*
lengthen, leng´-Zen, *v* allungare; prolungare
lengthways, lengZ´-ueis, *adv* in lunghezza
lengthy, leng´-Zi, *adj* molto lungo
leniency, lii´-ni-en-si, *n* clemenza *f*; mitezza *f*
lenient*, lii´-ni-ent, *adj* clemente; mite
lens, lens, *n* lente *f*
Lent, lent, *n* Quaresima *f*
lentil, len´-til, *n* lenticchia *f*
Leo, lii´-ou, *n* Leone *m*
leopard, lep´-ad, *n* leopardo *m*
leper, lep´-a, *n* lebbroso *m*
leprosy, lep´-ro-si, *n* lebbra *f*
leprous, lep´-ros, *adj* lebbroso
lesbian, les´-bi-an, *n* lesbica *f*
less, les, *adv* meno, di meno; *pron* meno; *adj* meno; minore
lessen, les´-n, *v* diminuire
lesson, les´-n, *n* lezione *f*
let, let, *v* lasciare; (house etc.) affittare

lethal, lii´-Zal, *adj* letale
letter, let´-a, *n* lettera *f*
letterbox, let´-a-boks, *n* buca delle lettere *f*
lettuce, let´-is, *n* lattuga *f*
level, lev´-l, *adj* piatto, piano; *v* livellare; *n* livello *m*
level crossing, lev´-l kros´-ing, *n* passaggio a livello *m*
lever, lii´-va, *n* leva *f*
levity, lev´-i-ti, *n* leggerezza *f*
levy, lev´-i, *v* (taxes) imporre; *n* imposta *f*
lewd*, liuud, *adj* osceno
lewdness, liuud´-nis, *n* oscenità *f*
liability, lai-a-bil´-i-ti, *n* responsabilità *f*; (legal) rischio *m*; *comm* debito *m*
liable, lai´-a-bl, *adj* responsabile; **– to,** (inclined) soggetto a
liar, lai´-a, *n* bugiardo *m*
libel, lai´-bl, *n* diffamazione *f*
libellous, lai´-bel-os, *adj* diffamatorio
liberal, lib´-e-ral, *adj* liberale
liberate, lib´-e-reit, *v* liberare
liberty, lib´-e-ti, *n* libertà *f*
Libra, lii-bra, *n* Bilancia *f*
librarian, lai-brer´-ri-an, *n* bibliotecario *m*, bibliotecaria *f*
library, lai´-bre-ri, *n* biblioteca *f*
licence, lai´-sens, *n* licenza *f*, permesso *m*, autorizzazione *f*
license, lai´-sens, *n* autorizzare
lichen, lai´-ken, *n* lichene *m*
lick, lik, *v* leccare
lid, lid, *n* coperchio *m*
lie, lai, *n* bugia *f*; *v* dire bugie
lie, lai, *v* giacere; trovarsi; **– about,** essere in giro; **– down,** sdraiarsi
lieutenant, lef-ten´-ant, *n* tenente *m*
life, laif, *n* vita *f*
lifebelt, laif´-belt, *n* salvagente *m*
lifeboat, laif´-bout, *n* scialuppa di salvataggio *f*
lifeguard, laif´-gaard, *n* bagnino *m*
life insurance, laif' in-shoor´-rans, *n* assicurazione sulla vita *f*
life jacket, laif' chak´-it, *n* giubbotto salvagente *m*
lifeless, laif´-lis, *adj* senza vita
life-size, laif´-sais, *adj* a grandezza naturale
lifetime, laif´-taim, *n* vita *f*; **in my –,** in vita mia
lift, lift, *n* ascensore *m*; *v* sollevare, alzare; revocare
light, lait, *n* luce *f*; *adj** chiaro; leggero; *v* accendere; illuminare
lighten, lait´-n, *v* rischiarare; (weight) alleggerire
lighter, lai´-ta, *n* accendino *m*
lighthouse, lait´-haus, *n* faro *m*
lighting, lai´-ting, *n* illuminazione *f*
lightness, lait´-nis, *n* leggerezza *f*
lightning, lait´-ning, *n* fulmine *m*
lightning conductor, lait´-ning kon-dŏk´-ta, *n* parafulmine *m*
like, laik, *prep* come; *v* piacere; *adv* simile; uguale
likelihood, laik´-li-hud, *n* probabilità *f*
likely, laik´-li, *adj* probabile; *adv* probabilmente
likeness, laik´-nis, *n* rassomiglianza *f*
likewise, laik´-uais, *adv* allo stesso modo
liking, lai´-king, *n* gusto *m*; inclinazione *f*; (person) simpatia *f*
lilac, lai´-lak, *n* (flower)

lillà *m*; (colour) lilla *m*
lily, lil´-i, *n* giglio *m*
limb, lim, *n* (anatomy) arto *m*
lime, laim, *n* calce *f*; (fruit) limetta *f*; (tree) tiglio *m*
limelight, laim´-lait, *n* luci della ribalta *fpl*
limit, lim´-it, *n* limite *m*; *v* limitare
limited, lim´-it-id, *adj* limitato; **Ltd. Co.,** *n* società a responsabilità limitata *f*
limp, limp, *v* zoppicare; *adj* (soft) floscio
limpet, lim´-pit, *n* patella *f*
line, lain, *n* linea *f*; (fishing) lenza *f*; (rope) corda *f*; (wrinkle) ruga *f*; *v* foderare; mettere in fila
lineage, lin´-i-ich, *n* lignaggio *m*
linen, lin´-in, *n* lino *m*; biancheria *f*
liner, lain´-*a*, *n* transatlantico *m*
linger, ling´-*ga*, *v* indugiare
lingering, ling´-*ge*-ring, *adj* persistente
linguist, ling´-guist, *n* linguista *m/f*
lining, lain´-ing, *n* fodera *f*
link, lingk, *v* unire; collegare; *n* anello *m*; *fig* legame *m*
linoleum, lin-ou´-li-*a*m, *n* linoleum *m*
linseed, lin´-siid, *n* semi di lino *mpl*
lint, lint, *n* garza *f*
lion, lai´-*o*n, *n* leone *m*
lioness, lai´-*o*n-es, *n* leonessa *f*
lip, lip, *n* labbro *m*
lipstick, lip´-stik, *n* rossetto *m*
liquefy, lik´-ui-fai, *v* liquefare; liquefarsi
liqueur, li-*ker´*, *n* liquore *m*
liquid, lik´-uid, *n* liquido *m*; *adj* liquido
liquidate, lik´-ui-deit, *v* liquidare
liquidation, lik-ui-dei´-shon, *n* liquidazione *f*
liquidize, lik´-ui-dais, *v* passare al frullatore
liquidizer, lik´-ui-dai-*sa*, *n* frullatore a brocca *m*
liquor, lik´-*a*, *n* (alcoholic drink) liquore *m*
liquorice, lik´-*o*-ris, *n* liquorizia *f*
Lisbon, lis´-bon, *n* Lisbona *f*
lisp, lisp, *v* parlare con la 's' blesa
list, list, *n* lista *f*; elenco *m*; *v* fare una lista; elencare
listen, lis´-*n*, *v* ascoltare
listener, lis´-n*a*, *n* ascoltatore *m*, ascoltatrice *f*
literal, lit´-*e*-ral, *adj* letterale
literally, lit´-*e*-ra-li, *adv* letteralmente
literary, lit´-*e*-ra-ri, *adj* letterario
literature, lit´-*e*-ra-cha, *n* letteratura *f*
litigate, lit´-i-gheit, *v* essere in causa
litigation, lit-i-ghei´-shon, *n* causa giudiziaria *f*
litre, lii-ta, *n* litro *m*
litter, lit´-*a*, *n* (dirt) rifiuti *mpl*; (animals) figliata *f*; *v* coprire di rifiuti
little, lit´-l, *adj* (size) piccolo; (time, quantity) poco; *adv* poco
little finger, lit´-l fing´-*ga*, *n* mignolo *m*
live, liv, *v* vivere; (reside) abitare
live, laiv, *adj* vivo; (performance) dal vivo; (broadcast) in diretta; (wire) ad alta tensione
lively, laiv´-li, *adj* vivace
liver, liv´-*a*, *n* fegato *m*
livery, liv´-*e*-ri, *n* livrea *f*
livid, liv´-id, *adj* livido; (rage) furibondo
living, liv´-ing, *n* vita *f*; *adj* vivo, vivente
living room, liv´-ing

ruum, *n* soggiorno *m*
lizard, lis´-ad, *n* lucertola *f*
load, loud, *v* caricare; *n* carico *m*
loaf, louf, *v* (about) bighellonare; *n* (bread) pane *m*, pagnotta *f*
loafer, lou´-fa, *n* bighellone *m*
loan, loun, *v* prestare; *n* prestito *m*; **on –,** *adv* in prestito
loathe, louD, *v* detestare
loathing, lou´-Ding, *n* avversione *f*
loathsome, louD´-som, *adj* detestabile
lobe, loub, *n* (ear) lobo *m*
lobster, lob´-sta, *n* aragosta *f*
local, lou´-kl, *adj* locale
locate, lou-keit´, *v* localizzare
location, lou-kei´-shon, *n* posizione *f*; (cinema) esterni *mpl*; **shot on –,** girato in esterni
lock, lok, *n* serratura *f*; (canal) chiusa *f*; (hair) ciocca *f*; *v* chiudere a chiave; **– in,** rinchiudere; **– out,** chiudere fuori; **– up,** *v* chiudere; (imprison) rinchiudere
locker, lok´-a, *n* armadietto *m*
locksmith, lok´-smiZ, *n* fabbro ferraio *m*
locomotive, lou-ko-mou´-tiv, *n* locomotiva *f*
locum, lou´-kum, *n* medico sostituto *m*
locust, lou´-kust, *n* locusta *f*
lodge, loch, *n* portineria *f*; guardiola *f*; (masonic) loggia *f*; *v* alloggiare
lodger, loch´-a, *n* inquilino *m*
lodging, loch´-ing, *n* alloggio *m*
loft, loft, *n* soffitta *f*
log, logh, *n* (wood) ceppo *m*
logbook, logh´-buk, *n* giornale di bordo *m*
logic, loch´-ik, *n* logica *f*
logical*, loch´-i-kl, *adj* logico
loin, loin, *n* (meat) lombata *f*
loiter, loi´-ta, *v* girovagare
loiterer, loi´-te-ra, *n* fannullone *m*
loll, lol, *v* ciondolare
lollipop, lol´-i-pop, *n* lecca lecca *m*
London, lŏn´-don, *n* Londra *f*
loneliness, loun´-li-nis, *n* solitudine *f*
lonely, loun´-li, *adj* solo; solitario, isolato
long, long, *adj* lungo; *adv* a lungo; **– for,** *v* desiderare
longing, long´-ing, *n* desiderio *m*
longitude, long´-i-tiuud, *n* longitudine *f*
long jump, long´-chŏmp, *n* salto in lungo *m*
long-life, long´-laif, *adj* (milk) a lunga conservazione; (batteries) di lunga durata
long-term, long´-term, *adj* a lungo termine
loo, luu, *n fam* gabinetto *m*
look, luk, *n* sguardo *m*; aspetto *m*; *v* guardare; (appear) sembrare; **– after,** badare a; **– at,** guardare; **– for,** *v* cercare; **– out,** *v* guardare fuori; *n* vedetta *f*; *interj* attenzione! **be on the – out,** *v* stare di vedetta
loom, luum, *n* telaio *m*; *v* apparire in lontananza
loop, luup, *n* cappio *m*
loophole, luup´-houl, *n* scappatoia *f*
loose, luus, *adj* sciolto; allentato; ampio; dissoluto
loosen, luus´-n, *v* sciogliere; allentare
loot, luut, *v* saccheggiare; *n* bottino *m*
lop, lop, *v* recidere

loquacious, lo-kuei´-shos, *adj* loquace
Lord (the), loord, *n* Signore *m*
lord, loord, *n* (peer) lord *m*
lorry, lo´-ri, *n* camion *m*
lose, luus, *v* perdere
loser, luu´-sa, *n* perdente *m/f*
loss, los, *n* perdita *f*
lost property, lost prop´-e-ti, *n* oggetti smarriti *mpl*; **– office,** ufficio oggetti smarriti
lot, lot, *n* (auction) lotto *m*; **a –,** molto; **a – of,** una gran quantità di; **the –,** tutto
lotion, lou´-shon, *n* lozione *f*
lottery, lot´-e-ri, *n* lotteria *f*
loud*, laud, *adj* alto; (colours) vistoso; *adv* forte
loudspeaker, laud-spii´-ka, *n* altoparlante *m*
lounge, launch, *n* salotto *m*; sala d'attesa *f*; *v* poltrire
louse, laus, *n* pidocchio *m*
lout, laut, *n* giovinastro *m*
love, lŏv, *n* amore *m*; *v* amare
loveliness, lŏv´-li-nis, *n* grazia *f*
lovely, lŏv´-li, *adj* bello; buono
lover, lŏv´-a, *n* amante *m/f*; innamorato *m*, innamorata *f*
low, lou, *adj** basso; *adv* in basso
lower, lou´-a, *v* abbassare
lowland, lou´-land, *n* pianura *f*
loyal, loi´-al, *adj* leale
loyalty, loi´-al-ti, *n* lealtà *f*
lozenge, los´-inch, *n* pastiglia *f*
lubricate, luu´-bri-keit, *v* lubrificare
lucid*, luu´-sid, *adj* lucido
luck, lŏk, *n* sorte *f*; fortuna *f*
luckily, lŏk´-i-li, *adv* fortunatamente
lucky, lŏk´-i, *adj* fortunato; (charm) che porta fortuna
ludicrous, luu´-di-kros, *adj* ridicolo
luggage, lŏgh´-ich, *n* bagagli *mpl*
lukewarm, luuk´-uoorm, *adj* tiepido
lull, lŏl, *v* ninnare; *n* (pause) pausa *f*
lullaby, lŏl´-a-bai, *n* ninnananna *f*
lumbago, lŏm-bei´-gou, *n* lombaggine *f*
luminous*, luu´-mi-nos, *adj* luminoso
lump, lŏmp, *n* pezzo *m*; (in sauce) grumo *m*; (throat) nodo *m*; (sugar) zolletta *f*
lumpy, lŏm´-pi, *adj* grumoso
lunacy, luu´-na-si, *n* demenza *f*
lunar, luu´-na, *adj* lunare
lunatic, luu´-na-tik, *n* pazzo *m*, pazza *f*
lunch, lŏnch, *n* pranzo *m*
lung, lŏng, *n* polmone *m*
lurch, lerch, *v* traballare; **leave in the –,** piantare in asso
lure, liur, *v* allettare; *n* allettamento *m*
lurid, liur´-rid, *adj* (colours) sgargiante; (details) scioccante
lurk, lerk, *v* stare in agguato
luscious, lŏ'-shos, *adj* succulento
lust, lŏst, *n* libidine *f*; *v* desiderare
lustre, lŏs´-ta, *n* splendore *m*
lute, luut, *n* liuto *m*
luxurious*, lŏk-shur´-ri-os, *adj* lussuoso
luxury, lŏk´-she-ri, *n* lusso *m*
lymph, limf, *n* linfa *f*
lynch, linch, *v* linciare
lyrics, li´-riks, *npl* parole *fpl*

M

macaroni, mak-*a*-rou´-ni, *n* maccheroni *mpl*
macaroon, mak-*a*-ruun´, *n* amaretto *m*
mace, meis, *n* mazza *f*
machine, m*a*-shiin´, *n* macchina *f*
machinery, m*a*-shiin´-*e*-ri, *n* macchinario *m*
machine gun, m*a*-shiin' gŏn, *n* mitragliatrice *f*
machinist, m*a*-shiin´-ist, *n* macchinista *m/f*
mackerel, mak´-*e*-rel, *n* sgombro *m*
mackintosh, mak´-in-tosh, *n* impermeabile *m*
mad, mad, *adj* pazzo
madam, mad´-am, *n* signora *f*
madly, mad´-li, *adv* pazzamente
madman, mad´-man, *n* pazzo *m*
madness, mad´-nis, *n* pazzia *f*
magazine, ma-g*a*-siin´, *n* rivista *f*
maggot, magh´-ot, *n* verme *m*
magic, mach´-ik, *n* magia *f*; *adj* magico
magistrate, mach´-is-treit, *n* magistrato *m*
magnanimity, magh-n*a*-nim´-i-ti, *n* magnanimità *f*
magnanimous*, magh-nan´-i-mos, *adj* magnanimo
magnesia, magh-nii´-sh*a*, *n* magnesia *f*
magnesium, magh-nii´-si-am, *n* magnesio *m*
magnet, magh´-nit, *n* magnete *m*, calamita *f*
magnetic, magh-net´-ik, *adj* magnetico
magnetism, magh´-nit-ism, *n* magnetismo *m*
magnetize, magh´-nit-ais, *v* magnetizzare
magnificent*, magh-nif´-i-sent, *adj* magnifico
magnify, magh´-ni-fai, *v* ingrandire
magnifying glass, magh´-ni-fai-ing ghlaas, *n* lente d'ingrandimento *f*
magnitude, magh´-ni-tiuud, *n* (size) grandezza *f*
magpie, magh´-pai, *n* gazza *f*
mahogany, m*a*-ho´-g*a*-ni, *n* mogano *m*
maid, meid, *n* domestica *f*
maiden, meid´-*n*, *n* fanciulla *f*
mail, meil, *n* posta *f*; *v* spedire per posta
maim, meim, *v* mutilare
main, mein, *adj** principale; *n* (water, gas) conduttura principale *f*; (electricity) linea principale *f*
mainland, mein´-land, *n* continente *m*
mainstream, mein´-striim, *n* corrente principale *f*
maintain, mein-tein´, *v*

mantenere
maintenance, mein´-te-nans, *n* manutenzione *f*; *law* mantenimento *m*
maize, meis, *n* granturco *m*, mais *m*
majestic, ma-ches´-tik, *adj* maestoso
majesty, ma´-chis-ti, *n* maestà *f*
major, mei-cha, *n* maggiore *m*; (age) maggiorenne *m/f*; *adj* maggiore
majority, ma-cho´-ri-ti, *n* maggioranza *f*; (of age) maggiorità *f*
make, meik, *n* fabbricazione *f*; *v* fare; (manufacture) fabbricare
maker, mei´-ka, *n* fabbricante *m*
makeshift, meik´-shift, *adj* improvvisato, di fortuna
make-up, meik'-ŏp, *n* (face) trucco *m*; *v* truccarsi
making, mei´-king, *n* creazione *f*
malaria, ma-ler´-ri-a, *n* malaria *f*
male, meil, *adj* maschio; maschile; *n* maschio *m*
malevolent, ma-lev´-o-lent, *adj* malevolo
malice, mal´-is, *n* malevolenza *f*
malicious*, ma-lish´-os, *adj* malevolo
malign, ma-lain´, *v* malignare, calunniare
malignant*, ma-ligh´-nant, *adj* maligno
mallet, mal´-it, *n* maglio *m*
malnutrition, mal-niuu-trish´-on, *n* denutrizione *f*
malt, moolt, *n* malto *m*
maltreat, mal-triit´, *v* maltrattare
mammal, mam´-el, *n* mammifero *m*
man, maan, *n* uomo *m*; *v* equipaggiare
manage, man´-ich, *v* (business) gestire; (accomplish) farcela
management, man´-ich-ment, *n*, amministrazione *f*, direzione *f*
manager, man´-ich-a, *n* direttore *m*, direttrice *f*; gestore *m*; manager *m/f*
mandate, man´-deit, *n* mandato *m*
mandoline, man-do-lin´, *n* mandolino *m*
mane, mein, *n* criniera *f*
manger, mein´-cha, *n* mangiatoia *f*
mangle, mang´-gl, *v* straziare
mania, mei´-ni-a, *n* mania *f*
maniac, mei´-ni-ak, *n* maniaco *m*
manicure, man´-i-kiur, *n* manicure *f*
manifest, man´-i-fest, *adj* manifesto; *v* manifestare
manifold, man´-i-fould, *adj* molteplice
manipulate, ma-nip´-iu-leit, *v* manipolare
mankind, man-kaind´, *n* umanità *f*
manly, man´-li, *adj* virile
manner, man´-a, *n* maniera *f*; modo *m*; genere *m*
manners, man´-es, *npl* maniere *fpl*, modi *mpl*
manœuvre, ma-nuu´-va, *n* manovra *f*; *v* manovrare
manor, man´-a, *n* maniero *m*
mansion, man´-shon, *n* casa signorile *f*
manslaughter, man´-sloo-ta, *n* omicidio preterintenzionale *m*
mantelpiece, man´-tl-piis, *n* mensola del caminetto *f*
manual, man´-iu-al, *n* (handbook) manuale *m*; *adj* manuale
manufacture, man-iu-fak´-cha, *n* manifattura *f*
manufacturer, man-iu-

fak´-ch*u*-r*a*, *n* fabbricante *m*

manure, m*a*-niu*r*´, *n* concime *m*; *v* concimare

manuscript, man´-iu-skript, *n* manoscritto *m*

many, men´-i, *adj* & *pron* molti, molte

map, map, *n* carta geografica *f*; (town) pianta *f*; *v* tracciare il piano di

maple, mei´-*pl*, *n* acero *m*

mar, maa*r*, *v* guastare; turbare

marble, maa*r*´-bl, *n* marmo *m*; (toy) bilia *f*

March, maa*r*ch, *n* marzo *m*

march, maa*r*ch, *v* marciare; *n* marcia *f*

mare, me*r*, *n* giumenta *f*

margarine, maa*r*-ch*a*-riin´, *n* margarina *f*

margin, maa*r*´-chin, *n* margine *m*

marginal, maa*r*-chi´-n*a*l, *adj* marginale

marigold, ma´-ri-gould, *n* calendula *f*

marine, m*a*-riin´, *n* marine *m*; *adj* marino

mariner, ma´-ri-n*a*, *n* marinaio *m*

maritime, ma´-ri-taim, *adj* marittimo

mark, maa*r*k, *n* segno *m*; macchia *f*; voto *m*; *v* segnare; macchiare; dare il voto a

market, maa*r*´-kit, *n* mercato *m*; *v* mettere sul mercato

marmalade, maa*r*´-m*a*-leid, *n* marmellata d'arance *f*

marmot, maa*r*´-mot, *n* marmotta *f*

maroon, m*a*-ruun´, *adj* bordeaux; *v* abbandonare

marquee, maa*r*-kii´, *n* (tent) padiglione *m*

marriage, ma´-rich, *n* matrimonio *m*; (feast) nozze *fpl*

married, ma´-rid, *adj* sposato

marrow, ma´-rou, *n* midollo *m*; (vegetable) zucca *f*

marry, ma´-ri, *v* sposare, sposarsi

Marseilles, maa*r*-sei´, *n* Marsiglia *f*

marsh, maa*r*sh, *n* palude *f*

marshal, maa*r*´-sh*a*l, *n* maresciallo *m*

marten, maa*r*´-tin, *n* martora *f*

martial, maa*r*´-sh*a*l, *adj* marziale

martyr, maa*r*´-t*a*, *n* martire *m/f*

martyrdom, maa*r*´-te-dom, *n* martirio *m*

marvel, maa*r*´-vl, *v* meravigliarsi; *n* meraviglia *f*

marvellous*, maa*r*´-vel-*o*s, *adj* meraviglioso

marzipan, maa*r*´-zi-pan, *n* marzapane *m*

masculine, mas´-kiu-lin, *adj* maschile; mascolino

mash, mash, *v* schiacciare

mashed potatoes, masht po-tei´-tous, *n* purè di patate *m*

mask, maask, *v* mascherare; *n* maschera *f*

mason, mei´-son, *n* scalpellino *m*

masonic, m*a*-son´-ik, *adj* massonico

masonry, mei´-son-ri, *n* muratura *f*; massoneria *f*

masquerade, mas-k*e*-reid´, *v* travestirsi; *n* mascherata *f*

mass, mas, *n* massa *f*; *relig* messa *f*; *v* ammassarsi

massacre, mas´-*a*-k*a*, *n* massacro *m*; *v* massacrare

massage, m*a*-saach´, *n* massaggio *m*; *v* massaggiare

massive*, mas´-iv, *adj* massiccio; enorme

mast, maast, *n naut* albero *m*

master, maas´-t*a*, *v*

dominare; domare; imparare a fondo; *n* padrone *m*; (teacher) maestro *m*

masterly, maas´-te-li, *adj* da maestro

masterpiece, maas´-te-piis, *n* capolavoro *m*

masticate, mas´-ti-keit, *v* masticare

mastiff, mas´-tif, *n* mastino *m*

mat, mat, *n* stuoia *f*; (door) zerbino *m*; (bath) tappetino *m*; (table) tovaglietta all'americana *f*

match, mach, *n* fiammifero *m*; (contest) partita *f*; *v* (colours etc.) intonare

matchless, mach´-lis, *adj* senza pari

mate, meit, *v* accoppiarsi; *n* amico *m*

material, ma-tir´-ri-al, *n* materiale *m*; stoffa *f*

materialize, ma-tir´-ri-al-ais, *v* materializzarsi

maternal*, ma-ter´-nal, *adj* materno

mathematics, maZ-i-mat´-iks, *n* matematica *f*

matrimony, mat´-ri-mo-ni, *n* matrimonio *m*

matron, mei´-tron, *n* (hospital) capoinfermiera *f*

matter, mat´-a, *n* materia *f*, sostanza *f*; questione *f*

matting, mat´-ing, *n* stuoia *f*

mattress, mat´-ris, *n* materasso *m*

mature, ma-tiur´, *adj* maturo; (cheese) stagionato; *v* maturare

maturity, ma-tiur´-ri-ti, *n* maturità *f*

maul, mool, *v* dilaniare, sbranare

mauve, mouv, *adj* malva

maxim, mak´-sim, *n* massima *f*

maximum, mak´-si-mum, *n* massimo *m*; *adj* massimo

May, mei, *n* maggio *m*

may, mei, *v* essere permesso; essere possibile

maybe, mei´-bii, *adv* forse

mayor, mei´-a, *n* sindaco *m*

maze, meis, *n* labirinto *m*

me, mii, *pron* mi, me

meadow, med´-ou, *n* prato *m*

meagre, mii´-ga, *adj* magro, meschino

meal, miil, *n* pasto *m*; farina *f*

mean, miin, *v* voler dire; (signify) significare; *adj* meschino; (poor) misero

meaning, mii´-ning, *n* significato *m*; senso *m*

meaningful, mii´-ning-ful, *adj* significativo

meaningless, mii´-ning-les, *adj* senza senso

means, miins, *npl* mezzi *mpl*

meanwhile, miin´-uail, *adv* frattanto

measles, miis´-ls, *npl* morbillo *m*

measure, mesh´-a, *v* misurare; *n* misura *f*; (stick, tape) metro *m*

measurement, mesh´-e-ment, *n* misura *f*

meat, miit, *n* carne *f*

mechanic, mi-kan´-ik, *n* meccanico *m*

mechanical, mi-kan´-ik-l, *adj* meccanico

mechanics, mi-kan´-iks, *n* meccanica *f*

mechanism, mek´-a-nism, *n* meccanismo *m*

medal, med´-l, *n* medaglia *f*

meddle, med´-l, *v* immischiarsi

mediate, mii´-di-eit, *v* fare da mediatore

medical, med´-i-kl, *adj* medico

medication, med-i-kei´-shon, *n* medicinali *mpl*, farmaci *mpl*

medicine, med´-i-sin, *n* medicina *f*

medieval, med-**ii**´-val, *adj* medievale
mediocre, mii´-di-ou-k*a*, *adj* mediocre
meditate, med´-i-teit, *v* meditare
Mediterranean, med-i-te-rei´-ni-*a*n, *adj* mediterraneo; **the –,** *n* il Mediterraneo *m*
medium, mii´-di-*u*m, *n* mezzo *m*; *adj* medio
meek*, miik, *adj* mansueto
meet, miit, *v* incontrare; incontrarsi; fare la conoscenza di
meeting, mii´-ting, *n* incontro *m*; riunione *f*
melancholy, mel´-*a*n-kol-i, *n* melanconia *f*; *adj* melanconico
mellow, mel´-ou, *adj* maturo; dolce
melodious*, mi-lou´-di-*o*s, *adj* melodioso
melody, mel´-*o*-di, *n* melodia *f*
melon, mel´-*o*n, *n* melone *m*
melt, melt, *v* fondere
member, mem´-b*a*, *n* membro *m*; (club) socio *m*; (parliament) deputato *m*
membership, mem-be-ship, *n* iscrizione *f*
memo, mem´-ou, *n* comunicazione di servizio *f*
memoirs, mem´-uaa*r*s, *npl* memorie *fpl*
memorandum, mem-*o*-ran´-dom, *n* memorandum *m*
memorial, mi-moo´-ri-*a*l, *n* monumento commemorativo *m*
memorize, mem´-*o*-rais, *v* memorizzare
memory, mem´-*o*-ri, *n* memoria *f*
menace, men´-is, *n* minaccia *f*; *v* minacciare
menagerie, mi-nach´-*e*-ri, *n* serraglio *m*
mend, mend, *v* riparare; (sew) rammendare
menial, mii´-ni-*a*l, *adj* servile, umile
meningitis, men-in-chai´-tis, *n* meningite *f*
menopause, men´-*o*-poos, *n* menopausa *f*
mental, men´-tl, *adj* mentale
mention, men´-shon, *v* menzionare
menu, men´-iu, *n* menù *m*
mercantile, me*r*´-k*a*n-tail, *adj* mercantile
merchandise, me*r*´-chan-dais, *n* merce *f*
merchant, me*r*´-chant, *n* mercante *m*, commerciante *m/f*
merciful*, me*r*´-si-ful, *adj* misericordioso
mercury, me*r*´-kiu-ri, *n* mercurio *m*
mercy, me*r*´-si, *n* misericordia *f*
mere, mi*r*, *adj** puro; semplice
merge, me*r*ch, *v* fondere; fondersi; assorbire
meridian, mi-ri´-di-*a*n, *n* meridiano *m*
merit, me´-rit, *v* meritare; *n* merito *m*
meritorious*, me-ri-too´-ri-*o*s, *adj* meritorio
mermaid, me*r*´-meid, *n* sirena *f*
merriment, me´-ri-ment, *n* allegria *f*
merry, me´-ri, *adj* allegro, gioioso
mesh, mesh, *n* maglia *f*
mesmerize, mes´-me-rais, *v* ipnotizzare
mess, mes, *n* disordine *m*; sporcizia *f*; pasticcio *m*; **– up,** *v* rovinare
message, mes´-ich, *n* messaggio *m*
messenger, mes´-in-ch*a*, *n* messaggero *m*
messy, me´-si, *adj* disordinato; sporco
metal, met´-l, *n* metallo *m*
metallic, mi-tal´-ik, *adj* metallico
meteor, mii´-ti-oo*r*, *n*

meteora *f*
meter, mii´-*ta*, *n* contatore *m*
method, meZ´-*od*, *n* metodo *m*
methylated spirits, meZ´-i-lei-tid spi´-rits, *npl* alcol denaturato *m*
metre, mii´-*ta*, *n* metro *m*
metric, met´-rik, *adj* metrico
metropolis, mi-trop´-*o*-lis, *n* metropoli *f*
Mexico, mek´-si-kou, *n* Messico *m*
microphone, mai´-kro-foun, *n* microfono *m*
microscope, mai´-kro-skoup, *n* microscopio *m*
microwave, mai´-krou-ueiv, *n* microonda *f*; (oven) forno a microonde *m*
midday, mid-dei´, *n* mezzogiorno *m*
middle, mid´-l, *n* mezzo *m*; centro *m*; *adj* di mezzo
middleman, mid´-l-man, *n* intermediario *m*
midge, mich, *n* moscerino *m*
midget, mich´-it, *n* nano *m*, nana *f*
midnight, mid´-nait, *n* mezzanotte *f*
midst, midst, *prep* mezzo
midwife, mid´-uaif, *n* ostetrica *f*
might, mait, *n* potere *m*
mighty, mai´-ti, *adj* potente
migraine, mii´-grein, *n* emicrania *f*
migrate, mai´-greit, *v* emigrare
Milan, mi-lan´, *n* Milano *f*
mild*, maild, *adj* mite; (not strong) leggero
mildew, mil´-diuu, *n* muffa *f*
mile, mail, *n* miglio *m* (= 1,6 km)
milestone, mail´-stoun, *n* pietra miliare *f*
military, mil´-i-*ta*-ri, *adj* militare; **the –,** *n* l'esercito *m*
milk, milk, *n* latte *m*
milk shake, milk´-sheik, *n* frappé *m*
milky, milk´-i, *adj* di latte
Milky Way, milk´-i uei, *n* Via Lattea *f*
mill, mil, *n* mulino *m*; macinino *m*; fabbrica *f*
miller, mil´-*a*, *n* mugnaio *m*
milliner, mil´-i-n*a*, *n* modista *f*
million, mil´-ion, *n* milione *m*
millionaire, mil´-ion-er, *n* milionario *m*; miliardario *m*
mimic, mim´-ik, *v* imitare
mince, mins, *v* tritare; *n* carne tritata *f*
mincemeat, mins´-miit, *n* frutta secca e candita per pasticceria *f*
mind, maind, *n* mente *f*; opinione *f*; *v* fare attenzione a; (look after) badare a; (object to) importare
mine, main, *pron* il mio, la mia; i miei, le mie
mine, main, *n* (pit) miniera *f*; (explosive) mina *f*
miner, main´-*a*, *n* minatore *m*
mineral, min´-*e*-ral, *n* minerale *m*
mineral water, min´-*e*-ral uoo´-*ta*, *n* acqua minerale *f*
mingle, ming´-gl, *v* mischiare
miniature, min´-i-ch*a*, *n* miniatura *f*
minimize, min´-i-mais, *v* ridurre al minimo
minimum, min´-i-m*u*m, *n* minimo *m*; *adj* minimo
minister, min´-is-*ta*, *n* (politics) ministro *m*; *relig* pastore *m*; *v* assistere
ministry, min´-is-tri, *n* ministero *m*
mink, mink, *n* visone *m*
minor, mai´-n*a*, *n* minore *m/f*, minorenne *m/f*; *adj*

piccolo
minority, mi-no´-ri-ti, *n* minoranza *f*
minstrel, mins´-trel, *n* menestrello *m*
mint, mint, *n* (coin) zecca *f*; (plant) menta *f*; *v* batter moneta
minuet, min-iu-et´, *n* minuetto *m*
minus, mai´-nus, *n* meno *m*; *prep* meno; senza
minute, min´-it, *n* minuto *m*
minute*, mai-niuut´, *adj* minuscolo; (precise) minuzioso
miracle, mi´-ri-kl, *n* miracolo *m*
miraculous*, mi-rak´-iu-los, *adj* miracoloso
mirage, mi-raash´, *n* miraggio *m*
mirror, mir´-a, *n* specchio *m*; *v* riflettere
mirth, merZ, *n* gaiezza *f*
misadventure, mis-ad-ven´-cha, *n* sfortuna *f*
misapprehension, mis-ap-ri-hen´-shon, *n* malinteso *m*
misappropriate, mis-a-prou´-pri-eit, *v* appropriarsi indebitamente di
misbehave, mis-bi-heiv´, *v* comportarsi male
miscarriage, mis´-ka-rich, *n* (birth) aborto spontaneo *m*; (justice) errore giudiziario *m*
miscarry, mis-ka´-ri, *v med* abortire; fallire
miscellaneous*, mis-e-lei´-ni-os, *adj* vario; misto
mischief, mis´-chif, *n* malizia *f*; birichinata *f*
mischievous*, mis´-chiv-os, *adj* malizioso; birichino
misconduct, mis-kon´-dŏkt, *n* comportamento scorretto *m*
misconstruction, mis-kon-strŏk´-shon, *n* interpretazione errata *f*
miscount, mis-kaunt´, *v* calcolare male
misdemeanour, mis-di-mii´-na, *n law* infrazione *f*
misdirect, mis-di-rekt´, *v* dare indicazioni sbagliate
miser, mai´-sa, *n* avaro *m*
miserly, mai´-se-li, *adj* avaro
miserable, mis´-e-ra-bl, *adj* infelice; miserabile
misery, mis´-e-ri, *n* miseria *f*
misfit, mis´-fit, *n* disadattato *m*
misfortune, mis-foor´-tiuun, *n* sfortuna *f*
misgiving, mis-ghiv´-ing, *n* timore *m*
misguided, mis-gai´-did, *adj* poco giudizioso
mishap, mis´-hap, *n* incidente *m*; contrattempo *m*
misinform, mis-in-foorm´, *v* informare male
misjudge, mis-chŏch´, *v* calcolare male
mislay, mis-lei´, *v* smarrire
mislead, mis-liid´, *v* sviare; (fraud) ingannare
mismanage, mis-man´-ich, *v* gestire male
misplace, mis-pleis´, *v* smarrire
misprint, mis´-print, *n* errore di stampa *m*, refuso *m*
mispronounce, mis-pro-nauns´, *v* pronunciare male
misrepresent, mis-rep-ri-sent´, *v* travisare
miss, mis, *v* (train etc.) perdere; (feel lack of) sentire la mancanza di; (shots) mancare il bersaglio
Miss, mis, *n* signorina *f*
missile, mis´-ail, *n* proiettile *m*
missing, mis´-ing, *adj* smarrito; scomparso; mancante
missing person, mis´-ing

per´-son, *n* disperso *m*
mission, mish´-on, *n* missione *f*
missionary, mish´-on-a-ri, *n* missionario *m*
mist, mist, *n* nebbia *f*, bruma *f*
mistake, mis-teik´, *n* errore *m*, sbaglio *m*; *v* sbagliare
mistaken, mis-tei´-kn, *adj* sbagliato
Mister (Mr.), mis´-ta, *n* signore *m*
mistletoe, mis´-el-tou, *n* vischio *m*
mistress, mis´-tris, *n* (house) padrona *f*; (school) maestra *f*; (lover) amante *f*
mistrust, mis-trŏst´, *v* diffidare di; *n* diffidenza *f*
misty, mis´-ti, *adj* nebbioso, brumoso
misunderstand, mis-ŏn-de-stand´, *v* fraintendere, capire male
misunderstanding, mis-ŏn-de-stan´-ding, *n* malinteso *m*
misuse, mis-iuus´, *v* usare male; abusare di
mitigate, mit´-i-gheit, *v* mitigare
mix, miks, *v* mescolare
mixed, mikst, *adj* misto
mixture, miks´-cha, *n* mistura *f*
moan, moun, *v* gemere; *n* gemito *m*
mob, mob, *v* accalcarsi intorno; *n* calca *f*
mobile, mou´-bail, *adj* mobile; *n* (telephone) telefonino *m*
mobilize, mou´-bi-lais, *v* mobilitare
mock, mok, *v* beffarsi; **–at,** farsi beffe di
mockery, mok´-e-ri, *n* beffeggiamento *m*
mockingly, mok´-ing-li, *adv* beffardamente
mode, moud, *n* modo *m*, maniera *f*
model, mod´-l, *n* modello *m*; (person) modello *m*, modella *f*; *v* modellare
moderate, mod´-e-reit, *v* moderare
moderate, mod´-e-rat, *adj** moderato
moderation, mod-e-rei´-shon, *n* moderazione *f*
modern, mod´-en, *adj* moderno
modest*, mod´-ist, *adj* modesto
modify, mod´-i-fai, *v* modificare
moist, moist, *adj* umido
moisten, mois´-n, *v* inumidire
moisture, mois´-cha, *n* umidità *f*
mole, moul, *n* talpa *f*; neo *m*
molest, mo-lest´, *v* molestare
molten, moul´-ten, *adj* fuso
moment, mou´-ment, *n* momento *m*
momentous, mo-men´-tos, *adj* solenne
momentum, mo-men´-tom, *n* impulso *m*
monarch, mon´-ak, *n* monarca *m*
monarchy, mon´-a-ki, *n* monarchia *f*
monastery, mon´-as-tri, *n* monastero *m*
Monday, mŏn´-di, *n* lunedì *m*
monetary, mŏn´-i-ta-ri, *adj* monetario
money, mŏn´-i, *n* denaro *m*; soldi *mpl*
mongrel, mŏng´-grel, *n* (dog) bastardino *m*
monk, mŏngk, *n* monaco *m*
monkey, mŏng´-ki, scimmia *f*
monocle, mon´-o-kl, *n* monocolo *m*
monogram, mon´-o-gram, *n* monogramma *m*
monoplane, mon´-ou-plein, *n* monoplano *m*
monopolize, mo-nop´-o-

lais, *v* monopolizzare
monopoly, mo-nop´-o-li, *n* monopolio *m*
monotonous*, mon-ot´-o-nos, *adj* monotono
monster, mon´-sta, *n* mostro *m*
monstrous*, mon´-stros, *adj* mostruoso
month, mŏnZ, *n* mese *m*
monthly, mŏnZ´-li, *adj* mensile; *adv* al mese
monument, mon´-iu-ment, *n* monumento *m*
mood, muud, *n* umore *m*
moody, muud´-i, *adj* lunatico
moon, muun, *n* luna *f*
moonlight, muun´-lait, *n* chiaro di luna *m*
moor, moor, *n* (heath) brughiera *f*; *v* (ship) ormeggiare
mop, mop, *n* spazzolone per pavimenti *m*; *v* lavare i pavimenti
mope, moup, *v* essere depresso
moral, mo´-ral, *n* morale *f*
moratorium, mo-ra-toor´-ri-um, *n* moratoria *f*
morbid*, moor´-bid, *adj* morboso
more, moor, *adj* & *pron* più; ancora; *adv* di più; **once –,** ancora una volta
moreover, moor-ou´-va, *adv* inoltre
morning, moor´-ning, *n* mattino *m*, mattina *f*; mattinata *f*
morose, mo-rous´, *adj* mesto
morphine, moor´-fiin, *n* morfina *f*
morsel, moor´-sel, *n* boccone *m*
mortal, moor´-tl, *n* mortale *m*; *adj* mortale; fatale
mortality, moor-tal´-i-ti, *n* mortalità *f*
mortar, moor´-ta, *n* mortaio *m*; malta *f*
mortgage, moor´-ghich, *n* ipoteca *f*; mutuo *m*
mortification, moor-ti-fi-kei´-shon, *n* mortificazione *f*
mortuary, moor´-tiu-a-ri, *n* camera mortuaria *f*
mosaic, mou´-sei-ik, *n* mosaico *m*
mosque, mosk, *n* moschea *f*
mosquito, mos-kii´-tou, *n* zanzara *f*
moss, mos, *n* muschio *m*
most, moust, *adj* più; la maggior parte di; *pron* la maggior parte; *adv* di più; (very) molto
mostly, moust´-li, *adv* per lo più
moth, moZ, *n* falena *f*; tarma *f*
mother, mŏD´-a, *n* madre *f*
mother-in-law, mŏD´-e-rin-loo, *n* suocera *f*
motherly, mŏD´-e-li, *adj* materno
mother tongue, mŏD´-a tŏng, *n* madrelingua *f*
motion, mou´-shon, *n* moto *m*, movimento *m*
motionless, mou´-shon-lis, *adj* immobile
motive, mou´-tiv, *n* motivo *m*
motor, mou´-ta, *n* motore *m*
motorbike, mou´-to-baik, *n* moto *f*
motorcycle, mou´-to-sai-kl, *n* motocicletta *f*
motorist, mou´-to-rist, *n* automobilista *m/f*
mottled, mot´-ld, *adj* screziato
motto, mot´-ou, *n* motto *m*
mould, mould, *n* forma *f*, stampo *m*; (mildew) muffa *f*; *v* modellare
mouldy, moul´-di, *adj* ammuffito
moult, moult, *v* fare la muta
mound, maund, *n* monticello di terra *m*
mount, maunt, *n* monte *m*; *v* montare

mountain, maun´-tin, *n* montagna *f*
mountain bike, maun´-tin-baik, *n* mountain bike *f*
mountaineering, maun-ti-nir´-ring, *n* alpinismo *m*
mourn, moorn, *v* lamentare; piangere
mourning, moor´-ning, *n* lutto *m*
mouse, maus, *n* topo *m*
mousetrap, maus´-trap, *n* trappola per topi *f*
mousse, muus, *n* spuma *f*
moustache, mus-taash´, *n* baffi *mpl*
mouth, mauZ, *n* bocca *f*
mouthful, mauZ´-ful, *n* boccone *m*; sorsata *f*
mouthpiece, mauZ´-piis, *n* imboccatura *f*, bocchino *m*
movable, muu´-va-bl, *adj* mobile
move, muuv, *v* muovere; (removal) traslocare; *n* mossa *f*; (removal) trasloco *m*
movement, muuv´-ment, *n* movimento *m*
movie, muu´-vi, *n* film *m*
mow, mou, *v* falciare
mower, mou´-a, *n* tagliaerba *m*
much, mŏch, *adj* & *pron* molto; *adv* molto; **how –?** quanto?
mud, mŏd, *n* fango *m*
muddle, mŏd´-l, *n* pasticcio *m*; disordine *m*
muddy, mŏd´-i, *adj* fangoso
mudguard, mŏd´-gaard, *n* parafango *m*
muffle, mŏf´-l, *v* imbacuccare; (sound) attutire
muffler, mŏf´-la, *n* sciarpa *f*
mug, mŏgh, *n* tazza *f*; boccale *m*
mulberry, mŏl´-be-ri, *n* mora di gelso *f*; (tree) gelso *m*
mule, miuul, *n* mulo *m*
multifarious, mŏl-ti-fer´-ri-os, *adj* molteplice
multiplication, mŏl-ti-pli-kei´-shon, *n* moltiplicazione *f*
multiply, mŏl´-ti-plai, *v* moltiplicare
multitude, mŏl´-ti-tiuud, *n* moltitudine *f*
mumble, mŏm´-bl, *v* mormorare
mummy, mŏm´-i, *n* mummia *f*; *fam* mamma
mumps, mŏmps, *npl* orecchioni *mpl*
munch, mŏnch, *v* sgranocchiare
municipal, miu-nis´-i-pal, *adj* municipale
munificent, miu-nif´-i-sent, *adj* munifico
munition, miu-nish´-on, *n* munizione *f*
murder, mer´-da, *n* omicidio *m*; *v* assassinare
murderer, mer´-de-ra, *n* assassino *m*; omicida *m/f*
murky, mer´-ki, *adj* fosco, tenebroso
murmur, mer´-ma, *n* mormorio *m*; *v* mormorare
muscle, mŏs´-l, *n* muscolo *m*
muse, miuus, *v* meditare; *n* musa *f*
museum, miu-sii´-om, *n* museo *m*
mushroom, mŏsh´-rum, *n* fungo *m*
music, miuu´-sik, *n* musica *f*
musical, miuu´-si-kl, *adj* musicale
musician, miu-sish´-an, *n* musicista *m/f*
musk, mŏsk, *n* muschio *m*
Muslim, mus´-lim, *adj* musulmano; *n* musulmano *m*
mussel, mŏs´-l, *n* cozza *f*
must, mŏst, *v* dovere
mustard, mŏs´-tad, *n* senape *f*
muster, mŏs´-ta, *v* radunare
musty, mŏs´-ti, *adj*

ammuffito; (smell) di muffa

mute, mi**uu**t, *adj* muto; *n* muto *m*

mutilate, mi**uu**´-ti-leit, *v* mutilare

mutineer, mi**uu**-ti-ni*r*´, *n* ammutinato *m*

mutinous, mi**uu**´-ti-n*o*s, *adj* ammutinato

mutiny, mi**uu**´-ti-ni, *n* ammutinamento *m*

mutter, mŏt´-*a*, *v* mormorare

mutton, mŏt´-*o*n, *n* montone *m*

mutual, mi**uu**´-chiu-*a*l, *adj* mutuo

muzzle, mŏ*s*´-l, *n* museruola *f*; (snout) muso *m*; (gun) bocca *f*

my, ma**i**, *adj* mio, mia, miei, mie

myrrh, m*er*, *n* mirra *f*

myrtle, m*er*´-tl, *n* mirto *m*

myself, ma**i**-self´, *pron refl* mi; (after prep) me

mysterious*, mis-ti*r*´-ri-*o*s, *adj* misterioso

mystery, mis´-tə-ri, *n* mistero *m*

mystify, mis´-ti-fai, *v* mistificare

myth, miZ, *n* mito *m*

mythology, miZ-ol´-*o*-**chi**, *n* mitologia *f*

N

nag, nagh, *v* assillare; *n* (horse) ronzino *m*
nail, neil, *n* chiodo *m*; (human) unghia *f*; *v* inchiodare
nailbrush, neil´-brŏsh, *n* spazzolino per unghie *m*
nailfile, neil´-fail, *n* limetta per unghie *f*
naive*, nai-iiv´, *adj* ingenuo
naked, nei´-kid, *adj* nudo
name, neim, *n* nome *m*
nameless, neim´-lis, *adj* senza nome; anonimo
namely, neim´-li, *adv* cioè
namesake, neim´-seik, *n* omonimo *m*
nanny, nan´-i, *n* bambinaia *f*
nap, nap, *n* sonnellino *m*; (cloth) pelo *m*
nape, neip, *n* nuca *f*
napkin, nap´-kin, *n* tovagliolo *m*
Naples, nei´-pls, *n* Napoli *f*
nappy, nap´-i, *n* pannolino *m*
narcissus, naar-sis´-us, *n* narciso *m*
narcotic, naar-kot´-ik, *n* narcotico *m*
narrate, na-eeit´, *v* narrare
narrative, na´-ra-tiv, *n* narrazione *f*
narrow, na´-rou, *adj* stretto
narrow-minded, na-rou-main´-did, *adj* di idee ristrette
narrowness, na´-rou-nis, *n* strettezza *f*
nasal*, nei´-sal, *adj* nasale
nasturtium, nas-ter´-shum, *n* nasturzio *m*
nasty, naas´-ti, *adj* cattivo; brutto
nation, nei´-shon, *n* nazione *f*
national*, nash´-on-al, *adj* nazionale
nationality, nash-on-al´-i-ti, *n* nazionalità *f*
native, nei´-tiv, *n* (country) natale; indigeno *m*
natural*, nat´-iu-ral, *adj* naturale
naturalization, nat-iu-ra-lai-sei´-shon, *n* naturalizzazione *f*
nature, nei´-cha, *n* natura *f*
naughty, noo´-ti, *adj* cattivo
nausea, noo´-si-a, *n* nausea *f*
nauseous, noo´-si-os, *adj* nauseabondo
nautical*, noo´-ti-kl, *adj* nautico
naval, nei´-val, *adj* navale
naval officer, nei´-val of´-is-a, *n* ufficiale di marina *m*
navel, nei´-vel, *n* ombelico *m*
navigate, nav´-i-gheit, *v* navigare
navigation, nav-i-ghei´-shon, *n* navigazione *f*

navigator, nav´-i-ghei-ta, *n* navigatore *m*
navvy, nav´-i, *n* manovale *m*
navy, nei´-vi, *n* marina *f*
navy blue, nei´-vi bluu, *adj* blu; *n* blu *m*
near, nir, *adv* vicino; *prep* vicino a; *adj* vicino, prossimo; *v* avvicinarsi
nearby, nir´-bai, *adj* & *adv* vicino
nearly, nir´-li, *adv* quasi
near-sighted, nir-sai´-tid, *adj* miope
neat*, niit, *adj* (tidy) ordinato; (spruce) accurato; (not diluted) liscio
necessarily, nes´-i-se-ri-li, *adv* necessariamente
necessary, nes´-i-se-ri, *adj* necessario
necessitate, ni-ses´-i-teit, *v* necessitare
necessity, ni-ses´-i-ti, *n* necessità *f*
neck, nek, *n* collo *m*
necklace, nek´-las, *n* collana *f*
need, niid, *v* aver bisogno di; *n* bisogno *m*
needle, nii´-dl, *n* ago *m*; (on record player) puntina *f*
needless*, niid´-lis, *adj* inutile
needy, nii´-di, *adj* bisognoso
negation, ni-ghei´-shon, *n* negazione *f*
negative, neg´-a-tiv, *n* negativa *f*; *adj** negativo
neglect, nigh-lekt´, *v* trascurare
neglected, nigh-lek´-tid, *adj* trascurato
neglectful, nigh-lekt´-ful, *adj* negligente
negligence, negh´-lich-ens, *n* negligenza *f*
negligent, negh´-lich-ent, *adj* negligente
negotiate, ni-gou´-shi-eit, *v* negoziare, trattare
negotiation, ni-gou-shi-ei´-shon, *n* negoziato *m*, trattativa *f*
neigh, nei, *v* nitrire; *n* nitrito *m*
neighbour, nei´-ba, *n* vicino *m*
neighbourhood, nei´-be-hud, *n* vicinato *m*
neighbouring, nei´-be-ring, *adj* vicino
neighbourly, nei´-be-li, *adj* da buon vicino
neither, nai´-Da, *adj* & *pron* né l'uno né l'altro; *adv* né; nemmeno; **– ... nor,** né... né
neon, nii´-on, *n* neon *m*
nephew, nev´-iuu, *n* nipote (di zii) *m*
nerve, nerv, *n* nervo *m*; (pluck) sangue freddo *m*; (cheek) faccia tosta *f*
nervous*, ner´-vos, *adj* nervoso; agitato; emozionato
nest, nest, *n* nido *m*; *v* nidificare
nestle, nes´-l, *v* accoccolarsi
net, net, *n* rete *f*; *adj* (weight etc.) netto
Netherlands, neD´-e-lands, *npl* Paesi Bassi *mpl*
nettle, net´-l, *n* ortica *f*
nettle rash, net´-l rash, *n* orticaria *f*
network, net´-uerk, *n* rete *f*
neurotic, niur-rot´-ik, *adj* nevrotico
neuter, niuu´-ta, *adj gram* neutro
neutral, niuut´-ral, *adj* neutrale; neutro
never, nev´-a, *adv* mai
nevertheless, nev-e-De-les´, *adv* ciononostante, tuttavia
new*, niuu, *adj* nuovo
newborn, niuu´-boorn, *adj* neonato
news, niuus, *npl* notizie *fpl*; (radio, TV) notiziario *m*
newsagent, niuus-ei´-chent, *n* giornalaio *m*
newspaper, niuus-pei´-pa,

n giornale *m*; quotidiano *m*

New Year, niuu iir, *n* anno nuovo *m*

New Year's Day, niuu´-iirs dei, *n* capodanno *m*

New Year's Eve, niuu´-iirs iiv, *n* la notte di San Silvestro *f*

New York, niu ioork, *n* New York *f*

New Zealand, niu sii´-land, *n* Nuova Zelanda *f*

next, nekst, *adj* vicino; seguente; prossimo; *adv* dopo, poi; **– to,** *prep* vicino a

nibble, nib´-l, *v* sgranocchiare; (rats) rosicchiare; (fish) abboccare

nice*, nais, *adj* gentile; bello; simpatico

nick, nik, *n* tacca *f*; **in the – of time,** appena in tempo

nickel, nik´-l, *n* nickel *m*

nickname, nik´-neim, *n* soprannome *m*

nicotine, ni´-ko-tiin, *n* nicotina *f*

niece, niis, *n* nipote (di zii) *f*

night, nait, *n* notte *f*

night-dress, nait´-dres, *n* camicia da notte *f*

nightfall, nait´-fool, *n* calar della notte *m*

nightingale, nait´-ing-gheil, *n* usignolo *m*

nightlife, nait´-laif, *n* vita notturna *f*

nightly, nait´-li, *adv* di notte; ogni notte

nightmare, nait´-mer, *n* incubo *m*

Nile, nail, *n* Nilo *m*

nimble, nim´-bl, *adj* agile

nine, nain, *adj* nove

nineteen, nain-tiin´, *adj* diciannove

nineteenth, nain-tiinZ´, *adj* diciannovesimo; (date) diciannove

ninetieth, nain´-ti-eZ, *adj* novantesimo

ninety, nain´-ti, *adj* novanta

ninth, nainZ, *adj* nono; (date) nove

nip, nip, *v* pizzicare; **– off,** staccare

nipple, nip´-l, *n* capezzolo *m*

nitrate, nait´-reit, *n* nitrato *m*

nitrogen, nait´-ro-chen, *n* azoto *m*

no, nou, *adv* no

nobility, no-bil´-i-ti, *n* nobiltà *f*

noble, nou´-bl, *adj* nobile

nobody, nou´-bod-i, *pron* nessuno

nod, nod, *v* far un cenno col capo; *n* cenno del capo *m*

noise, nois, *n* rumore *m*

noiseless*, nois´-lis, *adj* silenzioso

noisily, noi´-si-li, *adv* rumorosamente

noisy, noi´-si, *adj* rumoroso

nomad, nou´-mad, *n* nomade *m/f*

nominal, nom´-i-nal, *adj* nominale

nominate, nom´-i-neit, *v* candidare; nominare

nomination, nom´-i-nei´-shon, *n* candidatura *f*; nomina *f*

nominee, nom-i-nii´, *n* candidato *m*; persona designata *f*

non-commissioned officer, non-ko-mish´-nd of´-is-a, *n* sottufficiale *m*

none, nŏn, *pron* nessuno

nonplussed, non-plŏst´, *adj* sconcertato

nonsense, non´-sens, *n* assurdità *f*

non-skid, non´-skid, *adj* antisdrucciolo

non-smoker, non-smouk´-a, *n* non fumatore *m*

non-stop, non´-stop, *adj* continuo; (train, flight) diretto

nook, nuk, *n* cantuccio *m*

noon, nuun, *n*

mezzogiorno *m*
no one, nou´-uŏn, *pron* nessuno
noose, nuus, *n* nodo scorsoio *m*
nor, noor, *conj* né
norm, noorm, *n* norma *f*
normal, noor´-mal, *adj* normale
north, noorZ, *n* nord *m*, settentrione *m*
North Sea, noorZ sii, *n* Mare del Nord *m*
northerly, noor´-De-li, *adj* del nord; verso nord
northern, noor´-Den, *adj* settentrionale
Norway, noor´-uei, *n* Norvegia *f*
Norwegian, noor-uii-chan, *adj* norvegese
nose, nous, *n* naso *m*
nostril, nos´-tril, *n* narice *f*
nosy, nou´-si, *adj* curioso
not, not, *adv* non
notable, nou´-ta-bl, *adj* notevole
notary, nou´-ta-ri, *n* notaio *m*
notch, noch, *v* intagliare; *n* tacca *f*
note, nout, *v* notare; *n* nota *f*; banconota *f*; (letter) biglietto *m*
notebook, nout´-buk, *n* bloc-notes *m*
notepaper, nout´-pei-pa, *n* carta da lettere *f*
noted, nou´-tid, *adj* famoso, celebre
noteworthy, nout´-uer-Di, *adj* degno di nota
nothing, nŏ'-Zing, *adv* niente ; **for –,** per niente; invano
notice, nou´-tis, *v* notare; accorgersi di; *n* avviso *m*; attenzione *f*; (to quit) preavviso *m*
noticeable, nou´-tis-a-bl, *adj* percettibile; notevole
notice board, nou´-tis-boord, *n* bacheca *f*
notify, nou´-ti-fai, *v* comunicare; avvisare
notion, nou´-shon, *n* nozione *f*
notoriety, nou-to-rai´-i-ti, *n* notorietà *f*
notorious*, no-toor´-ri-os, *adj* famigerato
notwithstanding, not-uiD-stan´-ding, *conj* & *prep* malgrado
nought, noot, *n* zero *m*
noun, naun, *n gram* sostantivo *m*
nourish, nŏ'-rish, *v* nutrire
nourishing, nŏ'-rish-ing, *adj* nutritivo
nourishment, nŏ'-rish-ment, *n* nutrimento *m*
novel, nov´-el, *n* romanzo *m*
novelist, nov´-el-ist, *n* romanziere *m*
novelty, nov´-el-ti, *n* novità *f*
November, no-vem´-ba, *n* novembre *m*
novice, nov´-is, *n* novizio *m*, novizia *f*; (beginner) principiante *m/f*
now, nau, *adv* ora, adesso; **– and then,** di tanto in tanto; **just –,** proprio ora
nowadays, nau´-a-deis, *adv* oggigiorno, al giorno d'oggi
nowhere, nou´-uer, *adv* in nessun luogo
noxious, nok´-shos, *adj* nocivo
nozzle, nos´-l, *n* (of hose) bocchetta *f*
nuclear, niu´-klir, *adj* nucleare; atomico
nucleus, niu´-kli-os, *n* nucleo *m*
nude, niuud, *adj* nudo
nudge, nŏch, *v* toccare col gomito; *n* gomitata *f*
nugget, nŏ'-ghit, *n* pepita *f*
nuisance, niuu´-sens, *n* fastidio *m*; seccatura *f*
numb, nŏm, *adj* intorpidito
number, nŏm´-ba, *v* numerare; (count) contare; *n* numero; (figure) cifra *f*; (many) gran quantità *f*

number plate, *nŏm´-ba* pleit, numero di targa *m*
numberless, *nŏm´-be-*lis, *adj* innumerevole
numbness, *nŏm´-*nis, *n* intorpidimento *m*
numerous, niuu´-*me-*ros, *adj* numeroso
nun, *nŏn*, *n* suora *f*, monaca *f*
nuptial, *nŏp´-sha*l, *adj* nuziale
nurse, n*er*s, *n* infermiera *f*; (male) infermiere *m*; *v* curare
nursery, n*er´-se-*ri, *n* camera dei bambini *f*; (plants) vivaio *m*
nursery rhyme, n*er´-se-*ri raim, *n* filastrocca *f*
nursery school, n*er´-se-*ri skuul, *n* scuola materna *f*
nut, *nŏt*, *n* noce *f*; (hazel) nocciola *f*; (peanut) nocciolina *f*; *mech* dado *m*
nut-cracker, *nŏt´-krak-a*, *n* schiaccianoci *m*
nutmeg, *nŏt-*megh, *n* noce moscata *f*
nutrition, niu-trish´-*on*, *n* nutrizione
nutritious, niu-trish´-*os*, *adj* nutritivo; nutriente
nutshell, *nŏt´-*shel, *n* guscio di noce *m*; **in a –,** *fig* in breve

oak, ouk, *n* quercia *f*
oar, oor, *n* remo *m*
oarsman, oors´-man, *n* rematore *m*
oasis, ou-ei´-sis, *n* oasi *f*
oath, ouZ, *n* giuramento *m*; (curse) imprecazione *f*, bestemmia *f*; **take an –,** *v* prestare giuramento
oatmeal, out´-miil, *n* farina d'avena *f*
oats, outs, *npl* avena *f*
obdurate*, ob´-diu-rat, *adj* caparbio
obedience, o-bii´-di-ens, *n* ubbidienza *f*
obedient, o-bii´-di-ent, *adj* ubbidiente
obese, o-biis´, *adj* obeso
obesity, o-bii´-si-ti, *n* obesità *f*
obey, o-bei´, *v* ubbidire
obituary, o-bit´-iu-a-ri, *n* necrologio *m*
object, ob-chekt´, *v* obiettare; (oppose) opporsi
object, ob´-chekt, *n* oggetto *m*; (aim) scopo *m*
objection, ob-chek´-shon, *n* obiezione *f*
objectionable, ob-chek´-shon-a-bl, *adj* riprovevole
objective, ob-chek´-tiv, *n* obiettivo *m*
obligation, ob-li-ghei´-shon, *n* obbligo *m*; impegno *m*
obligatory, ob-li´-ga-to-ri, *adj* obbligatorio
oblige, ob-laich´, *v* obbligare; (favour) fare una cortesia
obliging*, ob-laich´-ing, *adj* gentile; servizievole
obliterate, ob-lit´-e-reit, *v* cancellare
oblivion, ob-liv´-i-on, *n* oblio *m*
oblivious, ob-liv´-i-os, *adj* ignaro
oblong, ob´-long, *adj* oblungo; *n* rettangolo *m*
obnoxious, ob-nok´-shos, *adj* detestabile; ripugnante
obscene*, ob-siin´, *adj* osceno
obscure, ob-skiur´, *adj** oscuro; *v* oscurare
observance, ob-ser´-vans, *n* osservanza *f*
observant, ob-ser´-vant, *adj* osservante
observation, ob-se-vei´-shon, *n* osservazione *f*
observatory, ob-ser´-va-to-ri, *n* osservatorio *m*
observe, ob-serv´, *v* osservare
obsess, ob-ses´, *v* ossessionare
obsession, ob-se´-shon, *n* ossessione *f*
obsolete, ob´-so-liit, *adj* obsoleto
obstacle, ob´-sti-kl, *n* ostacolo *m*
obstinacy, ob´-sti-na-si, *n* ostinazione *f*

obstinate*, ob´-sti-nat, *adj* ostinato
obstreperous*, ob-strep´-e-ros, *adj* turbolento
obstruct, ob-strŏkt´, *v* ostruire
obstruction, ob-strŏk´-shon, *n* ostruzione *f*; ostacolo *m*
obtain, ob-tein´, *v* ottenere
obtrude, ob-truud´, *v* imporsi
obtrusive*, ob-truu´-siv, *adj* importuno
obtuse*, ob-tiuus´, *adj* ottuso
obviate, ob´-vi-eit, *v* ovviare; evitare
obvious*, ob´-vi-os, *adj* ovvio, evidente
occasion, o-kei´-shon, *n* occasione *f*; (cause) motivo *m*
occasional*, o-kei´-shon-al, *adj* occasionale; sporadico
occult, o-kŏlt´, *adj* occulto
occupation, ok-iu-pei´-shon, *n* occupazione *f*; professione *f*, mestiere *m*
occupier, ok-iu-pai-a, *n* (tenant) inquilino *m*
occupy, ok-iu-pai, *v* occupare; occuparsi
occur, o-ker´, *v* (to the mind) venire in mente; (happen) accadere; (opportunity) presentarsi
occurrence, o-kŏ'-rens, *n* evento *m*
ocean, ou´-shan, *n* oceano *m*
ochre, ou´-ka, *n* ocra *f*
o'clock, o-klok´, *adv* **one –,** l'una; **six –,** le sei
octagonal, ok-tagh´-on-al, *adj* ottagonale
octane, ok´-tein, *n* ottano *m*
octave, ok´-tiv, *n* ottava *f*
October, ok-tou´-ba, *n* ottobre *m*
octopus, ok´-to-pus, *n* polpo *m*; piovra *f*
oculist, ok´-iu-list, *n* oculista *m/f*
odd, od, *adj* (number) dispari; (single) spaiato; (strange) strano
oddly, od´-li, *adv* stranamente
odds, ods, *npl* probabilità *f*; **– and ends,** cianfrusaglie *fpl*
odour, ou´-da, *n* odore *m*
of, ov, *prep* di
off, of, *prep* da; *adv* lontano; via; spento; chiuso; **– and on,** di tanto in tanto
offal, of´-l, *n* frattaglie *fpl*
offence, o-fens´, *n* offesa *f*; reato *m*
offend, o-fend´, *v* offendere
offensive, o-fen´-siv, *adj** offensivo; *n mil* offensiva *f*
offer, of´-a, *v* offrire; *n* offerta *f*
offering, of´-e-ring, *n* offerta *f*
office, of´-is, *n* ufficio *m*; carica *f*
office hours, of´-is au´-es, *n* orario d'ufficio *m*
officer, of´-is-a, *n* ufficiale *m*; agente *m*
official, o-fish´-l, *n* funzionario *m*; *adj* ufficiale
officious*, o-fish´-os, *adj* ufficioso
off-licence, of´-lai-sens, *n* negozio di vini e liquori *m*
off-peak, of´-piik, *adj* (rate) ridotto
off-side, of´-said, *adj* (sport) in fuorigioco
offspring, of´-spring, *n* figlio *m*, figlia *f*
often, of´-n *adv* spesso
ogle, ou´-gl, *v* adocchiare
oil, oil, *n* olio *m*; petrolio *m*; *v* oliare; lubrificare
oil-cloth, oil´-kloZ, *n* tela cerata *f*
ointment, oint´-ment, *n* unguento *m*
old, ould, *adj* vecchio; antico

old-fashioned, ould-fash´-ond, *adj* all'antica; fuori moda, antiquato
olive, ol´-iv, *n* oliva *f*
olive oil, ol´-iv oil, *n* olio d'oliva *m*
Olympic Games, o-lim´-pik gheims, *npl* Olimpiadi *fpl*
omelet, om´-lit, *n* frittata *f*
omen, ou´-men, *n* presagio *m*
ominous, om´-i-nos, *adj* infausto; di malaugurio
omission, o-mish´-on, *n* omissione *f*
omit, o-mit´, *v* omettere; tralasciare
omnipotent, om-nip´-o-tent, *adj* onnipotente
on, on, *prep* su, sopra; *adv* (upon) sopra; (onward) avanti; (date) il; **– foot,** a piedi
once, uŏns, *adv* una volta; (formerly) un tempo; **all at –,** improvvisamente; **at –,** subito; **– more,** ancora una volta
one, uŏn, *adj* uno; (sole) unico; *pron*, uno, una; (impersonal) si; **this –,** questo; **that –,** quello
oneself, uŏn-self´, *pron refl* si; sé, se stesso, se stessa
one-way, uŏn´-uei, *adj* (street) a senso unico; (ticket) di sola andata
ongoing, on´-gou-ing, *adj* in corso
onion, ŏn´-ion, *n* cipolla *f*
on-line, on´-lain, *adj* in linea
only, oun´-li, *adv* solamente; *adj* solo, unico
onslaught, on´-sloot, *n* attacco *m*
onto, on´-tu, *prep* su, sopra
onward, on´-uad, *adv* in avanti
onyx, on´-iks, *n* onice *f*
ooze, uus, *v* stillare; sprizzare; *n* melma *f*
opal, ou´-pal, *n* opale *m*
opaque, o-peik´, *adj* opaco
open, ou´-pen, *v* aprire; *adj** aperto
opener, oup´-na, *n* apriscatole *m*
opening, oup´-ning, *n* opportunità *f*; apertura *f*
opera, op´-e-ra, *n* opera *f*
opera glasses, op´-e-ra ghlaas´-is, *npl*, binocolo da teatro *m*
opera house, op´-e-ra haus, *n* teatro dell' opera *m*
operate, op´-e-reit, *v* operare
operation, op-e-rei´-shon, *n* operazione *f*
operator, op´-e-rei-ta, *n* operatore *m*; centralinista *m/f*
opinion, o-pin´-ion, *n* opinione *f*
opium, ou´-pi-um, *n* oppio *m*
opossum, o-pos´-um, *n* opossum *m*
opponent, o-pou´-nent, *n* avversario *m*
opportune*, op´-o-tiuun, *adj* opportuno
opportunity, oo-o-tiuu´-ni-ti, *n* opportunità *f*
oppose, o-pous´, *v* opporre
opposite, op´-o-sit, *n* contrario *m*; *adv* dirimpetto, di fronte
opposition, op-o-si´-shon, *n* opposizione *f*
oppress, o-pres´, *v* opprimere
oppression, o-presh´-on, *n* oppressione *f*
oppressive*, o-pres´-iv, *adj* oppressivo; opprimente
optician, op-tish´-an, *n* ottico *m*
optimism, op´-ti-mism, *n* ottimismo *m*
optimist, op´-ti-mist, *n* ottimista *m/f*
optimistic, op-ti-mis´-tik, *adj* ottimistico
option, op´-shon, *n* scelta *f*; opzione *f*
optional*, op´-shon-al, *adj* facoltativo
opulent, op´-iu-lent, *adj* opulento

or, oor, *conj* o, oppure; **– else,** altrimenti
oral*, oor´-ral, *adj* orale
orange, o´-rinch, *n* arancia *f*; *adj* (colour) arancione
orator, o´-ra-ta, *n* oratore *m*
oratory, o´-ra-to-ri, *n* (speaking) oratoria *f*; (chapel) oratorio *m*
orbit, oor´-bit, *n* orbita *f*
orchard, oor´-chad, *n* frutteto *m*
orchestra, oor´-kis-tra, *n* orchestra *f*
orchid, oor´-kid, *n* orchidea *f*
ordain, oor-dein´, *v* decretare; (clergy) ordinare
ordeal, oor´-diil, *n* durissima prova *f*
order, oor´-da, *n* ordine *m*; *v* ordinare
orderly, oor´-de-li, *adj* ordinato, metodico; *n mil* attendente *m*
ordinary, oor´-di-na-ri, *adj* ordinario; comune
ore, oor, *n* minerale grezzo *m*
organ, oor´-gan, *n* organo *m*
organic, oor-gan´-ik *adj* organico; (vegetables) biologico
organisation, oor-gan-ai-sei´-shon, *n* organizzazione *f*
organize, oor´-gan-ais, *v* organizzare
orgasm, oor´-gasm, *n* orgasmo *m*
orgy, oor´-chi, *n* orgia *f*
orient, oor´-ri-ent, *n* oriente *m*
oriental, oor-ri-en´-tal, *adj* orientale
origin, o´-ri-chin, *n* origine *f*
original, o-rich´-in-al, *adj* originale
originate, o-rich´-in-eit, *v* dare origine a; aver origine da
ornament, oor´-na-ment, *n* ornamento *m*
ornamental, oor-na-men´-tal, *adj* ornamentale
orphan, oor´-fan, *n* orfano *m*
orphanage, oor´-fan-ich, *n* orfanotrofio *m*
orthodox, oor´-Zo-doks, *adj* ortodosso
oscillate, os´-il-eit, *v* oscillare
ostentatious*, os-tin-tei´-shos, *adj* ostentato
ostrich, os´-trich, *n* struzzo *m*
other, ŏD´-a, *adj* altro, altra, altri, altre; **the – one,** l'altro, l'altra
otherwise, ŏD´-e-uais, *adv* altrimenti
otter, ot´-a, *n* lontra *f*
ought, oot, *v* dovere; bisognare
ounce, auns, *n* oncia *f* (28.35 g)
our, aur, *adj* nostro, nostra, nostri, nostre
ours, aurs, *pron* il nostro, la nostra, i nostri, le nostre; **a friend of –,** un nostro amico
ourselves, aur-selvs´, *pron refl* ci; noi stessi
out, aut, *adv* fuori; (extinguished) spento
outbid, aut-bid´, *v* fare un'offerta maggiore
outbreak, aut´-breik, *n* scoppio *m*; epidemia *f*
outburst, aut´-berst, *n* scoppio *m*
outcry, aut´-krai, *n* protesta *f*
outdo, aut-duu´, *v* superare
outdoor, aut´-door, *adj* all'aperto
outer, aut´-a, *adj* esterno
outfit, aut´-fit, *n* completo *m*; tenuta *f*; attrezzatura *f*
outgrow, aut-grou´, *v* diventare troppo grande per
outing, au´-ting, *n* gita *f*
outlast, aut-laast´, *v* sopravvivere a

outlaw, aut´-loo, *n* fuorilegge *m/f*; *v* bandire
outlet, aut´-lit, *n* sbocco *m*; valvola di sfogo *f*; *comm* punto vendita *m*
outline, aut´-lain, *n* abbozzo *m*; contorno *m*; profilo *m*; *v* descrivere a grandi linee
outlive, aut-liv´, *v* sopravvivere a
outlook, aut´-luk, *n* prospettiva *f*; visione *f*; vista *f*
outlying, aut-lai´-ing, *adj* remoto
outnumber, aut-nŏm´-ba, *v* superare numericamente
out-patient, aut´-pei-shent, *n* paziente esterno *m*
outpost, aut´-poust, *n* avamposto *m*
output, aut´-put, *n* rendimento *m*; produzione *f*
outrage, aut´-reich, *n* oltraggio *m*; atrocità *f*
outrageous*, aut-rei´-chos, *adj* scioccante; stravagante
outright, aut-rait´, *adv* completamente
outrun, aut-rŏn´, *v* superare in velocità
outside, aut-said´, *adv* (outdoors) fuori, all'esterno; *n* esterno *m*; *adj* esterno
outsize, aut´-sais, *n* taglia forte *f*
outskirts, aut´-skerts, *npl* periferia *f*
outstanding*, aut-stan´-ding, *adj* eccellente; saliente; (debts) non pagato
outward, aut´-uad, *adv* verso l'esterno; *adj* esteriore
outwit, aut-uit´, *v* mostrarsi più astuto di
oval, ou´-val, *n* ovale *m*; *adj* ovale
oven, ŏv´-en, *n* forno *m*
over, ou´-va, *prep* su; sopra; al di sopra di; di là di; più di; *adv* al di sopra; (finished) finito; **– here,** qui; **– there,** là; **all –,** (everywhere) dappertutto
overalls, ou´-ve-rools, *npl* tuta da lavoro *f*
overbearing, ou-ve-ber´-ring, *adj* prepotente; autoritario
overboard, ou´-ve-boord, *adv* fuori bordo
overcast, ou´-ve-kaast, *adj* coperto
overcharge, ou-ve-chaarch´, *v* far pagare troppo
overcoat, ou´-ve-kout, *n* cappotto *m*
overcome, ou-ve-kŏm´, *v* vincere; superare
overdo, ou-ve-duu´, *v* strafare; esagerare; (cooking) cuocere troppo
overdraft, ou´-ve-draaft, *n* scoperto di conto *m*
overdraw, ou-ve-droo´, *v* avere uno scoperto di conto
overdue, ou-ve-diuu´, *adj* in ritardo; (debt) scaduto
overflow, ou-ve-flou´, *v* traboccare
overgrow, ou-ve-grou´, *v* crescere troppo
overhang, ou-ve-hang´, *v* sporgere
overhaul, ou-ve-hool´, *v* rivedere; revisionare
overhead, ou-ve-hed´, *adv* in alto
overhear, ou-ve-hir´, *v* sentire per caso
overjoyed, ou-ve-choid´, *adj* pazzo di gioia
overland, ou´-ve-land, *adv* per via (di) terra
overlap, ou-ve-lap´, *v* sovrapporsi
overload, ou-ve-loud´, *v* sovraccaricare
overlook, ou-ve-luk´, *v* (view) dare su; (miss) trascurare; (pardon)

passare sopra a
overnight, ou-ve-nait´, *adv* (durante) la notte; (stay) di una notte; *fig* improvviso
overpower, ou-ve-pau´-a, *v* sopraffare
overrate, ou-ve-reit´, *v* sopravvalutare
overrule, ou-ve-ruul´, *v* (set aside) respingere
overrun, ou-ve-rŏn´, *v* protrarsi
overseas, ou-ve-siis´, *adv* all'estero
oversee, ou-ve-sii´, *v* sorvegliare
oversight, ou´-ve-sait, *n* svista *f*
oversleep, ou-ve-sliip´, *v* non svegliarsi in tempo
overstep, ou-ve-step´, *v* eccedere
overtake, ou-ve-teik´, *v* sorpassare
overthrow, ou-ve-Zrou´, *v* rovesciare
overtime, ou´-ve-taim, *n* (work) straordinario *m*
overturn, ou-ve-tern´, *v* rovesciare; rovesciarsi
overweight, ou-ve-ueit´, *adj* sovrappeso
overwhelm, ou-ve-uelm´, *v* sopraffare
overwork, ou-ve-uerk´, *v* lavorare troppo
owe, ou, *v* dovere
owing, ou´-ing, *adj* (money) dovuto; **– to,** *prep* a causa di
owl, aul, *n* gufo *m*
own, oun, *v* possedere; ammettere; *adj* proprio
owner, ou´-na, *n* proprietario *m*
ox, oks, *n* bue *m*
oxygen, ok´-si-chen *n* ossigeno *m*
oyster, ois´-ta, *n* ostrica *f*
ozone, ou´-soun, *n* ozono *m*
ozone-friendly, ou´-soun frend´-li, *adj* che rispetta l'ozono
ozone layer, ou´-soun lei´-a, *n* ozonosfera *f*

P

pace, peis, *v* camminare su e giù; *n* passo *m*; (speed) velocità *f*
pacific, pa-si´-fik, *adj* pacifico
pacify, pas´-i-fai, *v* placare
pack, pak, *v* imballare; fare i bagagli; *n* pacco *m*; (wolves) branco *m*; (cards) mazzo *m*
package, pa´-kich, *n* pacchetto *m*
package holiday, pa´-kich hol´-i-dei, *n* vacanza organizzata *f*
packed lunch, pakt lŏnch´, *n* pranzo al sacco *m*
packet, pak´-it, *n* pacchetto *m*
packing, pak´-ing, *n* imballaggio *m*
pact, pakt, *n* patto *m*
pad, pad, *v* imbottire; *n* imbottitura *f*; (ink) tampone *m*; (paper) bloc-notes *m*
padding, pad´-ing, *n* imbottitura *f*
paddle, pad´-l, *v* remare con la pagaia; (feet) sguazzare; *n* pagaia *f*
paddock, pad´-ok, *n* (meadow) pascolo *m*; (at races) recinto *m*
padlock, pad´-lok, *n* lucchetto *m*; *v* chiudere col lucchetto
paediatrician, pii-di-a-tri´-shan, *n* pediatra *m/f*
pagan, pei´-gan, *n* pagano *m*
page, peich, *n* pagina *f*
pageant, pach´-ent, *n* corteo *m*; parata *f*
pager, pei´-cha, *n* cercapersone *m*
pail, peil, *n* secchio *m*
pain, pein, *n* dolore *m*
painful*, pein´-ful, *adj* doloroso
painless, pein´-lis, *adj* indolore
paint, peint, *v* dipingere, verniciare; *n* pittura *f*, vernice *f*, colore *m*
painter, pein´-ta, *n* pittore *m*, pittrice *f*; imbianchino *m*
painting, pein´-ting, *n* pittura *f*; dipinto *m*, quadro *m*
pair, per, *n* paio *m*
palace, pal´-is, *n* palazzo *m*
palatable, pal´-i-ta-bl, *adj* gustoso
palate, pal´-it, *n* palato *m*
pale, peil, *adj* pallido; *v* impallidire
paleness, peil´-nis, *n* pallore *m*
palette, pal-et´, *n* tavolozza *f*
pallid, pal´-id, *adj* pallido
palm, paam, *n* palma *f*; palmo *m*
palpitation, pal-pi-tei´-shon, *n* palpitazione *f*
paltry, pool´-tri, *adj* meschino
pamper, pam´-pa, *v* coccolare, viziare

pamphlet, pam´-flit, *n* opuscolo *m*
pan, pan, *n* padella *f*; casseruola *f*
pancake, pan´-keik, *n* frittella *f*; crêpe *f*
pander, pan´-da, *v* assecondare
pane, pein, *n* vetro *m*; (large) vetrata *f*
panel, pan´-l, *n* pannello *m*; giuria *f*
pang, pang, *n* dolore *m*; (mental) angoscia *f*
panic, pan´-ik, *n* panico *m*
pansy, pan´-si, *n* viola del pensiero *f*
pant, pant, *v* ansimare
panther, pan´-Za, *n* pantera *f*
pantomime, pan´-to-maim, *n* pantomima *f*; (Xmas) spettacolo di Natale *m*
pantry, pan´-tri, *n* (food) dispensa *f*
pants, pants, *npl* mutande *fpl*
pap, pap, *n* pappa *f*
papal, pei´-pal, *adj* papale
paper, pei´-pa, *n* carta *f*; (newspaper) giornale *m*; *v* tappezzare
par, paar, *n* pari *f*; *adj* alla pari
parable, pa´-ra-bl, *n* parabola *f*
parachute, pa´-ra-shuut, *n* paracadute *m*
parade, pa-reid´, *n* sfilata *f*; parata *f*; (troops) rivista *f*
paradise, pa´-ra-dais, *n* paradiso *m*
paraffin, pa´-ra-fin, *n* paraffina *f*; cherosene *m*
parallel, pa´-ra-lel, *adj* parallelo
paralyse, pa´-ra-lais, *v* paralizzare
paralysis, pa-ral´-i-sis, *n* paralisi *f*
parapet, pa´-ra-pet, *n* parapetto *m*
parasite, pa´-ra-sait, *n* parassita *m*
parcel, paar´-sel, *n* pacco *m*
parched, paarcht, *adj* disseccato, riarso; (person) assetato
parchment, paarch´-ment, *n* pergamena *f*
pardon, paar´-dn, *v* perdonare; (grant) graziare; *n* perdono *m*; grazia *f*
parents, per´-rents, *npl* genitori *mpl*
Paris, pa´-ris, *n* Parigi *f*
parish, pa´-rish, *n* parrocchia *f*
park, paark, *n* parco *m*; *v* parcheggiare
parking, paar´-king, *n* parcheggio *m*; **"no –",** "sosta vietata"
parking ticket, paar´-king tik´-it, *n* multa per sosta vietata *f*
parliament, paar´-la-ment, *n* parlamento *m*
parlour, paar´-la, *n* salottino *m*
parrot, pa´-rot, *n* pappagallo *m*
parry, pa´-ri, *v* parare
parse, paars, *v* fare l'analisi grammaticale
parsimonious*, paar-si-mou´-ni-os, *adj* parsimonioso
parsley, paars´-li, *n* prezzemolo *m*
parsnip, paars´-nip, *n* pastinaca *f*
parson, paar´-son, *n* parroco *m*
parsonage, paar´-son-ich, *n* casa parrocchiale *f*
part, paart, *v* dividere, separare; *n* parte *f*
partake, paar-teik´, **– in,** *v* partecipare a; **– of,** prendere
partial, paar´-shal, *adj* parziale; **– to,** favorevole a
partiality, paar-shi-al´-i-ti, *n* parzialità *f*
participate, paar-tis´-i-peit, *v* partecipare
participle, paar´-ti-si-pl, *n* participio *m*

particle, paar´-ti-kl, *n* particella *f*
particular*, pa-tik´-iu-la, *adj* particolare; (fastidious) esigente; (exact) minuzioso
particulars, pa-tik´-iu-las, *npl* particolari *mpl*, dettagli *mpl*; (personal) dati *mpl*
parting, paar´-ting, *n* separazione *f*; (hair) scriminatura *f*, riga *f*
partition, paar-tish´-on, *n* divisione *f*
partly, paart´-li, *adv* parzialmente, in parte
partner, paart´-na, *n* (business) socio *m*; (cards) compagno *m*; (dance) cavaliere *m*, dama *f*
partnership, paart´-ne-ship, *n* associazione *f*; società *f*
partridge, paar´-trich, *n* pernice *f*
party, paar´-ti, *n* partito *m*; festa *f*
pass, paas, *v* passare; (examination) superare
passage, pas´-ich, *n* passaggio *m*; corridoio *m*; (travel) traversata *f*
passbook, paas´-buk, *n* libretto di risparmio *m*
passenger, pas´-in-cha, *n* passeggero *m*
passer-by, pas-e-bai´, *n*, passante *m/f*
passion, pash´-on, *n* passione *f*
passionate*, pash´-on-at, *adj* appassionato
Passover, paas´-ou-va, *n* Pasqua ebraica *f*
passport, paas´-poort, *n* passaporto *m*
past, paast, *n* passato *m*; *adj* passato; *prep* oltre
paste, peist, *n* colla *f*; impasto *m*; *v* incollare
pastel, past´-l, *n* pastello *m*
pastime, paas´-taim, *n* passatempo *m*
pastor, paas´-ta, *n relig* pastore *m*
pastries, peis´-tris, *npl* pasticcini *mpl*
pastry, peis´-tri, *n* pasta *f*
pasture, paas´-cha, *n* pascolo *m*
pat, pat, *v* battere dolcemente; *n* colpetto *m*
patch, pach, *n* pezza *f*, toppa *f*; *v* rattoppare
patent, pei´-tent, *n* brevetto *m*; *v* brevettare
patent leather, pei´-tent leD´-a, *n* vernice *f*
paternal*, pa-ter´-nal, *adj* paterno
path, paaZ, *n* sentiero *m*
pathetic, pa-Zet´-ik, *adj* patetico
patience, pei´-shens, *n* pazienza *f*
patient, pei´-shent, *adj* paziente; *n* paziente *m/f*
patriot, pei´-tri-ot, *n* patriota *m/f*
patriotic, pei-tri-ot´-ik, *adj* patriottico
patrol, pa-troul´, *n* pattuglia *f*; *v* pattugliare
patronize, pat´-ron-ais, *v* trattare con condiscendenza
pattern, pat´-en, *n* motivo *m*, disegno *m*; modello *m*, cartamodello *m*
paunch, poonch, *n* pancia *f*
pauper, poo´-pa, *n* indigente *m/f*
pause, poos, *n* pausa *f*; *v* fare una pausa
pave, peiv, *v* lastricare
pavement, peiv´-ment, *n* marciapiede *m*
pavilion, pa-vil´-ion, *n* padiglione *m*
paw, poo, *n* zampa *f*
pawn, poon, *v* impegnare; *n* pegno *m*; (chess) pedina *f*
pawnbroker's, poon´-brou-kes, *n* monte di pietà *m*
pay, pei, *v* pagare
payable, pei´-a-bl, *adj* pagabile
payment, pei´-ment, *n*

pagamento *m*
payphone, pei´-foun, *n* telefono pubblico *m*
pea, pii, *n* pisello *m*
peace, piis, *n* pace *f*
peaceful*, piis´-ful, *adj* pacifico
peach, piich, *n* pesca *f*
peacock, pii´-kok, *n* pavone *m*
peak, piik, *n* picco *m*; punta *f*; apice *m*
peak hours, piik´-au-*es*, *npl* ore di punta *fpl*
peal, piil, *n* (bells) scampanio *m*; (thunder) rimbombo *m*; *v* suonare
peanut, pii´-*n*ŏt, *n* arachide *f*, nocciolina americana *f*
peanut butter, pii´-*n*ŏt bŏt´-*a*, *n* burro d'arachidi *m*
pear, pe*r*, *n* pera *f*; (tree) pero *m*
pearl, pe*r*l, *n* perla *f*
peasant, pe*s*´-*a*nt, *n* contadino *m*, contadina *f*
peat, piit, *n* torba *f*
pebble, peb´-l, *n* ciottolo *m*
peck, pek, *v* beccare; *n* beccata *f*
peculiar*, pi-kiuu´-li-*a*, *adj* bizzarro, strano
pecuniary, pi-kiuu´-ni-*a*-ri, *adj* pecuniario
pedal, ped´-l, *n* pedale *m*; *v* pedalare
pedantic, pi-dan´-tik, *adj* pedante
pedestal, ped´-is-tl, *n* piedistallo *m*
pedestrian, pi-des´-tri-*a*n, *n* pedone *m*
pedigree, ped´-i-grii, *adj* di razza pura
pedlar, ped´-l*a*, *n* venditore ambulante *m*
peel, piil, *n* buccia *f*; *v* sbucciare; spellare
peep, piip, *v* sbirciare; *n* sbirciata *f*
peer, pi*r*, *n* pari *m*
peerage, pir´-ich, *n* dignità di pari *f*
peevish, pii´-vish, *adj* scontroso
peg, pegh, *n* (tent) picchetto *m*; (hats) attaccapanni *m*; (clothes) molletta *f*
pellet, pel´-it, *n* pallottola *f*; (shot) pallino *m*
pelt, pelt, *v* colpire con; *n* (fur) pelliccia *f*
pen, pen, *n* penna *f*; (sheep) ovile *m*
penal, pii´-n*a*l, *adj* penale
penalty, pen´-*a*l-ti, *n* pena *f*; ammenda *f*; (football) rigore *m*
penance, pen´-*a*ns, *n* penitenza *f*
pence, pens, *npl* penny *m*
pencil, pen´-sil, *n* matita *f*
pendant, pen´-d*a*nt, *n* pendente *m*
pending, pen´-ding, *adj* pendente; *prep* durante
pendulum, pen´-diu-l*u*m, *n* pendolo *m*
penetrate, pen´-i-treit, *v* penetrate
penfriend, pen´-frend, *n* amico di penna *m*
penguin, peng´-guin, *n* pinguino *m*
penicillin, pen-i-si´-lin, *n* penicillina *f*
peninsula, pen-in´-siu-l*a*, *n* penisola *f*
penis, pii´-nis, *n* pene *m*
penitent, pen´-i-t*e*nt, *adj* penitente
penknife, pen´-naif, *n* temperino *m*
penniless, pen´-i-lis, *adj* senza un soldo
penny, pen´-i, *n* penny *m*
pension, pen´-sh*o*n, *n* pensione *f*
pensioner, pen´-sh*o*n-*a*, *n* pensionato *m*, pensionata *f*
pensive*, pen´-siv, *adj* pensieroso
people, pii´-*pl*, *n* gente *f*; persone *fpl*; popolo *m*
pepper, pep´-*a*, *n* pepe *m*
peppermint, pep´-*e*-mint, *n* menta piperita *f*
per, pe*r*, *prep* per

perceive, pe-siiv´, *v* percepire
per cent, pe-sent´, *adv* per cento
percentage, pe-sen´-tich, *n* percentuale *f*
perception, pe-sep´-shon, *n* percezione *f*
perceptive, pe-sep´-tiv, *adj* perspicace
perch, perch, *n* posatoio *m*; (fish) pesce persico *m*
peremptory, pi-remp´-to-ri, *adj* perentorio
perfect, per´-fikt, *adj** perfetto; *v* perfezionare
perfection, pe-fek´-shon, *n* perfezione *f*
perfidious*, pe-fid´-i-os, *adj* perfido
perfidy, per´-fi-di, *n* perfidia *f*
perforate, per´-fo-reit, *v* perforare
perform, pe-foorm´, *v* eseguire; (fulfill) compiere; (stage) rappresentare
performance, pe-foorm´-ans, *n* prestazioni *fpl*; (stage) rappresentazione *f*
perfume, per´-fiuum, *n* profumo *m*; *v* profumare
perhaps, pe-haps´, *adv* forse
peril, pe´-ril, *n* pericolo *m*
period, pir´-ri-od, *n* periodo *m*; (woman) mestruazioni *fpl*
periodical, pir-ri-od´-i-kl, *adj* periodico; *n* periodico *m*
periscope, pe´-ris-koup, *n* periscopio *m*
perish, pe´-rish, *v* perire; deteriorarsi
perishable, pe´-ri-sha-bl, *adj* deperibile
perjury, per´-chu-ri, *n* spergiuro *m*; falso giuramento *m*
perm, perm, *n* permanente *f*
permanent, per´-ma-nent, *adj* permanente
permeate, per´-mi-eit, *v* permeare
permission, pe-mish´-on, *n* permesso *m*
permit, pe-mit´, *v* permettere
permit, per´-mit, *n* permesso *m*, autorizzazione *f*
perpendicular, per-pen-dik´-iu-la, *adj* perpendicolare; *n* perpendicolare *f*
perpetrate, per´-pi-treit, *v* perpetrare
perpetual*, pe-pet´-iu-al, *adj* perpetuo
perplex, pe-pleks´, *v* lasciare perplesso
persecute, per´-si-kiuut, *v* perseguitare
persecution, per-si-kiuu´-shon, *n* persecuzione *f*
perseverance, per-si-vir´-rens, *n* perseveranza *f*
persevere, per-si-vir´, *v* perseverare
persist, pe-sist´, *v* persistere
person, per´-son, *n* persona *f*
personal, per´-son-al, *adj* personale
personality, per-so-na´-li-ti, *n* personalità *f*
personify, pe-so´-ni-fai, *v* personificare
perspective, pe-spek´-tiv, *n* prospettiva *f*
perspiration, per-spi-rei´-shon, *n* traspirazione *f*
perspire, pe-spair´, *v* traspirare
persuade, pe-sueid´, *v* persuadere
persuasion, pe-suei´-shon, *n* persuasione *f*
pert*, pert, *adj* impertinente
pertain, pe-tein´, *v* appartenere a; riguardare
pertinent, per´-ti-nent, *adj* pertinente
perturb, pe-terb´, *v* turbare
perverse*, pe-vers´, *adj* perverso

pervert, pe-vert´, *v* pervertire; traviare
pessimism, pes´-i-mism, *n* pessimismo *m*
pessimist, pes´-i-mist, *n* pessimista *m/f*
pessimistic, pes-i-mis´-tik, *adj* pessimistico
pest, pest, *n* peste *f*
pester, pes´-ta, *v* tormentare, dare fastidio a
pet, pet, *v* coccolare; *n* (animal) animale domestico *m*; (person) favorito *m*
petal, pet´-l, *n* petalo *m*
petition, pi-tish´-on, *n* petizione *f*
petrified, pet´-ri-faid, *adj* terrorizzato
petrol, pet´-rol, *n* benzina *f*
petroleum, pi-trou´-li-om, *n* petrolio *m*
petroleum jelly, pi-trou´-li-om chel´-i, *n* vaselina *f*
petrol pump, pet´-rol pŏmp, *n* distributore di benzina *m*
petrol station, pet´-rol stei´-shon, stazione di servizio *f*
petticoat, pet´-i-kout, *n* sottoveste *f*
petty, pet´-i, *adj* insignificante; meschino
pew, piuu, *n* banco di chiesa *m*
pewter, piu´-ta, *n* peltro *m*
phantom, fan´-tom, *n* fantasma *m*
pharmacist, faar´-ma-sist, *n* farmacista *m/f*
pharmacy, faar´-ma-si, *n* farmacia *f*
phase, feis, *n* fase *f*
pheasant, fes´-ant, *n* fagiano *m*
phenomenon, fi-nom´-i-non, *n* fenomeno *m*
phial, fai´-al, *n* fiala *f*
philosopher, fi-los´-o-fa, *n* filosofo *m*
phlegm, flem, *n* flemma *m*
phobia, fou´-bi-a, *n* fobia *f*
phone, foun, *n* telefono *m*; *v* telefonare
phosphate, fos´-feit, *n* fosfato *m*
phosphorus, fos´-fo-ros, *n* fosforo *m*
photo, fou´-tou, *n* foto *f*
photocopy, fou-to-kop´-i, *n* fotocopia *f*; *v* fotocopiare
photograph, fou´-to-graaf, *n* fotografia *f*
photographer, fo-togh´-ra-fa, *n* fotografo *m*, fotografa *f*
phrase, freis, *n* frase *f*
physical*, fis´-i-kl, *adj* fisico
physician, fi-sish´-an, *n* medico *m*
physics, fi´-siks, *n* fisica *f*
piano, pi-an´-ou, *n* pianoforte *m*
pick, pik, *n* piccone *m*; *v* scegliere; (gather) cogliere; **– up,** raccogliere; passare a prendere; rimorchiare
pickle, pik´-l, *v* conservare in aceto
pickles, pik´-ls, *npl* sottaceti *mpl*
pickpocket, pik´-pok-it, *n* borsaiolo *m*
picnic, pik´-nik, *n* picnic *m*
picture, pik´-cha, *n* quadro *m*; illustrazione *f*; foto *f*
pie, pai, *n* pasticcio *m*; torta *f*
piece, piis, *n* pezzo *m*
piecemeal, piis´-miil, *adv* poco alla volta
pier, pir, *n* molo *m*
pierce, pirs, *v* forare; *fig* penetrare
piercing, pir´-sing, *adj* penetrante
piety, pai´-i-ti, *n* pietà *f*
pig, pigh, *n* maiale *m*
pigeon, pich´-in, *n* piccione *m*
pigeonhole, pich´-in-houl, *n* (division) casella *f*
pig-iron, pigh´-ai-on, *n* ghisa *f*

pigsty, pigh´-stai, *n* porcile *m*
pike, paik, *n* (fish) luccio *m*
pilchard, pil´-chad, *n* sardina *f*
pile, pail, *n* (heap) pila *f*; mucchio *m*; *v* ammucchiare
piles, pails, *npl med* emorroidi *fpl*
pile-up, pail'-ŏp, *n* tamponamento a catena *m*
pilfer, pil´-fa, *v* rubacchiare
pilgrim, pil´-grim, *n* pellegrino *m*
pilgrimage, pil´-gri-mich, *n* pellegrinaggio *m*
pill, pil, *n* pillola *f*
pillage, pil´-ich, *n* saccheggio *m*
pillar, pil´-a, *n* pilastro *m*, colonna *f*
pillow, pil´-ou, *n* guanciale *m*
pillowcase, pil´-ou-keis, *n* federa *f*
pilot, pai´-lot, *n* pilota *m/f*; *v* pilotare
pimple, pim´-pl, *n* foruncolo *m*
pin, pin, *n* spillo *m*; *v* fissare con spilli
pinafore, pin´-a-foor, *n* grembiulino *m*
pincers, pin´-ses, *npl* pinze *fpl*; tenaglie *fpl*
pinch, pinch, *n* pizzicotto *m*; *v* pizzicare; (shoes) far male
pine, pain, *n* pino *m*; **– for,** *v* languire
pineapple, pain´-ap-l, *n* ananas *m*
pink, pingk, *adj* rosa; *n* rosa *m*
pint, paint, *n* pinta *f* (= 0,57 l)
pioneer, pai-o-nir´, *n* pioniere *m*
pious*, pai´-us, *adj* pio
pip, pip, *n* seme *m*
pipe, paip, *n* tubo *m*; (tobacco) pipa *f*
pirate, pair´-rat, *n* pirata *m*; *v* riprodurre abusivamente
Pisces, pai´-siis, *n* Pesci *mpl*
pistol, pis´-tl, *n* pistola *f*
piston, pis´-ton, *n* pistone *m*
pit, pit, *n* fosso *m*; (theatre) platea *f*
pitch, pich, *n* (sport) campo *m*; (tar) pece *f*; *mus* tono *m*; *v* (throw) lanciare
pitcher, pich´-a, *n* brocca *f*
pitchfork, pich´-foork, *n* forcone *m*
pitfall, pit´-fool, *n* trabocchetto *m*
pith, piZ, *n* midollo *m*; essenza *f*
pitiable, pit´-i-a-bl, *adj* pietoso
pitiful, pit´-i-ful, *adj* compassionevole
pitiless, pit´-i-lis, *adj* senza pietà
pity, pit´-i, *n* compassione *f*; **what a –!** che peccato!
pivot, piv´-ot, *n* perno *m*; *v* imperniare
placard, plak´-aard, *n* cartello *m*
placate, pla-keit´, *v* placare
place, pleis, *n* luogo *m*; posto *m*; *v* mettere
placid*, plas´-id, *adj* placido
plagiarism, plei´-chia-rism, *n* plagio *m*
plague, pleigh, *n* peste *f*; *v* tormentare
plaice, pleis, *n* sogliola *f*
plain, plein, *n* pianura *f*; *adj** (simple) semplice; (looks) ordinario; (clear) chiaro
plait, plat, *n* treccia *f*; *v* intrecciare
plan, plan, *n* piano *m*, progetto *m*; (draft) schema *m*; *v* progettare; organizzare
plane, plein, *v* piallare; *n* pialla *f*; (geom) piano *m*; (tree) platano *m*;

aereo *m*

planet, plan´-it, *n* pianeta *m*

plank, plangk, *n* tavola *f*, asse *f*

plant, plaant, *v* piantare; *n* pianta *f*; impianto *m*; stabilimento *m*

plantation, plaan-tei´-shon, *n* piantagione *f*

plaster, plaas´-ta, *v* ingessare; *n* gesso *m*; (building) intonaco *m*

plastic, plas´-tik, *adj* di plastica; *n* plastica *f*

plastic surgery, plas´-tik ser´-che-ri, *n* chirurgia plastica *f*

plate, pleit, *v* (metal) placcare; *n* (food) piatto *m*; targa *f*

platform, plat´-foorm, *n* piattaforma *f*

platinum, plat´-i-num, *n* platino *m*

play, plei, *v* giocare; suonare; interpretare; *n* gioco *m*; rappresentazione *f*

player, plei-a, *n* giocatore *m*, giocatrice *f*; musicista *m/f*; attore *m*, attrice *f*

playful*, plei´-ful, *adj* giocoso; scherzoso

playground, plei´-graund, *n* (school) cortile per la ricreazione *m*; (park) campo giochi *m*

plea, plii, *n* appello *m*; supplica *f*; pretesto *m*

plead, pliid, *v* supplicare; *law* difendere

pleasant, ples´-ant, *adj* gradevole, piacevole

please, pliis, *interj* per favore; *v* piacere a

pleased, pliisd, *adj* contento; soddisfatto

pleasing, pliis´-sing, *adj* piacente; gradevole

pleasure, plesh´-a, *n* piacere *m*

pledge, plech, *n* pegno *m*; promessa *f*; *v* impegnare; promettere

plenty, plen´-ti, *n* abbondanza *f*; molto

pliable, plai´-a-bl, *adj* malleabile

pliers, plai´-as, *npl* pinze *fpl*

plight, plait, *n* situazione *f*

plimsolls, plim´-sols, *npl* scarpe da tennis *fpl*

plod, plod, *v* (work) sgobbare; **– along,** camminare a fatica

plodder, plod´-a, *n* sgobbone *m*

plot, plot, *n* complotto *m*; (story) intreccio *m*; (land) lotto *m*; *v* complottare

plough, plau, *v* arare; *n* aratro *m*

ploughman, plau´-man, *n* aratore *m*

ploughman's lunch, plau´-mans-lŏnch, *n* piatto a base di formaggio, pane e sottaceti

pluck, plŏk, *v* cogliere; spennare; *n fig* fegato *m*

plug, plŏgh, *v* tappare; infilare la spina di; *n* tappo *m*; (electric) spina *f*

plum, plŏm, *n* prugna *f*; susina *f*; (tree) susino *m*

plumage, pluu´-mich, *n* piumaggio *m*

plumb, plŏm, *n* piombo *m*

plumber, plŏm´-a, *n* idraulico *m*

plump, plŏmp, *adj* grassoccio

plunder, plŏn´-da, *n* saccheggio *m*; *v* saccheggiare

plunderer, plŏn´-de-ra, *n* saccheggiatore *m*

plunge, plŏnch, *v* tuffarsi; immergere; *n* tuffo *m*

plural, pluur´-ral, *n* plurale *m*

plus, plŏs, *n* più *m*; *prep* più

plush, plŏsh, *n* felpa *f*

ply, plai, *v* (trade) esercitare; *n* (wool) capo *m*

plywood, plai´-uud, *n* compensato *m*

pneumatic, niu-mat´-ik,

adj pneumatico
pneumonia, niu-mou´-ni-*a*, *n* polmonite *f*
poach, pooch, *v* cacciare di frodo; (cook) affogare
poacher, pooch´-*a*, *n* bracconiere *m*
P.O. box, pii-ou´-boks, *n* casella postale *f*
pocket, pok´-it, *v* intascare; *n* tasca *f*
pod, pod, *n* guscio *m*, baccello *m*
poem, pou´-im, *n* poesia *f*
poet, pou´-it, *n* poeta *m/f*
poetry, pou´-it-ri, *n* poesia *f*
point, point, *v* indicare; mostrare; (sharpen) appuntire; *n* (tip) punta *f*; (punctuation, position) punto *m*
pointer, poin´-*ta*, *n* indicatore *m*
pointless, point´-lis, *adj* inutile, vano
poise, pois, *n* portamento *m*
poison, poi´-*son*, *n* veleno *m*; *v* avvelenare
poisonous, poi´-*son-os*, *adj* velenoso
poke, pouk, *n* colpetto *m*; *v* dare colpetti; (fire) attizzare
poker, pou´-k*a*, *n* attizzatoio *m*; (cards) poker *m*
pole, poul, *n* palo *m*; (arctic) polo *m*
police, po-liis´, *n* polizia *f*
policeman, po-liis´-m*a*n, *n* poliziotto *m*
policewoman, po-liis´-uu-m*a*n, *n* donna poliziotto *f*
police station, po-liis' stei -shon, *n* centrale di polizia *f*
policy, pol´-i-si, *n* politica *f*, linea di condotta *f*; (insurance) polizza *f*
polish, pol´-ish, *v* lucidare; *n* lucido *m*
polite, po-lait´, *adj* educato, cortese
politeness, po-lait´-nis, *n* educazione *f*, cortesia *f*
political, po-lit´-i-kl, *adj* politico
politician, pol-i-tish´-*a*n, *n* personaggio politico *m*
politics, pol´-i-tiks, *n* politica *f*
poll, poul, *n* votazione *f*; *v* votare
pollen, pol´-*e*n, *n* polline *m*
pollute, po-luut´, *v* inquinare
pollution, po-luu´-sh*o*n, *n* inquinamento *m*
polyester, pol-i-es´-t*a*, *n* poliestere *m*
polystyrene, pol-i-stai´-riin, *n* polistirolo *m*
pomegranate, pom´-i-granit, *n* melagrana *f*; (tree) melograno *m*
pomp, pomp, *n* pompa *f*, fasto *m*
pompous*, pom´-pos, *adj* pomposo
pond, pond, *n* laghetto *m*
ponder, pon´-d*a*, *v* ponderare
ponderous*, pon´-d*e*-ros, *adj* ponderoso, pesante
pontiff, pon´-tif, *n* pontefice *m*
pony, pou´-ni, *n* pony *m*
poodle, puu´-dl, *n* barboncino *m*
pool, puul, *n* (pond) stagno *m*; (puddle, blood) pozza *f*; (swimming) piscina *f*; *v* mettere insieme
poor, poo*r*, *adj** povero; *n* povero *m*
pop, pop, *v* scoppiettare; *n* scoppiettio *m*; *mus* pop *m*
popcorn, pop´-koorn, *n* popcorn *m*
Pope, poup, *n* Papa *m*
poplar, pop´-l*a*, *n* pioppo *m*
popper, pop´-*a*, *n* bottone automatico *m*
poppy, pop´-i, *n* papavero *m*
popular, pop´-iu-l*a*, *adj* popolare

populate, pop´-iu-leit, *v* popolare
population, pop-iu-lei´-shon, *n* popolazione *f*
populous, pop´-iu-los, *adj* popoloso
porcelain, poor-si-lin, *n* porcellana *f*
porch, poorch, *n* portico *m*
porcupine, poor´-kiu-pain, *n* porcospino *m*
pore, poor, *n* poro *m*; **– over,** *v* essere immerso in
pork, poork, *n* carne di maiale *f*
pornographic, poor-no-gra´-fik, pornografico
pornography, poor-no´-gra-fi, *n* pornografia *f*
porous, poor´-ros, *adj* poroso
porpoise, poor´-pos, *n* focena *f*
porridge, po´-rich, *n* porridge *m*, pappa d'avena *f*
port, poort, *n* porto *m*; *naut* babordo *m*
portable, poor´-ta-bl, *adj* portatile
porter, poor´-ta, *n* (door) portinaio *m*; (luggage) portabagagli *m*, facchino *m*
portfolio, poort-fou´-li-ou, *n* cartella *f*; (ministerial) portafoglio *m*
porthole, poort´-houl, *n* oblò *m*
portion, poor´-shon, *n* porzione *f*
portly, poort´-li, *adj* (stout) corpulento
portrait, poort´-reit, *n* ritratto *m*
portray, poor-trei´, *v* ritrarre; (describe) descrivere
Portugal, poor´-tiu-gal, *n* Portogallo *m*
Portuguese, poor´-tiu-ghiis, *adj* portoghese
pose, pous, *n* posa *f*; *v* posare; **– as,** farsi passare per
position, po-sish´-on, *n* posizione *f*
positive*, pos´-i-tiv, *adj* positivo; (certain) certo
possess, po-ses´, *v* possedere
possession, po-sesh´-on, *n* possesso *m*
possessive, po-ses´-iv, *adj* possessivo
possessor, po-ses´-a, *n* possessore *m*
possibility, pos-i-bil´-i-ti, *n* possibilità *f*
possible, pos´-i-bl, *adj* possibile
possibly, pos´-i-bli, *adv* forse
post, poust, *v* impostare; *n* posta *f*; (wood, iron) palo *m*; (job) posto *m*
postage, pous´-tich, *n* affrancatura
postal, pous´-tl, *adj* postale
postbox, poust´-boks, *n* buca delle lettere *f*
postcard, poust´-kaard, *n* cartolina *f*
postcode, poust´-koud, *n* codice postale *m*
postdate, poust-deit´, *v* postdatare
poster, pous´-ta, *n* affisso *m*
posterior, pos-tir´-ri-a, *n* didietro *m*; *adj* posteriore
posterity, pos-te´-ri-ti, *n* posterità *f*
postgraduate, poust-grad´-iu-at, *n* laureato che segue un corso di specializzazione
postman, poust´-man, *n* postino *m*
postmark, poust´-maark, *n* timbro postale *m*
postmortem, poust-moor´-tem, *n* autopsia *f*
post office, poust´-of-is, *n* ufficio postale *m*
postpone, pous-poun´, *v* posticipare, rinviare
postscript, poust´-skript, *n* post scriptum *m*
posture, pos´-cha, *n* postura *f*

pot, pot, *n* vaso *m*; pentola *f*; (tea) teiera *f*; (coffee) caffettiera *f*; *v* mettere in vaso
potato, po-tei´-tou, *n* patata *f*
potent, pou´-tent, *adj* potente
potion, pou´-shon, *n* pozione *f*
pottery, pot´-e-ri, *n* ceramica *f*
pouch, pauch, *n* borsa *f*; marsupio *m*
poulterer, poul´-te-ra, *n* pollivendolo *m*
poultice, poul´-tis, *n* impiastro *m*, cataplasma *m*
poultry, poul´-tri, *n* pollame *m*
pounce, pauns, *v* (on, upon) piombare addosso
pound, paund, *n* sterlina *f*; (weight) libbra *f* (= 453 g); *v* pestare, polverizzare
pour, poor, *v* versare; (rain) piovere a dirotto; **– out,** (serve) versare
pout, paut, *v* fare il broncio; *n* broncio *m*
poverty, pov´-e-ti, *n* povertà *f*
powder, pau´-da, *v* polverizzare; (face) incipriarsi; *n* polvere *f*; cipria *f*
power, pau´-a, *n* potere *m*; *mech* forza *f*, energia *f*
powerful*, pau´-e-ful, *adj* potente
powerless, pau´-e-lis, *adj* impotente
practicable, prak´-ti-ka-bl, *adj* attuabile
practical*, prak´-ti-kl, *adj* pratico
practice, prak´-tis, *n* pratica *f*; (custom) consuetudine *f*
practise, prak´-tis, *v* far pratica; (doctor) esercitare
practitioner, prak-tish´-on-a, *n* medico *m*
praise, preis, *v* lodare; *n* lode *f*
praiseworthy, preis´-uer-Di, *adj* lodevole
pram, pram, *n* carrozzina *f*
prance, praans, *v* impennarsi; *fig* pavoneggiarsi
prank, prangk, *n* burla *f*
prattle, prat´-l, *v* chiacchierare
prawn, proon, *n* gamberetto *m*
pray, prei, *v* pregare
prayer, prer, *n* preghiera *f*
preach, priich, *v* predicare
preacher, prii´-cha, *n* predicatore *m*
precarious*, pri-ker´-ri-os, *adj* precario
precaution, pri-koo´-shon, *n* precauzione *f*
precede, pri-siid´, *v* precedere
precedence, pres´-i-dens, *n* precedenza *f*
precedent, pres´-i-dent, *n* precedente *m*
precinct, prii´-singkt, *n* distretto *m*
precious*, presh´-os, *adj* prezioso
precipice, pres´-i-pis, *n* precipizio *m*
precipitate, pri-sip´-i-teit, *v* precipitare
precise*, pri-sais´, *adj* preciso
precision, pri-sish´-on, *n* precisione *f*
preclude, pri-kluud´, *v* escludere, precludere
precocious, pri-kou´-shos, *adj* precoce
predatory, pred´-a-to-ri, *adj* rapace
predecessor, prii-di-ses´-a, *n* predecessore *m*
predicament, pri-dik´-a-ment, *n* posizione difficile *f*
predicate, pred´-i-ket, *n* *gram* predicato *m*
predict, pri-dikt´, *v* predire
prediction, pri-dik´-shon, *n* predizione *f*
predominant, pri-dom´-i-

nant, *adj* predominante
pre-eminent, prii-em´-i-nent, *adj* preminente
preface, pref´-is, *n* prefazione *f*
prefer, pri-fer´, *v* preferire
preferable, pref´-e-ra-bl, *adj* preferibile
preference, pref´-e-rens, *n* preferenza *f*
prefix, prii-fiks´, *n* prefisso *m*
pregnancy, pregh´-nan-si, *n* gravidanza *f*
pregnant, pregh´-nant, *adj* incinta
prejudice, prech´-u-dis, *v* pregiudicare; *n* pregiudizio *m*
prejudiced, prech´-u-dist, *adj* prevenuto
prejudicial*, prech-u-dish´-al, *adj* pregiudizievole
preliminary, pri-lim´-i-na-ri, *adj* preliminare; *n* preliminare *m*
prelude, pre´-liuud, *n* preludio *m*
premature*, prem´-a-tiur, *adj* prematuro
premeditate, pri-med´-i-teit, *v* premeditare
premier, prem´-i-a, *n* primo ministro *m*; *adj* principale
premises, prem´-i-sis, *npl* locali *mpl*
premium, prii´-mi-um, *n* premio *m*
preparation, *prep-a-rei´-shon*, *n* preparazione *f*
prepare, pri-per´, *v* preparare
prepay, prii-pei´, *v* pagare in anticipo
prepossessing, prii-po-ses´-ing, *adj* attraente
preposterous*, pri-pos´-te-ros, *adj* assurdo
prerogative, pri-rogh´-a-tiv, *n* prerogativa *f*
presage, pres´-ich, *n* presagio *m*
prescribe, pri-skraib´, *v* prescrivere
prescription, pri-skrip´-shon, *n* (medical) ricetta *f*
presence, pres´-ens, *n* presenza *f*
presence of mind, pres´-ens ov maind, *n* presenza di spirito *f*
present, pri-sent´, *v* presentare; (give) donare
present, pres´-ent, *n* dono *m*, regalo *m*; *adj* presente
presentation, pres-en-tei´-shon, *n* presentazione *f*
presenter, pre-sen´-ta, *n* presentatore *m*, presentatrice *f*
presentiment, pri-sen´-ti-ment, *n* presentimento *m*
presently, pres´-ent-li, *adv* ora, subito
preservation, pres-e-vei´-shon, *n* conservazione *f*
preserve, pri-serv´, *v* proteggere; conservare
preserves, pri-servs´, *npl* conserve *fpl*
preside, pri-said´, *v* presiedere
president, pres´-i-dent, *n* presidente *m/f*
press, pres, *n mech* pressa *f*; (editorial) stampa *f*; *v* premere; (fruit) spremere
pressing, pres´-ing, *adj* urgente
pressure, presh´-a, *n* pressione *f*; *v* fare pressioni
presume, pri-siuum´, *v* presumere
presumption, pri-sŏmp´-shon, *n* presunzione *f*
pretence, pri-tens´, *n* pretesto *m*; pretesa *f*
pretend, pri-tend´, *v* fingere
pretentious*, pri-ten´-shos, *adj* pretenzioso
pretext, prii´-text, *n* pretesto *m*
pretty, pri´-ti, *adj* grazioso, carino
prevail, pri-veil´, *v* prevalere; (upon)

persuadere
prevalent, prev´-*a*-lent, *adj* prevalente
prevaricate, pri-va´-ri-keit, *v* tergiversare
prevent, pri-vent´, *v* prevenire; impedire
prevention, pri-ven´-shon, *n* prevenzione *f*
preventive*, pri-ven´-tiv, *adj* preventivo
preview, prii´-viu, *n* anteprima *f*
previous, prii´-vi-*os*, *adj* anteriore, precedente
prevision, pri-vi´-**sh**on, *n* previsione *f*
prey, prei, *n* preda *f*
price, prais, *n* prezzo *m*
priceless, prais´-lis, *adj* inestimabile
prick, prik, *n* puntura *f*; *v* pungere
prickle, prik´-l, *n* pizzicore *m*; (thorn) spina *f*
prickly, prik´-li, *adj* pungente; (thorny) spinoso
pride, praid, *n* orgoglio *m*; *v* (oneself) essere orgoglioso
priest, priist, *n* prete *m*
prig, prigh, *n* borioso *m*
prim, prim, *adj* per benino
primary, prai´-m*a*-ri, *adj* primario; (main) principale
primary school, prai´-m*a*-ri sk**uu**l, *n* scuola elementare *f*
prime, praim, *adj* (quality) migliore; *v* (prepare) preparare; **in the – of life,** *n* nel fiore degli anni
prime minister, praim min´-is-t*a*, *n* primo ministro *m*
primer, prai´-m*a*, *n* (paint) vernice base *f*
primitive, prim´-i-tiv, *adj* primitivo
primrose, prim´-rous, *n* primula *f*
prince, prins, *n* principe *m*
princely, prins´-li, *adj* principesco
princess, prin´-ses, *n* principessa *f*
principal, prin´-si-*pl*, *n* (school) preside *m/f*; *adj* principale
principle, prin´-si-*pl*, *n* principio *m*; **on –,** per principio
print, print, *n* stampa *f*; (photo) copia *f*; *v* stampare
printer, prin´-t*a*, *n* stampante *f*
printing, prin´-ting, *n* stampa *f*
prior, prai´-*a*, *adj* precedente
priority, prai-o´-ri-ti, *n* priorità *f*
prism, prism, *n* prisma *m*
prison, pris´-on, *n* prigione *f*, carcere *m*
prisoner, pris-*o*-n*a*, *n* prigioniero *m*
privacy, pri´-v*a*-si, *n* intimità *f*
private*, prai´-vit, *adj* privato; particolare
privation, prai-vei´-shon, *n* privazione *f*
privilege, pri´-vi-lich, *n* privilegio *m*; *v* privilegiare
privy, priv´-i, *adj* privato
Privy Council, priv´-i kaun´-sil, *n* consiglio della Corona *m*
prize, prais, *n* premio *m*; *v* valutare
pro, prou, *prep* per, a favore di; **the –s and cons,** *n* i pro e i contro
probable, prob´-*a*-bl, *adj* probabile
probation, pro-bei´-shon, *n* libertà vigilata *f*; periodo di prova *m*
probe, proub, *v* sondare; *n* sonda *f*
problem, prob´-lem, *n* problema *m*
procedure, pro-sii´-ch*a*, *n* procedimento *m*, procedura *f*
proceed, pro-siid´, *v* procedere
proceedings, pro-sii´-

dings, *npl* procedura *f*; provvedimenti *mpl*
proceeds, prou´-siids, *npl* ricavato *m*
process, prou´-ses, *n* processo *m*
procession, pro-sesh´-on, *n* processione *f*
proclaim, pro-kleim´, *v* proclamare
proclamation, prok-la-mei´-shon, *n* proclamazione *f*
procure, pro-kiur´, *v* procurare
prod, prod, *n* colpetto *m*; *v* dare un colpetto
prodigal*, prod´-i-gal, *adj* prodigo
prodigious*, pro-dich´-os, *adj* prodigioso
prodigy, prod´-ich-i, *n* prodigio *m*
produce, prod´-iuus, *n* prodotto agricolo *m*
produce, pro-diuus´, *v* produrre
producer, pro-diuu´-sa, *n* produttore *m*
product, pro´-dŏkt, *n* prodotto *m*
production, pro-dŏk´-shon, *n* produzione *f*
profane, pro-fein´, *adj** profano; *v* profanare
profess, pro-fes´, *v* professare
profession, pro-fesh´-on, *n* professione *f*
professional, pro-fesh´-on-al, *adj* professionale
professor, pro-fes´-a, *n* docente *m/f*; professore *m*
proficiency, pro-fish´-en-si, *n* progresso *m*; capacità *f*
proficient, pro-fish´-ent, *adj* competente; provetto
profile, prou´-fail, *n* profilo *m*
profit, prof´-it, *n* profitto *m*, utile *m*; vantaggio *m*, beneficio *m*; *v* ricavare beneficio da
profitable, prof-it´-a-bl, *adj* redditizio; vantaggioso
profiteer, pro-fi-tir´, *n* speculatore *m*
profligate, pro´-fli-gat, *adj* dissoluto
profound*, pro-faund´, *adj* profondo
profuse*, pro-fius´, *adj* copioso
prognosticate, progh-nos´-ti-keit, *v* pronosticare
program, prou´-gram, *n comp* programma *m*; *v* programmare
programme, prou´-gram, *n* programma *m*
progress, prou´-gres, *n* progresso *m*
progress, pro-gres´, *v* progredire; avanzare
prohibit, pro-hib´-it, *v* proibire
prohibition, prou-ib-ish´-on, *n* proibizione *f*
project, pro´-chekt, *n* progetto *m*
project, pro-chekt´, *v* progettare
projectile, pro-chek´-tail, *n* proiettile *m*
projection, pro-chek´-shon, *n* proiezione *f*
prologue, prou´-logh, *n* prologo *m*
prolong, pro-long´, *v* prolungare
promenade, prom-i-naad´, *n* passeggiata *f*; *v* passeggiare
prominent, prom´-i-nent, *adj* prominente; (person) in vista
promiscuous*, pro-mis´-kiu-os, *adj* promiscuo
promise, pro´-mis, *n* promessa *f*; *v* promettere
promissory note, prom´-is-o-ri nout, *n* pagherò *m*
promote, pro-mout´, *v* promuovere
promoter, pro-mou´-ta, *n* promotore *m*; promoter *m*
promotion, pro-mou´-shon, *n* promozione *f*

prompt, prompt, *adj** pronto, immediato; *v* (stage) suggerire; (induce) spingere
prompter, promp´-*ta*, *n* suggeritore *m*
prone, proun, *adj* a faccia in giù, prono; propenso
prong, prong, *n* rebbio *m*, dente *m*
pronoun, prou´-naun, *n* pronome *m*
pronounce, pro-nauns´, *v* pronunciare
pronunciation, pro-*nŏn*-si-ei´-shon, *n* pronuncia *f*
proof, pruuf, *n* prova *f*; bozza *f*
prop, prop, *n* sostegno *m*, puntello *m*; *v* sostenere, puntellare
propagate, prop´-*a*-gheit, *v* propagare
propel, pro-pel´, *v* spingere
propeller, pro-pel´-*a*, *n* elica *f*
proper*, prop´-*a*, *adj* appropriato; corretto
property, prop´-*e*-ti, *n* proprietà *f*
prophecy, prof´-i-si, *n* profezia *f*
prophesy, prof´-i-sai, *v* profetizzare
prophet, prof´-it, *n* profeta *m*
propitious*, pro-pish´-*os*, *adj* propizio
proportion, pro-poor´-shon, *n* proporzione *f*
proposal, pro-pou´-*sal*, *n* proposta *f*
propose, pro-pous´, *v* proporre
proprietor, pro-prai´-*e*-*ta*, *n* proprietario *m*
propriety, pro-prai´-*e*-ti, *n* proprietà *f*
proscribe, pro-skraib´, *v* proscrivere
prose, prous, *n* prosa *f*
prosecute, pros´-i-kiut, *v* processare
prosecution, pros-i-kiu´-shon, *n* processo *m*; accusa *f*
prosecutor, pros´-i-kiu-*ta*, *n* pubblico ministero *m*
prospect, pros´-pekt, *n* prospettiva *f*
prospective, pros-pek´-tiv, *adj* probabile
prospectus, pros-pek´-*tus*, *n* prospetto *m*
prosper, pros´-*pa*, *v* prosperare
prosperity, pros-*pe*´-ri-ti, *n* prosperità *f*
prosperous*, pros´-*pe*-ros, *adj* prospero, fiorente
prostitute, pros´-ti-tiut, *n* prostituta *f*; *v* prostituire
prostrate, pros-treit´, *v* (oneself) prostrarsi; *adj* (sorrow) prostrato
prostration, pros-trei´-shon, *n* prostrazione *f*
protagonist, pro-ta´-go-nist, *n* protagonista *m/f*
protect, pro-tekt´, *v* proteggere
protection, pro-tek´-shon, *n* protezione *f*
protein, prou´-tiin, *n* proteina *f*
protest, prou´-test, *n* protesta *f*
protest, pro-test´, *v* protestare
protract, pro-trakt´, *v* protrarre
protrude, pro-truud´, *v* protrudere
proud*, praud, *adj* orgoglioso
provable, pruu´-*va*-bl, *adj* provabile
prove, pruuv, *v* provare
proverb, prov´-*er*b, *n* proverbio *m*
provide, pro-vaid´, *v* fornire, provvedere
provided, pro-vai´-did, *conj* a condizione che
providence, prov´-i-dens, *n* provvidenza *f*
provident, prov´-i-dent, *adj* previdente
province, prov´-ins, *n* provincia *f*
provision, pro-vish´-on, *n* provvista *f*; riserva *f*;

condizione *f*
provisional, pro-vish´-on-al, *adj* provvisorio
provisions, pro-vish´-ons, *npl* viveri *mpl*, provviste *fpl*
provocation, prov-o-kei´-shon, *n* provocazione *f*
provoke, pro-vouk´, *v* provocare
prow, prau, *n* prua *f*
prowess, prau´-is, *n* prodezza *f*
prowl, praul, *v* aggirarsi con fare sospetto
proximity, prok-sim´-i-ti, *n* prossimità *f*
proxy, prok´-si, *n* procura *f*; mandatario *m*; **by –,** per procura
prude, pruud, *n* puritano *n*
prudence, pruud´-dens, *n* prudenza *f*
prudent, pruu´-dent, *adj* prudente
prudish, pruu´-dish, *adj* puritano
prune, pruun, *n* prugna *f*; *v* potare
pry, prai, *v* ficcare il naso
psalm, saam, *n* salmo *m*
pseudonym, siuu´-do-nim, *n* pseudonimo *m*
psychiatric, sai-ki-at´-rik, *adj* psichiatrico
psychiatrist, sai-kai´-a-trist, *n* psichiatra *m/f*
psychoanalyst, sai-kou-an´-a-list, *n* psicanalista *m/f*
psychological, sai-ko-lo´-chi-kl, *adj* psicologico
psychology, sai-kol´-o-chi, *n* psicologia *f*
psychopath, sai´-ko-paZ, *n* psicopatico *m*
pub, pŏb, *n* pub *m*
public, pŏb´-lik, *adj** & *n* pubblico *m*
publican, pŏb´-li-kan, *n* gestore di un pub *m*
publication, pŏb-li-kei´-shon, *n* pubblicazione *f*
public house, pŏb´-lik haus, *n* pub *m*
publicity, pŏb-li´-si-ti, *n* pubblicità *f*
publish, pŏb´-lish, *v* pubblicare
publisher, pŏb´-li-sha, *n* editore *m*, casa editrice *f*
pucker, pŏk´-a, *v* corrugare; (fold) increspare
pudding, pud´-ing, *n* budino *m*; dessert *m*
puddle, pŏd´-l, *n* pozza *f*
puerile, piur-rail, *adj* puerile
puff, pŏf, *n* sbuffo *m*; *v* soffiare; (swell) gonfiarsi
puff pastry, pŏf peis´-tri, *n* pasta sfoglia *f*
puffy, pŏf´-i, *adj* gonfio
pull, pul, *n* tirata *f*, strattone *m*; *v* tirare; **– down,** tirare giù; (demolish) abbattere; **– out,** estrarre, strappare; **– up,** issare
pulley, pul´-i, *n* puleggia *f*
pulp, pŏlp, *n* polpa *f*
pulpit, pul´-pit, *n* pulpito *m*
pulse, pŏls, *n* polso *m*
pulverize, pŏl´-ve-rais, *v* polverizzare
pumice stone, pŏm´-is stoun, *n* pietra pomice *f*
pump, pŏmp, *n* pompa *f*; *v* pompare
pun, pŏn, *n* gioco di parole *m*
punch, pŏnch, *v* dare un pugno; (pierce) punzonare; *n* pugno *m*; (tool) punzone *m*; (drink) ponce *m*
punctilious*, pŏngk-til´-i-os, *adj* scrupoloso
punctual, pŏngk´-tiu-al, *adj* puntuale
punctuate, pŏngk´-tiu-eit, *v* punteggiare
punctuation, pŏngk´-tiu-ei´-shon, *n* punteggiatura *f*
puncture, pŏngk´-cha, *n* (tyre) foratura *f*
pungency, pŏn´-chen-si, *n* asprezza *f*
pungent, pŏn´-chent, *adj* pungente

punish, pŏn´-ish, *v* punire
punishable, pŏn´-ish-*a*-bl, *adj* punibile
punishment, pŏn´-ish-ment, *n* punizione *f*; castigo *m*
punitive, piuu´-ni-tiv, *adj* punitivo
punt, pŏnt, *v* puntare
puny, piuu´-ni, *adj* gracile
pupil, piuu´-pil, *n* allievo *m*; (eye) pupilla *f*
puppet, pŏp´-it, *n* marionetta *f*, burattino *m*
puppy, pŏp´-i, *n* cucciolo *m*
purchase, per´-chis, *n* acquisto *m*; *v* acquistare
purchaser, per-chis´-*a*, *n* compratore *m*
pure*, piur, *adj* puro; (chaste) casto
purgative, per´-ga-tiv, *n* purgante *m*
purgatory, per´-ga-to-ri, *n* purgatorio *m*
purge, perch, *v* purgare
purify, piur´-ri-fai, *v* purificare
purity, piur´-ri-ti, *n* purità *f*
purloin, pe-loin´, *v* sottrarre
purple, per´-pl, *adj* viola; *n* viola *m*
purport, pe-poort´, *v* pretendere
purpose, per´-pos, *n* scopo *m*, intenzione *f*
purposely, per´-pos-li, *adv* di proposito
purr, per, *v* fare le fusa
purse, pers, *n* borsellino *m*
pursue, pe-siuu´, *v* inseguire; (aim) perseguire
pursuit, pe-siuut´, *n* inseguimento *m*; aspirazione *f*
purveyor, pe-vei´-*a*, *n* fornitore *m*
pus, pŏs, *n* pus *m*
push, push, *v* premere, spingere; *n* spinta *f*
pushchair, push´-cher, *n* passeggino *m*
pushing, push´-ing, *adj* intraprendente
pussy(-cat), pu´-si(-kat), *n* micio *m*
put, put, *v* mettere; (express) dire; **– off,** rimandare; **– on,** indossare
putrefy, piut´-ri-fai, *v* putrefare
putrid, piut´-rid, *adj* putrido
putty, pŏt´-i, *n* stucco *m*, mastice *m*
puzzle, pŏs´-l, *v* confondere; essere perplesso; *n* indovinello *m*
pyjamas, pi-chaa´-mas, *npl* pigiama *m*
pylon, pai´-lon, *n* pilone *m*
pyramid, pi´-ra-mid, *n* piramide *f*
Pyrenees, pi-re-niis, *npl* Pirenei *mpl*
python, pai´-Zon, *n* pitone *m*

quack, kuak, *n* ciarlatano *m*
quadruped, kuod´-ru-ped, *n* quadrupede *m*
quadruple, kuod´-ru-*pl*, *n* quadruplo *m*; *adj* quadruplo
quagmire, kuogh´-mai*r*, *n* pantano *m*
quail, kueil, *n* quaglia *f*; *v* tremare di paura
quaint*, kueint, *adj* bizzarro
quaintness, kueint´-nis, *n* bizzarria *f*
quake, kueik, *v* tremare
quaker, kuei´-k*a*, *n* quacchero *m*
qualification, kuol-i-fi-kei´-sho*n*, *n* qualifica *f*
qualified, kuol´-i-faid, *adj* qualificato; abilitato; diplomato
qualify, kuol´-i-fai, *v* qualificare
quality, kuol´-i-ti, *n* qualità *f*
quandary, kuon´-d*a*-ri, *n* perplessità *f*
quantity, kuon´-ti-ti, *n* quantità *f*
quarantine, kuo´-r*a*n-tiin, *n* quarantena *f*
quarrel, kuo´-r*e*l, *n* litigio *m*; *v* litigare
quarrelsome, kuo´-r*e*l-som, *adj* litigioso
quarry, kuo´-ti, *n* cava *f*
quarter, kuoo*r*´-t*a*, *n* quarto *m*; (period) trimestre *m*
quarterly, kuoo*r*´-t*e*-li, *adj* trimestrale; *adv* trimestralmente
quartet, kuoo*r*-tet´, *n* quartetto *m*
quartz, kuoo*r*ts, *n* quarzo *m*
quash, kuosh, *v* reprimere; (verdict) cassare, annullare
quaver, kuei´-v*a*, *v* tremare; *n* (music) croma *f*
quay, kii, *n* molo *m*
queasy, kuii´-si, *adj* nauseato
queen, kuiin, *n* regina *f*
queer*, kui*r*, *adj* strano, bizzarro
quell, kuel, *v* reprimere
quench, kuench, *v* estinguere; (thirst) togliere
querulous*, kue´-riu-l*o*s, *adj* querulo
query, kui*r*´-ri, *n* interrogativo *m*; dubbio *m*; *v* mettere in dubbio
quest, kuest, *n* ricerca *f*
question, kues´-cho*n*, *n* domanda *f*; questione *f*; *v* interrogare; (doubt) dubitare; **– mark,** *n*

punto interrogativo *m*
questionable, kues´-chon-*a*-bl, *adj* discutibile
queue, kiu, *n* coda *f*; *v* fare la coda
quibble, kuib´-l, *v* cavillare; *n* cavillo *m*
quick, kuik, *adj** veloce, rapido; svelto; *interj* & *adv* presto
quicken, kuik´-en, *v* accelerare; affrettare
quickness, kuik´-nis, *n* rapidità *f*
quicksand, kuik´-sand, *n* sabbie mobili *fpl*
quicksilver, kuik´-sil-va, *n* mercurio *m*
quiet, kuai´-et, *adj** calmo; tranquillo; *n* quiete *f*
quill, kuil, *n* penna d'oca *f*
quilt, kuilt, *n* piumino *m*; trapunta *f*
quince, kuins, *n* mela cotogna *f*
quinine, kuin´-iin, *n* chinino *m*
quintet, kuin-tet´, *n* quintetto
quit, kuit, *v* lasciare; smettere
quite, kuait, *adv* completamente; piuttosto
quits, kuits, *adj* pari
quiver, kuiv´-a, *v* fremere
quiz, kuis, *n* quiz *m*
quorum, kuoor´-rum, *n* quorum *m*, numero legale *m*
quota, kuou´-ta, *n* quota *f*
quotation, kuou-tei´-shon, *n* citazione *f*; (price) preventivo *m*; (shares) quotazione *f*
quote, kuout, *v* citare; fare un preventivo; quotare

R

rabbi, rab´-ai, *n* rabbino *m*
rabbit, rab´-it, *n* coniglio *m*
rabid*, rei´-bid, *adj* rabbioso; fanatico
rabies, rei´-biis, *n* rabbia *f*
race, reis, *v* correre; *n* razza *f*; (contest) gara *f*; (cars) corsa *f*
racecourse, reis´-koors, *n* ippodromo *m*
racehorse, reis´-hoors, *n* cavallo da corsa *m*
racetrack, reis´-trak, *n* pista *f*
racial, reish´-l, *adj* razziale
racism, rei´-sism, *n* razzismo *m*
racist, rei´-sist, *n* razzista *m/f*; *adj* razzista
rack, rak, *n* rastrelliera *f*; (luggage) rete portabagagli *f*; *v* (brain) scervellarsi
racket, rak´-it, *n* racchetta *f*
radiant, rei´-di-ant, *adj* raggiante, radioso
radiate, rei´-di-eit, *v* irradiare
radiation, rei-di-ei´-shon, *n* radiazione *f*
radiator, rei´-di-ei-ta, *n* radiatore *m*
radical, ra´-di-kl, *adj* radicale
radio, rei´-di-ou, *n* radio *f*
radioactive, rei-di-ou-ak´-tiv, *adj* radioattivo
radish, rad´-ish, *n* rafano *m*
radium, rei´-di-um, *n* radio *m*
radius, rei´-di-us, *n* raggio *m*
raffle, raf´-l, *n* lotteria *f*; *v* mettere in palio
raft, raaft, *n* zattera *f*
rafter, raaf´-ta, *n* travicello *m*
rag, ragh, *n* cencio *m*
rage, reich, *n* rabbia *f*; *v* infuriarsi
raid, reid, *n* incursione *f*; (air) attacco *m*; (police) irruzione della polizia *f*; *v* fare incursione in
rail, reil, *n* rotaia *f*; (stairs) ringhiera *f*
railway, reil´-uei, *n* ferrovia *f*
rain, rein, *v* piovere; *n* pioggia *f*
rainbow, rein´-bou, *n* arcobaleno *m*
raincoat, rein´-kout, *n* impermeabile *m*
rainy, rei´-ni, *adj* piovoso
raise, reis, *v* alzare; sollevare; (increase) aumentare; (cultivate) coltivare; (breed) allevare; (funds) raccogliere
raisin, rei´-sin, *n* uva passa *f*, zibibbo *m*
rake, reik, *n* rastrello *m*; *v* rastrellare
rally, ral´-i, *v* riunire; *n* riunione *f*; (car) rally *m*; (tennis) scambio *m*
ram, ram, *n* montone *m*;

(battering) ariete *m*; *v* sfondare; speronare
ramble, ram´-bl, *v* gironzolare; (mind) divagare; *n* escursione *f*
rampant, ram´-pant, *adj* che dilaga
rampart, ram´-paart, *n* bastione *m*
rancid, ran´-sid, *adj* rancido
rancour, rang´-ka, *n* rancore *m*
random, ran´-dom, **at –,** *adv* a casaccio
range, reinch, *v* variare; *n* gamma *f*; portata *f*; (mountains) catena *f*
ranger, rein´-cha, *n* guardia forestale *f*
rank, rangk, *v* classificare; *adj* (taste, smell) rancido; *n* grado *m*; fila *f*; (taxi) posteggio *m*; **the – and file,** la base
ransack, ran´-sak, *v* saccheggiare
ransom, ran´-som, *n* riscatto *m*; *v* riscattare
rap, rap, *v* bussare; *n* colpo *m*; *mus* rap *m*
rapacious, ra-pei´-shos, *adj* rapace
rape, reip, *v* violentare; *n* violenza carnale *f*
rapid*, rap´-id, *adj* rapido
rapidity, ra-pid´-i-ti, *n* rapidità *f*
rapids, rap´-ids, *npl* rapide *fpl*
rapier, rei´-pi-a, *n* spadino *m*
rapture, rap´-cha, *n* estasi *f*
rare*, rer, *adj* raro; (air) rarefatto; (steak) al sangue
rarity, rer´-ri-ti, *n* rarità *f*
rascal, raas´-kl, *n* furfante *m*
rash, rash, *n* (skin) eruzione *f*; *adj** avventato
rasher, rash´-a, *n* fettina di pancetta *f*
rashness, rash´-nis, *n* avventatezza *f*
rasp, raasp, *n* raspa *f*; *v* raspare
raspberry, raas´-be-ri, *n* lampone *m*
rat, rat, *n* sorcio *m*, ratto *m*
rate, reit, *n* tasso *m*; (proportion) percentuale *f*; (price) tariffa *f*; (speed) velocità *f*; *v* valutare, stimare
rather, raa´-Da, *adv* piuttosto; (prefer) preferibilmente
ratify, ra´-ti-fai, *v* ratificare
ratio, rei´-shi-ou, *n* rapporto *m*; proporzione *f*
ration, rash´-on, *n* razione *f*; *v* razionare
rational, rash´-on-al, *adj* razionale
rattle, rat´-l, *v* strepitare; *n* (noise) strepito *m*; (toy) sonaglio *m*
rattlesnake, rat´-l-sneik, *n* serpente a sonagli *m*
ravage, rav´-ich, *v* devastare; *n* devastazione *f*
rave, reiv, *v* delirare; **– about,** *fig* andare in estasi per
raven, reiv´-n, *n* corvo *m*
ravenous, rav´-en-os, *adj* vorace
ravine, ra-viin´, *n* burrone *m*
raving, reiv´-ing, *adj* delirante
ravishing, rav´-ish-ing, *adj* incantevole
raw, roo, *adj* crudo; (rough) greggio; (wound) in carne viva
ray, rei, *n* raggio *m*
raze, reis, *v* radere; (trees) abbattere
razor, rei´-sa, *n* rasoio *m*
razor blade, rei´-sa bleid, *n* lametta da barba *f*
reach, riich, *v* arrivare a; raggiungere; estendersi; *n* portata *f*
react, rii-akt´, *v* reagire
reaction, rii-ak´-shon, *n*

reazione *f*
read, riid, *v* leggere
reader, rii´-da, *n* lettore *m*, lettrice *f*
readily, red´-i-li, *adv* prontamente; volentieri
reading, rii´-ding, *n* lettura *f*
ready, red´-i, *adj* pronto
real, riil, *adj* reale; (genuine) vero
realistic, rii-al-is´-tik, *adj* realistico
reality, rii-al´-i-ti, *n* realtà *f*
realize, rii´-al-ais, *v* rendersi conto di; (sell) realizzare
really, rii-al´-i, *adv* realmente
realm, relm, *n* regno *m*, reame *m*
ream, riim, *n* (paper) risma *f*
reap, riip, *v* mietere, raccogliere
rear, rir, *v* allevare; *adj* di dietro, posteriore; *n* didietro *m*
reason, rii´-son, *v* ragionare; *n* ragione *f*
reasonable, rii´-son-a-bl, *adj* ragionevole
reassure, rii-a-shoor´, *v* rassicurare
rebate, rii´-beit, *n* rimborso *m*
rebel, reb´-l, *n* ribelle *m/f*
rebel, ri-bel´, *v* ribellarsi
rebellion, ri-bel´-ion, *n* ribellione *f*
rebound, rii´-baund, *n* rimbalzo *m*
rebound, ri-baund´, *v* rimbalzare
rebuff, ri-bŏf´, *v* rifiutare; *n* rifiuto *m*
rebuke, ri-biuuk´, *n* rimprovero *m*; *v* rimproverare
recall, ri-kool´, *v* richiamare; (mind) rammentarsi
recapitulate, rii-ka-pit´-iu-leit, *v* ricapitolare
recede, ri-siid´, *v* ritirarsi
receipt, ri-siit´, *n* ricevuta *f*; (reception) ricevimento *m*
receive, ri-siiv´, *v* ricevere
receiver, ri-sii´-va, *n* ricevitore *m*; (bankruptcy) curatore fallimentare *m*; (stolen goods) ricettatore *m*
recent, rii´-sent, *adj* & *adv* recente
recently, rii´-sent-li, *adv* recentemente
receptacle, ri-sep´-ta-kl, *n* ricettacolo *m*
reception, ri-sep´-shon, *n* accoglienza *f*; ricevimento *m*; (hotel) reception *f*
receptionist, ri-sep´-shon-ist, *n* receptionist *m/f*
recess, ri-ses´, *n* recesso *m*; *parl* vacanze *fpl*
recession, ri-se´-shon, *n* recessione *f*
recipe, res´-i-pi, *n* ricetta *f*
reciprocate, ri-sip´-ro-keit, *v* ricambiare
recital, ri-sai´-tl, *n* recital *m*
recite, ri-sait´, *v* recitare
reckless, rek´-lis, *adj* imprudente
reckon, rek´-n, *v* contare, calcolare; pensare
reclaim, ri-kleim´, *v* reclamare; (land) bonificare
recline, ri-klain´, *v* reclinare
recluse, ri-kluus´, *n* recluso *m*
recognition, rek-ogh-nish´-on, *n* riconoscimento *m*
recognize, rek´-ogh-nais, *v* riconoscere
recoil, ri-koil´, *v* rinculare; *n* rinculo *m*
recollect, rek-o-lekt´, *v* ricordarsi
recollection, rek-o-lek´-shon, *n* ricordo *m*
recommence, rii-ko-mens´, *v* ricominciare
recommend, rek-o-mend´, *v* raccomandare
recommendation, rek-o-

men-dei´-shon, *n* raccomandazione *f*

recompense, rek´-om-pens, *v* ricompensare; *n* ricompensa *f*

reconcile, rek´-on-sail, *v* riconciliare

reconsider, rii-kon-sid´-a, *v* riconsiderare

record, ri-koord´, *v* ricordare; registrare

record, rek´-oord, *n* record *m*; disco *m*; pratica *f*; archivio *m*

recoup, ri-kuup´, *v* rifarsi

recourse, ri-koors´, *n* ricorso *m*

recover, ri-kŏv´-a, *v* ricuperare; riprendersi

re-cover, rii-kŏv´-a, *v* ricoprire

recovery, ri-kŏv´-e-ri, *n* ricupero *m*; ripresa *f*

recreation, rek-ri-ei´-shon, *n* ricreazione *f*

recreation ground, rek-ri-ei´-shon graund, *n* campo giochi *m*

recruit, ri-kruut´, *n* recluta *f*; *v* reclutare

rectangular, rek-tang´-ghiu-la, *adj* rettangolare

rectify, rek´-ti-fai, *v* rettificare

rector, rek´-ta, *n* rettore *m*; parroco *m*

rectory, rek´-to-ri, *n* casa parrocchiale *f*

recuperate, ri-kuu´-pe-reit, *v* ricuperare; ristabilirsi

recur, ri-ker´, *v* ricorrere

red, red, *adj* rosso; *n* rosso *m*

red-hot, red´-hot, *adj* arroventato

reddish, red´-ish, *adj* rossiccio

redeem, ri-diim´, *v* riscattare, disimpegnare; (soul) redimere

redemption, ri-demp´-shon, *n* redenzione *f*

red-light district, red-lait' dis´-trikt, *n* quartiere a luci rosse *m*

redouble, rii-dŏb´-l, *v* raddoppiare

redress, ri-dres´, *n* riparazione *f*; *v* riparare

red tape, red teip´, *n* burocrazia *f*

reduce, ri-diuus´, *v* ridurre

reduction, ri-dŏk´-shon, *n* riduzione *f*

redundancy, ri-dŏn´-dan-si, *n* licenziamento per esubero *m*

redundant, ri-dŏn´-dant, *adj* licenziato per esubero

reed, riid, *n* canna *f*

reef, riif, *n* banco di scogli *m*

reek, riik, *v* puzzare di

reel, riil, *n* rocchetto *m*; (film) rullino *m*; *v* (sway) barcollare

refer, ri-fer´, *v* riferirsi; (apply) rivolgersi; (consult) consultare

referee, ref-e-rii´, *n* arbitro *m*

reference, ref´-e-rens, *n* referenza *f*; **with – to,** in riferimento a

referendum, re-fe-rend´-um, *n* referendum *m*

refine, ri-fain´, *v* raffinare

refined*, ri-faind´, *adj* raffinato

refinement, ri-fain´-ment, *n* raffinatezza *f*

reflect, ri-flekt´, *v* riflettere

reflection, ri-flek´-shon, *n* riflessione *f*; riflesso *m*

reflector, ri-flek´-ta, *n* riflettore *m*

reform, ri-foorm´, *v* riformare; (moral) correggere; *n* riforma *f*

refrain, ri-frein´, *v* astenersi; *n* ritornello *m*

refresh, ri-fresh´, *v* rinfrescare

refreshment, ri-fresh´-ment, *n* rinfresco *m*

refrigerator, ri-frich´-e-rei-ta, *n* frigorifero *m*

refuge, ref´-iuuch, *n* (place) rifugio *m*

refugee, ref-iu-chii´, *n* profugo *m*

refund, ri-*fŏ*nd´, *v* rimborsare
refusal, ri-fiuu´-*sa*l, *n* rifiuto *m*
refuse, ri-fiuus´, *v* rifiutare
refuse, ref´-ius, *n* rifiuti *mpl*
regain, rii-ghein´, *v* riguadagnare
regal*, rii´-*ga*l, *adj* regale
regard, ri-gaa*r*d´, *v* riguardare; considerare; *n* riguardo *m*; **kind –s,** cordiali saluti *mpl*; **with – to,** in relazione a
regardless, ri-gaa*r*d´-lis, *adv* lo stesso; **– of** senza tener conto di
regatta, ri-gat´-*a*, *n* regata *f*
regenerate, ri-chen´-*e*-reit, *v* rigenerare
regent, rii´-ch*e*nt, *n* reggente *m*
regiment, rech´-i-ment, *n* reggimento *m*
region, rii´-ch*o*n, *n* regione *f*
register, rech´-is-*ta*, *n* registro *m*; *v* registrare
registrar, rech´-is-traa*r*, *n* ufficiale di stato civile *m*
registration, rech-is-trei´-sh*o*n, *n* registrazione *f*
registry, rech´-is-tri, *n* archivio *m*; segreteria *f*
regret, ri-gret´, *v* rammaricarsi di; *n* rammarico *m*
regrettable, ri-gret´-*a*-bl, *adj* deplorevole
regular*, regh´-iu-l*a*, *adj* regolare
regulate, regh´-iu-leit, *v* regolare
regulation, regh´-iu-lei´-sh*o*n, *n* regolamento *m*
rehearsal, ri-h*er*´-*sa*l, *n* (stage) prova *f*
rehearse, ri-h*er*s´, *v* far le prove
reign, rein, *v* regnare; *n* regno *m*
reimburse, rii-im-b*er*s´, *v* rimborsare
rein, rein, *n* redine *f*
reindeer, rein´-di*r*, *n* renna *f*
reinforce, rii-in-foo*r*s´, *v* rinforzare
reinstate, rii-in-steit´, *v* reintegrare
re-insure, re-in-shoo*r*´, *v* riassicurare
reject, ri-chekt´, *v* respingere; rifiutare
rejoice, ri-chois´, *v* rallegrarsi
rejoicing, ri-chois´-ing, *n* festeggiamento *m*
rejuvenate, ri-chuu´-ven-eit, *v* ringiovanire
relapse, ri-laps´, *n* ricaduta *f*; *v* ricadere
relate, ri-leit´, *v* raccontare
related, ri-lei´-tid, *adj* parente; collegato
relation, ri-lei´-sh*o*n, *n* (reference) rapporto *m*; (kinship) parente *m/f*
relationship, ri-lei´-shon-ship, *n* relazione *f*; parentela *f*
relative, re´-l*a*-tiv, *n* parente *m/f*; *adj* relativo
relax, ri-laks´, *v* rilassare; rilassarsi
relaxation, rii-lak-sei´-sh*o*n, *n* relax *m*
relating, ri-lei´-ting, **– to,** *prep* che riguarda
relay, rii´-lei, *v* trasmettere; *n* (race) corsa a staffetta *f*
release, ri-liis´, *n* rilascio *m*; (film, record) uscita *f*; *v* rilasciare
relent, ri-lent´, *v* cedere
relentless*, ri-lent´-lis, *adj* implacabile
relevant, rel´-i-v*a*nt, *adj* pertinente; relativo
reliable, ri-lai´-*a*-bl, *adj* affidabile; attendibile
reliance, ri-lai´-*a*ns, *n* fiducia *f*
relic, rel´-ik, *n* reliquia *f*
relief, ri-liif´, *n* sollievo *m*; (raised) rilievo *m*; *mil* cambio *m*; (help) soccorsi *mpl*
relieve, ri-liiv´, *v*

alleviare; soccorrere
religion, ri-lich´-on, *n* religione *f*
religious*, ri-lich´-os, *adj* religioso
relinquish, ri-ling´-kuish, *v* rinunziare a
relish, rel´-ish, *n* gusto *m*; *v* gustare
reluctance, ri-lŏk´-tans, *n* riluttanza *f*
reluctant*, ri-lŏk´-tant, *adj* riluttante
rely, ri-lai´, *v* contare su
remain, ri-mein´, *v* rimanere
remand, ri-maand´, *v law* rinviare a giudizio
remark, ri-maark´, *v* osservare ; *n* osservazione *f*
remarkable, ri-maark´-a-bl, *adj* notevole
remedy, rem´-i-di, *n* rimedio *m*; *v* rimediare
remember, ri-mem´-ba, *v* ricordarsi
remembrance, ri-mem´-brans, *n* ricordo *m*
remind, ri-maind´, *v* ricordare
remit, ri-mit´, *v* rimettere
remnant, rem´-nant, *n* avanzo *m*; scampolo *m*
remonstrate, re´-mon-streit, *v* protestare
remorse, ri-moors´, *n* rimorso *m*
remote*, ri-mout´, *adj* remoto
removal, ri-muu´-val, *n* trasloco *m*
remove, ri-muuv´, *v* togliere, rimuovere
remunerate, ri-miuu´-ne-reit, *v* rimunerare
remunerative, ri-miuu´-ne-ra-tiv, *adj* rimunerativo
render, ren´-da, *v* rendere
rendering, ren´-de-ring, *n* interpretazione *f*
renegade, ren´-i-gheid, *n* rinnegato *m*
renew, ri-niuu´, *v* rinnovare
renewal, ri-niuu´-al, *n* rinnovo *m*
renounce, ri-nauns´, *v* rinunciare a
renovate, ren´-o-veit, *v* rinnovare
renown, ri-naun´, *n* fama *f*
rent, rent, *v* affittare; *n* affitto *m*
renunciation, ri-nŏn-si-ei´-shon, *n* rinunzia *f*
reorganize, ri-oor´-gan-ais, *v* riorganizzare
repair, ri-per´, *n* riparazione *f*; *v* riparare
repartee, rep-aar-tii´, *n* botta e risposta *f*
repeal, ri-piil´, *v* abrogare; *n* abrogazione *f*
repeat, ri-piit´, *v* ripetere
repel, ri-pel´, *v* respingere
repellent, ri-pel´-ent, *adj* ripugnante
repent, ri-pent´, *v* pentirsi
repetition, re-pi-tish´-on, *n* ripetizione *f*
replace, ri-pleis´, *v* sostituire; (put back) rimettere a posto
replenish, ri-plen´-ish, *v* riempire di nuovo; reintegrare
reply, ri-plai´, *n* risposta *f*; *v* rispondere
report, ri-poort´, *v* far rapporto; *n* rapporto *m*, resoconto *m*
reporter, ri-poor´-ta, *n* reporter *m/f*, cronista *m/f*
repose, ri-pous´, *v* riposare; *n* riposo *m*
repository, ri-pos´-i-to-ri, *n* deposito *m*
represent, rep-ri-sent´, *v* rappresentare
representation, rep-ri-sen-tei´-shon, *n* rappresentazione *f*
representative, rep-ri-sen´-ta-tiv, *n* rappresentante *m/f*
repress, ri-pres´, *v* reprimere
reprieve, ri-priiv´, *n* commutazione *f*; *v* commutare
reprimand, rep´-ri-maand,

n rimprovero *m*; *v* rimproverare

reprint, rii´-print, *n* ristampa *f*

reprint, ri-print´, *v* ristampare

reprisal, ri-prai´-sal, *n* rappresaglia *f*

reproach, ri-prouch´, *n* rimprovero *m*; *v* rimproverare

reproduce, rii-pro-diuus´, *v* riprodurre

reproduction, rii-pro-dŏk´-shon, *n* riproduzione *f*

reproductive, rii-pro-dŏk´-tiv, *adj* riproduttivo

reproof, ri-pruuf´, *n* riprovazione *f*

reprove, ri-pruuv´, *v* biasimare

reptile, rep´-tail, *n* rettile *m*

republic, ri-pŏb´-lik, *n* repubblica *f*

repudiate, ri-piuu´-di-eit, *v* ripudiare

repugnant, ri-pŏgh´-nant, *adj* ripugnante

repulse, ri-pŏls´, *v* respingere

repulsive*, ri-pŏl´-siv, *adj* ripulsivo

reputable, rep´-iu-ta-bl, *adj* degno di fiducia

reputation, rep-iu-tei´-pshon, *n* reputazione *f*

repute, ri-piuut´, *n* reputazione *f*

request, ri-kuest´, *n* richiesta *f*; *v* richiedere

require, ri-kuair´, *v* (need) aver bisogno di; (demand) richiedere

requirement, ri-kuair´-ment, *n* esigenza *f*, bisogno *m*; requisito *m*

requisite, rek´-ui-sit, *n* requisito *m*; *adj* richiesto

rescue, res´-kiuu, *v* soccorrere; *n* soccorso *m*

research, ri-serch´, *n* ricerca *f*

resemble, ri-sem´-bl, *v* rassomigliare a

resent, ri-sent´, *v* risentirsi di

resentful*, ri-sent´-ful, *adj* risentito; pieno di risentimento

resentment, ri-sent´-ment, *n* risentimento *m*

reservation, res-e-vei´-shon, *n* prenotazione *f*

reserve, ri-serv´, *n* riserva *f*; *v* riservare

reservoir, res´-e-vuaar, *n* serbatoio *m*; bacino idrico *m*

reside, ri-said´, *v* risiedere

residence, res´-i-dens, *n* residenza *f*

resident, res´-i-dent, *adj* residente; *n* residente *m/f*

resign, ri-sain´, *v* dare le dimissioni; (claim) rinunciare a; **– oneself,** rassegnarsi

resin, res´-in, *n* resina *f*

resist, ri-sist´, *v* resistere

resistance, ri-sis´-tans, *n* resistenza *f*

resolute*, res´-o-luut, *adj* risoluto

resolution, res-o-luu´-shon, *n* risoluzione *f*; risolutezza *f*

resolve, ri-solv´, *v* risolvere

resort, ri-soort´, *n* località *f*; risorsa *f*; **– to,** *v* ricorrere a

resound, ri-saund´, *v* risuonare

resource, ri-soors´, *n* risorsa *f*

resources, ri-soor´-sis, *npl* mezzi *mpl*, risorse *fpl*

respect, ris-pekt´, *v* rispettare; *n* rispetto *m*

respectability, ris-pek-ta-bil´-i-ti, *n* rispettabilità *f*

respectable, ris-pek´-ta-bl, *adj* rispettabile

respectful*, ris-pekt´-ful, *adj* rispettoso

respite, res´-pait, *n* respiro *m*, tregua *f*

respond, ris-pond´, *v* rispondere

response, ris-pons´, *n* risposta *f*

responsibility, ris-pon-si-bi´-li-ti, *n* responsabilità *f*
responsible, ris-pon´-si-bl, *adj* responsabile
rest, rest, *n* (repose) riposo *m*; (remainder) resto *m*; *v* (repose) riposarsi
restless*, rest´-lis, *adj* irrequieto
restaurant, res´-to-rant, *n* ristorante *m*
restore, ris-toor´, *v* (give back) restituire; (repair) restaurare
restrain, ris-trein´, *v* (to check) frenare
restraint, ris-treint´, *n* restrizione *f*; ritegno *m*
restrict, ris-trikt´, *v* restringere, limitare
restriction, ris-trik´-shon, *n* restrizione *f*
result, ri-sŏlt´, *n* risultato *m*; *v* risultare
resume, ri-siuum´, *v* riassumere
resumption, ri-sŏmp´-shon, *n* ripresa *f*
resurrection, res-e-rek´-shŏn, *n* resurrezione *f*
retail, ri-teil´, *v* vendere al minuto
retail, rii´-teil, *n* dettaglio *m*
retailer, rii´-tei-la, *n* dettagliante *m/f*
retain, ri-tein´, *v* ritenere
retaliate, ri-tal´-i-eit, *v* vendicarsi
retard, ri-taard´, *v* ritardare
reticent, ret´-i-sent, *adj* reticente
retinue, ret´-i-niuu, *n* seguito *m*
retire, ri-tair´, *v* ritirarsi; andare in pensione
retirement, ri-tair´-ment, *n* pensionamento *m*; pensione *f*
retort, ri-toort´, *n* rimbeccata *f*; *v* rimbeccare
retract, ri-trakt´, *v* ritrattare
retreat, ri-triit´, *v* ritirare; *n* ritirata *f*
retrieve, ri-triiv´, *v* ricuperare
return, ri-tern´, *v* ritornare; (give back) restituire; *n* ritorno *m*; restituzione *f*; (ticket) biglietto di andata e ritorno *m*
returns, ri-terns´, *npl* (turnover) guadagno *m*
reveal, ri-viil´, *v* rivelare
revel, rev´-el, *v* gozzovigliare
revenge, ri-vench´, *v* vendicarsi; *n* vendetta *f*
revenue, rev´-e-niuu, *n* reddito *m*; (state) fisco *m*
reverse, ri-vers´, *v* fare marcia indietro; *n* (back) rovescio *m*; (car) retromarcia *f*; (contrary) contrario *m*
revert, ri-vert´, *v* ritornare
review, ri-viuu´, *v* (consider) esaminare; (edit) recensire; *n* recensione *f*; rivista *f*
revile, ri-vail´, *v* insultare
revise, ri-vais´, *v* rivedere; ripassare
revision, ri-vish´-on, *n* revisione *f*; ripasso *m*
revive, ri-vaiv´, *v* rianimare
revoke, ri-vouk´, *v* revocare
revolt, ri-voult´, *v* ribellarsi; *n* rivolta *f*
revolution, re-vo-luu´-shon, *n* rivoluzione *f*
revolve, ri-volv´, *v* girare
revolver, ri-vol´-va, *n* rivoltella *f*
revolving door, ri-vol´-ving door, *n* porta girevole *f*
reward, ri-uoord´, *v* ricompensare; *n* ricompensa *f*
rheumatism, ruu´-ma-tism, *n* reumatismo *m*
rhinoceros, rai-nos´-e-ros, *n* rinoceronte *m*
rhubarb, ruu´-baarb, *n*

rabarbaro *m*
rhyme, raim, *n* rima *f*; *v* rimare
rib, rib, *n* costola *f*
ribbon, rib´-on, *n* nastro *m*
rice, rais, *n* riso *m*
rich*, rich, *adj* ricco; (food) grasso
richness, rich´-nis, *n* ricchezza *f*
rickety, rik´-it-i, *adj* (shaky) vacillante
rid, rid, *v* sbarazzare; liberare; **get – of,** sbarazzarsi di
riddle, rid´-l, *n* (puzzle) enigma *m*; *v* (perforate) crivellare
ride, raid, *v* andare a cavallo; (cycle) andare in bicicletta; *n* cavalcata *f*; giro in bicicletta *m*
rider, rai´-da, *n* cavallerizzo *m*, amazzone *f*; ciclista *m/f*
ridge, rich, *n* (mountain) crinale *m*
ridicule, rid´-i-kiuul, *v* ridicolizzare
ridiculous*, ri-dik´-iu-los, *adj* ridicolo
rifle, raif´-l, *n* carabina *f*
rift, rift, *n* (crack) crepa *f*; *fig* spaccatura *f*
rig, righ, *n* piattaforma petrolifera *f*; *v* truccare
right, rait, *n* diritto *m*; (side) destra *f*; *adj* diritto; giusto; destro; *adv* a destra; **all –,** benissimo; **on the –,** a destra
rigid*, rich´-id, *adj* rigido
rigorous*, ri´-go-ros, *adj* rigoroso
rigour, ri´-ga, *n* rigore *m*
rim, rim, *n* orlo *m*; (wheel) cerchio *m*
rind, raind, *n* (fruit) scorza *f*; (cheese) crosta *f*; (bacon etc.) cotenna *f*
ring, ring, *n* circolo *m*; (metal) anello *m*; (napkin) portatovagliolo *m*; (bell) squillo *m*; *v* suonare
ringleader, ring´-lii-da, *n* capobanda *m*
ring road, ring' roud, *n* circonvallazione *f*
rinse, rins, *v* sciacquare
riot, rai´-ot, *n* tumulto *m*
rip, rip, *v* squarciare; (cloth) strappare
ripe, raip, *adj* maturo
ripen, raip´-n, *v* maturare
ripple, rip´-l, *n* increspatura *f*; (sound) mormorio *m*
rise, rais, *v* alzarsi; (prices) aumentare; (revolt) insorgere; *n* aumento *m*; salita *f*
risk, risk, *n* rischio *m*; *v* rischiare
rite, rait, *n* rito *m*
rival, rai´-val, *n* rivale *m/f*; (competitor) concorrente *m/f*
river, riv´-a, *n* fiume *m*
rivet, riv´-it, *n* (metal) ribattino *m*
road, roud, *n* strada *f*
road works, roud´-uerks, *npl* lavori stradali *mpl*
roam, roum, *v* vagabondare
roar, roor, *n* ruggito *m*; *v* ruggire
roast, roust, *n* arrosto *m*; *v* arrostire
rob, rob, *v* rubare
robbery, rob´-e-ri, *n* furto *m*
robe, roub, *n* veste *f*; (bath) accappatoio *m*; (lawyer's) toga *f*
robin, rob´-in, *n* pettirosso *m*
robot, rou´-bot, *n* robot *m*
robust*, ro-bŏst´, *adj* robusto
rock, rok, *n* scoglio *m*; roccia *f*; *mus* rock *m*; *v* dondolare; (cradle) cullare; (quake) far tremare
rocket, rok´-it, *n* razzo *m*; rucola *f*
rocking chair, rok-ing´-cher, *n* sedia a dondolo *f*
rocking horse, rok-ing´-hoors, *n* cavallo a dondolo *m*

rocky, rok´-i, *adj* roccioso; traballante
rod, rod, *n* canna *f*; bacchetta *f*
roe, rou, *n* (deer) capriolo *m*; (of fish) uova *fpl*
rogue, rough, *n* briccone *m*
roll, roul, *n* rullio *m*; (bread) panino *m*; *v* rullare; **– up,** arrotolare
roll call, roul´-kool, *n* appello *m*
roller, roul´-*a*, *n* rullo *m*; (hair) bigodino *m*
rollerskate, rou´-le-skeit, *v* pattinare
roller skates, rou´-le skeits, *npl* pattini a rotelle *mpl*
romance, ro-mans´, *n* storia d'amore *f*
romantic, ro-man´-tik, *adj* romantico
Rome, roum, *n* Roma *f*
romp, romp, *v* giocare chiassosamente
roof, ruuf, *n* tetto *m*; (mouth) palato *m*
rook, ruk, *n* cornacchia *f*
room, ruum, *n* stanza *f*, camera *f*; (space) spazio *m*
room service, ruum ser´-vis, *n* servizio in camera *m*
roomy, ruu´-mi, *adj* spazioso
roost, ruust, *v* appollaiarsi; *n* posatoio *m*
root, ruut, *n* radice *f*; *v* mettere radici
rope, roup, *n* corda *f*, fune *f*
rosary, rou´-*sa*-ri, *n* rosario *m*
rose, rous, *n* rosa *f*
rosemary, rous´-m*a*-ri, *n* rosmarino *m*
rosy, rou´-si, *adj* roseo
rot, rot, *n* marciume *m*; *v* imputridire
rotate, rou-teit´, *v* ruotare
rotten, rot´-*n*, *adj* putrido; marcio
rough*, rŏf, *adj* ruvido; (rude) rozzo; (sea) grosso; (bumpy) accidentato
round, raund, *adj* rotondo; *prep* intorno a; *v* arrotondare; *n* giro *m*; (boxing) round *m*
roundabout, raund´-*a*-baut, *n* rotatoria *f*
roundness, raund´-nis, *n* rotondità *f*
rouse, raus, *v* svegliare; (anger) suscitare
rout, rout, *n* disfatta *f*
route, ruut, *n* itinerario *m*; percorso *m*
routine, ru-tiin´, *n* routine *f*
row, rou, *n* fila *f*; *v* remare
row, rau, *n* lite *f*; *v* litigare
royal*, roi´-*a*l, *adj* reale
royalty, roi´-*a*l-ti, *n* famiglia reale *f*; (author's) diritti d'autore *mpl*
rub, rŏb, *v* fregare; **– off,** venir via; **– out,** cancellare
rubber, rŏb´-*a*, *n* gomma *f*
rubbish, rŏb´-ish, *n* rifiuti *mpl*; (trash) robaccia *f*
ruby, ruu´-bi, *n* rubino *m*
rucksack, rŏk´-sak, *n* zaino *m*
rudder, rŏd´-*a*, *n* timone *m*
ruddy, rŏd´-i, *adj* rosso
rude*, ruud, *adj* rozzo, cafone
rudiments, ruu´-di-ments, *npl* rudimenti *mpl*
ruffle, rŏf´-l, *v* arruffare
rug, rŏgh, *n* coperta da viaggio *f*; tappeto *m*
rugby, rŏgh´-bi, *n* rugby *m*
rugged*, rŏgh´-id, *adj* scabro; frastagliato
ruin, ruu´-in, *v* rovinare; *n* rovina *f*
rule, ruul, *v* rigare; (govern) governare; *n* regola *f*
ruler, ruul´-*a*, *n* capo *m*; (drawing) riga *f*, righello *m*
rum, rŏm, *n* rum *m*
rumbling, rŏm´-bling, *n*

brontolio *m*; ronzio *m*

rummage, rŏm´-**ich,** *v* frugare

rumour, ruu´-m*a*, *n* voce *f*, pettegolezzo *m*

run, rŏ*n*, *v* correre; dirigere; gestire; *n* corsa *f*; **– away,** *v* fuggire, scappare

rupture, rŏp´-ch*a*, *n* rottura *f*; *med* ernia *f*

rural*, ru*r*´-r*a*l, *adj* rurale

rush, rŏsh, *n* ressa *f*; fretta *f*; *v* precipitarsi

Russia, rŏsh-*a*, *n* Russia *f*

Russian, rŏsh-*a*n, *adj* russo

rust, rŏst, *n* ruggine *f*; *v* arrugginire

rusty, rŏs´-ti, *adj* arruginito

rustic, rŏs´-tik, *adj* rustico

rustle, rŏs´-l, *v* frusciare; *n* fruscio *m*

rut, rŏt, *n* solco *m*

rye, rai, *n* segale *f*

S

sable, seib´-l, *n* (fur) zibellino *m*
sabre, sei´-ba, *n* sciabola *f*
sack, sak, *n* sacco *m*; *v* licenziare; *mil* saccheggiare
sacrament, sa´-kra-ment, *n* sacramento *m*
sacred*, seik´-rid, *adj* sacro
sacrifice, sak´-ri-fais, *n* sacrificio *m*; *v* sacrificare
sacrilege, sak´-ri-lich, *n* sacrilegio *m*
sad*, sad, *adj* triste
saddle, sad´-l, *n* sella *f*; *v* sellare
sadness, sad´-nis, tristezza *f*
safe, seif, *adj** salvo; sicuro; *n* cassaforte *f*
safeguard, seif´-gaard, *n* salvaguardia *f*
safety, seif´-ti, *n* salvezza *f*; sicurezza *f*
safety pin, seif´-ti pin, *n* spilla da balia *f*
sag, sagh, *v* afflosciarsi
sagacious*, sa-ghei´-shos, *adj* sagace
sage, seich, *n* saggio *m*; (herb) salvia *f*
Sagittarius, sach-i-ter´-ri-os, *n* Sagittario *m*
sail, seil, *n* vela *f*; *v* veleggiare; (leave) salpare
sailing, sei´-ling, *n* sport della vela *m*
sailor, sei´-la, *n* marinaio *m*
saint, seint, *n* santo *m*
sake, seik, *n* **for ...'s –,** per amore di...
salad, sal´-ad, *n* insalata *f*
salad dressing, sal´-ad dres´-ing, *n* condimento per insalata *m*
salary, sal´-a-ri, *n* stipendio *m*
sale, seil, *n* vendita *f*; (bargains) svendita *f*, saldi *mpl*; (auction) asta *f*
sales assistant, seils a-sis´-tant, *n* commesso *m*, commessa *f*
salesman, seils´-man, *n* venditore *m*
salient, sei´-li-ent, *adj* saliente
saliva, sa-lai´-va, *n* saliva *f*
sallow, sal´-ou, *adj* giallastro
salmon, sam´-on, *n* salmone *m*
saloon, sa-luun´, *n* salone *m*
salt, solt, *n* sale *m*; *adj* salato
salt cellar, solt sel´-a, *n* saliera *f*
salty, sol´-ti, *adj* salato
salute, sa-luut´, *n mil* saluto *m*; *v* salutare
salvage, sal´-vich, *n* salvataggio *m*; *v* ricuperare
salvation, sal-vei´-shon, *n* salvezza *f*
salver, sal´-va, *n* vassoio *m*
same, seim, **the –,** *pron* lo

stesso, la stessa, gli stessi, le stesse; *adj* stesso, medesimo

sample, saam´-*pl*, *v* assaggiare; provare; *n* campione *m*

sanctify, sangk´-ti-fai, *v* santificare

sanction, sangk´-shon, *n* sanzione *f*; *v* sanzionare

sanctity, sangk´-ti-ti, *n* santità *f*

sanctuary, sangk´-tiu-ri, *n* santuario *m*

sand, sand, *n* sabbia *f*

sandal, san´-dl, *n* sandalo *m*

sandpaper, sand´-pei-pa, *n* carta vetrata *f*

sandwich, sand´-uich, *n* tramezzino *m*; panino imbottito *m*

sandy, san´-di, *adj* sabbioso

sane*, sein, *adj* sano

sanitary, san´-i-te-ri, *adj* sanitario

sanitary towels, san´-i-te-ri tau´-els, *npl* assorbenti igienici *mpl*

sanity, san´-i-ti, *n* sanità *f*; igiene *f*

sap, sap, *n* linfa *f*; *v* minare

sapphire, saf´-air, *n* zaffiro *m*

sarcasm, saar´-kasm, *n* sarcasmo *m*

sarcastic, saar-kas´-tik, *adj* sarcastico

sardine, saar-diin´, *n* sardina *f*

sash, sash, *n* corda *f*; (belt) fascia *f*

satchel, sach´-l, *n* (school) cartella *f*

satellite, sa´-ti-lait, *n* satellite *m*

satellite dish, sa´-ti-lait dish, *n* antenna parabolica *f*

satiate, sei´-shi-eit, *v* saziare

satin, sat´-in, *n* raso *m*; *adj* di raso

satire, sat´-air, *n* satira *f*

satisfaction, sat-is-fak´-shon, *n* soddisfazione *f*

satisfactory, sat-is-fak´-to-ri, *adj* soddisfacente

satisfy, sat´-is-fai, *v* soddisfare

saturate, sat´-iu-reit, *v* saturare

Saturday, sat´-e-di, *n* sabato *m*

sauce, soos, *n* salsa *f*

saucepan, soos´-pan, *n* casseruola *f*

saucer, soo´-sa, *n* piattino *m*

saunter, soon´-ta, *v* girovagare

sausage, sos´-ich, *n* salsiccia *f*

savage, sav´-ich, *n* selvaggio *m*; *adj** selvaggio

save, seiv, *v* salvare; (economize) risparmiare; (keep) conservare

saving, sei´-ving, *n* risparmio *m*

savings, sei´-vings, *npl* risparmi *mpl*

savoury, sei´-ve-ri, *adj* saporito; (not sweet) salato

saw, soo, *n* sega *f*; *v* segare

say, sei, *v* dire

saying, sei´-ing, *n* detto *m*

scab, skab, *n* crumiro *m*; crosta *f*

scaffold, skaf´-old, *n* (execution) patibolo *m*

scaffolding, skaf´-ol-ding, *n* impalcatura *f*

scald, skoold, *v* scottare

scale(s), skeil(*s*), *npl* bilancia *f*; (fish) squama *f*; (measure, music) scala *f*; *v* scalare

scallop, skal´-op, *n* cappa santa *f*

scalp, skalp, *n* cuoio capelluto *m*

scamper, skam´-pa, *v* filarsela

scan, skan, *v* scrutare; leggere; *n* ecografia *f*

scandal, skan´-dl, *n* scandalo *m*

scanty, skan´-ti, *adj* scarso; succinto

scapegoat, skeip´-gout, *n* capro espiatorio *m*
scar, skaar, *n* cicatrice *f*; *v* lasciare delle cicatrici su; cicatrizzarsi
scarce, skers, *adj* scarso, raro
scarcely, skers´-li, *adv* raramente; appena
scarcity, sker´-si-ti, *n* scarsità *f*
scare, sker, *v* impaurire; **– away,** spaventare
scarecrow, sker´-krou, *n* spaventapasseri *m*
scarf, skaarf, *n* sciarpa *f*
scarlet, skaar´-let, *adj* scarlatto
scarlet fever, skaar´-let fii´-va, *n* scarlattina *f*
scathing, skei´-Ding, *adj* sferzante
scatter, skat´-a, *v* spargere
scene, siin, *n* scena *f*
scenery, sii´-ne-ri, *n* panorama *f*; (stage) scenario *m*
scent, sent, *n* profumo *m*; (trail) pista *f*; *v* profumare
sceptical*, skep´-ti-kl, *adj* scettico
sceptre, sep´-ta, *n* scettro *m*
schedule, shed´-iuul, *n* tabella di marcia *f*; lista *f*; *v* stabilire; **on –,** in orario
scheduled flight, shed´-iuuld flait, *n* volo di linea *m*
scheme, skiim, *n* piano *m*, progetto *m*; *v* progettare
scholar, skol´-a, *n* erudito *m*, studioso *m*
school, skuul, *n* scuola *f*
schoolmaster, skuul-maas´-ta, *n* maestro *m*; professore *m*
schoolmistress, skuul-mis´-tris, *n* maestra *f*; professoressa *f*
sciatica, sai-at´-ka, *n* sciatica *f*
science, sai´-ens, *n* scienza *f*
scientific, sai-en-tif´-ik, *adj* scientifico
scissors, sis´-os, *npl* forbici *fpl*
scoff, skof, *v* papparsi; **– at,** farsi beffe di
scold, skould, *v* sgridare; *n* sgridata *f*
scoop, skuup, *n* paletta *f*; **– out,** *v* scavare
scope, skoup, *n* campo d'azione *m*; (aim) scopo *m*
scorch, skoorch, *v* bruciacchiare
score, skoor, *n* punteggio *m*; *mus* colonna sonora *f*; *v* segnare; incidere
scorn, skoorn, *n* disprezzo *m*; *v* disprezzare
scornful*, skoorn´-ful, *adj* sdegnoso
Scorpio, skoor´-pi-ou, *n* Scorpione *m*
scorpion, skoor´-pi-on, *n* scorpione *m*
Scotland, skot´-land, *n* Scozia *f*
Scottish, skot´-ish, *adj* scozzese
scoundrel, skaun´-drel, *n* briccone *m*
scour, skaur, *v* fregare
scourge, skerch, *n* flagello *m*
scout, skaut, *v* esplorare; *n* esploratore *m*
scowl, skaul, *v* guardare torvo
scraggy, skragh´-i, *adj* scheletrico
scramble, skram´-bl, *v* (eggs) strapazzare; **– for,** azzuffarsi
scrap, skrap, *n* pezzo *m*; rottame *m*; *v* scartare
scrape, skreip, *v* raschiare
scratch, skrach, *n* graffio *m*; *v* graffiare; (rub itch) grattare; (glass) scalfire; **– out,** cancellare
scream, skriim, *v* gridare; *n* grido *m*
screen, skriin, *v* proteggere; *n* (cinema) schermo *m*; (room) paravento *m*
screw, skruu, *n* vite *f*; *v*

avvitare
screwdriver, skruu´-drai-va, *n* cacciavite *m*
scribble, skrib´-l, *n* scarabocchio *m*; *v* scribacchiare
scroll, skroul, *n* rotolo *m*
scrub, skrŏb, *v* fregare; *n* (bush) macchia *f*
scruple, skruu´-pl, *n* scrupolo *m*
scrupulous*, skruu´-piu-los, *adj* scrupoloso
scrutinize, skruu´-ti-nais, *v* scrutare
scuffle, skŏf´-l, *n* rissa *f*
sculptor, skŏlp´-ta, *n* scultore *m*
sculpture, skŏlp´-cha, *n* scultura *f*
scum, skŏm, *n* schiuma *f*; feccia *f*
scythe, saiD, *n* falce *f*
sea, sii, *n* mare *m*
seal, siil, *n* sigillo *m*; (animal) foca *f*; *v* sigillare
sealskin, siil´-skin, *n* pelle di foca *f*
seam, siim, *n* cucitura *f*; (mine) vena *f*, filone *m*
seaman, sii´-man, *n* marinaio *m*
sear, sir, *v* scottare; bruciare
search, serch, *n* ricerca *f*; perquisizione *f*; *v* cercare, frugare; perquisire
searchlight, serch´-lait, *n* riflettore *m*
seasick, sii´-sik, *adj* che soffre il mal di mare
seaside, sii´-said, *n* spiaggia *f*
season, sii´-son, *n* stagione *f*; *v* (food) condire
seasoning, sii´-son-ing, *n* condimento *m*
season ticket, sii´-son tik´-it, *n* abbonamento *m*, tessera *f*
seaweed, sii´-uiid, *n* alga *f*
seat, siit, *n* sedile *m*; posto *m*; (trousers) fondo *m*; (politics) seggio *m*
seat belt, siit´-belt, *n* cintura di sicurezza *f*
secluded, si-kluu´-did, *adj* appartato
seclusion, si-kluu´-shon, *n* ritiro *m*
second, sek´-ond, *n* secondo *m*; *adj* secondo; (date) due; *v* (support) appoggiare
secondary, sek´-on-da-ri, *adj* secondario
secondary school, sek´-on-da-ri skuul, *n* scuola secondaria *f*
second-hand, sek´-ond hand, *adj* di seconda mano
secondly, sek´-ond-li, *adv* in secondo luogo
secrecy, sii´-kri-si, *n* segretezza *f*
secret, sii´-krit, *adj** segreto; *n* segreto *m*
secretary, sek´-ri-ta-ri, *n* segretario *m*; segretaria *f*
secrete, si-kriit´, *v* (glands) secernere
secretion, si-krii´-shon, *n* secrezione *f*
sect, sekt, *n* setta *f*
section, sek´-shon, *n* sezione *f*
secure, si-kiur´, *adj** sicuro; *v* assicurare
security, si-kiur´-ri-ti, *n* sicurezza *f*; garanzia *f*
sedative, sed´-a-tiv, *n* sedativo *m*
sedentary, sed´-en-tri, *adj* sedentario
sediment, sed´-i-ment, *n* sedimento *m*
seduce, si-diuus´, *v* sedurre
see, sii, *v* vedere; (visit) visitare; **– through,** (glass, a person etc.) vedere attraverso; **– to,** occuparsi di
seed, siid, *n* seme *m*
seek, siik, *v* cercare
seem, siim, *v* sembrare
seethe, siiD, *v* bollire; ribollire
seize, siis, *v* prendere; sequestrare
seizure, sii´-sha, *n*

attacco *m*
seldom, sel´-dom, *adv* raramente
select, si-lekt´, *v* scegliere; *adj* scelto
selection, si-lek´-shon, *n* selezione *f*, scelta *f*
self-, self, *prefix* auto-
self-catering, self-kei´-tering, *adj* in cui si provvede da sé ai pasti
self-conscious, self-kon´-shos, *adj* timido
selfish, sel´-fish, *adj* egoista
selfishness, sel´-fish-nis, *n* egoismo *m*
self-service, self-ser´-vis, *n* self-service *m*
sell, sel, *v* vendere
semblance, sem´-blans, *n* sembianza *f*
semi-, sem´-i, *prefix* semi-
semicircle, se´-mi-ser-kl, *n* semicerchio *m*
semicolon, se-mi-kou´-lon, *n* punto e virgola *m*
seminary, sem´-i-na-ri, *n* seminario *m*
semolina, sem-o-lii´-na, *n* semolino *m*
senate, sen´-it, *n* senato *m*
send, send, *v* mandare; spedire; **– away,** mandar via; **– back,** rinviare; **– for,** *v* mandare a chiamare; **– off,** spedire; (footballer) espellere
sender, sen´-da, *n* mittente *m/f*
senile, sii´-nail, *adj* senile
senior, sii´-ni-a, *adj* maggiore, più anziano; di grado superiore
seniority, sii-ni-o´-ri-ti, *n* anzianità *f*; superiorità *f*
senior partner, sii´-ni-a paart´-na, *n* socio più anziano *m*
sensation, sen-sei´-shon, *n* sensazione *f*
sense, sens, *n* senso *m*
senseless*, sens´-lis, *adj* svenuto; insensato
sensible, sen´-si-bl, *adj* sensato
sensitive, sen´-si-tiv, *adj* sensibile
sensual*, sen´-siu-al, *adj* sensuale
sentence, sen´-tens, *n* frase *f*; *law* sentenza *f*
sentiment, sen´-ti-ment, *n* sentimento *m*; (conviction) opinione *f*
sentimental, sen-ti-men´-tl, *adj* sentimentale
sentinel, sen´-ti-nal, *n* sentinella *f*
sentry, sen´-tri, *n* sentinella *f*
separate, sep´-a-reit, *v* separare; separarsi
separate, sep´-a-rat, *adj** separato
separation, sep-a-rei´-shon, *n* separazione *f*
September, sep-tem´-ba, *n* settembre *m*
septic, sep´-tik, *adj* settico; infetto
sequel, sii´-kuel, *n* risultato *m*; sequenza *f*; seguito *m*
sequence, sii´-kuens, *n* serie *f*; ordine *m*
serenade, se-ri-neid´, *n* serenata *f*
serene*, si-riin´, *adj* sereno
sergeant, saar´-chent, *n* sergente *m*
serial, siir´-ri-al, *n* serial *m*
series, siir´-ris, *n* serie *f*
serious*, siir´-ri-os, *adj* serio
sermon, ser´-mon, *n* predica *f*
servant, ser´-vant, *n* domestico *m*, domestica *f*
serve, serv, *v* servire; (prison sentence) scontare
service, ser´-vis, *n* servizio *m*
service charge, ser´-vis chaarch, *n* servizio *m*
service station, ser´-vis stei´-shon, *n* stazione di servizio *f*
servile, ser´-vail, *adj* servile
servitude, ser´-vi-tiuud, *n*

servitù *f*
session, sesh´-*n*, *n* sessione *f*
set, set, *v* (trap) tendere; (clock) regolare; (example) dare; (task) imporre; (solidify) rapprendere; (jewels) montare; (sun) tramontare; *n* serie *f*; (china etc.) servizio *m*; (radio, TV) apparecchio *m*; **– on fire,** dare fuoco a; **– on music,** mettere in musica
set menu, set men´-iu, *n* menù fisso *m*, menù turistico *m*
settee, set´-**ii**, *n* divano *m*
settle, set´-l, *v* (accounts) regolare; (argument) appianare; (domicile) stabilirsi
settlement, set´-l-ment, *n* (accounts) saldo *m*; (argument) risoluzione *f*; (agreement) accordo *m*
seven, sev´-en, *adj* sette
seventeen, sev-en-tiin´, *adj* diciassette
seventeenth, sev-en-tiinZ´, *adj* diciassettesimo; (date) diciassette
seventh, sev´-enZ, *adj* settimo; (date) sette
seventieth, sev´-en-ti-eZ, *adj* settantesimo
seventy, sev´-en-ti, *adj* settanta
sever, sev´-*a*, *v* recidere; interrompere
several, sev´-*e*-ral, *adj* diversi, alcuni
severe*, si-vir´, *adj* severo; serio, grave
severity, si-ve´-ri-ti, *n* severità *f*; gravità *f*
sew, sou, *v* cucire
sewage, siu´-**ich**, *n* acque di scolo *fpl*
sewer, siu´-*a*, *n* fogna *f*
sewing, sou´-ing, *n* cucito *m*
sewing machine, sou´-ing ma-shiin´, *n* macchina da cucire *f*
sex, seks, *n* sesso *m*
sexist, sek´-sist, *adj* sessista
sexual, sek´-siu-al, *adj* sessuale
sexy, sek´-si, *adj* sexy
shabby, shab´-i, *adj* malandato; trasandato
shade, sheid, *n* ombra *f*; (colour) tinta *f*; (lamp) paralume *m*; *v* proteggere, riparare
shadow, shad´-ou, *n* ombra *f*; *v* (follow) pedinare
shady, shei´-di, *adj* ombreggiato; *fig* losco
shaft, shaaft, *n* albero di trasmissione *m*; (mine) pozzo *m*
shaggy, shagh´-i, *adj* ispido
shake, sheik, *v* scuotere; agitare; tremare; (hand)
shaky, shei´-ki, *adj* malfermo; tremolante
shallow, shal´-ou, *adj* poco profondo
sham, sham, *n* finta *f*; *v* fingere
shame, sheim, *n* vergogna *f*; *v* far vergognare
shameful*, sheim´-ful, *adj* vergognoso
shameless*, sheim´-lis, *adj* sfacciato
shampoo, sham-puu´, *n* shampoo *m*
shamrock, sham´-rok, *n* trifoglio *m*
shape, sheip, *n* forma *f*; *v* formare
share, sher, *v* dividere; condividere; *n* parte *f*; (stock) azione *f*
shareholder, sher´-houl-da, *n* azionista *m/f*
shark, shaark, *n* pescecane *m*, squalo *m*
sharp*, shaarp, *adj* affilato; acuto; pungente
sharpen, shaarp´-en, *v* affilare; fare la punta a
sharpener, shaar´-pe-na, *n* temperamatite *m*
shatter, shat´-*a*, *v* mandare in frantumi; distruggere
shave, sheiv, *v* radere;

radersi
shaving, shei´-ving, *n* rasatura *f*
shaving brush, shei´-ving brŏsh, *n* pennello da barba *m*
shaving cream, shei´-ving kriim, *n* crema da barba *f*
shavings, shei´-vings, *npl* trucioli *mpl*
shawl, shool, *n* scialle *m*
she, shii, *pron* lei, ella
sheaf, shiif, *n* (corn) covone *m*; (papers) fascio *m*
shear, shir, *v* tosare
shears, shirs, *npl* cesoie *fpl*
sheath, shiiZ, *n* guaina *f*
shed, shed, *n* capanno *m*; *v* (tears, blood) versare; (leaves, feathers) perdere
sheen, shiin, *n* lucentezza *f*
sheep, shiip, *n* pecora *f*
sheer, shiir, *adj* puro, semplice; (steep) verticale; (transparent) velatissimo
sheet, shiit, *n* (bed) lenzuolo *m*; (paper) foglio *m*
shelf, shelf, *n* mensola *f*; scaffale *m*
shell, shel, *n* conchiglia *f*; (nut, egg) guscio *m*; (artillery) granata *f*; *v* sgusciare; bombardare
shellfish, shel´-fish, *n* crostacei *mpl*
shelter, shel´-ta, *n* riparo *m*; *v* ripararsi; proteggere
shepherd, shep´-ed, *n* pastore *m*
sheriff, she´-rif, *n* sceriffo *m*
sherry, she´-ri, *n* sherry *m*
shield, shiild, *n* scudo *m*; *v* difendere
shift, shift, *n* (workers) turno *m*; *v* spostare
shin, shin, *n* stinco *m*
shine, shain, *v* risplendere; luccicare; brillare; *n* splendore *m*
shingle, shing´-gl, *n* (stones) ciottoli *mpl*
ship, ship, *n* nave *f*; *v* spedire via mare
shipwreck, ship´-rek, *n* naufragio *m*
shipyard, ship´-iaard, *n* cantiere navale *m*
shire, shair, *n* contea *f*
shirk, sherk, *v* schivare
shirt, shert, *n* camicia *f*
shiver, shiv´-a, *v* tremare; *n* brivido *m*
shoal, shoul, *n* (fish) banco di pesci *m*
shock, shok, *n* scossa *f*; (fright) shock *m*; *v* scioccare
shock absorber, shok ab-soor´-ba, *n* ammortizzatore *m*
shocking*, shok´-ing, *adj* scioccante
shoddy, shod´-i, *adj* (goods) scadente
shoe, shuu, *n* scarpa *f*; (horse) ferro di cavallo *m*
shoot, shuut, *v* sparare; (film) girare; (grow) germinare; *n* germoglio *m*
shooting, shuu´-ting, *n* sparatoria *f*
shooting star, shuu´-ting staar , *n* stella cadente *f*
shop, shop, *n* negozio *m*; *v* fare acquisti; fare la spesa
shop assistant, shop *a*-sis´-tant, *n* commesso *m*, commessa *f*
shopkeeper, shop-kii´-pa, *n* negoziante *m/f*
shopping, shop´-ing, *n* acquisti *mpl*; spesa *f*
shopping centre, shop´-ing sen´-ta, *n* centro commerciale *m*
shore, shoor, *n* spiaggia *f*; (river, lake) riva *f*
short*, shoort, *adj* corto; (small) basso
shortage, shoor´-tich, *n* carenza *f*
short cut, shoort´-kŏt, *n* scorciatoia *f*
shorten, shoort´-n, *v*

accorciare, ridurre
short-sighted, shoort-sai´-tid, *adj* miope
shot, shot, *n* sparo *m*; tiro *m*
shoulder, shoul´-da, *n* spalla *f*; *v fig* addossarsi
shoulder strap, shoul´-de-strap, *n* bretellina *f*
shout, shaut, *n* grido *m*; *v* gridare
shove, shŏv, *n* spinta *f*; urto *m*; *v* spingere
shovel, shŏv´-l, *n* pala *f*; *v* spalare
show, shou, *v* mostrare; *n* mostra *f*; (play) spettacolo *m*; (exhibition) esposizione *f*
shower, shau´-a, *n* doccia *f*; acquazzone *m*
showroom, shou´-ruum, salone d'esposizione *m*
showy, shou´-i, *adj* vistoso
shred, shred, *n* brandello *m*
shrewd*, shruud, *adj* astuto
shriek, shriik, *n* strillo *m*; *v* strillare
shrill, shril, *adj* squillante
shrimp, shrimp, *n* gamberetto *m*
shrine, shrain, *n* santuario *m*
shrink, shringk, *v* restringersi
shrivel, shriv´-l, **– up,** *v* avvizzire
shroud, shraud, *n* sudario *m*
Shrove Tuesday, shrouv tiuus´-di, *n* martedì grasso *m*
shrub, shrŏb, *n* arbusto *m*
shrug, shrŏgh, *v* (shoulders) fare spallucce
shudder, shŏd´-a, *n* fremito *m*; *v* fremere
shuffle, shŏf´-l, *v* (cards) mescolare; strascicare i piedi
shun, shŏn, *v* evitare
shut, shŏt, *v* chiudere; **– up,** star zitto
shutter, shŏ'-ta, *n* imposta *f*; (camera) otturatore *m*
shuttle, shŏt´-l, *n* spola *f*, navetta *f*
shy*, shai, *adj* timido
shyness, shai´-nis, *n* timidezza *f*
sick, sik, *adj* malato; nauseato
sicken, sik´-n, *v* nauseare
sickle, sik´-l, *n* falcetto *m*
sickly, sik´-li, *adj* malaticcio
sickness, sik´-nis, *n* malattia *f*
side, said, *v* prendere le parti di; *n* lato *m*, parte *f*
side effect, said´-i-fekt, *n* effetto collaterale *m*
sideways, said´-ueis, *adv* di fianco, di lato
siege, siich, *n* assedio *m*
sieve, siv, *n* setaccio *m*; *v* setacciare
sift, sift, *v* setacciare
sigh, sai, *n* sospiro *m*; *v* sospirare
sight, sait, *v* avvistare; *n* (eye) vista *f*; (spectacle) spettacolo *m*; (gun) mira *f*; **by –,** di vista
sights, saits, *npl* luoghi di maggiore interesse *mpl*
sign, sain, *n* segno *m*; (board) insegna *f*; *v* firmare
signal, sigh´-nal, *n* segnale *m*; *v* segnalare
signature, sigh´-na-cha, *n* firma *f*
significant*, sigh-nif´-i-kant, *adj* significativo
signify, sigh´-ni-fai, *v* significare
silence, sai´-lens, *n* silenzio *m*; *interj* silenzio!; *v* imporre il silenzio
silencer, sai´-len-sa, *n* silenziatore *m*
silent*, sai´-lent, *adj* silenzioso
silk, silk, *n* seta *f*
sill, sil, *n* davanzale *m*
silly, sil´-i, *adj* sciocco
silver, sil´-va, *n* argento *m*; *adj* d'argento
similar*, sim´-i-la, *adj*

simile
similarity, sim-i-la´-ri-ti, *n* somiglianza *f*
simmer, sim´-*a*, *v* cuocere a fuoco lento
simple, sim´-*pl*, *adj* semplice
simplicity, sim-plis´-i-ti, *n* semplicità *f*
simplify, sim´-pli-fai, *v* semplificare
simultaneous*, sim-*ul*-tei´-ni-*os*, *adj* simultaneo
sin, sin, *n* peccato *m*; *v* peccare
since, sins, *prep* da; *adv* da allora; *conj* poiché
sincere*, sin-*sir*´, *adj* sincero
sinew, sin´-iuu, *n* tendine *m*
sing, sing, *v* cantare
singe, sinch, *v* bruciacchiare
singer, sing´-*a*, *n* cantante *m/f*
single, sing´-gl, *adj* solo; (unmarried) single; *n* (ticket) biglietto d'andata *m*
single room, sing´-gl ruum, *n* camera singola *f*
singly, sing´-ghli, *adv* separatamente
singular, sing´-ghiu-l*a*, *adj** singolare; *n* singolare *m*
sinister, sin´-is-t*a*, *adj* sinistro
sink, singk, *v* affondare; *n* (kitchen) lavello *m*
sinner, sin´-*a*, *n* peccatore *m*
sip, sip, *n* sorso *m*; *v* sorseggiare
siphon, sai´-fon, *n* sifone *m*
siren, sai*r*´-ren, *n* sirena *f*
sirloin, *ser*´-loin, *n* controfiletto *m*
sister, sis´-t*a*, *n* sorella *f*
sister-in-law, sis´-t*e*-rin-loo, *n* cognata *f*
sit, sit, *v* sedere; **– down,** sedersi
sitting room, sit´-ing ruum, *n* salotto *m*
site, sait, *n* località *f*; sito *m*; (building) cantiere *m*
situated, sit´-iu-ei-tid, *adj* situato
situation, sit-iu-ei´-shon, *n* situazione *f*
six, siks, *adj* sei
sixteen, siks-tiin´, *adj* sedici
sixteenth, siks-tiinZ´, *adj* sedicesimo; (date) sedici
sixth, siksZ, *adj* sesto; (date) sei
sixtieth, siks´-ti-*e*Z, *adj* sessantesimo
sixty, siks´-ti, *adj* sessanta
size, sais, *n* dimensioni *fpl*; (clothes) misura *f*, taglia *f*; (shoes) numero *m*; *v* incollare
skate, skeit, *v* pattinare; *n* pattino *m*; (fish) razza *f*
skateboard, skeit´-boo*r*d, *n* skateboard *m*
skater, skei´-t*a*, *n* pattinatore *m*
skating, skei´-ting, *n* pattinaggio *m*
skating rink, skei´-ting rink, *n* pista di pattinaggio *f*
skein, skein, *n* matassa *f*
skeleton, skel´-i-ton, *n* scheletro *m*
sketch, skech, *n* schizzo *m*; abbozzo *m*; *v* fare uno schizzo
skewer, skiuu´-*a*, *n* spiedo *m*
ski, skii, *n* sci *m*; *v* sciare
skid, skid, *v* slittare; *n* slittamento *m*
skiing, skii´-ing, *n* (activity) sci *m*
skilful*, skil´-ful, *adj* abile
skill, skil, *n* abilità *f*
skim, skim, *v* scremare
skin, skin, *n* pelle *f*; (peel) buccia *f*; *v* spellare; (peel) sbucciare
skip, skip, *v* saltare; (omit) sorvolare
skipper, skip´-*a*, *n* capitano *m*
skirmish, sk*er*´-mish, *n* scaramuccia *f*
skirt, sk*e*rt, *n* gonna *f*

skittle, skit´-l, *n* birillo *m*
skull, skŏl, *n* cranio *m*; (skeleton) teschio *m*
skunk, skŏngk, *n* puzzola *f*
sky, skai, *n* cielo *m*
skyscraper, skai´-skrei-pa, *n* grattacielo *m*
slab, slab, *n* lastra *f*
slack, slak, *adj* (loose) allentato; (business) fiacco
slacken, slak´-n, *v* allentare; (pace) rallentare
slam, slam, *v* sbattere
slander, slaan´-da, *n* diffamazione *f*
slang, slang, *n* gergo *m*
slant, slaant, *n* pendenza *f*; *fig* angolazione *f*; *v* inclinare
slanting, slaan´-ting, *adj* obliquo; inclinato
slap, slap, *n* manata *f*, pacca *f*; schiaffo *m*; *v* dare una manata a; schiaffeggiare
slash, slash, *v* sfregiare; tagliare
slate, sleit, *n* ardesia *f*; tegola *f*; lavagnetta *f*
slaughter, sloo´-ta, *n* macello *m*; *v* macellare
slave, sleiv, *n* schiavo *m*; *v* lavorare come uno schiavo
slavery, slei´-ve-ri, *n* schiavitù *f*
slay, slei, *v* trucidare
sledge, slech, *n* (vehicle) slitta *f*
sledgehammer, slech-ham´-a, *n* mazza ferrata *f*
sleek*, sliik, *adj* liscio; (manners) mellifluo
sleep, sliip, *n* sonno *m*; *v* dormire
sleeper, sliip´-a, *n* vagone letto *m*
sleeping bag, sliip´-ing bagh, *n* sacco a pelo *m*
sleepless, sliip´-lis, *adj* insonne
sleeplessness, sliip´-lis-nis, *n* insonnia *f*
sleepwalker, sliip´-uoo-ka, *n* sonnambulo *m*
sleepy, slii´-pi, *adj* assonnato
sleet, sliit, *n* nevischio *m*
sleeve, sliiv, *n* manica *f*
sleigh, slei, *n* slitta *f*
sleight, slait, **– of hand,** *n* gioco di prestigio *m*
slender, slen´-da, *adj* snello, sottile
slice, slais, *n* fetta *f*; *v* affettare
slide, slaid, *v* scivolare; *n* scivolo *m*; diapositiva *f*; vetrino *m*
slight*, slait, *adj* leggero; insignificante
slim, slim, *adj* snello, magro; *v* dimagrire
slime, slaim, *n* melma *f*
slimy, slai´-mi, *adj* melmoso; *fig* viscido
sling, sling, *n* fionda *f*; *med* fascia al collo *f*; *v* (throw) scagliare
slip, slip, *v* scivolare
slipper, slip´-a, *n* pantofola *f*
slippery, slip´-e-ri, *adj* sdrucciolevole
slip road, slip' roud, *n* rampa di accesso *f*
slit, slit, *n* fessura *f*; *v* tagliare
slope, sloup, *n* china *f*; *v* essere in pendio
slot, slot, *n* fessura *f*
slouch, slauch, *v* camminare pesantemente
slovenly, slŏv´-en-li, *adj* trasandato
slow*, slou, *adj* lento; **be –,** *v* (watch) ritardare
slug, slŏgh, *n* lumaca *f*
sluggish*, slŏ'-ghish, *adj* lento
sluice, sluus, *n* chiusa *f*
slum, slŏm, *n* tugurio *m*
slumber, slŏm´-ba, *n* sonno *m*
slump, slŏmp, *n* caduta *f*
slur, sler, *v* biascicare
slush, slŏsh, *n* fanghiglia *f*
slut, slŏt, *n* sgualdrina *f*
sly*, slai, *adj* sornione, scaltro
smack, smak, *n* schiaffo *m*;

v dare scapaccioni a
small, smool, *adj* piccolo
smart, smaart, *adj** elegante; intelligente, sveglio; *v* (pain) far male
smash, smash, *n* scontro *m*; *comm* successo *m*; *v* frantumare
smattering, smat´-*e*-ring, *n* conoscenza superficiale *f*
smear, smir, *v* imbrattare; *n* imbrattatura *f*; *med* striscio *m*
smell, smel, *n* odore *m*; *v* odorare
smelly, smel´-i, *adj* puzzolente
smile, smail, *n* sorriso *m*; *v* sorridere
smog, smogh, *n* smog *m*
smoke, smouk, *n* fumo *m*; *v* fumare
smokeless, smouk´-lis, *adj* senza fumo
smoker, smouk´-*a*, *n* fumatore *m*
smoky, smouk´-i, *adj* fumoso
smooth, smuuD, *adj** liscio; *v* lisciare
smother, smŏD´-*a*, *v* soffocare
smoulder, smoul´-d*a*, *v* covare sotto la cenere
smudge, smŏch, *n* sbavatura *f*; *v* sporcare
smug, smŏgh, *adj* soddisfatto, compiaciuto
smuggle, smŏgh´-l, *v* contrabbandare
smuggler, smŏgh´-l*a*, *n* contrabbandiere *m*
snack, snak, *n* spuntino *m*
snail, sneil, *n* lumaca *f*
snake, sneik, *n* serpente *m*
snap, snap, *n* (noise) schiocco *m*; (catch) fermaglio *m*; *v* (break) spezzarsi; (fingers) schioccare; **– at,** cercar di mordere
snapshot, snap´-shot, *n* istantanea *f*
snare, sner, *n* trappola *f*; *v* intrappolare
snarl, snaarl, *v* ringhiare
snatch, snach, **– at,** *v* cercare di afferrare; **– from,** strappare da
sneak, sniik, **– away,** *v* andarsene alla chetichella
sneer, snir, *n* ghigno *m*; *v* sogghignare
sneeze, sniis, *n* starnuto *m*; *v* starnutire
sniff, snif, *v* annusare
snip, snip, **– off,** *v* ritagliare
snipe, snaip, *n* beccaccino *m*
sniper, snaip´-*a*, *n* tiratore scelto *m*
snob, snob, *n* snob *m/f*
snobbish, snob´-ish, *adj* snob
snore, snoor, *v* russare
snort, snoort, *n* sbuffata *f*; *v* sbuffare
snout, snaut, *n* muso *m*; (pig) grugno *m*
snow, snou, *n* neve *f*; *v* nevicare
snowflake, snou´-fleik, *n* fiocco di neve *m*
snowstorm, snou´-stoorm, *n* tempesta di neve *f*
snub, snŏb, *n* affronto *m*; *v* snobbare
snub-nosed, snŏb´-nousd, *adj* dal naso a patata
snug, snŏgh, *adj* comodo
so, sou, *adv* così; *conj* così da
soak, souk, *v* inzuppare
soap, soup, *n* sapone *m*
soar, soor, *v* elevarsi
sob, sob, *n* singhiozzo *m*; *v* singhiozzare
sober*, sou´-b*a*, *adj* sobrio
soccer, so´-k*a*, *n* calcio *m*
sociable, sou´-sh*a*-bl, *adj* socievole
social, sou´-sh*a*l, *adj* sociale
social worker, sou´-sh*a*l u*er*´-k*a*, *n* assistente sociale *m/f*
socialism, sou´-sh*a*l-ism, *n* socialismo *m*
socialist, sou´-sh*a*l-ist, *adj* socialista; *n* socialista *m/f*

society, so-sai´-i-ti, *n* società *f*
sock, sok, *n* calzino *m*
socket, sok´-it, *n* incavo *m*; (eyes) orbita *f*; (electricity) presa di corrente *f*
sod, sod, *n* zolla erbosa *f*
soda, sou´-da, *n* soda *f*
soft*, soft, *adj* molle
soft drink, soft dringk, *n* bibita analcolica *f*
soften, sof´-en, *v* ammorbidire; attenuare
softness, soft´-nis, *n* mollezza *f*
software, soft´-uer, *n* software *m*
soil, soil, *n* suolo *m*; *v* imbrattare
solace, sol´-is, *n* consolazione *f*
solder, soul´-da, *n* saldatura *f*; *v* saldare
soldier, soul´-cha, *n* soldato *m*
sole, soul, *v* risuolare; *n* (shoe) suola *f*; (foot) pianta del piede *f*; (fish) sogliola *f*; *adj* solo, unico
solemn*, sol´-em, *adj* solenne
solicit, so-lis´-it, *v* sollecitare; adescare
solicitor, so-lis´-i-ta, *n* avvocato *m*; notaio *m*
solicitude, so-lis´-i-tiuud, *n* sollecitudine *f*
solid*, sol´-id, *adj* solido
solidify, so-lid´-i-fai, *v* solidificare
solitary, sol´-i-ta-ri, *adj* solitario
solitude, sol´-i-tiuud, *n* solitudine *f*
soluble, sol´-iu-bl, *adj* solubile
solution, so-luu´-shon, *n* soluzione *f*
solve, solv, *v* risolvere
solvency, sol´-ven-si, *n* solvibilità *f*
solvent, sol´-vent, *adj* solvibile; (chemistry) solvente
sombre, som-ba, *adj* cupo; triste
some, sŏm, *adj* del, dello, della, delle, degli; qualche; *pron* alcuni, alcune; un po'
somebody, sŏm´-bod-i, *pron* qualcuno
somehow, sŏm´-hau, *adv* in un modo o nell'altro; per qualche motivo
someone, sŏm´-uŏn, *pron* qualcuno
something, sŏm´-Zing, *pron* qualcosa
sometimes, sŏm´-taim, *adv* un giorno; uno di questi giorni
sometime, sŏm´-taims, *adv* qualche volta
somewhat, sŏm´-uot, *adv* piuttosto, alquanto
somewhere, sŏm´-uer, *adv* da qualche parte
somersault, sŏm´-e-solt, *n* capriola *f*
somnambulist, som-nam´-biu-list, *n* sonnambulo *m*
son, sŏn, *n* figlio *m*
song, song, *n* canzone *f*
son-in-law, sŏn-in-loo, *n* genero *m*
soon, suun, *adv* presto; **as – as,** non appena
soot, sut, *n* fuliggine *f*
soothe, suuD, *v* calmare
sorcerer, soor´-se-ra, *n* stregone *m*
sorcery, soor´-se-ri, *n* stregoneria *f*
sordid*, soor´-did, *adj* sordido
sore, soor, *n* piaga *f*; *adj* che fa male
sorrow, so´-rou, *n* dolore *m*
sorrowful*, so´-rou-ful, *adj* addolorato
sorry, so´-ri, *adj* spiacente; addolorato; **I am –,** mi dispiace; **–!** scusi!
sort, soort, *n* specie *f*, genere *m*; *v* ordinare; smistare
soul, soul, *n* anima *f*
sound, saund, *n* rumore *m*; suono *m*; *v* suonare; *adj** (healthy) sano; (safe)

solido; (thorough) giudizioso
soundproof, saund´-pruuf, *adj* insonorizzato
soup, suup, *n* minestra *f*; zuppa *f*
sour*, sau-*a*, *adj* agro, acido, aspro
source, soors, *n* sorgente *f*
south, sauZ, *n* sud *m*, meridione *m*
southerly, sŏD´-*e*-li, *adj* del sud; verso sud
southern, sŏD´-*e*n, *adj* meridionale
souvenir, su´-ven-iir, *n* ricordo *m*
sow, sou, *v* seminare
sow, sau, *n* scrofa *f*
soya, soi´-*a*, *n* soia *f*
space, speis, *n* spazio *m*; (time) intervallo *m*
spacious*, spei´-shos, *adj* spazioso
spade, speid, *n* vanga *f*
Spain, spein, *n* Spagna *f*
span, span, *n* palmo *m*; *fig* durata *f*; *v* attraversare
spangle, spang´-gl, *n* lustrino *m* *v* costellare
spaniel, span´-iel, *n* spaniel *m*
Spanish, span´-ish, *adj* spagnolo; *n* (language) spagnolo *m*
spanner, span´-*a*, *n* chiave inglese *f*
spar, spaar, *v* (boxing) allenarsi
spare, sper, *v* (life) risparmiare; (afford) dare; (part with) fare a meno di; *adj* di riserva; in più; *n* pezzo di ricambio *m*
sparing*, sper´-ring, *adj* (thrifty) economo
spark, spaark, *n* scintilla *f*; *v* scintillare
spark plug, spaark' *plŏ*gh, *n* candela *f*
sparkle, spaark´-l, *v* scintillare; (wine) spumare
sparkling, spaark´-ling, *adj* scintillante; frizzante
sparrow, spa´-rou, *n* passero *m*
spasm, spasm, *n* spasimo *m*
spasmodic, spas-mo´-dik, *adj* spasmodico; intermittente
spatter, spat´-*a*, *v* schizzare
spawn, spoon, *n* (fish, frog) uova *fpl*; *v* deporre le uova
speak, spiik, *v* parlare
speaker, spii´-k*a*, *n* oratore *m*
spear, spir, *n* lancia *f*
special*, spesh´-al, *adj* speciale
speciality, spe-shi-al´-i-ti, *n* specialità *f*
species, spii´-shis, *n* specie *f*
specific, spi-si´-fik, *adj* specifico
specification, spes-i-fi-kei´-shon, *n* specificazione *f*
specify, spes´-i-fai, *v* specificare
specimen, spes´-i-min, *n* esemplare *m*
speck, spek, *n* macchia *f*, punto *m*
spectacle, spek´-t*a*-kl, *n* spettacolo *m*
spectacles, spek´-t*a*-kls, *npl* occhiali *mpl*
spectator, spek-tei´-t*a*, *n* spettatore *m*
spectre, spek´-t*a*, *n* spettro *m*
speculate, spek´-iu-leit, *v* speculare
speech, spiich, *n* parola *f*; (discourse) discorso *m*
speechless, spiich´-lis, *adj* senza parole; ammutolito
speed, spiid, *n* velocità *f*; *v* andare a velocità eccessiva
speed limit, spiid lim´-it, *n* limite di velocità *m*
speedy, spii´-di, *adj* pronto; celere
spell, spel, *v* compitare; *n* (charm) incantesimo *m*; (time) periodo *m*
spend, spend, *v* spendere

sphere, sfir, *n* sfera *f*
spice, spais, *n* spezia *f*; *v* condire con spezie
spicy, spai´-si, *adj* piccante
spider, spai´-da, *n* ragno *m*
spike, spaik, *n* spunzone *m*
spill, spil, *v* spandere
spin, spin, *v* far girare
spinach, spin´-ich, *n* spinaci *mpl*
spinal, spain´-l, *adj* dorsale
spindle, spin´-dl, *n* fuso *m*
spine, spain, *n* spina *f*
spinster, spin´-sta, *n* zitella *f*
spiral, spair´-ral, *n* spirale *f*; *adj* spirale
spire, spair, *n* guglia *f*
spirit, spi´-rit, *n* spirito *m*; (alcohol) alcol *m*; (vitality) energia *f*; (drinks) alcolici *mpl*
spiritual, spi´-rit-iu-al, *adj* spirituale
spit, spit, *v* sputare; *n* sputo *m*; (roasting) spiedo *m*
spite, spait, *n* dispetto *m*; *v* causare dispetto; **in – of,** *conj* nonostante
spiteful*, spait´-ful, *adj* dispettoso
spittle, spit´-l, *n* sputo *m*
splash, splash, *n* spruzzo *m*; *v* spruzzare
splendid*, splen´-did, *adj* splendido
splendour, splen´-da, *n* splendore *m*
splint, splint, *n* (surgical) stecca *f*
splinter, splin´-ta, *n* scheggia *f*; *v* scheggiarsi
split, split, *n* scissione *f*; spaccatura *f*; *v* spaccarsi; dividere
spoil, spoil, *v* guastare; (child) viziare
spoils, spoils, *npl* bottino *m*
spoke, spouk, *n* raggio *m*
spokesman, spouks´-man, *n* portavoce *m*
spokeswoman, spouks´-uu-man, *n* portavoce *f*
sponge, spŏnch, *n* spugna *f*
sponsor, spon´-sa, *n* sponsor *m*; *v* sponsorizzare
spontaneous*, spon-tei´-ni-os, *adj* spontaneo
spool, spuul, *n* rocchetto *m*
spoon, spuun, *n* cucchiaio *m*
spoonful, spuun´-ful, *n* cucchiaiata *f*
sport, spoort, *n* sport *m*
sporty, spoor´-ti, *adj* sportivo
spot, spot, *n* punto *m*; (dirt) macchia *f*; (pimple) foruncolo *m*; (place) luogo *m*; *v* chiazzare
spot check, spot chek´, *n* controllo casuale *m*
spotless*, spot´-lis, *adj* immacolato
spotted, spot´-id, *adj* maculato; a puntini
spout, spaut, *n* (gutter) grondaia *f*; (pot or jug) becco *m*; *v* zampillare
sprain, sprein, *n* distorsione *f*; *v* storcere
sprawl, sprool, *v* stravaccarsi; (town, plant) crescere in modo disordinato
spray, sprei, *v* spruzzare; *n* spruzzo *m*
spread, spred, *v* estendersi; (butter etc.) spalmare; (news) diffondere
sprig, sprigh, *n* ramoscello *m*
sprightly, sprait´-li, *adj* arzillo
spring, spring, *n* primavera *f*; (leap) salto *m*; (water) sorgente *f*; (metal) molla *f*; *v* saltare
springy, spring´-i, *adj* elastico
sprinkle, spring´-kl, *v* spruzzare; spargere
sprout, spraut, *n* germoglio *m*; cavolino di Bruxelles *m*; *v* germogliare
spur, sper, *n* sperone *m*; incentivo *m*; *v* spronare

spurious*, spiu*r*´-ri-*os*, *adj* falso
spurn, sp*er*n, *v* disprezzare
spy, spai, *n* spia *f*; *v* spiare
squabble, skuob´-l, *n* lite *f*; *v* litigare
squad, skuod, *n* squadra *f*
squalid*, skuol´-id, *adj* squallido
squall, skuo*o*l, *n* raffica *f*; burrasca *f*
squalor, skuol´-*a*, *n* squallore *m*
squander, skuon´-d*a*, *v* dissipare
square, skue*r*, *adj** quadrato; *n* quadrato *m*; piazza *f*
squash, skuosh, *v* schiacciare; *n* squash *m*; (drink) spremuta *f*
squat, skuot, *adj* (figure) tozzo; *n* casa occupata *f*; *v* occupare abusivamente; accovacciarsi
squeak, skuiik, *v* squittire
squeeze, skuii*s*, *n* stretta *f*; *v* spremere; stringere
squid, skuid, *n* calamaro *m*
squint, skuint, *n* strabismo *m*; *v* strabuzzare gli occhi
squirrel, skui´-r*e*l, *n* scoiattolo *m*
squirt, skue*r*t, *v* schizzare
stab, stab, *n* pugnalata *f*; *v* pugnalare
stability, st*a*-bil´-i-ti, *n* stabilità *f*
stable, steib´-l, *n* scuderia *f*; *adj* stabile
stack, stak, *n* catasta *f*, mucchio *m*; (chimney) ciminiera *f*; *v* ammucchiare
stadium, stei´-di-*u*m, *n* stadio *m*
staff, staaf, *n* personale *m*
stag, stagh, *n* cervo *m*
stage, ste*i*ch, *n* (theatre) scena *f*, palcoscenico *m*; (step) fase *f*; *v* mettere in scena
stagger, stagh´-*a*, *v* vacillare; (astonish) sbalordire
stagnate, stagh-neit´, *v* stagnare
stag party, stagh´-paa*r*-ti, *n* festa di addio al celibato *f*
staid*, steid, *adj* posato, serio
stain, stein, *v* tingere; (soil) macchiare; *n* macchia *f*
stainless, stein´-lis, *adj* (metal) inossidabile
stair, ste*r*, *n* gradino *m*, scalino *m*
staircase, ste*r*´-keis, *n* scala *f*
stairs, ste*r*s, *npl* scale *fpl*
stake, steik, *n* paletto *m*; *v* scommettere
stale, steil, *adj* (bread) stantio; (beer) svaporato
stalk, stook, *n* gambo *m*; *v* seguire
stall, stool, *n* bancarella *f*; (theatre) platea *f*; *v* (car) spegnersi
stalwart, stool´-u*a*t, *adj* fedele
stamina, stam´-i-n*a*, *n* resistenza *f*
stammer, stam´-*a*, *v* balbettare; *n* balbuzie *f*
stamp, stamp, *n* (postage) francobollo *m*; (rubber etc.) timbro *m*; *v* (letters) affrancare; (imprint) timbrare; (foot) pestare i piedi
stampede, stam-piid´, *n* fuga precipitosa *f*
stand, stand, *n* posizione *f*; tribuna *f*; (taxi) posteggio *m*; (exhibition) stand *m*; *v* stare; stare in piedi; (endure) sopportare; **– by,** rimanere vicino; sostenere; **– up,** alzarsi in piedi
standard, stan-d*a*d, *n* modello *m*, standard *m*; *adj* normale; (weights etc.) tipo
standing, stan´-ding, *adj* in piedi; fisso; *n* posizione *f*
standing room, stan´-ding ruum, *n* posto in piedi *m*
standstill, stand´-stil, *n*

punto morto *m*
staple, steip´-l, *adj* principale; *n* punto metallico *m*
stapler, steip´-la, *n* cucitrice *f*
star, staar, *n* stella *f*
starch, staarch, *n* amido *m*; *v* inamidare
stare, ster, *n* sguardo fisso *m*; *v* guardare fisso
starling, staar´-ling, *n* storno *m*
starry, staar´-ri, *adj* stellato
start, staart, *n* inizio *m*; (departure) partenza *f*; *v* iniziare, cominciare; *mech* mettere in moto; (depart) partire
startle, staarr´-l, *v* trasalire; far trasalire
starvation, staar-vei´-shon, *n* inedia *f*; fame *f*
starve, staarv, *v* morire d'inedia; morire di fame
state, steit, *v* dichiarare; *n* stato *m*; (condition) condizione *f*
stately, steit´-li, *adj* maestoso
statement, steit´-ment, *n* dichiarazione *f*; (bank) estratto conto *m*
statesman, steits´-man, *n* statista *m*
station, stei´-shon, *n* (railway) stazione *f*; (police, fire) caserma *f*; *v* disporre
stationary, stei´-shon-a-ri, *adj* fermo
stationer's, stei´-shon-es, *n* cartoleria *f*
stationery, stei´-shon-e-ri, *n* articoli di cancelleria *mpl*
statistics, sta-tis´-tiks, *n* statistica *f*
statue, stat´-iuu, *n* statua *f*
statute, stat´-iut, *n* statuto *m*
staunch, stoonch, *adj* fedele
stave, steiv, *v* **– in,** sfondare; **– off,** evitare
stay, stei, *n* soggiorno *m*; *v* (remain) rimanere
steadfast, sted´-faast, *adj* saldo, fermo
steady, sted´-i, *adj* serio; costante; stabile; solido
steak, steik, *n* bistecca *f*
steal, stiil, *v* rubare
stealth, stelZ, *n* **by –,** furtivamente
steam, stiim, *n* vapore *m*; *v* cuocere al vapore
steamy, stii´-mi, *adj* appannato; pieno di vapore
steel, stiil, *n* acciaio *m*
steep, stiip, *adj* erto; *v* (soak) inzuppare
steeple, stiip´-l, *n* campanile *m*
steer, stir, *v* guidare
steering wheel, stir´-ring uiil, *n* volante *m*
stem, stem, *n* stelo *m*; (fruit) picciolo *m*; **– from,** derivare da
stench, stench, *n* tanfo *m*
step, step, *n* passo *m*; (stair) gradino *m*; *v* fare un passo
stepbrother, step´-brŏ-Da, *n* fratellastro *m*
stepfather, step´-faa-Da, *n* patrigno *m*
stepladder, step´-lad-a, *n* scala a libretto *f*
stepmother, step´-mŏ-Da, *n* matrigna *f*
stepsister, step´-sis-ta, *n* sorellastra *f*
stereo, ste´-ri-ou, *adj* stereo; *n* stereo *m*
sterile, ste´-rail, *adj* sterile
sterilize, ste´-ri-lais, *v* sterilizzare
sterling, ster´-ling, *adj* puro; *n* sterlina *f*
stern*, stern, *adj* austero
stew, stiuu, *n* stufato *m*; *v* cuocere in umido
steward, stiuu´-ed, *n* steward *m*, assistente di volo *m*
stewardess, stiuu-ed-es´, *n* hostess *f*, assistente di volo *f*
stick, stik, *n* bacchetta *f*; (walking etc.) bastone

m; *v* attaccare; incollare
sticky, stik´-i, *adj* appiccicoso
stiff, stif, *adj* duro; rigido
stiffen, stif´-*n*, *v* irrigidire
stifle, staif´-l, *v* soffocare
stigmatize, stigh´-m*a*-**tais**, *v* stigmatizzare
still, stil, *adj* quieto; calmo; *adv* ancora; tuttavia
still life, stil laif´, *n* natura morta *f*
stimulate, stim´-iu-leit, *v* stimolare
sting, sting, *v* pungere; *n* puntura *f*; pungiglione *m*
stingy, stin´-**chi**, *adj* spilorcio
stink, stingk, *v* puzzare; *n* puzzo *m*
stint, stint, *v* lesinare
stipulate, stip´-iu-leit, *v* stipulare
stipulation, stip-iu-lei´-shon, *n* stipulazione *f*
stir, st*er*, *v* mescolare; (to move) commuovere
stirrup, sti´-rop, *n* staffa *f*
stitch, stich, *v* cucire; *n* punto *m*; (knitting) maglia *f*; (pain) fitta *f*
stock, stok, *n* (store) stock *m*; (broth) brodo *m*; (live) bestiame *m*; *v* (keep) avere in magazzino
stockbroker, stok´-brou-k*a*, *n* agente di borsa *m/f*
stock cube, stok´-kiuub, *n* dado per brodo *m*
stock exchange, stok iks-cheinch, *n* borsa valori *f*
stocking, stok´-ing, *n* calza *f*
stock market, stok maar´-kit, *n* mercato azionario *m*
stocktaking, stok´-tei-king, *n* inventario *m*
stocks, stoks, *npl* valori di borsa *mpl*
stoke, stouk, *v* attizzare
stolid, stol´-id, *adj* flemmatico
stomach, stŏm´-*a*k, *n* stomaco *m*
stone, stoun, *n* pietra *f*; (pebble) ciottolo *m*; (of fruit) nocciolo *m*; *v* lapidare; (fruit) snocciolare
stool, stuul, *n* sgabello *m*
stoop, stuup, *v* abbassarsi
stop, stop, *n* fermata *f*; (punctuation) punto *m*; *v* fermare; (payment) sospendere; (cease) interrompere; **– up,** otturare
stopper, stop´-*a*, *n* tappo *m*
storage, stoor´-**rich**, *n* magazzinaggio *m*
store, stoor, *v* immagazzinare; *n* (shop) magazzino *m*
stork, stoork, *n* cicogna *f*
storm, stoorm, *n* temporale *m*; *v* prendere d'assalto
stormy, stoor´-mi, *adj* tempestoso
story, stoor´-ri, *n* racconto *m*; storia *f*
storybook, stoor´-ri-buk, *n* libro di racconti *m*
stout*, staut, *adj* corpulento; *n* birra scura *f*
stove, stouv, *n* stufa *f*; (range) fornello *m*
stow, stou, *v* stivare
stowaway, stou´-*a*-uei, *n* passeggero clandestino *m*
straggle, stragh´-l, *v* (lag) rimanere indietro
straight, streit, *adj* diritto; onesto; *adv* diritto
straighten, streit´-*n*, *v* raddrizzare
straightforward, streit-foor´-uad, *adj* semplice; onesto
strain, strein, *n* (effort) sforzo *m*; (tendon) strappo *m*; *v* sforzarsi; (tendon) strappare; (liquid) filtrare
strainer, strein´-*a*, *n* colino *m*
straits, streits, *npl* (channel) stretto *m*

strand, strand, *n* filo *m*; (hair) ciocca *f*
stranded, stran´-did, *adj* bloccato
strange*, streinch, *adj* strano
stranger, strein´-ch*a*, *n* sconosciuto *m*; estraneo *m*
strangle, strang´-gl, *v* strangolare
strap, strap, *n* cinghia *f*; bretellina *f*
straw, stroo, *n* paglia *f*
strawberry, stroo´-be-ri, *n* fragola *f*
stray, strei, *adj* randagio; *v* smarrirsi
streak, striik, *n* striscia *f*
streaky, strii´-ki, *adj* striato
stream, striim, *n* corrente *f*
street, striit, *n* via *f*
strength, strengZ, *n* forza *f*
strengthen, streng´-Zen, *v* rinforzare
strenuous*, stren´-iu-os, *adj* energico
stress, stres, *n* accento *m*; pressione *f*; stress *m*; *v* accentare; sottolineare
stretch, strech, *n* distesa *f*; *v* tendere; estendersi; stiracchiarsi
stretcher, strech´-a, *n* barella *f*
strewn, struun, *adj* – **with,** cosparso di
strict*, strikt, *adj* severo; stretto
stride, straid, *n* passo lungo *m*; *v* camminare a passi lunghi
strife, straif, *n* disputa *f*
strike, straik, *n* sciopero *m*; *v* (work) scioperare; (hit) colpire; (match) accendere; **– out,** (delete) depennare
striker, straik´-a, *n* scioperante *m/f*
string, string, *n* spago *m*; (violin) corda *f*
stringency, strin´-ch*e*n-si, *n* rigore *m*
strip, strip, *n* striscia *f*; (comic) fumetto *m*; *v* spogliarsi
stripe, straip, *n* striscia *f*
strive, straiv, *v* sforzarsi, lottare
stroke, strouk, *n* (blow) colpo *m*; *med* attacco *m*; (pen) tratto *m*; (piston) corsa *f*
stroll, stroul, *n* giro *m*; *v* far un giro
strong*, strong, *adj* forte; (firm) solido
structure, strŏk´-ch*a*, *n* struttura *f*
struggle, strŏgh´-l, *n* lotta *f*; *v* lottare
strut, strŏt, *v* pavoneggiarsi
stubborn*, stŏb´-en, *adj* testardo
stud, stŏd, *n* (nail) borchia *f*; (shoes) tacchetto *m*; (horse) stallone *m*
student, stiuu´-dent, *n* studente *m*, studentessa *f*
studio, stiuu´-di-ou, *n* studio *m*
studio flat, stiuu´-di-ou flat, *n* monolocale *m*
studious*, stiuu´-di-os, *adj* studioso
study, stŏd´-i, *n* studio *m*; *v* studiare
stuff, stŏf, *v* (pad) imbottire; (preserve) impagliare; (cookery) farcire; (gorge) rimpinzarsi; *n* roba *f*
stuffing, stŏf´-ing, *n* imbottitura *f*; (cookery) ripieno *m*
stuffy, stŏf´-i, *adj* mal ventilato
stumble, stŏm´-bl, *v* inciampare
stump, stŏmp, *n* (limb) moncone *m*; (tree etc.) ceppo *m*; (cigar etc.) mozzicone *m*
stun, stŏn, *v* stordire
stunning, stŏn´-ing, *adj* fantastico
stunted, stŏn´-tid, *adj* (growth) stentato

stupefy, stiuu´-pi-fai, *v* stordire
stupendous*, stiu-pen´-dos, *adj* stupendo
stupid*, stiu´-pid, *adj* stupido
stupidity, stiu-pi´-di-ti, *n* stupidaggine *f*
stupor, stiu´-pa, *n* torpore *m*
sturdy, ster´-di, *adj* vigoroso; robusto
sturgeon, ster´-chon, *n* storione *m*
stutter, stŏt´-a, *v* balbettare; *n* balbuzie *f*
sty, stai, *n* (eye) orzaiolo *m*
style, stail, *n* stile *m*; classe *f*
stylish, stai´-lish, *adj* elegante, distinto
subdue, sub-diuu´, *v* soggiogare
subdued, sub-diuud´, *adj* sommesso
subject, sub-chekt´, *v* assoggettare
subject, sŏb´-chikt, *n* soggetto *m*; (a national) cittadino *m*; **– to,** *adj* soggetto a
subjunctive, sub-chŏngk´-tiv, *n* congiuntivo *m*
sublime, sub-laim´, *adj* sublime
submarine, sŏb-ma-riin´, *n* sottomarino *m*
submerge, sub-merch´, *v* sommergere
submission, sub-mish´-on, *n* sottomissione *f*
submit, sub-mit´, *v* sottomettere
subordinate, sub-oor´-di-nat, *adj* subordinato
subpoena, sŏb-pii´-na, *n* mandato di comparizione *m*
subscribe, sub-skraib´, *v* abbonarsi; **– to,** condividere
subscriber, sub-skraib´-a, *n* abbonato *m*
subscription, sub-skrip´-shon, *n* sottoscrizione *f*; abbonamento *m*
subsequent*, sŏb´-si-kuent, *adj* seguente
subside, sub-said´, *v* cedere; (abate) calmarsi
subsidiary, sub-sid´-i-a-ri, *adj* accessorio
subsidize, sŏb´-si-dais, *v* sovvenzionare
subsidy, sŏb´-si-di, *n* sussidio *m*
subsistance, sub-sis´-tans, *n* sussitenza *f*
substance, sŏb´-stans, *n* sostanza *f*
substantial, sub-stan´-shal, *adj* sostanzioso; notevole
substantiate, sub-stan´-shi-eit, *v* provare
substitute, sŏb-sti-tiut, *n* (person) sostituto *m*; (thing) surrogato *m*; *v* sostituire
subterranean, sub-te-rei´-ni-an, *adj* sotterraneo
subtitles, sŏb-tai´-tls, *npl* sottotitoli *mpl*
subtle, sŏt´-l, *adj* fino; sottile
subtract, sub-trakt´, *v* sottrarre
suburb, sŏb´-erb, *n* sobborgo *m*
subway, sŏb´-uei, *n* sottopassaggio *m*
succeed, suk-siid´, *v* succedere a; riuscire
success, suk-ses´, *n* successo *m*
successful*, suk-ses´-ful, *adj* riuscito
succession, suk-sesh´-on, *n* successione *f*
successive, suk-ses´-siv, *adj* successivo
succumb, su-kŏm´, *v* soccombere
such, sŏch, *adj* tale; *adv* talmente; **– a,** un tale
suck, sŏk, *v* succhiare
suction, sŏk´-shon, *n* aspirazione *f*
sudden*, sŏd´-n, *adj* improvviso
sue, siuu, *v* citare in giudizio
suet, suu´-it, *n* grasso di

rognone *m*
suffer, sŏf´-*a*, *v* soffrire
suffering, sŏf´-*e*-ring, *n* sofferenza *f*
suffice, s*u*-fais´, *v* bastare
sufficient*, s*u*-fish´-ent, *adj* sufficiente
suffocate, sŏf´-*o*-keit, *v* soffocare
suffrage, sŏf´-rich, *n* suffragio *m*
sugar, shu´-*ga*, *n* zucchero *m*; *v* zuccherare
suggest, s*u*-chest´, *v* suggerire, proporre
suggestion, s*u*-ches´-chon, *n* suggerimento *m*, proposta *f*
suicide, suu´-i-said, *n* suicidio *m*
suit, suut, *v* convenire; (dress etc.) star bene; *n* abito completo *m*; *law* causa *f*
suitable, suut´-*a*-bl, *adj* adatto; conveniente
suitcase, suut´-keis, *n* valigia *f*
suite, suiit, *n* (rooms) appartamento *m*; (furniture) mobilia *f*
sulk, sŏlk, *v* fare il broncio
sulky, sŏlk´-i, *adj* imbronciato
sullen*, sŏl´-*n*, *adj* cupo
sulphur, sŏl´-*fa*, *n* zolfo *m*
sultry, sŏl´-tri, *adj* soffocante, afoso
sum, sŏm, *n* somma *f*; **– up,** *v* ricapitolare
summary, sŏm´-*a*-ri, *n* sommario *m*; *adj* sommario
summer, sŏm´-*a*, *n* estate *f*
summit, sŏm´-it, *n* sommità *f*, cima *f*; (politics) vertice *m*
summon, sŏm´-*o*n, *v* citare; (call) convocare
summons, sŏm´-*ons*, *n* (legal) citazione *f*
sumptuous*, sŏmp´-tiu-*os*, *adj* sontuoso
sun, sŏn, *n* sole *m*
sunbathe, sŏn´-beiD, *v* prendere il sole
sunburn, sŏn´-*bern*, *n* scottatura *f*
sun cream, sŏn' criim, *n* crema solare *f*
Sunday, sŏn´-di, *n* domenica *f*
sundries, sŏn´-dri*s*, *npl*, diversi *mpl*
sundry, sŏn´-dri, *adj* vario
sunflower, sŏn-flau´-*a*, *n* girasole *m*
sunglasses, sŏn-ghlaas´-i*s*, *npl* occhiali da sole
sunken, sŏng´-ken, *adj* (features) incavato
sunny, sŏn´-i, *adj* assolato; soleggiato; (day) di sole
sunrise, sŏn´-rais, *n* alba *f*
sunscreen, sŏn´-scriin, *n* lozione solare protettiva *f*
sunset, sŏn´-set, *n* tramonto *m*
sunshine, sŏn´-shain, *n* sole *m*
sunstroke, sŏn´-strouk, *n* colpo di sole *m*, insolazione *f*
suntan, sŏn´-tan, *n* abbronzatura *f*
super, suu´-p*a*, *adj* splendido
superb*, su-p*er*b´, *adj* superbo
superficial*, suu-p*e*-fi´-sh*a*l, *adj* superficiale
superfluous*, su-p*er*´-flu-*os*, *adj* superfluo
superior, su-pi*r*´-ri-*a*, *adj* superiore; *n* superiore *m*
superlative, su-p*er*´-l*a*-tiv, *n* superlativo *m*
supermarket, suu-p*e*-maa*r*´-kit, *n* supermercato *m*
supernatural, suu-p*e*-nat´-ch*u*-ral, *adj* soprannaturale; *n* soprannaturale *m*
superstition, suu-p*e*-stish´-*o*n, *n* superstizione *f*
superstitious*, suu-p*e*-stish´-*os*, *adj* superstizioso
supervise, suu´-p*e*-vais, *v* soprintendere; sorvegliare

supervision, suu-pe-vish´-on, *n* supervisione *f*; sorveglianza *f*
supervisor, suu-pe-vais´-a, *n* soprintendente *m/f*; sorvegliante *m/f*
supper, sŏp´-a, *n* cena *f*
supple, sŏp´-l, *adj* flessibile
supplement, sŏp´-li-ment, *n* supplemento *m*
supplier, sup-lai´-a, *n* fornitore *m*
supply, sup-lai´, *v* (with) fornire; *n* fornitura *f*
support, su-poort´, *n* sostegno *m*; *v* sostenere
suppose, su-pous´, *v* supporre
supposition, sŏp-o-sish´-on, *n* supposizione *f*
suppress, su-pres´, *v* sopprimere; (conceal) nascondere
supremacy, su-prem´-a-si, *n* supremazia *f*
supreme*, su-priim´, *adj* supremo
surcharge, ser´-chaarch, *n* sovrapprezzo *m*
sure*, shoor, *adj* sicuro, certo
surety, shoor´-ri-ti, *n* cauzione *f*; (person) garante *m*
surf, serf, *n* spuma del mare *f*
surface, ser´-fis, *n* superficie *f*; *v* venire in superficie
surfboard, serf´-boord, *n* tavola da surf *f*
surfing, serf´-ing, *n* surf *m*
surge, serch, *v* sollevarsi; *n* ondata *f*
surgeon, ser´-chon, *n* chirurgo *m*
surgery, ser´-che-ri, *n* chirurgia *f*; ambulatorio *m*
surgical, ser´-chik-l, *adj* chirurgico
surly, ser´-li, *adj* burbero; irascibile
surmise, su-mais´, *n* supposizione *f*; *v* supporre
surmount, su-maunt´, *v* sormontare
surname, ser´-neim, *n* cognome *m*
surpass, su-paas´, *v* superare
surplus, ser´-plus, *n* eccedenza *f*
surprise, su-prais´, *n* sorpresa *f*; *v* sorprendere
surrender, su-ren´-da, *n* resa *f*, capitolazione *f*; *v* capitolare; arrendersi
surround, su-raund´, *v* circondare
surroundings, su-raun´-dings, *npl* dintorni *mpl*
survey, ser´-vei, *n* perizia *f*; rilevamento *m*; fare una perizia; (to glance) ispezionare
surveyor, su-vei´-a, *n* geometra *m*; perito *m*
survival, su-vai´-val, *n* sopravvivenza *f*
survive, su-vaiv´, *v* sopravvivere
survivor, su-vai´-va, *n* superstite *m/f*
susceptible, su-sep´-ti-bl, *adj* suscettibile
suspect, sus-pekt´, *v* sospettare
suspect, sŏs´-pekt, *n* sospetto *m*
suspend, sus-pend´, *v* sospendere
suspenders, sus-pen´-des, *npl* giarrettiere *fpl*
suspense, sus-pens´, *n* suspense *f*
suspension, sus-pen´-shon, *n* sospensione *f*
suspicion, sus-pish´-on, *n* sospetto *m*
suspicious*, sus-pish´-os, *adj* sospettoso
sustain, sus-tein´, *v* sostenere; mantenere; (loss) subire
sustenance, sŏs´-ti-nans, *n* mantenimento *m*
swagger, suagh´-a, *n* spavalderia *f*; *v* fare lo spavaldo
swallow, suol´-ou, *v* inghiottire; *n* rondine *f*
swamp, suomp, *n* palude *f*;

v sommergere
swan, suon, *n* cigno *m*
swap, suop, *v* fare uno scambio
swarm, suoorm, *n* sciame *m*; *v* sciamare
sway, suei, *n* (influence) influenza *f*; *v* influenzare; (to rock) oscillare; (to reel) vacillare
swear, suer, *v* giurare; (curse) bestemmiare
sweat, suet, *n* sudore *m*; *v* sudare
sweater, suet´-a, *n* maglione *m*
sweatshirt, suet´-shert, *n* felpa *f*
Sweden, suiid´-n, *n* Svezia *f*
Swedish, suiid´-ish, *adj* svedese; *n* (language) svedese
sweep, suiip, *v* spazzare
sweet, suiit, *n* dolce *m*; *adj** dolce
sweeten, suiit´-n, *v* zuccherare; *fig* addolcire
sweetheart, suiit´-haart, *n* innamorato *m*, innamorata *f*; tesoro *m*
sweetness, suiit´-nis, *n* dolcezza *f*
sweet pea, suiit pii´, *n* pisello odoroso *m*
swell, suel, *v* gonfiarsi; *n* (sea) mare lungo *m*
swelling, suel´-ing, *n* gonfiore *m*
swerve, suerv, *v* deviare; sterzare; (skid) slittare
swift*, suift, *adj* veloce, rapido
swim, suim, *n* nuotata *f*; *v* nuotare
swimming, suim´-ing, *n* nuoto *m*
swimming costume, suim´-ing kos´-tiuum, *n* costume da bagno *m*
swimming pool, suim´-ing puul, *n* piscina *f*
swimming trunks, suim´-ing trŏngks, *npl* calzoncini da bagno *mpl*
swindle, suin´-dl, *n* truffa *f*; truffare
swindler, suin´-dla, *n* imbroglione *m*
swine, suain, *n* porco *m*
swing, suing, *n* oscillazione *f*; (child's) altalena *f*; *v* dondolare, oscillare
Swiss, suis, *adj* svizzero
switch, suich, *n* interruttore *m*; *v* scambiare; **– off,** spegnere; **– on,** accendere
switchboard, suich´-boord, *n* centralino *m*
Switzerland, suit´-se-land, *n* Svizzera *f*
swivel, sui´-vel, *n* perno *m*
swoon, suun, *v* svenire
swoop, suup, **– down,** *v* piombare dall'alto
sword, soord, *n* spada *f*
sworn, suoorn, *adj* giurato
syllable, sil´-a-bl, *n* sillaba *f*
syllabus, sil´-a-bus, *n* (school) programma *m*
symbol, sim´-bol, *n* simbolo *m*
symmetry, sim´-it-ri, *n* simmetria *f*
sympathetic, sim-pa-Zet´-ik, *adj* comprensivo, compassionevole
sympathize, sim-pa-Zais´, *v* compatire
sympathy, sim´-pa-Zi, *n* compassione *f*
symptom, simp´-tom, *n* sintomo *m*
synchronize, sing´-kro-nais, *v* sincronizzare
syndicate, sin´-di-kat, *n* consorzio *m*
synonymous*, si-non´-i-mos, *adj* sinonimo
synthetic, sin-Zet´-ik, *adj* sintetico
syphilis, sif´-il-is, *n* sifilide *f*
syringe, si-rinch´, *n* siringa *f*; *v* siringare
syrup, si´-rop, *n* sciroppo *m*
system, sis´-tem, *n* sistema *m*

T

tabernacle, tab´-*e*-nak-l, *n* tabernacolo *m*
table, teib´-l, *n* tavolo *m*, tavola *f*; (list) tabella *f*
tablecloth, teib´-l-kloZ, *n* tovaglia *f*
tablespoon, teib´-l-spuun, *n* cucchiaio da tavola *m*
tablet, tab´-lit, *n* tavoletta *f*; pastiglia *f*
table tennis, teib´-l ten´-is, *n* ping pong *m*
tack, tak, *n* (nail) bulletta *f*; *v* imbullettare
tackle, tak´-l, *n* (fishing) arnesi da pesca *mpl*; *v* affrontare
tact, takt, *n* tatto *m*
tactful*, takt´-ful, *adj* pieno di tatto, discreto
tactics, tak-tiks, *n* tattica *f*
tactless, takt´-lis, *adj* senza tatto, indelicato
tadpole, tad´-poul, *n* girino *m*
tag, tagh, *n* cartellino *m*; **– along,** *v* seguire
tail, teil, *n* coda *f*
tailor, tei´-l*a*, *n* sarto *m*
taint, teint, *v* infangare
take, teik, *v* prendere; accompagnare; portare; **– away,** portar via; **– off,** togliere; decollare
takings, tei´-kings, *npl* incasso *m*
talcum powder, tal´-k*u*m pau´-d*a*, *n* talco *m*
tale, teil, *n* racconto *m*; (fairy) favola *f*
talent, tal´-ent, *n* talento *m*
talk, took, *v* parlare; *n* conversazione *f*; chiacchiere *fpl*; (politics) colloquio
talkative, took´-*a*-tiv, *adj* loquace
tall, tool, *adj* alto; grande
tallow, tal´-ou, *n* sego *m*
tally, tal´-i, *v* (agree) corrispondere
talon, tal´-on, *n* artiglio *m*
tame, teim, *adj* mansueto; *v* domare
tamper, tam´-p*a*, *v* **– with,** manomettere
tampon, tam´-pon, *n* assorbente interno *m*
tan, tan, *n* abbronzatura *f*; *v* abbronzarsi
tangerine, tan´-ch*e*-riin, *n* mandarino *m*
tangible, tan´-chib-l, *adj* tangibile
tangle, tang´-gl, *n* groviglio *m*; *v* ingarbugliare
tank, tangk, *n* cisterna *f*; (fish) acquario *m*
tankard, tang´-k*a*d, *n* boccale *m*
tantalize, tan´-t*a*-lais, *v* tormentare
tantamount, tan´-t*a*-maunt, *adj* equivalente
tap, tap, *v* bussare; (barrel) spillare; *n* rubinetto *m*
tape, teip, *n* nastro *m*
tape measure, teip mesh´-*a*, *n* metro a nastro *m*
taper, tei´-p*a*, *v* terminare

a punta
tape recorder, teip ri-koor´-da, *n* registratore a cassetta *m*
tapestry, tap´-is-tri, *n* arazzo *m*
tapeworm, teip´-uerm, *n* tenia *f*
tar, taar, *n* catrame *m*; *v* incatramare
tardy, taar´-di, *adj* (slow) lento
target, taar´-ghit, *n* bersaglio *m*; obiettivo *m*
tariff, ta´-rif, *n* tariffa *f*
tarnish, taar´-nish, *v* ossidarsi
tarpaulin, taar-poo´-lin, *n* telone incerato *m*
tarragon, ta´-ra-gon, *n* dragoncello *m*
tart, taart, *n* crostata *f*; *adj** agro
tartar sauce, taar´-ta soos, *n* salsa tartara *f*
task, taask, *n* compito *m*
tassel, tas´-l, *n* nappina *f*
taste, teist, *n* gusto *m*; *v* gustare
tasteful*, teist´-ful, *adj* di gusto
tasteless, teist´-lis, *adj* insipido; di cattivo gusto
tasty, teis´-ti, *adj* saporito
tatters, tat´-es, *npl* brandelli *mpl*
tattoo, ta-tuu´, *n* tatuaggio *m*; *v* tatuare
taunt, toont, *n* scherno *m*; *v* schernire
Taurus, toor´-ros, *m* Toro *m*
tawdry, too´-dri, *adj* pacchiano
tax, taks, *n* tassa *f*; *v* tassare
taxi, tak´-si, *n* taxi *m*
taxi driver, tak´-si drai´-va, *n* tassista *m/f*
taxpayer, taks´-pei-a, *n* contribuente *m/f*
tax return, taks ri-tern´, *n* dichiarazione dei redditi *f*
tea, tii, *n* tè *m*; merenda *f*; cena *f*
tea bag, tii´-bagh, *n* bustina di tè *f*
teach, tiich, *v* insegnare
teacher, tiich´-a, *n* insegnante *m/f*; maestro *m*, maestra *f*
teaching, tiich´-ing, *n* insegnamento *m*
team, tiim, *n* squadra *f*, équipe *f*
teamwork, tiim´-uerk, *n* lavoro d'équipe *m*
teapot, tii´-pot, *n* teiera *f*
tear, ter, *n* strappo *m*; *v* lacerare
tear, tir, *n* lacrima *f*
tearoom, tii´-ruum, *n* sala da tè *f*
tease, tiis, *v* stuzzicare
teaspoon, tii´-spuun, *n* cucchiaino *m*
teat, tiit, *n* tettarella *f*
tea towel, tii tau´-el, *n* telo da cucina *m*
technical*, tek´-nik-l, *adj* tecnico
technician, tek-ni´-shan, *n* tecnico *m*
technology, tek-no´-lo-chi, *n* tecnologia *f*
teddy bear, te´-di-ber, *n* orsacchiotto *m*
tedious*, tii´-di-os, *adj* tedioso
teem, tiim, *v* formicolare
teenager, tiin-eich´-a, *n* adolescente *m/f*
teething, tii´-Ding, *n* dentizione *f*
teetotaller, tii´-tou-ta-la, *n* astemio *m*
telegram, tel´-i-gram, *n* telegramma *m*
telegraph, tel´-i-graaf, *v* telegrafare
telephone, tel´-i-foun, *n* telefono *m*; *v* telefonare
telephone box, tel´-i-foun boks, *n* cabina telefonica *f*
telephone call, tel´-i-foun kool, *n* telefonata *f*
telephone number, tel´-i-foun nŏm´-ba, *n* numero di telefono *m*
telescope, tel´-i-skoup, *n* telescopio *m*
television, tel´-i-vish-on,

n televisione *f*
television set, tel´-i-vish-on set, *n* televisore *m*
tell, tel, *v* dire; (relate) raccontare
temper, tem´-pa, *n* umore *m*; collera *f*
temperament, tem´-pe-ra-ment, *n* temperamento *m*
temperance, tem´-pe-rans, *n* temperanza *f*
temperate, tem´-pe-ret, *adj* (moderate) moderato, (habits) sobrio
temperature, tem´-pe-ra-cha, *n* temperatura *f*
tempest, tem´-pist, *n* tempesta *f*
temple, tem´-pl, *n* tempio *m*; (head) tempia *f*
temporary, tem´-po-ra-ri, *adj* temporaneo
tempt, tempt, *v* tentare
temptation, temp-tei´-shon, *n* tentazione *f*
ten, ten, *adj* dieci
tenable, ten´-a-bl, *adj* sostenibile
tenacious*, ti-nei´-shos, *adj* tenace
tenacity, ti-nas´-i-ti, *n* tenacia *f*
tenancy, ten´-an-si, *n* locazione *f*
tenant, ten´-ant, *n* locatario *m*, inquilino *m*
tend, tend, *v* aver tendenza; badare a
tendency, tend´-en-si, *n* tendenza *f*
tender, ten´-da, *v* fare un'offerta; *n* offerta d'appalto *f*; *adj** tenero
tenderness, ten´-de-nis, *n* tenerezza
tenement, ten´-i-ment, *n* casamento *m*
tennis, ten´-is, *n* tennis *m*
tennis court, ten´-is koort, *n* campo da tennis *m*
tennis racket, ten´-is rak´-it, *n* racchetta da tennis *f*
tenor, ten´-a, *n* tenore *m*
tense, tens, *adj** teso; *n gram* tempo *m*
tension, ten´-shon, *n* tensione *f*
tent, tent, *n* tenda *f*
tentative, ten´-ta-tiv, *adj* esitante
tenth, tenZ, *adj* decimo; (date) dieci
tenure, ten´-ia, *n* (job) incarico *m*
tepid, tep´-id, *adj* tiepido
term, term, *n* espressione *f*; (quarter) trimestre *m*
terminal, ter´-mi-nal, *adj** terminale; *n comp* terminale *m*; (airport) terminal *m*
terminate, ter´-mi-neit, *v* terminare
terminus, ter´-mi-nus, *n* capolinea *m*
terms, terms, *npl* condizioni *fpl*
terrace, te´-ris, *n* terrazza *f*
terraces, te´-ris-is, *npl* gradinate *fpl*
terrible, te´-ri-bl, *adj* terribile
terrific, te-rif´-ik, *adj* fantastico
terrify, te´-ri-fai, *v* terrorizzare
territory, te´-ri-to-ri, *n* territorio *m*
terror, te´-ra, *n* terrore *m*
terrorism, te´-ro-rism, *n* terrorismo *m*
terrorist, te´-ro-rist, *n* terrorista *m/f*
terrorize, te´-ro-rais, *v* terrorizzare
terse*, ters, *adj* terso
test, test, *n* prova *f*; esame *m*; analisi *f*; compito in classe *m*; *v* provare; esaminare
Testament, tes´-ta-ment, *n* Testamento *m*
testicle, tes´-tik-l, *n* testicolo *m*
testify, tes´-ti-fai, *v* testimoniare
testimony, tes´-ti-mo-ni, *f* testimonianza *f*
text, tekst, *n* testo *m*
textbook, tekst´-buk, *n* libro di testo *m*

textile, teks´-tail, *adj* tessile
texture, teks´-cha, *n* consistenza *f*
Thames, tems, Tamigi *m*
than, Dan, *conj* che; (with numerals, pronouns etc.) di
thank, Zangk, *v* ringraziare; **– you!** *interj* grazie!
thankful*, Zangk´-ful, *adj* grato, riconoscente
thanks, Zangks, *npl* grazie *fpl*; **– to,** *prep* grazie a
Thanksgiving, Zangk´-ful, *n* giorno del ringraziamento *m*
that, Dat, *adj* quello, quella; *pron* quello, quella; ciò; che; cui; *conj* che; *adv* così
thatched, Zacht, *adj* (roof) di paglia; (cottage) col tetto di paglia
thaw, Zoo, *n* disgelo *m*; *v* scongelare
the, Di, *art* il, lo, la, i, gli, le; **– more… – more…,** più… più…; **– sooner – better,** prima è, meglio è
theatre, Zi-a-ta, *n* teatro *m*; *med* sala operatoria *f*
theft, Zeft, *n* furto *m*
their, Der, *adj* loro
theirs, Ders, *pron* il loro, la loro, i loro, le loro; **a friend of –,** un loro amico
them, Dem, *pron* li, le, loro, essi, esse
theme, Ziim, *n* tema *m*
themselves, Dem-selvs´, *pron refl* si; loro stessi, loro stesse
then, Den, *adv* allora; poi; *conj* dunque, quindi
theology, Zi-ol´-o-chi, *n* teologia *f*
theoretical,* Zi-o-ret´-i-kl, *adj* teorico
theory, Zi´-o-ri, *n* teoria *f*
therapy, Ze´-ra-pi, *n* terapia *f*
there, Der, *adv* li, là; **– is,** c'è; **– are,** ci sono
thereafter, Der-aaf´-ta, *adv* da allora in poi
thereby, Der-bai´, *adv* con ciò
therefore, Der´-foor, *adv* perciò
thermal, Zer´-mal, *adj* termale
thermometer, Ze-mom´-i-ta, *n* termometro *m*
these, Diis, *pron* & *adj* questi, queste
thesis, Zi´-sis, *n* tesi *f*
they, Dei, *pron* essi, esse, loro
thick*, Zik, *adj* spesso, denso; (big) grosso
thicken, Zik´-n, *v* condensarsi; addensare
thicket, Zik´-it, *n* boscaglia *f*
thickness, Zik´-nis, *n* spessore *m*
thief, Ziif, *n* ladro *m*
thigh, Zai, *n* coscia *f*
thimble, Zim´-bl, *n* ditale *m*
thin, Zin, *adj** sottile; (lean) magro; *v* assottigliare
thing, Zing, *n* cosa *f*
think, Zingk, *v* pensare; (believe) credere; **– over,** riflettere su
third, Zerd, *adj* terzo; (date) tre
thirdly, Zerd´-li, *adv* in terzo luogo
thirst, Zerst, *n* sete *f*
thirsty, Zers´-ti, *adj* assetato
thirteen, Zer-tiin´, *adj* tredici
thirteenth, Zer-tiinZ´, *adj* tredicesimo; (date) tredici
thirtieth, Zer´-ti-eZ, *adj* trentesimo; (date) trenta
thirty, Zer´-ti, *adj* trenta
this, Dis, *pron* & *adj* questo, questa; *adv* così
thistle, Zis´-l, *n* cardo *m*
thong, Zong, *n* cinghia *f*
thorn, Zoorn, *n* spina *m*
thorny, Zoorn´-i, *adj* spinoso
thorough*, Zŏ'-ra, *adj*

minuzioso; profondo
thoroughbred, Zŏ'-ro-bred, *adj* purosangue
thoroughfare, Zŏ'-ro-fer, *n* strada transitabile *f*; **no –,** divieto di transito *m*
those, Dous, *pron* quelli, quelle; *adj* quei, quegli, quelle
though, Dou, *conj* benché; *adv* comunque
thought, Zoot, *n* pensiero *m*
thoughtful*, Zoot´-ful, *adj* pensieroso; premuroso
thoughtless*, Zoot´-lis, *adj* sconsiderato
thousand, Zau´-sand, *adj* mille; mila
thousandth, Zau´-sandZ, *adj* millesimo
thrash, Zrash, *v* battere
thrashing, Zrash´-ing, *n* percosse *fpl*, botte *fpl*
thread, Zred, *n* filo *m*; *v* infilare
threadbare, Zred´-ber, *adj* logoro
threat, Zret, *n* minaccia *f*
threaten, Zret´-n, *v* minacciare
threatening*, Zret´-n-ing, *adj* minaccioso
three, Zrii, *adj* tre
thresh, Zresh, *v* battere
threshold, Zresh´-hould, *n* soglia *f*
thrift, Zrift, *n* parsimonia *f*
thrifty, Zrift´-ti, *adj* parsimonioso
thrill, Zril, *n* fremito *m*; *v* entusiasmare
thrilling, Zril´-ing, *adj* entusiasmante; ricco di suspense
thrive, Zraiv, *v* prosperare
throat, Zrout, *n* gola *f*
throb, Zrob, *v* pulsare; (heart) palpitare
throne, Zroun, *n* trono *m*
throng, Zrong, *n* calca *f*; *v* accalcarsi
throttle, Zrot´-l, *v* (kill) strangolare; *n mech* valvola a farfalla *f*
through, Zruu, *prep* attraverso; per
throughout, Zru-aut´, *prep* in tutto; per tutto; *adv* dappertutto
throw, Zrou, *v* gettare; *n* lancio *m*, tiro *m*
thrush, Zrŏsh, *n* tordo *m*
thrust, Zrŏst, *n* colpo *m*; *v* dare una puntata
thud, Zŏd, *n* tonfo *m*
thumb, Zŏm, *n* pollice *m*
thump, Zŏmp, *n* (blow) colpo *m*; *v* dar un colpo
thunder, Zŏn´-da, *n* tuono *m*; *v* tuonare
thunderbolt, Zŏn´-de-boult, *n* fulmine m
thunderstorm, Zŏn´-de-stoorm, *n* temporale *m*
thundery, Zŏn´-de-ri, *adj* temporalesco
Thursday, Zers´-di, *n* giovedì *m*
thus, Dŏs, *adv* così
thwart, Zuoort, *v* contrastare
thyme, taim, *n* timo *m*
Tiber, tai´-ba, Tevere *m*
tick, tik, *n* zecca *f*; segno *m*; *v* (clock) fare tic tac; (check) spuntare
ticket, tik´-it, *n* biglietto *m*; (parking) multa *f*
ticket office, tik´-it of´-is, *n* biglietteria *f*
tickle, tik´-l, *v* solleticare
ticklish, tik´-lish, *adj* che soffre il solletico
tidal, taid´-l, *adj* di marea
tide, taid, *n* (high) alta marea *f*; (low) bassa marea *f*
tidy, tai´-di, *adj* in ordine, ordinato; *v* mettere in ordine, riordinare
tie, tai, *n* cravatta *f*; *v* legare; (bow etc.) annodare; (sport) pareggiare
tier, tir, *n* piano *m*
tiff, tif, *n* battibecco *m*
tiger, tai´-ga, *n* tigre *f*
tight*, tait, *adj* stretto; teso
tighten, tait´-n, *v* stringere; tendere
tights, taits, *npl*

collant *mpl*
tile, tail, *n* (roof) tegola *f*; (floor and wall) piastrella *f*; *v* rivestire di tegole; piastrellare
till, til, *n* registratore di cassa *m*
till, til, *conj* & *prep* = **until**
tilt, tilt, *v* inclinare, pendere
timber, tim´-b*a*, *n* legname da costruzione *m*
time, taim, *v* cronometrare; *n* tempo *m*; (hour) ora *f*; (occasion) volta *f*
time bomb, taim´-bom, *n* bomba a orologeria *f*
timeless, taim´-lis, *adj* eterno; senza tempo
timely, taim´-li, *adj* opportuno; tempestivo
time off, taim-'of, *n* tempo libero *m*
timetable, taim´-tei-bl, *n* orario *m*
timid*, tim´-id, *adj* timido
tin, tin, *n* stagno *m*; latta *f*; lattina *f*, scatoletta *f*
tin foil, tin foil´, *n* carta stagnola *f*
tinge, tinch, *n* sfumatura *f*
tingle, ting´-gl, *v* formicolare; *n* formicolio *m*
tinkle, ting´-kl, *v* tintinnare; *n* tintinnio *m*
tinned, tind, *adj* in scatola
tin-opener, tin´-oup-n*a*, *n* apriscatole *m*
tinsel, tin´-*se*l, *n* fili argentati *mpl*
tint, tint, *n* tinta *f*
tiny, tai´-ni, *adj* minuscolo
tip, tip, *n* punta *f*; (hint) suggerimento *m*; (gratuity) mancia *f*; *v* capovolgere; (waiters etc.) dare la mancia
tiptoe, tip´-tou, *n* **on –,** in punta di piedi
tire, tai*r*, *v* stancare; **– of,** stancarsi di
tired, tai*r*d, *adj* stanco
tireless*, tai*r*´-lis, *adj* instancabile
tissue, tish´-**uu**, *n* tessuto *m*; fazzolettino di carta *m*
tissue paper, tish´-**uu** pei´-p*a*, *n* carta velina *f*
title, tai´-tl, *n* titolo *m*
titter, tit´-*a*, *v* ridacchiare
to, tu, *prep* (direction) a; in; (to a place or person) da; (until) fino; (intention) per; (time) **ten – seven,** le sette meno dieci
toad, toud, *n* rospo *m*
toast, toust, *n* (bread) pane tostato *m*; (health) brindisi *m*; *v* (bread) tostare; (health) brindare
tobacco, to-bak´-ou, *n* tabacco *m*
tobacconist, to-bak´-o-nist, *n* tabaccaio *m*
toboggan, to-bogh´-an, *n* toboga *m*
today, tu-dei´, *adv* oggi
toddler, tod´-l*a*, *n* bambino che muove i primi passi *m*
toe, tou, *n* dito del piede *m*
toffee, tof´-i, *n* caramella mou *f*
together, to-gheD´-*a*, *adv* insieme
toil, toil, *n* fatica *f*; *v* affaticarsi
toilet, toi´-lit, *n* gabinetto *m*
toilet paper, toi´-lit pei´-p*a*, *n* carta igienica *f*
toiletries, toi´-lit-ri*s*, *npl* articoli da toeletta *mpl*
token, tou´-ken, *n* segno *m*; buono *m*
tolerable, tol´-*e*-ra-bl, *adj* tollerabile
tolerance, tol´-*e*-rans, *n* tolleranza *f*
tolerant, tol´-*e*-rant, *adj* tollerante
tolerate, tol´-*e*-reit, *v* tollerare
toll, toul, *n* (tax) pedaggio *m*; *v* (bell) suonare
tomato, to-maa´-tou, *n*

pomodoro *m*
tomb, tuum, *n* tomba *f*
tombstone, tuum´-stoun, *n* pietra tombale *f*
tomboy, tom´-boi, *n* maschiaccio *m*
tomcat, tom´-kat, *n* gatto maschio *m*
tomfoolery, tom-fuul´-e-ri, *n* sciocchezze *fpl*
tomorrow, tu-mo´-rou, *adv* domani
ton, tŏn, *n* tonnellata *f*
tone, toun, *n* tono *m*
tongs, tongs, *npl* molle *fpl*
tongue, tŏng, *n* lingua *f*
tonic, ton´-ik, *n* tonico *m*
tonight, tu-nait´, *adv* stanotte
tonsil, ton´-sil, *n* tonsilla *f*
too, tuu, *adv* troppo; (also) anche; **– much,** troppo; **– many,** troppi, troppe
tool, tuul, *n* arnese *m*
tooth, tuuZ, *n* dente *m*
toothache, tuuZ´-eik, *n* mal di denti *m*
toothbrush, tuuZ´-brŏsh, *n* spazzolino da denti *m*
toothpaste, tuuZ´-peist, *n* dentifricio *m*
toothpick, tuuZ´-pik, *n* stuzzicadenti *m*
top, top, *n* cima *f*; parte superiore *f*; coperchio *m*; *adj* primo; migliore; **on –,** in cima, sopra
topic, top´-ik, *n* argomento *m*
topical, top´-ik-l, *adj* di attualità
topless, top´-lis, *adj* in topless
topple, top´-l, *v* (headlong fall) capitombolare; (car etc.) rovesciarsi
topsy-turvy, top´-si-ter´-vi, *adv* sottosopra
torch, toorch, *n* torcia *f*
torment, toor´-ment, *n* tormento *m*; *v* tormentare
tornado, toor-nei´-dou, *n* tornado *m*
torpedo, toor-pii´-dou, *n* siluro *m*
torpid*, toor´-pid, *adj* intorpidito
torpor, toor´-pa, *n* torpore *m*
torrent, to´-rent, *n* torrente *m*
torrid, to´-rid, *adj* torrido
tortoise, toor´-tos, *n* tartaruga *f*
tortoiseshell, toor´-tos-shel, *adj* di tartaruga
torture, toor´-cha, *n* tortura *f*; *v* torturare
toss, tos, *v* gettare in aria; (coin) fare a testa o croce; **to – and turn,** agitarsi nel sonno
total, tout´-l, *n* totale *m*; *v* sommare; *adj** totale
totter, tot´-a, *v* barcollare
touch, tŏch, *v* toccare; *n* (contact) tocco *m*; (feeling) tatto *m*
touching*, tŏch´-ing, *adj* commovente
touchy, tŏch´-i, *adj* suscettibile
tough*, tŏf, *adj* duro
tour, tur, *n* viaggio *m*; visita *f*; tournée *f*; *v* visitare
tourist, tur´-rist, *n* turista *m/f*
tourist office, tur´-rist of´-is, *n* ufficio d'informazione turistica *m*
tournament, toor´-na-ment, *n* torneo *m*
tout, taut, *v n* bagarino *m*
tow, tou, *v* rimorchiare
towards, to´-uoords, *prep* verso
towel, tau´-el, *n* asciugamano *m*; (kitchen) strofinaccio *m*
tower, tau´-a, *n* torre *f*
tower block, tau´-a blok, *n* palazzone *m*
town, taun, *n* città *f*
town centre, taun-sen´-ta, *n* centro *m*
town hall, taun hool, *n* municipio *m*
toy, toi, *n* giocattolo *m*
trace, treis, *n* traccia *f*; *v* tracciare; (track)

rintracciare; (copy) ricalcare
tracing, trei´-sing, *n* ricalco *m*
tracing paper, trei´-sing pei´-pa, *n* carta da ricalco *f*
track, trak, *n* traccia *f*; pista *f*; *v* seguire le tracce
tract, trakt, *n* tratto *m*
traction, trak´-shon, *n* trazione *f*
tractor, trak´-ta, *n* trattore *m*
trade, treid, *v* commerciare; *n* commercio *m*; (craft) mestiere *m*
trademark, treid´-maark, *n* marchio registrato *m*
trade union, treid iuu´-ni-on, *n* sindacato *m*
tradition, tra-dish´-on, *n* tradizione *f*
traditional*, tra-dish´-on-al, *adj* tradizionale
traffic, traf´-ik, *n* traffico *m*
traffic jam, traf´-ik cham, *n* ingorgo *m*
traffic lights, traf´-ik laits, *npl* semaforo *m*
tragedy, trach´-i-di, *n* tragedia *f*
tragic, trach´-ik, *adj* tragico
trail, treil, *n* pista *f*; scia *f*; *v* strascicare
trailer, trei´-la, *n* (van) rimorchio *m*
train, trein, *v* addestrare; allenare; (educate) formare; *n* (railway) treno *m*; (dress) strascico *m*
trainer, trei´-na, *n* allenatore *m*; addestratore *m*
trainers, trei´-nes, *npl* scarpe da ginnastica *fpl*
training, trei´-ning, *n* addestramento *m*; allenamento *m*; formazione *f*
traitor, trei´-ta, *n* traditore *m*
tram, tram, *n* tram *m*
tramp, tramp, *n* vagabondo *m*
trample, tram´-pl, *v* calpestare
trance, traans, *n* trance *f*
tranquil*, trang´-kuil, *adj* tranquillo
tranquilizer, trang´-kuil-ai-sa, *n* tranquillante *m*
transaction, tran-sak´-shon, *n* transazione *f*
transcribe, tran-skraib´, *v* trascrivere
transfer, trans-fer´, *v* trasferire; *n* trasferimento *m*; autoadesivo *m*
transform, trans-foorm´, *v* trasformare
transit, tran´-sit, *n* transito *m*
translate, trans-leit´, *v* tradurre
translation, trans-lei´-shon, *n* traduzione *f*
translator, trans-lei´-ta, *n* traduttore *m*, traduttrice *f*
transmit, trans-mit´, *v* trasmettere
transparent, trans-pa´-rent, *adj* trasparente
transplant, trans´-plaant, *v* trapiantare; *n* trapianto *m*
transport, tran´-spoort, *n* trasporto *m*
transport, tran-spoort´, *v* trasportare
transpose, trans-pous´, *v* trasporre
transverse, trans-vers´, *adj* trasversale
trap, trap, *n* trappola *f*; *v* intrappolare
trapdoor, trap´-door, *n* trabocchetto *m*
trappings, trap´-ings, *npl* ornamenti *mpl*
trash, trash, *n* robaccia *f*; (nonsense) sciocchezze *fpl*
trashy, trash´-i, *adj* scadente
trauma, troom´-a, *n* trauma *m*

travel, trav´-el, *v* viaggiare
travel agency, trav´-el ei´-chen-si, *n* agenzia di viaggi *f*
traveller, trav´-e-la, *v* viaggiatore *m*
traveller's cheque, trav´-el-es chek, *n* traveller's cheque *m*
travel sickness, trav´-el sik´-nis, *n* mal d'auto *m*
travesty, trav´-is-ti, *n* parodia *f*
trawler, trool´-a, *n* peschereccio *m*
tray, trei, *n* vassoio *m*
treacherous*, trech´-e-ros, *adj* infido
treachery, trech´-e-ri, *n* tradimento *m*
treacle, triik´-l, *n* melassa *f*
tread, tred, *n* (tyre) battistrada *m*; *v* camminare; **– upon,** calpestare
treason, trii´-son, *n* tradimento *m*
treasure, tresh´-a, *n* tesoro *m*; *v* valutare
treasurer, tresh´-u-ra, *n* tesoriere *m*
treasury, tresh´-u-ri, *n* tesoreria *f*
treat, triit, *n* (enjoyment) piacere *m*; *v* trattare; *fig* offrire
treatment, triit´-ment, *n* trattamento *m*
treaty, trii´-ti, *n* trattato *m*
treble, treb´-l, *adj* triplice; *v* triplicare
tree, trii, *n* albero *m*
trellis, trel´-is, *n* graticcio *m*
tremble, trem´-bl, *v* tremare
tremendous*, tri-men´-dos, *adj* fantastico
tremulous*, trem´-iu-los, *adj* tremulo
trench, trench, *n* trincea *f*
trend, trend, *n* tendenza *f*
trespass, tres´-pas, *v* violare
trespasser, tres´-pas-a, *n* trasgressore *m*
trestle, tres´-l, *n* cavalletto *m*
trial, trai´-al, *n law* processo *m*; (test) collaudo *m*; (hardship) tribolazioni *fpl*
triangle, trai´-ang´-gl, *n* triangolo *m*
triangular, trai-ang´-ghiu-la, *adj* triangolare
tribe, traib, *n* tribù *f*
tribunal, trai-biuu´-nal, *n* tribunale *m*
tributary, trib´-iu-ta-ri, *n* (stream) affluente *m*
tribute, trib´-iuut, *n* tributo *m*
trick, trik, *n* (fraud) trucco *m*; (joke) burla *f*; (dexterity) gioco *m*; *v* ingannare
trickle, trik´-l, *n* rivolo *m*; gocciolare
trifle, traif´-l, *n* bagatella *f*
trifling, traif´-ling, *adj* insignificante
trigger, trigh´-a, *n* (gun) grilletto *m*
trill, tril, *n* trillo *m*
trim, trim, *v* (dress) guarnire; (hair) spuntare; *adj* curato; snello; *n* (hair) spuntatina *f*
trimming, trim´-ing, *n* guarnizione *f*
trinket, tring´-kit, *n* ciondolo *m*; ninnolo *m*
trio, trii´-ou, *n* trio *m*
trip, trip, *n* (journey) gita *f*; *v* (stumble) inciampare
tripe, traip, *n* trippa *f*
triple, trip´-l, *adj* triplo
triplets, trip´-lits, *npl* tre gemelli *mpl*
tripod, trai´-pod, *n* treppiede *m*
triumph, trai´-omf, *n* trionfo *m*
trivial*, triv´-i-al, *adj* triviale
trolley, trol´-i, *n* carrello *m*
trombone, trom´-boun, *n* trombone *m*
troop, truup, *n* truppa *f*
trophy, trou´-fi, *n* trofeo *m*

tropical, trop´-ik-l, *adj* tropicale
tropics, trop´-iks, *npl* tropici *mpl*
trot, trot, *v* trottare; *n* trotto *m*
trotter, trot´-*a*, *n* trottatore *m*; (pig) zampone *m*
trouble, trŏb´-l, *n* noia *f*, guaio *m*; disturbo *m*; *v* darsi la pena; disturbare
troublesome, trŏb´-l-*so*m, *adj* seccante
trough, trof, *n* abbeveratoio *m*; trogolo *m*
trousers, trau´-*ses*, *npl* pantaloni *mpl*
trout, trout, *n* trota *f*
trowel, trau´-*e*l, *n* cazzuola *f*
truant, truu´-*a*nt, **play –,** *v* marinare la scuola
truce, truus, *n* tregua *f*
truck, trŏk, *n* carro merci *m*; autocarro *m*
truck driver, trŏk drai´-v*a*, *n* camionista *m/f*
truculent*, trŏk´-iu-lent, *adj* truculento
trudge, trŏch, *v* marciare penosamente
true, truu, *adj* vero; (faithful) leale
truffle, trŏ*f*´-l, *n* tartufo *m*
truism, truu´-ism, *n* verità lapalissiana *f*
trumpet, trŏm´-pit, *n* tromba *f*
truncheon, trŏn´-shon, *n* manganello *m*
trunk, trŏngk, *n* (tree, body) tronco *m*; (elephant) proboscide *f*; (travelling) baule *m*
truss, trŏs, *n* cinto erniario *m*; *v* (poultry) legare
trust, trŏst, *n* fiducia *f*; *v* fidarsi
trustee, trŏs-tii´, *n* amministratore fiduciario *m*
trustworthy, trŏst´-u*er*-Di, *adj* fidato
truth, truuZ, *n* verità *f*
truthful*, truuZ´-ful, *adj* veritiero
try, trai, *v* provare; (taste) assaggiare; *law* processare
trying, trai´-ing, *adj* penoso
T-shirt, tii´-sh*er*t, *n* maglietta *f*
tub, tŏb, *n* tinozza *f*; (bath) vasca da bagno *f*
tube, tiuub, *n* tubo *m*; (London Underground) metropolitana *f*
tuck, tŏk, *n* piega *f*; *v* ripiegare; **– in,** rimboccare; **– up,** rimboccare le coperte
Tuesday, tiuus´-di, *n* martedì *m*
tuft, tŏft, *n* ciuffo *m*
tug, tŏgh, *n* strattone *m*; *v* tirare; (tow) rimorchiare
tugboat, tŏgh´-bout, *n* rimorchiatore *m*
tug-of-war, tŏgh´-*o*v-u*oor*, *n* tiro alla fune *m*
tuition, tiu-ish´-*o*n, *n* lezioni *fpl*
tulip, tiuu´-lip, *n* tulipano *m*
tumble, tŏm´-bl, *n* capitombolo *m*; *v* (person) inciampare; (things) cadere
tumble dryer, tŏm´-bl drai´-*a*, *n* asciugabiancheria *f*
tumbler, tŏm´-bl*a*, *n* bicchiere da whisky *m*
tumour, tiuu´-m*a*, *n* tumore *m*
tumult, tiuu´-mŏlt, *n* tumulto *m*
tuna, tiuu´-n*a*, *n* tonno *m*
tune, tiuun, *n* melodia *f*; *v* accordare
tuneful, tiuun´-ful, *adj* melodioso
tunic, tiuu´-nik, *n mil* giubba *f*
tuning fork, tiuu´-ning foork, *n* diapason *m*
tunnel, tŏn´-l, *n* galleria *f*, tunnel *m*; *v* traforare
turbine, t*er*´-bain, *n* turbina *f*

turbot, *ter´-bot, n* (fish) rombo *m*
turbulent*, *ter´-biu-lent, adj* turbolento
tureen, tu-riin´, *n* zuppiera *f*
turf, *terf, n* tappeto erboso *m*
turkey, *ter´-ki, n* tacchino *m*
Turkey, *ter´-ki, n* Turchia *f*
Turkish, *ter´-kish, adj* turco
turmoil, *ter´-moil, n* tumulto *m*
turn, *tern, v* girare; (become) diventare; *n* (order of succession) turno *m*; **– about,** *v* fare dietrofront; **– back,** tornare indietro; **– into,** *v* trasformarsi in; **– off,** chiudere; **– on,** aprire; **– out,** rivelarsi; (extinguish) spegnere; **– over,** voltare; voltarsi; **– to,** ricorrere a
turning, *ter´-ning, n* svolta *f*
turning point, *ter´-ning* point, *n fig* svolta decisiva *f*
turnip, *ter´-nip, n* rapa *f*
turnover, *ter´-nou-va, n* volume d'affari *m*
turnstile, *tern´-stail, n* cancelletto girevole *m*
turpentine, *ter´-pen-tain, n* trementina *f*
turret, tŏ'-rit, *n* torretta *f*
turtle, *ter´-tl, n* testuggine *f*, tartaruga marina *f*
turtledove, *ter´-tl-dŏv, n* tortora *f*
turtleneck, *ter´-tl-nek, n* maglione col collo alto *m*
tusk, tŏsk, *n* zanna *f*
tussle, tŏs´-l, *n* baruffa *f*; *v* far baruffa
tutor, tiuu´-*ta, n* insegnante *m/f*; precettore *m*
TV, tii vii, *n* TV *f*, tivù *f*
twang, tuang, *n* accento nasale *m*
tweezers, tuii´-*ses, npl* pinzette *fpl*
twelfth, tuelfZ, *adj* dodicesimo; (date) dodici
twelve, tuelv, *adj* dodici
twentieth, tuen´-ti-*eZ, adj* ventesimo; (date) venti
twenty, tuen´-ti, *adj* venti
twice, tuais, *adv* due volte
twig, tuigh, *n* ramoscello *m*
twilight, tuai´-lait, *n* crepuscolo *m*
twill, tuil, *n* (fabric) spigato *m*
twin, tuin, *n* gemello *m*; *adj* gemello
twine, tuain, *n* spago *m*; *v* intrecciare
twinge, tuinch, *n* fitta *f*; *v* tormentare
twinkle, tuing´-kl, *v* sfavillare
twirl, tu*er*l, *v* volteggiare; (twist) torcere
twist, tuist, *v* torcere
twit, tuit, *n fam* cretino *m*
twitch, tuich, *n* tic *m*; *v* contrarsi
twitter, tuit´-*a, v* cinguettare; *n* cinguettio *m*
two, tuu, *adj* due
tycoon, tai-kuun´, *n* magnate *m*
type, taip, *n* tipo *m*; (printing) carattere *m*; *v* scrivere a macchina
typewriter, taip´-rai-*ta, n* macchina da scrivere *f*
typhoid, tai´-foid, *n* febbre tifoidea *f*
typical*, tip´-i-kl, *adj* tipico
typist, tai´-pist, *n* dattilografo *m*, dattilografa *f*
tyrannical*, ti-ran´-i-kl, *adj* tirannico
tyrannize, ti´-*ra*-nais, *v* tiranneggiare
tyrant, tai´-*ran*t, *n* tiranno *m*
tyre, tai*r*, *n* pneumatico *m*

ubiquitous, iu-bik´-ui-tos, *adj* onnipresente
udder, ŏd´-a, *n* mammella *f*
ugly, ŏgh´-li, *adj* brutto
ulcer, ŏl´-sa, *n* ulcera *f*; (mouth) afta *f*
ulterior, ŏl-tir´-ri-a, *adj* ulteriore
ultimate*, ŏl´-ti-mat, *adj* ultimo; supremo
ultimatum, ŏl-ti-mei´-tum, *n* ultimatum *m*
ultra, ŏl´-tra, *adj* ultra
umbrella, ŏm-brel´-a, *n* ombrello *m*
umpire, ŏm´-pair, *n* arbitro *m*
unable, ŏn-eib´-l, *adj* **be – to,** non potere; essere incapace di
unacceptable, ŏn-ak-sep´-ta-bl, *adj* inaccettabile
unaccountable, ŏn-a-kaun´-ta-bl, *adj* inesplicabile
unacquainted, ŏn-a-kuein´-tid, *adj* **be – with,** non conoscere
unaffected, ŏn-a-fek´-tid, *adj* naturale; impassibile
unaided, ŏn-ei´-did, *adj* da solo
unaltered, ŏn-ool´-ted, *adj* inalterato
unanimity, iu-nan-i´-mi-ti, *n* unanimità *f*
unanimous*, iu-nan´-i-mos, *adj* unanime
unapproachable, ŏn-a-prouch´-a-bl, *adj* inaccessibile
unarmed, ŏn-aarmd´, *adj* inerme
unattended, ŏn-a-ten´-did, *adj* incustodito; solo
unavoidable, ŏn-a-voi´-da-bl, *adj* inevitabile
unaware, ŏn-a-uer´, *adj* ignaro
unawares, ŏn-a-uers´, *adv* alla sprovvista
unbearable, ŏn-ber´-ra-bl, *adj* insopportabile
unbelievable, ŏn-bi-lii´-va-bl, *adj* incredibile
unbiased, ŏn-bai´-ast, *adj* imparziale
unblemished, ŏn-blem´-isht, *adj* senza macchia
unbounded, ŏn-baun´-did, *adj* illimitato
unbreakable, ŏn-breik´-a-bl, *adj* infrangibile
unburden, ŏn-berd´-n, *v* sfogarsi
unbutton, ŏn-bŏt´-n, *v* sbottonare
uncalled-for, ŏn-koold´-foor, *adj* fuori luogo
uncanny, ŏn-kan´-i, *adj* strano
uncared-for, ŏn-kerd´-foor, *adj* trascurato
unceasing*, ŏn-sii´-sing, *adj* incessante
uncertain*, ŏn-ser´-tan, *adj* incerto
unchanged, ŏn-cheinchd´, *adj* immutato
uncivil, ŏn-siv´-il, *adj* scortese

unclaimed, ŏn-kleimd´, *adj* non reclamato
uncle, ong´-kl, *n* zio *m*
unclean*, ŏn-kliin´, *adj* sporco; *fig* immondo
uncomfortable, ŏn-kŏm´-fo-ta-bl, *adj* scomodo; a disagio
uncommon*, ŏn-kom´-on, *adj* non comune
unconcerned, ŏn-konsernd´, *adj* indifferente
unconditional*, ŏn-kondish´-on-al, *adj* incondizionato
unconscious*, ŏn-kon´-shos, *adj* incoscio; inconsapevole; svenuto
uncontrollable, ŏn-kontrou´-la-bl, *adj* irrefrenabile
unconventional, ŏn-konven´-shon-al, *adj* privo di convenzioni
uncork, ŏn-koork´, *v* stappare
uncover, ŏn-kŏv´-a, *v* scoprire
uncultivated, ŏn-kŏl´-tivei-tid, *adj* incolto
undaunted*, ŏn-doon´-tid, *adj* non intimidito
undecided, ŏn-di-sai´-did, *adj* indeciso
undelivered, ŏn-di-liv´-ed, *adj* non recapitato
undeniable, ŏn-di-nai´-a-bl, *adj* innegabile
under, ŏn´-da, *adv* & *prep* sotto; al di sotto di
under-age, ŏn´-de-reich, *adj* minorenne
underdone, ŏn´-de-dŏn, *adj* poco cotto
underestimate, ŏn´-de-res´-ti-meit, *v* sottovalutare
undergo, ŏn-de-gou´, *v* sottoporsi a; subire
undergraduate, ŏn´-de-grad´-iu-at, *n* studente universitario *m*
underground, ŏn´-de-graund, *adj* sotterraneo; *n* metropolitana *f*
underline, ŏn-de-lain´, *v* sottolineare
undermine, ŏn-de-main´, *v* minare
underneath, ŏn-de-niiZ´, *prep* sotto, al di sotto di
underrate, ŏn-de-reit´, *v* sottovalutare
understand, ŏn-de-stand´, *v* capire, comprendere
understanding, ŏn-de-stan´-ding, *adj* comprensivo; *n* intesa *f*; **on the –,** *conj* a condizione che
understate, ŏn-de-steit´, *v* minimizzare; sminuire
undertake, ŏn´-de-teik´, *v* intraprendere
undertaker, ŏn´-de-teik-a, *n* impresario di pompe funebri *m*
undertaking, ŏn´-de-teiking, *n* impresa *f*
underwear, ŏn´-de-uer, *n* biancheria intima *f*
underworld, ŏn´-de-uerld, *n* malavita *f*
undeserved*, ŏn-di-servd´, *adj* immeritato
undesirable, ŏn-di-sair´-ra-bl, *adj* sgradito
undignified, ŏn-digh´-nifaid, *adj* poco dignitoso
undisturbed, ŏn-disterbd´, *adj* tranquillo
undo, ŏn-duu´, *v* disfare; slacciare
undoubted*, ŏn-dau´-tid, *adj* indubbio
undress, ŏn-dres´, *v* svestirsi
undue, ŏn-diuu´, *adj* eccessivo
undulating, ŏn´-diu-leiting, *adj* ondeggiante; ondulato
unduly, ŏn-diuu´-li, *adv* eccessivamente
unearth, ŏn-erZ´, *v* dissotterrare; *fig* scoprire
unearthly, ŏn-erZ´-li, *adj* soprannaturale
uneasy, ŏn-ii´-si, *adj* inquieto; a disagio
uneducated, ŏn-ed´-iukei-tid, *adj* senza istruzione
unemployed, ŏn-im-

ploid´, *adj* disoccupato
unemployment, ŏn-im-ploi´-ment, *n* disoccupazione *f*
unequal, ŏn-**ii**´-kual, *adj* disuguale
unerring*, ŏn-er´-ring, *adj* infallibile
uneven*, ŏn-**ii**´-ven, *adj* ineguale; irregolare
unexpected*, ŏn-iks-pek´-tid, *adj* inatteso; imprevisto
unfailing*, ŏn-fei´-ling, *adj* inesauribile; infallibile
unfair*, ŏn-fer´, *adj* ingiusto
unfaithful*, ŏn-feiZ´-ful, *adj* infedele
unfashionable, ŏn-fash´-on-a-bl, *adj* fuori moda
unfasten, ŏn-faas´-n, *v* slacciare; sciogliere
unfathomable, ŏn-faD´-om-a-bl, *adj* imperscrutabile
unfavourable, ŏn-fei´-vo-ra-bl, *adj* sfavorevole
unfit, ŏn-fit´, *adj* inadatto; fuori forma
unflagging, ŏn-fla´-ghing, *adj* instancabile
unflinching*, ŏn-flin´-ching, *adj* risoluto
unfold, ŏn-fould´, *v* spiegare; (reveal) svelare
unforeseen, ŏn-fo-siin´, *adj* imprevisto
unfortunate*, ŏn-foor´-tiu-nat, *adj* sfortunato
unfounded, ŏn-faun´-did, *adj* infondato
unfriendly, ŏn-frend´-li, *adj* poco amichevole; ostile
unfulfilled, ŏn-ful-fild´, *adj* non realizzato
unfurl, ŏn-ferl´, *v* spiegare
unfurnished, ŏn-fer´-nisht, *adj* non ammobiliato
ungainly, ŏn-ghein´-li, *adj* sgraziato, goffo
ungrateful*, ŏn-greit´-ful, *adj* ingrato
unguarded, ŏn-gaar´-did, *adj* indifeso; *fig* imprudente
unhappy, ŏn-hap´-i, *adj* infelice; scontento
unharmed, ŏn-haarmd´, *adj* illeso, incolume
unhealthy, ŏn-hel´-Zi, *adj* malsano; (person) malaticcio
unheard-of, ŏn-herd´-ov, *adj* inaudito
unheeded, ŏn-hii´-did, *adj* ignorato
unhinged, ŏn-hinchd´, *adj* (mind) sconvolto
unhurt, ŏn-hert´, *adj* sano e salvo
uniform, iuu´-ni-foorm, *n* uniforme *f*; divisa *f*; *adj* uniforme
unimaginable, ŏn-i-mach´-in-a-bl, *adj* inconcepibile
unimpaired, ŏn-im-perd´, *adj* intatto
unimpeachable, ŏn-im-piiich´-a-bl, *adj* irreprensibile
unimportant, ŏn-im-poor´-tant, *adj* insignificante
uninhabitable, ŏn-in-hab´-i-ta-bl, *adj* inabitabile
unintelligible, ŏn-in-tel´-ich-i-bl, *adj* incomprensibile
unintentional*, ŏn-in-ten´-shon-al, *adj* involontario
uninviting, ŏn-in-vai´-ting, *adj* poco attraente; poco invitante
union, iuu´-ni-on, *n* unione *f*; sindacato *m*
unique, iu-niik´, *adj* unico
unit, iuu´-nit, *n* unità *f*
unite, iu-nait´, *v* unire
unity, iuu´-ni-ti, *n* unità *f*
universal*, iuu-ni-ver´-sl, *adj* universale
universe, iuu´-ni-vers, *n* universo *m*
university, iuu-ni-ver´-si-ti, *n* università *f*
unjust*, ŏn-chŏst´, *adj* ingiusto

unkind*, ŏn-kaind´, *adj* poco gentile
unknown, ŏn-noun´, *adj* sconosciuto
unlawful*, ŏn-loo´-ful, *adj* illegale; illecito
unleaded, ŏn-led´-id, *adj* senza piombo
unless, un-les´, *conj* a meno che
unlike, ŏn-laik´, *adj* poco somigliante; *prep* a differenza di
unlikely, ŏn-laik´-li, *adj* improbabile
unlimited, ŏn-lim´-i-tid, *adj* illimitato
unload, ŏn-loud´, *v* scaricare
unlock, ŏn-lok´, *v* aprire
unlooked-for, ŏn-lukt' foor, *adj* inatteso
unlucky, ŏn-lŏk´-i, *adj* sfortunato
unmarried, ŏn-ma´-rid, *adj* (man) celibe; (woman) nubile
unmerciful*, ŏn-mer´-si-ful, *adj* spietato
unmistakable, ŏn-mis-tei´-ka-bl, *adj* inconfondibile; indubbio
unmoved, ŏn-muuvd´, *adj* indifferente
unnatural, ŏn-nat´-chu-ral, *adj* innaturale; anormale
unnecessary, ŏn-nes´-is-a-ri, *adj* non necessario
unnerving, ŏn-ner´-ving, *adj* inquietante
unnoticed, ŏn-nou´-tist, *adj* inosservato
unobtainable, ŏn-ob-tei´-na-bl, *adj* introvabile
unoccupied, ŏn-ok´-iu-paid, *adj* non occupato, libero; vuoto
unopposed, ŏn-o-pousd´, *adj* senza opposizione
unpack, ŏn-pak´, *v* disfare; disfare i bagagli
unpleasant*, ŏn-ples´-ant, *adj* spiacevole; sgradevole; antipatico
unpopular, ŏn-pop´-iu-la, *adj* impopolare
unprecedented, ŏn-pres´-i-den-tid, *adj* senza precedenti
unpredictable, ŏn-pri-dik-ta-bl, *adj* imprevedibile
unprepared, ŏn-pri-perd´, *adj* impreparato
unproductive, ŏn-pro-dŏk´-tiv, *adj* improduttivo
unprofitable, ŏn-prof´-i-ta-bl, *adj* non redditizio
unpromising, ŏn-prom´-is-ing, *adj* non promettente
unprotected, ŏn-pro-tek´-tid, *adj* non protetto
unqualified, ŏn-kuol´-i-faid, *adj* non qualificato
unquestionable, ŏn-kues´-chon-a-bl, *adj* incontestabile
unravel, ŏn-rav´-el, *v* sbrogliare
unread, ŏn-red´, *adj* non letto
unreadable, ŏn-rii´-da-bl, *adj* illeggibile
unreasonable, ŏn-rii´-son-a-bl, *adj* irragionevole
unrelated, ŏn-ri-lei´-tid, *adj* senza nesso; non imparentato
unrelenting, ŏn-ri-len´-ting, *adj* implacabile
unreliable, ŏn-ri-lai´-a-bl, *adj* inaffidabile
unremitting, ŏn-ri-mit´-ing, *adj* incessante
unreserved, ŏn-ri-servd´, *adj* non riservato; senza riserve
unrest, ŏn-rest´, *n* agitazioni *fpl*
unrestrained, ŏn-ri-streind´, *adj* sfrenato
unrestricted, ŏn-ri-strik´-tid, *adj* illimitato
unripe, ŏn-raip´, *adj* acerbo; non maturo
unroll, ŏn-roul´, *v* srotolare
unruly, ŏn-ruu´-li, *adj* turbolento; (hair) ribelle
unsafe, ŏn-seif´, *adj* poco sicuro

unsaleable, ŏn-seil´-a-bl, *adj* invendibile
unsatisfactory, ŏn-sat-is-fak´-to-ri, *adj* poco soddisfacente
unscrew, ŏn-skruu´, *v* svitare
unscrupulous, ŏn-skruu´-piu-los, *adj* senza scrupoli
unseasonable, ŏn-sii´-son-a-bl, *adj* fuori stagione
unseemly, ŏn-siim´-li, *adj* indecoroso
unseen, ŏn-siin´, *adj* inosservato
unselfish, ŏn-sel´-fish, *adj* altruista
unsettled, ŏn-set´-ld, *adj* instabile
unshaken, ŏn-sheik´-n, *adj* risoluto
unshaven, ŏn-shei´-ven, *adj* non rasato
unshrinkable, ŏn-shring´-ka-bl, *adj* irrestringibile
unsightly, ŏn-sait´-li, *adj* sgradevole
unskilled, ŏn-skild´, *adj* non specializzato
unsociable, ŏn-sou´-sha-bl, *adj* poco socievole
unsold, ŏn-sould´, *adj* invenduto
unsolicited, ŏn-so-lis´-i-tid, *adj* non richiesto
unsolved, ŏn-solvd´, *adj* insoluto, non risolto
unsteady, ŏn-sted´-i, *adj* instabile; tremante
unsuccessful*, ŏn-suk-ses´-ful, *adj* senza successo; vano
unsuitable, ŏn-suu´-ta-bl, *adj* inadatto
unsurpassed, ŏn-su-paast´, *adj* insuperato
unsympathetic, ŏn-sim-pa-Zet´-ik, *adj* poco comprensivo
untangle, ŏn-tang´-gl, *v* sbrogliare
untarnished, ŏn-taar´-nisht, *adj* senza macchia
untenable, ŏn-ten´-a-bl, *adj* insostenibile
untested, ŏn-tes´-tid, *adj* non collaudato
unthinkable, ŏn-Zing´-ka-bl, *adj* impensabile
unthinking, ŏn-Zing´-king, *adj* sconsiderato
untidy, ŏn-tai´-di, *adj* disordinato
untie, ŏn-tai´, *v* slegare; slacciare
until, un-til´, *prep* fino a; *conj* finché non; **– now,** finora
untimely, ŏn-taim´-li, *adj* prematuro; fuori luogo
untiring, ŏn-tair´-ring, *adj* instancabile
untold, ŏn-tould´, *adj* incalcolabile; indicibile
untouched, ŏn-tŏcht´, *adj* intatto
untranslatable, ŏn-trans-lei´-ta-bl, *adj* intraducibile
untried, ŏn-traid´, *adj* intentato; non processato
untrue, ŏn-truu´, *adj* falso
untrustworthy, ŏn-trŏst´-uer-Di, *adj* non degno di fiducia; inattendibile
untruth, ŏn-truuZ´, *n* falsità *f*
unusual*, ŏn-iuu´-shu-al, *adj* insolito
unvaried, ŏn-ver´-rid, *adj* invariato
unvarying, ŏn-ver´-ri-ing, *adj* invariabile
unveil, ŏn-veil´, *v* svelare; scoprire
unwarranted, ŏn-uo´-ran-tid, *adj* ingiustificato
unwavering, ŏn-uei´-ve-ring, *adj* incrollabile
unwelcome, ŏn-uel´-kom, *adj* non gradito; sgradito
unwell, ŏn-uel´, *adj* indisposto
unwholesome, ŏn-houl´-som, *adj* malsano; cattivo
unwieldy, ŏn-uiil´-di, *adj* poco maneggevole
unwilling, ŏn-uil´-ing, *adj* riluttante
unwind, ŏn-uaind´, *v* srotolare; rilassarsi

unwise*, ŏn-uais´, *adj* imprudente
unwittingly, ŏn-uit´-ing-li, *adj* senza volerlo
unworthy, ŏn-uer´-Di, *adj* indegno
unwrap, ŏn-rap´, *v* disfare; scartare
unwritten, ŏn-rit´-n, *adj* non scritto
unyielding, ŏn-iiil´-ding, *adj* inflessibile
up, ŏp, *adv* & *prep* su; **– and down,** su e giù; **– here,** quassù; **– there,** lassù; **– to,** fino a
upbraid, ŏp-breid´, *v* rimproverare
upbringing, ŏp´-bring-ing, *n* educazione *f*
upheaval, ŏp-hii´-val, *n* sconvolgimento *m*
uphill, ŏp-hil´, *adj* in salita
uphold, ŏp-hould´, *v* difendere; confermare
upholster, ŏp-houl´-sta, *v* tappezzare
upkeep, ŏp´-kiip, *n* manutenzione *f*
uplift, ŏp-lift´, *v* elevare; sollevare
upon, up-on´, *prep* sopra
upper, ŏp´-a, *adj* superiore
uppermost, ŏp´-e-moust, *adj* più alto
upright, ŏp´-rait, *adj* dritto; (honest) onesto
uprising, ŏp´-rai-sing, *n* insurrezione *f*
uproar, ŏp´-roor, *n* clamore *m*
uproot, ŏp-ruut´, *v* sradicare
upset, ŏp-set´, *v* capovolgere; (plans) scombussolare; (feelings) sconvolgere
upside down, ŏp´-said daun, *adj* & *adv* sottosopra
upstairs, ŏp´-sters, *adv* di sopra
upstart, ŏp´-staart, *n* parvenu *m*
upwards, ŏp´-uads, *adv* in su, verso l'alto
urban, er´-ban, *adj* urbano
urchin, er´-chin, *n* monello *m*
urge, erch, *v* esortare
urgency, er´-chen-si, *n* urgenza *f*
urgent*, er´-chent, *adj* urgente
urinate, iur´-ri-neit, *v* orinare
urine, iur´-rin, *n* orina *f*
urn, ern, *n* urna *f*
us, ŏs, *pron* ci, ce, noi
use, iuus, *v* usare; servirsi di; **– up,** consumare
use, iuus, *n* uso *m*; utilità *f*
used to, iuust tu, *adj* abituato a
useful*, iuus´-ful, *adj* utile
useless*, iuus´-lis, *adj* inutile; inefficace
usher, ŏsh´-a, *n* usciere *m*; **– in,** *v* introdurre
usherette, ŏsh-e-ret´, *n* (cinema) mascherina *f*
usual*, iuu´-shu-al, *adj* solito
utensil, iu-ten´-sil, *n* utensile *m*
utility, iu-til´-i-ti, *n* utilità *f*
utilize, iuu´-til-ais, *v* utilizzare
utmost, ŏt´-moust, *adj* estremo; **do one's –,** *n* fare tutto il possibile
utter, ŏt´-a, *v* (word) pronunciare; (sound) emettere; *adj** totale

V

vacancy, vei´-kan-si, *n* posto vacante *m*; (emptiness) vuoto *m*
vacant, vei´-kant, *adj* (empty) vuoto; (free) libero; (mind) distratto
vacate, va-keit´, *v* lasciare libero; sgombrare; lasciare
vacation, va-kei´-shon, *n* vacanza *f*; ferie *fpl*
vaccinate, vak´-si-neit, *v* vaccinare
vacillate, vas´-i-leit, *v* vacillare
vacuum, vak´-iu-um, *n* vuoto *m*
vacuum cleaner, vak´-iu-um klii´-na, *n* aspirapolvere *m*
vagabond, vagh´-a-bond, *n* vagabondo *m*
vagary, vei´-gha-ri, *n* capriccio *m*
vagina, va-chai´-na, *n* vagina *f*
vagrancy, vei´-gran-si, *n* vagabondaggio *m*
vague*, veigh, *adj* vago
vain*, vein, *adj* vanitoso; **in –,** invano
valet, val´-ei, *n* valletto *m*
valiant*, val´-iant, *adj* valoroso
valid*, val´-id, *adj* valido
valley, val´-i, *n* valle *f*
valour, val´-a, *n* valore *m*
valuable, val´-iu-a-bl, *adj* di valore; prezioso
valuables, val´-iu-a-bls, *npl* oggetti di valore *mpl*
valuation, val-iu-ei´-shon, *n* valutazione *f*
value, val´-iu, *n* valore *m*; *v* valutare
valuer, val´-iu-a, *n* stimatore *m*
valve, valv, *n* valvola *f*
vampire, vam´-pair, *n* vampiro *m*
van, van, *n* furgone *m*; (train) vagone *m*
vandal, van´-dl, *n* vandalo *m*
vane, vein, *n* banderuola *f*; (windmill) pla *f*
vanilla, va-nil´-a, *n* vaniglia *f*
vanish, van´-ish, *v* svanire
vanity, van´-i-ti, *n* vanità *f*
vanquish, vang´-kuish, *v* vincere
vaporize, vei´-po-rais, *v* vaporizzare
vapour, vei´-pa, *n* vapore *m*
variable, ver´-ri-a-bl, *adj* variabile
variation, ver-ri-ei´-shon, *n* variazione *f*
varicose vein, va´-ri-kos vein, *n* varice *f*, vena varicosa *f*
varied, ver´-rid, *adj* vario, diverso
variegated, ver´-ri-i-ghei-tid, *adj* variegato
variety, va-rai´-i-ti, *n* varietà *f*; (show) varietà *m*
various*, ver´-ri-os, *adj* vario; diverso

varnish, vaar´-nish, *n* vernice *f*; *v* verniciare
vary, ver´-ri, *v* variare
vase, vaas, *n* vaso *m*
vaseline, vas´-e-liin, *n* vaselina *f*
vast*, vaast, *adj* vasto
vat, vat, *n* tino *m*
vault, voolt, *n* volta *f*; (church) cripta *f*; (burial) tomba *f*; *v* saltare
veal, viil, *n* vitello *m*
veer, vir, *v* girare; *naut* virare
vegetables, vech´-i-tab-ls, *npl* verdure *fpl*
vegetarian, vech-i-ter´-ri-an, *n* vegetariano *m*, vegetariana *f*
vegetation, vech-i-tei´-shon, *n* vegetazione *f*
vehement*, vii´-i-ment, *adj* veemente
vehicle, vii´-i-kl, *n* veicolo *m*
veil, veil, *n* velo *m*; *v* velare
vein, vein, *n* vena *f*; (geological) filone *m*
vellum, vel´-um, *n* pergamena *f*
velocity, vi-los´-i-ti, *n* velocità *f*
velvet, vel´-vit, *n* velluto *m*
velveteen, vel-vi-tiin´, *n* vellutino *m*
vending machine, ven´-ding ma-shiin´, *n* distributore automatico *m*
vendor, ven´-da, *n* venditore *m*
veneer, vi-nir´, *n* impiallacciatura *f*; *v* impiallacciare
venerable, ven´-e-ra-bl, *adj* venerabile
veneration, ven-e-rei´-shon, *n* venerazione *f*
venereal, vi-nir´-ri-al, *adj* venereo
vengeance, ven´-chans, *n* vendetta *f*; **with a –,** furiosamente
venial, vii´-ni-al, *adj* veniale
Venice, ven´-is, *n* Venezia *f*
venison, ven´-i-son, *n* carne di cervo *f*
venom, ven´-om, *n* veleno *m*
venomous, ven´-o-mos, *adj* velenoso
vent, vent, *n* presa d'aria *f*; **give – to,** *v* sfogare
ventilate, ven´-ti-leit, *v* ventilare
ventilator, ven´-ti-lei-ta, *n* ventilatore *m*
ventriloquist, ven-tril´-o-kuist, *n* ventriloquo *m*
venture, ven´-cha, *n* impresa *f*; *v* rischiare
veranda, vi-ran´-da, *n* veranda *f*
verb, verb, *n* verbo *m*
verbal*, ver´-bal, *adj* verbale
verbatim, ve-bei´-tim, *adv* letteralmente
verbose, ve-bous´, *adj* verboso
verdict, ver´-dikt, *n* verdetto *m*
verge, verch, *v* rasentare; *n* orlo *m*
verger, ver´-cha, *n* sagrestano *m*
verify, ve´-ri-fai, *v* verificare
vermilion, ve-mil´-ion, *n* vermiglio *m*
vermin, ver´-min, *n* insetti e animali nocivi *mpl*
vernacular, ve-nak´-iu-la, *n* vernacolo *m*; *adj* vernacolare
versatile, ver´-sa-tail, *adj* versatile
verse, vers, *n* verso *m*; (Bible) versetto *m*
versed, verst, *adj* versato
version, ver´-shon, *n* versione *f*
versus, ver´-sus, *prep* contro
vertical*, ver´-tik-l, *adj* verticale
vertigo, ver´-ti-gou, *n* vertigine *f*
very, ve´-ri, *adv* molto;

tanto; proprio
vessel, ves´-l, *n* recipiente *m*; *naut* nave *f*
vest, vest, *n* canottiera *f*; maglia intima *f*
vested, ves´-tid, *adj* (interest, rights) acquisito
vestige, ves´-tich, *n* vestigio *m*
vestment, vest´-ment, *n* paramento liturgico *m*
vestry, vest´-ri, *n* sagrestia *f*
vet, vet, *n* veterinario *m*
veteran, vet´-e-ran, *n* veterano *m*
veterinary, vet´-ri-na-ri, *adj* veterinario
veto, vii´-tou, *n* veto *m*; *v* porre il veto
vex, veks, *v* contrariare
vexation, vek-sei´-shon, *n* contrarietà *f*
via, vai´-a, *prep* via; per mezzo di
viaduct, vai´-a-dŏkt, *n* viadotto *m*
vibrate, vai´-breit, *v* vibrare
vibration, vai-brei´-shon, *n* vibrazione *f*
vicar, vik´-a, *n* pastore anglicano *m*
vicarage, vik´-e-rich, *n* canonica anglicana *f*
vice, vais, *n* vizio *m*; *mech* morsa *f*
vice-, vais, *prefix* vice-
vice-president, vais-pres´-i-dent, *n* vicepresidente *m/f*
viceroy, vais´-roi, *n* viceré *m*
vice versa, vai´-si ver´-sa, *adv* viceversa
vicinity, vi-sin´-i-ti, *n* vicinanze *fpl*
vicious*, vish´-os, *adj* brutale; (animal) feroce; vizioso
viciousness, vish´-os-nis, *n* ferocia *f*; cattiveria *f*
victim, vik´-tim, *n* vittima *f*
victimize, vik´-tim-ais, *v* perseguitare
victor, vik´-ta, *n* vincitore *m*
victorious*, vik-toor´-ri-os, *adj* vittorioso
victory, vik´-to-ri, *n* vittoria *f*
video, vi´-di-ou, *n* video *m*; (tape) videocassetta *f*; (recorder) videoregistratore *m*
vie, vai, *v* gareggiare
view, viuu, *n* vista *f*; opinione *f*; *v* visitare
vigil, vich´-il, *n* veglia *f*
vigilance, vich´-il-ans, *n* vigilanza *f*
vigilant, vich´-il-ant, *adj* vigile
vigorous*, vi´-go-ros, *adj* vigoroso
vigour, vi´-ga, *n* vigore *m*
vile, vail, *adj* abbietto; pessimo
vilify, vil´-i-fai, *v* diffamare
villa, vil´-a, *n* villa *f*
village, vil´-ich, *n* paese *m*; villaggio *m*
villager, vil´-ich-a, *n* paesano *m*, paesana *f*
villain, vil´-an, *n* mascalzone *m*; (in play, film) cattivo *m*
villainous, vil´-a-nos, *adj* infame
villainy, vil´-a-ni, *n* infamia *f*
vindicate, vin´-di-keit, *v* confermare
vindication, vin-di-kei´-shon, *n* conferma *f*
vindictive*, vin-dik´-tiv, *adj* vendicativo
vindictiveness, vin-dik´-tiv-nis, *n* spirito vendicativo *m*
vine, vain, *n* vite *f*
vinegar, vin´-i-ga, *n* aceto *m*
vineyard, vin´-iaard, *n* vigna *f*, vigneto *m*
vintage, vin´-tich, *n* vendemmia *f*; (year) annata *f*
vinyl, vai´-nil, *n* vinile *m*
viola, vi-ou´-la, *n* viola *f*
violate, vai´-o-leit, *v*

violare
violence, vai´-o-lens, *n* violenza *f*
violent*, vai´-o-lent, *adj* violento
violet, vai´-o-let, *n* violetta *f*; *adj* violetto; *n* violetto *m*
violin, vai-o-lin´, *n* violino *m*
violinist, vai-o-lin´-ist, *n* violinista *m/f*
viper, vai´-pa, *n* vipera *f*
virgin, ver´-chin, *adj* vergine; *n* vergine *f*
Virgo, ver´-gou, *n* Vergine *f*
virile, vi´-rail, *adj* virile
virtual*, ver´-tiu-al, *adj* virtuale
virtue, ver´-tiuu, *n* virtù *f*
virtuous*, ver´-tiu-os, *adj* virtuoso
virulent*, vi´-riu-lent, *adj* virulento
virus, vai´-ros, *n* virus *m*
visa, vii´-sa, *n* visto *m*
viscount, vai´-kaunt, *n* visconte *m*
viscountess, vai´-kaun-tes, *n* viscontessa *f*
visibility, vis-i-bil´-i-ti, *n* visibilità *f*
visible, vis-i-bl, *adj* visibile
vision, vish´-on, *n* visione *f*
visit, vis´-it, *n* visita *f*; *v* visitare; (person) andare a trovare; **–ing-card,** *n* biglietto da visita *m*
visitor, vis´-i-ta, *n* visitatore *m*
visual, vis´-iu-al, *adj* visivo
vital*, vait´-l, *adj* vitale
vitality, vai-tal´-i-ti, *n* vitalità *f*
vitamin, vi´-ta-min, *n* vitamina *f*
vitriol, vit´-ri-ol, *n* vetriolo *m*
vivacious*, vi-vei´-shos, *adj* vivace
vivid*, viv´-id, *adj* vivido
vixen, vik´-sen, *n* volpe femmina *f*; *fig* megera *f*
viz (= namely), neim´-li, *adv* cioè
vocabulary, vo-kab´-iu-la-ri, *n* vocabolario *m*
vocal, vou´-kl, *adj* vocale
vocal cords, vou´-kl koords, *npl* corde vocali *fpl*
vocation, vo-kei´-shon, *n* vocazione *f*; professione *f*
vociferous*, vo-sif´-e-ros, *adj* rumoroso
vogue, vough, *n* moda *f*; voga *f*
voice, vois, *n* voce *f*
void, void, *adj* vuoto; nullo; *n* vuoto *m*
volatile, vol´-a-tail, *adj* volatile
volcano, vol-kei´-nou, *n* vulcano *m*
volley, vol´-i, *n* volée *f*; *mil* scarica *f*, salva *f*
volt, voult, *n* volt *m*
volume, vol´-iuum, *n* volume *m*
voluminous, vo-luu´-mi-nos, *adj* voluminoso
voluntary, vol´-on-ta-ri, *adj* volontario
volunteer, vol-on-tir´, *n* volontario *m*, volontaria *f*
voluptuous*, vo-lŏp´-tiu-os, *adj* voluttuoso
vomit, vom´-it, *v* vomitare
voracious*, vo-rei´-shos, *adj* vorace
vortex, voor´-teks, *n* vortice *m*
vote, vout, *n* voto *m*; *v* votare
voter, vou´-ta, *n* votante *m/f*
vouch, vauch, *v* attestare; **– for,** garantire per
voucher, vauch´-a, *n* buono *m*, coupon *m*
vow, vau, *n* voto *m*; *v* fare voto; giurare
vowel, vau´-el, *n* vocale *f*
voyage, voi´-ich, *n* viaggio *m*
vulgar, vŏl´-ga, *adj* volgare
vulnerable, vŏl´-ne-ra-bl, *adj* vulnerabile

W

wad, uod, *n* fascio *m*; batuffolo *m*; tampone *m*
wadding, uod´-ing, *n* imbottitura *f*
waddle, uod´-l, *v* camminare come una papera
wade, ueid, *v* guadare; sguazzare
wafer, uei´-*fa*, *n* cialda *f*; *relig* ostia *f*
wag, uagh, *v* scodinzolare; *n* burlone *m*
wage, ueich, *v* – **war on,** dichiarare guerra a
wager, uei´-**ch***a*, *n* scommessa *f*; *v* scommettere
wages, uei´-**chis**, *npl* salario *m*, stipendio *m*, paga *f*
waggle, uagh´-l, *v* scodinzolare, dimenare
waggon uagh´-*n* *n* carro *m*; (railway) vagone *m*
waif, ueif, *n* (child) fanciullo abbandonato *m*
wail, ueil, *n* gemito *m*; *v* gemere
waist, ueist, *n* vita *f*
waistcoat, ueist´-kout, *n* panciotto *m*; gilè *m*
wait, ueit, *v* aspettare; (at table) servire; – **for,** aspettare
waiter, uei´-*ta*, *n* cameriere *m*
waiting, uei´-ting, *n* attesa *f*
waiting room, ueit´-ing **ruum**, sala d'attesa *f*
waitress, ueit´-ris, *n* cameriera *f*
waive, ueiv *v* rinunciare a
wake, ueik, *v* (to awake) svegliarsi; (to call *or* be called) svegliare; *n* (ship's) scia *f*
Wales, ueil*s*, *n* Galles *m*
walk, uook, *v* camminare; passeggiare; *n* camminata *f*; passeggiata *f*
wall, uool, *n* muro *m*; parete *f*
wallet, uol´-it, *n* portafoglio *m*
wallflower, uool´-flau-*a*, *n* violaciocca *f*
wallow, uol´-ou, *v* rotolarsi in; crogiolarsi in
wallpaper, uool-pei´-p*a*, *n* carta da parati *f*
walnut, uool´-*nŏt*, *n* noce *f*
walrus, uool´-ros, *n* tricheco *m*
waltz, uolts, *n* valzer *m*; *v* ballare il valzer
wander, uon´-d*a*, *v* gironzolare senza meta; (mind) vagare
wane, uein, *v* calare
want, uont, *n* (lack) mancanza *f*; (distress) bisogno *m*; *v* volere; aver bisogno di
wanton uon´-ton, *adj* gratuito, ingiustificato
war, uoo*r*, *n* guerra *f*;

lotta *f*
warble, uoor´-bl, *v* gorgheggiare
warbler, uoor´-bla, *n* uccello canoro *m*
ward, uoord, *n* (hospital) corsia *f*, sala *f*; (minor) minore sotto tutela *m/f*; **– off,** *v* respingere
warden, uoord-n, *n* custode *m/f*; direttore *m*, direttrice *f*
warder, uoor´-da, secondino *m*
wardrobe, uoord´-roub, *n* guardaroba *m*
warehouse, uer´-haus, *n* magazzino *m*
wares, uers, *npl* merci *fpl*
warily, uer´-ri-li, *adv* cautamente
warlike, uoor´-laik, *adj* bellicoso
warm, uoorm, *adj** caldo; *v* riscaldare
warmth, uoormZ, *n* calore *m*
warn, uoorn, *v* avvertire
warning, uoor´-ning, *n* avvertimento *m*; ammonimento *m*; preavviso *m*
warp, uoorp, *v* (wood) deformarsi; (mind) corrompere
warrant, uo´-rant, *n* (for arrest) mandato di cattura *m*; (voucher) mandato *m*
warranty, uo´-ran-ti, *n* garanzia *f*
warrior, uo´-ri-a, *n* guerriero *m*
Warsaw, uoor´-soo, *n* Varsavia *f*
warship, uoor´-ship, *n* nave da guerra *f*
wart, uoort, *n* porro *m*, verruca *f*
wary, uer´-ri, *adj* cauto
wash, uosh, *n* lavata *f*; *v* lavare; lavarsi; **– up,** lavare i piatti
washbasin, uosh´-bei´-sin, *n* lavabo *m*, lavandino *m*
washer, uosh´-a, *n mech* rondella *f*
washing, uosh´-ing, *n* (laundry) biancheria *f*, bucato *m*
washing machine, uosh´-ing ma-shiin, *n* lavatrice *f*
washing powder, uosh´-ing pau´-da, *n* detersivo in polvere per bucato *m*
washing up, uosh´-ing ŏp, **do the –,** lavare i piatti
washing-up liquid, uosh-ing-ŏp' lik´-uid, *n* detersivo liquido per i piatti *m*
wasp, uosp, *n* vespa *f*
waste, ueist, *n* spreco *m*; (refuse) rifiuti *mpl*; (land) distesa desolata *f*; *v* sprecare; **– away,** deperire
wasteful, ueist´-ful, *adj* sprecone
waste paper, ueist pei´-pa, *n* cartaccia *f*
wastepaper basket, ueist´-pei-pa baas´-kit, *n* cestino della cartaccia *m*
watch, uoch, *n* orologio *m*; (look-out) guardia *f*; *v* guardare; sorvegliare; **– over,** *v* (guard) vegliare su
watch-dog, uoch´-dogh, *n* cane da guardia *m*
watchful, uoch´-ful, *adj* vigile
watchmaker, uoch´-mei-ka, *n* orologiaio *m*
watchman, uoch´-man, *n* guardia notturna *f*
water, uoo´-ta, *v* annaffiare; (cattle etc.) abbeverare; *n* acqua *f*
water bottle, uoo´-ta bot´-l, *n* borraccia *f*
water closet, uoo´-ta klos´-it, *n* (W.C.) gabinetto *m*
watercolour, uoo´-te-kŏl-a, *n* acquerello *m*
watercress, uoo´-te-kres, *n* crescione *m*
waterfall, uoo´-te-fool, *n* cascata *f*
water lily, uoo´-te lil-i, *n* ninfea *f*

waterlogged, uoo´-te-logd, *adj* impregnato d'acqua
watermark, uoo´-te-maark, *n* (paper) filigrana *f*
watermelon, uoo´-te-mel-on, *n* anguria *f*, cocomero *m*
waterproof, uoo´-te-pruuf, *adj* impermeabile
watering can, uoo´-te-ring kan, *n* annaffiatoio *m*
water-skiing, uoo´-te-skii-ing, *n* sci nautico *m*
watertight, uoo´-te-tait, *adj* a tenuta stagna
watery, uoo´-te-ri, *adj* acquoso; annacquato
wave, ueiv, *n* onda *f*; *v* agitare; (hand) salutare con la mano; (hair) ondulare
waver, uei´-va, *v* vacillare
wavering, uei´-ve-ring, *adj* vacillante
wavy, uei´-vi, *adj* ondulato
wax, uaks, *n* cera *f*; *v* incerare; (moon) crescere
waxworks, uaks´-uerks, *npl* museo delle cere *m*
way, uei, *n* via *f*; strada *f*; (manner) modo *m*; **– in,** entrata *f*; **– out,** uscita *f*; **– through,** passaggio *m*
wayward, uei´-uad, *adj* capriccioso
we, uii, *pron* noi
weak*, uiik, *adj* debole; leggero
weaken, uiik´-n, *v* indebolire
weakening, uiik´-ning, *n* indebolimento *m*
weakness, uiik´-nis, *n* debolezza *f*
wealth, uelZ, *n* ricchezza *f*
wealthy, uel´-Zi, *adj* ricco
wean, uiin, *v* svezzare
weapon, uep´-n, *n* arma *f*
wear, uer, *n* (wear and tear) logorio *m*; (clothes) uso *m*; *v* portare; (last) durare; **– out,** consumare; (fatigue) stancare
weariness, uir´-ri-nis, *n* stanchezza *f*
weary, uir´-ri, *adj* stanco; *v* stancare
weasel, ui´-sel, *n* donnola *f*
weather, ueD´-a, *n* tempo *m*
weather forecast, ueD-e-foor´-kaast, *n* previsioni del tempo *fpl*
weathervane, ueD´-e-vein, *n* banderuola *f*
weave, uiiv, *v* tessere
weaver, uii´-va, *n* tessitore *m*
web, ueb, *n* ragnatela *f*
web-footed, ueb-fut´-id, *adj* palmipede
wed, ued, *v* sposare, sposarsi
wedding, ued´-ing, *n* matrimonio *m*; nozze *fpl*
wedding ring, ued´-ing ring, *n* fede *f*
wedge, uech, *n* cuneo *m*
wedlock, ued´-lok, *n* matrimonio *m*
Wednesday, ued´-ens-di, *n* mercoledì *m*
weed, uiid, *n* erbaccia *f*; *v* strappare le erbacce
week, uiik, *n* settimana *f*
weekday, uiik´-dei, *n* giorno feriale *m*; giornata lavorativa *f*
weekend, uiik-end´, *n* fine settimana *m*
weekly, uiik´-li, *adj* settimanale
weep, uiip, *v* piangere
weigh, uei, *v* pesare; considerare
weight, ueit, *n* peso *m*
weighty, uei´-ti, *adj* (serious) grave
weir, uir, *n* sbarramento *m*
weird, uird, *adj* strano; bizzarro
welcome, uel´-kom, *v* accogliere; dare il benvenuto; *adj* benvenuto; *n* benvenuto *m*
weld, ueld, *v* saldare
welfare, uel´-fer, *n* benessere *m*; assistenza sociale *f*

well, uel, *n* pozzo *m*; *adv* bene
well-being, uel-bii´-ing, *n* benessere *m*
well-bred, uel-bred´, *adj* ben educato
well-done, uel-dŏn´, *adj* ben cotto
well-known, uel-noun, *adj* famoso
Welsh, welsh, *adj* gallese; *n* (language) gallese
west, uest, *n* ovest *m*, occidente *m*
westerly, uest´-e-li, *adj* dell'ovest, verso ovest
western, uest´-en, *adj* occidentale
wet, uet, *n* bagnato; umido; (weather) piovoso; (paint) fresco; *v* bagnare; inumidire
wet nurse, uet' ners, *n* balia *f*
wetsuit, uet´-suut, *n* muta subacquea *f*
whack, uak, *n* ceffone *m*; *v* dare un ceffone a
whale, ueil, *n* balena *f*
whale-bone, ueil´-boun, *n* stecca di balena *f*
whaler, uei´-la, *n* (ship) baleniera *f*
wharf, uoorf, *n* molo *m*
what, uot, *adj* che; *pron* che (cosa), ciò, ciò che, quello che
whatever, uot-ev´-a, *pron* & *adj* qualunque; tutto quello che
wheat, uiit, *n* frumento *m*
wheel, uiil, *n* ruota *f*
wheelbarrow, uiil´-ba-rou, *n* carriola *f*
wheelchair, uiil´-cher, *n* sedia a rotelle *f*
wheel clamp, uiil' klamp, *n* ceppo bloccaruote *m*
wheezy, uii´-si, *adj* col respiro affannoso
whelk, uelk, *n* buccino *m*
when, uen, *adv* quando
whenever, uen-ev´-a, *conj* quando; ogni volta che
where, uer, *adv* & *conj* dove
whereas, uer´-ras, *conj* mentre
wherever, uer-ev´-a, *adv* & *conj* ovunque
whet, uet, *v* (appetite) stuzzicare
whether, ueD´-a, *conj* se
which, uich, *adj* quale; *pron* quale; che; il quale, la quale, cui
whichever, uich-ev´-a, *adj* & *pron* qualunque; quello che
while, uail, *n* un po' (di tempo) *m*; *conj* mentre; *v* passare; **be worth –,** valer la pena
whim, uim, *n* capriccio *m*
whimper, uim´-pa, *v* gemere; *n* gemito *m*
whine, uain *v* guaire; *n* guaito *m*
whip, uip, *n* frusta *f*; *v* frustare; (cream) montare
whirl, uerl, *n* turbine *m*
whirlpool, uerl´-puul, *n* vortice *m*
whirlwind, uerl´-uind, *n* mulinello *m*
whisk, uisk, *n* frullino *m*; *v* frullare
whiskers, uis´-kes, *npl* baffi *mpl*
whisky, uis´-ki, *n* whisky *m*
whisper, uis´-pa, *v* sussurrare; *n* sussurro *m*
whistle, uis´-l, *n* fischietto *m*; (sound) fischio *m*; *v* fischiare
white, uait, *adj* bianco; *n* bianco *m*
whiteness, uait´-nis, *n* biancore *m*
whitewash, uait´-uosh, *n* calce *f*; *v* imbiancare
Whitsun, uit´-sun, *n* Pentecoste *f*
whiz, uis, *v* sibilare
who, huu, *pron* chi, che
whoever, hu-ev´-a, *pron* chiunque
whole, houl, *n* intero *m*; tutto *m*; *adj* tutto; intero
wholemeal, houl´-miil, *adj* integrale
wholesale, houl´-seil, *adj*

all'ingrosso
wholesome, houl´-*som*, *adj* sano; salubre
wholly, hou´-li, *adv* interamente
whom, huum, *pron* chi, che, cui
whoop, huup, *n* urlo *m*; *v* urlare
whooping-cough, huu´-ping-kof, *n* pertosse *f*, tosse asinina *f*
whore, hoor, *n* puttana *f*
whose, huus, *pron* di cui; di chi
why, uai, *adv* perché
wick, uik, *n* stoppino *m*
wicked*, uik´-id, *adj* malvagio
wickedness, uik´-id-nis, *n* malvagità *f*
wicker, uik´-*a*, *n* vimini *m*
wicket, uik´-it, *n* (cricket) porta *f*
wide*, uaid, *adj* largo; ampio; **– awake,** completamente sveglio
widespread, uaid´-spred, *adj* diffuso
widen, uaid´-*n*, *v* allargare
widow, uid´-ou, *n* vedova *f*
widower, uid´-ou-*a*, *n* vedovo *m*
width, uidZ, *n* larghezza *f*; ampiezza *f*
wield, uiild, *v* maneggiare
wife, uaif, *n* moglie *f*
wig, uigh, *n* parrucca *f*
wild*, uaild, *adj* selvaggio; selvatico; *fig* folle
wilderness, uil´-de-nis, *n* deserto *m*
wildlife, uaild´-laif, *n* natura *f*
wilful*, uil´-ful, *adj* intenzionale; premeditato
will, uil, *n* volontà *f*; testamento *m*; *v* volere
willing*, uil´-ing, *adj* volonteroso; disponibile
willingness, uil´-ing-nis, *n* buona volontà *f*
will-o´-the-wisp, uil-*o*-De-uisp´, *n* fuoco fatuo *m*
willow, uil´-ou, *n* salice *m*; **weeping –,** salice piangente *m*
wily, uai´-li, *adj* astuto
win, uin, *v* vincere
wince, uins, *v* trasalire
winch, uinch, *n* argano *m*
wind, uaind, *v* serpeggiare; snodarsi ; **– up,** *v* caricare; (business) liquidare
wind, uind, *n* vento *m*; flatulenza *f*
windfall, uind´-fool, fortuna insperata *f*
winding, uain´-ding, *adj* serpeggiante; tortuoso; (stairs) a chiocciola
windmill, uind´-mil, *n* mulino a vento *m*
window, uin´-dou, *n* finestra *f*; finestrino *m*; vetrina *f*
windpipe, uind´-paip, *n* trachea *f*
windscreen, uind´-skriin, *n* parabrezza *m*
windscreen wiper, uind´-skriin uai´-p*a*, *n* tergicristalli *m*
windsurfer, uind´-*ser*-fa, *n* windsurf *m*
windy, uin´-di, *adj* ventoso
wine, uain, *n* vino *m*
wineglass, uain´-ghlaas, *n* bicchiere da vino *m*
wing, uing, *n* ala *f*
wink, uingk, *v* fare l'occhiolino; *n* occhiolino *m*
winner, uin´-*a*, *n* vincitore *m*, vincitrice *f*
winning, uin´-ing, *adj* vincente; affascinante
winning post, uin´-ing poust, *n* traguardo
winnings, uin´-ings, *npl* vincita *f*
winter, uin´-ta, *n* inverno *m*
winter sports, uin´-ta spoorts, *npl* sport invernali *mpl*
wipe, uaip, *n* pulita *f*; *v* pulire; **– off,** cancellare
wire, uair, *n* fil di ferro *m*; filo elettrico *m*
wisdom, uis´-dom, *n*

saggezza *f*
wisdom tooth, uis´-dom tuuZ, *n* dente del giudizio *m*
wise*, uais, *adj* saggio
wish, uish, *n* desiderio *m*; *v* desiderare
wishful, uish´-ful, *adj* desideroso
wisp, uisp, *n* ciuffo *m*
wistaria, uis-ter´-ri-*a*, *n* glicine *m*
wistful*, uist´-ful, *adj* pensoso
wit, uit, *n* spirito *m*
witch, uich, *n* strega *f*
witchcraft, uich´-kraaft, *n* stregoneria *f*
with, uiD, *prep* con
withdraw, uiD´-droo, *v* ritirare
wither, uiD´-*a*, *v* appassire
withering, uiD´-*e*-ring, *adj* (look) fulminante
withhold, uiD-hould´, *v* trattenere
within, uiD-in´, *prep* dentro
without, uiD-aut´, *prep* senza
withstand, uiD-stand´, *v* resistere
witness, uit´-nis, *n* testimone *m/f*; *v* testimoniare
wits, uits, *npl* sensi *mpl*
witticism, ui´-ti-sism, *n* arguzia *f*
witty, uit´-i, *adj* spiritoso
wizard, uis´-*a*d, *n* stregone *m*, mago *m*
wobble, uob´-l, *v* traballare
wolf, uulf, *n* lupo *m*
woman, uu´-man, *n* donna *f*
womb, uuum, *n* utero *m*; *fig* grembo *m*
wonder, uŏn´-d*a*, *n* meraviglia *f*; *v* meravigliarsi; (ask oneself) domandarsi
wonderful*, uŏn´-de-ful, *adj* meraviglioso
woo, uuu, *v* corteggiare
wood, uud, *n* legno *m*; (forest) bosco *m*
wooden, uud-*n*, *adj* di legno
woodpecker, uud´-pek-*a*, *n* picchio *m*
wool, uul, *n* lana *f*
woollen, uul´-en, *adj* di lana
word, uerd, *n* parola *f*
wording, uer´-ding, *n* formulazione *f*
word processor, uerd prou´-ses-*a*, *n* word processor *m*
work, uerk, *v* lavorare; funzionare; *n* lavoro *m*
worker, uer´-k*a*, *n* lavoratore *m*, lavoratrice *f*
workman, uerk´-man, *n* operaio *m*
workmanship, uerk´-manship, *n* abilità professionale *f*
works, uerks, *npl* fabbrica *f*; *mech* meccanismo *m*
workshop, uerk´-shop, *n* officina *f*
world, uerld, *n* mondo *m*
worldly, uerld´-li, *adj* mondano
worm, uerm, *n* verme *m*
worm-eaten, uerm´-iit-*n*, *adj* bacato; tarlato
worry, uŏ'-ri, *n* preoccupazione; *v* preoccupare, preoccuparsi
worse, uers, *adj* peggiore; *adv* peggio
worship, uer´-ship, *n* adorazione *f*; *v* adorare
worst, uerst, *adj* & *n* il peggiore *m*, la peggiore *f*; *adv* il peggio; **get the – of it,** aver la peggio
worth, uerZ, *n* valore *m*; *adj* **be –,** valere
worthless, uerZ´-lis, *adj* senza valore; (person) indegno
worthwhile, uerZ´-uail, *adj* che vale la pena
worthy, uer´-Di, *adj* degno
would, uud, *v* **he – do,** lui farebbe; **he – have done,** lui avrebbe fatto; **– you like some tea?** gradisce

del tè?
would-be, uud´-bii, *adj* aspirante
wound, uuund, *n* ferita *f*; *v* ferire
wrangle, rang´-gl, *v* litigare; *n* litigio *m*
wrap, rap, *n* scialle *m*; **– up,** *v* avvolgere; (oneself) imbacuccarsi
wrapping paper, rap´-ing pei´-pa, *n* carta da regalo *f*; carta da pacchi *f*
wreath, riiZ, *n* corona *f*
wreck, rek, *n* naufragio *m*; *v* far naufragare; (destroy) distruggere; *fig* rovinare
wreckage, rek´-ich, *n* relitto *m*; rottami *mpl*
wren, ren, *n* scricciolo *m*
wrench, rench, *n* strattone *m*; (tool) chiave inglese *f*; *v* torcere; strappare
wrestle, res´-l, *v* lottare
wrestler, res´-la, *n* lottatore *m*
wretch, rech, *n* disgraziato *m*
wretched, rech´-id, *adj* disgraziato
wriggle, righ´-l, *v* contorcersi; (eels etc.) guizzare
wring, ring, *v* (clothes) strizzare; (hands, neck) torcere
wrinkle, ring´-kl, *n* ruga *f*; grinza *f*; *v* raggrinzirsi
wrist, rist, *n* polso *m*
writ, rit, *n* mandato *m*
write, rait, *v* scrivere
writer, rai´-ta, *n* scrittore *m*, scrittrice *f*
writhe, raiD, *v* contorcersi
writing, rai´-ting, *n* scrittura *f*; **in –,** *adv* per iscritto
writing-paper, rai´-ting pei´-pa, *n* carta da lettere *f*
written rit´-n *adj* scritto
wrong, rong, *n* torto *m*; *v* far torto a; *adj** sbagliato; cattivo; ingiusto
wrought iron, root ai´-on, *n* ferro battuto *m*
wry, rai, *adj* beffardo

X

Xmas (= Christmas), kris´-*mas*, *n* Natale *m*

Xmas eve, kris´-*mas* **iiv**, *n* vigilia di Natale *f*

X-ray, eks´-**rei**, *n* raggio X *m*; (X-ray photography) radiografia *f*; *v* radiografare

xylophone, sai´-*lo*-foun, *n* xilofono m

Y

yacht, iŏt, *n* yacht *m*
yachting, iŏt´-ing, *n* yachting *m*
yard, iaard, *n* cortile *m*; (measure) iarda *f*
yarn, iaarn, *n* filato *m*; (tale) storia *f*, racconto *m*
yawn, ioon, *v* sbadigliare; *n* sbadiglio *m*
year, iir, *n* anno *m*
yearly, iir´-li, a, annuo, annuale; *adv* annualmente
yearn, iern, *v* bramare
yearning, ier´-ning, *n* brama *f*
yearningly, ier´-ning-li, *adv* bramosamente
yeast, iiist, *n* lievito *m*
yell, iel, *v* strillare; *n* strillo *m*, urlo *m*
yellow, iel´-ou, *adj* giallo; *n* giallo *m*
yelp, ielp, *v* guaire; *n* guaito *m*
yes, ies, *adv* sì
yesterday, ies´-te-di, *adv* ieri
yet, iet, *adv* ancora; già; *conj* eppure
yew, iuu, *n* (tree) tasso *m*
yield, iiild, *n* rendita *f*; ricavo *m*; *v* fruttare; produrre; (give way) cedere
yoga, iou´-ga, *n* yoga *m*
yog(h)urt, io´-gut, *n* yogurt *m*
yoke, iouk, *n* giogo *m*; *v* aggiogare
yokel, iouk´-l, *n* zotico *m*
yolk, iouk, *n* tuorlo *m*
you, iuu, *pron* tu; voi; lei; loro
young, iŏng, *adj* giovane; **the –,** *npl* (of animals) i piccoli *mpl*
youngster, iŏng´-sta, *n* giovane *m/f*
your, ioor, *adj* tuo, tua, tuoi, tue; suo, sua, suoi, sue; vostro, vostra, vostri, vostre
yours, ioors, *pron* il tuo, la tua, i tuoi, le tue; il suo, la sua, i suoi, le sue; il vostro, la vostra, i vostri, le vostre; **a friend of –,** un tuo amico; un suo amico; un vostro amico
yourself, ioor-self´, *pron refl* ti; si; te; sé
yourselves, ioor-selvs´, *pron* (refl) vi; si; voi; loro
youth, iuZ, *n* gioventù *f*; (lad) giovane *m*
youthful, iuZ´-ful, *adj* giovanile
youthfulness, iuZ´-ful-nis, *n* giovinezza *f*
youth hostel, iuZ-hos´-tel, *n* ostello della gioventù *m*

Z

zeal, siil, *n* zelo *m*
zealous*, sel´-os, *adj* zelante
zebra, sii´-bra, *n* zebra *f*
zenith, sen´-iZ, *n* zenit *m*
zero, sir´-rou, *n* zero *m*
zest, sest, *n* gusto *m*; (of orange, lemon) scorza *f*
zigzag, sigh´-sagh, *adj* a zigzag; *v* zigzagare
zinc, singk, *n* zinco *m*
zip (fastener), sip (faas´-en-a), *n* cerniera lampo *f*
zone, soun, *n* zona *f*
zoo, suu, *n* zoo *m*
zoological, suu-o-loch´-i-kl, *adj* zoologico
zoology, suu-ol´-o-chi, *n* zoologia *f*
zoom, suum, *v* sfrecciare
zoom lens, suum-lens´, *n* zoom *m*